경제와 영성으로 이야기하는

누 가 복 음

길동무 저

케노시스영성원
Κένωσις Spiritual House

저자 소개

감리교신학대학교 신학과 졸업
감리교신학대학교 대학원 졸업
케노시스영성원 원장
감리교회 목사

경제와 영성으로 이야기하는

누 가 복 음

길동무 저

케노시스영성원
Κένωσις Spiritual House

경제와 영성으로 이야기하는

누 가 복 음

초판인쇄| 2020년 8월 1일
펴낸 곳| 케노시스 영성원
경기도 군포시 둔대로 11번길 16(둔대동 433-2)
0502-111-1937 010-3311-1937
Homepage www.kenosis.or.kr
Email kenosis@hanmail.net

등록번호
ISBN 979-11-87682-09-7 03230
printed in korea

값 20,000원

목　　차

제 3 부 〈 예루살렘으로 가는길 〉

3

제 4 부 〈 예루살렘 사역 〉

4

제 5 부 〈 부활, 승천, 교회 〉

5

〈 표 차례 〉

머리글

이방인 누가,

이미 여러 복음서들이 쓰여졌고, 또 사도들의 글이 아니면 인정받을 수 없었는데, 감히 그는 왜,그리고 어떻게 복음서를 쓸 생각을 했고, 또 그의 글이 어떻게 성경으로 받아들여졌을까?

- 도대체 누가는 무엇을 말하고 싶어 했을까?
- 이방인 누가가 남겨놓은 글은 유대인이자 사도들이 남긴 글과 무엇이 어떻게 다를까?
- 이방인 누가의 글은 이방인인 오늘 우리에게 무엇을 말하고 있을까?

이 책은 이런 물음을 가지고 출발하며, 누가의 입장에서 누가와 누가복음을 만나보고자 한다. 이에 대하여 대답을 하려면 누가가 어떤 사람인지 먼저 알아야 할 필요가 있다. 누가는 도대체 어떤 사람이었을까?

❶ 이방인

누가의 가장 두드러진 특징은 그가 이방인이며 또 예수님을 직접 만난 적이 없다는 사실이다. 신약성경의 기록자들 중에 이방인은 누가뿐이다. 누가가 예수님을 직접 만난 적이 없는 이방인이었다는 사실은 그의 관심과 보는 관점이 다른 저자들과는 전혀 달랐다는 뜻이다. 이런 사실은 다음과 같은 누가복음 서문에서도 발견된다.

> 우리중에 이루어진 사실에 대하여 처음부터 목격자와 말씀의 일꾼 된 자들이 전하여 준 그대로 내력을 저술하려고 붓을 든 사람이 많은지라

그 모든 일을 근원부터 자세히 미루어 살핀 나도 데오빌로 각하에게 차례대로 써 보내는 것이 좋은 줄 알았노니 이는 각하가 알고 있는 바를 더 확실하게 하려 함이로라(1:1~4)

누가복음 이전에 복음서를 쓴 사람들이 많았는데 그들은 하나같이 예수님을 처음부터 따라다닌 유대인들이었다. 누가는 그들의 복음서를 읽으면서 자신도 복음서를 써야 할 어떤 필요성을 느껴서, 자신은 이방인이며 예수님을 본 적이 없었지만 복음서를 쓰기로 작정했다. 이는 대단히 무모한 행동이었지만 누가는 복음서와 사도행전을 써 놓았다. 도대체 누가는 무엇을 말하고 싶어 했을까?

❷ 지성인

누가에 대하여 좀 더 생각해 본다면 그는 의사이면서 뛰어난 지성인이었다는 점이다. 이런 사실은 그의 글에서도 발견이 되고 또 바울이 누가를 처음 만났을 때 그의 박학함에 놀랐다는 전승에서도 확인된다. 당시에 지성인이 되려면 최상류층이 아니고서는 어려웠다. 어렸을 때 공부를 시작하여 자기 지역에서 10여 년을 공부한 후에는 다른 문화권으로 유학을 가서 여러 해를 공부하는게 통례였다. 게다가 누가는 의학까지 공부한 의사였다. 이런 누가에게는 무엇이 보였을까? 이런 것들에 대하여 누가는 침묵으로 일관하고 있다. 그러나 그가 남긴 누가복음과 사도행전을 보면 그의 관심사가 무엇이었고 무엇을 말하고 싶어 했는지를 추정할 수 있다. 무엇이었을까?

❸ 희년(禧年) 실천

누가는 이것을 말하고 싶어 했다. 그 증거는 명확한데 다음과 같다. 첫째, 누가복음에 나타난 예수님의 첫 사역은 희년의 선포였다. 마태복음과 마가복음에 의하면 예수님께서 고향 나사렛을 찾으신 것은 사역의 후반부였고, 고향에서는 환영받지 못했다.(마13:53~58, 막6:1~6) 그런데 누가에는 이 사건이 예수님의 첫 사역이었을 뿐만 아니라 나사렛 회당에서 희년을 선포하신 설교가 자세하게 기록되어 있다. 예수님의 사역의 순서를 의도적으로 바꾼 이유는 그것을 특별히 강조하기 위함이었다. 또 이어지는 누가복음의 내용 중에는 경제와 관련된 내용이 많은데, 대부분 누가복음에만 들어있다. 둘째, 누가는 복음서에 이어 사도들의 행적을 쓰고 있는데, 유대교로 개종하는 삼천 명, 오천 명의 사람들은 희년을 실천하고 있다. 이런 희년 실천 운동은 일회적인 사건이 아니라 지속되었다는 것을 미완료 시제로 강조하고 있다. 이런 사실들을 통하여 누가의 가장 큰 관심과 하고 싶은 말은 희년 실천 운동이었음을 알 수 있다. 그렇다면 누가는 왜 희년 실천 운동을 강조하고 있을까? 그 이유는 두 가지라고 생각된다.

첫째, 교회에서 희년 실천 운동을 만나고 놀랐기 때문이다. 전해지는 바에 의하면 누가는 안디옥교회 교인이었다고 한다. 그런데 교회를 통해서 그는 특별한 사건을 보고 충격을 받았다. 교인들이 서로 재산을 공유하고 있었기 때문이다. 이런 모습은 세상 그 어디에서도 찾아볼 수도 없었고, 있을 수도 없으며, 상상조차 불가능했다. 형제는 물론 부모와 자식 간에도 재산 다툼이 허다한데, 그런데 교인들은 서로 재산을 나눠 쓰고 있었다. 초기 교회와 박해시대에 교인이 되기 위해서는 생명과 재산을 포기해야만 가능했다. 이런 사실들은 교회사에서 확인되고 있다.

둘째, 희년 실천 운동보다 더 귀한 일은 없었다. 누가는 교회에서 교인들이 희년의 정신을 실천하는 것을 보면서 이보다 더 귀하고 또 중요한 일은 없다고 생각했다. 아마도 누가는 이것 때문에 기독교인이 되었고 또 복음사역자가 되어 평생을 헌신했을 것이다. 누가는 이 땅에서 희년의 정신이 실현되는 세상을 하나님 나라의 시작이라고 생각했다. 누가는 하나님 나라는 지금 여기에서 이렇게 시작된다고 보기 때문에 그는 실현된 종말론 또는 현재적 종말론을 말하고 있다.

누가복음은 희년 실천 운동을 곧 하나님 나라 운동으로 보고 있으며, 지금 여기서 희년 실천 운동에 동참하는 사람이 구원받은 사람이라고 선언한다. 이를 거부하는 사람은 낙타가 바늘구멍으로 들어가는 것만큼 하나님 나라에 들어가기가 힘들다. 즉 구원받을 수 없다고 말한다. 누가복음의 이런 구원론은 십자가 구속사 구원론에 익숙해 있는 오늘 우리 기독교인들에게 큰 혼란과 당혹감을 느끼게 한다.

❹ 가르침

누가복음은 예수님의 가르치심을 특별히 강조하고 있다. 예수님께서는 가르치심으로 사역을 시작하셨으며(3:23, 4:15), 예수님의 사역은 가르치심으로 일관되고 있다. 예루살렘의 사역은 날마다 성전에서 가르치심으로 시작하여(9:24) 가르치심으로 끝나고 있으며(21:37), 부활하신 후에도 제자들을 가르치셨으며(24:27, 45), 승천하시면서도 가르치셨다(행1:8) 누가는 왜 이렇게 예수님의 가르치심을 강조하고 있을까?

당대 최고의 지성인인 누가는 교회에서 사도들의 가르침을 들으면서 크게 놀랐다. 그리스 · 로마 세계에는 뛰어난 교사들이 많이 있었으나 세상 그 어디에도 사도들과 같은 교사는 없었다. 사도들의 가르침에는 귀신과 질병이 떠나갔으며, 인간이 가장 실행하기 어려운 희년의 정신을 실천으로 옮기게 했다. 사도들의 가르침은 돈을 받고 파는 죽은 교육이 아니라 사람의 삶을 바꾸는 살아있는 교육이었다. 당대 최고의 지성인 누가는 교회에서 사도들을 가장 위대한 스승으로 만났다. 이런 사실은 다른 복음서와 달리 누가복음에서는 사도들의 약점이 제거되어 있으며, 사도행전에서는 삼천 명, 오천 명의 교인들이 사도들의 가르침을 따르고 있다는 기록에서도 확인된다.

누가는 사도들의 이런 가르침이 어떻게 가능했을까에 관심을 가지고 추적한 결과 예수님의 가르치심에서 원인을 찾을 수 있었다. 누가복음에 의하면 사도들은 수년 동안 예수님과 숙식을 하며 배웠고 또 예수님은 끊임없이 제자들을 가르치셨다. 누가복음에 유달리 비유가 많은 이유도 여기에 있다. 이런 이유로 누가복음에는 예수님이 가르치시는 교사로 그려져 있다.

❺ 영성가

누가복음과 사도행전에는 기도와 성령에 관한 이야기들이 많이 들어있다. 예수님의 사역은 기도로 시작하셔서 기도로 마치셨다. 세례받으실 때에도 기도하셔서 성령이 임했으며(3:21), 늘 밤을 새워 기도하셨고, 제자들에게도 기도를 가르치셨으며, 십자가에서 돌아가실 때에도 기도하시면서 돌아가셨다.(23;46) 예수님께서 승천하신 후 사도들을 포함한 120여 명의 사람들은 마음을 같이하여 오로지 기도에 힘썼으며(행1:14), 오순절 아침에 기도할 때에(행2:1) 성령이 각 사람에게 임하면서 외국어들을 말하게 되었고, 이를 보고 삼천 명이 회심을 했으며, 기도할 때에 사도들을 통하여 온갖 기사와 이적이 일어났다. 사도행전에는 성령에 관한 언급들은 셀 수 없이 많아서 일명 성령행전이라 불린다. 누가는 왜 이렇게 기도와 성령에 대한 관심이 많았을까?

그리스 · 로마 세계를 너무나 잘 아는 지성인 누가는 교회를 통하여 살아계신 하나님을 만났기 때문이다. 그리스 · 로마 세계에는 온갖 신화와 신전들이 널려있었고 또 마술사와 기적을 일으킨다는 사람들도 있었다. 그러나 그 어디에도 살아있는 신이 없었지만, 누가는 교회에서 살아계신 하나님과 살아있는 기적을 만났다. 그런데 그런 기적들은 기도를 통하여 일어났다. 살아계신 하나님은 교인들의 기도에 응답하셨다. 즉 하나님과 교인들의 관계는 살아있는 관계였다.

이런 영적인 일들을 경험한 누가는 이에 대하여 기록을 남겼을 뿐만 아니라 많은 기도를 통하여 깊은 영성에 도달했다. 이런 사실은 그의 글을 통하여 여러 곳에서 엿볼 수 있다. 위에서 언급한 기도에 관한 이야기 외에도 제자들을 부르시는 이야기(5:1~11), 기도에 관한 비유(11:5~8, 18:1~14), 청지기의 비유(12:35~44), 잃었다가 다시 찾은 양과 드라크마와 두 아들의 비유(15:1~32) 등은 누가복음에만 나오는 비유인데, 이는 단순한 예화가 아니라 하나같이 영성 세계의 실재를 담고 있다. 이런 비유들이 누가복음에만 있다는 사실은 누가가 이런 영성의 세계를 직접 경험했음을 반영하고 있다. 경험이 없다면 이런 식으로 기록할 수가 없기 때문이다.

누가, 그는 지성인, 역사가, 문학가라는 평을 받고 있다. 그런데 그 무엇보다도 그는 뛰어난 영성가였다.

❻ 계약법과 구원

이방인 누가는 성년이 된 다음에 기독교를 접한 사람이다. 그런데 놀라울 정도로 구약 율법(계약법)의 핵심과 선지자들을 꿰뚫으며 이해하고 있다. 복음서 서두에 들어있는 사가랴와 엘리사벳, 마리아의 수태고지, 시므온과 안나, 목자들의 이야기와 세례 요한의 탄생 과정과 설교 등은 계약법과 선지자들과 그 역사의 흐름에 관한 이해가 없으면 쓸 수가 없다. 예수님의 첫 사역을 나사렛 회당의 희년 선포로 설정하는 것 역시 계약법에 대한 통찰을 요구한다. 제자들과의 마지막 식사 자리를 새 계약 체결로 그리고 있으며, 복음서에 이은 사도행전은 새로운 계약공동체 탄생의 이야기로 시작하고 있다. 누가가 복음서에 이어 사도행전을 기록한 이유는 옛 계약의 폐지와 새로운 계약 체결, 새 계약공동체인 교회의 탄생과 확산 등을 계약의 시각에서 해석하여 연결하기 위함이다.

누가에는 영생과 구원에 관한 이야기가 많이 나오는데, 계약법을 지키는 사람이 구원을 받는다고 말하고 있다. 앞에서 언급한 바와 같이 희년 실천 운동이 곧 하나님 나라 운동이며, 이 운동에 동참하는 사람만이 구원을 받는다는 해석은 이런 실천이 곧 계약법을 지키는 것이기 때문이다.

누가의 이런 구원론은 바울의 구원론과 맥을 같이한다. 바울이 말하는 믿음은 아브라함이 믿었던 것과 같은 믿음을 말한다. 아브라함의 후손은 혈통의 후손이 아니라 아브라함과 같은 믿음의 후손이다.(롬4장, 갈3장) 아브라함은 계약의 조상이다. 복음서에서 구원받은 사람을 아브라함과 관련짓는 이유는 계약법을 통하여 구원받기 때문이다. 바울이 믿음으로 구원받는다고 말할 때의 믿음은 아브라함처럼 계약을 지키는 믿음을 말한다. 그런데 그 계약법은 예수님을 통하여 주시는 은총과 도우심으로만 지킬 수 있다. 바울서신을 다시 해석해보면 구원론에서 있어서 누가와 동일함을 발견하게 된다. 바울의 동역자였던 누가는 오랫동안 바울과 같이 있으면서 그를 통해 구약성경의 핵심에 대한 이해가 깊어졌다고 볼 수 있다.

❼ 여인들의 복음

누가복음은 여인들의 복음서라고 할 만큼 남성과 여성을 병렬로 기록하고 있다. 계약법의 정신은 신분, 지위, 빈부, 남녀 등에 있어서 아무런 차별을 두지 않는다. 누가는 이런 계약법에 충실하기 때문에 남성과 여성을 동등하게 기록하고 있다. 이런 기록 역시 누가가 처음 나갔던 교회의 모습을 반영하고 있다. 교회에서는 남녀 간에 아무런 차이가 없었고 이 또한 누가에게는 인상적으로 다가왔기 때문에 이렇게 기록했다.

누가복음과 사도행전

누가가 어떤 사람이었는지, 복음서와 사도행전을 왜 이런 방식으로 썼는지를 살펴보았다. 이 설명 속에는 이방인인 누가가 왜 또 복음서를 쓰려고 했는지 그 이유도 같이 들어 있다. 누가는 앞에서 열거한 부분들을 특별히 더 강조하기 위하여 누가복음과 사도행전을 기록했다.

그런데 누가복음과 사도행전은 분량에서 바울서신과 맞먹으며, 신약성경 전체의 1/4에 해당된다. 만일 사도행전이 없었다면 우리는 사도시대의 교회에 대하여 아무런 정보도 얻지 못했을 것이다. 복음서에서도 누가만의 자료가 많이 들어있다. 이런 측면에서 보면 누가야말로 신약성경에서 가장 큰 비중을 차지한다고 해도 결코 과언이 아니다.

그러면 이런 누가의 글들은 오늘 우리에게는 어떤 의미를 줄까?

누가 · 행전의 현대적 의미

오늘 우리가 당면한 과제라는 입장에서 누가복음과 사도행전이 주는 의미를 몇 가지 생각해 보고자 한다.

❶ 빈부격차

과거부터 지금까지 인류가 당면했던 가장 심각한 문제는 무엇일까? 주기적으로 인류를 공포에 몰아넣은 전염병은 현대에 이르러 거의 사라졌으며, 인권 문제 역시 현대에 이르러 많이 개선되었다. 그런데 태고로부터 인류는 기아와 절대 빈곤에 시달렸고, 현대에 이르러 많이 해결되었지만 아직 심각한 수준이며 또 앞으로도 개선될 기미가 전혀 보이지 않는다. 인류의 1/3은 지금도 기아선상에 놓여 있으며, 1/3은 가난에 시달리고 있다. 선진국으로 분류된 나머지

1/3 국가에서도 개인 간의 빈부격차는 날로 심각해지고 있으며, 국가 간에는 더 심각해지고 있다.

기아와 빈부격차는 인류에게 남아있는 역사적인 과제이며 시급히 해결해야 할 과제다. 인류 모두가 숙명적으로 빈곤에 시달릴 때에는 기아를 해결할 방법이 없었다. 그러나 대량생산이 가능해진 오늘날에는 마음만 먹으면 해결할 수 있다. 우리와 같은 시대를 살아가는 사람 중에서 세 명 중 한 명이 굶어 죽어가는 비참한 현실을 외면한다면 이는 사람이기를 포기한 것과 다를 바 없다. 방법이 없다면 몰라도 방법은 있는데 마음이 없어서 해결되지 않는다면 이는 방조를 넘어서 고의에 해당되는 죄이며, 그 어떤 변명의 여지는 물론 하나님의 심판을 면할 수 없다. 이런 현실을 모른 체하면서 신앙 의인, 오직 은총, 영혼 구원 등을 운운한다면 이는 그 자체가 모순이며, 하나님을 우롱하는 범죄행위이다. 도대체 기아와 빈부격차를 어떻게 해결해야 할까?

❷ 현실적인 대안

해결이 가능하지만 해결되지 않는 이유는 현실적인 대안이 없기 때문이다. 뜻있는 사람들과 여러 단체들이 많은 관심을 가지고 해결을 시도하고 있어서 많은 도움이 되고 있다. 그러나 근본적인 해결책은 되지 않고 있다. 무엇을 어떻게 해야 할까?

그런데 희년 실천 운동과 하나님 나라를 실현하는 구원사역을 동일하게 보는 누가복음은 현실적이며 근본적인 대책을 제시하고 있다. 누가복음에 의하면 대책이 따로 있는 것이 아니라 기독교 자체가 근본 대책이다. 구약성경은 하나님과 이스라엘이 맺은 계약법이며, 신약성경은 교회가 하나님과 맺은 계약법이다. 따라서 계약을 지키는 것이 구원의 길이다. 그런데 그 계약법의 핵심은 희년 실현이다. 구원 사역은 곧 희년을 실현하는 사역이다. 바꾸어 말하면 기아와 빈부격차의 문제를 해결하는 운동에 동참하는 사람만이 구원 받는다는 말이다.

누가복음은 이런 하나님 나라 운동과 더불어 내재적이며 현재적인 종말론을 선언한다. 하나님 나라는 지금 여기서 기아와 빈부격차 해결을 시도하는 그곳에 임재하며, 하나님께서 함께하신다. 개인 구원과 영혼 구원, 구원 확신과 내세 천국 등에 익숙한 우리 기독교인들에게 누가복음은 전면적인 재해석을 요구하고 있다.

❸ 21세기의 복음서

누가복음과 사도행전이 신약성경에서 차지하는 비중이 가장 컸음에도 불구하고 누가복음의 핵심은 그동안 가려져 있었다. 오늘 우리의 과제는 누가복음과 사도행전을 통하여 십자가 구속사 구원론의 한계를 극복하고 경제분야에서 인류 역사의 마지막 남은 과제인 기아와 빈부격차를 해결하며, 이 땅에 하나님 나라를 실현하는 구원 사역을 확산시키는 일이다. 21세기를 맞으면서 기독교는 한계에 도달했으며, 위기를 극복할 새로운 돌파구를 찾아야 한다. 이런 측면에서 누가복음과 사도행전은 오늘 우리에게 좋은 길잡이가 되리라고 확신한다.

이 책이 있기까지 많은 분들의 관심과 기도와 헌신이 있었습니다. 그분들에게 진심으로 감사를 드립니다.

2020년 8월 1일,

길동무

제1부 : 계약, 탄생, 선구자들

물음 1~15 (1:1~4:13)

물음 01 창조, 계약, 구속, 서로 어떤 관계일까?[1]

• 성경이 말하려는 핵심은 무엇일까?
• 성경에서 말하는 구원은 어떤 것일까?
• 왜 예수님을 통해서만 구원받을 수 있을까?

잘 아는 것 같지만 대답이 쉽지 않은 질문들이다. 이에 대하여 창조와 계약과 구속(救贖)의 상호 관계를 통하여 간략히 설명하고자 한다.

1. 창조

성경은 하나님께서 세상을 만드시는 이야기로 시작하고 있다. 하나님께서는 말씀으로 먼저 빛을 만드신 후 하늘과 땅, 바다와 육지 등을 비롯하여 만물을 만드시면서 각각의 위치와 자리를 정해 주셨다. 이로 인하여 우주 만물에는 질서와 조화가 깃들게 되었다. 만물의 질서와 조화를 다른 말로 하면 자연을 지배하는 법(法)이다. 만물은 하나님께서 만드신 법질서에 따라 각각 존재 양식을 가지게 되었다.

---

1) 〈물음01〉 창조, 계약, 구속, 서로 어떤 관계일까? 와 〈물음02〉 복음서의 순서, 서로 어떤 연관성이 있을까?는 복음서 이해에 있어서 기본이라고 생각되어 「마태복음」, 「마가복음」, 「누가복음」의 첫 시작에서 공통으로 다루었다.

만물을 만드신 다음에 마지막으로 사람을 만드셨다. 사람을 나중에 만드신 이유는 사람이 살아갈 환경이 필요했기 때문이다. 하나님께서는 하나님의 모양과 형상을 따라 사람을 만드셨는데, 이를 위해 직접 흙으로 육체를 빚으시고 코에 생기를 불어 넣으셨다. 최초의 인간을 '아담'(אָדָם)이라고 했는데 '사람'을 뜻한다. 즉 아담은 고유명사이자 보통명사이며, 흙에서 나왔다는 뜻이다.

하나님께서는 아담에게 동물들의 이름을 짓게 하시고, 하나님을 대신해서 만물을 관리하고 다스리게 하셨다. 인간과 자연환경의 관계에서 자연환경은 인간을 위해서 만들어졌고 인간의 지배를 받게 되어있다. 이것이 본래의 창조 질서이다.

하나님께서는 사람 즉 아담을 에덴동산이라는 낙원에 살게 하셨는데, 그 동산 한가운데 선악과(善惡果)라는 과일나무를 만드시고 선악과만은 먹지 말라고 하셨다. 선악과는 문자 그대로 선과 악의 열매이며, 사람이 에덴동산에서 살아가면서 지켜야 할 법도를 말한다. 본능에 따라 살아가는 다른 피조물과는 달리 사람에게는 악을 멀리하며 선을 행해야 할 법, 즉 윤리와 도덕이 주어진 것이다. 선악과를 먹지 말라는 뜻은 사람에게 주어진 법을 지키라는 뜻이다.

그런데 아담(사람)은 선악과를 먹음으로써, 즉 지켜야 할 도리와 법을 지키지 않음으로 낙원에서 쫓겨나 온갖 고생을 하며 살다 죽은 후 다시 흙으로 돌아가게 되었다.

이상은 성경의 첫 책인 창세기 1~3장의 이야기를 간추린 것이다. 이런 창조 이야기는 계약과 어떤 관련이 있을까?

2. 계약 관계

'계약'(베리트 תירב 디아데케 διαθήκη)이라는 용어는 쌍방 관계의 용어이다.[2)] 창조주와 피조물의 관계, 그리고 구약성경과 신약성경

은 계약이라는 용어로 설명해야 그 의미가 명확해지는데 이를 세분하여 설명하고자 한다.[3]

❶ 세상과의 계약

창조 이야기에 의하면 하나님께서 세상 만물을 지으실 때 그들에게 존재하는 방법을 주시고 그 법대로 살게 하셨다. 따라서 하나님과 세상의 모든 피조물은 서로 계약 관계이다. 하나님도 창조의 법을 지키실 뿐만 아니라 법 자체이시다. 자유의지가 없는 피조물은 선택의 여지가 없으므로 본능에 의해 주어진 법대로 존재한다. 이들과 창조주와의 계약 관계는 비인격적이며 일방적인 계약이다. 인격과 자유의지가 없는 피조물은 본능에 따라 존재하기 때문에 계약 파기란 있을 수가 없다.

❷ 사람과의 계약

그러나 사람의 경우는 다르다. 하나님께서는 사람을 하나님의 모양과 형상대로 만드시고 자유의지와 인격을 주셨다. 따라서 하나님과 사람의 관계는 특별한 관계이며, 인간에게만 주어진 선악과는 이런 특별한 계약 관계를 말해준다. 사람에게는 인격과 선택의 자유가 주어져 있으므로 하나님과 사람의 계약은 서로 계약 조건을 이행해야 하는 쌍방 계약이다.

계약 파기

선악과는 계약을 말하는데, 아담이 선악과를 먹었다는 것은 계약

---

2) 베리트(תירב)는 '쪼개다'라는 뜻으로, 계약을 체결할 때 짐승을 쪼개 놓고 그 사이를 지나가면서 계약을 체결했는데, 계약을 어기면 짐승처럼 쪼개어 죽임을 당한다는 뜻을 담고 있다.

3) 아이히로트(Walther Eichrodt 1890~1978)은 계약의 관점에서 구약신학을 전개했다. 그의 대표적인 저서인 「구약성서 신학」 Theologie des Alten Testaments (2권, 1933~35)은 구약성서신학의 새로운 지평을 연 책으로 평가를 받고 있다. 그는 이 책을 3부로 나누어 1부에서는 하나님과 그의 백성, 2부는 하나님과 세계, 3부는 하나님과 인간 등 세 측면에서 계약을 다루고 있다.

을 지키지 않았다는 뜻이다. 인격에 기초한 쌍방 계약은 어느 한쪽이 계약을 어기면 당연히 파기되게 마련이다. 계약을 파기한 아담은 에덴동산에서 쫓겨났으며 모진 고생을 하다 죽어갈 운명에 처해 졌다.

아담의 계약 파기는 자연에도 영향을 주어 땅은 저주를 받았다. 아담의 계약 파기가 자연환경에 영향을 준 이유는 자연환경이 본래 인간을 위하여 만들어졌고 아담은 동물의 이름을 짓고 또 관리하는 등 창조에 일정 부분 동참했기 때문이다. 창조 질서와 계약에 의하면 인간은 단순히 피조물이 아니라 창조의 동역자이고 피조물을 관리해야 할 하나님의 대리자이다. 그런데 계약 파기로 인하여 사람은 죄의 지배를 받는 죄인으로 전락했으며, 또 자연환경을 바르게 관리하던 위치에서 반대로 자연의 지배를 받거나 자연을 파괴하다가 흙이 되어 자연으로 돌아가게 되었다.

형벌

계약을 파기한 사람에게 주어진 형벌은 구체적으로 무엇일까? 이렇게 기록되어 있다.

> 아담에게 이르시되 … 땅은 너로 말미암아 저주를 받고 너는 네 평생에 수고하여야 그 소산을 먹으리라 땅이 네게 가시덤불과 엉겅퀴를 낼 것이라 … 네가 흙으로 돌아갈 때까지 얼굴에 땀을 흘려야 먹을 것을 먹으리니 네가 그것에서 취함을 입었음이라(창3:17~19)

사람에게 주어진 가장 큰 형벌은 양식을 얻기 위한 수고였다. 그 이유는 땅이 저주를 받아 이제는 더 이상 양식을 내어주지 않았기 때문이다. 육체는 양식을 매일 먹어야만 하는데 이제 땅은 가시덤불과 엉겅퀴를 내며 양식을 주지 않아 땀 흘려 일을 해야 먹고 살게 되었다. 그러면 이런 형벌 이전에는 양식을 어떻게 얻었을까?

> 하나님이 이르시되 내가 온 지면의 씨 맺는 모든 채소와 씨 가진 열매 맺는 모든 나무를 너희에게 주노니 너희의 먹을 거리가 되리라(창1:29)

이 말씀은 사람을 만드신 직후에 주신 말씀인데 타락 이전에는 여러 가지 곡식과 열매, 채소 등이 늘 먹거리로 주어져 있어 아무 때나 어디에서든지 먹고 싶은 것을 마음대로 먹을 수 있었다. 그런데 에덴동산에서 쫓겨난 이후에는 이런 자연적인 먹거리가 사라지고 땀 흘려 일해야 겨우 먹거리를 구할 수 있었다.

자연환경의 여러 문제에 시달리며 살아가다가 흙으로 돌아가야 하는 인간의 불행을 지켜보시던 하나님께서는 사람을 이런 불행에서 구해내실 계획을 세우셨다. 그 방법이 무엇일까?

구원의 방법과 계약 실천

아담이 계약을 지키지 않아 계약이 파기되어 불행이 왔으므로 그 불행을 근원적으로 해결하는 방법은 계약을 회복시키는 길뿐이다. 다른 방법은 있을 수 없다. 인간 구원과 계약 준수는 뗄래야 뗄 수 없는 관계이다. 따라서 그 어떤 경우에도 계약을 지키지 않으면서 구원을 운운하는 것은 이치에 맞지 않다. 구원을 받기 위해서는 다시 계약으로 돌아가서 계약을 회복시켜야만 한다.

계약의 실현성

하지만 계약을 통해서만 구원을 받을 수 있다고 할 때 다음과 같은 의문이 생긴다.

첫째, 하나님께서는 인간이 계약을 지키지 못할 것을 다 아시면서 왜 계약을 맺으셨는가?

흔히 이런 질문을 한다. 미리 다 아시는 하나님께서 아담이 선악과를 먹을 것을 알면서 왜 만들어 놓으셨을까? 누구나 물을 수 있는 질문이다. 이 질문에 대답하려면 하나님의 인격에 대하여 먼저 이해해야 한다. 하나님은 우리 인간과 비슷한 수준이 아니라 완전하신 분이시다. 그 완전성 중의 하나가 인격이다. 완전하신 하나님의 완전한 인격은 어떤 것일까? 하나님의 완전성은 그 존재의 본성에서만이 아니라 다른 인격체인 사람과의 관계에서도 완전하시다. 불완전한 인격을 지닌 인간은 약속을 완전하게 지킬 수 없다. 아무리 지키려고 해도 지킬 수 없는 상황이 생길 수 있기 때문이다. 따라서 상대방을 완전하게 신뢰할 수 없다. 서로가 불완전하기 때문이다.

하지만 완전한 인격을 지니신 하나님은 사람을 완전하게 신뢰하신다. 따라서 아담과 계약을 맺으실 때 선악과를 먹을 것을 하나님께서 미리 아셨다는 말은 하나님에게는 성립되지 않는다. 그런 생각은 불완전한 인격을 지닌 사람의 의심에서 나오는 생각일 뿐이다. 하나님께서는 지금도 모든 사람을 완전하게 믿으시며 누구도 결코 의심하지 않으신다.

예수님과 가룟 유다와의 관계도 마찬가지이다. “유다가 배반할 것을 아시면서 왜 제자로 삼으셨는가?”라는 물음은 성립되지 않는다. 배반할 가능성은 유다만이 아니라 자유의지를 가진 인간 모두에게 동일하게 있다. 그런데 예수님께서는 인간에게서 실패하고 배반할 가능성이 아닌 완전해질 가능성만을 보신다. 비록 유다가 잘못된 길을 선택했을 때에도 끝까지 신뢰하시며, 안타까워하시며 마지막 순간까지 호소하고, 기다리시며, 믿으셨다. 유다만이 아니라 베드로를 비롯한 모든 제자들을 그렇게 대하셨다. 예수님께서는 지금도 모든 인간을 이렇게 대해 주신다.

하나님의 인격은 본성에서만이 아니라 사람과의 관계에서도 완전하셔서 인간의 인격을 완전히 믿으시기 때문에 인간과 계약을 맺으신다. 그리고 끝까지 인격으로 대해주신다. 완전하신 하나님에게는 의심이란 있을 수 없다.

둘째, 불완전한 인간이 완전하신 하나님과 쌍방 계약을 맺는 것이 가능한가?

자유의지와 인격이 없는 동식물과는 쌍방 계약을 맺을 수 없다. 하나님의 법에 따라 주어진 본능대로 사는 일방 계약이 있을 뿐이다. 그러나 자유의지와 인격을 지닌 인간과의 관계는 쌍방 관계가 된다. 선택할 수 있는 자유의지와 인격이 있다는 말은 동시에 책임도 있다는 뜻이다. 따라서 해야 할 도리는 반드시 지켜야 한다. 인격적인 관계에서 지키지 않고도 없었던 일로 할 수는 없으며 또 대신해 줄 수도 없다. 자기 일은 자신이 해야 한다. 인격체 사이의 관계는 곧 쌍방 관계이며, 관계의 유지는 곧 계약 실천에 있다. 따라서 하나님과 인간의 관계는 쌍방 계약 관계일 수밖에 없다.

셋째, 타락 이전의 아담도 지키지 못한 계약을 죄의 지배를 받는 우리가 어떻게 지킬 수 있는가?

하나님께서는 사람을 누구보다 잘 아신다. 완전하신 하나님께서 불완전한 인간에게 지키지 못할 조건을 요구하지 않으신다. 지킬 수 있는 것을 지키라고 하신다. 아담의 불순종 이후 비록 인간의 인격과 도덕성이 크게 손상되었지만 아직 자유의지와 합리적인 판단력이 어느 정도 남아있기 때문에 실천 가능한 범위에서 요구하신다. 모세에게 사명을 주실 때에 "네가 가진 것이 무엇이냐?"라고 물으셨으며, 모세가 가지고 있던 양치는 지팡이를 가지고 시작하게 하셨다. 후일 이스라엘에 주신 계약법도 마음만 먹으면 지킬 수 있는 조항들이었다. 하나님께서는 사람에게 가능한 것을 할 수 있는 정도까지만 요구하신다. 그러면 사람이 한 일로 계약의 목적이 완성될 수 있는가? 전혀 아니다. 그러면 어떻게 되는가?

그 나머지는 다 하나님 몫이다. 인간이 할 수 없는 부분은 하나님께서 책임지고 완성시키신다. 또 인간의 몫도 계약을 지키려고 노력하면 지킬 수 있도록 도와 주신다. 따라서 하나님께서 인간과 맺어 주시는 쌍방 계약은 결국 은총의 계약이다. 사람에게 할 수 있는데까지를 요구하시고 도와주시며 나머지는 다 하나님께서 하시기 때문이다. 오병이어의 이야기를 보면 사람이 한 일은 가진 것의 전부인 보리떡 다섯 개, 물고기 두 마리를 드리는 것이었고, 예수님께서 축사하시고 돌려주신 다음에 사람들에게 나누어 주었을 뿐이다. 그 나머지는 예수님께서 남자만 오천 명 이상의 사람들이 먹고도 열두 바구니에 남게 하셨다. 성경에 등장하는 초자연적인 기적의 이야기들은 하나님께서 계약을 지키시는 이야기들이다. 성경의 초자연적인 이야기들은 모두 계약과 관련이 있다.

하나님과 인간의 계약이 쌍방 관계이지만 인간에게 지킬 수 있는 데까지만 요구하실 뿐만 아니라 또 지킬 수 있도록 도와주시기 때문에 사실상 은총으로 맺어진 계약이다.

❸ 시내산 계약

하나님께서 인간과 계약을 체결하심으로써 인간을 구원하신다. 그런데 누구와 어떻게 계약을 체결해야 하나? 계약이 잘 지켜질 수 있는 가장 현실적인 방법은 무엇일까?

한 사람 선택

계약 대상이 갖추어야 할 우선적인 조건은 그 계약 정신에 동의할 뿐만 아니라 기꺼이 실천하기를 원하는 사람이어야 한다. 하나님께서는 그런 사람을 찾으시기로 하셨다. 계약 정신은 이기적인 욕심을 버리고 모든 사람이 같이 잘 살게 하려는 마음이다. 성경에서는 이런 가치를 실천하려는 사람을 가리켜 '의인'이라고 한다.

세상 사람들을 지켜보시던 하나님께서는 드디어 한 사람을 찾으셨다. 그 사람이 누구일까? 아브라함이다. 이런 이유로 아브라함을 '믿음의 조상, 복의 근원'이라고 한다. 아브라함에게 "너와 네 후손을 통하여 모든 민족이 복을 받으리라."(창12:3)라고 말씀하신 이유는 그가 모든 사람이 복 받고 행복하게 살기를 누구보다도 더 원했기 때문이며, '네 후손을 통하여'라고 하신 이유는 아브라함의 그 큰 뜻을 그 후손들이 이어받았기 때문이다.[4]

4) 창조의 이야기와 선악과, 아브라함, 이삭, 야곱, 요셉 등에 대해서는 졸저 「창세기」에

그 후손과 계약 체결

아브라함의 후손인 이스라엘 사람들은 애굽에서 400년간 종살이를 하고 있었는데, 하나님께서는 약속대로 이스라엘을 해방시킨 후 시내산에서 그들과 세상 구원을 위한 계약을 체결하시고 계약법을 주셨다. 하나님께서는 그들에게 가나안에 들어가서 신분, 지위, 빈부의 격차가 없는 이상적인 나라를 만들라고 당부하셨다.

보여주는 선교

계약공동체가 할 일은 무슨 특별한 무엇이 아니라 가나안에서 공동체 구성원끼리 서로 도우며 이상적인 삶을 사는 것이다. 그러면 무슨 일이 일어나는가? 주변에 있는 다른 민족과 나라들이 보고 따라 배울 수밖에 없다. 지극히 단순한 방법이다.

이같이 하나님께서 이스라엘과 계약을 맺으심으로써 아담의 불순종으로 파기된 계약이 다시 회복되고 이 땅에 하나님 나라의 모형을 실현할 수 있는 길이 열렸다. 이스라엘과 하나님이 시내산에서 맺은 계약을 옛 계약이라고 하며, 구약성경은 옛 계약공동체에 관한 이야기이다.

❹ 계약 실현 방법

하나님과 인간이 맺은 계약은 인격과 자유의지에 기초한 쌍방 계약이다. 계약 이행은 무엇을 어떻게 하는 것일까?

계약공동체

하나님께서 사람과 맺으신 시내산 계약의 대상은 개인이 아니라 공동체다. 그 이유는 계약공동체가 이상적인 나라를 만들어 세상에 보여주는 방법이 가장 현실적이기 때문이다. 따라서 사람이 실천해야 할 계약법의 특징과 실천 방법은 이상적인 나라를 만드는 데에

서 상세하게 설명했다.

있다. 구약의 율법서는 이를 위한 법이다. 계약공동체의 실천 범위는 일차적으로 계약공동체 내에 국한된다. 세상 모든 사람을 향해서 이상적인 윤리를 실천한다는 것은 불가능하기 때문이다.

계약공동체가 만들어야 할 나라는 신분, 지위, 빈부의 격차가 없는 공평한 나라인데, 이런 나라를 구약성경에서는 '거룩한 나라'라고 한다. 구약의 율법은 이를 위한 계약법인데, 십계명을 비롯한 안식일, 안식년, 희년 등은 이런 거룩한 나라를 만들기 위한 실천 방법이다. 계약공동체 신앙의 특징은 특별히 구별된 성전에서 제사와 화려한 종교의식으로 하나님을 섬기는 데 있지 않고, 계약법을 똑바로 배우고 가르쳐서 공동체의 모든 사람들이 골고루 행복하게 잘 살게 하는 데에 있다. 예수님께서 말씀하신 이웃사랑은 계약공동체 내에서 실천해야 할 법이다.

계약공동체에 주어진 역할은 이런 거룩한 하나님 나라의 모형을 만들어 세상에 보여주어 세상으로 구원받게 하는 '보여주는 선교'이다.

하나님

하나님께서는 계약을 맺은 공동체가 이 땅에서 하나님 나라의 모형을 만들도록 구체적으로 도우신다. 우선 계약공동체가 세약을 실천하여 하나님 나라의 모형을 만들 수 있도록 땅을 주신다. 옛 계약공동체인 이스라엘에게는 가나안을 주셨고, 새 계약공동체인 교회에는 로마제국을 주셨다. 그러나 계약공동체가 이 땅에서 사람의 힘만으로 하나님 나라의 모형을 만드는 것은 불가능하다. 이런 사실을 잘 아시는 하나님께서는 필요할 때 초자연적인 방법으로 도우셔서 계약공동체에는 용기와 힘을 주시며, 세상 사람들에게는 살아계신 하나님께서 계약공동체와 함께하심을 알려 주신다.

계약과 경제정의

구약의 계약법인 율법서의 중심은 안식년과 희년이다. 예수님께서는 희년(주님의 은혜의 해)을 실현하러 오셨고(누4:18~19), 복음의 대상은 가난한 자들이며(마11:5, 눅7:22), 예루살렘에서 교회가 시작되면서 재산 공유를 실천으로 옮겼다. 새 계약에서도 경제 문제가 핵심이다. 계약법에서 경제 문제가 중심인 이유는 창세기에서 아담이 계약을 어겨 에덴동산에서 쫓겨날 때 받은 형벌과 관련이 있다. 아담에게 주어진 형벌은 먹거리 자력 해결이었으며,[5] 그 결과 경제 문제가 인간이 해결하기 가장 어려운 문제가 되었다. 이런 이유로 계약 회복을 시도하는 계약공동체에서는 먹거리 문제 해결이 일차적인 과제가 된다. 주기도문에서도 일용할 양식의 해결이 가장 중요한 기도이며, 구약 예언자들의 표어인 "공의가 강같이 흐르게 하라!"에서 공의는 경제정의를 말한다.

경제 문제 해결은 개인과 가정, 사회와 국가에서 기본이지만 해결하기 가장 어려운 문제이며, 인류 역사의 마지막 과제이기도 하다. 공동체에서 계약법 실천과 경제정의 실현은 뗄 수 없는 관계이며 가장 중요한 과제다. 국가도 해결하기 어려운 역사의 과제인 경제정의를 어떻게 실현해야 하나?

계약과 초자연

경제정의 실현은 사람의 힘만으로는 불가능하다는 것을 하나님께서 더 잘 아시기 때문에 하나님께서는 계약공동체와 함께하시며, 필요한 경우에는 초자연을 동원하셔서 그 일이 반드시 되게 하신다. 성경에 기록된 초자연의 이야기 모두가 계약 체결이나 계약 실천과 관련된 이유는 여기에 있다. 자연을 대상으로 하는 기적들은 하나님께서 계약공동체로 하여금 계약을 실천해서 세상을 구원하도록 도우시는 구체적인 방법이다.

---

5) 아담에게 이르시되 … 땅은 너로 말미암아 저주를 받고 너는 **네 평생에 수고하여야 그 소산을 먹으리라** 땅이 네게 가시덤불과 엉겅퀴를 낼 것이라 … **네가 흙으로 돌아갈 때까지 얼굴에 땀을 흘려야 먹을 것을 먹으리니** 네가 그것에서 취함을 입었음이라(창3:17~19)

구약에는 이스라엘 민족이 애굽에서 탈출하여 계약의 땅인 가나안에 들어가는 과정에 많은 기적들이 있었다. 그 다음에는 계약대로 살도록 이끌어가는 사사와 선지자들의 활동 속에 기적의 사건들이 집중되어 있다. 신약에는 새로운 계약을 체결하시는 예수님의 활동과 예루살렘에서 교회가 탄생하여 로마제국으로 확산되는 과정에 많은 기적이 일어났다.

근대 이후 역사비평에서는 성경의 이적 이야기들을 신화로 취급하였고, 또 사실성보다는 비유처럼 그 의미에 초점을 맞추어 해석하고 있다. 현대에 이르러 성경 해석에서 가장 큰 논란의 대상은 늘 기적의 문제였다. 그런데 계약의 입장에서 보면 전혀 다르게 보인다. 성경의 초자연적인 사건들은 계약이 실현되도록 도우시는 하나님의 손길이며 방법이다.

계약과 자연환경

자연환경은 본래 인간을 위하여 먼저 만들어졌으며, 아담이 관리했지만 아담이 계약을 어김으로 인해 인간은 자연환경에 대한 통제력을 잃어버리고, 반대로 자연환경의 지배를 받게 되고 말았다. 그런데 이제라도 사람이 계약을 잘 지키면 본래의 실서가 회복되어 자연환경이 인간에게 적합한 환경으로 바뀌어질 수 있다. 예언자들은 동풍(더운 바람), 기근, 가뭄, 메뚜기, 황충 등을 하나님의 징계라고 했다. 또 예수님께서 폭풍과 풍랑이는 바다 등 자연환경을 다스리는 이적을 보여주신 이야기들도 계약의 맥락에서 보아야 명확하게 이해된다. 자연환경과 인간은 다 같이 하나님과 계약 관계에 있기 때문에 인간이 계약을 충실히 지키면 인간과 자연환경이 서로 공존하는 길이 열려질 수 있다.

❺ 옛 계약(구약) 파기

옛 계약공동체인 이스라엘은 가나안에 정착한 후 왕정기에 이르러 계약을 저버리고 말았다. 그 결과 BC 586년 나라가 멸망하고 포로로 끌려가 다시 노예로 전락했다. 그러나 신명기 예언자들의 헌신으로 유대인들[6]이 회개하고 다시 율법(계약법)을 지키려고 하자 하나님께서는 한 번 더 기회를 주셔서 BC 538년 귀환할 수 있었다. 귀환한 유대인들은 계약을 지키려고 했으나 안타깝게도 잘못된 방법으로 지켜 또 계약이 파기될 지경에 이르고 말았다. 포로기 이전의 왕정기에는 계약법을 소홀히 여기며 지키지 않다가 계약이 파기되었지만, 포로기 이후에는 계약을 철저히 지키려고 했으나 잘못된 방법으로 지켜서 계약이 파기되었다. 오늘 우리는 유대인의 시행착오에서 무엇이 문제였는지를 배워야 한다.

계약법을 잘못 이해하여 잘못 지키던 유대인들이 결국 돌이키지 않음으로 인해 AD 70년에 옛 계약은 파기되고 말았다. 유대인은 다시 로마제국에 나라가 멸망당하고 저항하던 사람들은 포로로 잡혀갔으며, 나머지는 쫓겨나 전 세계로 흩어지고 말았다.

이스라엘(유대인)의 실패는 이스라엘만의 문제가 아니라 이스라엘을 통한 세상 구원의 실패였다. 아담의 불순종과 이스라엘의 불순종으로 말미암아 계약은 완전히 파기되었으며, 이제는 세상이 구원받을 길이 사라지고 말았다. 하나님께서 세상을 구원하시는 방법은 계약이다. 왜냐하면 본래 하나님께서 세상을 만드신 관계가 계약 관계이기 때문이다. 따라서 계약이 아니고서는 구원이 성립될 수 없다.

아담의 불순종(계약위반)을 해결하기 위하여 아브라함의 후손 이스라엘과 맺었던 계약이 수포로 돌아감으로써 더 이상 계약을 추진할 수 없게 되었고, 동시에 세상 구원의 길이 사라졌다. 이 문제를 어떻게 풀어야 하나?

---

6) 솔로몬 이후 이스라엘은 북왕국 이스라엘과 남왕국 유다로 분열되었는데, 북 이스라엘은 BC 721년 앗수르에 멸망당했고, 남유다는 BC 586년 바벨론에 멸망 당한 후 포로로 끌려갔다. 그 이후 바벨론 포로에서 귀환한 이스라엘 사람들을 유다인(유대인)이라 부른다.

3. 예수님의 구속(救贖)

예수님의 구원 사역을 이해하려면 앞에서 설명한 구원과 계약의 관계를 먼저 이해해야 한다. 다시 말하지만 구원의 방법은 곧 계약 조건의 실천이며, 구원과 계약은 뗄 수 없는 관계이기 때문이다.

계약공동체인 이스라엘과 맺으셨던 계약이 이스라엘의 불순종으로 말미암아 파기되어 인간이 구원받을 길이 사라져 더 이상 추진할 수 없게 되고 말았다. 그러자 이제 하나님께서 하실 수 있는 마지막 수단을 사용하셨다. 그 마지막 방법이 무엇일까?

❶ 인간으로 오심(成肉身)

계약의 한 축이던 하나님께서는 인간이 지키지 못한 계약 파기의 책임을 떠안으시고 계약 파기의 댓가인 죽음을 대신 죽기로 하셨다. 달리는 방법이 없기 때문이다. 이를 위해서는 하나님께서 인간의 죽음을 죽으셔야 하므로 먼저 인간으로 오셔서 인간과 똑같은 삶을 사셨다. 하나님께서 인간으로 태어나시는 방법이 동정녀를 통한 성령잉태였다. 성령잉태와 동정녀탄생이 사도신경에 들어가 있는 이유는 이 교리가 인간의 구원과 직접 관련이 있기 때문이다. 이런 이유로 성경에서는 인간의 구원을 위하여 하나님께서 인간으로 태어나셨다고 말한다. 그분이 예수님이시다.

❷ 십자가의 대속(代贖)

하나님이시면서 인간으로 오신 예수님께서는 인간이 계약을 지키지 못한 죄를 위하여 대신 죽으시되 가장 고통스러운 죽음, 지옥의 형벌을 대신하는 죽음을 죽으셨다. 그 죽음이 십자가 형벌이었다. 십자가형은 로마제국에서 반역자를 가장 참혹하게 죽이는 방법이었다. 예수님께서는 십자가에서 인간이 계약을 지키지 못한 죄의 댓가를 대신 치르셨다. 예수님의 십자가 대속은 옛 계약공동체가 지키지 못한 '계약 파기 죄'를 대신 받으심이다. 예수님께서 십자가에서 대신 죽으심으로 계약과 상관없이 개인의 죄들이 다 용서되고 구원이 완성된다는 뜻이 아니다. 이 부분에서 오해하지 말아야 한다.

❸ 새로운 계약의 길

예수님의 십자가 대속으로 말미암아 파기된 계약을 다시 체결할 길이 열렸다. 이에 대해서는 예수님께서 성만찬 예식사에서 분명하게 말씀하셨다. 요한복음에는 성만찬 예식사가 제자들의 발을 씻기시는 이야기로 대신 되어있으며, 공관복음에 기록된 본문을 보면 다음과 같다.

> 이것은 죄 사함을 얻게 하려고 많은 사람을 위하여 흘리는 바 <u>나의 피 곧 언약의 피니라</u>(마26:28)
>
> 이것은 많은 사람을 위하여 흘리는 <u>나의 피 곧 언약의 피니라</u>(막14:24)
>
> 이 잔은 <u>내 피로 세우는 새 언약이니</u> 곧 너희를 위하여 붓는 것이라(눅22:20)

죽으심을 앞두고 예수님은 대속의 죽으심이 계약 체결을 위한 피라고 하셨다. 누가복음의 기록과 같이 예수님의 대속의 죽으심으로 새로운 계약이 가능해졌으며, 예수님은 새로운 계약을 체결하기 위하여 피를 흘리셨다. 이스라엘과 맺은 옛 계약이 파기되어 더 이상 구원받을 길이 없어졌는데, 이제 예수님의 대신 죽으심으로 새로운 계약, 즉 구원의 길이 열렸다. 계약과 상관없이 구원의 길이 열린 것이 아니다. 이 부분을 오해하지 말아야 한다.

❹ 죄 사함의 방법

마태복음의 "죄 사함을 얻게 하려고 많은 사람을 위하여 흘리는 바"라는 구절은 십자가로 말미암아 개인의 죄가 무조건 용서받는다는 뜻이 아니라 이제 계약을 지킴으로 죄 용서함 받을 길이 열려졌다는 뜻이다. 성경에서 말하는 죄는 계약을 지키지 못한 죄이다. 복음서 어디에도 계약과 상관없이 십자가를 통해서 직접 죄 사함을 받는다고 말씀하신 구절이 단 한 곳도 없는 이유는 여기에 있다. 세례 요한은 예수님께서 사역을 시작하기도 전에 '죄 사함을 받게 하는 회개의 세례'를 주었다.[7] 요한이 시작한 세례는 계약을 지키지 못한 죄를 회개하고 새로운 계약공동체의 일원이 되는 의식이다. 예수님께서 말씀하신 죄 사함과 관련된 말씀을 열거해보면 다음과 같다.

> 우리가 우리에게 죄 지은 자를 사하여 준 것 같이 우리 죄를 사하여 주시옵고(마6:12)
>
> 너희가 사람의 잘못을 용서하면 너희 하늘 아버지께서도 너희 잘못을 용서하시려니와 너희가 사람의 잘못을 용서하지 아니하면 너희 아버지께서도 너희 잘못을 용서하지 아니하시리라(마6:14~15)
>
> 진실로 너희에게 이르노니 무엇이든지 너희가 땅에서 매면 하늘에서도 매일 것이요 무엇이든지 땅에서 풀면 하늘에서도 풀리리라(마18:18)
>
> 서서 기도할 때에 아무에게나 혐의가 있거든 용서하라 그리하여야 하늘에 계신 너희 아버지도 너희 허물을 사하여 주시리라 하셨더라(막11:25)
>
> 비판치 말라 그리하면 너희가 비판을 받지 않을 것이요 정죄하지 말라 그리하면 너희가 정죄를 받지 않을 것이요 용서하라 그리하면 너희가 용서를 받을 것이요(눅6:37)
>
> 너희는 스스로 조심하라 만일 네 형제가 죄를 범하거든 경계하고 회개하거든 용서하라 만일 하루 일곱번이라도 네게 죄를 얻고 일곱번 네게 돌아와 내가 회개하노라 하거든 너는 용서하라(눅17:3~4)
>
> 너희가 누구의 죄든지 사하면 사하여질 것이요 누구의 죄든지 그대로 두면 그대로 있으리라(요20:23)

예수님께서 언급하신 죄 사함의 방법은 모두가 사람들과의 관계를 통한 용서다. 다시 말하면 계약공동체에서 사람들과의 관계와 죄의 용서는 직접 관련이 있다. 왜냐하면 사람이 짓는 죄의 대부분은 사람에게 지은 죄이기 때문이다. 사람에게 먼저 용서하고 용서받지 않으면서 하나님께만 용서를 받는다면 이는 모순이다. 다시 말하건대, 복음서에는 예수님의 십자가를 통하여 죄 사함을 받는다는 말씀이 단 한 구절도 없다는 사실을 명심해야 한다. 우리 기독교는 그동

7) 세례 요한이 광야에 이르러 죄 사함을 받게 하는 회개의 세례를 전파하니(막1:4, 눅3:3)

안 이 부분에서 큰 착오를 빚었다.

❺ 구원의 방법

한 율법사가 예수님을 찾아와서 “내가 무엇을 하여야 영생을 얻으리이까?”라고 물었다. 이 질문은 중요하기에 세 복음서(마19:16~26, 막10:17~27, 눅18:18~30)에서 상세하게 기록해 놓고 있는데 예수님께서는 뭐라고 대답하셨는가?

> **네가 생명에 들어가려면 계명들을 지키라** 이르되 어느 계명이오니이까 예수님께서 이르시되 살인하지 말라, 간음하지 말라, 도둑질하지 말라, 거짓 증언 하지 말라, 네 부모를 공경하라, 네 이웃을 네 자신과 같이 사랑하라 하신 것이니라(마19:18~19)

예수님께서는 영생에 이르는 길은 십계명 즉 계약의 말씀을 지키는 데에 있다고 하셨다. 영생을 얻는 방법에 대해서는 더 이상 논란의 여지가 없을 만큼 명확하게 말씀하셨다. 그런데 왜 그동안 우리는 이에 대하여 침묵했을까? 기독교 역사 2천 년의 가장 큰 수수께끼는 여기에 있다. 이에 대하여 뭐라고 대답해야 하나?

4. 구속사와 계약사

구속사와 계약사의 관계는 대단히 중요하며, 또 기독교 역사에서 가장 큰 오류를 빚은 부분이므로 이를 다시 정리해보면 다음과 같다.

❶ 구속사(救贖史)

기독교 구원론의 기초는 예수님의 십자가구속 사건이었으며, 구속사를 중심으로 성경과 역사의 전반을 해석했다. 구속사로 성경을 보면서 구약성경의 사건들과 말씀들을 예수님에 대한 예표나 예언으로 해석했다. 즉 구약성경은 오실 예수님에 대한 예언과 언약의 책이며, 예수님의 오심과 십자가의 죽으심으로 구약의 모든 예표와 예언은 성취되고 구원은 완성되었다고 보고 있다.

구속사에서는 예수님께서 우리 모두의 죄와 형벌을 대신 짊어지시고 십자가에서 죽으셨다는 사실을 믿음으로 받아들이면 누구에게나 구원은 이미 주어졌으며, 이 믿음으로 세상을 살다가 죽은 다음 천국에 가게 된다. 십자가를 통해서 값없이 주시는 은혜로 사죄(赦罪)와 구원이 주어지며, 어떤 행위로 구원을 받는 게 아니라고 한다.

교회는 이미 구원받은 사람들이 모인 친교와 선교 공동체이며, 교회가 해야 할 지상과제는 온 세상으로 나가 사람들에게 예수님을 영접시키는 영혼 구원을 위한 선교와 이웃을 사랑하는 사랑의 실천이다. 이 세상은 죄로 말미암아 심판받을 멸망의 대상이다. 구속사에 기초한 이런 세계관 때문에 교회가 아무리 많아져도 세상은 변화되지 않았다. 세상의 변화는 고사하고 중세기독교 시대는 암흑기가 되었고 기독교 국가에서 계몽주의가 등장하는 모순이 벌어졌다. 역사의 교훈을 똑똑히 살펴보아야 한다.

구속사에서 보면 인간은 아담의 범죄로 말미암아 원죄를 지녔기 때문에 십자가를 통한 사죄와 구원의 대상이다. 또 하나님은 인간을 무한히 사랑하셔서 구원하시기 위하여 예수님을 통해 한없는 용서의 은총을 베푸시고 죽음 이후에 천국으로 인도하셔서 영원한 삶과 복락을 누리게 하신다. 인간은 하나님에게 용서와 구원과 사랑의 대상에 불과하다.

그런데 계약사에서 보면 어떻게 보일까?

❷ 계약사(契約史)

앞에서 이미 본 바와 같이 계약사에서 보면 기존의 기독교 신학과 구원론이 전혀 다르게 보인다.

하나님의 창조 자체가 계약 체결이었고, 아담의 타락은 계약 위반이며, 하나님께서 죄의 지배 가운데 있는 인간을 구원하시는 방법은 계약을 지킬 기회를 주시는 것이었다. 구약성경의 아브라함과 그 후손 이스라엘의 이야기는 하나님께서 그들에게 계약을 지킬 기회를 주시고 그들을 통해서 세상을 구원하시는 이야기이다.

복음서에 의하면 예수님께서는 계약을 위반하여 파기 직전에 이른 이스라엘에 마지막으로 경고하셨다. 그러나 이스라엘이 받아들이지 않아 그들은 버림받고 인류 구원의 길이 사라지고 말았다. 이에 예수님께서는 계약 위반의 형벌을 대신 받으시고 죽으심으로써 새로운 계약 체결의 길을 열어 놓으셨다. 그리고 예수님의 대속으로 말미암아 새로운 계약공동체인 교회가 탄생되었다. 이제 교회를 통하여 계약을 지키는 사람들에게 구원이 주어진다.

교회가 할 일은 이스라엘이 실패한 하나님의 나라를 이 땅에 실현하기 위하여 최선을 다하는 것이다. 이 큰 일을 위하여 교인들은 누구나 자기를 부인하고 자기 십자가를 지고 죽기까지 예수님을 따라가야 한다. 사도들을 비롯한 초기 교인들은 복음을 위하여 순교의 길을 가거나 순교적인 삶을 살았다. 그 결과 AD 313년 로마제국이 계약 실천의 땅으로 주어졌다.

교회는 이 땅에 하나님 나라를 실현하기 위한 계약공동체이며, 하나님을 대신하여 역사와 세상을 이끌어가야 할 하나님의 대행 기관이다. "진실로 너희에게 이르노니 무엇이든지 너희가 땅에서 매면 하늘에서도 매일 것이요 무엇이든지 땅에서 풀면 하늘에서도 풀리리라."(마18:18) 는 예수님의 말씀은 이런 뜻이다. 하나님은 교회를 통해서, 교회의 기도를 통해서 세상과 역사를 이끌어 가신다.

구속사 시각으로 보면 인간은 단순히 구원과 사죄와 사랑의 대상에 불과하다. 그러나 계약사로 본다면 인간은 역사와 세계를 이끌어 가는 하나님의 대행자이며 이 세상을 유업으로 이어받을 하나님의 아들과 딸이다.

❸ 계약사와 구속사의 관계

계약사는 예수님의 구속사를 배제하지 않는다. 단지 계약사 속에서 구속사를 해석할 뿐이다. 예수님의 구속사가 없으면 새 계약이 불가능하기 때문에 대속의 사건은 가장 중요하다. 구속사 자체가 문제가 아니라 계약 실천과 상관없이 예수님의 십자가 대속으로 용서받아 구원에 이른다고 해석하는, 계약이 배제된 구속사가 문제일 뿐이다.

회심 경험과 계약사

구속사의 핵심에는 회심의 경험이 들어있다. 이 경험을 통해서 사죄의 경험과 구원의 확신이 주어진다. 계약사에서도 이 경험은 대단히 중요하다. 왜냐하면 이 경험을 통해서 비로소 계약공동체에 들어와 계약을 실천할 수 있기 때문이다. 이 경험없이 구원공동체가 형성된다면 신앙공동체가 아니라 사회운동 공동체로 흘러가게 된다.

지난 교회사에서 빚은 오류의 근본 원인은 계약이 배제된 구속사에 있었다. 이제 이것을 바로잡는 것이 우리의 시급한 과제다.

5. 창조와 계약과 구원의 원리

창조주 하나님과 모든 피조물의 관계는 계약 관계이며, 계약은 모든 피조물의 존재 원리이자 창조의 원리이다. 자연 만물에 들어있는 질서와 조화는 만물에 들어있는 존재 양식의 법 때문이며, 이 법이 곧 계약법이다. 계약이 파기되면 피조물은 존재할 수 없다. 죄는 계약이 파기된 상태를 말한다. 이런 계약 파기의 죄는 자유의지를 지닌 인격체만 범할 수 있다. 인간이 피조물 중에서 최상위에 있는 이유는 자유의지와 인격 때문이다. 그런데 아담(사람)이 죄를 지으므로 계약이 파기되고 죄의 지배를 받으며 멸망에 이르게 되었다.

이런 인간이 구원을 받으려면 계약으로 돌아가서 계약을 지키는 길 뿐이다. 하나님께서 세상을 구원하기 위하여 먼저 이스라엘과 계약을 맺으셨으나 그들이 계약을 파기하여 인간이 구원받을 길이 사라지고 말았다. 이 문제를 해결하기 위하여 하나님께서 인간으로 오셔서 계약을 파기한 죄를 짊어지고 대신 죽으심으로 이제 마지막으로 계약이 한 번 더 체결되어 구원받을 길이 열렸다. 예수님으로만 구원받는다는 말씀은 예수님으로 말미암아 다시 한번 계약을 체결하게 되었다는 뜻이다.

구원의 법은 곧 계약 실천이며 계약 실천과 구원은 뗄 수 없다. 계약은 창조의 원리이자 만물의 존재 원리며 구원 원리이다. 따라서 계약 실천을 제외하고 구원을 말하면 창조의 원리와 어긋나며 모순이다.

물음 02 복음서의 순서, 서로 어떤 연관성이 있을까?

성경은 인간 역사에서 수천 년 동안 수십 명의 사람들에 의해 기록되었는데 왜 성경을 하나님의 말씀이라고 할까? 이에 대하여 기독교에서는 하나님께서 기록자에게 영감을 주셨기 때문이라고 설명한다. 이 영감설(靈感說)은 현대의 역사비평[8]이 등장하기 이전에는 이론(異論)의 여지가 없었으며, 지금도 기독교 정통신앙에서는 그대로 받아들여지고 있다. 성경의 기록 과정에 하나님께서 영감으로 개입하셨다면 정경화(定經化)[9] 과정에도 영감이 작용했다고 인정해야

8) 성경이 쓰여진 역사적인 과정을 연구하는 학문

9) 쓰여진 여러 문서중에서 경전으로 결정하는 작업. 구약성경은 대략 2세기 중엽에 유대인들에 의해 결정되었고, 신약성경은 동방교회에서는 367년 알렉산드리아의 교부 아

한다.

신약의 복음서는 수십여 권이 기록되었지만[10] 우여곡절 끝에 마태복음, 마가복음, 누가복음, 요한복음 등 네 권만 성경으로 인정되었다. 그러면 복음서의 배열 순서에도 어떤 의미를 부여할 수 있을까? 마태복음을 맨 앞에 배치한 이유는 정경화 당시에는 마태복음이 가장 먼저 기록되었다고 생각했기 때문이며, 마가복음은 마태복음의 축소판이라고 보아서 그 다음에 놓았다. 요한복음이 맨 뒤에 놓인 이유는 가장 늦게 쓰이기도 했거니와 공관복음서와는 판이하게 내용이 다르기 때문이었다. 역사를 이끌어가시는 하나님께서는 비명시적인 섭리를 통해 자연스럽게 하나님의 뜻을 실현시키신다. 복음서가 현재의 순서대로 배열되는 과정에도 하나님의 섭리를 인정한다면 그 배열에 담겨있는 의미를 물어볼 필요가 있다. 네 복음서의 핵심을 간추리면서 그 의미를 물어보면 다음과 같다.

1. 마태복음 – 새 계약의 복음서

마태복음은 유대인을 대상으로 쓰였다고 알려졌다. 유대인들은 옛 계약의 대상들이므로 마태복음은 계약법, 즉 율법서와 깊은 연관이 있다. 성경은 두 계약의 책이므로 성경을 해석할 때 계약의 시각이 가장 중요하다. 성경은 구약(옛 계약)과 신약(새 계약)을 중심으로 이야기와 그 역사가 전개된다. 구약(옛 계약)은 하나님께서 이스

타나시우스(Athanasius)때에, 그리고 서방교회에서는 405년 로마교황 이노센스(Innozenz) 1세 때 결정되었다.

10) 외경(外經)으로 남아있는 복음서는 다음과 같다. 「나사렛인들의 복음서」(*The Gospel of the Nazaraeans*), 「에비온 복음서」(*The Gospel of the Ebionites*), 「히브리인의 복음서」(*The Gospel of the Hebrews*), 「이집트인의 복음서」(*The Gospel of the Egyptians*), 「베드로 복음서」(*The Gospel of Peter*), 「진리의 복음서」(*The Gospel of Truth*), 「도마 복음서」(*The Gospel of Thomas*), 「빌립 복음서」(*The Gospel of Philip*), 「마가의 비밀복음서」(*The Secret Gospel of Mark*), 「니고데모 복음서」(*The Gospel of Nicodemus*), 「야고보의 원복음서」(*Protevangelium of James*), 「유다 복음서」(*The Gospel of Judas*), 「마리아의 복음서」(*The Gospel of Mary*), 「도마의 유아복음서」(*The Infancy Gospel of Thomas*)

라엘과 시내산에서 맺으신 계약이다. 계약 조건은 이스라엘 공동체의 모든 구성원이 신분과 지위, 빈부의 격차없이 행복하게 살면서, 이 땅에 하나님 나라의 모형을 만들어 모든 사람들이 이스라엘을 보고 구원받게 하려는 것이었다. 그러나 이스라엘이 계약의 땅인 가나안에 입주한 후 다윗과 솔로몬에 이르러 성전을 지은 후 그 계약을 지키지 않아 나라가 분열되었다가 계약이 파기되어 앗수르와 바벨론에 멸망 당하고 포로로 끌려갔다. 예언자들의 각고의 노력으로 포로 현장에서 가까스로 회개하자 하나님께서 다시 기회를 주셔서 본국으로 돌아왔으나 결국 또 계약에서 빗나가 AD 70년 로마제국에 다시 멸망 당하고 말았다. 나라의 멸망은 계약 파기의 증거였다.

마태복음은 이런 유대인들을 향해 그들이 계약을 지키지 않아 계약이 파기되었으며, 이제 예수님으로 말미암아 새로운 계약이 체결되었음을 설명하고 있다. 마태복음에는 예수님의 설교가 다섯 편으로 편집되어 있다. 이는 구약성경의 모세오경을 염두에 둔 편집이며, 예수님의 설교는 모세오경의 재해석이자 새 계약법이라는 의미이다. 이런 이유로 첫 설교에서 예수님께서는 “나는 너희에게 이르노니”라는 형식으로 구약의 계약법을 다시 해석하셨다. 따라서 마태복음의 다섯 편의 설교는 새로운 계약법이다. 마태복음을 비롯한 복음서의 주제가 하나님 나라라는 데에는 대부분의 학자들이 동의한다. 그러나 불행하게도 그 하나님 나라는 하늘에 있으며, 죽은 다음에 간다고 해석되어 왔다.

그런데 마태복음을 다시 해석해보면 하나님 나라는 내세에서가 아니라 지금 여기서 계약공동체인 교회를 통해서 실현되는 나라이다.[11] 세례 요한과 예수님께서 “회개하라 천국이 가까이 왔다.”라고 선언한 말씀은 옛 계약이 폐기되고 새로운 계약을 통하여 지금 여기서 하나님 나라가 시작되고 있다는 뜻이다. 그러나 그 나라는

11) 졸저 「마태복음」은 계약의 관점에서 이렇게 해석했다.

이 땅에서 사람에 의해 시작되지만 사람에 의해 완성되지는 않으며, 하나님의 초자연적인 개입에 의해 완성된다. 그때를 성경에서는 종말이라고 하는데, 종말은 이 세상의 파멸이 아니라 이 땅에 하나님 나라가 세워지는 것을 방해하는 악한 세력의 종말을 말하며, 계약공동체를 통해 시작된 하나님 나라가 완성되는 때이다.

마태복음은 옛 계약의 폐지로 인한 이스라엘의 멸망을 다루면서 예수님으로 말미암은 새로운 계약공동체인 교회의 등장을 선언하고 있다.[12)]

2. 마가복음 – 이적의 복음서

마가복음은 일명 '이적의 복음서'라고 한다. 그 이유는 전체 16장 중 8장까지는 예수님께서 행하신 20여 가지의 이적을 중심으로 기록되었기 때문인데, 9장 이후에는 수난사로 이어진다. 마가복음에서는 왜 예수님의 행적을 이적 중심으로 기록했는지에 대하여 많은 연구가 진행되었고, 또 다양한 의견들이 제시되었다. 그런데 그 의미를 마태복음의 연장 선상에서 생각해 보면 단순하게 이해된다.

마태복음의 주제인 계약공동체가 지상에서 시도하는 하나님 나라의 실현은 사람의 힘만으로는 불가능하며 하나님의 초자연적인 개입이 있어야만 가능한데, 마태복음 다음의 책인 마가복음의 이적은 이것을 말하고 있다. 죄악이 지배하는 이 땅에서 하나님 나라의 실현은 하나님의 초자연적인 도움없이는 불가능하다. 서양의 계몽주의 이후 현대에 이르러 하나님을 배제하고 혁명과 과학기술로 지상천국을 시도했으나 결국 실패하고 말았다. 현대문명이 많은 혜택을 주었지만 연이은 세계대전과 대량살상 무기, 빈부격차 등의 문제를 해결하지 못했을 뿐만 아니라 자연환경을 파괴하여 인류의 생존이 심각한 위기를 맞고 있다.

12) 이에 대해서는 졸저 「마태복음」에서 상세하게 설명했다.

마가복음은 전반부의 이적 이야기에 이어 나머지 후반부는 예수님의 수난사로 채워져 있다. 그동안 예수님의 십자가는 인간의 죄를 용서하기 위한 대속의 죽으심으로 해석했다. 그런데 복음서 순서에 따른 이야기의 연결 과정으로 보면 다르게 해석된다. 마가복음 전반부의 예수님의 이적 이야기가 하나님의 초자연적인 도우심과 개입이라면, 후반부의 예수님께서 가시는 십자가의 길은 이제 계약공동체가 이 땅에 하나님 나라를 실현하기 위하여 걸어가야 할 길이다. 이 땅에서 하나님 나라라는 가장 큰 가치를 실현하려면 계약공동체는 자기 십자가를 지고 예수님을 따라가야만 한다. 이제 십자가는 예수님에게만 해당 사항이 아니라 계약공동체 모든 구성원이 따르고 가야 할 길이다. 가장 큰 가치의 실현을 위해서는 가장 귀한 생명을 바쳐야만 한다. "누구든지 나를 따라오려거든 자기를 부인하고 자기 십자가를 지고 나를 따를 것이니라."(막8:34)라는 말씀은 이를 말한다.

마가복음을 마태복음과의 관계와 배열 순서에서 보면 이런 해석이 가능해진다. 인간의 방법으로 시도했던 지상천국 운동이 수포로 돌아가고 인류의 멸종이 거론되는 이 시점에서 마가복음은 우리에게 중요한 의미를 줄 수 있다. 필자가 마태복음에 이어 마가복음을 쓴 이유가 여기에 있다.

3. 누가복음 - 경제의 복음서

마가복음 뒤에 나오는 누가복음에서는 경제 문제를 가장 중요하게 다루고 있다. 누가복음에 의하면 예수님께서 이 세상에 오신 목적은 경제정의의 대명사인 희년(禧年)을 실현하시기 위함이었다. 그러므로 다음과 같이 선언하셨다.

> 주님의 성령이 내게 임하셨으니 이는 가난한 자에게 복음을 전하게 하시려고 내게 기름을 부으시고 나를 보내사 포로 된 자에게 자유를, 눈

> 먼 자에게 다시 보게 함을 전파하며 눌린 자를 자유롭게 하고 **주의 은혜의 해(희년)를 전파하게 하려 하심이라**(4:18~19)

이런 이유로 누가복음에는 부자와 나사로, 두 아들(탕자), 불의한 청지기 등 경제와 관련된 비유와 말씀들이 많다. 누가복음에서 중요하게 다루는 경제 문제는 복음서의 배열에서는 어떤 의미를 지닐까?

마태복음에서는 계약공동체가 이 땅에서 실현해야 할 하나님 나라를 다루고 있고, 마가복음에서는 그 나라의 실현은 하나님의 초자연적인 이적의 개입과 공동체 구성원들이 이 일을 위해 생명 내놓고 십자가의 길을 갈 때 실현된다고 말하고 있다. 그런데 이제 누가복음에서는 이 땅에 실현될 하나님 나라의 중심에는 경제 문제 해결 즉 희년의 성취가 있다고 말한다. 지나간 인류 역사의 경험에 의하면 경제정의의 실현이 여전히 가장 어려운 과제로 남아있다. 현대에 이르러 신분과 인권 문제는 어느 정도 해결되었지만 경제정의의 실현은 날이 갈수록 더 요원해지고 있다. 그런데 누가복음에서는 경제정의의 실현을 하나님 나라의 핵심으로 다루면서 그 실현은 오직 신앙의 차원 즉 계약공동체에서만 가능하다고 말한다. 이런 측면에서 마태복음과 마가복음 다음에 놓인 누가복음의 위치는 대단히 중요하다.

4. 요한복음 - 재해석의 복음서

요한복음을 이해하려면 구약의 신명기(申命記[13])를 먼저 이해할 필요가 있다. 출애굽과 40년 광야 생활의 경험을 기초로 하는 신명기는 모세의 세 편의 설교이다. 신명기는 이스라엘 사람들이 애굽의 종살이에서 탈출하여 시내산에서 하나님과 계약을 맺을 때 받은 출애굽기의 계약법전(출20:22~23:33)과, 성막 봉헌식 말씀으로 주어진 레위기의 성결법전(레17~26장)에 대한 모세의 재해석인데,

13) 신명기(申命記, 히브리어 데바림 דְּבָרִים, 그리스어 데우테로노미온 Δευτερονόμιον)는 '설교'로 보는 것이 본래의 뜻에 가장 가깝다.

모세는 신명기에서 가나안을 향하는 이스라엘 사람들에게 지금 자기가 다시 해석해주는 말씀대로 살아야 한다고 누누이 강조한다. 즉 가나안에 입주한 후에, 출애굽기와 레위기와 민수기에 있는 말씀이 아니라 모세가 신명기에서 다시 해석해준 말씀대로 살아야 한다는 뜻이다. 이런 사실은 출애굽기(20:1~17)에 기록된 십계명과 신명기(5:6~21)의 십계명을 비교해보면 모세의 재해석이 잘 드러나는데, 4계명과 5계명에서 많은 차이가 있다. 모세는 시내산과 광야에서 출애굽 세대와 맺었던 계약의 말씀을 40년 뒤에 광야 세대들에게 다시 해석해주면서, 자신이 다시 해석해준 말씀대로 살아야 함을 반복해서 강조하고 있다.

이런 측면에서 볼 때 요한복음은 신약의 신명기에 해당된다. 사도들 중 가장 늦게까지 살았던 요한은 바울서신과 복음서들이 다 쓰인 후 사도시대를 마감하는 시점에서 1세기의 신앙을 총정리하며 교회가 나아갈 방향을 제시하고 있다. 요한복음은 공관복음에 대한 재해석이기 때문에 공관복음과 많은 차이가 난다. 따라서 오늘 우리가 복음서를 해석할 때에는 이런 배열과 요한복음의 재해석을 염두에 두어야 한다.

요한복음에 의하면 예수님은 하나님과 동일한 분(독생자)이며, 우주의 원리이자 법(말씀 λογος)이시고 진리이다. 성령의 역할은 이 진리를 깨닫게 하시며 또 믿게 하시는 진리의 영이시다. 요한복음에 의하면 예수님을 그리스도라고 고백하는 믿음에서 더 나아가 하나님 자신이시며, 만물의 근원과 원리, 우주적인 진리로 깨달아야 한다. 성령은 이를 도와수시는 분(보혜사)이시다. 부활하신 주님을 만난 도마는 "나의 주님이시요, 나의 하나님이시니이다."라고 고백했다. 요한복음에서는 계약법을 가능하게 하신 예수님이 곧 우주의 원리이자 근본이고 진리이며, 성령은 계약법을 올바로 깨달아 실천하게 하시는 분이시다. 예수님은 이를 가능하게 하시려고 인간의 몸으로 이 땅에 오셨던 하나님이시다.

5. 사도행전 – 경제공동체 탄생의 복음서

사도행전은 본래 누가복음과 한 책이었으므로 복음서의 한 부분으로 보아야 한다. 이런 이유로 누가복음과 사도행전을 합쳐서 누가행전이라고 부른다. 누가복음에서는 계약공동체인 교회가 지상에서 하나님 나라를 실현하는 방법이 희년 실천이라고 했는데, 누가복음 후편인 사도행전에서는 그 희년이 교회를 통해서 어떻게 실천되어 확산되고 있는가를 보여주고 있다.

최초의 교회인 예루살렘 교회에서는 교인들이 삼천 명, 오천 명이 회심한 후 사도들의 가르침을 따라 서로 떡(양식)을 나누어 먹으며 재산 공유를 실천으로 옮겼다. 예루살렘 교회의 이런 전통은 그 후 박해시대에도 계속 이어져 교회에 나오는 사람들은 재산을 공유하며 순교의 길을 갔다.

6. 율법서와 복음서

구약성경의 시작에 모세오경이라 불리는 다섯권(창세기, 출애굽기, 레위기, 민수기, 신명기)의 옛 계약법이 있다면 신약성경에는 복음서 다섯권(마태복음, 마가복음, 누가복음, 요한복음, 사도행전)의 새 계약법이 있다. 구약성경과 신약성경에 이와 같이 율법서와 복음서가 배열된 것은 결코 우연이 아니다. 하나님의 섭리와 영감으로 인정해야 한다.

이상에서 간략히 복음서의 배열 순서에 들어있는 그 의미를 살펴보았다. 역사의 현장에서 여러 가지 사건들이 얽히면서 자연스럽게 복음서가 선택되고 또 순서가 정해졌는데, 그 배열에 들어있는 의미를 살펴볼 때 이는 결코 우연이라고 할 수 없다. 성경 본문의 한 구절구절의 치밀한 해석도 중요하지만 그 역사적인 정황과 흐름 속에 들어있는 전체적인 의미도 놓치지 말아야 한다. 전체를 먼저 알아야 부분의 의미를 정확하게 파악할 수 있다.

물음 03 이방인 누가, 어떻게 복음서를 쓸 생각을 했을까?

본문 : 〈 1:1~4 〉

1 우리 중에 이루어진 사실에 대하여
2 처음부터 목격자와 말씀의 일꾼 된 자들이 전하여 준 그대로 내력을 저술하려고 붓을 든 사람이 많은지라
3 그 모든 일을 근원부터 자세히 미루어 살핀 나도 데오빌로 각하에게 차례대로 써 보내는 것이 좋은 줄 알았노니
4 이는 각하가 알고 있는 바를 더 확실하게 하려 함이로라

십자가에서 돌아가신 예수님께서 부활, 승천하신 후 열두 사도들은 예수님의 권위를 대신했다. 이런 '사도시대'가 저물어갈 무렵 사도들은 자신들이 예수님을 직접 경험했던 사실들을 후세에 전하기 위하여 기록으로 남겨놓았다. 마가는 예수님의 사도가 아니지만, 예수님의 수제자 베드로가 헬라어를 몰랐기 때문에 그의 제자였던 마가가 대신 기록했으므로 마가복음은 사실상 베드로 복음서라고 할 수 있다.

그런데 누가복음의 저자로 알려진 '누가'는 예수님의 사도나 직계 제자가 아니었음은 물론이거니와 유대인도 아닌 이방인이었으며, 사도시대에 이방인 지역에 세워진 교회를 통해서 뒤늦게 기독교인

이 된 사람이다. 그런데 누가는 무슨 생각으로 사도가 아니면서 감히 '복음서'를 쓸 생각을 했을까? 또 초기부터 교회는 이런 누가에 의해 쓰여진 복음서를 어떻게 성경으로 받아들였을까? 현재 신약성경에 들어있는 네 권의 복음서 이외에도 알려진 복음서들이 20여 권이나 된다는 사실을 염두에 둔다면 누가가 쓴 누가복음과 사도행전이 신약성경에 들어있다는 사실은 놀라울 뿐이다.

1, 누가는 어떤 사람이었을까?

신약성경에 의하면 누가는 의사였으며(골4:14) 바울의 동역자로서(딤후4:11, 몬24) 그의 선교 사역에 동행했다.[14] 이런 사실은 교회의 전승에서도 확인된다. AD 175년경 기록된 무라토리안 정경(Muratorian Canon)[15]과 교부 이레니우스의 글(Adversus Haer-eses 3.1.1) 등에 의하면 누가는 안디옥 수리아 출신으로 박식한 의사였으며, 사도들의 제자였다가 후일 바울의 동역자가 되었고, 세 번째 복음서인 누가복음을 기록했으며, 독신으로 지내다가 그리스의 보에티아(Boetia)에서 84세에 죽었다고 한다. 바울은 누가를 처음 만났을 때 그의 박식함에 놀랐다고 한다. 이런 공감대가 누가가 바울의 동역자가 된 이유 중의 하나였다고 보여진다.

최고의 지성인이자 의사였던 누가는 역사가, 문필가, 시인, 예술가 등으로 평가받고 있다. 당시에는 최상류층이 아니고서는 최고의 교육을 받을 수 없었다. 그런데 누가는 무슨 이유로 이런 귀족의 삶을 포기하고 복음을 위하여 헌신하는 고난의 길을 자초했을까? 신

14) 누가가 쓴 사도행전에 의하면 누가는 AD 50년경 바울의 2차 선교여행 때 드로아에서 합류하여 빌립보까지 동행했다(16:10~17). 빌립보에 남아있던 누가는 바울이 3차 선교를 마치고 예루살렘으로 귀환할 때 드로아에서 57년경 다시 합류하여(20:5~6) 바울이 예루살렘에서 체포되어 가이사랴에 억류되었다가 로마로 압송될 때 동행했으며, 로마에 같이 머물렀다(21:1~28:16).

15) 무라토리누스(Muratorinus)가 1740년에 발견한 정경인데, 170년경 쓰여진 것으로 추정되며, 히브리서와 야고보서, 베드로 전후서를 제외한 신약 정경을 두루 언급하고 있다.

약성경 어디에도 이에 대해서는 아무런 언급이 없다. 하지만 그가 남긴 누가복음과 사도행전이 신약성경 전체의 1/4인 25%에 해당되므로 그의 글들을 세밀하게 분석하면 누가에 대하여 좀 더 상세한 정보들을 추정하게 된다.

2. 누가, 왜 기독교인이 되었을까?

기독교와 아무런 상관이 없던 이방인인 누가가 기독교인이 된 과정은 교회를 통해서였다. 누가가 복음을 위해 헌신했다는 사실은, 그가 이방인 지역에 세워진 교회를 통해서 귀족의 삶을 포기하고 고난의 길을 기꺼이 선택할 만한 큰 충격을 받았음을 암시해준다. 그 충격이 무엇이었을까? 이 역시 그가 남긴 누가복음과 사도행전을 통해서 추적이 가능해진다.

❶ 교회, 교인

2세대 교인인 누가는 예수님을 신앙으로 경험하기 이전, AD 40년대 후반에 이방인 지역에 세워진 교회를 먼저 만났다. 안디옥 교회였다고 전해지는데, 지성인으로서 그리스 · 로마 세계에 대하여 상당한 식견을 가졌던 누가의 눈에 교회는 특별한 기관으로 보였다. 아직 교회당 건물조차 없었지만 교회에 모여있는 교인들은 어디에서도 찾아볼 수 없는 삶을 살고 있었다. 교인들의 어떤 모습이 그렇게 보였을까?

❷ 경제 나눔 공동체

예나 지금이나 인간의 삶에서 가장 어려운 문제는 돈과 관련되어 있다. 부모와 자식, 형제간에도 재산을 서로 차지하기 위하여 분쟁이 일어나는 경우가 허다하다. 그런데 누가가 만난 교회의 교인들은 남남이면서도 서로 경제적으로 도와줄 뿐만 아니라 아예 재산을 교회에 내놓고 공동으로 소유하는 삶을 살았다. 이는 도무지 상상할 수 없는 일이었으며 다른 어디에서도 찾아볼 수 없는 충격적인 모습이었다.

이런 사실은 누가의 글에 명확하게 드러나 있다. 누가복음에 의하면 예수님은 첫 사역으로 나사렛 회당에서 희년(禧年)을 선포하셨으며(4:16~30), 예루살렘에 세워진 최초의 교회에서 교인들이 사도들의 가르침을 따라 각자 자신의 재산을 가지고 와서 서로 나누어 사용했다는 기록이 거듭 반복되고 있다.(행2:42~47, 4:32~37) 누가복음에는 예수님께서 식사하시는 이야기와 잔치 등 식사와 관련된 비유들이 무려 13회나 나오고 있으며, 사도행전에는 교인들이 모일 때마다 사도들의 가르침을 받아 서로 떡을 떼며 식사를 했다는 기록이 여러 번 나오고 있다. 식사 초대가 친교와 교제인 지금과는 달리 굶는 경우가 다반사였던 고대에 식사 초대는 생명을 나누는 것과 같은 의미가 있다.

누가복음에서는 가진 재산 전부를 포기하는 것이 주님을 따르는 조건일 뿐만 아니라 영생에 이르는 구원과도 직접 관련이 있다.(18:22~30, 19:8~9) 이런 이유로 누가복음에는 경제와 관련된 이야기가 많이 있는데[16], 이에 대해서는 관련 본문에서 자세히 다루고자 한다.

누가가 경제에 대하여 특별히 관심을 가지는 이유는 무엇일까? 누가는 교회에서 교인들이 모일 때마다, 넉넉하게 사는 사람들이 굶주리는 사람들에게 식사를 제공하고 더 나아가 자기 재산을 자기 것으로 여기지 않고 나누어 쓰는 모습에서 큰 충격과 감동을 받았으며, 이것이 복음의 핵심이라고 보았기 때문이다.

16) 누가복음에 나오는 경제 관련 이야기는 다음과 같다. 예수님의 첫 설교(4:6~21), 한밤중에 떡을 빌리러가는 비유(11:5~13), 어리석은 부자의 비유(12:13~21), 두 아들의 비유(15:11~32), 불의한 청지기의 비유(16:1~13), 부자와 나사로의 비유(16:19~31), 부자 관원의 영생질문(18:18~30), 세리장 삭개오(19:1~10), 열 므나의 비유(19:11~27), 큰 잔치 비유(14:15~24), 악한 포도원 농부 비유(20:9~19)

❸ 평등한 삶

고대에 여자들은 사람으로 대접받지 못했다. 남자에게 예속되어 재산 중의 하나로 취급되었고, 인구 숫자에도 들어가지 못했다. 그런데 교회에서는 남녀의 차별이 없었다. '여인'이라는 단어가 마태에서는 14번, 마가에서는 8번 사용되고 있으나 누가에서는 24번이나 사용되고 있다.

이런 이유로 누가는 복음서를 써 내려가면서 남자와 여자들의 이야기를 병행으로 기록해 놓았다. 사가랴와 엘리사벳(1:5~6), 요셉과 마리아(1:26~27), 시므온과 안나(2:25~38), 수리아 나아만 장군과 사렙다 과부(4:25~27), 가버나움의 백부장과 나인성 과부(7:1~17), 바리새인 시몬과 죄인 여자(7:36~50), 사도들과 여인들(8:1~3), 겨자씨를 가진 남자와 누룩을 가진 여인(13:18~21), 100마리의 양을 가진 남자와 10개의 은화를 가진 여인(15:3~10), 침상에 누운 두 남자와 맷돌질하는 두 여인(17:34~35) 등이다. 이런 사실들은 사도행전으로 이어지는데, 아나니아와 삽비라(행5:1~11), 애니아와 다비다(행9:32~42), 자주장사 루디아와 간수(행16:13~34), 디오누시오와 다마리(행17:34), 아굴라와 브리스길라(행18:2) 등이다.

마태복음에서는 예수님 탄생의 수태고지가 요셉에게 주어졌으나(1:18~21) 누가복음에서는 마리아에게 주어졌으며(1:26~38), 누가복음의 예수님 족보는 마리아의 족보이고(3:23~38)[17] 수난당하시는 예수님을 울며 따라가는 이들도 여인들이었다.(23:26~31) 그 외에도 여인들을 돋보이게 하는 이야기들이 많이 있다.

다른 복음서와 달리 누가복음에서 이렇게 여인들이 남자들과 동등하게 다루어지고 있다는 사실은 누가가 교회에서 받은 충격과 인

17) 이에 대해서는 〈물음14〉에서 설명했다.

상을 반영하고 있다고 보인다. 누가는 교회에서 신분, 지위, 빈부, 남녀 등에 아무런 차별없이 평등한 삶을 사는 사람들을 만났으며, 이 모습이 누가로 하여금 기독교인이 되어 평생 복음을 위한 삶에 헌신하게 했으리라 생각된다.

❹ 성령

누가 · 행전에서는 주요 사건들이 전개될 때마다 '성령'이 중요한 역할을 하고 있다. 세례 요한은 모태에서 성령이 충만했고(1:15), 사가랴와 엘리사벳과 마리아에게도 성령이 임했다.(1:35, 41, 47), 예수님의 생애 자체가 성령이 아니면 설명되지 않는다. 성령으로 잉태되시었고, 세례 받으실 때 성령이 임했으며, 성령의 인도로 광야에서 사탄에게 시험을 받으셨으며(4:1), 성령의 능력으로 갈릴리에 돌아오셔서 사역을 시작하셨고(4:14), 승천하실 때에는 제자들에게 성령 임재를 약속하셨다. 사도행전에 의하면 약속대로 오순절에 제자들에게 성령이 충만하게 임하였고(행2:1~4), 사도들은 성령의 충만함과 인도하심으로 사역을 감당해냈다. 이런 이유로 사도행전은 '성령행전'이라고도 불린다.[18)]

누가는 왜 이렇게 성령에 대하여 관심이 지대했을까? 그 이유는 단순하다. 당시 그리스 · 로마 세계에는 수많은 신전들과 사제들이 있었지만 그들의 신은 죽은 신이었고 그와 관련된 이야기들은 신화(神話)에 불과했다. 그런데 누가가 만난 교회에는 하나님께서 살아계실 뿐만 아니라 사도들의 사역에 함께하셔서 온갖 초자연적인 기적들이 실제로 일어나고 있었다. 누가는 사도들의 사역과 교인들의 삶을 통하여 살아계신 하나님을 직접 보고 또 만났다.

18) '영'(πνεῦμα)의 사용 빈도를 보면 마태 12번, 마가 19번, 누가 27번, 행전 28번이고, '성령'(πνεῦμα ἅγιον)은 마태 5번, 마가 4번, 누가 11번, 행전 41번이다.

❺ 기도

누가 · 행전에는 많은 기도의 이야기들이 있는데, 기도할 때에 성령이 임하고 기적이 일어났다. 예수님의 생애는 기도로 일관되었다. 예수님께서 세례를 받으시고 기도하실 때에 하늘이 열리고 성령이 임했으며(3:21), 열두 제자를 선택하실 때(6:12), 변화산에 가셨을 때(9:29), 시몬을 위하여(22:32), 감람산 동산에서(22:44~46) 기도하셨으며, 십자가에서도 기도하시면서 돌아가셨다.(23:34,46) 기도와 관련된 네 비유를 말씀하셨고(11:5~8, 18:1~8, 9~14, 21:29~36), 제자들에게 늘 깨어 시험에 들지 않도록 기도하라고 하셨다.(22:46)

기도에 대하여 모범을 보이시고 가르치신 예수님을 따라 120여 명의 사람들이 마음을 같이하여 오로지 기도에 힘쓸 때에 성령이 그들에게 임했으며(행1:14, 2:1), 교인들이 모여 기도할 때에 성령의 충만함을 받았고 사도들을 통하여 기적이 일어났으며(행2:42~43, 4:24~35), 감옥문이 열렸다(행12:5~10)

누가는 왜 이렇게 기도에 대하여 많은 기록을 했을까? 이 역시 누가 당시의 이교신앙과 관련이 있다. 수많은 신전에서 사제들이 제사드리면서 온갖 기도를 하고, 또 기적을 행하는 자들은 주문과 도구를 사용하여 부르짖었지만 진정한 응답은 찾아볼 수 없었다. 그런데 교회에 와 보니 전혀 달랐다. 교회의 하나님은 교인들의 기도에 응답하시는 방식으로 하나님의 뜻을 실현하고 계셨다. 누가 · 행전에 기록된 기도를 비롯한 독특한 내용들은 누가가 교회를 통하여 경험한 것들과 깊은 관계를 가지고 있다.

❻ 가르침

누가 · 행전에는 '가르침'에 대한 기록 또한 많이 있다. 어린 예수님은 성전에서 랍비들과 성경을 토론하셨으며(2:46), 갈릴리 사역을 가르침으로 시작하셨으며(4:15), 예수님의 첫 사역은 가버나움 회당에서의 가르침이었고(4:17~19), 예수님의 갈릴리 사역은 주로 몰려오는 군중들을 가르치시는 일이었다. 일에 치중하는 마르다 보다는 말씀을 배우고 있는 마리아를 더 높이 평가하셨고(10:38~42), 부활하신 이후 제자들에게 성경을 가르치셨다.(24:27, 44~45) 예수님의 예루살렘 사역은 날마다 성전에서 가르침으로 시작하여(19:47) 가르침으로 마치셨으며(21:37), 사도행전에는 사도들의 설교와 성경을 가르쳤다는 이야기가 처음부터 나오고 있다.

누가는 왜 이렇게 가르침에 대하여 큰 관심을 가졌을까? 이 역시 그가 처음 교회에서 받은 가르침에 대한 충격 때문이다. 누가는 많은 교육 과정을 거친 지성인이어서 당시 로마제국의 다양한 교육 기관과 교사들에 대하여 잘 알고 있었다. 그런데 교회의 가르침은 지식을 팔고 사는 그런 가르침과는 전혀 달랐다. 사도들의 설교와 가르침에는 권세가 있어 귀신이 쫓겨나가고 병자들이 치료되는 권능이 있었으며, 또 교인들의 삶에 변화가 일어났다. 세상 어디에도 이런 가르침은 없었다.

❼ 실현된 하나님 나라

누가는 다른 복음서와 달리 '하나님 나라'라는 단어를 32회나 사용하고 있다.[19] 누가는 왜 이렇게 하나님 나라라는 용어를 많이 사용하고 있을까? 그는 당시 교인들의 삶을 보면서 교회를 통해서 이 땅에 실현되는 하나님 나라의 모형을 보았기 때문이다. 누가는 교회를 통해서 하나님 뿐만 아니라 하나님 나라를 만났다.

이런 증거는 누가복음의 독특한 종말론과 예수님의 수난 이야기에 들어있다. 누가복음의 종말론은 미래의 종말론이 아니라 지금 여

19) 마 4회, 막 14회, 요 2회, 행 8회.

기에 실현된 종말론이다. 누가에게 있어서 하나님 나라는 죽은 다음에 가는 그런 하나님 나라가 아니라 계약공동체인 교회가 지금 여기서 성령의 도우심 가운데 만들어가야 할 하나님 나라이기에 하나님 나라는 지금 여기에 와 있다고 선언한다.

> 그러나 내가 만일 하나님의 손을 힘입어 귀신을 쫓아낸다면 **하나님의 나라가 이미 너희에게 임하였느니라**(11:20)

> 바리새인들이 하나님의 나라가 어느 때에 임하나이까 묻거늘 예수께서 대답하여 이르시되 하나님의 나라는 볼 수 있게 임하는 것이 아니요 또 여기 있다 저기 있다고도 못하리니 **하나님의 나라는 너희 안에 있느니라**(17:20~21)

> 적은 무리여 무서워 말라 너희 아버지께서 **그 나라를 너희에게 주시기를 기뻐하시느니라**(12:32)

또 누가복음에는 십자가를 통한 속죄와 대속의 개념이 없다. 예수님의 수난과 십자가의 죽으심은 새로운 계약 체결을 위한 대속이었으며, 예수님께서는 이 땅에 하나님 나라를 실현하기 위하여 하나님 나라를 가르치시다가 하나님 나라를 위하여 자기희생의 길을 가셨으며, 마지막으로 다음과 같이 기도하셨다.

> 이에 예수께서 이르시되 **아버지 저들을 사하여 주옵소서 자기들이 하는 것을 알지 못함이니이다** 하시더라(23:34)

누가는 사도행전에서 최초의 순교자 스데반 역시 같은 기도를 하면서 순교의 길을 갔다고 기록하고 있다.(행7:60)

❽ 역추적

당시 최고의 지성인이자 의사로서 상류층의 삶을 살던 이방인 누가, 그는 기독교와는 아무런 관련이 없었지만 이방인 지역에 세워진 교회에서 교인들의 독특한 삶을 통하여 하나님 나라를 경험하고, 살아계신 하나님을 만났다. 교회의 이런 삶은 그리스·로마 세계 그 어디에서도 찾아볼 수 없었다. 누가에게는 의문이 들었다. 이들은 도대체 어떻게 이런 삶을 살아갈 수가 있을까? 관심을 가지고 추적한 결과 그 삶을 가능하게 하는 사도들의 가르침이 있었다. 지성인이었던 누가에게 사도들의 설교와 가르침은 충격으로 다가왔다. 사도들의 가르침은 죽은 지식의 전달이 아니라 살아있는 지식이며 삶의 능력이었기 때문이었다. 교회 이외에 그 어디에도 이런 가르침은 없었다.

지성인이었던 누가는 다시 묻지 않을 수 없었다. 사도들에게는 도대체 어떻게 해서 이런 가르침이 가능했을까? 누가는 사도들의 교육 배경을 추적했다. 사도들의 뒤에는 예수님이 계셨다. 사도들은 예수님을 통해서 그런 가르침을 배웠다는 것이다. 누가는 또 다시 물어야 했다. 도대체 예수님은 어떤 분이었을까? 예수님을 직접 경험한 교인들과 사도들을 통해서 누가는 예수님에 대한 여러 이야기들을 들으면서 놀라지 않을 수 없었다. 그 이야기에는 믿기지 않는 일들이 많이 들어있었기 때문이다. 어떻게 그런 일들이 가능했으며, 사실이었을까? 그런데 사도들의 가르침과 교인들의 삶은 예수님과 관련된 이야기들이 사실이었음을 증거해주고 있었다.

지적인 호기심이 많았던 누가는 이런 역추적의 과정을 통하여 예수님을 만나는 경험을 했다. 그리고 예수님을 통하여 살아계신 하나님을 만날 수 있었다. 이런 일련의 경험들을 통해서 누가는 기독교인이 되었을 뿐만 아니라 복음사역을 위하여 평생을 헌신하기로 결단했다. 복음사역보다 더 귀하고 의미있고 보람된 일은 없으며, 이를 위해서라면 평생을 헌신해도 아깝지 않다고 생각했기 때문이다.

사도들의 뒤를 이어 교회의 지도자가 된 사람들을 '교부'(敎父)라고 한다. 당시 헬라 세계에서는 교사를 '아버지'라고 했는데, 교부란 교회에서 가르치는 아버지라는 뜻이다. 초대교회 교부들의 면면을 살펴보면 대부분 상류 가정에서 태어나 최고의 교육을 받았고, 성인이 된 후에 기독교인이 되어 교회의 지도자들이 된 사람들이다. 당시는 박해시대였기 때문에 기독교인, 특히 교회의 지도자가 되려면 죽음을 각오해야 했다. 그런데 그들은 망설이지 않고 최상류의 삶을 포기하고 교부가 되어 형극의 길을 갔다. 무엇이 그것을 가능하게 했을까? 누가에게서 그 대답과 최초의 모형을 보게 된다. 교부들 가운데는 크게 출세하여 재판관으로 있다가 기독교인들을 재판하는 과정에서 그들에게 감동을 받고 기독교인이 되어 교부의 길을 간 사람들도 여러 명이 있다.

누가는 아직 사도들이 살아 있을 때에 누가복음과 사도행전을 기록해 놓은 사람이다. 따라서 누가는 '사도적 교부'라고 할 수 있다.

⑨ 누가복음

역사적인 식견과 지적인 호기심이 남달리 뛰어났던 누가는 복음이 등장한 과정에 대하여 치밀하게 추적하면서 자료들을 수집했는데, 그 자료들 중에는 여러 복음서들도 있었다. 그는 누가복음의 기록 동기를 이렇게 말하고 있다.

> 3 **그 모든 일을 근원부터 자세히 미루어 살핀 나도** 데오빌로 각하에게 **차례대로 써 보내는 것이 좋은 줄 알았노니** 4 이는 각하가 **알고 있는 바를 더 확실하게 하려 함이로라**

먼저 쓰인 복음서들을 읽으면서 누가에게는 어떤 아쉬움이 남았다. 다른 복음서 저자들은 모두 유대인으로서 예수님을 초기부터 따른 사람들이었기 때문에 자연히 유대인의 입장에서 예수님과 복음을 이해했다. 그런데 이방인 누가에게는 복음이 새로운 관점에서 보일 수밖에 없었다. 그리고 사도시대 후기에 이르러서는 복음의 대상과 교인들이 대부분 이방인이었기 때문에 이방인이 이방인의 입장에서 쓴 복음서가 필요했다. 이런 이유로 누가는 복음서를 쓰게 되었다.

그러나 누가는 복음서를 다른 복음서처럼 예수님에게서 끝낼 수가 없었다. 왜냐하면 교회를 통해서 예수님을 만난 누가에게는 예수님의 부활, 승천 이후에 등장한 교회의 이야기가 복음서 못지않게 중요했기 때문이다. 그래서 교회가 어떤 과정을 통해서 등장했으며 어떻게 로마세계에 퍼져나가고 있는지를 같이 기록했다. 누가복음과 사도행전은 이런 과정을 통해서 탄생했다.

그런데 이방인인 누가가 쓴 누가·행전이 어떻게 초기부터 교회에서 성경으로 받아들여졌을까? 여러 이유가 있겠지만 누가가 사도 바울의 동역자였다는 사실이 큰 영향을 미쳤다고 생각된다. 오랫동안 바울과 동역을 한 누가는 사도 바울의 영향을 받지 않을 수 없었으며, 누가가 기록한 문서들은 바울이 세운 교회에서 먼저 아무런 거부감없이 자연스럽게 받아들여졌을 것이다. 당시 사도 바울이 세운 교회들은 초대교회에서 중요한 역할을 하며 많은 영향을 끼쳤다.

후일 정경화 과정에서 예수님과 직접적인 관련이 없었을 뿐만 아니라 이방인인 누가가 쓴 누가·행전이 논란의 여지없이 신약성경으로 받아들여졌다는 사실은 초대교회의 포용성과 개방성을 가늠하게 한다. 분량에서 신약성경의 1/4이나 되는 누가·행전이 오늘 우리에게 성경으로 남아있다는 것은 참으로 다행스러운 일이다.

이제부터는 지금까지 언급한 내용들을 염두에 두면서 누가의 입장에서 본문을 경제와 영성의 이야기로 해석하고자 한다.

물음 04 누가복음, 왜 사가랴와 엘리사벳의 이야기로 시작할까?

본문 : 〈 1:5~25 〉

5 유대 왕 헤롯 때에 아비야 반열에 제사장 한 사람이 있었으니 이름은
사가랴요 그의 아내는 아론의 자손이니 이름은 엘리사벳이라
6 이 두 사람이 하나님 앞에 의인이니 주의 모든 계명과 규례대로 흠이

없이 행하더라
7 엘리사벳이 잉태를 못하므로 그들에게 자식이 없고 두 사람의 나이가
많더라
8 마침 사가랴가 그 반열의 차례대로 하나님 앞에서 제사장의 직무를 행
할새
9 제사장의 전례를 따라 제비를 뽑아 주의 성전에 들어가 분향하고
10 모든 백성은 그 분향하는 시간에 밖에서 기도하더니
11 주의 사자가 그에게 나타나 향단 우편에 선지라
12 사가랴가 보고 놀라며 무서워하니
13 천사가 그에게 이르되 사가랴여 무서워하지 말라 너의 간구함이 들린
지라 네 아내 엘리사벳이 네게 아들을 낳아 주리니 그 이름을 요한이
라 하라
14 너도 기뻐하고 즐거워할 것이요 많은 사람도 그의 태어남을 기뻐하리니
15 이는 그가 주 앞에 큰 자가 되며 포도주나 독한 술을 마시지 아니하
며 모태로부터 성령의 충만함을 받아
16 이스라엘 자손을 주 곧 그들의 하나님께로 많이 돌아오게 하겠음이라
17 그가 또 엘리야의 심령과 능력으로 주 앞에 먼저 와서 아버지의 마음
을 자식에게, 거스르는 자를 의인의 슬기에 돌아오게 하고 주를 위하여
세운 백성을 준비하리라
18 사가랴가 천사에게 이르되 내가 이것을 어떻게 알리요 내가 늙고 아
내도 나이가 많으니이다
19 천사가 대답하여 이르되 나는 하나님 앞에 서 있는 가브리엘이라 이
좋은 소식을 전하여 네게 말하라고 보내심을 받았노라
20 보라 이 일이 되는 날까지 네가 말 못하는 자가 되어 능히 말을 못하
리니 이는 네가 내 말을 믿지 아니함이거니와 때가 이르면 내 말이 이
루어지리라 하더라
21 백성들이 사가랴를 기다리며 그가 성전 안에서 지체함을 이상히 여기
더라
22 그가 나와서 그들에게 말을 못하니 백성들이 그가 성전 안에서 환상
을 본 줄 알았더라 그가 몸짓으로 뜻을 표시하며 그냥 말 못하는 대로
있더니
23 그 직무의 날이 다 되매 집으로 돌아가니라
24 이 후에 그의 아내 엘리사벳이 잉태하고 다섯 달 동안 숨어 있으며
이르되

25 주께서 나를 돌보시는 날에 사람들 앞에서 내 부끄러움을 없게 하시려고 이렇게 행하심이라 하더라

복음서에서는 모두 세례 요한의 이야기를 서두에서 다루고 있다. 요한이 그만큼 중요하기 때문이다. 그런데 누가는 복음서 기록 동기에 이어서 세례 요한의 부모 이야기로 복음서를 시작하고 있다. 왜 그럴까? 이방인 누가는 왜 요한의 탄생 배경과 과정을 중요하게 생각하고 자세하게 기록했을까?

【1】 6 이 두 사람이 하나님 앞에 **의인이니**

누가는 사가랴와 엘리사벳 두 사람이 하나님 앞에서 의인(義人)이었다고 소개하고 있다. '의인'은 어떤 사람들일까? 성경에는 '의'(義) 또는 '의인'(義人)이라는 용어가 자주 쓰이고 있는데 도대체 무슨 뜻일까?

【2】 … 주의 모든 계명과 규례대로 **흠이 없이 행하더라**

사가랴와 엘리사벳이 의인인 이유는 주님의 모든 계명과 규례를 흠이 없이 지켰다는 데에 있다. 하나님의 계명과 규례는 무엇을 말하는가? 율법이다. 율법은 무엇인가? 출애굽한 이스라엘 사람들이 광야의 시내산에서 하나님과 맺은 계약법을 율법이라고 한다. 주님의 모든 계명과 규례를 흠이 없이 행했다는 말은 계약법의 정신을 실천하고 있었다는 뜻이다. 구약성경에서는 이렇게 계약법의 정신을 '의'(義)라고 하며 이를 지키는 사람을 '의인'(義人)이라고 한다. 예언자들이 입버릇처럼 말하는 "공의가 강같이 흐르게 하라."[20]는 말씀은 계약법을 실천하라는 말씀이며 세속의 사회정의보다는 훨씬 차원이 높다. 계약법의 공의는 윤리와 도덕 수준의 공의가 아니라 신앙적인 차원에서의 공의인데 그 중심에는 경제정의가 가장 큰 비중을 차지하고 있다. 계약법에 일반적인 사회정의가 포함된 것은 물론이다.

20) 오직 정의를 물 같이, 공의를 마르지 않는 강 같이 흐르게 할지어다(암5:24)

누가는 복음서를 세례 요한의 부모가 계약법 정신인 공의를 충실히 실천하던 사람들이었다는 말로 시작하고 있다.

> 【3】 13 천사가 그에게 이르되 사가랴여 **무서워하지 말라 너의 간구함이 들린지라** 네 아내 엘리사벳이 네게 아들을 낳아 주리니 그 이름을 요한이라 하라

성경에 보면 수태고지를 통해서 아들을 낳는 사람들의 이야기가 몇 번 나오고 있다. 이삭과 삼손과 세례 요한은 천사의 수태고지를 통해서 태어났다. 왜 아브라함과 마노아와 사가랴에게는 하나님께서 특별히 천사를 보내서 아들이 태어나리라고 말씀하셨을까? 이들에게는 어떤 공통점이 있을까?

고대 한 가문에서 가장 중요한 문제는 가문을 이을 아들을 얻는 일이었다. 그런데 아브라함, 마노아, 사가랴는 노년에 이르도록 아들이 없었지만, 후사를 얻기위해 기도하지 않았다. 도대체 왜 이들은 후사를 구하지 않았을까? 후사의 문제보다 더 중요하다고 생각하는 것이 있었기 때문이다. 그것이 무엇이었을까?

• 아브라함

아브라함은 아들보다 무엇을 더 귀하게 여겼을까? 하나님께서 아브라함에게 하신 다음의 말씀에 그 대답이 들어있다.

> 내가 너로 큰 민족을 이루고 네게 복을 주어 네 이름을 창대하게 하리니 **너는 복이 될지라** 너를 축복하는 자에게는 내가 복을 내리고 너를 저주하는 자에게는 내가 저주하리니 **땅의 모든 족속이 너로 말미암아 복을 얻을 것이라**(창12:2~3)

왜 하나님께서는 아브라함에게 "네가 복의 근원이 되어 세상 모든 민족들이 너로 말미암아 복을 받게 하겠다."라는 놀라운 말씀을 하셨을까? 이에 대해서는 아무런 설명이 없다. 오랜 구전의 과정을 거친 이런 말씀들은 아무런 설명 없이 은폐, 함축, 암시의 방식으로 기록되었다. 실제로 성경의 많은 이야기들은 산문이 아니라 운문이

다. 아브라함은 당시에 가난하고 불쌍하게 살아가는 사람들을 보면서 그들 모두가 사람답게 살며 행복하기를 원했을 뿐만 아니라 그 방법에 대하여 많은 고민을 하며 찾고 있었다는 뜻이 이 본문에 암시되어있다. 아브라함은 늙어가면서도 아들을 두는 문제보다 이 문제를 더 중요하게 생각했다.

가난하고 불쌍한 자들에 대한 아브라함의 이런 안타까운 마음, 견딜 수 없는 마음, 포기되지 않는 마음을 지켜보시던 하나님께서는 그에게 초자연적인 특별한 방식으로 후손을 주어 그 아들이 아브라함이 원하던 그 일을 대를 이어 하게 하셨으며, 천사를 보내 미리 그 사실을 알려 주셨다. 하나님께서는 지금도 이런 사람을 찾고 계신다. 그런데 하나님의 고민은 이런 사람을 찾아볼 수 없다는 데에 있다.

• **마노아**

마노아는 구약성경 사사기 13장에 등장하는데 그에 대하여 아무런 설명이 없이 다음과 같이 소개하고 있다.

> 이스라엘 자손이 다시 여호와의 목전에 악을 행하였으므로 여호와께서 그들을 사십 년 동안 블레셋 사람의 손에 넘겨 주시니라 소라 땅에 단 지파의 가족 중에 마노아라 이름하는 자가 있더라 그의 아내가 임신하지 못하므로 출산하지 못하더니 여호와의 사자가 그 여인에게 나타나서 그에게 이르시되 보라 네가 본래 임신하지 못하므로 출산하지 못하였으나 이제 임신하여 아들을 낳으리니 그러므로 너는 삼가 포도주와 독주를 마시지 말며 어떤 부정한 것도 먹지 말지니라 보라 네가 임신하여 아들을 낳으리니 그의 머리 위에 삭도를 대지 말라 이 아이는 태에서 나옴으로부터 하나님께 바쳐진 나실인이 됨이라 그가 블레셋 사람의 손에서 이스라엘을 구원하기 시작하리라(삿13:1~5)

이 본문을 이해하기 위해서는 사사기의 기록 방식을 먼저 알아야 한다. 포로기 때 쓰여진 역사서인 사사기는 **배교 · 징계 · 회개 · 구원** 이라는 독특한 방식으로 기록되었다. 그런데 이 본문에는 **배교**(이스라엘 자손이 다시 여호와의 목전에 악을 행하였으므로), **징계**

(여호와께서 그들을 사십 년 동안 블레셋 사람의 손에 넘겨 주시니라), 구원(그가 블레셋 사람의 손에서 이스라엘을 구원하기 시작하리라)는 있지만, 회개의 이야기가 없다. 이스라엘이 회개해야 할 자리에는 마노아에게 주어진 수태고지의 이야기가 들어있다. 왜 회개의 자리에 마노아의 이야기가 대신 들어있으며, 수태고지에 태어나지도 않은 아들에게 삭도를 대지 말고 포도주와 독주, 부정한 음식을 입에 대지 말라고 했을까?

마노아는 이스라엘이 하나님께 범죄하여 40년 동안이나 블레셋의 식민지배를 받으며 온갖 고초를 당하면서도 누구하나 회개하고 돌이킬 생각조차 하지 않는 현실을 직시하면서 평생 동안 포도주와 독주를 비롯한 별미들을 입에 대지 않고 상주처럼 머리를 풀고 지냈다는 뜻이다. 왜 그랬을까? 나라가 멸망한 것을 부모가 죽은 것처럼 받아들였기 때문이다. 마노아와 그의 아내는 평생을 이렇게 살면서 늙어갔다. 마침 그들에게는 아들이 없었는데, 그들은 아들이 없는 문제보다 나라가 멸망한 사실을 더 가슴 아프게 받아들인 나머지 후사의 문제는 생각할 겨를도 없이 살았다.

이런 마노아의 아픈 가슴을 지켜보시던 하나님께서는 늙은 마노아에게 초자연적인 방법으로 아들 삼손을 주셨다. 후일 삼손이 특별한 장사가 되어 혼자 블레셋에 맞서는 사사의 역할을 하는데, 그 이유는 회개하는 사람들이 아무도 없으므로 단독으로 사역하도록 하나님께서 삼손에게 여러 사람의 힘을 몰아주셨기 때문이다. 하나님께서는 하나님과 뜻이 맞는 사람을 찾으셔서 그를 통하여 일 하신다.

• 사가랴와 엘리사벳

의인으로서 모든 계명과 규례를 흠없이 행하던 사가랴와 엘리사벳은 무슨 생각을 하면서 자식도 없이 늙어가고 있었을까? 다음의 구절에 그 대답이 들어있다.

15 이는 그가 주 앞에 큰 자가 되며 포도주나 독한 술을 마시지 아니하
며 모태로부터 성령의 충만함을 받아 16 **이스라엘 자손을 주 곧 그들
의 하나님께로 많이 돌아오게 하겠음이라**

왜 천사는 사가랴에게 수태고지를 하면서 이런 말을 하고 있을까? 사가랴와 엘리사벳은 이스라엘이 하나님을 멀리 떠난 것을 마음 아파하면서 평생 포도주와 독주를 마시지 않았다는 사실을 반영하고 있다. 사가랴와 엘리사벳 역시 자식없이 늙어가고 있었지만 이스라엘이 하나님께 돌아오기를 후사를 얻는 것보다 더 중요하게 여기고 있었다.

이상에서 살펴본 바와 같이 아브라함, 마노아, 사가랴는 후손을 두는 문제와 같은 개인적인 일보다는 나라와 민족, 온 세상의 문제를 더 중요하게 여기고 가슴앓이하며 늙어가고 있었다. 이런 마음을 지켜보시던 하나님께서는 천사를 특별히 보내셔서 초자연적인 방법으로 그들에게 아들을 주실 뿐만 아니라 그 아들이 그들의 염원을 이루어 주리라고 말씀하셨다.

【4】 13 천사가 그에게 이르되 사가랴여 무서워하지 말라 **너의 간구함
이 들린지라**

사가랴와 엘리사벳은 평생을 기도하며 기다리던 사람들이었다. 그들은 무슨 기도를 하며, 무엇을 기다렸을까? 이들뿐만 아니라 당시 이스라엘 사람들은 기도하며 기다리던 사람들이었다. 그런데 그들 가운데는 두 종류의 기다리는 사람들이 있었다.

❶ 메시아 왕국을 기다리는 사람들

출애굽하여 가나안에 입주한 이스라엘 사람들은 북왕국 이스라엘이 BC 721년 앗수르에, 남왕국 유다가 BC 586년 바벨론에 멸망한 이후 전쟁포로로 끌려갔다. 천신만고 끝에 간신히 귀환했으나 연이어 등장하는 강대국들에게 수백 년간 식민지배를 받아야 했다. 율법

에 기초한 신앙으로 오랫동안 식민지배의 고난을 이겨내면서 유대인들은 독특한 메시아 신앙을 발전시켰다. 약소국에 불과한 유다가 알렉산더의 헬라제국이나 로마제국을 물리치고 독립한다는 것은 사실상 불가능했다. 그러나 유대인들은 현실적으로 불가능한 독립을 신앙적으로 가능하다고 생각했다. 하나님께서 보내실 메시아가 오면 초자연적인 기적과 능력으로 유다를 해방시킬 뿐만 아니라 반대로 전세계를 지배하고 다스리게 하리라고 생각했는데, 이를 메시아 사상이라고 한다.

예수님 당시 유대인들은 초자연적인 메시아가 와서 메시아 왕국이 세워지기를 기다리고 있었다. 이런 메시아 사상은 복음서의 주요 배경이기 때문에 이에 대한 충분한 이해는 복음서 해석에서 반드시 필요하다. 그런데 이런 국수적인 민족주의에 기초한 유대인의 메시아 왕국과는 다른 나라를 기다리는 사람들이 있었다.

❷ 하나님 나라를 기다리는 사람들

이들은 계약법(율법)에 기초한 '하나님 나라'를 기다리는 사람들이다. 본래 계약법은 세상 모든 사람들이 행복하게 살아가기 위한 법이었다. 아브라함의 후손 이스라엘은 애굽에서 종살이를 하다가 출애굽하여 시내산에서 하나님과 이런 계약을 맺었었다. 그런데 이스라엘은 가나안에 입주하여 왕정기를 보내면서 계약법을 변질시킨 신앙생활을 하다가 계약이 파기되어 전쟁포로로 끌려가 종살이를 해야 했다. 포로지에서 계약법을 새롭게 깨우친 후, 계약이 회복되어 돌아왔지만 또 다시 계약 정신이 사라지고 말았다.

이런 신앙적인 변질을 안타깝게 여기며 본래의 계약법에 충실한 나라가 회복되기를 바라는 사람들이 있었다. 계약법이 실현된 나라를 구약성경에서는 '거룩한 나라'라고 부르며, 신약성경에서는 '하나님 나라'라고 한다. 이런 하나님 나라는 유대인들이 기다리던 메시아 왕국과는 그 성격이 전혀 다르다. 정통주의인 메시아 신앙에서 밀려난 소수의 변두리 사람들이 계약법이 실현된 하나님 나라를 기다리고 있었다. 세례 요한과 예수님의 첫 선포가 "하나님 나라가 가까이 왔다."였던 이유는 이들의 기다림에 대한 응답이었다.

누가는 왜 복음서를 사가랴와 엘리사벳의 이야기로 시작할까? 누가는 교회를 통해서 하나님 나라를 만난 사람이며, 이 하나님 나라를 확산시키기 위하여 평생을 헌신한 사람이다. 그는 복음의 내력에 대하여 지대한 관심을 가지고 많은 자료들을 수집했다. 그 과정에서 그는 하나님 나라를 기다리며 기도하던 사람들을 만났다. 누가는 세례 요한과 예수님의 등장을 이들의 기도에 대한 하나님의 응답으로 생각했다. 계약법에 의하면 계약공동체는 하나님을 대신하며, 하나님께서는 계약공동체의 기도에 응답하시는 방식으로 일하시기 때문이다.

뛰어난 지성인이던 누가는 비록 이방인이었지만 복음의 핵심을 계약법을 통해서 올바르게 이해했다. 그런 누가에게 예수님께서 오시기 직전에 하나님 나라를 기다리며 기도하던 사람들은 대단히 중요하게 보였다. 그 사람들은 누구였을까?

사가랴와 엘리사벳, 요셉과 마리아, 시므온과 안나. 예수님 태어나시던 밤에 양을 치던 목자들 ….

이방인 누가는 이런 사람들의 이야기로 복음서를 시작하고 있다.

물음

왜 마리아였을까? 05

본문 : 〈 1:26~38 〉

26 여섯째 달에 천사 가브리엘이 하나님의 보내심을 받아 갈릴리 나사렛
이란 동네에 가서
27 다윗의 자손 요셉이라 하는 사람과 약혼한 처녀에게 이르니 그 처녀
의 이름은 마리아라
28 그에게 들어가 이르되 은혜를 받은 자여 평안할지어다 주께서 너와
함께 하시도다 하니
29 처녀가 그 말을 듣고 놀라 이런 인사가 어찌함인가 생각하매
30 천사가 이르되 마리아여 무서워하지 말라 네가 하나님께 은혜를 입었
느니라
31 보라 네가 잉태하여 아들을 낳으리니 그 이름을 예수라 하라
32 그가 큰 자가 되고 지극히 높으신 이의 아들이라 일컬어질 것이요 주
하나님께서 그 조상 다윗의 왕위를 그에게 주시리니
33 영원히 야곱의 집을 왕으로 다스리실 것이며 그 나라가 무궁하리라
34 마리아가 천사에게 말하되 나는 남자를 알지 못하니 어찌 이 일이 있
으리이까
35 천사가 대답하여 이르되 성령이 네게 임하시고 지극히 높으신 이의
능력이 너를 덮으시리니 이러므로 나실 바 거룩한 이는 하나님의 아들
이라 일컬어지리라
36 보라 네 친족 엘리사벳도 늙어서 아들을 배었느니라 본래 임신하지
못한다고 알려진 이가 이미 여섯 달이 되었나니
37 대저 하나님의 모든 말씀은 능하지 못하심이 없느니라
38 마리아가 이르되 주의 여종이오니 말씀대로 내게 이루어지이다 하매
천사가 떠나가니라

본문은 마리아가 아니면 누구도 알 수 없는 이야기이다. 그런데

누가는 어떻게 이런 자료를 구할 수 있었을까? 예수님을 직접 뵈온 적이 없었던 누가는 예수님에 대해서도 많은 관심을 가지고 자료를 수집했다. 바울이 예루살렘에 올라갔다가 가이샤라에 2년여 동안 수감된 적이 있었다.(AD58~60년) 바울과 동행했던 누가는 이 기간 동안 많은 자료들을 수집했으리라고 보여지는데, 아마도 마리아나 그의 가족을 직접 만나서 이 이야기를 들었을 가능성이 높다. 누가는 예수님의 탄생 과정에 대하여 마태복음의 내용보다 좀 더 상세하게 알려주고 있다.

【1】 26 여섯째 달에 천사 가브리엘이 하나님의 보내심을 받아 갈릴리 나사렛이란 동네에 가서 27 다윗의 자손 요셉이라 하는 사람과 약혼한 처녀에게 이르니 **그 처녀의 이름은 마리아라**

복음서에서는 예수님은 인간이 되신 하나님이라고 말하는데, 동정녀에게 성령으로 잉태되시는 방법을 통하여 하나님께서 인간이 되셨다. 그런데 왜 하필 마리아였을까? 그녀는 누구이기에 이런 중요한 역할을 할 수가 있었을까? 또 성령잉태는 사실로 믿기 어렵기 때문에 늘 논란의 대상이 되곤 한다. 성령잉태가 사실이라는 것을 어떻게 알 수 있을까?

다음의 구절이 이에 대하여 대답해 준다.

【2】 30 천사가 이르되 마리아여 **무서워하지 말라** 네가 하나님께 은혜를 입었느니라 31 보라 네가 잉태하여 아들을 낳으리니 그 이름을 예수라 하라 … 34 마리아가 천사에게 말하되 나는 남자를 알지 못하니 어찌 이 일이 있으리이까 35 천사가 대답하여 이르되 **성령이 네게 임하시고 지극히 높으신 이의 능력이 너를 덮으시리니** 이러므로 나실 바 거룩한 이는 하나님의 아들이라 일컬어지리라 36 보라 네 친족 엘리사벳도 늙어서 아들을 배었느니라 본래 임신하지 못한다고 알려진 이가 이미 여섯 달이 되었나니 37 대저 하나님의 모든 말씀은 능하지 못하심이 없느니라 38 마리아가 이르되 **주의 여종이오니 말씀대로 내게 이루어지이다** 하매 천사가 떠나가니라

신앙의 경험에서는 인간이 직접 하나님을 대면하여 만나는 경험이 실제로 있다. 이 경험은 신앙 체험에서 가장 큰 경험이다. 그러면 이

런 경험이 어떻게 하면 가능해질까? 또 어떤 사람에게 왜 그런 경험이 일어날까? 이런 경험이 일어날 때에는 어떤 상태가 될까?

❶ 준비된 사람

창조주 하나님께서는 지금도 세상 모든 역사를 주관하신다. 그런데 그 방법은 계약공동체를 통해서이다. 당시 유대교 정통신앙에서는 메시아 왕국을 기다리고 있었다. 그런데 마리아는 어렸을 때부터 계약 정신에 기초한 하나님 나라에 지대한 관심을 가지고 그 나라가 임하기를 기다리고 있었다. 하나님께서는 당신과 뜻이 맞는 사람을 통해서 일하시는데, 마리아는 당시에 하나님 나라를 기다리던 결혼 적령기의 처녀 중에서 하나님의 뜻에 가장 부합하는 사람이었다. 하나님의 선택과 예정은 결코 일방적이 아니다. 하나님께서는 뜻에 맞는 사람을 찾으셔서 부르신다. 부르시는 방법은 다양한데, 특별한 경우에는 모세나 마리아처럼 직접 만나 주신다.

❷ 강한 전율과 두려움

유한한 인간이 무한한 하나님을 직접 대면하는 경험은 특별한 경험이어서 강한 떨림과 두려움에 휩싸인다. 감당하기 어려운 전율과 중압감, 두려움으로 말미암아 죽은 자처럼 되어있을 때 얼마쯤의 시간이 지나고 난 뒤에 하나님께서는 그를 깨워주신다. 본문에서 천사가 마리아에게 "두려워하지 말라"는 말씀은 이를 반영하고 있다.

❸ 독특한 사명

하나님의 면전에 서는 이런 경험은 하나님께서 사명을 직접 주시는 사람들에게 주로 일어난다. 구약의 모세나 예언자들은 이런 경험을 한 사람들이다. 마리아에게는 이런 경험 속에서 독특한 사명이 주어졌는데, 다음의 구절이 이를 말한다.

보라 **네가 잉태하여 아들을 낳으리니** 그 이름을 예수라 하라

❹ 자기부정

이런 사명의 말씀이 들려오면 어떤 반응을 보이게 될까? "나는 결코 그런 일을 할 만한 자가 못됩니다."라고 전적으로 자기 자신을 부정하게 된다. 인간이 감히 어떻게 하나님께 사명을 받을 수 있겠는가? 이런 경험을 한 사람들은 감히 자신이 하나님의 사명을 받았다고 남에게 말하지 못하는 것은 물론이고 스스로도 긍정하지 못한다. 단지 두렵고 떨리는 마음으로 자기에게 주어진 역할을 다 하려고 할 뿐이다.

❺ 진퇴양난(進退兩難)

그런 일을 절대로 받아들일 수 없다고 스스로 부정하지만 하나님의 뜻은 철회되지 않고 받아들이도록 요청된다. 이에 하나님의 뜻을 받아들일 수도 없고 감히 거부할 수도 없는 진땀 나는 상태가 지속된다. 이와 같은 긴장 상태는 얼마 동안 지속되는데, 결국 마리아와 같은 그런 고백을 하게 된다.

❻ 성령의 인도하심

"제게 말씀하시는 분이 신정 하나님이시라면 저는 이를 받아들일 수도 거부할 수도 없습니다. 단지 저는 주님의 종일 뿐입니다. 저같이 쓸모 없는 자가 어디에 쓰일 곳이 있다면 오직 하나님의 뜻이 이루어지기를 바랄뿐입니다." 그러면 하나님께서는 이렇게 말씀하신다. "그래, 내가 네게 기대한 대답은 바로 그것이다." 이런 경험이 일어나는 사람들에게는 이와 비슷하게 대답하도록 성령께서 도우신다. 마리아는 다음과 같이 고백했다.

> 마리아가 이르되 주의 여종이오니 말씀대로 내게 이루어지이다 하매 천사가 떠나가니라

하나님 면전에서 이런 무시무시한 경험을 하고 나면 너무 놀란 나머지 한동안 감히 말을 못하게 된다. 또 성령잉태와 같은 기적이 가능한가 아닌가와 같은 문제들에 대해서는 의심의 여지가 없어진다. 살아계신 하나님의 위엄과 전능하신 능력이 고스란히 느껴지기 때문이다. 이 본문에는 면전 경험의 전형적인 특징이 담겨있다. 성령잉태가 사실이라는 것은 이 본문이 말해주고 있다.

성경을 읽고 해석할 때에는 살아계신 하나님에 대한 경외감과 두려운 마음을 잃지 말아야 하며, 인간의 수준에서 쉽게 판단하지 말아야 한다. 그분은 지금 이 순간에도 살아계시며 불꽃 같은 눈으로 우리의 생각과 마음을 헤아리고 계시기 때문이다.

물음 06 마리아 찬가, 무엇을 말하는가?

본문 : 〈 1:39~56 〉

39 이 때에 마리아가 일어나 빨리 산골로 가서 유대 한 동네에 이르러
40 사가랴의 집에 들어가 엘리사벳에게 문안하니
41 엘리사벳이 마리아가 문안함을 들으매 아이가 복중에서 뛰노는지라
엘리사벳이 성령의 충만함을 받아
42 큰 소리로 불러 이르되 여자 중에 네가 복이 있으며 네 태중의 아이
도 복이 있도다
43 내 주의 어머니가 내게 나아오니 이 어찌 된 일인가
44 보라 네 문안하는 소리가 내 귀에 들릴 때에 아이가 내 복중에서 기
쁨으로 뛰놀았도다
45 주께서 하신 말씀이 반드시 이루어지리라고 믿은 그 여자에게 복이
있도다

46 마리아가 이르되 내 영혼이 주를 찬양하며
47 내 마음이 하나님 내 구주를 기뻐하였음은
48 그의 여종의 비천함을 돌보셨음이라 보라 이제 후로는 만세에 나를 복이 있다 일컬으리로다
49 능하신 이가 큰 일을 내게 행하셨으니 그 이름이 거룩하시며
50 긍휼하심이 두려워하는 자에게 대대로 이르는도다
51 그의 팔로 힘을 보이사 마음의 생각이 교만한 자들을 흩으셨고
52 권세 있는 자를 그 위에서 내리치셨으며 비천한 자를 높이셨고
53 주리는 자를 좋은 것으로 배불리셨으며 부자는 빈 손으로 보내셨도다
54 그 종 이스라엘을 도우사 긍휼히 여기시고 기억하시되
55 우리 조상에게 말씀하신 것과 같이 아브라함과 그 자손에게 영원히 하시리로다 하니라
56 마리아가 석 달쯤 함께 있다가 집으로 돌아가니라

개인의 특징과 상황을 잘 아시는 하나님께서는 어떤 사명을 주실 때 세밀한 배려를 아끼지 않으신다. 아직 어린 처녀에 불과한 마리아에게 확신과 도움을 주기 위해, 평소에 마리아와 지면이 있던 나이 많은 엘리사벳도 성령의 도우심으로 잉태했음을 알려주시며 그녀를 방문하도록 인도하셨다. 성령의 도우심으로 잉태한 두 여인은 서로 영감으로 말미암은 찬양을 주고받는데, 마리아의 찬가에는 평소에 그녀의 관심이 무엇이었는지 잘 드러나 있다.

【1】 46 마리아가 이르되 내 영혼이 주를 찬양하며 47 내 마음이 하나님 내 구주를 기뻐하였음은 48 그의 여종의 **비천함을 돌보셨음이라** 보라 이제 후로는 만세에 나를 복이 있다 일컬으리로다 49 능하신 이가 **큰 일을 내게 행하셨으니 그 이름이 거룩하시며** 50 긍휼하심이 두려워하는 자에게 대대로 이르는도다

마리아가 찬양하며 기뻐하는 이유는 하나님께서 자신의 '비천함'을 돌보시고 '큰 일'을 행하셨기 때문이다. 하나님께서는 항상 심령이 가장 작고 비천한 자를 통해서 일하신다. 구약에서 하나님과 계약을 맺은 이스라엘은 가장 비천한 하비루(히브리인)들이었으며, 신

약에서 새 계약을 맺은 사람들은 죄인들이었다. '큰 일'은 구약의 출애굽과 가나안에 들어가는 것을 의미한다.[21] 마리아는 자신에게 일어난 일들이 하나님께서 새로운 출애굽, 즉 새 계약을 시작하신 것이라고 찬양했다.

마리아가 이런 찬양을 한 이유는 평소에도 하나님 나라가 이 땅에 실현되기를 간절히 바라고 있었기 때문이다. 이런 사실은 다음에 이어지는 찬양에서 잘 나타난다.

【2】 51 그의 팔로 힘을 보이사 **마음의 생각이 교만한 자들을 흩으셨고** 52 **권세 있는 자를 그 위에서 내리치셨으며**

이스라엘이 하나님과 맺은 계약에 의하면 신분, 지위, 빈부의 격차가 없는 삶을 살아야 했다. 이를 '거룩한 나라'라고 했다. 그런데 이런 평등한 삶을 싫어하고, 자신이 더 잘 살고 높아지려고 지위를 악용하는 사람들이 득세했다. 마리아는 그들을 '마음의 생각이 교만한 자', '권세 있는 자'라고 불렀다. 마리아는 평소에 이 땅에 하나님 나라가 임하여 그런 사람들이 사라지기를 간절히 소망하고 있었다.

【3】 52 … **비천한 자**를 높이셨고 53 **주리는 자**를 좋은 것으로 배불리셨으며 부자는 빈 손으로 보내셨도다

사람대접받지 못하고 짐승과 다를 바 없이 살아가는 사람들, 하나님께서는 그들이 사람답게 살기를 바라신다. 인간에게 가장 서글픈 것은 굶주림이다. 굶어 죽어간다는 것만큼 비참한 것은 없다. 하나님께서는 그들이 배불리 먹기를 원하신다. 그래서 육체를 지닌 인간에게 먹거리의 보장은 절대가치이다. 이보다 더 중요한 것은 없다. 이런 이유로 주기도문에는 "오늘날 우리에게 일용할 양식을 주시옵고"라는 구절이 들어있다.

그런데 마리아의 찬가에는 평소 그녀가 이런 문제들이 해결되기를 간절히 바라고 있었음을 반영하고 있다.

---

21) 신10:21, 11:7, 삿2:7 등

【4】 54 그 종 이스라엘을 도우사 긍휼히 여기시고 기억하시되 55 우
리 조상에게 말씀하신 것과 같이 **아브라함과 그 자손에게 영원히 하시
리로다**

이스라엘은 본래 하나님과 계약을 맺은 백성들이다. 그런데 지금 그들은 계약을 저버리고 이방인과 다를 바 없이 되고 말았다. 마리아는 이를 안타깝게 여기며 하나님의 도우심으로 이스라엘의 계약 신앙이 회복되어 아브라함의 후손으로서의 진정성이 회복되기를 바라고 있었다.

이상과 같이 마리아의 찬가를 간략히 살펴보면 그녀는 계약법(율법) 정신을 정확히 꿰뚫고 있었음을 발견하게 된다. 하나님께서는 이런 사람을 선택하시고 그를 통해 당신의 뜻을 실현하신다.

물음 07 사가랴의 찬가, 무엇을 말하는가?

본문 : 〈 1:57~80 〉

57 엘리사벳이 해산할 기한이 차서 아들을 낳으니

58 이웃과 친족이 주께서 그를 크게 긍휼히 여기심을 듣고 함께 즐거워
하더라

59 팔 일이 되매 아이를 할례하러 와서 그 아버지의 이름을 따라 사가랴
라 하고자 하더니

60 그 어머니가 대답하여 이르되 아니라 요한이라 할 것이라 하매

61 그들이 이르되 네 친족 중에 이 이름으로 이름한 이가 없다 하고

62 그의 아버지께 몸짓하여 무엇으로 이름을 지으려 하는가 물으니

63 그가 서판을 달라 하여 그 이름을 요한이라 쓰매 다 놀랍게 여기더라

64 이에 그 입이 곧 열리고 혀가 풀리며 말을 하여 하나님을 찬송하니

65 그 근처에 사는 자가 다 두려워하고 이 모든 말이 온 유대 산골에 두루 퍼지매

66 듣는 사람이 다 이 말을 마음에 두며 이르되 이 아이가 장차 어찌 될까 하니 이는 주의 손이 그와 함께 하심이러라

67 그 부친 사가랴가 성령의 충만함을 받아 예언하여 이르되

68 찬송하리로다 주 이스라엘의 하나님이여 그 백성을 돌보사 속량하시며

69 우리를 위하여 구원의 뿔을 그 종 다윗의 집에 일으키셨으니

70 이것은 주께서 예로부터 거룩한 선지자의 입으로 말씀하신 바와 같이

71 우리 원수에게서와 우리를 미워하는 모든 자의 손에서 구원하시는 일이라

72 우리 조상을 긍휼히 여기시며 그 거룩한 언약을 기억하셨으니

73 곧 우리 조상 아브라함에게 하신 맹세라

74 우리가 원수의 손에서 건지심을 받고

75 종신토록 주의 앞에서 성결과 의로 두려움이 없이 섬기게 하리라 하셨도다

76 이 아이여 네가 지극히 높으신 이의 선지자라 일컬음을 받고 주 앞에 앞서 가서 그 길을 준비하여

77 주의 백성에게 그 죄 사함으로 말미암는 구원을 알게 하리니

78 이는 우리 하나님의 긍휼로 인함이라 이로써 돋는 해가 위로부터 우리에게 임하여

79 어둠과 죽음의 그늘에 앉은 자에게 비치고 우리 발을 평강의 길로 인도하시리로다 하니라

80 아이가 자라며 심령이 강하여지며 이스라엘에게 나타나는 날까지 빈 들에 있으니라

누가복음 1~2장에는 엘리사벳, 마리아, 사가랴, 천사, 시므온, 안나 등의 찬가가 나온다. 이런 이유로 누가는 시인이라는 평가를 받는다. 성전에서 분향하다가 수태고지를 들은 후 벙어리가 되어있던 사가랴는 엘리사벳이 아들을 낳자 천사가 일러준 대로 이름을 '요한'이라고 지었으며, 그 후 혀가 풀려 하나님을 다음과 같이 찬양하였다.

【1】 68 찬송하리로다 주 이스라엘의 하나님이여 **그 백성을 돌보사 속량하시며** 69 우리를 위하여 구원의 뿔을 그 종 다윗의 집에 일으키셨으니 70 이것은 주께서 예로부터 **거룩한 선지자의 입으로 말씀하신 바와 같이 71 우리 원수에게서와 우리를 미워하는 모든 자의 손에서 구원하시는 일이라**

성령이 충만해진 사가랴는 자신에게 아들을 주신 이유가 하나님께서 선지자들을 통하여 말씀하신 약속대로 이스라엘을 불쌍히 여기시고 구원하시기 위함이라고 말하고 있다. 왜 사가랴에게 초자연적인 방법으로 아들이 주어지고 또 그가 그 아들이 할 일을 성령의 도우심으로 예언할 수 있었을까? 사가랴는 이스라엘의 구원을 위하여 평생 기도하고 있었으며, 그 일이 후사를 두는 일보다 더 중요하다고 생각하고 있었기 때문이다. 하나님께서는 당신의 뜻에 부합하는 기도를 통하여 일하신다.

【2】 72 우리 조상을 긍휼히 여기시며 **그 거룩한 언약을 기억하셨으니** 73 곧 우리 조상 아브라함에게 하신 맹세라 74 우리가 원수의 손에서 건지심을 받고 75 종신토록 주의 앞에서 성결과 의로 두려움이 없이 섬기게 하리라 하셨도다

사가랴는 하나님께서 이스라엘과 맺었던 시내산의 계약과 아브라함에게 하신 약속을 말하고 있다. 메시아 왕국을 기다리던 유대인들과는 달리 하나님 나라가 임하기를 기다리던 마리아, 사가랴 등은 계약법과 그 계약법의 실천을 중요시하는 선지자의 가르침을 중요하게 생각했다. 이들이 보기에 당시의 유대인들은 하나님과의 계약에서 멀리 떠나 있었다. 그래서 그들이 다시 돌아오도록 기도하고 있었다.

【3】 76 이 아이여 **네가 지극히 높으신 이의 선지자라 일컬음을 받고** 주 앞에 앞서 가서 그 **길을 준비하여** 77 주의 백성에게 **그 죄 사함으로 말미암는 구원을 알게 하리니** 78 이는 우리 하나님의 긍휼로 인함이라 이로써 돋는 해가 위로부터 우리에게 임하여 79 어둠과 죽음의 그늘에 앉은 자에게 비치고 우리 발을 평강의 길로 인도하시리로다 하니라

하나님께서는 사가랴의 기도를 들으시고 늙은 그에게 특별한 방법으로 아들을 주셔서 그 아들이 사가랴의 평생 소원을 실현하게 하셨다. 요한이 할 일은 선지자들이 예언한 대로(말3:1, 사40:3) 계약법을 위반하고 있는 죄를 책망하며, 구세주의 길을 예비하는 역할이었다.

아브라함, 마노아, 사가랴는 아들없이 늙어가고 있었지만 개인의 문제보다는 모든 사람들이 행복하게 살 수 있는 하나님 나라가 이 땅에 임하는 것을 더 중요하게 여기며, 이를 위하여 간절히 기원하고 있었다. 하나님께서는 먼저 하나님 나라와 그 의를 구하는 그들에게 자식을 주시고, 그 자식들을 통하여 그들의 소원을 이루게 하셨다. 하나님 나라를 먼저 구하면 개인의 문제는 덤으로 주시되 가장 좋은 것으로 주신다.

'죄 사함으로 말미암는 구원'은 요한이 구약의 동물제사를 대신하는 새로운 속죄 제도인 세례를 주리라는 뜻이다.[22)]

【4】 80 아이가 자라며 심령이 강하여지며 이스라엘에게 나타나는 날까지 빈 들에 있으니라

이 한 구절에는 세례 요한의 성장과 교육 과정이 들어있다. 사가랴는 특별한 방법으로 태어난 아들 요한을 올바른 신앙으로 교육시키기 위하여 광야로 보냈다. 당시 광야에는 하나님 나라가 임하기를 기다리며 경제공동체로 하나님 나라의 삶을 실천하는 사람들이 있었다. 이들을 '엣세네파'라고 하는데, 1947년 사해사본이 발견된 쿰란 공동체의 유적을 통하여 그들의 흔적을 살펴볼 수 있다. 사가랴는 이들과 교분이 있어서 요한의 교육을 이들에게 의탁했다. 세례 요한의 성장과 교육 배경에는 광야의 사람들이 자리 잡고 있다.

당시 하나님 나라를 기다리는 사람들 중 일부는 세속을 떠나 광

22) 요한의 세례에 대해서는 〈물음12〉에서 상세하게 설명했다.

야에서 공동체 생활을 했으며, 나머지 사람들은 세속의 삶을 살면서 하나님 나라를 기다리며 기도하고 있었다. 누가복음 1~2장에 등장하는 사가랴와 엘리사벳, 요셉과 마리아, 시므온과 안나, 양치는 목자들은 세속의 삶을 살던 사람들이었다. 누가는 복음서를 쓰면서 이들의 역할이 복음의 선구자라고 생각하여 이들의 이야기를 자세히 소개하고 있다.

누가, 그는 이방인이었지만 복음의 핵심을 구약의 계약법에서 찾아내고 그 내력을 추적하고 있다. 복음과 계약법의 핵심과 그 흐름을 꿰뚫어 보는 누가의 혜안에 놀랄 뿐이다.

물음 08 왜 마굿간, 왜 구유였을까?

본문 : 〈 2:1~7 〉

1 그 때에 가이사 아구스도가 영을 내려 천하로 다 호적하라 하였으니
2 이 호적은 구레뇨가 수리아 총독이 되었을 때에 처음 한 것이라
3 모든 사람이 호적하러 각각 고향으로 돌아가매
4 요셉도 다윗의 집 족속이므로 갈릴리 나사렛 동네에서 유대를 향하여 베들레헴이라 하는 다윗의 동네로
5 그 약혼한 마리아와 함께 호적하러 올라가니 마리아가 이미 잉태하였더라
6 거기 있을 그 때에 해산할 날이 차서
7 첫아들을 낳아 강보로 싸서 구유에 뉘었으니 이는 여관에 있을 곳이 없음이러라

우리가 성경을 읽으면서 만날 수 있는 가장 큰 사건은 무엇일까? 천지창조라고 생각할 수 있다. 그런데 천지창조보다 더 큰 사건이

있다. 죄의 지배를 벗어나지 못하고 죽어가는 사람들을 구원하시기 위하여 하나님께서 하나님이시기를 포기하고 사람의 하나로 오시는 사건이다. 그 방법은 앞에서 본 바와 같이 하나님 나라가 임하기를 간절히 소망하던 한 동정녀에게 성령으로 잉태되어 태어나시는 방법이었다. 이방인 누가는 이 사건이 중요하다고 생각되어 예수님께서 태어나시는 과정을 상세히 기록해 놓았을 뿐만 아니라 놀라운 방법으로 전개시키고 있다.

【1】 1 그 때에 **가이사 아구스도가 영을 내려** 천하로 다 호적하라 하였으니 2 이 호적은 구레뇨가 수리아 총독이 되었을 때에 처음 한 것이라 4 요셉도 다윗의 집 족속이므로 갈릴리 나사렛 동네에서 유대를 향하여 베들레헴이라 하는 다윗의 동네로 5 그 약혼한 마리아와 함께 호적하러 올라가니 마리아가 이미 잉태하였더라

누가복음 전문가들 사이에서는 가이사 아구스도의 호적령에 대하여 역사적인 정확성에 관심을 갖고 논란을 거듭하고 있다. 그런데 누가는 이 본문을 통하여 무엇을 말하려고 했을까? 누가는 어떤 중요한 일들에 대하여 천사가 알려주거나 성령의 충만함과 감동 또는 지시에 따라 일어났다고 거듭 말하고 있다.[23] 그런데 가장 중요하고 큰 사건인 예수님 탄생의 시기와 장소에 대해서는 어떤 방법으로 알려주셨다고 말하는가?

가이사 아구스도의 영

예수님 탄생의 시기와 장소에 대해서는 하나님께서 '침묵'하셨으며, 로마 황제 '아구스도'의 명령이 대신하고 있다. 요셉은 호적을 하라는 아구스도의 영에 따라 호적을 하기 위하여 마리아를 데리고 고향 베들레헴으로 갔다. 가장 중요한 사건과 관련된 예수님 탄생의 자리가 하나님의 직접적인 지시가 아니라 아구스도의 영에 따라 결

23) 눅1:11, 26, 41, 67, 2:26, 27, 4:1, 14, 행1:16, 2:4, 4:1, 8, 25, 31, 6:8, 10, 7:55, 8:29, 10:19, 11:12, 28, 13:2, 13:4, 9, 52, 16:6, 20:23, 21:4, 11, 28:25 등 외에도 비슷한 내용은 더 많이 있다.

정되었다. 왜 누가는 이런 사실을 강조하고 있을까?

하나님께서 일하시는 방법은 다양하다. 많은 경우 하나님께서는 직접 개입보다는 '통해서' 일하신다. 선지자나 설교자를 통해서 공식적으로 말씀하시며, 정치,사회적인 변동이나 자연환경의 변화를 통해서도 말씀하신다. 선지자들은 하나님의 음성을 영감으로 직접 듣기도 했지만 메뚜기와 황충, 가뭄과 기근, 전쟁, 천재지변 등 여러 방법을 통해서도 들었다. 성경해석자와 설교자들은 환경의 변화 등을 통해 들려오는 하나님의 음성에 귀를 기울여야 한다.

코로나19

예언자의 시각에서 본다면 여러 해 동안 정기적으로 찾아오는 구제역, 조류독감 속에도 하나님의 경고가 들어있었다. 그런데 이에 대하여 아무런 반응과 회개가 없자 이번에는 코로나 바이러스를 통해서 더 강하게 경고하신다. 최근 찾아온 코로나 때문에 산업은 물론 일상 생활과 종교 활동까지도 정지되고 말았다. 이는 무엇을 말하는가? 기존에 살던 방식으로는 안 된다는 경고이다. 특히 교회의 예배도 멈추고 말았다. 이는 기존의 예배는 받으시지 않겠다는 뜻이며, 정통신학과 신앙생활에 대하여 전면적으로 수정하라는 하나님의 명령이다. 코로나가 빨리 수그러들어서 정상화되기를 바라는 것은 하나님의 명령에 대한 정면 거부이며 도전이다. 코로나 바이러스 때문에 마스크를 쓰지 않으면 정상 활동을 할 수 없게 되고 말았다. 코로나가 아니라도 미세먼지의 수준은 심각한 지경에 이르렀다. 방역, 백신, 치료제 등은 코로나 증상에 대한 대처일 뿐이다. 증상보다는 근본 원인을 찾아 대처해야 한다.

인류는 지금 환경 훼손으로 말미암아 멸종이라는 심각한 위기에 처해있다. 코로나는 이에 대한 하나님의 경고이다. 예수님께서는 당시의 종교지도자인 서기관과 바리새인을 향하여 날씨는 분별할 줄 알면서 시대의 징조를 알지 못한다고 책망하셨다.[24] 이 말씀은 오늘 우리 설교자들에게 주시는 책망이자 경고이다.

【2】 6 거기 있을 그 때에 해산할 날이 차서 7 첫아들을 낳아 **강보로 싸서 구유에 뉘었으니** 이는 여관에 있을 곳이 없음이러라

요셉과 마리아는 아구스도의 영에 따라 호적을 하려고 고향에 갔다가 아무런 준비 없이 예수님을 출산했다. 잘 곳이 없어 마구간에서 자다가 예수님을 낳았으나 누일 곳이 없어 구유에 뉘어 놓았다.

누가는 아마도 이런 사실을 마리아나 그의 가족을 통해서 직접 들었을 것이다. 마리아가 아니라면 이런 정보를 줄 사람이 없기 때문이다. 그런데 누가는 왜 이런 이야기가 중요하다고 생각하여 여기에 기록해 놓았을까?

하나님의 존재 양식

영성의 길을 가다 보면 하나님을 직접 뵈옵는 경험이 일어날 수 있다. 그런데 이런 경험이 일어나면 너무나 놀라 큰 충격을 받게 되는데, 그 이유는 하나님이 그동안 듣고 생각하던 것과는 너무 다르기 때문이다. 그동안 우리는 하나님께서는 가장 높은 곳에서 온 세상을 지배하고 다스리시는 분이라고 생각했었다. 그런데 직접 뵈옵고 보면 그분은 가장 낮고 천한 곳에 섬김으로 계신다. 그분을 직접 대하면 말로는 표현하기 어려운 어떤 힘에 압도되어 죽은 자처럼 되고 만다. 그런데 이런 능력은 가장 낮음과 천함과 섬김에서 나온다.

예수님 탄생의 자리와 모습은 하나님의 존재 양식을 그대로 반영하고 있다. 아마도 요셉과 마리아에게 어떤 방법으로 미리 알려주시

---

24) 또 무리에게 이르시되 너희가 구름이 서쪽에서 이는 것을 보면 곧 말하기를 소나기가 오리라 하나니 과연 그러하고 남풍이 부는 것을 보면 말하기를 심히 더우리라 하나니 과연 그러하니라 외식하는 자여 너희가 천지의 기상은 분간할 줄 알면서 어찌 이 시대는 분간하지 못하느냐 (눅12:54~56)

거나 지시하셨다면 이런 극적인 탄생의 현장은 연출되지 않았을 것이다. 어떻게 출산에 대하여 아무런 준비가 없다가 마굿간에서 아이를 낳아 말구유에 누일 수 있겠는가? 누가는 이를 아구스도의 명령으로 설명하고 있다. 강보에 싸여 구유에 누워있는 모습은 결코 우연이 아니라 하나님의 특별한 계획이며, 그분이 구세주라는 증거였다.(2:12)

누가의 통찰력은 이것을 놓치지 않고 읽고 있다.

물음 09 왜 목자들이었을까?

본문 : 〈 2:8~20 〉

8 그 지역에 목자들이 밤에 밖에서 자기 양 떼를 지키더니

9 주의 사자가 곁에 서고 주의 영광이 그들을 두루 비추매 크게 무서워하는지라

10 천사가 이르되 무서워하지 말라 보라 내가 온 백성에게 미칠 큰 기쁨의 좋은 소식을 너희에게 전하노라

11 오늘 다윗의 동네에 너희를 위하여 구주가 나셨으니 곧 그리스도 주시니라

12 너희가 가서 강보에 싸여 구유에 뉘어 있는 아기를 보리니 이것이 너희에게 표적이니라 하더니

13 홀연히 수많은 천군이 그 천사들과 함께 하나님을 찬송하여 이르되

14 지극히 높은 곳에서는 하나님께 영광이요 땅에서는 하나님이 기뻐하신 사람들 중에 평화로다 하니라

15 천사들이 떠나 하늘로 올라가니 목자가 서로 말하되 이제 베들레헴으로 가서 주께서 우리에게 알리신 바 이 이루어진 일을 보자 하고

16 빨리 가서 마리아와 요셉과 구유에 누인 아기를 찾아서

17 보고 천사가 자기들에게 이 아기에 대하여 말한 것을 전하니

18 듣는 자가 다 목자들이 그들에게 말한 것들을 놀랍게 여기되
19 마리아는 이 모든 말을 마음에 새기어 생각하니라
20 목자들은 자기들에게 이르던 바와 같이 듣고 본 그 모든 것으로 인하
여 하나님께 영광을 돌리고 찬송하며 돌아가니라

누가는 우주 창조보다 더 큰 사건인 거룩한 탄생의 자리에 초대받은 사람들을 소개하고 있다. 그런데 의외로 특별한 초대를 받은 사람들은 목자들이었다. 왜 하필 목자들이었을까?

죄인 중의 죄인

당시 목자는 가장 가난하고 비천했을 뿐만 아니라 죄인 중에서도 큰 죄인으로 취급받았다. 양을 돌보는 일은 대단히 힘들었다. 유목이었기 때문에 계속 풀밭을 찾아 먼 곳을 떠돌아다녀야 했고, 낮에는 뜨거운 햇빛에 시달리고 밤에는 추위에 시달리면서 들판에서 잠을 자지 못하고 가축을 맹수로부터 지켜야 했다. 이들이 가난했던 이유는 이들 대부분은 자기 양이 아니라 남의 양을 돌봤기 때문이며, 가축의 주인들은 주로 예루살렘에 있었다.

또 이들이 비천한 죄인으로 취급받은 이유는 두 가지였다. 첫째는 가난하다 보니 주인 모르게 양을 잡아먹거나 양이나 양털의 일부를 팔아먹는 경우가 다반사였다. 이런 이유로 목자들이 내다 파는 양이나 양털 등은 도둑질해서 파는 물건으로 취급받았다. 다음으로는 이들은 유대교 율법을 지킬 수 없었다. 안식일에도 짐승을 돌봐야 했으며, 식사 때마다 손을 씻을 수도 없었기 때문이다. 이들에게 유대교 율법 조항은 지킬 수 없는 법이었다.

따라서 유대교 율법에 의하면 이들은 큰 죄인에 불과했다. 그런데 왜 하나님께서는 이런 목자들을 구세주 탄생의 자리에 특별히 초대하셨을까?

준비된 사람들

하나님께서 보시는 기준은 사람과 다르며, 사람의 심중을 살피신다. 마음의 무엇을 살피실까? 마음속으로 무엇을 가장 소중하게 여기는가를 오랫동안 지켜보신다. 사람이 가장 중요하게 여기는 그것이 하나님께서 가장 중요하게 여기는 그것과 일치하는 사람을 찾으신다. 즉 마음으로 하나님과 일치된 사람이다. 하나님께서는 무엇을 가장 귀하게 여기실까? 그것을 어떻게 알 수 있을까? 전혀 어렵지 않다. 하나님께서는 모든 사람들이 다 행복하게 사는 나라를 바라신다. 그런 나라를 구약성경에서는 '거룩한 나라'라고 했으며, 신약성경에서는 '하나님 나라'라고 했다. 하나님 나라는 하나님의 가장 큰 가치이며 존재 이유이다.

마태복음의 동방박사들과(마2:1~11) 더불어 누가복음의 목자들은 하나님 나라의 임재를 가장 귀하게 여기며 기다리던 사람들 중에서 으뜸이었다. 하나님께서는 이방인, 죄인 등을 따지지 않으신다. 하나님과 뜻이 맞으면 그가 누구이든 상관없이 부르시고 또 그를 통하여 당신의 뜻을 실현하신다. 또 하나님의 기준은 특별하거나 어려운 것이 아니라 누구에게나 언제든지 가능한 것이다.

나는 얼마만큼 준비가 되었을까? 나의 생각은 하나님과 뜻이 얼마나 맞을까? 하나님 나라의 임재를 나는 얼마나 간절히 소망하며, 그것이 어느 정도로 나의 존재 이유가 되어있나?

구세주이신 표적

천사들이 목자들에게 알려준 구세주의 표적은 놀랍게도 '강보에 싸여 구유에 누워있는 아이'였다. 어떻게 이런 모습이 구세주의 표적이 될 수 있을까? 하나님의 현존 방식은 존재 양식과 일치한다. 가장 작고 천한 모습으로 자신을 은폐하신다. "천국은 마치 밭에 감추인 보화와 같다."(마13:44)는 말씀은 하나님의 존재 양식이자 현존 방식이다.

동방박사와 목자들은 어떻게 구유에 누우신 아기 예수님을 보고 구세주의 표적이라고 생각할 수 있었을까? 하나님 나라를 사모하는 사람들은 가장 작은 것 속에서 가장 큰 것을 볼 수 있는 눈을 가진 사람들이다. 사람의 외모를 보는 사람은 감추어진 하나님 나라를 보지 못한다. 이방인 동방박사들은 구유에 누워계시는 아기 예수님 앞에 홍포를 깔고 황금과 유향과 몰약을 드리며 엎드려 절함으로써 왕에게 드리는 예를 갖추었으며, 죄인으로 취급받던 천한 목자들은 구세주가 가장 낮고 천한 모습으로 태어나신 것을 보고 하나님께 영광과 찬양을 드리며 돌아갔다.

이들은 밭에 감추인 보화를 볼 수 있는 눈의 소유자들이었다.

물음 10 시므온과 안나, 어떤 사람이었을까?

본문 : 〈 2:21~39 〉

21 할례할 팔 일이 되매 그 이름을 예수라 하니 곧 잉태하기 전에 천사가 일컬은 바러라

22 모세의 법대로 정결예식의 날이 차매 아기를 데리고 예루살렘에 올라가니

23 이는 주의 율법에 쓴 바 첫 태에 처음 난 남자마다 주의 거룩한 자라 하리라 한 대로 아기를 주께 드리고

24 또 주의 율법에 말씀하신 대로 산비둘기 한 쌍이나 혹은 어린 집비둘기 둘로 제사하려 함이더라

25 예루살렘에 시므온이라 하는 사람이 있으니 이 사람은 의롭고 경건하여 이스라엘의 위로를 기다리는 자라 성령이 그 위에 계시더라

26 그가 주의 그리스도를 보기 전에는 죽지 아니하리라 하는 성령의 지
시를 받았더니
27 성령의 감동으로 성전에 들어가매 마침 부모가 율법의 관례대로 행하
고자 하여 그 아기 예수를 데리고 오는지라
28 시므온이 아기를 안고 하나님을 찬송하여 이르되
29 주재여 이제는 말씀하신 대로 종을 평안히 놓아 주시는도다
30 내 눈이 주의 구원을 보았사오니
31 이는 만민 앞에 예비하신 것이요
32 이방을 비추는 빛이요 주의 백성 이스라엘의 영광이니이다 하니
33 그의 부모가 그에 대한 말들을 놀랍게 여기더라
34 시므온이 그들에게 축복하고 그의 어머니 마리아에게 말하여 이르되
보라 이는 이스라엘 중 많은 사람을 패하거나 흥하게 하며 비방을 받
는 표적이 되기 위하여 세움을 받았고
35 또 칼이 네 마음을 찌르듯 하리니 이는 여러 사람의 마음의 생각을
드러내려 함이니라 하더라
36 또 아셀 지파 바누엘의 딸 안나라 하는 선지자가 있어 나이가 매우
많았더라 그가 결혼한 후 일곱 해 동안 남편과 함께 살다가
37 과부가 되고 팔십사 세가 되었더라 이 사람이 성전을 떠나지 아니하
고 주야로 금식하며 기도함으로 섬기더니
38 마침 이 때에 나아와서 하나님께 감사하고 예루살렘의 속량을 바라는
모든 사람에게 그에 대하여 말하니라
39 주의 율법을 따라 모든 일을 마치고 갈릴리로 돌아가 본 동네 나사렛
에 이르니라

본문은 예수님의 탄생 직후와 관련된 이야기이다.

【1】 24 또 주의 율법에 말씀하신 대로 **산비둘기 한 쌍이나 혹은 어린 집비둘기 둘로** 제사하려 함이더라

예수님은 율법에 따라(창21:4, 레12:3) 8일 만에 할례를 받으셨으며, 마리아 역시 율법에 따라(레12:1~8) 40일 후에 정결례를 드리면서 어린 비둘기 한 쌍을 제물로 드렸다. 또 장자를 하나님께 드리는 규정대로(출13:12) 아기 예수님도 하나님께 봉헌되었다. 비둘

기는 가장 가난한 자들이 드리는 제물이었으므로 요셉과 마리아는 가난했음을 알 수있다.

그런데 누가는 왜 이런 것들을 상세하게 기록해 놓았을까? 예수님은 가장 낮고 초라한 곳에서 태어나셨을 뿐만 아니라 가장 가난한 자의 애환을 직접 경험하셨는데, 가난한 자들의 문제가 해결되는 하나님 나라에 관심이 있는 누가에게는 이런 사실들이 대단히 중요하게 여겨졌다.

【2】 25 예루살렘에 **시므온**이라 하는 사람이 있으니 이 사람은 **의롭고 경건하여 이스라엘의 위로를 기다리는 자라** 성령이 그 위에 계시더라

성전에서 나이 많은 시므온이라는 사람이 아기 예수님이 어떤 분인지를 알아보았다. 하나님 나라를 간절히 사모하는 그의 마음을 하나님께서 보시고 죽기 전에 구세주를 보리라는 약속을 주셨었는데, 아기 예수님께서 성전에 오시자 그는 성령의 도우심으로 예수님을 알아보고 예수님이 하실 일에 대해서도 다음과 같이 예언했다.

【3】 31 이는 만민 앞에 예비하신 것이요 32 이방을 비추는 빛이요 주의 백성 이스라엘의 영광이니이다 하니 … 34 시므온이 그들에게 축복하고 그의 어머니 마리아에게 말하여 이르되 보라 이는 **이스라엘 중 많은 사람을 패하거나 흥하게 하며 비방을 받는 표적이 되기 위하여 세움을 받았고** 35 또 칼이 네 마음을 찌르듯 하리니 이는 여러 사람의 마음의 생각을 드러내려 함이니라 하더라

예수님께서는 이스라엘이 하나님과 맺은 옛 계약을 폐지하시고 죄인들과 새 계약을 체결하셨다. 새 계약은 만민에게 새로운 기회이고 이방인에게 빛이 되지만 계약이 폐지된 유대인들에게는 심판과 저주였다. 예수님께서는 계약 폐지를 막기 위하여 무섭게 책망하시고 또 눈물로 호소하셨지만 유대인들은 듣지 않았을 뿐만 아니라 예수님을 십자가에 못 박고 말았다. 시므온은 이런 사실을 시적인 표현으로 마리아에게 말해주었다.

【4】 36 또 아셀 지파 바누엘의 딸 **안나**라 하는 선지자가 있어 **나이가 매우 많았더라** …

마침 성전에서 기도에 전념하던 84세 할머니 안나도 아기 예수님을 만나자 즉시 알아보았다. 안나는 하나님 나라를 기다리고 있던 예루살렘 사람들에게 구세주가 오셨음을 알렸다.

누가는 시므온과 안나와 같은 지극히 평범하고 보잘 것 없어 보이는 사람들의 이야기를 중요하게 여기고 기록에 남겨놓았다. 누가는 왜 이런 사람들을 귀하게 보았을까? 하나님 나라를 지극히 사모하며 간절히 기도하는 사람들의 기도를 하나님께서는 들으시고 그들에게 하나님 나라를 허락하신다는 것을 알았기 때문이다.

물음 11 예수님의 어린 시절, 어떤 모습이었을까?

본문 : 〈 2:40~52 〉

40 아기가 자라며 강하여지고 지혜가 충만하며 하나님의 은혜가 그의 위에 있더라

41 그의 부모가 해마다 유월절이 되면 예루살렘으로 가더니

42 예수께서 열두 살 되었을 때에 그들이 이 절기의 관례를 따라 올라갔다가

43 그 날들을 마치고 돌아갈 때에 아이 예수는 예루살렘에 머무셨더라 그 부모는 이를 알지 못하고

44 동행 중에 있는 줄로 생각하고 하룻길을 간 후 친족과 아는 자 중에서 찾되

45 만나지 못하매 찾으면서 예루살렘에 돌아갔더니

46 사흘 후에 성전에서 만난즉 그가 선생들 중에 앉으사 그들에게 듣기도 하시며 묻기도 하시니

47 듣는 자가 다 그 지혜와 대답을 놀랍게 여기더라

48 그의 부모가 보고 놀라며 그의 어머니는 이르되 아이야 어찌하여 우리

에게 이렇게 하였느냐 보라 네 아버지와 내가 근심하여 너를 찾았노라
49 예수께서 이르시되 어찌하여 나를 찾으셨나이까 내가 내 아버지 집에 있어야 될 줄을 알지 못하셨나이까 하시니
50 그 부모가 그가 하신 말씀을 깨닫지 못하더라
51 예수께서 함께 내려가사 나사렛에 이르러 순종하여 받드시더라 그 어머니는 이 모든 말을 마음에 두니라
52 예수는 지혜와 키가 자라가며 하나님과 사람에게 더욱 사랑스러워 가시더라

이방인 누가는 교회를 통해서 하나님 나라와 예수님을 만난 이후 예수님의 모든 부분에 대하여 많은 관심이 있었던 것 같다. 탄생의 내력을 비롯하여 어린 시절의 모습에 대한 자료는 어떻게 구했을까? 본문의 내용을 보면 이 정보는 마리아가 아니면 알 수 없는 것들이다. 누가는 이런 이야기들도 빠뜨리지 않고 기록해 놓았다.

【1】 41 그의 부모가 **해마다** 유월절이 되면 예루살렘으로 가더니

누가는 요셉과 마리아의 신앙생활에 대해서도 알려주고 있다. 그들은 해마다 유월절에 예루살렘을 방문했다. 유대인들은 예루살렘에서 32km 이내의 성인 남자는 유월절 행사에 참여해야 했고, 해외에 사는 교포들은 평생에 한 번은 참석했다. 초기에는 남자들만 참석하다가 나중에는 여자들과 아이들도 참석할 수 있었다.

요셉과 마리아는 관례대로 매년 유월절에 온 가족이 참여할 만큼 신앙생활에 열심이었다. 유월절 행사는 7일 동안 진행되므로 이 기간에는 예루살렘에 머물러야 했다.

【2】 40 아기가 자라며 강하여지고 **지혜가 충만하며 하나님의 은혜가 그의 위에 있더라** … 46 사흘 후에 성전에서 만난즉 그가 선생들 중에 앉으사 그들에게 듣기도 하시며 묻기도 하시니 47 듣는 자가 다 그 지혜와 대답을 놀랍게 여기더라 52 예수는 지혜와 키가 자라가며 하나님과 사람에게 더욱 사랑스러워 가시더라

예수님의 모든 부분에 대하여 관심이 많았던 누가는 예수님의 놀

라운 가르침은 어떻게 해서 가능했을까에 대해서도 많은 자료를 수집해서 우리에게 전해주고 있다. 이를 정리해보고자 한다.

❶ 가정 교육

신명기에 의하면 가정에서 부모가 자녀에게 율법을 가르치게 되어있다. 요셉에 대해서는 별로 언급이 없지만 마리아의 찬가를 보면 마리아는 계약법의 핵심에 대하여 명확하게 꿰뚫고 있을 뿐만 아니라 놀라운 통찰력을 지니고 있었다. 유대인 가정에서는 자녀들이 12살에 성인식을 할 때면 율법서를 다 암기할 만큼 가르쳤는데, 예수님께서 12살에 성전에서 랍비들과 성경을 토론하여 그들을 놀라게 했다는 것은 그만큼 가정에서의 성경공부가 충실했다는 뜻이다.

❷ 성령의 도우심

성경의 깊은 의미를 깨우치는 데에는 성령의 도우심이 반드시 필요하다. 하나님과 신앙의 세계는 이성의 한계를 벗어나기 때문이다. 예수님의 가르치심은 전적으로 성령의 사역이었다. 예수님에게는 성령의 가르치심이 언제부터 시작되었을까?

성경에서는 예수님께서 성령으로 말미암아 잉태되었다고 말하고 있다. 따라서 예수님에게는 성령의 깨우치심이 잠재되어 있었다. 그렇지 않으면 복음서에 기록된 예수님의 가르치심과 지혜는 설명되지 않는다. 예수님의 지혜와 비유는 사람의 지혜가 아니라 하나님의 지혜이기 때문이다.

❸ 기도와 묵상

성경을 깨우치는 것과 기도는 직결된다. 기도와 묵상 없이는 성경의 깊은 부분을 깨닫지 못한다. 성령의 영감은 기도하는 시간에 활성화되어 묵상으로 이어지며, 이어서 깨달은 말씀이 육화되고 행동으로 이어진다.

이런 이유로 누가는 예수님의 기도에 대하여 많은 언급을 하고 있다. 예수님의 기도하는 모습이 마태 3회, 마가 5회, 요한 2회이지만 누가에는 9회나 나오며, 제자들이 예수님에게 기도를 가르쳐달라고 요구하며(11:1), 다른 복음서에는 없는 기도의 비유가 세 번이나 나오며(11:5~8, 18:1~8, 9~14), 십자가에서도 기도하시면서 돌아가셨다.(23:46) 누가복음의 기록 목적 중의 하나가 기도에 대한 가르침이다. 이런 이유로 누가복음에는 어느 복음서보다 영성적인 내용들이 많이 들어있다.

【3】 51 예수께서 함께 내려가사 나사렛에 이르러 **순종하여 받드시더라** 그 어머니는 이 모든 말을 마음에 두니라 52 예수는 지혜와 키가 자라가며 하나님과 사람에게 더욱 사랑스러워 가시더라

공생애 이전 예수님의 가정 생활에 대해서도 누가는 전해주고 있다. 부모님에게 순종하셨으며, 하나님과 사람들 보기에 사랑받을 만한 삶을 사셨다고 한다. 하나님이시면서 사람이 되셨던 예수님께서는 평범한 일상에서도 모범을 보이셨다.

물음 12 세례 요한, 그는 누구인가?

본문 : 〈 3:1~20 〉

1 디베료 황제가 통치한 지 열다섯 해 곧 본디오 빌라도가 유대의 총독으로, 헤롯이 갈릴리의 분봉 왕으로, 그 동생 빌립이 이두래와 드라고닛 지방의 분봉 왕으로, 루사니아가 아빌레네의 분봉 왕으로,

2 안나스와 가야바가 대제사장으로 있을 때에 하나님의 말씀이 빈 들에서 사가랴의 아들 요한에게 임한지라

3 요한이 요단 강 부근 각처에 와서 죄 사함을 받게 하는 회개의 세례를 전파하니

4 선지자 이사야의 책에 쓴 바 광야에서 외치는 자의 소리가 있어 이르
되 너희는 주의 길을 준비하라 그의 오실 길을 곧게 하라
5 모든 골짜기가 메워지고 모든 산과 작은 산이 낮아지고 굽은 것이 곧
아지고 험한 길이 평탄하여질 것이요
6 모든 육체가 하나님의 구원하심을 보리라 함과 같으니라
7 요한이 세례 받으러 나아오는 무리에게 이르되 독사의 자식들아 누가
너희에게 일러 장차 올 진노를 피하라 하더냐
8 그러므로 회개에 합당한 열매를 맺고 속으로 아브라함이 우리 조상이
라 말하지 말라 내가 너희에게 이르노니 하나님이 능히 이 돌들로도
아브라함의 자손이 되게 하시리라
9 이미 도끼가 나무 뿌리에 놓였으니 좋은 열매 맺지 아니하는 나무마다
찍혀 불에 던져지리라
10 무리가 물어 이르되 그러면 우리가 무엇을 하리이까
11 대답하여 이르되 옷 두 벌 있는 자는 옷 없는 자에게 나눠 줄 것이요
먹을 것이 있는 자도 그렇게 할 것이니라 하고
12 세리들도 세례를 받고자 하여 와서 이르되 선생이여 우리는 무엇을
하리이까 하매
13 이르되 부과된 것 외에는 거두지 말라 하고
14 군인들도 물어 이르되 우리는 무엇을 하리이까 하매 이르되 사람에게
서 강탈하지 말며 거짓으로 고발하지 말고 받는 급료를 족한 줄로 알
라 하니라
15 백성들이 바라고 기다리므로 모든 사람들이 요한을 혹 그리스도신가
심중에 생각하니
16 요한이 모든 사람에게 대답하여 이르되 나는 물로 너희에게 세례를
베풀거니와 나보다 능력이 많으신 이가 오시나니 나는 그의 신발끈을
풀기도 감당하지 못하겠노라 그는 성령과 불로 너희에게 세례를 베푸
실 것이요
17 손에 키를 들고 자기의 타작 마당을 정하게 하사 알곡은 모아 곳간에
들이고 쭉정이는 꺼지지 않는 불에 태우시리라
18 또 그밖에 여러 가지로 권하여 백성에게 좋은 소식을 전하였으나
19 분봉 왕 헤롯은 그의 동생의 아내 헤로디아의 일과 또 자기가 행한
모든 악한 일로 말미암아 요한에게 책망을 받고
20 그 위에 한 가지 악을 더하여 요한을 옥에 가두니라

네 복음서에서 모두 세례 요한을 중요하게 다루지만 누가에 비할 바가 아니다. 누가는 요한의 탄생 과정과 그 부모에게까지 관심을 가지고 자세한 기록을 남겨 놓았다. 누가는 왜 요한에 대하여 이렇게 관심을 가졌을까?

【1】 1 **디베료 황제가** 통치한 지 열다섯 해 곧 **본디오 빌라도가** 유대의 총독으로, **헤롯이** 갈릴리의 분봉 왕으로, 그 동생 **빌립이** 이두래와 드라고닛 지방의 분봉 왕으로, **루사니아가** 아빌레네의 분봉 왕으로, 2 **안나스와 가야바가** 대제사장으로 있을 때에 …

이런 기록을 보면 누가가 얼마나 많은 관심을 기울이며 자료를 수집했는지를 알 수 있다. 누가는 세례 요한이 등장하는 시점을 소개하면서 로마 황제, 유대의 총독, 각 지역의 분봉왕, 대제사장 등의 이름을 구체적으로 거론하고 있다. 왜 이렇게 써나가고 있을까? 단순히 역사성을 알려주기 위함일까? 아니면 당시의 역사서 기록의 한 관례 때문일까?

그런 의미도 없지 않겠지만 누가는 복음이 가지고 있는 세계적인 의미에 더 비중을 두었다. 누가는 안디옥 교회를 통해서 하나님 나라의 삶을 발견한 이후 이 복음이야말로 세계적이며 우주적인 의미를 가지고 있으므로 이 복음을 위해서는 평생을 헌신해도 아깝지 않다고 생각했다. 누가는 이 복음에 지대한 관심을 가지고 자세히 내력을 추구했을 뿐만 아니라 여타의 복음서와 전혀 다른 방식으로 사도들의 행적까지 기록해 놓았다. 누가는 신약성경에서 가장 크게 공헌했다고 평가해도 결코 과언이 아니다.

【2】 2 … 하나님의 말씀이 **빈 들에서** 사가랴의 아들 요한에게 임한지라

누가는 세례 요한을 소개하면서 다른 복음서와 달리 독특하게 소개하고 있다. 요한은 모태에서부터 성령의 충만함을 받았다고 말하고 있다.

이는 그가 **주 앞에 큰 자가 되며** 포도주나 독한 술을 마시지 아니하며 **모태로부터 성령의 충만함을 받아**(1:15)

성경 어디에도 모태에서부터 성령의 충만함을 받았다는 이야기는 없다. 세례 요한은 왜 이렇게 모태로부터 성령의 충만함을 받았을까? 〈물음04〉에서 말한 바와 같이 요한의 탄생 자체가 부모의 각별한 신앙 때문이었다. 요한이 모태에서 성령이 충만할 수 있었던 이유는 전적으로 부모 때문이다. 요한은 부모의 평생 기도 때문에 나실인의 법대로 포도주나 독주를 마시지 않았으며(민6:1~4) 주 앞에 '큰 자'가 되었다. 예수님께서도 여자가 낳은 자 중에 요한보다 큰 자가 없다고 하셨다.(마11:11, 눅7:28)

바른 신앙생활과 평생의 기도는 결코 헛되지 않으며, 자식들에게 이어진다. 아브라함의 하나님, 이삭의 하나님, 야곱의 하나님은 자식을 향한 부모의 바른 기도를 들어주시는 하나님이시다.

또 누가복음에 의하면 세례 요한에게는 하나님의 말씀이 임했다고 한다.

… **하나님의 말씀이** 빈 들에서 사가랴의 아들 **요한에게 임한지라**(3:2)

말씀이 임하는 사건은 구약의 선지자들에게 주로 일어났으며, 그 결과 그들은 "여호와께서 가라사대"라는 일인칭 화법으로 하나님의 말씀을 선포했다. 일인칭 화법은 어떻게 가능할까? 그냥 감동으로 주어져서 외치는 말씀일까? 하나님과의 마음의 일치는 방법의 일치로 이어지는데, 성경에서 하나님께서 일하시는 방법을 깨닫게 된다. 현실을 보며 평소에 안타깝게 여기며 탄식하고 고민하던 문제들이 하나님께 열납되면 하나님께서 좀 더 깨닫게 하시고 그것을 하나님의 이름으로 선포하게 하신다. 이를 하나님의 말씀이 임했다고 한다. 간혹 앞날을 볼 수 있는 예언의 은사를 받았다는 사람들이 말하는 것과는 많이 다르다.

요한은 말씀이 임한 후에 광야에서 외쳤고 많은 사람들이 그 말씀을 들으러 광야에 있는 그의 주변으로 몰려 들었다.(마3:5, 막1:5)

【3】 3 요한이 요단 강 부근 각처에 와서 **죄 사함을 받게 하는 회개의 세례**를 전파하니

예수님께서는 왜 세례 요한을 가리켜 '여자가 낳은 자 중에 가장 큰 자' 라고 최고의 평가를 하셨을까? 요한이 실시한 '죄 사함의 세례' 때문이다.[25] 이것 때문에 요한은 여자가 낳은 자 중에 가장 큰 자라는 평가를 받았으며, 네 복음서에서 모두 중요하게 다루고 있다. 죄 사함의 세례는 인류 종교사에서 신기원을 이뤘다고 할 수 있다. 이게 왜 그렇게 중요할까?

구약성경에 의하면 죄 사함을 받기 위해서는 소나 양으로 속죄제를 드려야 했다. 죄의 삯은 사망이므로 동물을 대신 죽여 제물로 태워 드림으로써 죄를 용서받았다. 동물제사는 고대 종교에서 일반적인 제의였다. 그런데 요한은 죄 사함을 받는 방법을 속죄를 위한 동물제사에서 '회개의 세례'로 바꾸어 놓았으며, 의식으로 하나님을 섬기는 성전제의 대신 '광야의 설교'를 도입했다. 왜 이렇게 했을까?

고대에는 신을 섬기기 위하여 신전을 짓고 신전에서 신상(神像)에게 성대한 의식을 집행했다. 고대에 대형 신전을 만들기 위해서는 이웃 나라를 침략하여 물자를 약탈하고 수많은 사람들을 노예로 끌어와야 했다. 지금도 남아있는 고대의 불가사의한 건물들은 대부분 신전이며 이렇게 지어졌다. 옛날 사람들은 대형 신전과 신상을 만들어 놓고 성대한 의식을 거행하면 신이 이를 기뻐한다고 생각했다.

계약법에서는 성전을 인정하지 않았다. 광야 생활할 때 한시적으로 교육을 위하여 천막으로 이동식 성막을 만들었을 뿐이며 가나안

25) 이 때에 예루살렘과 온 유대와 요단 강 사방에서 다 그에게 나아와 자기들의 죄를 자복하고 요단 강에서 그에게 세례를 받더니(마3:5~6) 세례 요한이 광야에 이르러 죄 사함을 받게 하는 회개의 세례를 전파하니(막1:4) 요한이 요단 강 부근 각처에 와서 죄 사함을 받게 하는 회개의 세례를 전파하니(눅3:3) 요한이 대답하되 나는 물로 세례를 베풀거니와(요1:26)

에 들어간 이후에는 성막을 사용하지 않았다. 출애굽기와 레위기에는 동물제사에 관한 규정들이 나오고 있지만, 모세는 신명기에서 제사 대신 절기를 강조했다. 신명기에는 제사에 대하여 거의 언급이 없다. 신명기에서 모세는 출애굽기와 레위기 등을 재해석한 후 지금 자신이 재해석해 준 그대로 지켜야 한다고 강조했다. 신명기에서는 제사 대신 절기가 강조되고 있다.

그런데 다윗과 솔로몬에 이르러 이방 나라의 신전을 본떠서 성전을 짓고 동물제사 위주로 하나님을 섬기게 했다. 제사장들은 하나님은 성전에서 드리는 동물제사를 기쁘게 받으시므로 제사 중심의 신앙생활을 해야 한다고 가르쳤다. 이로 인해 계약법 정신은 사라지고 성전과 제사 신앙이 활개를 쳤다. 이에 선지자들은 이를 계약 위반으로 고발하며, 제사 중심의 신앙은 범죄 행위이며, 성전을 헐어버려야 한다고 촉구했다. 자발적으로 헐지 않으면 하나님께서 강포한 이방 나라를 동원하여 성전을 헐어버리리라고 경고했으나 듣지 않다가 결국 앗수르와 바벨론에 의해 성전이 헐리고 나라가 멸망했으며, 이스라엘 사람들은 전쟁포로로 잡혀가고 말았다.

바벨론 포로기를 맞아 사라졌던 성전과 제사 신앙은 귀환 이후 절기 행사라는 이름으로 다시 살아나기 시작하여 예수님 당시에는 대규모 성전을 46년 동안 짓고 있었으며, 유월절 행사가 제사 위주로 치우치고 말았다. 이에 예수님께서는 돌 위에 돌 하나도 남기지 않고 헐리리라는 말씀으로 계약 파기를 선언하셨다.

성전과 동물제사의 부작용을 너무나 잘 아는 요한은 성전 대신 광야에서, 동물제사 대신 세례를, 종교 의식 대신 회개를 촉구하는 설교를 도입했다. 이는 당시 유대교에서 혁명이었으며 인류 종교사의 신기원에 해당된다. 이런 이유로 예수님께서는 요한을 여자가 낳은 자 중 가장 큰 자라고 평가하셨다. 요한은 어떻게 이런 해석을 할 수 있었을까?

❶ 가정 성경공부

사가랴와 엘리사벳의 교육이 있었다. 이들은 율법 전승을 이어오는 사람들이었다. 율법 전승은 성전 · 제사 신앙을 거부하는 예언자들이 이어간 전승이었다. 요한은 부모로부터, 계약법을 중요시하는 예언자들의 신앙을 이어받았다.

❷ 광야의 교육

사가랴는 광야에서 율법 전승을 이어가는 엣세네 공동체에 요한을 보내어 교육받게 했다. "광야에 외치는 자의 소리가 있어 가로되"(마3:3)는 이를 말한다. 요한이 광야에서 등장하여 죄 사함의 세례를 주며 회개를 촉구하는 설교를 할 수 있었던 것은 전적으로 광야 교육의 결과였다.

❸ 성령의 깨닫게 하심

그러나 이런 것들만으로는 구약의 속죄 제도를 폐지하고 회개와 세례를 통한 새로운 죄 사함의 제도를 만들기에는 역부족이다. 하나님의 적극적인 개입이 있어야만 이런 전면적인 재해석과 새 제도가 가능하다. 이를 위하여 요한은 모태에서부터 성령의 충만함을 입었으며, 하나님의 말씀이 그에게 임햇던 것이다.

【4】 4 선지자 이사야의 책에 쓴 바 광야에서 외치는 자의 소리가 있어 이르되 **너희는 주의 길을 준비하라** 그의 오실 길을 곧게 하라

세례 요한은 이와 같이 회개의 세례와 더불어 하나님 나라를 선포했다. 이를 예수님께서는 다음과 같이 평가하셨다.

율법과 선지자는 요한의 때까지요 그 후부터는 하나님 나라의 복음이 전파되어 사람마다 그리로 침입하느니라(16:16)

예수님은 세례 요한의 이와 같은 사역에 기초하여 복음 사역을 시작하셨다. 이로써 요한은 예수님의 길을 예비했다. 회개를 촉구하는 요한의 설교는 어떠했을까?

【5】 7 요한이 세례 받으러 나아오는 무리에게 이르되 **독사의 자식들아 누가 너희에게 일러 장차 올 진노를 피하라 하더냐** 8 그러므로 회개에 합당한 열매를 맺고 속으로 아브라함이 우리 조상이라 말하지 말라 내가 너희에게 이르노니 하나님이 능히 이 돌들로도 아브라함의 자손이 되게 하시리라 9 **이미 도끼가 나무 뿌리에 놓였으니** 좋은 열매 맺지 아니하는 나무마다 찍혀 불에 던져지리라

요한의 설교는 계약 파기로 인한 심판의 선언이었다. 당시 유대인들은 유월절 행사 중심의 성전 제의와 계약 정신이 사라진 율법 조항 중심의 신앙생활을 했다. 제사 중심의 절기 행사를 성대하게 진행하고, 안식일 법을 중심으로 여러 조항들을 지키면 하나님께서 이를 의롭게 여기신다고, 즉 구원받았다고 가르쳤다.

스스로 구원받았다고 생각하는 유대인들을 향하여 요한은 '독사의 자식들' 즉 마귀의 추종자들이라고 심하게 책망하며, "누가 그따위로 가르쳤는가?"라고 따져 물었다. "뱀들아, 독사의 자식들아!"라는 책망은 그런 가르침은 곧 마귀의 가르침이라는 뜻이며, "도끼가 이미 나무뿌리에 놓였다."함은 계약이 파기되기에 이르렀다는 뜻이다. 유대인들은 계약이 파기되기 직전에 이르렀는데도 구원받았다는 확신에 젖어있다가 결국 계약이 파기되고 AD 70년 로마제국에 멸망당하면서 수많은 사람들이 비참하게 죽었고, 나머지는 전쟁 포로로 끌려가서 로마의 콜로세움을 짓는데 동원되었다.

그 당시나 지금이나 계약법 준수가 구원의 길인데, 이런 가르침을 찾아볼 길이 없다. 성경에서 말하는 회개는 무슨 윤리, 도덕의 죄들을 돌이키라는 말이 아니라 계약법을 준수하지 않은 죄를 회개하라는 뜻이다. 회개에 합당한 열매를 맺으라는 말씀은 계약법을 지키라는 것이다. 계약 준수가 무엇인지는 다음과 같은 요한의 설교에 잘 나타나 있다.

【6】 5 모든 **골짜기가 메워지고** 모든 **산과 작은 산이 낮아지고 굽은 것이 곧아지고 험한 길이 평탄하여질 것이요** 6 모든 육체가 하나님의 구원하심을 보리라 함과 같으니라

산을 깎아 골짜기를 메꾸고 낮은 곳은 돋우며, 굽은 곳을 깎아 반듯하고 평탄한 길을 만들라고 요한은 설교하고 있다. 무슨 뜻일까? 부자와 가난한 자, 높은 자와 낮은 자가 없는 그런 세상, 모두가 평등하고 행복하게 사는 그런 세상을 만들라는 뜻이다. 계약법은 바로 이런 세상을 만드는 법이다. 이런 세상을 만드는 것이 곧 구원에 이르는 길이라고 요한은 설교했다. 요한이 광야에서 이렇게 강력하게 설교하자 유대인들이 이스라엘 전역에서 몰려와서 회개하고 세례를 받았다.

【7】 10 무리가 물어 이르되 그러면 우리가 무엇을 하리이까 11 대답하여 이르되 **옷 두 벌 있는 자는 옷 없는 자에게 나눠 줄 것이요 먹을 것이 있는 자도 그렇게 할 것이니라** 하고 12 세리들도 세례를 받고자 하여 와서 이르되 선생이여 우리는 무엇을 하리이까 하매 13 이르되 **부과된 것 외에는 거두지 말라** 하고 14 군인들도 물어 이르되 우리는 무엇을 하리이까 하매 이르되 **사람에게서 강탈하지 말며 거짓으로 고발하지 말고 받는 급료를 족한 줄로 알라** 하니라

그리고 물었다. 이제 우리가 무엇을 해야 합니까? 요한은 그들에게 옷과 양식이 있는 자들은 없는 자들에게 나누어 주라고 했다. 본문의 세리들(τελῶναι)은 통행세, 관세, 조세, 부과금 등을 거두는 자들로서 동족에게 부당한 세금을 거두는 악명높은 자들이었다. 요한은 그들에게 부과된 세금 이상을 걷지 말라고 했다. 본문의 군인들은 로마 군병이 아니라 치안을 담당하며 헤롯왕을 위해 일하는 유대인 군병들이다. 요한은 그들에게는 급료로 만족하고 남의 재산을 강탈하거나 거짓 명목으로 빼앗지 말라고 했다.

누가는 요한의 이런 설교를 왜 중요하다고 생각했을까? 교회를 통해서 하나님 나라의 임재를 보았던 누가에게는 경제정의와 사회정의를 실현하는 이런 설교가 곧 예수님의 길을 예비하는 것이요 복음의 선구자라고 보았기 때문이다.

【8】 15 백성들이 바라고 기다리므로 모든 사람들이 요한을 혹 그리스도신가 심중에 생각하니 16 요한이 모든 사람에게 대답하여 이르되 나

는 물로 너희에게 세례를 베풀거니와 나보다 능력이 많으신 이가 오시
나니 나는 그의 신발끈을 풀기도 감당하지 못하겠노라 **그는 성령과 불
로 너희에게 세례를 베푸실 것이요** 17 손에 키를 들고 자기의 타작 마
당을 정하게 하사 **알곡은 모아 곳간에 들이고 쭉정이는 꺼지지 않는
불에 태우시리라** 18 또 그밖에 여러 가지로 권하여 백성에게 좋은 소
식을 전하였으나

오랫동안 메시아를 기다리던 유대인들은 이 설교를 들으면서 요한이야말로 그들이 기다리던 메시아라고 생각했다. 이에 자신은 메시아가 아니며, 자기 뒤에 자신과는 비교가 되지 않으시는 참 메시아가 곧 오신다고 증거했다. 요한 자신은 물로 세례를 주지만 그분은 성령으로 세례를 주셔서 죄의 권세를 이기고 하나님 나라를 실현하게 하시며, 자신은 심판을 예고하지만 그분은 심판을 집행하신다고 백성들을 설득했다.

【9】 19 분봉 왕 헤롯은 그의 동생의 아내 헤로디아의 일과 또 자기가
행한 모든 악한 일로 말미암아 요한에게 책망을 받고 20 그 위에 한
가지 악을 더하여 **요한을 옥에 가두니라**

세례 요한의 설교는 경제 평준화를 요구하는 사회혁명의 성격을 지녔다. 수많은 사람들이 광야로 몰려가서 요한의 설교를 듣고 동감하여 세례를 받고 요한의 추종자들이 되었으며, 또 일부에서는 요한을 메시아라고 생각하기에 이르렀다.

이에 헤롯왕은 긴장하지 않을 수 없었다. 요한의 설교는 자칫 사회혁명으로 이어질 수 있으므로 제거할 필요성을 느꼈지만 요한이 군중들의 절대지지를 받고 있어서 쉽지 않았다. 헤롯은 요한을 제거할 기회를 엿보게 되었다. 요세푸스에 의하면 헤롯이 요한을 죽인 이유는 여기에 있었다.[26]

세례 요한은 극구 부인하며 만류해도 군중들이 자신을 메시아라고 생각하기에 이르자 이제 자신의 역할은 여기까지라고 생각했다.

26) Steve Mason, Josephus and the New Testament, 유태엽 역, 「요세푸스와 신약성서」 대한기독교서회, 2002, p. 211.

마침 예수님께서 세례를 받으시고 사역을 준비하시자 요한은 예수님에게 길을 비켜드리기 위하여 헤롯왕의 사생활을 공격했다. 그렇지 않아도 요한을 제거할 빌미를 찾고 있던 헤롯은 요한이 자신을 공격의 대상으로 삼자 이를 핑계로 감옥에 가두었다.

세례 요한, 그는 성전과 제사 의식을 폐지하고 회개의 세례와 설교를 통하여 예수님의 길을 예비한 진정한 선구자였으며, 자신의 역할이 어디까지인지 알았던 큰 사람이었다.

물음 13 예수님, 왜 세례를 받으셨을까?

본문 : 〈 3:21~22 〉

21 백성이 다 세례를 받을새 예수도 세례를 받으시고 **기도하실 때에** 하늘이 열리며

22 성령이 비둘기 같은 형체로 그의 위에 강림하시더니 하늘로부터 소리가 나기를 **너는 내 사랑하는 아들이라** 내가 너를 기뻐하노라 하시니라

죄가 없으신 예수님께서는 왜 죄 사함의 세례를 받으셨을까? 세례 요한보다 크신 분이 왜 세례 요한에게 세례를 받으셔야 했을까? 이 문제는 초기 교부 때부터 큰 논란의 대상이 되었다. 이에 대한 누가의 기록은 다른 복음서에 비하여 내용이 단순하고 짧다. 마태나 마가와 달리 누가복음에는 예수님의 세례를 요한의 투옥 이후의 사건으로 배열했다.

예수님께서 세례를 받으신 이유를 다음과 같이 생각해 볼 수 있다.

❶ 참 인간이신 예수님

예수님께서 구세주가 되시려면 인간과 동일한 사람이 되시고 인간과 동일한 삶을 사셔야 했다. 동정녀에게서 태어나시고 가난한 자의 삶을 사셨으며, 30여 세까지 가족을 부양하셨다. 인간이 받아야 할 세례를 받으시고 인간의 죽음을 죽으셨다. 인간과 다른 부분이 있다면 죄가 없으시기 때문에 죄와 죽음의 권세를 이기시고 부활하셨다.

❷ 새로운 속죄 제도 인정

세례 요한의 중요성은 그가 구약의 성전 제도와 동물제사를 폐지하고 새로운 속죄 제도로서 세례와 설교를 도입했다는 부분이다. 이런 이유로 예수님께서는 여자가 낳은 자 중에 요한보다 큰 자가 없다고 하셨으며, 또 이렇게 말씀하셨다.

> 율법과 선지자는 요한의 때까지요 그 후부터는 하나님 나라의 복음이 전파되어 사람마다 그리로 침입하느니라(16:16)

요한은 옛 계약을 새롭게 해석하여 새로운 계약을 통한 하나님 나라의 길을 열어 놓았다. 예수님께서 요한의 세례에 동참하신 것은 요한이 선구자로서 시작한 새로운 속죄 제도를 그대로 인정하셨다는 뜻이다. 예수님께서는 어떤 제사도 드리지 않으셨고 대신 말씀을 가르치고 선포하셨으며, 성전의 파괴를 선언하셨다.

예수님의 세례 받으심은 성전 · 제사 신앙 폐지와, 죄 사함의 세례와 회개를 촉구하는 설교라는 새로운 제도에 대한 수용이다.

❸ 하나님의 의

마태에 의하면 요한이 예수님께 세례를 줄 수 없다고 거부하자 예수님께서 "우리가 이와 같이 하여 모든 의를 이루는 것이 합당하니라."라고 말씀하셨다.(마3:15) 그리고 예수님께서는 요한 앞에 무릎을 꿇으시고 세례를 받으셨다. 사람 앞에 무릎 꿇음으로 공생애를 시작하신 예수님께서는 마지막으로 식사하시면서 제자들 앞에 무릎을 꿇으시고 제자들의 발을 닦아주심으로써 종의 도를 보여 주셨다.(요13:3~17)

섬김을 받으러 오시지 않고 종의 모습으로 섬기러 오셨던 예수님께서는 사람 앞에 무릎 꿇음으로 공생애를 시작하시고 사람 앞에 무릎 꿇음으로 공생애를 마치시고 십자가에서 저주받은 죄인의 죽음을 죽으셨다. 이로써 하나님의 의를 이루셨으며, 그 결과 새 계약을 통한 인간 구원의 길이 열렸다.

❹ 하늘의 음성

예수님께서 이렇게 사람 앞에 무릎 꿇고 세례를 받으시자 하늘 문이 열리고 성령이 비둘기 같이 임하시며, 하늘에서 "너는 내 사랑하는 아들이라 내가 너를 기뻐하노라."라는 음성이 들려왔다. 왜 하늘에서 이런 음성이 들려왔을까?

하나님께서는 가장 낮고 비천한 곳에서 종으로 섬기고 계신다. 하나님의 능력은 이런 낮음과 섬김에서 나오며, 이 섬김으로 우주가 유지되고 운행된다. 세례받으시는 예수님의 모습은 하나님의 존재양식을 그대로 보여주고 있다. 예수님은 보이지 않으시는 하나님의 보이는 형상이시다.

누가는 "기도하실 때 하늘 문이 열리며"라는 구절을 첨부하고 있다. 무슨 뜻일까? 하나님께서는 일방적으로 명령을 내리시는 분이 아니라 기도의 응답을 통해서 일하신다는 것을 강조하고 있다. 그분은 기도에 응답하시는 종이신 하나님이시다. 계약신앙의 하나님은 마음대로 하시는 분이 아니라 계약의 법대로, 계약공동체의 기도대로 일하시는 종이시다.

물음 14 누가복음의 족보, 무엇을 말하는가?

본문 : 〈 3:23~38 〉

23 예수께서 가르치심을 시작하실 때에 삼십 세쯤 되시니라 사람들이 아
는 대로는 요셉의 아들이니 **요셉의 위는 헬리요**
24 그 위는 맛닷이요 그 위는 레위요 그 위는 멜기요 그 위는 얀나요 그
위는 요셉이요
25 그 위는 맛다디아요 그 위는 아모스요 그 위는 나훔이요 그 위는 에
슬리요 그 위는 낙개요
26 그 위는 마앗이요 그 위는 맛다디아요 그 위는 서머인이요 그 위는
요섹이요 그 위는 요다요
27 그 위는 요아난이요 그 위는 레사요 그 위는 스룹바벨이요 그 위는
스알디엘이요 그 위는 네리요
28 그 위는 멜기요 그 위는 앗디요 그 위는 고삼이요 그 위는 엘마담이
요 그 위는 에르요
29 그 위는 예수요 그 위는 엘리에서요 그 위는 요림이요 그 위는 맛닷
이요 그 위는 레위요
30 그 위는 시므온이요 그 위는 유다요 그 위는 요셉이요 그 위는 요남
이요 그 위는 엘리아김이요
31 그 위는 멜레아요 그 위는 멘나요 그 위는 맛다다요 그 위는 **나단이
요 그 위는 다윗이요**
32 그 위는 이새요 그 위는 오벳이요 그 위는 보아스요 그 위는 살몬이
요 그 위는 나손이요
33 그 위는 아미나답이요 그 위는 아니요 그 위는 헤스론이요 그 위는
베레스요 그 위는 유다요
34 그 위는 야곱이요 그 위는 이삭이요 그 위는 아브라함이요 그 위는
데라요 그 위는 나홀이요
35 그 위는 스룩이요 그 위는 르우요 그 위는 벨렉이요 그 위는 헤버요
그 위는 살라요

36 그 위는 가이난이요 그 위는 아박삿이요 그 위는 셈이요 그 위는 노아요 그 위는 레멕이요
37 그 위는 므두셀라요 그 위는 에녹이요 그 위는 야렛이요 그 위는 마할랄렐이요 그 위는 가이난이요
38 그 위는 에노스요 그 위는 셋이요 그 위는 아담이요 그 위는 하나님이시니라

누가복음의 족보는 마태복음의 족보(1:1~17)와 많은 차이가 난다. 마태의 족보는 아브라함에게서 시작하여 예수님에게 이르기까지 42대(14×3)이지만 누가의 족보는 아브라함에서 예수님까지 57대이고, 아브라함 이전까지 합하면 77대에 이른다. 마태는 예수님 탄생 이전에 아브라함으로부터 내려오는 족보를 열거하지만, 누가는 예수님께서 세례를 받으신 이야기 다음에 족보를 기록하면서 예수님으로부터 거슬러 올라가고 있다.

중요한 것은 요셉의 아버지가 마태에서는 야곱이지만 누가에서는 헬리이다.[27] 이에 대해서는 두가지 설명이 가능하다. 첫째는 요셉의 아버지는 야곱이었으나 그가 아들이 없이 죽고 그의 동생 헬리가 형사수취로 형을 대신하여 요셉을 낳았다는 해석이다. 이 경우 요셉은 야곱의 아들로도 불리고 헬리의 아들로도 불린다. 둘째는 헬리는 마리아의 아버지인데 아들이 없어서 사위인 요셉이 아들 역할을 했다는 해석이다. 이 경우 요셉은 헬리의 아들로 불린다. 전통적으로는 누가의 족보는 후자를 근거로 마리아의 족보라고 보고 있다.

누가의 족보에 나타난 특징을 살펴보고자 한다.

【1】 23 예수께서 **가르치심을 시작하실 때**에 삼십 세쯤 되시니라 …

누가는 족보를 열거하기에 앞서서 예수님의 가르치심에 대하여 먼저 언급한다. 무슨 뜻일까? 마태는 혈통의 족보를 예수님 탄생 이

27) 야곱은 마리아의 남편 요셉을 낳았으니(마1:16), 요셉의 위는 헬리요(눅3:23)

전에 기록했지만 누가는 예수님의 족보를 다루면서 혈통의 족보가 아닌 가르침의 족보에 관심을 기울였다. 이런 이유로 족보를 예수님의 탄생 전후가 아니라 가르침을 시작하실 때를 기점으로 기록했다. 그런데 누가복음에서는 왜 가르치심의 족보를 기록했을까?

누가는 교회에 임재하는 하나님 나라를 보면서 가르치심이 그것을 가능하게 한다고 생각했다. 이런 이유로 누가행전에서 '가르침'을 중요하게 다루었으며, 이어서 가르침의 내력을 추적해 올라가다가 예수님께서 세례 받은 이후에 가르치시기 시작했음을 발견했다. 그런데 족보는 왜 기록할 필요가 있었을까? 또 왜 족보를 거슬러 올라가고 있을까?

【2】 23 … 요셉의 위는 **헬리요** 24 그 위는 맛닷이요 그 위는 레위요 … 31 그 위는 **나단이요** 그 위는 다윗이요

누가는 예수님 이전에 하나님 나라를 기다리며 기도하던 사람들을 중요하게 생각하고, 사가랴와 엘리사벳, 요셉과 마리아, 시므온과 안나, 목자들의 이야기를 자세하고 길게 기록해 놓았다. 또 이들의 기도가 중요한 역할을 했으며, 하나님께서 그들의 기도에 응답하셔서 선구자 세례 요한과 예수님께서 등장하게 되었다고 말하고 있다.

또한 누가는 예수님의 가르침에는 성령의 역할과 더불어 그 부모의 역할, 특히 마리아의 역할이 컸음을 기록해 놓았다. 그리고 그 마리아는 또 그 부모의 영향을 받았음을 알리기 위하여 '거슬러 올라가는 족보'로 기록했다. 누가가 기록해 놓은 족보는 가정을 중심으로 계약법과 예언 전승을 이어가는 사람들의 족보인 셈이다. 이런 결과로 누가의 족보에는 성전을 지은 다윗의 아들 솔로몬이 배제되고 나단으로 계보를 이어갔다.

【3】 34 … **그 위는** 아브라함이요 **그 위는** 데라요 **그 위는** 나홀이요 … 38 **그 위는** 에노스요 **그 위는** 셋이요 **그 위는** 아담이요 **그 위는** 하나님이시니라

누가의 올라가는 족보는 아브라함에게서 끝나지 않고 아담을 거쳐 하나님까지 거슬러 올라간다. 왜 그랬을까? 누가는 이방인이기에 유대인의 조상인 아브라함보다는 온 인류의 조상인 아담이 더 중요하다고 생각했을 수 있다. 그런데 왜 족보에 하나님까지 넣어놓았을까? 하나님께서 아담을 지으셨다는 창조를 말하고자 함일까?

혈통의 족보가 아니라 가르침의 족보이기 때문이다. 교회에서 하나님 나라를 만나서 충격을 받은 누가는 그런 삶이 사도들의 가르침 때문이라는 것을 발견하고 그 가르침의 근원을 거슬러 올라갔다. 그리고 30세에 시작하신 예수님의 가르침을 만났다. 그런데 이런 하나님 나라의 가르침은 예수님에게서 처음 시작된 것이 아니라 그 이전에 계약법이 있었고 그 계약법을 이어가는 선지자들과 그 전승을 이어가는 사람들이 있음을 알게 되었다. 누가복음을 세례 요한의 부모인 사가랴와 엘리사벳의 이야기로 시작하는 이유는 여기에 있다.

누가는 여기서 그치지 않고 이스라엘과 계약을 맺으신 하나님이 있음을 알게 되었고, 이 하나님은 이 땅에 하나님 나라를 주시기를 원하는 분으로 만나게 되었다. 누가는 이렇게 말하고 있다.

> 다만 **너희는 그의 나라를 구하라 그리하면 이런 것들을 너희에게 더하시리라** 적은 무리여 무서워 말라 너희 아버지께서 그 나라를 너희에게 주시기를 기뻐하시느니라(12:31~32)

결국 하나님 나라의 임재를 말하는 가르침의 근원은 하나님에게 있었다. 누가는 당시 그리스 · 로마의 수많은 종교와 신들 중에 성경의 여호와와 같은 하나님은 없다는 것을 족보를 통하여 선언하고 있다.

누가복음의 족보는 거슬러 올라가는 가르침의 족보였다.

물음 15 예수님의 시험받으심, 무엇을 말하는가?

본문 : 〈 4:1~13 〉

1 예수께서 성령의 충만함을 입어 요단 강에서 돌아오사 광야에서 사십 일 동안 성령에게 이끌리시며

2 마귀에게 시험을 받으시더라 이 모든 날에 아무 것도 잡수시지 아니하시니 날 수가 다하매 주리신지라

3 마귀가 이르되 네가 만일 하나님의 아들이어든 이 돌들에게 명하여 떡이 되게 하라

4 예수께서 대답하시되 기록된 바 사람이 떡으로만 살 것이 아니라 하였느니라

5 마귀가 또 예수를 이끌고 올라가서 순식간에 천하 만국을 보이며

6 이르되 이 모든 권위와 그 영광을 내가 네게 주리라 이것은 내게 넘겨준 것이므로 내가 원하는 자에게 주노라

7 그러므로 네가 만일 내게 절하면 다 네 것이 되리라

8 예수께서 대답하여 이르시되 기록된 바 주 너의 하나님께 경배하고 다만 그를 섬기라 하였느니라

9 또 이끌고 예루살렘으로 가서 성전 꼭대기에 세우고 이르되 네가 만일 하나님의 아들이어든 여기서 뛰어내리라

10 기록되었으되 하나님이 너를 위하여 그 사자들을 명하사 너를 지키게 하시리라 하였고

11 또한 그들이 손으로 너를 받들어 네 발이 돌에 부딪치지 않게 하시리라 하였느니라

12 예수께서 대답하여 이르시되 주 너의 하나님을 시험하지 말라 하였느니라

13 마귀가 모든 시험을 다 한 후에 얼마 동안 떠나니라

누가는 마태와 더불어 예수님께서 세례를 받으신 이후 광야에서

40일 동안 마귀에게 시험받으신 이야기를 중요하게 다루고 있다. 그런데 예수님만 아실 수 있는 이런 자료를 어떻게 구했을까? 이는 예수님께서 제자들에게 시험받으신 이야기를 전해주었기 때문에 가능했다. 예수님께서 이런 이야기를 제자들에게 말씀하신 이유는 영적인 세계, 특히 사탄에 대하여 잘 알 필요가 있기 때문이다. 예수님께서는 제자들에게 영적인 세계를 경험시키시고 또 가르침과 경험으로 이해하게 하셨다. 복음 사역은 곧 마귀와의 대결이기 때문이다.

【1】 1 예수께서 성령의 충만함을 입어 요단 강에서 돌아오사 광야에서 사십 일 동안 **성령에게 이끌리시며** 2 마귀에게 시험을 받으시더라

예수님께서 세례를 받으신 이후의 공생애는 마귀와의 대결로 시작하셨다. 왜냐하면 죄가 지배하는 세속의 모든 권세는 마귀에게 있기 때문이다. 따라서 세속 속에 하나님 나라를 실현하는 복음 사역은 마귀의 왕국을 헐어내는 것이며, 마귀와의 충돌을 피할 수 없다. 본문은 이에 대하여 중요한 정보를 제공해 준다.

❶ 성령의 도우심

마귀의 권세는 곧 죄의 권세이다. 죄의 지배를 받고 있는 인간으로서는 마귀를 결코 이길 수 없다. 또 마귀는 영적인 존재이면서 영적인 능력을 가지고 있어서 인간이 결코 이길 수 있는 대상이 아니다. 마귀는 실재한다. 단지 그 정체를 숨기고 있어서 잘 드러나지 않을 뿐이며, 마귀의 정체를 잘 모르기 때문에 마귀의 음흉한 마수를 느끼지 못할 뿐이다.

오직 성령의 도우심으로만 마귀를 이길 수 있다. 예수님께서 하신 일 중의 하나가 참인간의 모범적인 모습을 보여주신 것이다. 예수님께서 마귀에게 시험을 받으시는 이야기에는 우리가 마귀와 대결하는 방법과 원리와 이치가 들어있다. 그 첫 번째는 성령의 도우심이다.

❷ 광야와 금식

예수님께서는 왜 광야에서 금식하시면서 마귀와 대결을 하셨을까? 마귀와의 싸움에는 전심전력과 절대집중이 필요하기 때문이다. 마귀는 그렇게 만만한 상대가 결코 아니다. 인간이 할 수 있는 모든 힘을 다 쏟아부을 때만 이길 수 있다. "성령께서 도와주시는데 그렇게까지 할 필요가 있을까?"라고 생각이 들겠지만 이는 성령의 도우심이 무엇인지를 모르기 때문이다. 성령은 우리가 최선을 다하도록 도우신다. 나 혼자의 노력으로는 내게 주어진 잠재력의 50%를 발휘할 수 있다면 성령께서 도우셔서 나머지 50%의 노력을 일깨워 주신다. 정화의 과정에서는 이를 '수동정화'라고 한다. 수동정화는 능동의 반대가 아니라 능동적인 노력의 완성이다. 성령은 우리가 최선의 노력을 다하도록 도우시는 분이시다.

❸ 40일

광야 금식 40일은 결코 짧은 시간이 아니다. 마귀와의 싸움은 하루아침에 끝나지 않는다. 많은 시간이 걸리고, 싸움의 기간은 집중력과 반비례한다. 많이 집중하면 짧아지고 적당히 하면 한이 없다. 예수님의 40일은 광야에서 절대집중했을 때의 기간이다. 우리에게는 아무리 짧아도 몇 년 이상 걸린다. 인간의 생각과 의식, 인격 등이 바뀌어야 마귀를 이길 수 있기 때문이다.

【2】 3 마귀가 이르되 네가 만일 하나님의 아들이어든 이 돌들에게 **명하여 떡이 되게 하라** … 7 그러므로 네가 **만일 내게 절하면** 다 네 것이 되리라 … 11 또한 그들이 손으로 너를 받들어 **네 발이 돌에 부딪치지 않게 하시리라** 하였느니라

마태에서는 두 번째와 세 번째의 시험 순서가 바뀌었으나 그 순서는 크게 중요하다고 생각되지 않는다. 문제는 돌로 떡을 만들어라, 내게 절하면 세계 만국을 주리라, 높은 곳에서 뛰어내려도 다치지 않으리라는 마귀의 시험이 도대체 무슨 의미를 가지는가에 있다.

시험의 의미에 대하여서는 다양한 해석이 가능할 수 있다. 그러나 결코 놓치지 말아야 할 부분은 예수님 당시의 상황에서의 해석이다. 예수님 당시에는 이 시험이 무엇을 말하고 있을까?

❶ 메시아 신앙

수백 년간 이민족의 식민지배를 받아온 유대인들의 염원은 독립이었으나, 유대인들의 독자적인 힘으로 로마제국과 같은 대제국을 상대한다는 것은 현실적으로 불가능했다. 그러나 유대인들은 결코 포기하지 않고 독립의 꿈을 키워갔다. 여기에는 그들의 독특한 신앙이 큰 역할을 했다. 바벨론 제국으로부터 귀환을 경험한 유대인들은 하나님께서 초인적인 메시아를 보내셔서 초자연적인 방법으로 이스라엘을 독립시키실 뿐만 아니라, 이스라엘이 온 세상을 지배하는 나라가 되리라고 생각했다.

수백 년간 메시아를 기다리면서 유대인들은 메시아가 와서 할 일과 방법에 대하여 구체적으로 추정해 놓았다. 그 대략을 요약하면 다음과 같다. 돌로 떡을 만드는 것과 같은 방식으로 양식의 문제를 해결하며, 아무리 견고한 성이라 할지라도 초자연적인 능력으로 허물어 버리고, 온 세상을 지배하는 황제가 되리라는 것이었다.

유대인들의 이런 메시아 신앙은 예수님 당시 절정에 이르러 있었다.

❷ 유대인의 메시아가 되어라

이를 염두에 둔다면 마귀가 예수님에게 요구한 세 가지 시험이 무엇인지 파악하는 것은 어렵지 않다. 유대인들이 기대하는 그런 메시아가 되라는 뜻이다. 성경은 역사적인 흐름과 기록 당시의 배경에서 일차적인 해석을 해야 한다. 이를 무시하고 오늘 우리의 입장에서 해석하면 본래의 의미를 상실하게 된다.

❸ 도그마

하나님과 하나님의 말씀인 성경은 영원불변의 진리이지만 그에 대한 인간의 해석인 신학과 교리는 불완전하며 한시적이다. 시대가 변하면 다시 해석해야 한다. 그러나 '정통신앙'이라는 이름으로 재해석을 거부하고 옛 교리와 신학만을 고집하는 정통주의의 교리를 가리켜 '도그마'(Dogma)라고 한다. 교리와 신학이 만들어질 당시에는 정통신앙으로서 대단히 중요한 역할을 한다. 그러나 그 교리와 신학은 하나님을 가리키는 손가락이지 결코 하나님이 아니다. 그러므로 도그마에 빠진 신앙은 정통교리=하나님이라는 착각에 빠진 신앙이다.

유대인의 메시아가 되라는 마귀의 시험은 무슨 이단적인 신앙이 아니라 당시 유대인들의 정통주의 도그마였다. 예수님께서 사역하실 때 정통주의자들인 서기관과 바리새인들이 예수님에게 와서 "당신이 우리가 기다리던 메시아라는 증거를 하늘의 초자연적인 기적으로 보여 달라."는 요청이 여러 번 기록되어 있고, 군중들도 그런 기대를 했다. 그들의 눈에는 도그마를 거부하시는 예수님이 이단으로 보였다.

이런 현상은 구약의 왕정기에도 동일했다. 당시의 예언자들은 도그마에 빠진 제사장과 군중들에게 이단자로 몰렸다. 유대교의 제사장과 서기관들은 자신들의 교리와 어긋난다는 이유로 예수님을 이단으로 몰고 갔다. 이런 비극적인 현상은 안타깝게도 교회에서 또 반복되어 수많은 종교개혁 선구자들이 이단이라는 이름으로 단두대나 화형장으로 끌려갔다. 그런데 오늘 우리는 또 도그마 신앙에 빠져있다. 도그마에 빠진 사람일수록 자신들이 믿고 이해하는 신앙이 절대불변이라는 확신에 차 있다.

마귀와의 싸움은 곧 도그마와의 싸움이었다. 마귀는 매 시대마다 정통주의라는 탈을 쓰고 설교 강단을 점령하여 도그마를 하나님의 말씀이라고 설교하게 한다. 자칫 자신도 모르는 사이에 마귀의 대언자 노릇을 하는 설교자로 전락할 수 있다. 지난 역사에 대하여 똑바로 눈을 뜨지 않는 한 이런 오류에서 벗어날 길이 없다. "역사는 반복된다."는 경구는 역사의 오류가 반복된다는 뜻이다. 우리는 이제 이런 악순환의 고리에서 벗어나야 한다.

【3】 4 예수께서 대답하시되 기록된 바 **사람이 떡으로만 살 것이 아니라** 하였느니라 8 예수께서 대답하여 이르시되 기록된 바 **주 너의 하나님께 경배하고 다만 그를 섬기라** 하였느니라 12 예수께서 대답하여 이르시되 **주 너의 하나님을 시험하지 말라** 하였느니라

예수님께서는 마귀의 세 번의 시험을 모두 성경의 말씀으로 물리치셨다. 예수님께서 인용하신 말씀은 구약성경 어디에 있는 말씀이었을까?

신명기

신명기의 말씀이었다.[28] 왜 신명기의 말씀이었을까? 구약성경 율법서 다섯 권의 마지막 책인 신명기(申命記)[29]는 복음서를 이해하는 데에 대단히 중요하다. 신명기는 이스라엘 사람들이 애굽의 종살이에서 탈출하여 시내산에서 하나님과 계약을 맺은 출애굽기의 계약법전(20:22~23:33)과, 성막 봉헌식 말씀으로 주어진 레위기의 성결법전(17~26장), 광야 40년 생활을 기록한 민수기에 대한 모세의 재해석인데, 세 편의 설교로 구성되어 있다. 모세는 신명기에서 가나안을 향하는 이스라엘 사람들에게 지금 자기가 다시 해석

28) 너를 낮추시며 너를 주리게 하시며 또 너도 알지 못하며 네 조상들도 알지 못하던 만나를 네게 먹이신 것은 사람이 떡으로만 사는 것이 아니요 여호와의 입에서 나오는 모든 말씀으로 사는 줄을 네가 알게 하려 하심이니라(신8:3)
네 하나님 여호와를 경외하며 그를 섬기며 그의 이름으로 맹세할 것이니라(신6:13)
너희가 맛사에서 시험한 것 같이 너희의 하나님 여호와를 시험하지 말고(신6:16)

29) 신명기(申命記, 히브리어 데바림 דְּבָרִים, 그리스어 데우테로노미온 Δευτερονόμιον)은 '설교'로 보는 것이 본래의 뜻에 가장 가깝다.

해주는 말씀대로 살아야 한다고 누누이 강조한다. 즉 가나안에 입주한 후에, 출애굽기와 레위기와 민수기에 있는 말씀이 아니라 모세가 신명기에서 다시 해석해준 말씀대로 살아야 한다는 뜻이다. 이런 사실은 출애굽기(20:1~17)에 기록된 십계명과 신명기(5:6~21)의 십계명을 비교해보면 모세의 재해석이 잘 드러나는데, 특히 4계명과 5계명에서 많은 차이가 있다.

❶ 안식일, 안식년

안식일 법을 비교해보면 다음과 같다.

출애굽기	신명기
안식일을 기억하여 거룩하게 지키라(20:8)	**네 하나님 여호와가 네게 명령한 대로** 안식일을 지켜 거룩하게 하라(5:12)
엿새 동안은 힘써 네 모든 일을 행할 것이나(20:9)	엿새 동안은 힘써 네 모든 일을 행할 것이나(5:13)
일곱째 날은 네 하나님 여호와의 안식일인즉 너나 네 아들이나 네 딸이나 네 남종이나 네 여종이나 네 가축이나 네 문안에 머무는 객이라도 아무 일도 하지 말라(20:10)	일곱째 날은 네 하나님 여호와의 안식일인즉 너나 네 아들이나 네 딸이나 네 남종이나 네 여종이나 **네 소나** 네 나귀나 네 **모든** 가축이나 네 문 안에 유하는 객이라도 아무 일도 하지 **못하게 하고 네 남종이나 네 여종에게 너 같이 안식하게 할지니라**(5:14)
이는 엿새 동안에 나 여호와가 하	**너는 기억하라 네가 애굽 땅에서 종이 되었더니 네 하나님 여호와가**

늘과 땅과 바다와 그 가운데 모든 것을 만들고 일곱째 날에 쉬었음이라 그러므로 나 여호와가 안식일을 복되게 하여 그 날을 거룩하게 하였느니라(20:11)	**강한 손과 편 팔로 거기서 너를 인도하여 내었나니** 그러므로 **네 하나님** 여호와가 **네게 명령하여** 안식일을 **지키라** 하느니라(5:15)

〈 표1 안식일 법 비교 〉

출애굽기와 신명기의 두드러진 차이점은 안식일을 지켜야 하는 근거이다. 출애굽기에서는 하나님께서 엿새 동안 일하시다가 일곱째 날에 쉬셨기 때문에 쉬어야 한다는 명분이고, 신명기에서는 하나님께서 애굽에서 종살이하던 이스라엘을 해방시키셨기 때문에 가축이나 남종과 여종을 너처럼 쉬게 해야 하며 이는 여호와의 명령이라고 말한다. 모세는 안식일 법을 왜 이렇게 다시 해석했을까? 이스라엘이 가나안에 들어간 후 안식일을 창조 이야기에 기초하여 무노동법으로 지킬 위험성이 있었기 때문이다. 안식일 법의 정신은 일하는 기계로 살아가는 가축들과 종들에게 일주일에 하루는 주인처럼 쉬게 해주는 데에 있다. 안식일 법은 결코 무노동의 법이 아니다.

신명기에서는 칠 년마다 찾아오는 안식년을 '면제년'으로 지키라고 했다.[30] 안식년은 일 년 동안 쉬는 해가 아니라 채무를 면제해주고 노예들에게 6년치 품삯을 주어 방면하는 해였다. 모세가 재해석한 안식의 개념은 내가 쉬는 쉼이 아니라 노동으로 살아갈 수밖에 없는 사람들에게 쉼을 주는 쉼의 개념이다.

예수님과 서기관들이 가장 심각하게 충돌을 일으킨 대상이 안식일 법이었다. 유대인들은 안식일 법을 무노동으로 이해하여 아무 일도 하지 않아야 한다고 규정하고 철저하게 지키고 있었다. 이에 반

30) 신15:1~4.

하여 예수님은 안식일에는 온갖 질병과 고초에 시달리는 사람들의 문제를 해결해 주는 일하는 날이라고 맞섰다.[31]

❷ 절기, 헌금

이스라엘 사람들은 광야 40년 동안 성막 중심으로 생활했으며, 레위기에는 여러 제사법들이 들어있다. 그런데 모세는 이를 재해석하여 유월절과 초막절, 칠칠절을 중심으로 뜯어고쳤다.[32] 유월절은 한 주일 동안 가장 가난한 자들의 먹거리를 체험하는 무교절로 지키며, 초막절에는 집 없는 사람들의 애환을 직접 한주일 동안 체험했으며, 추수절기인 칠칠절은 가난한 자들을 위하여 첫 열매를 드리는 절기였다. 그리고 이런 절기의 마지막 날에는 가난한 자들을 초청하여 최고의 음식을 만들어 대접했다. 자녀들에게 이런 체험을 시키면서 하나님께서 이런 삶을 살던 우리를 해방시킨 것처럼 이제 우리의 할 일은 이런 가난한 사람들의 문제를 해결하는 것이라고 가르치게 했다.

또 신앙생활을 48개 지방 성소 중심으로 하면서 맏물, 십일조, 3년 십일조, 각종 헌금을 통하여 지방 성소별로 자기 힘으로 살 수 없는 고아와 과부와 나그네 등의 문세를 서로 해결해 주도록 했다.[33] 계약법의 헌금 제도는 지금의 생활보장 제도나 보험과 같은 역할을 했다. 제사를 언급하는 경우에도 하나님께 드리는 의식이 중심이 아니라 가족과 친지, 레위인 등이 하나님 앞에 모여서 화목을 다지는 행사였다.[34] 계약법의 제사는 하나님을 위한 제사가 아니라 사람을 위한 제사였다.

---

31) 그러면 열여덟 해 동안 사탄에게 매인 바 된 이 아브라함의 딸을 안식일에 이 매임에서 푸는 것이 합당하지 아니하냐 (눅13:16)
예수께서 저희에게 이르시되 내 아버지께서 이제까지 일하시니 나도 일한다(요5:17)

32) 신16:1~17.

33) 신26:1~15.

34) 신12:13~19.

예수님 당시 유대인들은 유월절 행사를 대대적으로 지켰으나 성전에서 하나님께 드리는 제사 중심의 행사였으며, 제사장들은 제사용 짐승들을 전매함으로써 막대한 이문을 챙겼다. 이에 예수님께서는 제사의 의미를 다음과 같이 재해석하셨다.

> **나는 자비를 원하고 제사를 원치 아니하노라** 하신 뜻을 너희가 알았더면 무죄한 자를 죄로 정치 아니하였으리라(마12:7)

❸ 가정 성경공부

모세는 성전에서 제사로 하나님을 섬기는 의식 중심의 신앙에서 벗어나 계약법을 자녀들에게 똑바로 가르쳐서 그 계약법을 실천하는 삶을 살게 하는 데에 중점을 두었다.[35] 모세의 재해석은 종교의식 중심의 신앙이 아니라 교육 중심의 신앙이었다. 이스라엘의 레위 지파는 이스라엘 48개 지역에 흩어져 살면서 지방 성소를 운영하며 교육의 중심지 역할을 했다. 신명기에서 재해석한 제사장들과 레위인들은 교사였다. 부모들은 지방 성소에서 레위인에게 교육을 받고 가정에서 자녀에게 가르쳐야 했다. 신앙과 교육의 장은 성전이 아니라 가정이었다.

가나안에 들어간 이스라엘 사람들은 다윗 · 솔로몬 이후에 성전 · 제사 중심의 신앙으로 치우치고 말았다. 이에 예언자들은 이를 계약 위반이라 질타하며 경고했으나 듣지 않다가 앗수르와 바벨론에게 멸망당하고 포로로 끌려가고 말았다.

❹ 신명기

포로기를 맞아 이스라엘 사람들은 예레미야의 제자들을 비롯한 일군의 예언자들의 노력으로 성전 · 제사 신앙을 포기하고 다시 회당에서 계약법을 공부하고 가정에서 자녀에게 가르치는 신앙으로 돌아갔다. 그 예언자들이 신명기를 기초로 가르쳤다. 신명기는 죽은

35) 신6:4~11.

이스라엘을 다시 살리는 역할을 했다.

그러나 안타깝게도 예수님 당시에 이르러서는 계약법과 상관없는 유대교 율법 조항을 지키는 데에 주력했다. 또 유월절을 제사 위주로 지킴으로써 성전 · 제사 신앙이 다시 살아났으며, 또 민족주의로 치우친 메시아 신앙이 깊게 뿌리 내리고 있었다. 예수님께서는 광야에서 금식하실 때 유대인의 메시아가 되라는 마귀의 시험에 신명기의 말씀으로 대처하셨다.

신명기는 구약의 예언자들에게는 교과서 역할을 했고, 복음서를 비롯한 신약성경에 가장 큰 영향을 끼쳤다.

【4】 13 마귀가 모든 시험을 다 한 후에 **얼마 동안 떠나니라**

누가복음에 의하면 예수님과의 대결에서 패배한 마귀는 영원히 떠나간 것이 아니라 '얼마 동안' 떠났다고 기록되어 있다. 이 말은 잠시 후에 다시 찾아왔다는 뜻이다. 마귀는 어떤 모습으로 어떻게 다시 예수님을 찾아와 시험했을까? 관련 본문에서 자세히 살펴보겠지만 '정통신앙'이라는 이름으로 정통 유대교인들을 통한 시험과 공격이었다. 이 부분은 복음서를 해석하면서 가장 중요하게 다뤄야 할 부분이다. 오늘 우리와도 직결된 문제이기 때문이다.

제2부 : 갈릴리 사역

물음 16~44 (4:14~9:50)

물음 16 예수님의 첫 사역, 무엇이었을까?

본문 : 〈 4:14~30 〉

14 예수께서 성령의 능력으로 갈릴리에 돌아가시니 그 소문이 사방에 퍼
졌고
15 친히 그 여러 회당에서 가르치시매 뭇 사람에게 칭송을 받으시더라
16 예수께서 그 자라나신 곳 나사렛에 이르사 안식일에 늘 하시던 대로
회당에 들어가사 성경을 읽으려고 서시매
17 선지자 이사야의 글을 드리거늘 책을 펴서 이렇게 기록된 데를 찾으
시니 곧
18 주의 성령이 내게 임하셨으니 이는 가난한 자에게 복음을 전하게 하
시려고 내게 기름을 부으시고 나를 보내사 포로 된 자에게 자유를, 눈
먼 자에게 다시 보게 함을 전파하며 눌린 자를 자유롭게 하고
19 주의 은혜의 해를 전파하게 하려 하심이라 하였더라
20 책을 덮어 그 맡은 자에게 주시고 앉으시니 회당에 있는 자들이 다
주목하여 보더라
21 이에 예수께서 그들에게 말씀하시되 이 글이 오늘 너희 귀에 응하였
느니라 하시니
22 그들이 다 그를 증언하고 그 입으로 나오는 바 은혜로운 말을 놀랍게
여겨 이르되 이 사람이 요셉의 아들이 아니냐
23 예수께서 그들에게 이르시되 너희가 반드시 의사야 너 자신을 고치라
하는 속담을 인용하여 내게 말하기를 우리가 들은 바 가버나움에서 행
한 일을 네 고향 여기서도 행하라 하리라
24 또 이르시되 내가 진실로 너희에게 이르노니 선지자가 고향에서는 환
영을 받는 자가 없느니라
25 내가 참으로 너희에게 이르노니 엘리야 시대에 하늘이 삼 년 육 개월
간 닫히어 온 땅에 큰 흉년이 들었을 때에 이스라엘에 많은 과부가 있
었으되
26 엘리야가 그 중 한 사람에게도 보내심을 받지 않고 오직 시돈 땅에

있는 사렙다의 한 과부에게 뿐이었으며
27 또 선지자 엘리사 때에 이스라엘에 많은 나병 환자가 있었으되 그 중의 한 사람도 깨끗함을 얻지 못하고 오직 수리아 사람 나아만뿐이었느니라
28 회당에 있는 자들이 이것을 듣고 다 크게 화가 나서
29 일어나 동네 밖으로 쫓아내어 그 동네가 건설된 산 낭떠러지까지 끌고 가서 밀쳐 떨어뜨리고자 하되
30 예수께서 그들 가운데로 지나서 가시니라

복음서마다 예수님께서 행하신 첫 사역이 다르다. 그 이유는 서로 중요하게 다루는 강조점이 다르기 때문이다. 누가복음에 의하면 예수님의 첫 사역은 갈릴리 나사렛 회당의 가르치심이었다. 본문은 이사야 61:1~2였으며, 주제는 희년의 선포였다. 왜 희년 선포였으며, 무슨 뜻일까?

【1】 16 예수께서 그 자라나신 곳 나사렛에 이르사 안식일에 늘 하시던 대로 회당에 들어가사 성경을 읽으려고 서시매 17 선지자 이사야의 글을 드리거늘 책을 펴서 이렇게 기록된 데를 찾으시니 곧 18 **주의 성령이 내게 임하셨으니 이는 가난한 자에게 복음을 전하게 하시려고 내게 기름을 부으시고 나를 보내사 포로 된 자에게 자유를, 눈 먼 자에게 다시 보게 함을 전파하며 눌린 자를 자유롭게 하고** 19 **주의 은혜의 해를 전파하게 하려 하심이라** 하였더라 20 책을 덮어 그 맡은 자에게 주시고 앉으시니 회당에 있는 자들이 다 주목하여 보더라

본문의 '가난한 자'(πτωχός)는 땅과 집이 없어 거지 수준의 삶을 사는 사람을 말하며, '포로된 자'(αἰχμαλωτός)는 사로잡힌 자인데 부채로 말미암아 노예가 된 사람들이다. '눈먼 자'(τυφλός)는 육체적인 시각 장애자들을 말하는데, 사리분별 못하는 자들도 포함된다. '눌린 자'(θραύω)는 사회적으로 짓밟히며 사람대접받지 못하는 사람들이다. '주님의 은혜의 해'(ἐνιαυτός κυρίου δεκτόν)는 희년(禧年)을 말한다.

본문에 언급된 사람들은 결국 경제적인 문제와 관련된 사람들이

다. 예수님께서는 이런 사람들의 문제를 근본적으로 해결하러 오셨다. 누가는 예수님의 구원 사역은 곧 희년의 실현이라고 보았으며, 이를 특별히 강조하기 위하여 예수님의 나사렛 회당 방문을 첫 사역으로 기록하면서, 희년 선포에 초점을 맞추었다. 왜냐하면 병행본문인 마태(13:53~58), 마가(6:1~6)에 의하면 예수님께서 고향 나사렛 회당을 방문하신 시기는 사역의 후반기인 갈릴리 사역의 마무리 시점이며, 회당에서 가르치신 내용도 생략되어 있기 때문이다. 누가는 왜 이렇게 기록했을까?

누가에게는 희년의 실현, 즉 이상이 현실에 실현되는 하나님 나라가 가장 큰 관심사였기 때문이다. 누가는 교회에서 이 땅에 실현된 하나님 나라를 만났고, 이것 때문에 기독교인이 되었으며 평생 복음을 위하여 헌신했다. 그런 누가의 눈에 예수님은 희년 실현을 위해서 오셨고, 희년의 실현이 곧 구원 사역이었으며, 제자들에게 이것을 가르치신 분으로 비쳤다. 예수님의 가르침에 따라 제자들은 교회에서 희년을 가르쳐 지키게 했고, 성령님은 이것을 가능하게 하시는 분이셨다. 이런 이유로 누가는 예수님의 갈릴리 사역을 다음과 같이 가르침으로 시작하였다고 요약하고 있다.

14 예수께서 성령의 능력으로 갈릴리에 돌아가시니 그 소문이 사방에 퍼
졌고 15 친히 **그 여러 회당에서 가르치시매** 뭇 사람에게 칭송을 받으
시더라

누가복음에서 복음의 대상은 가난한 자였으며, 예수님께서는 이들에게 희년을 실현하러 오셨고, 이것이 곧 구원 사역이었다. 이런 사실은 누가복음과 사도행전을 일관하는 주요 주제이다.

【2】 20 책을 덮어 그 맡은 자에게 주시고 앉으시니 회당에 있는 자들
이 다 주목하여 보더라 21 이에 예수께서 그들에게 말씀하시되 **이 글
이 오늘 너희 귀에 응하였느니라** 하시니 22 그들이 다 그를 증언하고
그 입으로 나오는 바 은혜로운 말을 놀랍게 여겨 이르되 이 사람이 요
셉의 아들이 아니냐

예수님께서 회당에서 찾아 읽으신 말씀은 메시아 취임사에 해당

되는 말씀이었다. 그런데 예수님께서 회당에서 이 말씀을 찾아 읽으시고 "오늘 이 말씀이 이루어졌다."라고 메시아로서의 사역을 선언하시자 모여있는 같은 고향 사람들이 놀랐다. 왜냐하면 나사렛 사람들은 예수님을 잘 알고 있었지만 목수 요셉의 아들로만 알았기 때문이었다. 예수님께서는 나사렛에 계시는 동안 당신 자신을 은폐하고 계셔서 누구도 예수님을 알아보지 못했던 것 같다. 고향 사람들이 예수님을 메시아로 받아들이지 못하자 예수님께서는 다음의 말씀을 하셨다.

【3】 25 내가 참으로 너희에게 이르노니 엘리야 시대에 하늘이 삼 년
육 개월간 닫히어 온 땅에 큰 흉년이 들었을 때에 이스라엘에 많은 과
부가 있었으되 26 엘리야가 그 중 한 사람에게도 보내심을 받지 않고
오직 시돈 땅에 있는 사렙다의 한 과부에게 뿐이었으며 27 또 선지자
엘리사 때에 이스라엘에 많은 나병 환자가 있었으되 그 중의 한 사람
도 깨끗함을 얻지 못하고 **오직 수리아 사람 나아만**뿐이었느니라

어리둥절해 있던 고향 나사렛 사람들에게 예수님께서는 이방인인 사렙다 과부와 나아만 장군을 긍정적으로 평가하셨다. 예수님께서는 왜 이들을 높이 평가하셨을까?

❶ 사렙다 과부

엘리야는 북왕국 이스라엘 아합왕에게 가뭄을 선포한 후 지명수배자가 되어 3년 반 동안 숨어지내야 했는데, 그릿 시냇가의 물이 마르자 160km 정도 떨어진 이방인 지역 사렙다로 피난갔다. 어린 자식을 데리고 살던 한 과부는 마지막 남은 양식으로 이방인 나그네에 불과한 엘리야를 대접했는데, 이로 말미암아 엘리야가 그 집에 머무는 동안 양식이 떨어지지 않았다.(왕상 17장) 왜 사렙다 과부에게 이런 특별한 은혜가 임했을까?

먼 길을 걸어오느라고 목마름과 굶주림에 시달린 나그네를 자신의 처지보다 더 불쌍히 보고 마지막 남은 양식을 기꺼이 주었기 때문이다. 그가 이렇게 할 수 있었던 것은 평소에도 배고픈 사람을 향

하여 이런 마음이 있었기 때문이다. 이스라엘에도 수많은 과부가 있었지만 이런 마음을 가진 과부는 없었다. 하나님께서는 이런 마음을 가진 과부에게 엘리야를 보내셨다. 하나님께서는 지금도 그런 마음을 가진 사람을 찾으신다.

❷ 나아만 장군

나아만은 북왕국 이스라엘의 적대국인 아람 나라의 총사령관인데, 나병 환자였던 그는 치료받기 위해 엘리사를 찾아왔던 사람이다. 길갈에 있던 엘리사는 나아만이 찾아오자 나가 보지도 않고 종 게하시를 보내 “너는 가서 요단 강에 몸을 일곱 번 씻으라. 네 살이 회복되어 깨끗하리라!”라고 명령조로 말했다. 자신을 종놈 취급하자 나아만은 화가 나서 본국으로 돌아가려고 하다가 부하들의 충언을 듣고 시키는 대로 하여 치료되었다. 나아만은 가지고 온 은 10달란트와 금 6천 개와 의복 열 벌을 답례품으로 주려고 했으나 엘리사는 아무것도 받지 않았다. 이에 나아만은 나귀 두 마리에 이스라엘의 흙을 싣고가서 제단을 만들어 놓고 여호와를 하나님으로 섬겼다.(왕하 5장) 왜 나아만에게만 나병이 치료되는 은혜가 임했을까?

엘리사는 나아만에게 참 하나님을 섬기는 선지자의 모습을 보여주며 계약신앙의 정신을 일깨워 주었고 그는 받아들였다. 엘리사는 나아만을 왕에 준하는 예우가 아니라 종처럼 대했으며, 나아만이 주는 예물은 거들떠보지도 않았다. 그가 가지고 온 금과 은 등은 모두 약탈물이었기 때문이다. 나아만은 엘리사를 통해서 종의 도를 배우고 약탈을 포기했으며, 여호와 하나님만을 섬기기로 작정했다. 이방인 나아만이 이런 것들을 받아들인다는 것은 결코 쉬운 일이 아니다. 평소에 그가 참 하나님을 찾고 있었기에 가능한 일이었다. 그 당시에 이스라엘에는 나아만 만큼 하나님을 진심으로 찾는 사람이 없었다고 예수님께서는 말씀하셨다.

【4】 28 회당에 있는 자들이 이것을 듣고 **다 크게 화가 나서** 29 일어나
동네 밖으로 쫓아내어 그 동네가 건설된 산 낭떠러지까지 끌고 가서 밀
쳐 떨어뜨리고자 하되 30 예수께서 그들 가운데로 지나서 가시니라

예수님의 말씀을 들은 나사렛 사람들은 분개하며 예수님을 죽이려고 했다. 왜 그들은 그토록 분노했을까? 자신들이 이방인에 불과한 사렙다 과부와 나아만 장군만도 못하다는 평가 때문이었다. 설교는 나의 속에 들어있는 죄의 실상들을 보게 한다. 그런데 그런 설교에 대하여 반발하면 구원받을 길이 없다.

누가복음에 의하면 예수님의 첫 사역은 고향 나사렛에서 희년을 선포하시는 메시아 취임식이었다. 그런데 그 설교를 들은 고향 사람들은 크게 분개하며 예수님을 죽이려고 했다. 첫 사역은 예수님에게 앞으로 일어날 일들을 예고하고 있다.

주님의 성령이 내게 임했네 기름을 부어 나를 보냈네
가난한 자에게 복음전하고 포도된 자를 풀어주어라
눈이 먼 자 보게 하여라 억압에 눌린 자 자유케하라
은혜의 희년을 임하게 하여라

진리의 성령이 내게 임했네 거룩한 말씀 깨닫게 하네
가난한 자들을 부요케하고 상처난 마음 치유하여라
어두운 곳 밝게 하여라 슬픔에 우는 자 위로하여라
하나님 나라를 임하게 하여라[36]

물음 17 예수님의 두 번째 사역, 무엇인가?

본문 : 〈 4:31~37 〉

31 갈릴리의 가버나움 동네에 내려오사 안식일에 가르치시매
32 그들이 그 가르치심에 놀라니 이는 그 말씀이 권위가 있음이러라
33 회당에 더러운 귀신 들린 사람이 있어 크게 소리 질러 이르되
34 아 나사렛 예수여 우리가 당신과 무슨 상관이 있나이까 우리를 멸하러 왔나이까 나는 당신이 누구인 줄 아노니 하나님의 거룩한 자니이다
35 예수께서 꾸짖어 이르시되 잠잠하고 그 사람에게서 나오라 하시니 귀신이 그 사람을 무리 중에 넘어뜨리고 나오되 그 사람은 상하지 아니한지라
36 다 놀라 서로 말하여 이르되 이 어떠한 말씀인고 권위와 능력으로 더러운 귀신을 명하매 나가는도다 하더라
37 이에 예수의 소문이 그 근처 사방에 퍼지니라

누가복음에 의하면 예수님께서는 안식일에 나사렛 회당에서 가르치신 후 나사렛에서 북동쪽으로 40km 떨어진 갈릴리 해변 도시 가버나움으로 가셔서 안식일에 회당에서 또 가르치셨다. 누가는 이와 같이 예수님의 '가르치심'에 초점을 맞추었다. 가버나움 회당에서는 무슨 일이 있었을까?

【1】 33 회당에 더러운 **귀신 들린 사람이** 있어 크게 소리 질러 이르되
34 아 나사렛 예수여 우리가 당신과 무슨 상관이 있나이까 우리를 멸
하러 왔나이까 **나는 당신이 누구인 줄 아노니 하나님의 거룩한 자니이
다** 35 예수께서 **꾸짖어 이르시되 잠잠하고 그 사람에게서 나오라** 하시
니 귀신이 그 사람을 무리 중에 넘어뜨리고 나오되 그 사람은 상하지
아니한지라

36) 부록에 악보 수록.

가버나움 회당에서는 귀신들린 자를 만나셨는데, 그는 예수님의 가르치심을 들으면서 예수님을 알아보고 '하나님의 거룩한 자'라고 떠들어 댔다. 귀신이 왜 이렇게 예수님을 선전했을까? 또 예수님께서는 왜 이런 귀신에게 더이상 말하지 못하게 꾸짖으시며 쫓아내셨을까?

그 이유는 단순하다. 마귀는 귀신들린 자를 통하여 사람들에게 예수님이야말로 유대인들이 오랫동안 기다리던 바로 그 메시아라고 선전했기 때문이다. 예수님께서 광야에서 시험을 받으실 때 마귀가 잠시 떠났는데(4:13), 그 마귀는 이제 귀신들린 사람을 통하여 다시 찾아와서 사람들을 선동하여 예수님을 유대인들이 기다리던 메시아로 오해하게 했다.[37] 이에 예수님께서는 그 귀신이 말을 못하도록 꾸짖으시며 쫓아내셨다. 예수님의 공생애 내내 마귀는 귀신들린 사람이나 군중들, 서기관, 바리새인을 통하여 유대인의 메시아가 되라고 유혹했다.

마귀는 다양한 방법으로 공격하는데 가장 심각한 부분은 '정통신앙'을 통하여 이단으로 몰고 가는 공격이다. 도그마에 빠진 정통주의자들은 자신도 모르는 사이에 마귀의 충실한 종노릇을 하고 만다. 네 복음서는 이에 대하여 우리에게 많은 경고를 하고 있지만 눈이 가려져서 이 부분을 보지 못한다. 이 역시 마귀의 속임수에 넘어간 결과다.

【2】 32 그들이 그 **가르치심에 놀라니** 이는 그 말씀이 권위가 있음이러라 36 다 놀라 서로 말하여 이르되 이 어떠한 말씀인고 권위와 능력으로 더러운 귀신을 명하매 나가는도다 하더라 37 이에 예수의 소문이 그 근처 사방에 퍼지니라

예수님의 가르치심은 서기관과 바리새인의 가르침과 달랐을 뿐만 아니라(막1:22) 귀신이 쫓겨나가는 권세가 있었다. 당시 그리스·로마세계에는 수많은 축사자들이 있었다. 그런데 그들이 귀신을 쫓아내는 방법은 부적, 음악, 다양한 도구를 사용하는 등 요란하기 짝이 없었다. 그런데 예수님의 축사나 치유는 지극히 단순한 말씀뿐이

37) 이를 신학자들은 '메시아의 비밀'이라고 하는데, 마가복음의 주요 신학 주제 중의 하나다. 이에 대해서는 졸저 「마가복음」에서 상세히 다루었다.

었다. 누가는 그리스 · 로마세계의 마술사들을 잘 알고 있었는데, 그들이 하는 일은 대부분은 속임수였다. 그런데 교회를 통해 만난 기적들은 사실 그대로 참 기적이었다. 누가는 교회에서 일어나는 기적은 '성령'의 역사라는 것을 발견했다. 누가문서에서 성령이 중요하게 다뤄지는 이유다.

누가복음에는 21개의 이적이 다뤄지는데 그 첫 번째가 회당에서의 귀신 축출이다. 누가가 이 이야기를 첫 이적으로 다루는 이유는 광야 시험에서 패배한 마귀가 유대교의 정통신앙이라는 이름으로 회당을 점령하고 있었으며, 예수님의 첫 사역은 회당을 점령하고 있는 마귀의 거짓 가르침을 몰아내는 것이었음을 강조하기 위함이다. 누가에게 있어서 예수님의 가장 중요한 역할은 가르치는 선생님이었다.[38)]

그 마귀는 동일하게 오늘도 정통이라는 이름으로 교회의 설교 강단을 지배하고 있다. 마귀의 가장 큰 무기는 속임수인데, 정통주의자들은 이를 전혀 눈치채지 못하고 마귀의 충실한 종노릇을 하게 된다. 오늘 우리에게도 바른 가르침이 어느 때보다 더 중요할 수 있다.

물음 18
베드로의 장모 치유, 무엇을 말하는가?

본문 : 〈 4:38~44 〉

38 예수께서 일어나 회당에서 나가사 시몬의 집에 들어가시니 시몬의 장모가 중한 열병을 앓고 있는지라 사람들이 그를 위하여 예수께 구하니
39 예수께서 가까이 서서 열병을 꾸짖으신대 병이 떠나고 여자가 곧 일어나 그들에게 수종드니라
40 해 질 무렵에 사람들이 온갖 병자들을 데리고 나아오매 예수께서 일

38) 4:15, 31, 5:3, 17, 6:6, 11:1, 13:10, 22, 26, 19:47, 20:1, 21, 21:37, 23:5.

일이 그 위에 손을 얹으사 고치시니
41 여러 사람에게서 귀신들이 나가며 소리 질러 이르되 당신은 하나님의
아들이니이다 예수께서 꾸짖으사 그들이 말함을 허락하지 아니하시니
이는 자기를 그리스도인 줄 앎이러라
42 날이 밝으매 예수께서 나오사 한적한 곳에 가시니 무리가 찾다가 만
나서 자기들에게서 떠나시지 못하게 만류하려 하매
43 예수께서 이르시되 내가 다른 동네들에서도 하나님의 나라 복음을 전
하여야 하리니 나는 이 일을 위해 보내심을 받았노라 하시고
44 갈릴리 여러 회당에서 전도하시더라

공관복음은 모두 베드로의 장모 치유를 말하고 있는데, 베드로의 장모가 치유받은 후 곧 일어나서 수종들었다는 이야기로 끝을 맺고 있다. 무슨 이유일까?

【1】 38 예수께서 일어나 회당에서 나가사 **시몬의 집에 들어가시니**

가버나움 회당에서 귀신을 축출하신 예수님께서는 베드로의 집으로 가셨다. 이는 예수님께서 회당 대신 베드로의 집을 가르침의 장소로 선택하셨다는 뜻이다. 이런 사실은 그날 해 질 무렵 수많은 사람들이 베드로의 집으로 몰려왔다는 40절의 말씀에서도 확인된다. 이후 예수님께서는 갈릴리에 계시는 동안 가버나움의 베드로의 집을 거처로 삼으시고 활동하셨으며, 수천, 수만의 사람들이 몰려오면 인근 바닷가에서 가르치셨다.

【2】 38 … 시몬의 집에 들어가시니 **시몬의 장모가** 중한 열병을 앓고 있는지라 사람들이 그를 위하여 예수께 구하니 39 예수께서 가까이 서서 열병을 꾸짖으신대 병이 떠나고 **여자가 곧 일어나 그들에게 수종드니라**

베드로의 집에는 마침 베드로의 장모가 와서 열병을 앓고 있었는데, 사람들이 예수님께 와서 그녀를 고쳐주어야 한다고 했다. 왜 환자나 가족이 아니고 다른 사람들이 치유를 요청했을까?

베드로가 어느 날 갑자기 어부 일을 그만두고 가족을 버려두고 예수님을 따라나섰을 때 장모의 심정은 어떠했을까? 걱정되어 딸을

보러 왔다가 울화통이 터져 몸져 누워버리고 말았다. 그런데 이번에는 베드로가 예수님 일행 수십여 명을 데리고 왔다. 이들의 뒷바라지를 누가 해야 하나? 베드로 아내의 몫이었다. 이에 장모는 더 속이 터졌다. 이런 복잡한 사정을 제자들은 예수님께 알렸다. 예수님께서는 베드로의 장모에게 가셔서 그녀의 손을 잡으시고(막1:31) 그녀에게 하나님 나라 사역의 중요성을 설명하셨다. 예수님의 말씀을 들으면서 베드로의 장모는 그 인격과 말씀에 감화 감동을 받았다. 그리고 그녀 역시 그 순간부터 딸과 더불어 예수님 일행을 섬기는 일로 복음사역에 동참했다.

성경을 해석해 나갈 때는 은폐, 함축, 암시되어 있는 행간의 의미를 읽어내는 것이 중요하다.

【3】 40 **해 질 무렵에** 사람들이 온갖 병자들을 데리고 나아오매 **예수께서 일일이 그 위에 손을 얹으사** 고치시니

온갖 병자들이 왜 낮에 오지 않고 해 질 무렵부터 몰려왔고, 왜 예수님께서는 늦은 밤에 병자들을 치료하셨을까? 유대인들은 안식일에는 병자를 치료하지 못하게 했는데, 안식일은 해 질 무렵에 종료되므로 병자들은 안식일이 끝나기를 기다리고 있다가 몰려왔다. 왜 그 다음 날 낮에 오지 않았을까? 질병에 고통당하는 사람의 입장에서 생각해 보면 알 수 있다. 이들은 다음 날까지 기다릴 여유가 없었다.

【4】 41 여러 사람에게서 **귀신들이** 나가며 소리 질러 이르되 **당신은 하나님의 아들이니이다** 예수께서 꾸짖으사 그들이 말함을 허락하지 아니하시니 이는 **자기를 그리스도인 줄 앎이러라**

귀신들린 사람들도 왔는데 이들은 하나같이 예수님을 향하여 "하나님의 아들이니이다."라고 소리 질렀다. 이는 앞에서 언급한 바와 같이 예수님을 향하여 유대인들이 기다리던 메시아라고 거짓 선전했다는 뜻이다. 이에 예수님께서는 그들을 꾸짖어 마귀의 거짓 선전을 못하게 하셨다.

마귀는 수시로 다양한 방법으로 예수님을 찾아와 끝까지 유혹하기를 멈추지 않았다.

【5】 42 날이 밝으매 예수께서 나오사 한적한 곳에 가시니 무리가 찾다가 만나서 **자기들에게서 떠나시지 못하게 만류하려 하매** 43 예수께서 이르시되 내가 다른 동네들에서도 하나님의 나라 복음을 전하여야 하리니 나는 이 일을 위해 보내심을 받았노라 하시고 44 **갈릴리 여러 회당에서 전도하시더라**

날이 밝자 예수님께서 우려하시던 일이 벌어졌다. 사람들은 예수님이 자신들이 기다리던 메시아라고 생각하기 시작했다. 예수님께서 제일 곤란하게 생각하신 것은 군중들이 자신을 유대인의 메시아로 생각하고 따르는 것이었다. 이에 예수님께서는 군중들이 흩어지도록 하기위해 제자들을 데리고 다른 동네로 가셨다. 그리고 여러 회당으로 다니시며 전도하셨다. 예수님의 전도와 가르치심의 목적은 다른 어떤 것이 아니라 유대교의 잘못된 신앙을 바로잡는 것이었다.

물음 19 첫 제자들, 왜 예수님을 따랐을까?

본문 : 〈 5:1~11 〉

1 무리가 몰려와서 하나님의 말씀을 들을새 예수는 게네사렛 호숫가에 서서

2 호숫가에 배 두 척이 있는 것을 보시니 어부들은 배에서 나와서 그물을 씻는지라

3 예수께서 한 배에 오르시니 그 배는 시몬의 배라 육지에서 조금 떼기를 청하시고 앉으사 배에서 무리를 가르치시더니

4 말씀을 마치시고 시몬에게 이르시되 깊은 데로 가서 그물을 내려 고기를 잡으라

5 시몬이 대답하여 이르되 선생님 우리들이 밤이 새도록 수고하였으되 잡은 것이 없지마는 말씀에 의지하여 내가 그물을 내리리이다 하고
6 그렇게 하니 고기를 잡은 것이 심히 많아 그물이 찢어지는지라
7 이에 다른 배에 있는 동무들에게 손짓하여 와서 도와 달라 하니 그들이 와서 두 배에 채우매 잠기게 되었더라
8 시몬 베드로가 이를 보고 예수의 무릎 아래에 엎드려 이르되 주여 나를 떠나소서 나는 죄인이로소이다 하니
9 이는 자기 및 자기와 함께 있는 모든 사람이 고기 잡힌 것으로 말미암아 놀라고
10 세베대의 아들로서 시몬의 동업자인 야고보와 요한도 놀랐음이라 예수께서 시몬에게 이르시되 무서워하지 말라 이제 후로는 네가 사람을 취하리라 하시니
11 그들이 배들을 육지에 대고 모든 것을 버려두고 예수를 따르니라

누가는 사도들이 어떤 경로를 거쳐 예수님을 따르게 되었는지에 대해서도 관심이 많았다. 마태나 마가복음에서는 아무 설명 없이 "나를 따르라."라는 예수님의 말씀에 모든 것을 버리고 따랐다고 기록되어 있다. 그런데 누가는 최초의 제자들인 베드로와 안드레, 야고보, 요한이 예수님의 제자가 된 과정을 소상히 설명하고 있다. 누가가 이에 관심을 가진 이유는 자신도 복음을 접한 후 모든 것을 버리고 헌신했기 때문이었을 것이다.

【1】 1 무리가 몰려와서 하나님의 말씀을 들을새 예수는 게네사렛 호숫가에 서서 2 호숫가에 배 두 척이 있는 것을 보시니 어부들은 배에서 나와서 그물을 씻는지라 3 예수께서 한 배에 오르시니 **그 배는 시몬의 배라** 육지에서 조금 떼기를 청하시고 앉으사 배에서 무리를 가르치시더니 4 말씀을 마치시고 시몬에게 이르시되 **깊은 데로 가서 그물을 내려 고기를 잡으라**

예수님 주변에 수많은 사람들이 모여들자 예수님께서는 그들에게 하나님의 말씀을 효과적으로 전달하기 위하여 지형지물을 적절하게 활용하셨다. 원형극장처럼 경사진 언덕이 펼쳐진 바닷가에 사람들을 앉게 하고 바다 위에서 말씀하시면 음성이 해풍을 타고 멀리까지

전해져 모든 사람이 들을 수 있었다. 예수님께서 주로 가버나움 인근의 바닷가에서 사역하신 이유는 이런 현실적인 필요 때문이었다.

바다 위에서 말씀하시려면 배가 필요했다. 마침 베드로가 그물을 손질하고 있었는데, 예수님께서는 베드로의 배를 이용하셨다. 밤을 새워 고기잡이했던 베드로와 친구들은 피곤했지만 예수님의 말씀을 듣게 되었다. 하루종일 말씀하신 예수님께서는 베드로에게 깊은 바다를 가리키시면서 그곳에 가서 그물을 던져 고기를 잡으라고 하셨다. 그런데 그 시간대에 깊은 바다에는 고기가 없다는 사실을 어부인 베드로는 잘 알고 있었다. 예수님의 말씀은 갈릴리 바다에서 고기 잡던 어부의 상식과는 전혀 맞지 않았다. 베드로는 어떻게 했을까?

【2】 5 시몬이 대답하여 이르되 **선생님** 우리들이 밤이 새도록 수고하였으되 잡은 것이 없지마는 **말씀에 의지하여** 내가 그물을 내리리이다 하고 6 그렇게 하니 고기를 잡은 것이 심히 많아 그물이 찢어지는지라 7 이에 다른 배에 있는 동무들에게 손짓하여 와서 도와 달라 하니 그들이 와서 **두 배에 채우매 잠기게 되었더라**

누가는 예수님을 하나님의 말씀을 가르치시는 선생님으로 만났다. 이런 이유로 '하나님의 말씀'(λόγος τοῦ Θεοῦ)이라는 용어가 마태(15:6), 마가(7:13), 요한(10:35)은 1번만 사용되지만 누가에서는 4번, 사도행전에서는 14번이나 사용된다.[39] 또 누가복음에는 선생님이라는 뜻의 '에피스타테스'(ἐπιστάτης)라는 용어가 6번 나오는데, 이 용어는 누가복음에만 사용되며, 제자들이 예수님을 부르는 칭호였다.[40] 이 용어는 특별한 선생님이라는 의미이다. 다른 사람들은 일반적으로 선생님이라는 뜻으로 사용되는 '디다스칼로스'(διδάσκαλος)라는 용어를 사용했다. 다른 복음서는 디다스칼로스만 사용한다.

39) 누가에서는 5:1, 8:11, 21, 11:28이며 사도행전에서는 4:31, 6:2, 7, 8:14, 11:1, 12:24, 13:5, 7, 44, 46, 48, 16:32, 17:13, 18:11이다.

40) 이 용어는 5:5, 8:24, 45, 9:33, 49, 17:13에서 사용되고 있다.

누가복음의 예수님은 하나님의 말씀을 가르치시는 선생님이시다. 갈릴리 사역을 가르치심으로 시작하셨으며(4:15), 누가복음에서 가장 중요한 비중을 차지하는 갈릴리에서 예루살렘으로 올라가시면서도 줄곧 가르치셨다. (9:51~19:27), 예루살렘의 사역도 날마다 성전에서 가르치시는 사역이었다.(19:47, 20:1, 21:37)

베드로는 예수님을 '선생님'(에피스타테스 ἐπιστάτης)이라고 불렀다. 그 시간에 깊은 바다에 그물을 던지라는 예수님의 말씀이 도무지 현실성이 없었지만 하루종일 예수님의 말씀을 들은 베드로는 그 말씀에는 어떤 특별한 권세가 있다고 생각되어 예수님께서 지정하신 곳에 그물을 내렸다. 그런데 도무지 믿기지 않는 일이 벌어졌다. 두 배가 잠길 정도로 고기가 많이 잡힌 것이다. 이를 경험한 베드로는 어떤 반응을 보였을까?

【3】 8 시몬 베드로가 이를 보고 **예수의 무릎 아래에 엎드려** 이르되 **주여 나를 떠나소서 나는 죄인이로소이다** 하니 … 10 … 예수께서 시몬에게 이르시되 **무서워하지 말라** …

놀라운 일을 경험한 베드로는 왜 엎드려져서 두려워 떨면서 예수님을 '주님'(κύριε)이라고 부르고 있을까? 이런 베드로의 반응은 고기가 잡힌 것과는 직접 관련이 없다. 도대체 베드로에게 무슨 일이 일어났기에 이런 고백을 하고 있을까?

이 본문을 이해하기 위해서는 영성의 경험이 필요하다. 베드로의 이 경험은 하나님을 직접 뵈올 때 나타나는 전형적인 특징이다. 하나님 면전에 서는 순간 자신도 모르게 땅바닥에 엎드러지며, 강한 전율과 두려움이 엄습하여 죽은 자처럼 되고 만다. 동시에 자신이 너무 작고 초라한 죄인에 불과하다는 생각에 사로잡히게 된다. 베드로는 지금 예수님을 하나님으로 경험하고 있다. 예수님께서 "무서워하지 말라!"고 말씀하신 후에 베드로는 겨우 제정신으로 돌아왔다. 왜 다른 제자들과 달리 베드로만 이런 경험을 했을까? 베드로는 하나님을 직접 대면할 준비가 되었기 때문이다. 무슨 준비일까?

하나님을 직접 뵈오려면 하나님과 마음의 일치가 일어나야 한다. 하나님의 가장 큰 관심사가 곧 나의 가장 큰 관심사가 되어있어야 한다. 하나님의 가장 큰 관심사란 무엇일까? 하나님께서 지으신 세상 모든 사람들이 다 같이 행복하게 사는 세상이다. 이를 구약에서는 '거룩한 나라'라고 했으며, 신약에서는 '하나님 나라'라고 했다. 베드로는 비록 어부의 자식으로 태어나 고기잡이 외에는 아는 것이 없었지만 그 마음속에는 하나님 나라가 이 땅에 이뤄지기를 간절히 소망하고 있었다. 그런데 그는 예수님을 통하여 하나님 나라를 만났다. 하나님을 직접 경험하는 사건은 또 무엇을 동반할까?

【4】 8 시몬 베드로가 … 이르되 **주여 나를 떠나소서 나는 죄인이로소이다** 하니 10 … 예수께서 시몬에게 이르시되 … 이제 후로는 네가 사람을 취하리라 하시니

하나님을 직접 뵈옵는 무시무시한 일에는 하나님의 부르심이 수반되는데, 자신은 너무 큰 죄인이며 도무지 합당하지 않다고 생각되어 받아들이지 못한다. 이런 현상들은 하나님 면전을 경험할 때 나타나는 전형적인 특징이다. 이 땅에 하나님 나라를 실현하시는 하나님께서는 준비가 된 사람을 오랫동안 지켜보시다가 적절한 때에 그를 직접 만나셔서 그에게 사명을 주신다. 구약의 모세와 선지자들이 이런 사람들이었다. 특히 모세의 소명 기사는 출애굽기 3장에 자세하게 기록되어 있어서 참고가 된다. 예수님께서는 베드로를 이와 같은 방법으로 부르셨다.

【5】 11 그들이 배들을 육지에 대고 **모든 것을 버려두고 예수를 따르니라**

예수님의 부르심을 경험한 베드로는 망설이지 않고 배와 그물, 가족을 버리고 예수님을 따라나섰다. 이 땅에 하나님 나라를 실현하는 일은 그의 가슴속에 숨겨진 평생의 꿈이자 소원이었기 때문이다. 고기가 잡히는 기적을 같이 경험한 안드레와 야고보, 요한 등도 따라

나섰다. 그들에게도 하나님 나라를 이 땅에 실현하기 위해서라면 모든 것을 포기하고 평생을 헌신할 수 있다는 생각이 평소에도 있었기 때문이다. 비슷한 과정을 경험한 누가는 사도들의 이런 배경들을 비교적 소상히 기록해 놓아서 오늘 우리에게 많은 도움을 주고 있다.

제자들을 부르시는 이야기를 마태와 마가의 이야기만 보면 "나를 따르라!"는 말씀 한마디에 무조건 순종하여 모든 것을 버리고 따른 것처럼 느껴진다. 평소에 하나님 나라에 대하여 아무런 관심이 없던 사람이 한 순간에 그런 결단을 내린다는 것은 불가능하며, 또 하나님께서는 그런 사람을 부르시지도 않는다. 하나님께서는 마음이 합한 자를 찾으시고, 그를 부르시고, 그에게 일을 맡기신다.

물음 20 치료된 나병 환자, 왜 제사장에게 보내셨을까?

본문 : 〈 5:12~16 〉

12 예수께서 한 동네에 계실 때에 온 몸에 나병 들린 사람이 있어 예수를 보고 엎드려 구하여 이르되 주여 원하시면 나를 깨끗하게 하실 수 있나이다 하니

13 예수께서 손을 내밀어 그에게 대시며 이르시되 내가 원하노니 깨끗함을 받으라 하신대 나병이 곧 떠나니라

14 예수께서 그를 경고하시되 아무에게도 이르지 말고 가서 제사장에게 네 몸을 보이고 또 네가 깨끗하게 됨으로 인하여 모세가 명한 대로 예물을 드려 그들에게 입증하라 하셨더니

15 예수의 소문이 더욱 퍼지매 수많은 무리가 말씀도 듣고 자기 병도 고침을 받고자 하여 모여 오되

16 예수는 물러가사 한적한 곳에서 기도하시니라

본문은 가버나움에서 귀신들린 사람과 병 고침 받은 사람들이 예수님을 유대교의 메시아로 오해했기 때문에 예수님께서는 그들을 피하여 갈릴리 여러 지역으로 다니시면서 가르치실 때에 어떤 동네에서 일어난 일이다.

【1】 12 예수께서 한 동네에 계실 때에 온 몸에 나병 들린 사람이 있어 예수를 보고 엎드려 구하여 이르되 **주여 원하시면 나를 깨끗하게 하실 수 있나이다** 하니 13 예수께서 손을 내밀어 그에게 대시며 이르시되 내가 원하노니 깨끗함을 받으라 하신대 나병이 곧 떠나니라

한 나병 환자가 예수님을 찾아왔는데, 그가 하는 행동을 보면 그는 예수님에 대하여 잘 알고 있었음을 알 수 있다. 당시 유대교의 인과응보 교리에 의하면 나병 환자는 하나님께 큰 죄를 지어 저주받은 사람이라고 생각했다. 하나님께서 저주했으므로 유대인들도 나병 환자들을 저주하며 멀리했다. 만일 가까이 오면 누구든지 그를 돌로 쳐야만 했다. 그런데 이 나병 환자가 예수님 가까이 왔다는 것은 예수님께서 평소에 이런 죄인들을 전혀 가리지 않고 가까이하셨음을 보여준다. 또 나병 환자는 예수님을 '주님'이라고 부르고 있는데, 이는 예수님에 대하여 상당한 믿음이 있었다는 뜻이다.

예수님께서는 그에게 손을 대시면서 치료해 주셨다. 예수님께서 손을 대셨다고 기록한 이유는 예수님에게는 나병 환자도 어루만지시는 사랑이 있었다는 것을 말하려는데 있지 않고 유대교가 얼마나 잘못되어있는가를 보여주시는 데에 목적이 있다. 또 어떠한 속죄의 과정을 거치지 않고 "깨끗함을 받으라!"는 단순한 말씀 한마디로 나병 환자가 나은 것은 그가 하나님으로부터 죄 때문에 저주받은 것이 아니라는 사실을 입증해 주고 있다.

성경은 사건 당시와 기록 당시의 상황을 충분히 이해하고 해석해야 한다.

【2】 14 예수께서 그를 **경고하시되 아무에게도 이르지 말고** 가서 **제사장에게 네 몸을 보이고** 또 네가 깨끗하게 됨으로 인하여 모세가 명한 대로 예물을 드려 그들에게 입증하라 하셨더니

예수님께서 치료받은 나병 환자를 율법의 규정대로(레14장) 제사장에게 보내시는 이유는 나병 환자를 하나님께 저주받은 자로 낙인찍는 유대교의 인과응보 교리가 잘못되었음을 공식적으로 확인시키기 위함이다. 누가복음에 기록된 예수님의 모습은 가르치시는 선생님이시다. 예수님께서는 유대교의 잘못을 지적하시며 이를 바로잡는 데에 초점을 맞추셨다.

【3】 15 예수의 소문이 더욱 퍼지매 수많은 무리가 말씀도 듣고 자기 병도 고침을 받고자 하여 모여 오되 16 예수는 **물러가사** 한적한 곳에서 기도하시니라

마가(1:40~45)에 의하면 예수님께서 나병 환자에게 예수님께서 치료하셨다는 사실을 아무에게도 말하지 말라고 하셨으나 그 나병 환자는 이를 널리 알리고 다녔다. 그러자 이 소문이 널리 퍼져서 수많은 사람들이 예수님 주변으로 몰려왔다. 이에 예수님은 또 한적한 곳으로 피하여 가셨다. 왜 그랬을까?

지금 군중들이 몰려온 이유는 예수님을 자신들이 기다리던 유대교의 메시아라고 생각했기 때문이다. 예수님께서 가장 크게 경계하신 것은 사람들이 예수님을 유대교의 메시아로 오해하는 문제였다. 이는 곧 마귀의 시험과 다를 바 없었지만 군중들은 이를 알 리가 없었다.

누가는 예수님께서는 마귀의 이런 공격이 있을 때마다 한적한 곳으로 피하여 기도에 전념하셨다고 기록하고 있다. 누가복음에서 기도는 마귀의 공격을 이겨내는 가장 중요한 방법이다.

물음 21 왜 그들의 믿음을 보셨을까?

본문 : 〈 5:17~26 〉

17 하루는 가르치실 때에 갈릴리의 각 마을과 유대와 예루살렘에서 온
바리새인과 율법교사들이 앉았는데 병을 고치는 주의 능력이 예수와
함께 하더라
18 한 중풍병자를 사람들이 침상에 메고 와서 예수 앞에 들여놓고자 하
였으나
19 무리 때문에 메고 들어갈 길을 얻지 못한지라 지붕에 올라가 기와를
벗기고 병자를 침상째 무리 가운데로 예수 앞에 달아 내리니
20 예수께서 그들의 믿음을 보시고 이르시되 이 사람아 네 죄 사함을 받
았느니라 하시니
21 서기관과 바리새인들이 생각하여 이르되 이 신성 모독 하는 자가 누
구냐 오직 하나님 외에 누가 능히 죄를 사하겠느냐
22 예수께서 그 생각을 아시고 대답하여 이르시되 너희 마음에 무슨 생
각을 하느냐
23 네 죄 사함을 받았느니라 하는 말과 일어나 걸어가라 하는 말이 어느
것이 쉽겠느냐
24 그러나 인자가 땅에서 죄를 사하는 권세가 있는 줄을 너희로 알게 하
리라 하시고 중풍병자에게 말씀하시되 내가 네게 이르노니 일어나 네
침상을 가지고 집으로 가라 하시매
25 그 사람이 그들 앞에서 곧 일어나 그 누웠던 것을 가지고 하나님께
영광을 돌리며 자기 집으로 돌아가니
26 모든 사람이 놀라 하나님께 영광을 돌리며 심히 두려워하여 이르되
오늘 우리가 놀라운 일을 보았다 하니라

다른 병행 본문(마9:1, 막2:1)에 의하면 본문의 이야기는 가버나움에서 일어난 일이다. 예수님께서는 당신을 유대인의 메시아라고 생각하며 몰려드는 사람들을 피하여 갈릴리 여러 마을을 두루 다니시다가 다시 가버나움으로 돌아오셨다. 가버나움에는 많은 사람들

이 모여 예수님께서 돌아오기를 기다리고 있었는데, 그 중에는 갈릴리 지역은 물론이고 유대 지방과 예루살렘에서 온 바리새인과 서기관들도 있었다. 사람들이 너무 많이 모여 예수님께서 계시는 집 주위를 둘러싸고 있어 가까이 다가갈 수도 없었다.

이렇게 많은 사람들이 모였는데 왜 예수님께서는 바닷가로 가시지 않고 집에 계셨을까? 집에서 맞이해야 할 특별한 사람들이 있었기 때문이다. 예수님께서는 무슨 일이 일어날지 미리 내다보고 행동하셨다. 어떻게 하다 보니 어떤 일을 당면하는 그런 행적이 아니다. 예수님께서 특별히 기다리신 사람들은 누구였을까?

【1】 18 한 중풍병자를 사람들이 침상에 메고 와서 예수 앞에 들여놓고자 하였으나 19 무리 때문에 메고 들어갈 길을 얻지 못한지라 지붕에 올라가 기와를 벗기고 병자를 침상째 무리 가운데로 예수 앞에 달아 내리니 20 예수께서 **그들의 믿음을 보시고** 이르시되 이 사람아 네 죄 사함을 받았느니라 하시니

예수님께서 병자를 고치시는 방법은 다양했는데, 본문에서는 '그들의 믿음을 보시고' 중풍병자를 고쳐주셨다. '그들'은 누구이며, 도대체 무슨 일을 했을까?

그들은 중풍병자가 누워있는 침상을 들고 먼 길을 걸어온 네 명의 사람인데(막2:3), 사람들이 너무 많아 예수님께 접근조차 할 수 없었다. 그런데 이 사람들이 보인 반응이 기상천외했다. 기다리거나 사람들 틈을 헤집고 들어가지 않고 무지막지한 방법을 사용했다. 그들은 중풍병자를 지붕으로 들고 올라가서 예수님께서 앉아계시는 방의 지붕을 막무가내로 뚫고 병자의 침상을 달아 내렸다. 이런 기막힌 장면을 상상해 보라. 이를 지켜보는 사람들이 어떻게 느꼈을까? 모든 사람들의 관심과 시선이 예수님께로 쏠렸다. 예수님께서는 어떤 반응을 보이셨을까?

사람들의 예상과 달리 예수님께서는 이들의 무모한 행동을 대단히 훌륭한 믿음으로 평가하셨다. '그들의 믿음을 보시고'는 이를 의

미한다. 왜 이들의 행동을 큰 믿음이라고 하셨을까? 중풍병자를 데려온 사람들은 아마도 중풍병자의 하인이거나 품삯을 받고 온 사람들은 아니었을 것이다. 그런 사람들은 결코 남의 지붕을 다짜고짜 뜯는 그런 행동을 하지 못한다. 이들은 어떤 이유로 중풍병자를 무슨 일이 있어도 낫게 해야 한다는 일념에서 중풍병자의 침상을 들고 먼 길을 오는 수고를 마다하지 않았으며, 집주인의 반대를 아랑곳하지 않고 남의 집 지붕을 뜯었다. 예수님께서 어떤 반응을 보일지도 생각하지 않았다. 무슨 수를 써서라도 이 사람만은 고쳐야겠다고 생각했다. 예수님께서는 이들의 안타까운 마음, 견딜 수 없는 마음, 포기되지 않는 마음, 바로 그 마음을 보셨다. 누가복음에 들어있는 기도의 비유들은 이런 마음을 전제로 한다. 저녁을 먹지 못한 벗에게 먹을 것을 주기 위하여 한밤중에 떡을 빌리러 가는 비유(11:5~8)와, 불의한 재판관을 끝까지 찾아가는 힘없는 과부의 비유(18:1~8) 등은 이런 특징을 띄고 있다.

내게 이런 안타까운 마음이 있었던가? 이런 기도가 있었던가? 단 한 번이라도 그런 경험이 있었던가? 그런 마음이 없는 내 마음, 내 기도는 순 가짜에 불과하다. 예수님께서 찾으시는 마음과는 너무나 멀다. 무엇이 믿음인가? 무엇이 기도인가? 무엇이 사랑인가? 기도는 입술과 혀의 말 잔치가 아니다.

【2】 20 예수께서 그들의 믿음을 보시고 이르시되 이 사람아 **네 죄 사함을 받았느니라** 하시니 21 서기관과 바리새인들이 생각하여 이르되 **이 신성 모독 하는 자가 누구냐** 오직 하나님 외에 누가 능히 죄를 사하겠느냐 22 예수께서 그 생각을 아시고 대답하여 이르시되 너희 마음에 무슨 생각을 하느냐

중풍병자를 달아 내리자 예수님께서는 그에게 "네 죄 사함을 받았느니라."라고 하셨다. 이 말씀을 왜, 누구에게 하셨을까? 예수님 바로 옆에는 서기관과 바리새인들이 예수님의 일거수일투족을 지켜보고 있었다. 그들은 예수님이 유대인들이 기다리던 메시아라는 소문을

듣고 이를 확인하기 위하여 예수님을 찾아와 의심의 눈초리로 보고 있었다. 예수님께서는 그런 바리새인들의 잘못된 신앙을 지적하시기 위하여 중풍병자에게 "네 죄 사함을 받았느니라."라고 말씀하셨다. 서기관, 바리새인들이 어떤 반응을 보일지를 너무나 잘 알고 계셨기 때문이다. 예수님께서는 다음과 같은 이유로 이 말씀을 하셨다.

❶ 그들과 바리새인

중풍병자를 메고 온 사람들은 중풍병자를 불쌍히 여기는 마음으로 만사를 제쳐놓고 중풍병자를 메고 먼 길을 걸어왔으며, 주인의 동의 여부와 상관없이 남의 집 지붕을 뜯었다. 그런데 바리새인들은 그들과는 달리 중풍 병자에 대하여 불쌍히 여기는 마음이 눈꼽 만큼도 없었다. 중풍이 걸린 것은 뭔가 하나님께 죄를 지었기 때문이므로 불쌍히 여기는 게 아니라 죄인으로 냉대하는 게 하나님의 뜻이라고 생각했다. 바리새인들이 볼 때 그들은 하나님의 업무를 방해하는 죄를 짓고 있는 셈이다. 예수님께서는 그들과 바리새인들을 비교하시기 위하여 집 안에서 그들을 기다리셨다.

❷ 하나님 모독죄

지붕을 뜯는 그들을 못마땅하게 생각하던 바리새인과 서기관들은 예수님께서 그들의 행동을 극찬하시고 죄 사함을 선언하시자 이는 의심의 여지없이 '하나님 모독죄'에 해당한다고 했다. 예수님에게는 유대인들의 도그마화된 교리신앙이 하나님 모독죄였고, 인과응보 교리, 죄인 교리를 신봉하는 유대인들에게는 예수님이 하나님을 모독하는 죄인이었다. 공관복음 모두에 기록된 이 말씀은 지붕을 뜯는 그들과 바리새인, 예수님과 서기관이 어떻게 다른지 비교해 놓고 있다.

【3】 24 그러나 **인자가 땅에서 죄를 사하는 권세가 있는 줄을 너희로 알게 하리라** 하시고 중풍병자에게 말씀하시되 내가 네게 이르노니 일어나 네 침상을 가지고 집으로 가라 하시매 25 그 사람이 그들 앞에서 곧 일어나 그 누웠던 것을 가지고 하나님께 영광을 돌리며 자기 집으

로 돌아가니 26 모든 사람이 놀라 하나님께 영광을 돌리며 **심히 두려워하여 이르되** 오늘 우리가 놀라운 일을 보았다 하니라

말씀으로 중풍병자를 치료하신 이 이야기 속에는 중요한 의미들이 담겨있다.

❶ 인자의 죄 사함의 권세

예수님께서 중풍병자를 향하여 "일어나 네 침상을 가지고 집으로 가라!"고 하시자 그대로 되었다. 이는 예수님에게 죄 사함의 권세가 있다는 반증이었다. 유대인들은 중풍병자가 어떤 죄 때문에 이런 병에 걸렸다고 생각했다. 이에 예수님께서는 인자에게 죄 사함의 권세가 있다는 것을 알게하시려고 중풍병자를 치료하시기 전에 죄 사함을 먼저 선언하셨다. 정통 유대교인의 눈에는 예수님의 이런 행동이 신성모독으로 보였다.

❷ 사람들의 죄 사함의 권세

그런데 이보다 더 충격적인 이야기가 마태복음에 기록되어 있다. 같은 내용을 다루는 마태에는 중풍병자가 치료되는 것을 지켜본 사람들이 두려워하며 "이런 권능을 사람(들)에게 주신 하나님께 영광을 돌리니라."라고 기록되어 있다. 개역 개성 성경에는 '사람'으로 번역했으나 원문은 '사람들'이다. 죄 사함의 권능이 예수님에게만이 아니라 모든 사람들에게 주어졌다는 뜻이다[41] 예수님께서는 사람들에게 죄 사함의 권세가 있음을 누차 말씀하셨다. 이에 관련된 몇 구절만 인용하면 다음과 같다.

우리가 우리에게 죄 지은 자를 **사하여 준 것 같이** 우리의 죄를 사하여 주옵시고(마6:12)

너희가 사람의 잘못을 **용서하면** 너희 하늘 아버지께서도 너희 잘못을 용서하시려니와 너희가 사람의 잘못을 용서하지 아니하면 너희 아버지께서도 너희 잘못을 용서하지 아니하시리라(마6:14~15)

41) 이에 대해서는 졸저 「마태복음」과 「마가복음」의 병행 본문에서 상세하게 다루었다.

너희가 누구의 죄든지 **사하면** 사하여질 것이요 누구의 죄든지 그대로 두면 그대로 있으리라 하시니라(요20:23)

왜 사람들에게 죄 사함의 권세가 있을까? 사람이 죄를 짓는 대상이 사람이기 때문이다. 누군가에게 지은 죄는 하나님께 용서받기 이전에 그 사람에게 먼저 용서를 받아야 한다. 이를 무시하고 예수님의 십자가를 통해서만 용서받으려고 한다면 이는 말도 안 되는 모순이다.

❸ 침상을 들고 집으로 가라

왜 예수님께서는 치료된 중풍병자에게 침상을 직접 들고 집으로 가라고 하셨을까? 유대교의 죄 사함의 교리, 인과응보 교리가 잘못되었음을 만천하에 보여주라는 뜻이다. 예수님의 말씀, 가르치심, 독특한 행동들은 모두가 잘못된 유대교를 치유하여 하나님과 맺은 계약의 파기를 막기 위함이었다.

물음 22 세리 레위, 왜 부름받았을까?

본문 : 〈 5: 27~32〉

27 그 후에 예수께서 나가사 레위라 하는 세리가 세관에 앉아 있는 것을 보시고 나를 따르라 하시니

28 그가 모든 것을 버리고 일어나 따르니라

29 레위가 예수를 위하여 자기 집에서 큰 잔치를 하니 세리와 다른 사람이 많이 함께 앉아 있는지라

30 바리새인과 그들의 서기관들이 그 제자들을 비방하여 이르되 너희가 어찌하여 세리와 죄인과 함께 먹고 마시느냐

31 예수께서 대답하여 이르시되 건강한 자에게는 의사가 쓸 데 없고 병든 자에게라야 쓸 데 있나니

32 내가 의인을 부르러 온 것이 아니요 죄인을 불러 회개시키러 왔노라

그 당시에 예수님을 따른다는 것은 많은 희생이 요구되었다. 생명을 내놓아야 했고, 재산을 버려야 했고, 가족을 포기해야 했고, 많은 오해와 핍박을 기꺼이 감수해야 했다. 그런데 레위(마태)는 왜 예수님을 따라나섰을까?42)

【1】 27 그 후에 예수께서 나가사 레위라 하는 세리가 세관에 앉아 있는 것을 보시고 나를 따르라 하시니 28 그가 모든 것을 버리고 일어나 따르니라 29 레위가 예수를 위하여 **자기 집에서 큰 잔치를 하니** 세리와 다른 사람이 많이 함께 앉아 있는지라

본문에서 레위가 왜 예수님의 부르심을 받아들였는지에 대한 명시적인 설명은 없다. 그런데 레위가 예수님을 위하여 큰 잔치를 벌였는데 레위의 친구인 세리를 비롯한 여러 사람들이 참석했다고 한다. 그는 왜 큰 잔치를 베풀었을까? 예수님의 제자가 된 게 너무 기뻤기 때문이다. 레위는 예수님의 제자가 되려면 생명, 재산, 가족 등을 포기해야 한다는 것을 잘 알고 있었다. 그런데 왜 크게 기뻐했을까? 예수님의 제자가 된다는 것이 너무 자랑스러웠기 때문이다.

레위는 예수님에 대한 소문을 들으면서, 마음속으로 자신도 예수님의 일에 동참하고 싶었다. 그런데 동참할 수가 없었다, 자신은 세리였기 때문이다. 당시 세리는 로마 정부의 앞잡이로서 매국노이기 때문에 강도와 동일한 수준의 큰 죄인으로 취급받았다. 어쩌다 보니 세리의 자식으로 태어나서 직업을 물려받았지만 그 마음속에는 현실에서 이상을 실현하려는 예수님의 운동에 참여하고 싶은 마음이 간절했다. 하지만 예수님을 찾아갈 수가 없었다. 이런 레위의 마음을 잘 아시는 예수님께서 그를 찾아가셨다. 그리고 부르셨다. 우연히 지나가다가 그를 만나셔서 부르신 것이 아니라 그의 마음을 미리

42) 마태복음 9:9에 의하면 레위와 마태는 동일인이다.

읽고 직접 찾아가신 것이다. 찾아갈 수 없는 레위는 찾아오시는 예수님을 만났다.

하나님께서는 지금도 우리의 마음을 지켜보신다. 그 마음속에 하나님 나라의 실현을 진정으로 사모하는 사람이 눈에 띄면 그를 만나러 오신다. 하나님과 직접 만나는 경험은 이렇게 시작된다. 영성의 무슨 고차원적인 단계를 간절히 사모하는 마음으로는 하나님을 직접 만나는 경험이 일어나기 어렵다. 하나님 나라의 실현을 사모해야 한다. 내 마음속에는 그 사모함이 어느 정도일까? 사모하면서 동시에 무자격자임을 알아야 한다. 무능력자임을 알아야 한다. 무자격자, 무능력자, 견딜 수 없는 마음, 안타까운 마음, 포기되지 않는 마음, 무엇을 말하는가? 예수님으로 하여금 찾아오시게 하는 마음이다. 길 잃은 양이란 이런 마음을 가진 자다. 인간이 무슨 재간으로, 어디로 찾아가서 하나님을 만날 수 있는가? 찾아가서 만나는 하나님이 아니라 찾아오시는 하나님, 그 하나님을 만나야 한다. 그분은 길 잃은 양을 찾아 오신다.

【2】 30 바리새인과 그들의 서기관들이 그 제자들을 비방하여 이르되 **너희가 어찌하여 세리와 죄인과 함께 먹고 마시느냐**

예수님께서 레위의 집에서 베풀어진 잔치에 참여하여 세리들과 식사하시자 바리새인과 서기관들은 이를 용납하기 어려웠다. 유대교의 정결례법에 의하면 이방인, 죄인, 병자들과는 접촉하지 않아야 하는데, 더군다나 세리의 집에서 세리들과 같이 식사한다는 것은 도무지 상상조차 할 수 없는 일이기 때문이었다.

【3】 31 예수께서 대답하여 이르시되 건강한 자에게는 의사가 쓸 데 없고 병든 자에게라야 쓸 데 있나니 32 **내가 의인을 부르러 온 것이 아니요 죄인을 불러 회개시키러 왔노라**

예수님께서 건강한 사람이나 의인이 아니라 병자와 죄인을 부르러 오셨다는 것은 무슨 뜻일까? 하나님의 기준으로 볼 때 의인은 있을 수 없기 때문이다.(롬3:10) 단지 유대인처럼 스스로 의롭다고 생각하는 의인이 있을 뿐이다. 하나님 보시기에는 모든 사람이 죄인일 뿐이다. "죄인을 불러 회개시키러 왔노라."는 것은 무슨 뜻일까? 가난하기 때문에, 병들었기 때문에, 버림받았기 때문에, 죄인으로 낙인찍혔기 때문에, 아무런 조건없이 다 받아주시며, 그들의 문제를 아무런 조건 없이 그냥 해결해주신다는 뜻일까? 건강하고 부자이기 때문에 하나님께서는 무조건 거부하실까? 전혀 아니다.

가난하기 때문에 돈에 더 혈안이 된 사람들이 많으며, 소외되고 버림받았기 때문에 권력을 가진 사람에게 악착같이 빌붙어 가난에서 벗어나려고 발버둥 치는 사람들이 수두룩하다. 열등감과 교만은 같은 것이다. 하나님께서는 부자와 가난한 자를 구분하지 않으신다. 그 마음을 중요하게 보신다. 그 마음속에 혼자만 잘되기보다는 모든 사람이 다 행복하게 사는 그런 세상을 간절히 사모하는 사람, 그를 부르러 오셨다. 그리고 그들을 통해서 하나님 나라를 이 땅에 실현하신다.

레위는 그런 사람이었다. 예수님께서는 지금도 오늘의 레위를 찾고 계신다.

네가 오늘의 레위가 되어다오!

물음 23 묵은 술인가, 새 술인가?

본문 : 〈 5: 33~39〉

33 그들이 예수께 말하되 요한의 제자는 자주 금식하며 기도하고 바리새
인의 제자들도 또한 그리하되 당신의 제자들은 먹고 마시나이다
34 예수께서 그들에게 이르시되 혼인 집 손님들이 신랑과 함께 있을 때

에 너희가 그 손님으로 금식하게 할 수 있느냐
35 그러나 그 날에 이르러 그들이 신랑을 빼앗기리니 그 날에는 금식할 것이니라
36 또 비유하여 이르시되 새 옷에서 한 조각을 찢어 낡은 옷에 붙이는 자가 없나니 만일 그렇게 하면 새 옷을 찢을 뿐이요 또 새 옷에서 찢은 조각이 낡은 것에 어울리지 아니하리라
37 새 포도주를 낡은 가죽 부대에 넣는 자가 없나니 만일 그렇게 하면 새 포도주가 부대를 터뜨려 포도주가 쏟아지고 부대도 못쓰게 되리라
38 새 포도주는 새 부대에 넣어야 할 것이니라
39 묵은 포도주를 마시고 새 것을 원하는 자가 없나니 이는 묵은 것이 좋다 함이니라

유대인들은 일주일에 두 번 월요일과 목요일에 해 뜰 때부터 해 질 때까지 금식했다. 또 매일 하루에 세 번 기도했다. 광야 공동체 출신인 세례 요한과 그의 제자들도 이와 비슷하게 생활했는데, 바리새인들의 눈에는 예수님의 행동이 어떻게 보였을까?

【1】 33 그들이 예수께 말하되 요한의 제자는 자주 금식하며 기도하고 바리새인의 제자들도 또한 그리하되 당**신의 제자들은 먹고 마시나이다**

그들의 눈에 예수님은 세리와 죄인들과 어울려 먹기를 탐하고 포도주를 즐기는 사람으로 보였다.(7:34) 예수님께서는 그 어떤 제사나 특별한 종교 행사는 물론이고 금식, 고행, 은둔과 같은 현실을 초월하려는 신앙과는 거리가 멀었다. 오히려 현실 속에서 하나님 나라를 실천하는 평범한 일상을 중요하게 여기셨다.

【2】 34 예수께서 그들에게 이르시되 혼인 집 손님들이 신랑과 함께 있을 때에 너희가 그 손님으로 금식하게 할 수 있느냐 35 그러나 **그 날에 이르러 그들이 신랑을 빼앗기리니 그 날에는 금식할 것이니라**

그러나 경건한 생활을 위한 금식 등도 거부하신 것은 아니다. 단지 예수님께서 제자들과 함께 계시는 동안은 혼인잔치와 같은 시간이기 때문에 금식할 때가 아니라 기쁘게 먹고 마실 뿐이었다. 실제로 초대 교회에서는 예수님께서 돌아가신 후 일주일에 두 번 금식했다. 주님

께서 체포되신 수요일과 돌아가신 금요일을 금식일로 지켰다.

【3】 36 또 비유하여 이르시되 새 옷에서 한 조각을 찢어 낡은 옷에 붙
이는 자가 없나니 만일 그렇게 하면 새 옷을 찢을 뿐이요 또 새 옷에
서 찢은 조각이 낡은 것에 어울리지 아니하리라 37 새 포도주를 낡은
가죽 부대에 넣는 자가 없나니 만일 그렇게 하면 새 포도주가 부대를
터뜨려 포도주가 쏟아지고 부대도 못쓰게 되리라 38 **새 포도주는 새
부대에 넣어야 할 것이니라**

낡은 옷과 낡은 부대는 유대교를, 새 옷과 새 술은 기독교를 말한다. 예수님의 재해석은 유대교와는 전혀 맞지 않기 때문에 새로운 신앙체계에 담을 수밖에 없다는 말씀이다. 또 물려받은 신앙 전통은 늘 다시 해석되어야 한다는 뜻이다.

【4】 39 묵은 포도주를 마시고 새 것을 원하는 자가 없나니 **이는 묵은
것이 좋다 함이니라**

묵은 포도주는 유대교이고, 새 포도주는 기독교이다. 묵은 포도주를 마시고 새 포도주를 원하는 자가 없다는 뜻은 무엇일까? 술은 묵을수록 좋으므로 유대교가 더 좋다는 뜻으로 오해할 여지가 있다. 그러나 여기서는 묵은 술에 익숙해 있는 사람, 즉 정통 도그마 신앙에 빠진 사람들은 재해석된 신앙을 받아들이기가 어렵다는 뜻이다. 오랫동안 지속된 신앙적인 전통과 교리를 새로운 시각에서 재해석한다는 것은 대단히 어렵다. 더군다나 도그마에 세뇌된 일반 대중이 재해석을 받아들이는 것은 더 어렵다. 유대교는 이런 한계에 도달해 있었다.

현대 이후를 살아가는 우리는 지금까지 내려온 신앙 전통을 새로운 시각에서 전면적으로 재해석해야 한다. 이는 역사의 흐름이자 시대적인 요청이다. 이를 거부한다면 세상에서 도태될 뿐만 아니라 하나님의 심판을 피할 길이 없다. 이제는 더 이상 묵은 술에 취해있을 때가 아니다. 새로운 포도주를 담가서 새 부대에 넣어야 한다.

물음 24
안식일 논쟁, 무엇을 말하는가?

본문 : 〈 6:1~11 〉

1 안식일에 예수께서 밀밭 사이로 지나가실새 제자들이 이삭을 잘라 손으로 비비어 먹으니

2 어떤 바리새인들이 말하되 어찌하여 안식일에 하지 못할 일을 하느냐

3 예수께서 대답하여 이르시되 다윗이 자기 및 자기와 함께 한 자들이 시장할 때에 한 일을 읽지 못하였느냐

4 그가 하나님의 전에 들어가서 다만 제사장 외에는 먹어서는 안 되는 진설병을 먹고 함께 한 자들에게도 주지 아니하였느냐

5 또 이르시되 인자는 안식일의 주인이니라 하시더라

6 또 다른 안식일에 예수께서 회당에 들어가사 가르치실새 거기 오른손 마른 사람이 있는지라

7 서기관과 바리새인들이 예수를 고발할 증거를 찾으려 하여 안식일에 병을 고치시는가 엿보니

8 예수께서 그들의 생각을 아시고 손 마른 사람에게 이르시되 일어나 한 가운데 서라 하시니 그가 일어나 서거늘

9 예수께서 그들에게 이르시되 내가 너희에게 묻노니 안식일에 선을 행하는 것과 악을 행하는 것, 생명을 구하는 것과 죽이는 것, 어느 것이 옳으냐 하시며

10 무리를 둘러보시고 그 사람에게 이르시되 네 손을 내밀라 하시니 그가 그리하매 그 손이 회복된지라

11 그들은 노기가 가득하여 예수를 어떻게 할까 하고 서로 의논하니라

본문은 공관복음에서 다 다루고 있는데 두 안식일 논쟁에 관한 이야기이다. 유대인들은 안식일을 대단히 중요하게 여겨서 하지 말아야 할 무노동 규정들을 지금도 새롭게 만들어 지키는데, 엘리베이

터 버튼을 누르거나 전기 차단기를 올리고 내리는 일과, 메모 등도 금하고 있다. 왜 지금까지도 이렇게까지 철저하게 지킬까?

유대인들이 안식일을 이렇게 철저하게 지키게 된 역사적인 동기가 있다. 알렉산더 대왕의 동방원정과 헬라화 정책으로 인하여 메소포타미아와 이집트 등 고대 전통문화들이 삽시간에 사라지고 헬라 문화권에 병합되었다. 이에 가장 큰 역할을 한 전략이 주말 스포츠 문화였다. 그런데 유일하게 헬라화 정책이 먹혀들어 가지 않은 곳이 유대교였다. 유대인들은 안식일 법을 재정비하여 안식일을 철저하게 지킴으로써 유대교와 전통문화를 지킬 수 있었다. 이후 유대인들의 신앙은 물론 문화에서 안식일 법은 가장 중요한 비중을 차지하게 되었다. 유대인들이 AD 70년에 로마제국에 멸망한 후 2천여 년 동안 나라없이 전세계를 떠돌 때에도 안식일 법은 그들의 민족과 종교와 문화를 지켜내는 첨병 역할을 했기 때문에 지금도 새로운 규정을 만들어 철저하게 지키고 있다.

그런데 예수님은 안식일 법을 전면적으로 재해석하셨다. 어떻게 하셨을까?

【1】 5 또 이르시되 **인자는 안식일의 주인이니라** 하시더라

안식일 법이 알렉산더의 헬라화 정책에 대처하여 유대교를 지켜낸 공로는 아무리 높이 평가해도 지나치지 않다. 그러나 시대와 환경이 바뀌면 그에 맞추어 재해석해야 한다. 이를 거부하면 악마에게 이용당하고 만다. 마귀가 정통신앙을 빙자하여 자기 영역을 넓히는 이유는 여기에 있다. 유대교의 안식일 법은 본래의 정신이 사라져서 사람이 안식일을 위하여 있는 형국이 되고 말았다.

십계명의 안식일, 특히 모세가 재해석한 신명기의 안식일 법은 노동자들, 가난한 자들에게 쉼을 주며, 경제적인 회복의 기회를 주기 위한 법이었다. 즉 사람을 위한 법이었다. 본문의 '인자'는 예수

님만을 의미하지 않고 인자(人子), 즉 사람의 아들이라는 본래의 의미대로 '사람 일반'을 말한다. 안식일은 모든 사람을 위한 법으로 해석되어야 한다.

> 【2】 9 예수께서 그들에게 이르시되 내가 너희에게 묻노니 안식일에 선을 행하는 것과 악을 행하는 것, 생명을 구하는 것과 죽이는 것, **어느 것이 옳으냐** 하시며

안식일을 무노동으로 받아들인 유대인들은 안식일에는 생명이 위급한 경우도 응급조치 이상의 치료 행위를 금하고 있었다. 그런데 예수님께서는 본래 안식일 법의 정신대로 안식일에는 질병을 비롯하여 인간을 고통스럽게 하는 문제를 해결해주는 날로 재해석하셨다. 안식일은 일하지 않는 날이 아니라 계약법 정신을 실천하는, 일하는 날이다.

> 【3】 11 그들은 **노기가 가득하여** 예수를 어떻게 할까 하고 서로 의논하니라

이런 예수님을 유대교 도그마에 젖은 서기관과 바리새인들은 도무지 이해할 수도, 용납할 수도 없었다. 그러나 질병과 가난에 시달리던 일반 백성들은 예수님의 말씀과 행동에 전적으로 공감을 느끼며 받아들였다. 예수님의 재해석된 말씀은 곧 자신들을 위한 것이었기 때문이다.

정통 유대인들은 이제 예수님을 어떻게 해야 할지에 대하여 심각하게 고민하기 시작했다. 왜냐하면 예수님의 말씀을 받아들이면 정통 유대교는 설 자리가 없기 때문이다.

물음 25 유다를 왜 사도로 뽑으셨을까?

본문 : 〈 6:12~16 〉

12 이 때에 예수께서 기도하시러 산으로 가사 밤이 새도록 하나님께 기도하시고

13 밝으매 그 제자들을 부르사 그 중에서 열둘을 택하여 사도라 칭하셨으니

14 곧 베드로라고도 이름을 주신 시몬과 그의 동생 안드레와 야고보와 요한과 빌립과 바돌로매와

15 마태와 도마와 알패오의 아들 야고보와 셀롯이라는 시몬과

16 야고보의 아들 유다와 예수를 파는 자 될 가룟 유다라

열두 사도를 선택하시는 이야기는 중요하기 때문에 공관복음 모두에서 다루고 있는데, 누가복음에서는 이 이야기를 특별히 중요하게 다루고 있다. 그 이유가 무엇일까?

【1】 12 이 때에 예수께서 기도하시러 산으로 가사 **밤이 새도록 하나님께 기도하시고**

이방인으로서 교회를 통하여 하나님 나라를 보고 하나님을 만난 누가의 입장에서 볼 때 교회에서 사도들의 역할과 가르침의 비중은 가히 절대적이었다. 이런 이유로 누가는 예수님께서 열두 사도를 정하실 때 산으로 가셔서 밤이 새도록 기도하시며 많이 생각하셨다고 기록하고 있다. 예수님께서는 사도 선택을 왜 그렇게 중요하게 여기셨을까?

【2】 13 밝으매 그 제자들을 부르사 **그 중에서 열둘을 택하여 사도라 칭하셨으니**

제자들 중에서 '열둘'을 선택하신 이유는 무엇일까? 옛 계약공동체인 열두 지파를 대신한다는 의미가 있다. 예수님께서는 새 계약공동체를 세우러 오셨기 때문에 열두 명을 염두에 두셨다.

열두 명을 '사도'(ἀπόστολος)라고 부르셨는데, '대리자'를 뜻한다. 예수님께서는 열두 사도를 예수님을 대신할 대리자로 세우셨는데, 이런 사실은 마태와 마가의 병행구절에서도 확인된다.[43] 누가는 사도와 제자를 명확히 구분한다. 사도라는 칭호는 열두 명에게만 사용하며[44], 제자는 예수님을 따르는 사람들에게 적용된다. 누가의 눈에는 교회에서 말씀을 선포하며 병자들을 치료하는 사도들이 예수님의 대리자로 보였다.

【3】 16 … 예수를 파는 자 될 가룟 유다라

공관복음에 기록된 사도들 명단의 마지막에는 유다의 이름과 더불어 예수님을 배반하리라는 사실을 언급하고 있다. 예수님께서는 사도들을 세우실 때 밤을 새워 기도하시며 신중하게 선택하셨는데, 왜 가룟 유다를 사도로 세우셨을까? 복음서에 보면 예수님께서 사람들의 생각과 마음을 미리 아시는 이야기가 많이 나오고 있다. 예수님은 유다가 배반하리라는 것을 미리 다 아시지 않았을까? 누구나 이런 의문을 품게 된다.

하나님의 인격은 사람의 인격과는 수준이 다르다. 하나님께서는

43) 예수께서 그의 열두 제자를 부르사 더러운 귀신을 쫓아내며 모든 병과 모든 약한 것을 고치는 권능을 주시니라(마10:1)
이는 자기와 함께 있게 하시고 또 보내사 전도도 하며 귀신을 내쫓는 권능도 가지게 하려 하심이러라(막3:14~15)

44) 누가는 사도행전에서 바울과 바나바에게 사도라는 칭호를 두 번만 사용하고 있다.(행14:4, 14) 우리말 번역 성경에는 사도라는 용어가 몇 번 더 나오는데(행13:43, 14:1, 5, 25), 원문에는 없다.

각 사람을 미리 아시되 '선한 가능성'을 아신다. 악한 가능성을 보시지 않고 선한 가능성만을 보신다. "어떻게 그게 가능할까?"라는 생각이 들지만 전능하신 하나님이시기 때문에 가능하다. 사람도 누구나 자식을 낳으면 그 자식이 좋은 쪽으로 잘 되기를 기대한다. 악한 가능성을 기대하면서 자식을 키우는 사람은 아무도 없다.

사람에게는 누구나 선한 가능성과 악한 가능성이 공존한다. 예수님을 배반할 가능성은 유다만이 아니라 모두에게 있었다. 사실 예수님께서 잡히시던 밤 제자들은 두려워서 다 도망가버렸고, 베드로도 예수님을 따라 법정까지 갔으나 그 밤에 예수님을 부인하고 말았다. 심지어 예수님을 장례 지낸 사람들도 제자들이 아니었다. 배반은 유다만 한 것이 아니다. 하나님께서는 모든 사람에게서 선한 가능성을 보실 뿐만 아니라 또 그 선한 가능성을 끝까지 믿고 돌아오기를 기다리신다.

물음 26 평지설교, 왜 4복 4화로 시작하는가?

본문 : 〈 6:17~26 〉

17 예수께서 그들과 함께 내려오사 평지에 서시니 그 제자의 많은 무리
와 예수의 말씀도 듣고 병 고침을 받으려고 유대 사방과 예루살렘과
두로와 시돈의 해안으로부터 온 많은 백성도 있더라
18 더러운 귀신에게 고난 받는 자들도 고침을 받은지라
19 온 무리가 예수를 만지려고 힘쓰니 이는 능력이 예수께로부터 나와서
모든 사람을 낫게 함이러라

20 예수께서 눈을 들어 제자들을 보시고 이르시되 너희 가난한 자는 복이 있나니 하나님의 나라가 너희 것임이요

21 지금 주린 자는 복이 있나니 너희가 배부름을 얻을 것임이요 지금 우는 자는 복이 있나니 너희가 웃을 것임이요

22 인자로 말미암아 사람들이 너희를 미워하며 멀리하고 욕하고 너희 이름을 악하다 하여 버릴 때에는 너희에게 복이 있도다

23 그 날에 기뻐하고 뛰놀라 하늘에서 너희 상이 큼이라 그들의 조상들이 선지자들에게 이와 같이 하였느니라

24 그러나 화 있을진저 너희 부요한 자여 너희는 너희의 위로를 이미 받았도다

25 화 있을진저 너희 지금 배부른 자여 너희는 주리리로다 화 있을진저 너희 지금 웃는 자여 너희가 애통하며 울리로다

26 모든 사람이 너희를 칭찬하면 화가 있도다 그들의 조상들이 거짓 선지자들에게 이와 같이 하였느니라

마태복음에 의하면 예수님께서 열두 사도를 세우신 후 둘씩 짝지어 선교 훈련을 보내시는 이야기로 이어진다. 그런데 누가복음에 의하면 예수님께서는 열두 사도와 더불어 유대와 예루살렘과 두로와 시돈 등으로부터 몰려온 수많은 사람들에게 특별한 말씀을 전하셨다. 누가는 예수님께서 사도들에게 가르치는 훈련을 시키셨다는 점을 강조하고 있다. 누가에 의하면 예수님은 하나님 나라의 말씀을 가르치시는 분이셨고 또 사도들에게 그런 훈련을 시키셨다. 누가복음 6장의 설교는 예수님께서 사도들을 선택하신 직후에 행하셨다.

이 설교는 마태복음의 첫 설교인 산상수훈(5~7장)과 대비된다. 마태복음의 첫 번째 설교인 산상수훈은 107절로 긴 반면, 누가의 평지설교(6:20~49)는 30절로 짧게 핵심을 요약하고 있어서 그의 관심이 무엇인지를 알 수 있다.

【1】 20 예수께서 눈을 들어 제자들을 보시고 이르시되 **너희 가난한 자는** 복이 있나니 하나님의 나라가 너희 것임이요 21 **지금 주린 자는** 복이 있나니 너희가 배부름을 얻을 것임이요 **지금 우는 자는** 복이 있나니 너희가 웃을 것임이요 22 인자로 말미암아 사람들이 너희를 미워하

며 멀리하고 욕하고 너희 이름을 악하다 하여 **버릴 때에는** 너희에게 복이 있도다 23 그 날에 기뻐하고 뛰놀라 하늘에서 너희 상이 큼이라 그들의 조상들이 선지자들에게 이와 같이 하였느니라

마태복음의 8복이 누가에서는 4복으로 나오고 있다.

❶ 너희 가난한 자는 복이 있나니 하나님의 나라가 너희 것임이요

누가는 첫 번째로 '너희 가난한 자들'은 복되다고 말한다. 왜 숙명과도 같은 궁핍에 시달리는 자들이 복이 있을까? 하나님 나라가 저희 것이란 말은 무슨 뜻일까? 죽은 다음에 하나님 나라에 들어갈 수 있다는 뜻일까? 가난한 사람은 누구나 무조건 복이 있다는 뜻일까?

가난한 사람들 중에는 가난하기 때문에 오히려 더 돈에 집착하고, 가난에서 벗어나기 위하여 수단 방법을 가리지 않으며, 자기 자신만 아는 사람들이 많다. 또 대부분은 가난을 벗어나기 쉽지 않으므로 포기하고 체념한 채로 살아간다. 그런가 하면 가난의 고통을 뼈저리게 체험한 후, 다른 가난한 자들의 아픔을 같이 느끼고 이들의 고통을 해결할 방법을 모색하며 고민하는 사람들도 있다. 본문에서 복이 있는 '너희' 가난한 자는 후자를 말한다. 마태는 이들을 향하여 '심령이 가난한 자', '의에 주리고 목마른 자'라고 했다. 이들이 복이 있는 이유는 그들은 가난의 고통을 통해서 훈련된 사람들이며, 하나님께서는 그들을 통해서 가난한 자의 문제를 해결하시기 때문이다. 구약과 신약에서 계약의 대상이 된 사람들은 이런 복이 있는 가난한 자들이었다. 이들에게 가나안과 로마제국이 계약을 실현할 거룩한 땅으로 주어졌다.

❷ 지금 주린 자는 복이 있나니 너희가 배부름을 얻을 것임이요

복음서에서 말하는 가난한 자는 거지 수준의 사람들을 말하기 때문에 이들은 늘 배가 고픈 사람들이다. 하나님께서는 이들의 배고픔을 '지금' 해결하길 원하신다. 배고픔과 궁핍의 고통을 나중에, 죽은

다음에 해결해준다는 것은 아무런 의미가 없다. 하나님께서는 배고픔의 경험을 겪으면서 남의 배고픔을 가슴 아파하는 사람들을 통하여 배고픔의 문제를 지금 해결하시기 때문에 그들은 이 세상에서 복된 사람들이다.

❸ **지금 우는 자는 복이 있나니** 너희가 웃을 것임이요

누가는 '너희', '지금'을 강조하고 있다. 지금 우는 자들은 많이 있다. 그런데 그 중에서 자신의 가슴 아픈 사연을 통하여 남의 고통을 몸으로 느끼며 해결할 방도를 고민하며 찾는 사람들이 복을 받은 자들이다. 하나님께서는 그들을 통하여 그 문제를 지금 해결하기를 원하시기 때문이다.

❹ 22 **인자로 말미암아** 사람들이 너희를 미워하며 멀리하고 욕하고 너희 이름을 악하다 하여 버릴 때에는 너희에게 복이 있도다 23 그 날에 기뻐하고 뛰놀라 하늘에서 너희 상이 큼이라 **그들의 조상들이 선지자들에게 이와 같이 하였느니라**

예수님을 따르는 자들은 가난한 자, 주린 자, 우는 자의 고통을 자신의 문제로 받아들이며 해결하고자 하는 사람들이다. 그러나 이들은 바로 그러한 의도 때문에 죄가 지배하는 세상에서 많은 어려움을 겪게 마련이다. 이런 길을 간 사람들이 구약의 선지자들이다. 그런데 구약의 선지자들은 계약공동체 밖의 세상이 아니라 공동체 안의 이스라엘로 말미암아 고난을 겪은 사람들이다. 예수님과 사도들도 같은 하나님을 믿으며 같은 성경을 읽고 있는 유대인들에게 시련을 겪었다.

하나님 나라는 교회 안에서 먼저 실현되어야 한다. 그런데 기독교 정통신학에는 이런 개념이 전혀 없다. 믿음으로 영혼이 구원받고, 하나님 나라에는 죽은 다음에 간다고 가르치고 있다. 성경의 말씀과는 정반대의 정통신학이 견고하게 뿌리내리고 있다. 이 노릇을 어찌해야 하나?

【2】 24 그러나 **화 있을진저 너희 부요한 자여** 너희는 너희의 위로를
이미 받았도다 25 **화 있을진저 너희 지금 배부른 자여** 너희는 주리리
로다 **화 있을진저 너희 지금 웃는 자여** 너희가 애통하며 울리로다 26
모든 사람이 너희를 칭찬하면 화가 있도다 그들의 조상들이 거짓 선지
자들에게 이와 같이 하였느니라

누가는 4복에 이어 4화를 선포한다. 너희 부요한 자, 지금 배부른 자, 지금 웃는 자, 모든 사람에게 칭찬받는 자는 하나님으로부터 저주받은 사람들이다. 이들은 남의 고통이나 아픔은 상관없이 자신의 안위에만 관심을 가지며, 현실과 적절히 타협하며 사람들과 부딪힐 일 없이 살아가며, 자신이 누리는 부요함을 하나님의 축복으로 여기며 살아간다. 누가복음은 이런 자들이야말로 하나님 나라에 가장 큰 장애물이며 저주받은 자들이라고 선포한다.

누가가 사용하는 '너희'와 '지금' 등의 독특한 용어는 이들에게 임할 하나님의 심판과 저주는 죽은 후 내세가 아니라 지금 여기에서 주어진다는 뜻이다. 계약공동체에서 하나님의 뜻을 저버린 사람들에 대한 심판은 이 세상의, 역사 속에서의 심판이었다. 결코 죽은 다음으로 떠넘길 일이 아니다. 죽음 이후에도 이들에게 영원한 심판이 있음은 물론이다.

누가는 마태의 8복을 4복 4화로 구분하여 다루었는데, 경제의 문제에 초점을 맞추었다. 이는 누가의 관심이 어디에 있는지를 잘 보여 준다. 누가는 왜 이토록 경제정의 실현에 관심을 가질까? 누가는 이 땅에서 하나님 나라가 실현되는 데에 있어 경제를 가장 중요한 문제로 여겼기 때문이다.

기독교인이 실천할 수 있는 윤리 가운데 가장 큰 윤리가 무엇일까? 세상 모든 사람들을 물질적으로 공평하게 잘 살게 하는 경제정의의 실현이다. 경제정의가 실현되기 위해서는 최고의 정신과 윤리가 뒷받침되지 않으면 불가능하다. 계약법의 핵심이 희년이며, 누가가 경제에 초점을 맞추어 누가복음과 사도행전을 기록하고 있는 이

유는 물질이 정신보다 더 중요하기 때문이 아니라, 최고의 정신문화와 윤리를 실천하지 못하면 경제정의를 결코 실현할 수 없기 때문이다. 이런 이유로 누가는 예수님의 설교에서 경제 문제를 먼저 부각시키고, 그 다음으로 이를 뒷받침할 윤리를 다루고 있다. 이 땅에 경제정의가 실현된 하나님 나라를 가능하게 하는 윤리는 어떤 것일까?

물음 27 계약공동체 윤리, 어떤 것일까?

본문 : 〈 6:27~36 〉

27 그러나 너희 듣는 자에게 내가 이르노니 너희 원수를 사랑하며 너희를 미워하는 자를 선대하며

28 너희를 저주하는 자를 위하여 축복하며 너희를 모욕하는 자를 위하여 기도하라

29 너의 이 뺨을 치는 자에게 저 뺨도 돌려대며 네 겉옷을 빼앗는 자에게 속옷도 거절하지 말라

30 네게 구하는 자에게 주며 네 것을 가져가는 자에게 다시 달라 하지 말며

31 남에게 대접을 받고자 하는 대로 너희도 남을 대접하라

32 너희가 만일 너희를 사랑하는 자만을 사랑하면 칭찬 받을 것이 무엇이냐 죄인들도 사랑하는 자는 사랑하느니라

33 너희가 만일 선대하는 자만을 선대하면 칭찬 받을 것이 무엇이냐 죄인들도 이렇게 하느니라

34 너희가 받기를 바라고 사람들에게 꾸어 주면 칭찬 받을 것이 무엇이냐 죄인들도 그만큼 받고자 하여 죄인에게 꾸어 주느니라

35 오직 너희는 원수를 사랑하고 선대하며 아무 것도 바라지 말고 꾸어 주라 그리하면 너희 상이 클 것이요 또 지극히 높으신 이의 아들이 되리니 그는 은혜를 모르는 자와 악한 자에게도 인자하시니라

36 너희 아버지의 자비로우심 같이 너희도 자비로운 자가 되라

이런 말씀을 읽다 보면 "과연 현실에서 실천 가능할까?"라는 의문이 든다. 사람이 무슨 재간으로 하나님처럼 자비로울 수 있겠는가? 세상 그 어느 도덕과 윤리, 종교적인 계율도 이렇게 요구하지는 않는다. 이에 대하여 기독교윤리 전문가들은 이 윤리는 이 세상의 윤리가 아니라 하늘나라의 윤리이며, 세상의 현실에서는 실천하기 어려운 이상적인 윤리이며, 영원한 목표라고 말한다. 그러면 어떻게 해야 하나? 현실에서는 실천 불가능하므로 포기하고 영원한 이상으로 여기며 바라보기만 해야 하나? 그런 목적으로 이런 말씀을 주셨을까?

그런데 성경에서, 특히 예수님의 설교에서는 이런 실천을 가장 중요하게 다룬다. 왜 그럴까? 이 땅에서 경제정의를 실현하고 하나님 나라가 임하게 하려면 이런 윤리가 필요하기 때문이다. 그런데 문제는 어떻게 이런 윤리를 실천할 수 있는가이다.

❶ 영성수련

영성의 경험은 하나님께로 가까이 다가가는 과정인데, 영성의 과정을 겪어보면 본문의 이런 말씀들이 전혀 다르게 다가온다. 하나님께 가까이 다가가 보면 본문에서 말씀하시는 것들과 여러 비유의 말씀들은 무슨 이상(理想)이나 예화가 아니라 영적인 현실이며 요청이라는 것을 발견하게 된다. 원수를 사랑하라는 말씀은 원수까지도 사랑하는 마음이 아니고서는 결코 하나님 면전에 설 수 없다는 뜻이다. 복음서에 기록된 예수님의 윤리적인 요청들은 죽은 다음 하나님 나라에 간 후가 아니라, 지금 여기서 하나님과의 관계를 성립하기 위한 요청이다.

그러면 지금 여기서 어떻게 이런 마음으로 하나님과의 관계를 유지할 수 있을까?

❷ 자기발견

영성의 경험에서 하나님의 빛은 신비한 거울과 같아서 나의 내면을 비춰준다. 이 빛이 비춰지기 전에는 자기 내면을 바르게 알 수 없다. 이런 현상은 성령의 임재로 경험되는데, 다른 무엇이 아니라 자신의 내면을 보게 하신다. 하나님의 거울에 비춰진 나의 내면은 어떤 모습일까?

❸ 자기부정

영성수련은 곧 자기발견인데, 그 극치는 흔히 인간성이라고 말하는 자신의 속성과 악마의 속성이 일치함을 발견하는 데에 있다. 이 발견은 큰 충격으로 다가와서 자기 자신을 인정하던 일체의 자기긍정을 포기하게 되며, 가장 작고 초라한 모습으로, 가장 낮고 천한 곳으로 내려가기를 힘쓰게 된다. 자신이 있어야 할 자리가 어디임을 비로소 알게 되었기 때문이다. 자기에게 주어진 모든 것들이, 자기 자신이 지금 여기에 존재한다는 그 자체가 너무나도 과분해서 매사에 몸둘 바를 모르게 된다. '가장 큰 죄인 의식', '무자격자 의식' 등이 여기에서 얻어진다.45)

❹ 하나님의 긍정

자기 자신을 이렇게 비우고 부정하게 되면 반대로 하나님의 긍정이 경험된다. 내가 나를 긍정하고 있으면 하나님의 긍정은 전혀 느껴지지 않는다. 하나님께로 가는 길은 자기부정의 길이다.

자기부정으로 하나님의 긍정에 이를 때 나타나는 현상 중의 하나가 하나님 나라 윤리를 실천할 수 있는 덕성(德性)이다. 원수를 사랑하는 마음은 내가 가질 수 있는 덕성이 아니다. 그 마음이 주어질 때 가능해진다. 모든 것이 주어진 것이기에 내가 한 것이 아니다.

45) 영성의 과정에 대해서는 졸저 「비움의 길」에서 상세하게 설명했다.

하나님의 도우심, 즉 하나님께서 하신 일일 뿐이다. 이렇게 내가 나를 부정하고 비우면 "아니다. 그것은 네가 한 것이다."라고 나를 긍정하신다.

이런 과정을 통해서 이 땅에서 하나님 나라의 윤리를 실천할 수 있는 자가 된다.

❺ 나는 너희에게 이르노니

본문의 병행본문은 마태복음 5장의 산상설교이다. 마태복음에 의하면 예수님께서는 성경을 해석할 때 문자의 의미보다 정신의 의미에 초점을 맞추어 재해석하셨다. 살인과 간음에 대하여 다음과 같이 해석하셨다.

> 옛 사람에게 말한 바 살인하지 말라 누구든지 살인하면 심판을 받게 되리라 하였다는 것을 너희가 들었으나 **나는 너희에게 이르노니** 형제에게 노하는 자마다 심판을 받게 되고 형제를 대하여 라가라 하는 자는 공회에 잡혀가게 되고 미련한 놈이라 하는 자는 지옥 불에 들어가게 되리라(마5:21~22)

> 또 간음하지 말라 하였다는 것을 너희가 들었으나 **나는 너희에게 이르노니** 음욕을 품고 여자를 보는 자마다 마음에 이미 간음하였느니라(마5:27~28)

BC 1500년경에 체결된 구약성경의 계약법전(출 20:22~23:33)을 그보다 먼저 생겨난 메소포타미아의 함무라비 법전(BC 1800년경)이나 우르남무 법전(BC 2000년경) 등과 비교해보면 서로 비슷한 부분이 있어서 계약법전이 다른 법전들로부터 영향을 받았다는 주장이 생길수 있다. 하지만 십계명의 살인, 간음 금지 등의 조항은 일반적인 윤리 규정이어서 어느 사회, 어느 법전에나 등장하게 마련이다. 그렇다면 성경의 이런 조항들과 다른 법전의 조항 사이에는 어떤 차이가 있을까? 문자로 비교한다면 별반 다를 바가 없을 지도 모른다.

그런데 예수님의 해석에 의하면 전혀 다르다. 누군가를 업신여기면 살인이며, 여인을 보고 음욕을 품으면 간음이며, 남의 물건을 보고 욕심을 내면 이미 도둑질 한 것이다. 세상 그 어느 법전에도 이런 살인, 이런 간음, 이런 절도는 들어있지 않다. 이런 측면에서 본다면 성경의 법전들은 다른 어떤 법전에서 영향받았다고 말하기가 어렵다. 성경의 조항은 종교적인 차원의 요구이지만 일반 사회법은 윤리와 도덕 차원의 규율이다. 하나님께서 계약공동체에 요구하시는 수준이 세상의 사회법 정도일 리가 없다. 예수님의 해석에 의하면 살인하지 않고 간음하지 않는 자란 있을 수 없다.

본문의 말씀은 이 땅에 하나님 나라를 실현하는 윤리이다. "나는 너희에게 이르노니"라고 말씀하신 예수님의 방식으로 본문의 몇 구절을 해석해보면 다음과 같다.

【1】 29 … 네 겉옷을 빼앗는 자에게 속옷도 거절하지 말라 30 **네게 구하는 자에게 주며** 네 것을 가져가는 자에게 다시 달라 하지 말며

문자대로 한다면 요구하는 대로 거절하지 말고 주라는 뜻인데, 이를 지킨다는 것은 현실성이 전혀 없으며, 실현 불가능하다. 그러나 이 구절을 문자가 아닌 의미와 정신으로 해석한다면 결코 남에게 무엇을 달라는 자가 아니라 주는 자가 되라는 뜻이다. 그러면 누구에게 무엇을 주어야 하는가? 최선의 노력을 다했음에도, 또는 불가항력으로 다가온 재앙 등으로 살아갈 길이 없는 사람들의 문제를 내 문제처럼 여기고 해결해 주라는 뜻이다.

【2】 31 남에게 대접을 받고자 하는 대로 **너희도 남을 대접하라**

하나님 나라를 실현하는 윤리의 기본은 내 문제는 전적으로 내가 해결하며, 결코 남에게 짐이 되지 않으려는 자립정신이다. 동시에 자기 힘으로 살 수 없게 된 사람에 대하여서는 내 일처럼 여기고 도와야 한다. 남의 문제를 내 일처럼 여기는 이유는 언제든지 나도 그런 상황에 처할 수 있기 때문이다. 이는 남을 돕는 것이 아니라 결국 나의 불행에 대한 대비이다.

【3】 … 그리하면 너희 상이 클 것이요 또 지극히 높으신 이의 아들이 되리니 그는 은혜를 모르는 자와 악한 자에게도 인자하시니라 36 **너희 아버지의 자비로우심 같이 너희도 자비로운 자가 되라**

거지 근성이 몸에 밴 사람들, 사지가 멀쩡하면서 노숙을 하는 사람들, 무책임하게 재정 보증을 요구하는 사람들, 뻔뻔히 놀면서 가족이나 친지들에게 짐이 되는 사람들, 이런 무책임한 사람들을 사랑이라는 미명으로 돕는 것은 결코 하나님의 뜻이 아니다. 이는 오히려 하나님의 뜻을 거역하는 것이며, 비렁뱅이를 양산할 뿐이다. 하나님의 사랑은 공의의 실현이다. 하나님의 사랑을 오해하지 말아야 한다. 하나님은 스스로 돕는 자, 즉 최선을 다하는 자를 도우신다.

❶ 계약공동체 윤리

계약공동체는 자기 문제를 자기가 해결하며, 스스로 살길이 없는 사람들을 도우려는 사람들이 모인 곳이다. 본문의 말씀들은 계약공동체에서 실천할 윤리이다. 복음서의 말씀을 이 세상에 직접 적용하려고 한다면 현실성이 없고, 그 윤리를 실천하려는 사람들이 모인 계약공동체에서만 실천할 수 있는 윤리이다. 따라서 새 계약공동체인 교회는 이 윤리를 실천하는 장이어야 한다. 누가는 교회에서 이 윤리가 실천되고 있음을 보았기 때문에 복음서의 설교와 사도행전의 실천 사례를 기록해 놓고 있다.

❷ 경제공동체

누가에게는 교회에서 실천되고 있는 계약공동체의 실천 윤리 중에서 가장 돋보이는 것이 경제정의였다. 이런 이유로 복음서와 사도행전을 이런 시각에서 기록했고, 구원과 경제정의 실현을 일치시키고 있다.

물음 28
평지설교의 결론은 무엇일까?

본문 : 〈 6:37~49 〉

37 비판하지 말라 그리하면 너희가 비판을 받지 않을 것이요 정죄하지
말라 그리하면 너희가 정죄를 받지 않을 것이요 용서하라 그리하면 너
희가 용서를 받을 것이요
38 주라 그리하면 너희에게 줄 것이니 곧 후히 되어 누르고 흔들어 넘치
도록 하여 너희에게 안겨 주리라 너희가 헤아리는 그 헤아림으로 너희
도 헤아림을 도로 받을 것이니라
39 또 비유로 말씀하시되 맹인이 맹인을 인도할 수 있느냐 둘이 다 구덩
이에 빠지지 아니하겠느냐
40 제자가 그 선생보다 높지 못하나 무릇 온전하게 된 자는 그 선생과
같으리라
41 어찌하여 형제의 눈 속에 있는 티는 보고 네 눈 속에 있는 들보는 깨
닫지 못하느냐
42 너는 네 눈 속에 있는 들보를 보지 못하면서 어찌하여 형제에게 말하
기를 형제여 나로 네 눈 속에 있는 티를 빼게 하라 할 수 있느냐 외식
하는 자여 먼저 네 눈 속에서 들보를 빼라 그 후에야 네가 밝히 보고
형제의 눈 속에 있는 티를 빼리라
43 못된 열매 맺는 좋은 나무가 없고 또 좋은 열매 맺는 못된 나무가 없
느니라
44 나무는 각각 그 열매로 아나니 가시나무에서 무화과를, 또는 찔레에
서 포도를 따지 못하느니라
45 선한 사람은 마음에 쌓은 선에서 선을 내고 악한 자는 그 쌓은 악에
서 악을 내나니 이는 마음에 가득한 것을 입으로 말함이니라
46 너희는 나를 불러 주여 주여 하면서도 어찌하여 내가 말하는 것을 행
하지 아니하느냐
47 내게 나아와 내 말을 듣고 행하는 자마다 누구와 같은 것을 너희에게
보이리라

48 집을 짓되 깊이 파고 주초를 반석 위에 놓은 사람과 같으니 큰 물이 나서 탁류가 그 집에 부딪치되 잘 지었기 때문에 능히 요동하지 못하게 하였거니와
49 듣고 행하지 아니하는 자는 주초 없이 흙 위에 집 지은 사람과 같으니 탁류가 부딪치매 집이 곧 무너져 파괴됨이 심하니라 하시니라

영성의 경험에 비추어 보면 예수님의 설교와 비유들은 이스라엘 역사, 계약법의 핵심, 영적인 현실 등을 반영하고 있음을 발견하게 된다. 본문의 말씀들도 마찬가지이다.

【1】 37 **비판하지 말라** 그리하면 너희가 비판을 받지 않을 것이요 **정죄하지 말라** 그리하면 너희가 정죄를 받지 않을 것이요 **용서하라** 그리하면 너희가 용서를 받을 것이요

본문은 영성의 과정에서 지켜야 할 첫 번째 강령이다. 어느 누군가에 대하여 지극히 작은 부분에서 비판하거나 정죄하면 그 순간 하나님과의 관계는 단절되고 만다. 마태복음의 다음 말씀은 문자 그대로 영적인 현실을 반영한 말씀이다.

형제에게 노하는 자마다 심판을 받게 되고 형제를 대하여 **라가라 하는 자는 공회에 잡혀가게** 되고 **미련한 놈이라 하는 자는 지옥 불에 들어가게 되리라**(마5:22)

앞에서도 언급한 바와 같이 성령의 빛, 즉 조명의 과정에서는 나 자신이 가장 큰 죄인일 뿐만 아니라 악마와 일반이다. 악마는 내 밖에 있는 어떤 존재가 아니라 내 안에 있는 타락한 나의 본성이 바로 악마의 근거지이다. 이런 나 자신을 직시하고 나면 누구를 평가하거나 비판할 수 없게 된다. 나보다 더 큰 죄인이 없기 때문이다. 원수까지도 사랑하는 마음은 여기에서 나온다.

그러나 이런 말씀은 개인의 인격에 국한된 것이다. 공적인 모순이나 해악에 대해서도 모른 체하거나 침묵하라는 말씀이 아니다. 오히려 반대로 권력의 남용이나 횡포에 대해서는 결코 용납하지 말고

비판을 서슴지 않아야 한다. 구약의 선지자들은 이런 사람들이다.

【2】 39 또 비유로 말씀하시되 **맹인이 맹인을 인도할 수 있느냐** 둘이 다 구덩이에 빠지지 아니하겠느냐

이 비유 역시 영적인 현실을 그대로 반영한다. 하나님의 면전에 이르는 영성의 과정을 경험하지 않으면 성경이 제대로 보이지 않는다. 이성과 신학도 하나님과 성경을 이해하는 데 중요한 역할을 하지만, 영성의 경험이 없으면 중요한 부분들에 대하여 오류에 빠지게 된다. 하나님에게는 인간 이성의 한계로는 다가갈 수 없는 영역이 있다. 이 부분은 경험으로 다가가야 한다. 경험하고 나면 비로소 이해가 된다. 본문에서 말하는 소경은 영성의 경험없이 가르치는 바리새인, 서기관들을 지칭하는데, 오늘 우리에게도 적용되는 말씀이다. 그렇다면 하나님의 경험, 그것도 면전 경험을 어떻게 체험해야 하나?

하나님의 경험 중에서 면전 경험은 절정에 해당되기 때문에 흔한 경험이 아니다. 그러면 어떻게 해야 하나? 간접경험, 즉 교육을 통해서 거의 대부분이 해결될 수 있다. 하나님에 대한 경험이 없거나 있더라도 부분적일 때에는 영성의 세계가 신비의 영역으로 느껴진다. 그런데 면전에 이르는 경험, 즉 영성 세계의 전반을 경험하면 영성의 원리와 이치가 동시에 터득되면서, 세상 만물의 이치와 동일함을 발견하게 된다. 이런 이유로 영성의 세계도 설명을 통한 교육으로 전달할 수 있다. 영성의 세계를 교육으로 충분하게 이해하고 난 다음에 어떤 필요에 따라 기도하다 보면 그 부분에 대하여 경험으로 확인될 수도 있다. 그 경험이 필요한 경우에 하나님께서 경험을 허락하시기 때문이다.

【3】 46 너희는 나를 불러 주여 주여 하면서도 어찌하여 **내가 말하는 것을 행하지 아니하느냐**

마태복음에서는 같은 내용을 이렇게 말하고 있다.

나더러 주여 주여 하는 자마다 다 천국에 들어갈 것이 아니요 다만 하늘에 계신 내 아버지의 뜻대로 행하는 자라야 들어가리라(마7:21)

무슨 뜻일까? 성경에서는 아는 것과 행하는 것이 둘이 아니라 하나다. 경험지식은 곧 실천지식이다. 하나님이 경험의 대상이라는 말은 곧 실천 없이는 그분이 경험되지 않는다는 뜻이다. 실천과 상관없이 믿음으로 구원받는다는 말은 그 자체가 이미 모순이다. 믿음과 실천은 분리될 수 없기 때문이다. 본문의 '내 아버지의 뜻'은 계약법을 말한다. 계약법의 실천이 아니고서는 구원받을 길이 없다는 말씀이다.

【4】 47 **내게 나아와 내 말을 듣고 행하는 자마다 누구와 같은 것을 너희에게 보이리라** 48 집을 짓되 깊이 파고 주초를 반석 위에 놓은 사람과 같으니 큰 물이 나서 탁류가 그 집에 부딪치되 잘 지었기 때문에 능히 요동하지 못하게 하였거니와 49 듣고 행하지 아니하는 자는 주추 없이 흙 위에 집 지은 사람과 같으니 탁류가 부딪치매 집이 곧 무너져 파괴됨이 심하니라 하시니라

이런 이유로 예수님께서는 실천 없는 믿음은 곧 기초 없이 집을 지은 사람과 같다고 말씀하셨다. 이 말씀은 누가복음에 들어있는 평지설교의 결론인데, 마태복음도 같은 결론을 말하고 있다. 여기서 말하는 집은 계약 신앙의 실천으로 지어질 하나님 나라의 실현이다.

성경에서 말하는 실천, 행함은 선행 일반이 아니라 계약법의 실천을 말한다. 계약공동체 내에서 계약법을 실천하여 하나님 나라의 모형을 세상에 보여주는 실천이어야 한다. 이를 배제한 무슨 박애주의와 같은 사랑의 실천 등은 계약 신앙을 도덕 신앙으로 전락시키는 결과를 초래한다. 계약법의 실천은 박애주의나 도덕과 윤리보다 훨씬 차원 높은 종교적인 차원의 실천을 요구한다. 계약법은 하나님 나라를 지향하는 공동체의 윤리이기에 계약공동체 내에서는 실천 가능성이 있다. 산상설교와 평지설교의 윤리는 계약공동체가 이 세상 속에서 하나님 나라를 실현하기 위한 계약공동체 윤리이다.

물음 29 참된 믿음의 모형, 누구인가?

본문 : 〈 7:1~10 〉

1 예수께서 모든 말씀을 백성에게 들려 주시기를 마치신 후에 가버나움으로 들어가시니라

2 어떤 백부장의 사랑하는 종이 병들어 죽게 되었더니

3 예수의 소문을 듣고 유대인의 장로 몇 사람을 예수께 보내어 오셔서 그 종을 구해 주시기를 청한지라

4 이에 그들이 예수께 나아와 간절히 구하여 이르되 이 일을 하시는 것이 이 사람에게는 합당하니이다

5 그가 우리 민족을 사랑하고 또한 우리를 위하여 회당을 지었나이다 하니

6 예수께서 함께 가실새 이에 그 집이 멀지 아니하여 백부장이 벗들을 보내어 이르되 주여 수고하시지 마옵소서 내 집에 들어오심을 나는 감당하지 못하겠나이다

7 그러므로 내가 주께 나아가기도 감당하지 못할 줄을 알았나이다 말씀만 하사 내 하인을 낫게 하소서

8 나도 남의 수하에 든 사람이요 내 아래에도 병사가 있으니 이더러 가라 하면 가고 저더러 오라 하면 오고 내 종더러 이것을 하라 하면 하나이다

9 예수께서 들으시고 그를 놀랍게 여겨 돌이키사 따르는 무리에게 이르시되 내가 너희에게 이르노니 이스라엘 중에서도 이만한 믿음은 만나보지 못하였노라 하시더라

10 보내었던 사람들이 집으로 돌아가 보매 종이 이미 나아 있었더라

예수님께서 믿음을 칭찬하신 경우는 거의 없다. 특히 제자들에게는 늘 믿음이 없다고 책망하셨다. 그런데 예수님께서 유일하게 칭찬하신 믿음의 사람이 있다. 누구이며, 어떤 믿음을 가진 사람이었을까?

【1】 2 **어떤 백부장**의 사랑하는 종이 병들어 죽게 되었더니 3 예수의 소문을 듣고 유대인의 장로 몇 사람을 예수께 보내어 오셔서 그 종을 구해 주시기를 청한지라

그는 놀랍게도 이방인 로마 백부장이었다. 백부장은 부하 100명을 거느리는 사람으로 상당히 높은 지위인데, 식민지인 유다에 파견된 사람이었다. 그의 하인이 중풍으로 죽을 위기에 처하자, 그는 하인을 가족처럼 여겨 고치기 위해 유대인 장로들 몇 명을 예수님에게 보냈다. 병행본문 마태에 의하면 직접 예수님을 찾아 온 것으로 되어있다.(마8:5) 누가에 의하면 백부장이 유대인 장로들을 대신 보내는데, 이는 유대인들이 이방인과 접촉하지 않는다는 것을 잘 알기에 예수님에게 이방인과 접촉하는 부담을 주지 않으려는 배려였다.

【2】 4 이에 그들이 예수께 나아와 간절히 구하여 이르되 이 일을 하시는 것이 **이 사람에게는 합당하니이다** 5 그가 우리 민족을 사랑하고 또한 우리를 위하여 회당을 지었나이다 하니

당시 유대인들은 식민통치를 하는 로마인들과 적대적인 관계였으며, 이방인이라는 이유로 접촉도 하지 않았다. 그런데 유대인 장로들은 로마인 백부장이 자신의 종을 살리기 위해 예수님을 찾아가 달라는 부탁을 흔쾌히 들어주었다. 그 이유는 백부장이 유대인들을 사랑하고 또 회당까지 지어주었기 때문이라고 기록되어 있다. 그가 회당을 지은 것을 보면 이방인으로서 유대교의 하나님을 믿는 '경건한 사람'이었다고 보인다.

장로들은 예수님에게 이 사람의 부탁은 꼭 들어주셔야 한다고 간청하고 있다.

【3】 6 예수께서 함께 가실새 이에 그 집이 멀지 아니하여 백부장이 벗들을 보내어 이르되 주여 수고하시지 마옵소서 **내 집에 들어오심을 나는 감당하지 못하겠나이다** 7 그러므로 내가 주께 나아가기도 감당하지 못할 줄을 알았나이다 말씀만 하사 내 하인을 낫게 하소서

장로들의 말을 들은 예수님께서 기꺼이 백부장의 집으로 가시는데 백부장은 다시 사람을 보내 말했다. 유대인인 예수님께서 이방인

인 자신의 집에 오시는 것은 유대인의 전통에 어긋나므로 오시지 말고 말씀만 하셔도 자신의 하인이 나을 것이라고 했다.

【4】 9 예수께서 들으시고 그를 놀랍게 여겨 돌이키사 따르는 무리에게 이르시되 내가 너희에게 이르노니 **이스라엘 중에서도 이만한 믿음은 만나보지 못하였노라** 하시더라 10 보내었던 사람들이 집으로 돌아가 보매 종이 이미 나아 있었더라

이에 예수님께서는 백부장의 믿음에 놀라시고 이렇게 말씀하셨다.

내가 너희에게 이르노니 이스라엘 중에서도 이만한 믿음은 만나보지 못하였노라

마태에는 다음의 말씀이 추가되어 있다.

또 너희에게 이르노니 동 서로부터 많은 사람이 이르러 아브라함과 이삭과 야곱과 함께 천국에 앉으려니와 그 나라의 본 자손들은 바깥 어두운 데 쫓겨나 거기서 울며 이를 갈게 되리라(마8:11~12)

예수님께서는 백부장의 믿음을 극찬하셨다. 마태복음과 누가복음에서는 이 사람을 참믿음의 모형으로 제시하고 있다. 예수님께서 보신 참믿음의 기준은 어떤 것이었을까?

❶ 종을 가족처럼 사랑하는 사람

당시에 종은 주인에게 소유물에 불과했다. 그런데 백부장은 종을 가족처럼 사랑하였고 그를 고치기 위하여 백방으로 노력을 다했다.

❷ 사람들로부터 존경받는 사람

식민지를 통치하는 지배자가 식민지 백성들과 그들의 종교적인 관습을 사랑하기는 어렵다. 하지만 백부장은 유대인들에게 회당을 지어주었음에도 불구하고 자신을 이방인이라며 부정하게 여기고 접촉조차 하지 않으려는 유대인의 전통을 존중해주었다. 그렇기 때문에 로마인을 적대시하는 유대인 장로들조차도 이런 백부장을 존경했다.

❸ 예수님의 능력을 믿은 사람

백부장은 자신의 부하들이 자신의 명령에 따르듯이 예수님께서도 오실 필요 없이 명령만 내리시면 질병이 나을 것이라고 믿었다. 예수님께서는 백부장의 이런 인격과 믿음을 귀하게 보셨으며, 유대인 중에는 이런 믿음의 사람이 없음을 탄식하셨다.

마태와 누가의 본문을 비교해보면 이방인 누가는 이방인 백부장에 대하여 많은 관심을 가지고 자료를 수집했음을 알 수 있다. 그리고 우리에게 참믿음의 사람, 믿음의 모델이 무엇인지를 보여주고 있다. 행위와는 상관없이 예수님의 대속에 대한 믿음으로만 구원에 이른다는 구속사 신앙으로는 백부장을 구원받은 믿음의 모형으로 보기가 어렵다. 그러나 계약사 신앙으로 본다면 전혀 어려움이 없다. 본문은 구속사 구원의 한계를 잘 보여주고 있다.

물음 30 왜 나인성 과부의 이야기를 기록했을까?

본문 : 〈 7:11~17 〉

11 그 후에 예수께서 나인이란 성으로 가실새 제자와 많은 무리가 동행하더니

12 성문에 가까이 이르실 때에 사람들이 한 죽은 자를 메고 나오니 이는 한 어머니의 독자요 그의 어머니는 과부라 그 성의 많은 사람도 그와 함께 나오거늘

13 주께서 과부를 보시고 불쌍히 여기사 울지 말라 하시고

14 가까이 가서 그 관에 손을 대시니 멘 자들이 서는지라 예수께서 이르시되 청년아 내가 네게 말하노니 일어나라 하시매

15 죽었던 자가 일어나 앉고 말도 하거늘 예수께서 그를 어머니에게 주

시니
16 모든 사람이 두려워하며 하나님께 영광을 돌려 이르되 큰 선지자가
우리 가운데 일어나셨다 하고 또 하나님께서 자기 백성을 돌보셨다 하
더라
17 예수께 대한 이 소문이 온 유대와 사방에 두루 퍼지니라

본문의 이야기는 누가복음에만 나온다. 누가는 왜 이 이야기를 기록해 놓았을까? 마태는 산상수훈 이후 열 개의 이적을 다루고 있는데, 이는 애굽에서 행한 모세의 10가지 이적과 대비를 이룬다. 그런데 누가는 평지설교 이후에 예수님께서 행하신 두 이적으로 로마인 백부장과 나인성 과부의 이야기를 특별히 소개하고 있다. 따라서 이 두 이야기에는 누가의 어떤 의도가 있다고 볼 수 있다. 어떤 의도였을까?

누가에 의하면 예수님께서 처음 행하신 사역이 나사렛 회당의 선언이었다. 여기서 예수님께서는 아람 장군 나아만과 사렙다 과부 두 사람을 믿음의 본보기로 제시했다. 그런데 누가는 예수님의 평지설교 이후에 이방인 백부장과 나인성 과부 두 사람을 믿음의 모형으로 제시하고 있다. 앞에서 본 바와 같이 이방인 백부장은 믿음의 모형이 될 만한 부분이 뚜렷했다. 그런데 나인성 과부에게는 믿음의 모형이 될 만한 것이 무엇이었을까?

【1】 11 그 후에 예수께서 **나인이란 성으로 가실새** 제자와 많은 무리가
동행하더니 12 성문에 가까이 이르실 때에 사람들이 한 죽은 자를 메
고 나오니 이는 한 어머니의 독자요 그의 어머니는 과부라 그 성의 많
은 사람도 그와 함께 나오거늘

구약의 엘리야는 하나님의 지시에 따라 160km를 걸어 시돈의 사렙다 과부를 찾아갔고, 과부의 아들이 죽자 살려 어머니에게 주었다.(왕상17:8~24) 마찬가지로 예수님께서도 나인성의 과부를 찾아가셨다. 가버나움에서 나인성까지는 40km 정도의 먼 거리이다. 예

수님께서 길을 가다가 우연히 나인성 과부를 만나시는 게 아니라 시간을 맞추어 찾아가셔서 과부의 아들을 살리신 후 어머니에게 돌려주셨다. 왜 이 과부를 찾아가서 그 아들을 살리셨을까? 물론 본문에서는 이에 대하여 아무런 설명이 없다.

【2】 12 성문에 가까이 이르실 때에 사람들이 한 죽은 자를 메고 나오니 이는 한 어머니의 독자요 그의 어머니는 과부라 **그 성의 많은 사람도 그와 함께 나오거늘** 13 주께서 과부를 보시고 **불쌍히 여기사** 울지 말라 하시고

과부의 아들 장례식에 많은 사람들이 참석하여 울고 있었다. 예수님께서는 과부를 보시고 불쌍히 여기사 "울지 말라!"고 하셨다. 왜 그러셨을까? 이 과부는 평소에 사람들에게 인심을 얻었기 때문에 그의 독자가 죽었을 때 많은 사람이 가슴 아파하며 같이 울어주었다. 예수님께서 먼길을 마다하지 않으시고 발걸음을 옮겨 이 과부에게 오셨다는 말씀은 이 여인의 삶에는 특별히 찾아가셔서 죽은 아들을 살려주셔야만 할 무엇이 있었음을 암시하고 있다.

사도행전에 보면 베드로가 죽은 다비다라는 여인을 살리는 이야기가 나오는데(9:36~42), 많은 과부들이 모여서 다비다가 살아있을 때에 자기들에게 해준 선행을 생각하며 울고 있었고, 이 눈물이 다비다를 다시 살리게 했다.

본문에서는 나인성 과부가 어떤 사람이었는지에 대해서 침묵하고 있지만 행간의 의미를 보면 그 과부는 평소에 많은 선행을 했음을 엿볼 수 있다.

【3】 13 주께서 과부를 보시고 불쌍히 여기사 울지 말라 하시고 14 가까이 가서 그 관에 손을 대시니 멘 자들이 서는지라 예수께서 이르시되 청년아 내가 네게 말하노니 일어나라 하시매 15 죽었던 자가 일어나 앉고 말도 하거늘 예수께서 **그를 어머니에게 주시니**

사렙다 과부와 나인성 과부의 아들을 살리는 이유는 죽은 아들 때문이 아니라 두 과부 때문이며, 아들을 살린 후에 그 어머니에게

돌려주었다는 이야기도 비슷하다. 누가는 나인성 과부의 아들을 살리는 이야기를 쓸 때 이미 잘 알고 있었던 구약의 사렙다 과부의 이야기를 염두에 두었다고 생각된다.

【4】 16 모든 사람이 **두려워하며** 하나님께 영광을 돌려 이르되 큰 선지자가 우리 가운데 일어나셨다 하고 또 **하나님께서 자기 백성을 돌보셨다** 하더라 17 예수께 대한 이 소문이 온 유대와 사방에 두루 퍼지니라

이 사건을 지켜본 사람들은 두려워했다. 왜 두려워했을까? 이런 두려움은 하나님의 임재를 경험할 때 나타나는 현상이다. 또 사람들은 "하나님께서 자기 백성을 돌보셨다."라고 했다. 단순하게 한 과부의 아들을 살리는 사건이 아니라 이스라엘을 돌보시는 하나님의 임재를 경험했다.

예수님께서 나인성 과부의 아들을 살리시자 그 소문이 전국에 널리 퍼졌다. 이 소문은 감옥에 갇혀있던 세례 요한에게도 전해졌다.

물음 31 세례 요한, 왜 혼란을 겪었을까?

본문 : 〈 7:18~35 〉

18 요한의 제자들이 이 모든 일을 그에게 알리니

19 요한이 그 제자 중 둘을 불러 주께 보내어 이르되 오실 그이가 당신이오니이까 우리가 다른 이를 기다리오리이까 하라 하매

20 그들이 예수께 나아가 이르되 침례 요한이 우리를 보내어 당신께 여쭈어 보라고 하기를 오실 그이가 당신이오니이까 우리가 다른 이를 기다리오리이까 하더이다 하니

21 마침 그 때에 예수께서 질병과 고통과 및 악귀 들린 자를 많이 고치시며 또 많은 맹인을 보게 하신지라

22 예수께서 대답하여 이르시되 너희가 가서 보고 들은 것을 요한에게 알리되 맹인이 보며 못 걷는 사람이 걸으며 나병 환자가 깨끗함을 받

으며 귀먹은 사람이 들으며 죽은 자가 살아나며 가난한 자에게 복음이
전파된다 하라

23 누구든지 나로 말미암아 실족하지 아니하는 자는 복이 있도다 하시니
라 ……………

28 내가 너희에게 말하노니 여자가 낳은 자 중에 요한보다 큰 자가 없도
다 그러나 하나님의 나라에서는 극히 작은 자라도 그보다 크니라 하시
니……………

35 지혜는 자기의 모든 자녀로 인하여 옳다 함을 얻느니라

세례 요한은 예수님을 제일 먼저 알아보았고 또 사람들에게 알렸다. 그런데 그는 감옥에서 제자들을 통해 예수님께서 나인성 과부의 아들을 살리신 이야기를 비롯하여 병자를 고치시는 일에 대한 소문을 듣고 예수님에 대하여 의혹을 품었다. 요한의 주요 관심은 무엇이었을까? 그의 설교(3:7~17)를 보면 그는 유대인들을 책망하며 회개와 심판을 선언했다.

이미 도끼가 나무뿌리에 놓였으니 좋은 열매 맺지 아니하는 나무마다 찍혀 불에 던져지리라(3:9)

또 메시아가 할 일도 다음과 같은 심판이라고 예고했다.

그는 성령과 불로 너희에게 세례를 베푸실 것이요 손에 키를 들고 자기의 타작 마당을 정하게 하사 알곡은 모아 곳간에 들이고 **쭉정이는 꺼지지 않는 불에 태우시리라**(3:16~17)

그런데 예수님의 사역 초기에는 심판에 대한 말씀이 별로 없었다. 갈릴리 사역의 최종적인 평가(마11:20~24, 눅10:13~15)와 바리새인과 서기관들에 대한 심판의 선언(마23:13~36, 눅11:42~52)과 예루살렘의 멸망 예고(마23:37~39, 눅13:34~35) 등은 사역의 후기로 넘어가게 된다. 세례 요한의 사역에는 병자 치료 이야기가 전혀 없다. 그런 요한은 주로 질병을 치료하시는 예수님에 대한 소문을 들으면서 의혹이 생겨 제자들을 보내 확인하게 했다.

이런 사실을 잘 아시는 예수님은 요한의 제자들에게 무어라고 하

셨을까?

【1】 21 마침 그 때에 예수께서 질병과 고통과 및 악귀 들린 자를 많이 고치시며 또 많은 맹인을 보게 하신지라 22 예수께서 대답하여 이르시되 **너희가 가서 보고 들은 것을 요한에게 알리되** …

요한의 제자들이 왔을 때 마침 예수님께서는 많은 병자들을 고치고 계셨고 요한의 제자들에게 보고 들은 것을 그대로 전해주라고 하시면서 이렇게 덧붙이셨다.

【2】 22 … **맹인이 보며 못 걷는 사람이 걸으며 나병 환자가 깨끗함을 받으며 귀먹은 사람이 들으며 죽은 자가 살아나며 가난한 자에게 복음이 전파된다** 하라

이 말씀은 나사렛 회당에서 선언하셨던 이사야 61:1~2의 말씀에 이사야 35:5~6이 첨가된 것이다.[46] 병자 치료 때문에 의혹을 품고 있는 요한에게 예수님께서는 오히려 메시아가 해야 할 일 중의 하나가 병자 치료라는 사실을 다시 강조하셨다. 이와 더불어 다음의 말씀을 하셨다.

【3】 23 **누구든지 나로 말미암아 실족하지 아니하는 자는 복이 있도다** 하시니라

무슨 뜻일까? 예수님께서 병자들을 치료하시는 일 자체가 메시아이신 증거라고 요한에게 말씀하시면서 이를 오해하지 않는 사람들은 복이 있다고 하셨다. 예수님 당시에도 예수님을 정확히 이해하는 사람이 거의 없었고, 교회사에서도 그러했고, 또 지금도 그러하다. 도대체 예수님의 치유 사건은 왜 그토록 중요했을까?

---

46) 주 여호와의 영이 내게 내리셨으니 이는 여호와께서 내게 기름을 부으사 가난한 자에게 아름다운 소식을 전하게 하려 하심이라 나를 보내사 마음이 상한 자를 고치며 포로된 자에게 자유를, 갇힌 자에게 놓임을 선포하며 여호와의 은혜의 해와 우리 하나님의 보복의 날을 선포하여 모든 슬픈 자를 위로하되 (사61:1~2)
그 때에 맹인의 눈이 밝을 것이며 못 듣는 사람의 귀가 열릴 것이며 그 때에 저는 자는 사슴 같이 뛸 것이며 말 못하는 자의 혀는 노래하리니 이는 광야에서 물이 솟겠고 사막에서 시내가 흐를 것임이라(사35:5~6)

❶ 죄인 교리 수정

바벨론 포로기 이후 유대인들에게는 질병, 가난, 사고, 재난 등은 하나님께 죄를 지었기 때문에 생긴 결과라고 생각하는 인과응보 교리가 있었다. 이 교리에 의하면 병들고 가난한 사람, 사고를 당한 사람들은 다 하나님께 죄의 징계를 받은 '죄인'이었다. 또 이들은 하나님께 형벌을 받고 있으므로 이들을 불쌍히 여기는 것은 하나님께서 하시는 일을 방해하는 것이라고 생각했다. 예수님 당시에도 병들고 가난한 사람들은 인과응보 교리에 의해 하나님께도 버림받고 사람들에게도 버림받은 사람들에 불과했다. 건강하고 부유하며 출세한 사람들은 죄를 짓지 않은 의인이기 때문에 하나님께서 복을 주셨다고 생각했다. 이와같이 예수님 당시 유대인들은 다수의 죄인들과 소수의 의인들로 양분되어 있었다.

예수님께서는 이런 죄인들을 불쌍히 여기시며 치료해 주셨다. 이런 치유는 이들은 하나님께 형벌을 받은 죄인이 아니며, 동시에 인과응보 교리가 잘못된 교리라는 확증이었다. 예수님의 사역에서 병자 치료 이야기가 많은 이유는 여기에 있다. 당시 군중들은 예수님의 치유에 관한 소식을 듣고 두로와 시돈, 요단강 저편에서도 몰려왔다.[47] 예수님께서는 이런 병들고 가난한 자들은 죄인이 아닐 뿐만 아니라 하나님의 자녀라고 부르셨다. 왜 하나님의 자녀라고 부르셨을까?

❷ 계약의 대상

예수님께서 말씀하신 하나님의 자녀란 '계약의 대상'이라는 뜻이다. 예수님께서는 첫 번째 계약을 맺은 유대인들이 계약을 저버리자 옛 계약을 폐지하고 새 계약을 체결하러 오셨는데, 그 계약의 대상

47) 마4:23~25, 막3:7~12, 눅6:17~19.

들은 바로 '죄인'으로 낙인찍힌 사람들이었다. 또 가난하고 병들지 않은 사람들 중에서도 인과응보 교리에 매이지 않고 이들을 불쌍히 여기며 가난과 질병의 문제를 해결해 주는 사람들이 계약의 대상에 포함되는 것은 물론이다. 마태는 이런 사람들을 '심령이 가난한 자', '의에 주리고 목마른 자'라고 했고, 누가는 '길 잃은 양'이라고 했다. 하나님께서는 이런 사람들과 계약을 체결하시고 그들을 통하여 그들이 직면했던 문제들을 해결하신다. 이런 이유로 이들은 복 있는 사람들이 될 수 있다.

반면에 가난하고 병든 사람 중에서도 다른 사람들은 안중에도 없고 자기 이익만 챙기며, 돈과 권력 등에 집착하는 사람들은 계약의 대상이 될 수 없다.

❸ 계약공동체

하나님께서는 계약공동체 속에 하나님 나라가 먼저 임하게 하신다. 따라서 계약공동체는 하나님 나라의 모형이다. 신분, 지위, 빈부의 격차가 없는 그런 나라를 옛 계약에서는 '거룩한 나라'라고 했으며, 새 계약에서는 '하나님 나라'라고 했다. 하나님께서는 계약공동체에 함께 하시며 도우셔서 뜻이 하늘에서 이루어진 것처럼 땅에서도 이루어지게 하신다. 계약공동체가 세상 속에서 가장 이상적인 삶을 살고 있으면, 다른 사람들이 보고 따라 할 수밖에 없다. '보여주는 선교', 이것이 바로 하나님의 선교 전략이다.

하나님 나라는 우리가 죽은 다음에 가는 어떤 제3의 장소가 아니다. 겨자씨처럼, 누룩처럼 이 세상에서 시작되어 완성되어 간다. 그러나 특별하게, 저절로, 한순간에 이루어지지 않는다. 지금 여기서 계약공동체에서 시작되어 성령의 도우심으로 완성을 향해 가다가 주님의 재림 때에 초자연적으로 완성된다. 육체가 부활의 몸으로 변형되듯이 이 세상도 새 하늘과 새 땅으로 변형되어 완성된다.

❹ 죄인의 메시아

"예수님께서 죄인들을 구원하러 오셨다."라는 말은 예수님께서 이런 죄인들과 계약을 체결하시고 그들을 통해서 이 땅에 하나님 나라가 임하게 하신다는 뜻이다. 성경은 반드시 그 당시의 상황 속에서 일차적인 해석을 해야 한다. 이를 무시하면 성경이 본래 말하려는 의도와는 상관없는 해석이 되는 경우가 다반사다. 예수님께서는 죄인들의 메시아로 오셨으며, 그런 이유로 예수님 주변에는 그런 죄인들이 몰려 들었다.

스스로 의롭다고 생각하던 유대인들이 기다리던 메시아는 '의인의 메시아'였다. 의인의 메시아는 세상의 황제가 되어 유대인들로 하여금 많은 나라들을 식민통치하게 하리라고 생각했다. 마귀는 예수님에게 처음부터 끝까지 '유대인의 메시아', 즉 '의인의 메시아'가 되라고 요청했다.

복음서에는 죄인의 메시아와 의인의 메시아가 있다. 나는 지금 어느 메시아를 믿고 있는가? 안타깝게도 오늘 우리가 믿고 있는 메시아는 의인의 메시아에 기울어져 있다.

【4】 28 내가 너희에게 말하노니 **여자가 낳은 자 중에 요한보다 큰 자가 없도다** …

예수님께서는 여자가 낳은 자 중에 요한보다 큰 자가 없다고 말씀하셨다. 왜 이렇게 극찬하셨을까? 그 이유는 고대종교의 일반적인 특징인 신전과 동물제사와 종교 의식을 폐지하고 회개와 설교와 세례로 대체했기 때문이다. 이런 측면에서 요한의 공헌은 아무리 강조해도 지나치지 않다. 이에 대해서는 이미 <물음12>에서 충분히 설명했기 때문에 생략하고자 한다.

【5】 … 그러나 **하나님의 나라에서는** 극히 작은 자라도 그보다 크니라 하시니

하나님 나라에서는 지극히 작은 자라도 요한보다 크다는 말씀은 무슨 뜻일까? 다음과 같은 측면에서 생각해 볼 수 있다.

요한이 여자가 낳은 자 중에서 가장 큰 자라고 평가를 받는 이유는 그가 신앙에 대하여 바르게 이해하고 신전, 동물제사, 종교의식 등을 완전해 재해석했기 때문이다. 그런데 이제 계약법에 기초하여 이 땅에서 하나님 나라의 모형을 만들려면 공동체 구성원들은 누구나 요한의 재해석 정도는 다 알고 있을 뿐만 아니라 또 실천으로 옮겨야 한다. 그런 이유에서 요한보다 크다고 할 수 있다.

예수님께서는 유대교의 한계와 문제점을 바로잡기 위하여 끊임없이 가르치셨다. 특히 누가복음에서는 예수님의 가르치심을 강조하고 있다. 신앙 생활하는 데에 있어서 하나님과 성경, 교회 등 신앙과 관련된 문제들에 대한 올바른 이해보다 더 중요한 것은 없다. 하지만 안타깝게도 첫 번째 옛 계약의 역사 2천 년과 두 번째 새 계약의 역사 2천 년을 돌이켜 보면 바른 신앙의 길을 간 경우가 별로 없다.

오늘 우리의 가장 큰 과제는 물려받은 신앙의 전통에서 오류를 바로잡으며 재해석하는 일이다.

눈이먼 자 보게되고 못 걷는 자 걷게되리
나병환자 깨끗해지고 못 듣는 자 듣게되리
죽은 자가 살아나며 가난한 자 복음 듣게되리
길을 내어라 거룩한 길 새 길을 내어라
그 길 가거라 거룩한 길 새 길로 가거러
내가 항상 너와 함께 그 길을 가리라

광야에서 샘이 솟고 사막에서 물넘치리
이리 늑대 사라지고 사슴들이 뛰놀리라
슬픔 탄식 사라지고 기쁜 노래 넘쳐나리라
길을 내어라 거룩한 길 새 길을 내어라
그 길 가거라 거룩한 길 새 길로 가거러
내가 항상 너와 함께 그 길을 가리라[48)]

물음 32 죄 사함과 구원, 무엇으로, 어떻게 받았는가?

본문 : 〈 7:36~50 〉

36 한 바리새인이 예수께 자기와 함께 잡수시기를 청하니 이에 바리새인의 집에 들어가 앉으셨을 때에

37 그 동네에 죄를 지은 한 여자가 있어 예수께서 바리새인의 집에 앉아 계심을 알고 향유 담은 옥합을 가지고 와서

38 예수의 뒤로 그 발 곁에 서서 울며 눈물로 그 발을 적시고 자기 머리털로 닦고 그 발에 입맞추고 향유를 부으니

39 예수를 청한 바리새인이 그것을 보고 마음에 이르되 이 사람이 만일 선지자라면 자기를 만지는 이 여자가 누구며 어떠한 자 곧 죄인인 줄을 알았으리라 하거늘

40 예수께서 대답하여 이르시되 시몬아 내가 네게 이를 말이 있다 하시니 그가 이르되 선생님 말씀하소서

48) 부록에 악보 수록.

41 이르시되 빚 주는 사람에게 빚진 자가 둘이 있어 하나는 오백 데나리온을 졌고 하나는 오십 데나리온을 졌는데
42 갚을 것이 없으므로 둘 다 탕감하여 주었으니 둘 중에 누가 그를 더 사랑하겠느냐
43 시몬이 대답하여 이르되 내 생각에는 많이 탕감함을 받은 자니이다 이르시되 네 판단이 옳다 하시고
44 그 여자를 돌아보시며 시몬에게 이르시되 이 여자를 보느냐 내가 네 집에 들어올 때 너는 내게 발 씻을 물도 주지 아니하였으되 이 여자는 눈물로 내 발을 적시고 그 머리털로 닦았으며
45 너는 내게 입맞추지 아니하였으되 그는 내가 들어올 때로부터 내 발에 입맞추기를 그치지 아니하였으며
46 너는 내 머리에 감람유도 붓지 아니하였으되 그는 향유를 내 발에 부었느니라
47 이러므로 내가 네게 말하노니 그의 많은 죄가 사하여졌도다 이는 그의 사랑함이 많음이라 사함을 받은 일이 적은 자는 적게 사랑하느니라
48 이에 여자에게 이르시되 네 죄 사함을 받았느니라 하시니
49 함께 앉아 있는 자들이 속으로 말하되 이가 누구이기에 죄도 사하는가 하더라
50 예수께서 여자에게 이르시되 네 믿음이 너를 구원하였으니 평안히 가라 하시니라

복음서에서 죄 사함과 구원을 동시에 선포하는 경우는 없다. 하지만 본문에 등장하는 한 여인에게는 유일하게 죄 사함과 구원이 선언되고 있다. 기독교의 전통적인 구속사 신앙에 의하면 예수님의 대속의 공로로 죄 사함 받고 또 구원에 이르게 된다. 그런데 이 여인은 어떻게 죄 사함과 구원을 동시에 받았을까?

본문과 비슷한 이야기가 네 복음서에 다 나오고 있다.[49] 그런데 다소 차이점이 있어 동일한 이야기인지 논란이 되고 있다. 그러나 시몬의 집, 300데나리온에 해당하는 향유 옥합과, 향유를 발에 붓고 머리털로 닦는 일은 결코 흔한 일이 아니므로 동일한 사건이라고

49) 마26:6~13, 막14:3~9, 요12:1~8.

생각된다. 각 복음서마다 말하려는 관점이 다르기 때문에 조금씩 차이가 날 뿐이다. 누가는 한 여인의 죄 사함과 구원에 초점을 맞추고 있다.

【1】 48 이에 여자에게 이르시되 **네 죄 사함을 받았느니라** 하시니 49 함께 앉아있는 자들이 속으로 말하되 이가 누구이기에 죄도 사하는가 하더라

예수님께서 바리새인의 집에 가셔서 식사하실 때에 한 여인이 찾아와서 예수님께 향유를 부어드렸는데, 예수님께서 이 여인에게 "네 죄 사함을 받았느니라!"라고 선언하시자 큰 논란이 일어났다. 예수님은 이 여인에게 왜 죄 사함 받았다고 하셨을까?

【2】 37 그 동네에 죄를 지은 한 여자가 있어 예수께서 바리새인의 집에 앉아 계심을 알고 향유 담은 옥합을 가지고 와서 38 예수의 뒤로 그 발 곁에 서서 울며 **눈물로 그 발을 적시고 자기 머리털로 닦고 그 발에 입맞추고 향유를 부으니**

이 여인은 예수님께 받은 은혜에 보답하기 위하여 300데나리온에 해당되는 향유를 가지고 와서 부어드렸다. 그런데 향유를 예수님의 머리에 붓지 않고 눈물로 발을 적시고, 머리털로 닦고 발에 입을 맞추며 향유를 부었다. 왜 이처럼 도무지 상식에 맞지 않는 행동을 하고 또 비싼 향유를 발에나 부어 허비했을까? 또 왜 예수님은 이런 여인을 향하여 "네 죄 사함을 받았느니라!"라고 뜻밖의 말씀을 하셨을까?

예수님을 직접 뵈옵는 경험을 하고 나면 이 여인이 왜 이런 행동을 했는지 이해가 된다. 앞의 〈물음19〉에서 고기 잡히는 경험을 통하여 베드로는 예수님을 하나님으로 만나는 경험을 했다고 설명했는데, 이 여인 역시 지금 예수님을 하나님으로 만나는 경험을 하고 있다. 그 경험의 과정은 다음과 같다.

이 여인은 예수님의 은혜가 너무 감사해서 값비싼 향유를 준비하여 예수님의 머리에 부어드리기 위해 가까이 다가갔다. 그런데 예수

님께 가까이 다가가는 순간 예수님에게서 거룩한 어떤 힘이 나와 자신도 모르게 예수님의 발 앞에 엎드려졌다. 그리고 오열과 더불어 동시에 눈물과 콧물이 폭포수처럼 쏟아져 나왔다. 얼마간의 시간이 지난 후 정신을 차리고 보니 예수님의 발은 자신이 흘린 눈물과 콧물로 엉망이 되어있었다. 아마도 이 여인은 묶지 않은 긴 머리를 했던 것 같은데, 머리카락도 예수님의 발 위에서 눈물, 콧물과 뒤엉켜 있었다. 여인은 어쩔수 없이 머리카락으로 예수님의 발 위에 흘린 자신의 눈물과 콧물을 닦아내야 했다. 예수님의 머리에 향유를 붓고자 했으나 어떤 힘에 압도되어 도무지 얼굴을 쳐들 수가 없어 자신도 모르게 발 위에 값비싼 향유를 붓고 말았다. 예수님과 여인 외에는 누구도 무슨 일이 일어나고 있는지 알 수도, 이해할 수도 없었다. 이런 현상은 하나님을 만날 때 나타나는 전형적인 특징이다. 이 여인은 예수님을 하나님으로 만난 것이다.

왜 이 여인에게 이런 특별한 경험이 일어났을까? 예수님을 하나님으로 뵈옵는 면전 체험은 영성 경험에서 절정에 해당되며, 하나님께서 특별히 허락하시지 않으면 일어나지 않는다. 유대교 율법의 시각에서는 이 여인이 죄인에 불과했지만 그녀는 어떤 과정을 통하여 하나님을 직접 뵈올 수 있는 단계에 이르러 있었다.

【3】 48 이에 **여자에게 이르시되** 네 죄 사함을 받았느니라 하시니

왜 예수님께서는 이 여인에게 죄 사함을 선언하셨을까? 이 여인은 어떤 방법으로 죄 사함을 받을 수 있었을까?

면전체험은 하나님의 거룩한 빛으로 말미암아 자기 내면 전체가 비추어지는 경험을 동반한다. 하나님의 거울 앞에 서는 자신의 모습이 악마적인 본성과 동일함을 보게 된다. 이 여인이 예수님 발 앞에 엎드려져 오열과 더불어 눈물과 콧물이 쏟아져 나오는 현상과, 베드로가 예수님 앞에 엎드려서 "주여! 나를 떠나소서 나는 죄인이로소이다."라고 고백하는 것은 같은 경험이다. 이런 현상은 회개 기도의

단계로 보면 최종적인 현상이다. 이런 이유로 예수님께서는 이 여인에게 사죄를 선언하셨다. 죄 사함은 자신의 죄를 철저히 자각하고 죄의 지배에서 벗어나는 것이므로, 이 여인이야 말로 참으로 죄 사함을 받았다고 할 수 있다.

【4】 50 예수께서 여자에게 이르시되 **네 믿음이 너를 구원하였으니 평안히 가라** 하시니라

죄 사함의 경험은 곧 구원의 사건으로 이어진다. 그런데 이 여인을 구원에 이르게 한 '믿음'은 어떤 믿음일까? 예수님의 십자가 대속을 믿는 믿음과는 아무런 관련이 없다. 그런데 왜 믿음으로 구원을 받았다고 하셨을까? 이 여인에게 사죄의 경험으로 이어진 일련의 과정이 곧 믿음이었다. 즉 예수님은 사죄의 경험과 믿음을 동일하게 여기셨다.

복음서에서는, 특히 누가복음에서는 십자가 사건 이전에, 십자가 사건과는 무관하게 명확하게 구원을 선언하고 있는데, 기존의 구속사 십자가 신학에서는 설명하기 어렵지만 계약사의 시각에서는 다르게 해석된다. 복음서는 구속사가 아니라 계약사로 구원을 말하고 있다. 그러므로 이제는 계약사로 해석해야 한다. 구속사는 계약사 속에 포함되어 있다.

마태와 마가에서는 이렇게 말하고 있다.

내가 진실로 너희에게 이르노니 **온 천하에 어디서든지 이 복음이 전파되는 곳에서는 이 여자가 행한 일도 말하여 그를 기억하리라**(마26:13)

이 여자의 무엇이 복음이 전해지는 곳에는 같이 전해져야 할까? 이 여인이 받은 죄 사함의 방법과 이 여인이 가졌던 믿음이 곧 복음이다. 이 여자는 이런 복음으로 구원받은 첫 번째 여인이기 때문에 복음이 전해지는 곳에는 이 여인의 이야기도 같이 전해져야 한다.

물음 33 진정한 섬김, 어떤 모습일까?

본문 : 〈 8:1~3 〉

1 그 후에 예수께서 각 성과 마을에 두루 다니시며 하나님의 나라를 선
포하시며 그 복음을 전하실새 열두 제자가 함께 하였고
2 또한 악귀를 쫓아내심과 병 고침을 받은 어떤 여자들 곧 일곱 귀신이
나간 자 막달라인이라 하는 마리아와
3 헤롯의 청지기 구사의 아내 요안나와 수산나와 다른 여러 여자가 함께
하여 자기들의 소유로 그들을 섬기더라

이 본문은 누가복음에만 나오고 있다. 누가는 예수님을 따르는 12사도들의 명단과 더불어(6:12~16) 그들을 섬기고 있는 여인들의 명단을 전해주고 있다. 누가복음 특징 중의 하나는 여인들의 이야기를 남자와 동일하게 다루고 있다는 점이다. 본문에는 다음과 같은 특징이 들어있다.

❶ 현실 문제

예수님께서 사도와 제자들의 무리를 이끌고 복음 사역을 하시려면 의식주와 관련된 여러 현실적인 문제들이 발생했을 것이다. 그런데 다른 복음서에서는 이에 대하여 아무런 정보를 제공하지 않는데, 누가는 이에 대하여 구체적으로 알려주고 있다. 누가는 실생활과 관련된 현실의 문제에 많은 관심이 있었다. 하나님 나라를 막연하게 말하지 않고 경제적인 문제, 즉 먹고사는 문제가 구체적으로 어떻게 해결되어야 하는지를 말하고 있다.

❷ 파격 중의 파격

당시 유대교 정통신앙에 의하면 여인들은 주로 집안에 머물러야 했다. 혹시 길거리에 나갈 일이 있으면 얼굴을 가려야 했고, 길거리에서는 자기 오라비라 하더라도 말을 주고받지 않았다. 외간 남자와 외부에서 대화를 나누면 이혼사유에 해당되었다. 그런데 예수님의 선교 여행에는 여인들이 동행했는데, 이는 도무지 상상할 수 없는 파격적인 행동이다. 누가는 이 사실을 우리에게 전해주고 있다.

❸ 보은(報恩)

여인들이, 그것도 가정이 있는 여인들이 한시적이 아니라 지속적으로 어떻게 남자들과 같이 선교 여행에 동참할 수 있었을까? 누가는 이에 대한 설명도 빠뜨리지 않고 있었다. 이들은 질병의 치료 등을 통하여 평생 갚아도 갚지 못할 큰 은혜를 예수님께 입은 여인들이었다. 어쩌면 일곱 귀신이 들렸던 막달라 마리아처럼 이들의 우환때문에 가정사 자체가 마비되어 있었을 수도 있다. 그런데 예수님을 통해서 이런 근본적인 문제가 해결되었다. 예수님의 복음 사역은 무슨 영적인 사역에만 그치는 것이 아니라 현실적인 필요를 구체적으로 충족시키는 사역이었다.

예수님을 통하여 이런 새로운 삶을 얻은 이 여인들은 자신들과 비슷한 처지에 있는 수많은 사람들의 문제를 해결하는 복음 사역에 기꺼이 동참하기로 했다. 가족들도 기꺼이 동의했을 뿐만 아니라 물질로 후원을 마다하지 않았다. 하나님께서는 이런 방식으로 일을 하게 하신다.

❹ 섬김의 길

남자들인 사도들은 모든 재산을 포기하고 예수님을 따라 복음 사역의 길을 갔다. 반면 이 여인들은 자신들의 소유로 직접 섬겼다.

단순하게 재정적인 후원에 머물지 않고 직접 따라다니며 식사를 준비하고 빨래를 하는 등의 궂은일을 마다하지 않았다. 헤롯의 청지기란 분봉왕 헤롯 안티파스의 재정 담당자를 말하는데, 최고의 신임을 얻지 않으면 청지기가 될 수 없다. 아마도 그 청지기의 아내 요안나는 집에 여러 하인들을 두고 살았기 때문에 궂은 일은 손에 대지도 않았을 수 있다. 그러나 예수님을 만난 이후로는 궂은 일을 기꺼이 도맡아 했다. 이들은 진정한 섬김(διακονέω)의 도가 무엇인지 몸으로 보여주었다. 누가는 이 여인들의 헌신을 결코 누락시켜서는 안 될 귀한 모습으로 여겨 기록에 남겨 놓았다.

❺ 화합

여인들의 명단 순서는 '일곱 귀신이 나간 자 막달라인이라 하는 마리아와 헤롯의 청지기 구사의 아내 요안나와 …'로 이어지고 있다. 이는 섬기는 일의 주도적인 역할을 헤롯의 청지기 구사의 아내 요안나가 아니라 일곱 귀신이 나간 막달라 마리아가 맡았다는 뜻이다. 예수님을 따르는 공동체에서는 신분, 지위 등은 아무 상관이 없었다는 사실을 보여주고 있다. 누가는 교회의 이런 모습 속에서 이 땅에 실현될 하나님 나라의 모형을 보았다. 당시에는 세상 어디에서도 이런 모습은 찾아볼 수 없었다.

물음 34 누가복음의 씨 뿌림 비유, 무엇을 말하는가?

본문 : 〈 8:4~21 〉

4 각 동네 사람들이 예수께로 나아와 큰 무리를 이루니 예수께서 비유로 말씀하시되

5 씨를 뿌리는 자가 그 씨를 뿌리러 나가서 뿌릴새 더러는 길 가에 떨어

지매 밟히며 공중의 새들이 먹어버렸고
6 더러는 바위 위에 떨어지매 싹이 났다가 습기가 없으므로 말랐고
7 더러는 가시떨기 속에 떨어지매 가시가 함께 자라서 기운을 막았고
8 더러는 좋은 땅에 떨어지매 나서 백 배의 결실을 하였느니라 이 말씀을 하시고 외치시되 들을 귀 있는 자는 들을지어다
9 제자들이 이 비유의 뜻을 물으니
10 이르시되 하나님 나라의 비밀을 아는 것이 너희에게는 허락되었으나 다른 사람에게는 비유로 하나니 이는 그들로 보아도 보지 못하고 들어도 깨닫지 못하게 하려 함이라
11 이 비유는 이러하니라 씨는 하나님의 말씀이요
12 길 가에 있다는 것은 말씀을 들은 자니 이에 마귀가 가서 그들이 믿어 구원을 얻지 못하게 하려고 말씀을 그 마음에서 빼앗는 것이요
13 바위 위에 있다는 것은 말씀을 들을 때에 기쁨으로 받으나 뿌리가 없어 잠깐 믿다가 시련을 당할 때에 배반하는 자요
14 가시떨기에 떨어졌다는 것은 말씀을 들은 자이나 지내는 중 이생의 염려와 재물과 향락에 기운이 막혀 온전히 결실하지 못하는 자요
15 좋은 땅에 있다는 것은 착하고 좋은 마음으로 말씀을 듣고 지키어 인내로 결실하는 자니라
16 누구든지 등불을 켜서 그릇으로 덮거나 평상 아래에 두지 아니하고 등경 위에 두나니 이는 들어가는 자들로 그 빛을 보게 하려 함이라
17 숨은 것이 장차 드러나지 아니할 것이 없고 감추인 것이 장차 알려지고 나타나지 않을 것이 없느니라
18 그러므로 너희가 어떻게 들을까 스스로 삼가라 누구든지 있는 자는 받겠고 없는 자는 그 있는 줄로 아는 것까지도 빼앗기리라 하시니라
19 예수의 어머니와 그 동생들이 왔으나 무리로 인하여 가까이 하지 못하니
20 어떤 이가 알리되 당신의 어머니와 동생들이 당신을 보려고 밖에 서 있나이다
21 예수께서 대답하여 이르시되 내 어머니와 내 동생들은 곧 하나님의 말씀을 듣고 행하는 이 사람들이라 하시니라

본문은 마태와 마가에도 병행 본문이 있다. 그런데 각기 비유의 목적이 다르다. 마태복음은 뿌리는 자에 초점을 맞추었고[50], 마가

50) 졸저 「마태복음」, 〈물음49〉 ~ 〈물음50〉.

복음은 계약 파기 경고에 비중을 두었다.[51] 누가의 본문은 마태와 마가에 비해 가장 짧고 단순하게 기록되어 있는데, 어디에 초점을 맞추었을까?

【1】 4 각 동네 사람들이 예수께로 나아와 큰 무리를 이루니 예수께서 비유로 말씀하시되

마태(13:1)에 의하면 씨 뿌림의 비유는 가버나움 바닷가에서 하신 해변설교이다. 공관복음서에서는 이 해변설교를 산상설교(평지설교)와 더불어 대단히 중요하게 다루고 있다.

【2】 9 제자들이 이 비유의 뜻을 물으니 10 이르시되 **하나님 나라의 비밀을 아는 것이 너희에게는 허락되었으나** 다른 사람에게는 비유로 하나니 이는 그들로 보아도 보지 못하고 들어도 깨닫지 못하게 하려 함이라

마태나 마가에 의하면 예수님께서는 비유의 뜻을 제자들에게만 설명하셨다. 그러나 누가에 의하면 제자들은 다른 사람들이 있을 때 질문했고, 예수님께서는 모든 사람들에게 설명하셨다. 또 마태와 마가에 있는 "돌이켜 죄 사함(고침받음)을 얻지 못하게 하려 함이라"라는 말씀이 생략되어 있고 대신 누가에서는 하나님 나라의 비밀을 "깨닫는가? 못 깨닫는가?"에 비중을 두고 있다.

【3】 11 이 비유는 이러하니라 씨는 하나님의 말씀이요 12 길 가에 있다는 것은 말씀을 들은 자니 이에 마귀가 가서 **그들이 믿어 구원을 얻지 못하게 하려고** 말씀을 그 마음에서 빼앗는 것이요

"그들이 믿어 구원을 얻지 못하게 하려고"는 누가에만 있는 구절인데, 말씀을 똑바로 깨달아 아는 것이 곧 계약법의 말씀을 실천하는 것이다. 이처럼 누가복음에서는 말씀을 똑바로 깨달아 아는 것과 믿음으로 구원을 얻는 것을 동일시하고 있다.

【4】 13 바위 위에 있다는 것은 말씀을 들을 때에 기쁨으로 받으나 뿌리가 없어 잠깐 믿다가 시련을 당할 때에 **배반하는 자요** 15 좋은 땅에 있다는 것은 **착하고 좋은 마음으로 말씀을 듣고 지키어 인내로 결실하는 자니라**

---

51) 졸저 「마가복음」, 〈물음18〉.

계약법의 말씀을 듣고 실천하다가 포기하는 사람들을 마태나 마가에서는 '넘어지는 자'라고 규정하는데, 누가에서는 '배반하는 자'라고 단호하게 규정하고 있다. 이에 반하여 계약의 말씀을 듣고 하나님 나라를 실현하는 자는 착하고 좋은 마음으로 온갖 어려움을 참고 이겨내는 사람이다.

【5】 18 그러므로 **너희가 어떻게 들을까 스스로 삼가라** 누구든지 있는 자는 받겠고 없는 자는 그 있는 줄로 아는 것까지도 빼앗기리라 하시니라

결국 예수님의 말씀을 들은 사람들은 두 부류의 사람들로 나뉘어진다. 첫 번째는 하나님의 비밀을 깨닫고 실천으로 옮겨 하나님 나라를 실현하는 사람들이다. 반면에 두 번째 사람들은 보아도 보지 못하고 들어도 듣지 못하는 사람들이다.

【6】 19 예수의 어머니와 그 동생들이 왔으나 무리로 인하여 가까이 하지 못하니 20 어떤 이가 알리되 당신의 어머니와 동생들이 당신을 보려고 밖에 서 있나이다 21 예수께서 대답하여 이르시되 내 어머니와 내 동생들은 곧 **하나님의 말씀을 듣고 행하는 이** 사람들이라 하시니라

마태와 마가에도 병행구절이 있다. 그런데 누가는 이 말씀을 씨 뿌림의 비유와 연결시키고 있다. 마태와 마가에서는 내 아버지(하나님)의 뜻대로 행하는 자가 예수님의 어머니와 동생들이라고 했는데, 누가에서는 '하나님의 말씀을 듣고 행하는 자'라고 하여, 계약법의 말씀을 듣고 행하는 것을 강조하고 있다.

교회를 통해서 복음을 접한 누가의 눈에는 똑같은 말씀을 듣고도 깨달으며 실천하는 사람과 깨닫지 못하는 사람으로 양분되는 현실이 눈에 띄어 씨 뿌림의 비유를 이렇게 해석했다고 보여진다.

물음 35 바람과 물결을 왜 꾸짖으시는가?

본문 : 〈 8:22~25 〉

22 하루는 제자들과 함께 배에 오르사 그들에게 이르시되 호수 저편으
로 건너가자 하시매 이에 떠나

23 행선할 때에 예수께서 잠이 드셨더니 마침 광풍이 호수로 내리치매
배에 물이 가득하게 되어 위태한지라

24 제자들이 나아와 깨워 이르되 주여 주여 우리가 죽겠나이다 한대 예
수께서 잠을 깨사 바람과 물결을 꾸짖으시니 이에 그쳐 잔잔하여지더라

25 제자들에게 이르시되 너희 믿음이 어디 있느냐 하시니 그들이 두려
워하고 놀랍게 여겨 서로 말하되 그가 누구이기에 바람과 물을 명하매
순종하는가 하더라

예수님께서는 갈릴리 사역을 하실 때에 주로 가버나움에 머물러 계셨다. 왜냐하면 수많은 사람들이 예수님에 관한 소문을 듣고 찾아오는데, 장소가 수시로 바뀌면 사람들이 찾아올 수 없었기 때문이다. 간혹 특별한 일이 있으실 때에만 잠시 떠나시곤 했다.

【1】 22 **하루는** 제자들과 함께 배에 오르사 그들에게 이르시되 **호수 저편으로 건너가자** 하시매 이에 떠나

누가에서는 해변설교 이후 네 기적의 이야기가 나오고 있다.[52] 마태(8:18)와 마가(4:35)에 의하면 바닷가에서 해변설교를 하실 때의 일이었다. 사람들은 예수님 주변으로 더 모여들었다. 그런데 날

52) 풍랑이는 바다를 잔잔하게 한 기적(8:22~25), 군대 귀신 들린 사람을 고치는 기적(8:26~39), 야이로의 딸을 살리는 기적(8:40~42, 49~56)
혈루증 여인을 고치는 기적(8:43~48)

이 저물어 갈 무렵(막4:35) 예수님께서는 제자들에게 배를 준비시키시고 호수 건너편으로 가셨다.

【2】 23 행선할 때에 **예수께서 잠이 드셨더니** 마침 광풍이 호수로 내리치매 **배에 물이 가득하게 되어 위태한지라**

예수님께서는 매일같이 몰려드는 사람들에게 시달리셨다. 이날도 하루 종일 바닷가에서 사람들을 대상으로 말씀을 전하시고 병든 자를 고치셨다. 확성기가 없던 시절에 많은 사람들이 듣게 하려면 하루 종일 큰소리로 외쳐야 했는데, 이는 몹시 피곤한 일이다. 예수님께서는 배에 오르자마자 잠이 드셨으며, 배가 풍랑을 만나 물이 가득해지고 가라앉기 직전인데도 잠에서 깨어날 줄 모르셨다.

【3】 24 제자들이 나아와 깨워 이르되 **주여 주여 우리가 죽겠나이다** 한대 예수께서 잠을 깨사 바람과 물결을 **꾸짖으시니** 이에 그쳐 잔잔하여지더라

본문의 '주여'(에피스타테스 ἐπιστάτης)는 누가복음에만 6번 쓰이는 독특한 단어로 선생님, 또는 주님으로 번역되어 있다. 정확한 표현은 '가르치시는 주님'에 해당된다. 제자들은 예수님을 깨우지 않으려고 했으나 배가 가라앉게 되자 할 수 없이 예수님을 깨웠다. 그러자 예수님께서는 바람과 물결을 꾸짖으셨다. '꾸짖다'(에피티마오 ἐπιτιμάω)라는 단어는 예수님을 유혹하는 마귀의 세력을 쫓아내실 때 쓰신 단어이다. 그런데 바람과 물결을 향해 마귀처럼 꾸짖으셨다.

이 말씀 속에는 마귀가 예수님을 바다 건너편으로 가지 못하게 하려고 결사적으로 방해했다는 뜻이 들어있다. 바다 건너편에 무슨 일이 기다리고 있었을까?

【4】 25 제자들에게 이르시되 **너희 믿음이 어디 있느냐** 하시니

풍랑이는 바다를 보고 두려워하는 제자들을 향하여 "너희 믿음이 어디 있느냐?"라고 말씀하셨다. 예수님께서 말씀하시는 믿음이란 어떤 것일까? 의심의 반대일까?

사람으로 태어나서 사람대접받지 못하고 굶주리며 짓밟히는 사람들, 평생을 질병과 장애에 고통당하는 사람들, 그들을 향한 안타까운 마음, 견딜 수 없는 마음, 포기되지 않는 마음, 이 마음이 곧 믿음이다. 이 마음을 가진 사람이 풍랑이는 바다와 맞설 수 있으며, 홍해 바다를 향하여 길을 내라고 외칠 수 있으며, 광야에서 바위를 향하여 물이 솟으라고 명령할 수 있으며, 태양과 달을 향하여 그 자리에 멈추어 서라고 말할 수 있다. 이 마음이 곧 하나님의 마음이며, 이런 간절함이 곧 성경에서 말하는 믿음이다. 노아, 아브라함, 모세, 여호수아와 갈렙, 사무엘, 엘리야, 엘리사 등 선지자들과 사도들은 이런 믿음의 사람들이었다. 내게 이 믿음이 있는가? 풍랑을 향하여 꾸짖을 수 있는 믿음.

바다야 잔잔하라 풍랑도 멈추어라.
너희도 알았잖니 간절한 나의 마음
이 땅에 천국 실현 자나 깨나 우리 소원
이 땅에 천국 실현 너와 나의 해야 할 일

바다야 길을 내라 태산아 비켜서라
너희도 들었잖니 민초들의 탄식 한숨
이 땅에 천국 실현 자나 깨나 우리 소원
이 땅에 천국 실현 너와 나의 가야 할 길

태양아 멈추어라 달아 너도 게 섰거라
너희도 보았잖니 역사 속의 피맺힌 한
이 땅에 천국 실현 자나 깨나 우리 소원
이 땅에 천국 실현 너와 나의 존재 이유[53]

【5】 그들이 **두려워하고** 놀랍게 여겨 서로 말하되 **그가 누구이기에 바람과 물을 명하매 순종하는가** 하더라

예수님의 꾸짖으심에 풍랑이 잔잔해지자 제자들은 두려워했다. 왜 두려워했을까? 이런 두려움은 하나님의 임재를 경험할 때 나타나는 전형적인 특징이다. 예수님은 곧 하나님이시기 때문에 자연 만물이 그의 말씀에 순종했다.

풍랑이는 저녁 바다, 위험을 무릅쓰고 피곤한 예수님은 무엇을 위하여 강행군하셨을까?

물음 36 특별히 찾아가신 사람, 누구였을까?

본문 : 〈 8:26~39 〉

26 그들이 갈릴리 맞은편 거라사인의 땅에 이르러
27 예수께서 육지에 내리시매 그 도시 사람으로서 귀신 들린 자 하나가
예수를 만나니 그 사람은 오래 옷을 입지 아니하며 집에 거하지도 아
니하고 무덤 사이에 거하는 자라
28 예수를 보고 부르짖으며 그 앞에 엎드려 큰 소리로 불러 이르되 지극
히 높으신 하나님의 아들 예수여 당신이 나와 무슨 상관이 있나이까
당신께 구하노니 나를 괴롭게 하지 마옵소서 하니
29 이는 예수께서 이미 더러운 귀신을 명하사 그 사람에게서 나오라 하
셨음이라 (귀신이 가끔 그 사람을 붙잡으므로 그를 쇠사슬과 고랑에 매
어 지켰으되 그 맨 것을 끊고 귀신에게 몰려 광야로 나갔더라)
30 예수께서 네 이름이 무엇이냐 물으신즉 이르되 군대라 하니 이는 많
은 귀신이 들렸음이라
31 무저갱으로 들어가라 하지 마시기를 간구하더니

53) 부록에 악보 수록.

32 마침 그 곳에 많은 돼지 떼가 산에서 먹고 있는지라 귀신들이 그 돼지에게로 들어가게 허락하심을 간구하니 이에 허락하시니

33 귀신들이 그 사람에게서 나와 돼지에게로 들어가니 그 떼가 비탈로 내리달아 호수에 들어가 몰사하거늘

34 치던 자들이 그 이루어진 일을 보고 도망하여 성내와 마을에 알리니

35 사람들이 그 이루어진 일을 보러 나와서 예수께 이르러 귀신 나간 사람이 옷을 입고 정신이 온전하여 예수의 발치에 앉아 있는 것을 보고 두려워하거늘

36 귀신 들렸던 자가 어떻게 구원 받았는지를 본 자들이 그들에게 이르매

37 거라사인의 땅 근방 모든 백성이 크게 두려워하여 예수께 떠나가시기를 구하더라 예수께서 배에 올라 돌아가실새

38 귀신 나간 사람이 함께 있기를 구하였으나 예수께서 그를 보내시며 이르시되

39 집으로 돌아가 하나님이 네게 어떻게 큰 일을 행하셨는지를 말하라 하시니 그가 가서 예수께서 자기에게 어떻게 큰 일을 행하셨는지를 온 성내에 전파하니라

어두워질 무렵 예수님께서, 특별히 찾아간 사람은 누구였을까?

【1】 26 그들이 갈릴리 맞은편 **거라사인의 땅에 이르러** 27 예수께서 육지에 내리시매 그 도시 사람으로서 **귀신 들린 자 하나**가 예수를 만나니 그 사람은 오래 옷을 입지 아니하며 집에 거하지도 아니하고 **무덤 사이에 거하는 자라**

뜻밖에도 예수님께서 찾아가신 곳은 이방인 지역 거라사인의 땅, 그곳도 무덤가였다. 누가에 의하면 예수님께서 이방인 지역으로 가신 유일한 곳이다. 그 무덤가에는 버려진 귀신들린 한 사람이 있었다. 마태나 마가에 의하면 그는 군대 귀신이 들렸고, 매우 광포하여 쇠사슬로 매어 놓아도 끊고 광야를 떠돌곤 했다.

【2】 33 귀신들이 그 사람에게서 나와 **돼지에게로 들어가니 그 떼가 비탈로 내리달아 호수에 들어가 몰사하거늘**

예수님께서 귀신을 쫓아내시자 그 귀신은 2천여 마리나 되는 돼지 떼에게로 들어갔고, 이어서 돼지 떼는 바다로 달려가 빠져 죽고 말았다. 왜 귀신들은 돼지 떼에 들어가기를 구했고, 예수님은 왜 이

를 허락하셨을까? 또 귀신 들린 돼지들은 왜 바다로 뛰어들어 죽었을까? 도무지 의문투성이다.[54)]

【3】 35 **사람들이 그 이루어진 일을 보러 나와서** 예수께 이르러 귀신 나간 사람이 옷을 입고 정신이 온전하여 예수의 발치에 앉아 있는 것을 보고 **두려워하거늘**

더 놀라운 것은 이천여 마리나 되는 돼지 떼를 한 순간에 잃은 사람들이 몰려와서 예수님께 항의하기는커녕, 온전해진 귀신들렸던 사람을 보고 두려워했다는 점이다. 몰려온 사람들은 왜 온전해진 그를 보고 두려워했을까?

【4】 37 거라사인의 땅 근방 모든 백성이 **크게 두려워하여 예수께 떠나가시기를 구하더라** 예수께서 배에 올라 돌아가실새

예수님께서 하신 일을 지켜본 인근의 사람들이 왜 크게 두려워하며 예수님께 떠나 달라고 요청했을까? 의문은 계속 이어진다.

【5】 38 귀신 나간 사람이 **함께 있기를 구하였으나** 예수께서 그를 보내시며 이르시되 39 **집으로 돌아가 하나님이 네게 어떻게 큰 일을 행하셨는지를 말하라** 하시니 그가 가서 **예수께서 자기에게 어떻게 큰 일을 행하셨는지를 온 성내에 전파하니라**

예수님께서 배에 오르시자 귀신 들렸던 사람이 예수님을 따르려고 했으나, 예수님께서는 집으로 돌려보내셨다. 그러자 그는 데가볼리 온 성내를 돌아다니며 예수님께서 하신 일을 전파했다.

이상과 같이 진행된 이야기들을 간략하게 재구성하면 다음과 같다.

군대 귀신 들렸던 사람은 이방인으로 약자의 권익을 지키기 위하여 고군분투하다가 그 일로 말미암아 광인이 되었는데, 억울한 사정을 어디에도 호소할 길이 없어 무덤가에 버려진 채 밤낮으로 울부짖었다. 그의 이런 울부짖음이 극에 달하자, 그의 호소는 10km 이상 떨어진 갈릴리 바다를 건너 예수님의 마음에 전달되었다. 바닷가에

54) 이에 대해서는 졸저 「마가복음」, 〈물음20〉에서 비교적 소상히 설명했다.

도 수많은 사람들이 질병 등의 문제를 해결받기 위하여 먼 길을 걸어 예수님을 찾아왔지만 그들 모두의 고통을 합친 것 보다 바다 건너편 한 사람의 고통스런 호소가 더 컸다. 예수님께서 저녁 무렵 바다 건너편으로 가자고 하신 이유는 여기에 있다. 물이 낮은 곳으로 흐르듯이 예수님께서는 예수님을 가장 필요로 하는 곳으로 가셨다. 예수님의 행보에는 이런 영적인 필요가 자리 잡고 있다. 영성의 원리나 물질의 원리는 같은 원리의 지배를 받는다.

귀신들린 사람과 돼지 떼와는 직접 관련이 있어서 귀신들은 돼지 떼에 들어가게 해달라고 요청했고 예수님께서는 허락하셨다. 돼지 떼가 몰살당한 후 관련자들이 몰려왔다가 예수님과 치료된 사람을 보고서는 항의는 고사하고 두려움에 떨었다. 왜 그랬을까? 귀신들렸던 사람의 억울한 호소를 들어주시는 하나님을 만났기 때문이다. 그들은 예수님에게서 심판자의 모습을 보았고 두려워 떨며 떠나시기를 간구했다.

귀신들렸던 사람은 예수님을 따라 복음 사역에 종사하고자 했으나 예수님께서는 그를 집으로 돌려보내셨다. 그가 그곳에서 해야 할 일이 있었기 때문이다. 무엇이었을까? 온 데가볼리를 다니며, 예수님의 권위로 억울한 자들의 문제를 해결해 주는 일이었다. 이를 다음과 같이 마지막 구절에서 요약하고 있다.

> 그가 가서 예수께서 자기에게 어떻게 큰 일을 행하셨는지를 온 성내에 전파하니라

누가는 마가와 마찬가지로 이 사건을 해변설교 이후에 일어난 일로 기록하고 있다. 누가는 해변설교에서 말씀을 온전히 깨닫고 실천하는 자들을 강조했는데, 그 대표적인 사람이 바로 귀신들렸던 사람이라고 소개하고 있다. 이어서 등장하는 회당장 야이로, 열두 해 혈루증을 앓던 여인들도 다 이런 사람들이다.

물음 37 회당장 야이로, 왜 그는 예수님을 초청했을까?

본문 : 〈 8:40~42, 49~56 〉

40 예수께서 돌아오시매 무리가 환영하니 이는 다 기다렸음이러라

41 이에 회당장인 야이로라 하는 사람이 와서 예수의 발 아래에 엎드려
자기 집에 오시기를 간구하니

42 이는 자기에게 열두 살 된 외딸이 있어 죽어감이러라 예수께서 가실
때에 무리가 밀려들더라

……………………………………

49 아직 말씀하실 때에 회당장의 집에서 사람이 와서 말하되 당신의 딸
이 죽었나이다 선생님을 더 괴롭게 하지 마소서 하거늘

50 예수께서 들으시고 이르시되 두려워하지 말고 믿기만 하라 그리하면
딸이 구원을 얻으리라 하시고

51 그 집에 이르러 베드로와 요한과 야고보와 아이의 부모 외에는 함께
들어가기를 허락하지 아니하시니라

52 모든 사람이 아이를 위하여 울며 통곡하매 예수께서 이르시되 울지
말라 죽은 것이 아니라 잔다 하시니

53 그들이 그 죽은 것을 아는 고로 비웃더라

54 예수께서 아이의 손을 잡고 불러 이르시되 아이야 일어나라 하시니

55 그 영이 돌아와 아이가 곧 일어나거늘 예수께서 먹을 것을 주라 명하
시니

56 그 부모가 놀라는지라 예수께서 경고하사 이 일을 아무에게도 말하지
말라 하시니라

예수님께서는 주로 가버나움에 계시다가 어떤 더 큰 필요가 있을 때 잠시 떠나셨다가 다시 귀환하셨다.

【1】 40 예수께서 돌아오시매 무리가 환영하니 이는 **다 기다렸음이러라**

예수님께서 가버나움으로 다시 돌아오시니(마9:1), 떠나시기 전에 해변에 모여있던 사람들과 또 그 후 소문을 듣고 찾아온 사람들이 아직 흩어지지 않고 예수님을 간절하게 기다리고 있었다. 이들은 하나같이 예수님에게 목말라 있던 사람들이었다.

【2】 41 이에 **회당장인 야이로**라 하는 사람이 와서 예수의 발 아래에 엎드려 **자기 집에 오시기를 간구하니** 42 이는 자기에게 열두 살 된 외딸이 있어 죽어감이러라 **예수께서 가실 때에** 무리가 밀려들더라

예수님께서는 다시 바닷가에서 말씀을 가르치기 시작하셨다.(막5:21) 그런데 얼마 지나지 않아 예수님께서 또 다른 곳으로 떠나셨다. 가시는 이유는 앞에서도 말한 바와 같이 더 큰 필요가 생겼기 때문이다. 바닷가에 모여서 여러날을 학수고대한 사람들보다 더 큰 필요는 도대체 무엇이었을까?

회당장 야이로라는 사람이 찾아와 자기의 12살 된 어린 외동딸이 죽어가고 있으니 와서 고쳐달라고 요청했다. 그런데 이 부분에서 도무지 이해되지 않는 것이 있다. 야이로는 왜 어린 딸을 데리고 오지 않았을까? 야이로보다 훨씬 먼 곳에서 온 수많은 사람들이 다 예수님을 필요로 하고 있는데, 왜 그는 예수님을 자기 집으로 모시고 가려 했을까? 또 예수님께서는 왜 그런 야이로를 따라가셨을까?

그 이유는 '회당장'이라는 단어에 들어있다. 이즈음 유대인 지도자들은 예수님을 죽이기 위한 음모를 진행하고 있었다. 회당장은 유대교에서 중요한 비중을 차지하는 종교지도자인데, 아마도 야이로는 그 중에서도 더 중요한 비중을 차지하고 있었다고 보여진다. 그는 예수님께서 하시는 일을 지켜보고 있다가 예수님께서 하시는 일들이 옳다고 생각하고 있었는데, 마침 딸이 죽을 병에 걸리자 이 일을 계기로 예수님을 조용히 만나 유대인들의 음모를 전해주려고 했다. 당시 상황에서 예수님을 자기 집으로 초대한다는 것은 유대교와의 단절을 뜻하는데, 야이로에게는 대단히 쉽지 않은 일이었지만 그

는 이런 결단을 내렸다. 회당장 야이로의 이런 간절함이 예수님의 발걸음을 옮기게 했다.

또 다른 한 가지 이유는 예수님께서는 장차 야이로가 하나님 나라를 위하여 어떤 큰 역할을 담당하게 될지 아셨기 때문이다. 물론 이에 대하여 아무런 언급이 없지만 복음서에 이름이 기록된 사람들은 후일 교회에서 중요한 역할을 한 사람들이라고 볼 수 있다.

【3】 42 … 예수께서 가실 때에 **무리가 밀려들더라**

해변에 모여 있던 사람들은 예수님께서 또 움직이시자 이번에는 마냥 기다릴 수가 없어 같이 따라나섰다. 지난 번에는 늦은 저녁에 배를 타고 바다를 건너가시니 보이지 않아 따라갈 수 없었지만 이번에는 도보로 가시기 때문에 모두 따라나서다 보니 서로 밀치는 등 혼란이 빚어졌다.

【4】 49 아직 말씀하실 때에 회당장의 집에서 사람이 와서 말하되 당신의 딸이 죽었나이다 **선생님을 더 괴롭게 하지 마소서** 하거늘 50 예수께서 들으시고 이르시되 **두려워하지 말고 믿기만 하라 그리하면 딸이 구원을 얻으리라** 하시고

중도에 열두 해 동안 혈루증을 앓던 여인을 치료하시고 나서 말씀하고 계실 때 회당장의 집에서 연락이 왔다. 딸이 이미 죽었으므로, 예수님을 괴롭힐 필요가 없다고 했다. '괴롭게 하다'(σκύλλω)는 여기에만 나오는 단어이며, 가죽을 벗기는 고통을 말한다. 예수님께서 수많은 무리를 두고 떠나오시는 마음의 고통을 겪으셔야 했다.

야이로의 마음을 잘 아시는 예수님께서는 난감해하는 야이로를 재촉하여 그의 집으로 가셨다.

【5】 51 그 집에 이르러 **베드로와 요한과 야고보와 아이의 부모 외에는 함께 들어가기를 허락하지 아니하시니라**

왜 베드로와 요한과 야고보만 동행하게 하셨을까? 병들어 죽은

아이를 살리는 데에 이럴 필요가 있었을까? 이 이야기 속에는 이들과만 비밀히 할 말씀이 있었다는 뜻이다. 그 말은 앞에서 언급한 바와 같이 유대교인들이 꾸미고 있는 음모와 관련이 있다. 성경은 은폐, 함축, 암시적인 방법으로 기록을 해 놓았다.

> 【6】 2 … 예수께서 이르시되 울지 말라 **죽은 것이 아니라** 잔다 하시니 … 54 예수께서 아이의 손을 잡고 불러 이르시되 아이야 **일어나라** 하시니 55 그 영이 돌아와 아이가 곧 일어나거늘 예수께서 **먹을 것을 주라** 명하시니 56 그 부모가 놀라는지라 예수께서 **경고하사 이 일을 아무에게도 말하지 말라 하시니라**

예수님께서는 죽은 자들을 향하여 항상 "잔다!"고 말씀하셨으며, 죽은 자를 살리실 때에는 잠자는 사람을 깨우듯이 "일어나라!"고 말씀하셨다. 다시 살아난 아이에게 "먹을 것을 주라!"고 하셨는데, 이는 그 아이가 질병에 시달리는 동안 전혀 먹지 못하여 몸이 쇠약해져 있음을 뜻한다. 먹지 못해 쇠약해진 몸을 초자연적인 능력으로 해결하시지 않고 먹을 것을 주어 해결하게 하셨다. 계약법의 기본 원리는 무엇일까?

사람이 할 수 있는 것은 사람이,
사람이 할 수 없는 것은 하나님께서.

물음 38 혈루증 앓는 여인, 왜 중요할까?

본문 : 〈 8:43~48 〉

43 이에 열두 해를 혈루증으로 앓는 중에 아무에게도 고침을 받지 못하던 여자가

44 예수의 뒤로 와서 그의 옷 가에 손을 대니 혈루증이 즉시 그쳤더라

45 예수께서 이르시되 내게 손을 댄 자가 누구냐 하시니 다 아니라 할

때에 베드로가 이르되 주여 무리가 밀려들어 미나이다
46 예수께서 이르시되 내게 손을 댄 자가 있도다 이는 내게서 능력이 나
간 줄 앎이로다 하신대
47 여자가 스스로 숨기지 못할 줄 알고 떨며 나아와 엎드리어 그 손 댄
이유와 곧 나은 것을 모든 사람 앞에서 말하니
48 예수께서 이르시되 딸아 네 믿음이 너를 구원하였으니 평안히 가라
하시더라

이 이야기는 예수님께서 회당장 야이로의 집으로 가실 때 중도에서 일어난 일이다.

【1】 45 예수께서 이르시되 **내게 손을 댄 자가 누구냐** 하시니 다 아니라 할 때에 베드로가 이르되 **주여 무리가 밀려들어 미나이다**

예수님을 따라가는 사람들이 몰려들어 인산인해를 이루었고, 또 서로 예수님 가까이 다가가기 위하여 혼잡이 빚어졌다. 그 때 예수님께서 멈춰 서서 "내게 손을 댄 자가 누구냐?"라고 물으셨다. 군중들의 혼잡을 통제하느라고 정신이 없던 베드로는 사람들이 서로 밀치다가 예수님을 건드린 것을 예수님께서 언짢게 여기시는 줄로 오해해서, 사람들이 밀려들므로 어쩔 수 없다고 말했다.

【2】 47 여자가 스스로 숨기지 못할 줄 알고 **떨며 나아와 엎드리어** 그 손 댄 이유와 곧 나은 것을 모든 사람 앞에서 말하니

그런데 그때 한 여인이 나아와 떨며 엎드려 자신이 한 행동과 일어난 일을 이실직고(以實直告)했다. 그 여인은 열 두 해를 혈루증으로 고생하며 온갖 노력을 기울였으나 허사였다. 그러다가 예수님의 소문을 듣고 찾아와 있다가, 예수님께서 야이로의 집을 향해 가실 때 용기를 내어 예수님 옆으로 다가와 옷자락을 만졌다. 그 순간 그녀는 예수님에게서 어떤 능력이 나와 자신의 질병이 치료되었음을 알았다. 그 여인은 왜 예수님의 옷자락을 만졌을까? 왜 예수님께서는 이를 모른 체하지 않으시고 옷에 손을 댄 사람을 찾으셨을까? 왜 이 여인은 떨며 엎드리어 사실대로 고백했을까?

【3】 48 예수께서 이르시되 **딸아 네 믿음이 너를 구원하였으니 평안히 가라** 하시더라

유대교 율법에 의하면 이 여인은 죄 때문에 형벌을 받은 죄인에 불과했다. 그런데 이 여인은 바닷가에서 예수님의 말씀을 들으면서 자신은 죄인이 아니라 하나님의 자녀라는 사실을 다시 발견했다. 예수님께서 이 여인을 향하여 "딸아!"라고 부르신 칭호가 이를 말해주고 있다. 이 여인은 12년 동안 질병에 시달리면서 의원들에게 재산을 허비했고(막5:26) 동시에 하나님께 버림받은 죄인이라는 잘못된 신앙에 시달렸다. 이러한 이중고에 시달리던 이 여인은 예수님을 만나고 나서 먼저 신앙적인 치료를 받았고 이어서 육체적인 나음을 받았다. 예수님께서 이 여인에게 모든 사람 앞에서 그동안의 사정을 말하게 하신 이유는 유대교가 병든 사람을 두 번 죽이고 있음을 말씀하시는 사건이었다.

복음서는 이 여인이 믿음으로 질병에서 구원받았다고 선언한다. 여기서 말하는 믿음은 하나님의 말씀을 똑바로 이해하는 믿음이며, 구원은 육체의 질병과 잘못된 신앙에서 치료되었음을 말한다.

누가는 평지설교에 이어서 로마인 백부장과 나인성 과부 두 사람을 믿음의 모형으로 제시했으며, 해상설교에서는 거라사의 군대 귀신 들린 사람, 회당장 야이로, 열두 해를 혈루증으로 고생하던 세 사람을 모형으로 제시하고 있다. 누가의 눈에는 이들이야말로 이 땅에 하나님 나라를 만들어갈 준비가 된 진정한 믿음의 소유자들이었다.

물음 39 제자 파송, 무엇을 말하는가?

본문 : 〈 9:1~9 〉

1 예수께서 열두 제자를 불러 모으사 모든 귀신을 제어하며 병을 고치는 능력과 권위를 주시고

2 하나님의 나라를 전파하며 앓는 자를 고치게 하려고 내보내시며

3 이르시되 여행을 위하여 아무 것도 가지지 말라 지팡이나 배낭이나 양식이나 돈이나 두 벌 옷을 가지지 말며

4 어느 집에 들어가든지 거기서 머물다가 거기서 떠나라

5 누구든지 너희를 영접하지 아니하거든 그 성에서 떠날 때에 너희 발에서 먼지를 떨어 버려 그들에게 증거를 삼으라 하시니

6 제자들이 나가 각 마을에 두루 다니며 곳곳에 복음을 전하며 병을 고치더라

7 분봉 왕 헤롯이 이 모든 일을 듣고 심히 당황하니 이는 어떤 사람은 요한이 죽은 자 가운데서 살아났다고도 하며

8 어떤 사람은 엘리야가 나타났다고도 하며 어떤 사람은 옛 선지자 한 사람이 다시 살아났다고도 함이라

9 헤롯이 이르되 요한은 내가 목을 베었거늘 이제 이런 일이 들리니 이 사람이 누군가 하며 그를 보고자 하더라

예수님께서 가장 큰 역점을 두신 것은 제자 교육과 훈련이었다. 예수님께서 하시던 일을 그들이 곧 대신해야 하기 때문이었다. 이를 위하여 갈릴리 사역의 후반기에 예수님께서는 사도들에게 복음을 전하는 훈련을 시키셨다. 구체적으로 무엇을 어떻게 하셨을까?

【1】 1 예수께서 열두 제자를 불러 모으사 모든 **귀신을 제어하며 병을 고치는 능력과 권**위를 주시고

예수님께서는 제자들을 보내실 때 무엇보다도 귀신을 내쫓는 권세를 주셨다.(막6:7, 16:17) 왜 귀신 쫓는 권세를 첫 번째 순위에 두셨을까? 가장 중요하기 때문이다. 왜 이것이 가장 중요할까? 앞에서 보았듯이 예수님께서는 마귀와의 대결로 사역을 시작하셨으며, 잠시 떠났던 마귀는 귀신들린 자, 정통신학 등을 통하여 계속 공격해 왔다. 예수님의 사역은 곧 여러 형태로 다가오는 마귀와의 대결이었다. 마귀의 가장 큰 능력은 속임수이다. 마귀의 이런 속임수를 이기기 위해서는 성경과 신학, 하나님 등에 대하여 그 원리와 이치를 바르게 이해하는 게 첩경이다. 마귀의 속임수를 어떤 영적인 능력에만 의존하려 든다면 이는 적 앞에 무장 해제하는 것과 같아서 백전백패할 수밖에 없다.

예수님 당시에 귀신쫓는 능력은 곧 정통신앙을 통하여 공격해 오는 마귀의 세력을 물리치는 능력이었다. 이런 이유로 제자들에게 이 능력을 먼저 주셨고 제자들은 귀신을 쫓아냈다.

그 다음으로는 온갖 병자를 고치는 능력을 주셨다. 복음 사역은 곧 이 땅에 하나님 나라를 실현시키는 운동이고, 하나님께서는 현실적으로 이를 가능하게 하시는데, 그 방법이 그 당시에는 초자연적인 방법으로 질병을 치유하는 능력이었다. 오늘에는 오늘에 합당한 방법을 사용하신다. 왜 질병을 치유하는 능력이었을까?

첫째, 그 당시에는 병자 치료가 곧 유대교 정통신학의 오류를 교정하는 역할을 했기 때문이다. 이에 대해서는 앞에서 누누이 언급한 바와 같다. 복음 사역의 첫 번째 지침은 바른 신앙이다. 세상 구원은 유대교, 기독교뿐만 아니라 온 세상의 모든 종교를 바른 신앙으로 이끄는 것이다. 신앙이 잘못되면 신앙 때문에 불행해지기 때문이다.

둘째, 하나님 나라의 실현을 구체적으로 가능하게 했다. 병자를 치유하는 능력을 통해 사람들을 모이게 하고, 또 동참하게 했다. 이런 사실은 다음의 구절에서 더 명확해진다.

【2】 2 **하나님의 나라를 전파하며** 앓는 자를 고치게 하려고 내보내시며 3 이르시되 여행을 위하여 아무 것도 가지지 말라 지팡이나 **배낭이나 양식이나 돈이나 두 벌 옷을 가지지 말며** 4 어느 집에 들어가든지 거기서 머물다가 거기서 떠나라

누가복음에 의하면 예수님께서 이 세상에 오신 목적은 희년의 실현(4:17~19) 즉 이 땅에 하나님 나라를 실현하기 위함이었다. 그런데 도대체 하나님 나라를 이 세상에 실현한다는 게 무엇을 어떻게 한다는 것일까?

귀신을 내쫓고, 온갖 병자를 고쳐서 이 운동에 동참하여 경제정의가 실현된 공동체를 만드는 것이다. 예수님을 따르기 위해서는 생명과 재산을 내놓는 것은 기본이었다. 배낭이나 양식이나 두 벌 옷을 가지지 말라는 말씀은 사람들이 내놓은 재산 가운데서 선교비, 교통비, 생활비 등 다른 명목으로 아무것도 챙기지 말라는 뜻이다. 오늘날 선교 갈 때 하나님께서 준비해 주시리라는 믿음으로 아무것도 가지고 가지 말라고 하는 경우가 있는데 본문은 결코 그런 뜻이 아니다. 문자가 아니라 당시의 상황에서 그 정신과 의미로 행간의 의미를 읽어내야 한다.

【3】 5 누구든지 너희를 영접하지 아니하거든 그 성에서 떠날 때에 **너희 발에서 먼지를 떨어 버려 그들에게 증거를 삼으라** 하시니 6 제자들이 나가 **각 마을에 두루 다니며 곳곳에 복음을 전하며 병을 고치더라**

초자연적인 방법으로 귀신을 쫓아내고 온갖 병자를 고치는 것은 하나님께서 함께 하신다는 증거다. 그럼에도 불구하고 이를 무시하고 동참하지 않는 사람들이 있다. 이스라엘은 하나님과 계약을 맺은 사람들인데, 그들이 이를 무시하면 이는 용서받지 못할 죄목에 들어간다. 예수님께서는 제자들로 하여금 이를 주지시키고 그들에게 심판을 선언하라고 하셨다. 이를 거부하는 자들은 신발에서 먼지를 떨어내듯이 하나님께서 그들과 맺은 계약을 폐기하시고 심판하신다. 구약에서 북이스라엘과 남유다가 멸망하고 AD 70년에 유다가 로마

제국에 멸망당한 사건이 이에 해당된다. 성경에서 얘기하는 심판은 계약공동체가 계약을 이행하지 않을 때, 그 공동체에 대한 심판이며, 또한 계약공동체를 박해하는 세력에 대한 심판이다. 요한계시록에서 말하는 심판은 초대교회를 박해하는 로마제국에 대한 심판이었다.

예수님의 제자들은 이스라엘 전역을 돌아다니며 온갖 병자를 고치고 복음 전파, 즉 하나님 나라 운동을 펼쳤으며, 이 소문이 전국으로 퍼져나갔다.

> 【4】 7 분봉 왕 헤롯이 이 모든 일을 듣고 심히 당황하니 이는 어떤 사람은 **요한이 죽은 자 가운데서 살아났다**고도 하며 8 어떤 사람은 엘리야가 나타났다고도 하며 어떤 사람은 **옛 선지자 한 사람이 다시 살아났다**고도 함이라 9 헤롯이 이르되 요한은 내가 목을 베었거늘 이제 이런 일이 들리니 **이 사람이 누군가 하며 그를 보고자 하더라**

제자들의 소문은 헤롯왕에게도 전달되었는데, 그는 소문을 들으면서 몹시 당혹스러워했다. 왜냐하면 제자들이 한 일이 세례 요한이나 엘리야, 옛 선지자들이 하던 일과 같았기 때문이다. 요한과 선지자들은 하나같이 경제정의의 실현을 요구하던 사람들이다. 헤롯은 왜 요한이 다시 살아났다고 했을까? 요세푸스의 글에 의하면 헤롯이 요한을 죽인 이유는 경제정의를 요구하는 요한의 설교로 말미암아 사회혁명이 촉발될 위기에 처했기 때문이라고 한다. 이는 곧 예수님과 제자들이 하는 일이 경제정의 실현 운동이었음을 반증한다. 헤롯은 이런 이유로 예수님에 대하여 지대한 관심을 가지게 되었다.

예수님께서 제자들을 파송하시면서 전대나 양식 배낭, 두 벌 옷 등 아무 것도 지니고 가지 말라는 말씀을 문자대로 해석하고 오해하지 말아야 한다. 문자로 해석하면 본래 말하려는 의미를 죽인다. 사도 바울은 이를 다음과 같이 말했다.

> 저가 또 우리로 **새 언약의 일꾼** 되기에 만족케 하셨으니 의문으로 하지 아니하고 오직 영으로 함이니 의문(**儀文)은 죽이는 것이요 영은 살리는 것임이니라**(고후3:6)

물음 40 오병이어, 왜 중요한가?

본문 : 〈 9:10~17 〉

10 사도들이 돌아와 자기들이 행한 모든 것을 예수께 여쭈니 데리시고 따로 벳새다라는 고을로 떠나 가셨으나

11 무리가 알고 따라왔거늘 예수께서 그들을 영접하사 하나님 나라의 일을 이야기하시며 병 고칠 자들은 고치시더라

12 날이 저물어 가매 열두 사도가 나아와 여짜오되 무리를 보내어 두루 마을과 촌으로 가서 유하며 먹을 것을 얻게 하소서 우리가 있는 여기는 빈 들이니이다

13 예수께서 이르시되 너희가 먹을 것을 주라 하시니 여짜오되 우리에게 떡 다섯 개와 물고기 두 마리밖에 없으니 이 모든 사람을 위하여 먹을 것을 사지 아니하고서는 할 수 없사옵나이다 하니

14 이는 남자가 한 오천 명 됨이러라 제자들에게 이르시되 떼를 지어 한 오십 명씩 앉히라 하시니

15 제자들이 이렇게 하여 다 앉힌 후

16 예수께서 떡 다섯 개와 물고기 두 마리를 가지사 하늘을 우러러 축사하시고 떼어 제자들에게 주어 무리에게 나누어 주게 하시니

17 먹고 다 배불렀더라 그 남은 조각을 열두 바구니에 거두니라

오병이어 이야기는 복음서에서 대단히 중요하게 다루기 때문에 네 복음서에서 모두 기록해 놓았다.[55] 특히 요한복음에서는 이 말씀을 성만찬 예식사와 같이 다루고 있다. 오늘 우리가 이 본문을 읽으면 "진짜 일어난 사실일까?"라는 의문이 먼저 드는데, 이 본문을 복음서에서는 왜 이토록 중요하게 다루고 있을까?

【1】 10 사도들이 돌아와 **자기들이 행한 모든 것을 예수께 여쭈니** 데리

55) 마14:13:21, 막6:30~44, 요6:1~70.

시고 따로 벳새다라는 고을로 떠나 가셨으나

제자들의 선교 여행은 적지 않은 기간이 걸렸다. 그동안 예수님께서는 가버나움에 계시면서 몰려드는 사람들에게 복음을 전하고 계셨는데, 사람들이 너무 많이 몰려들어 식사하실 겨를조차 없으셨다.(막6:31) 제자들에게서 선교 보고를 자세히 들으신 예수님께서는 그들을 데리고 배를 타고 한적한 곳으로 떠나셨다. 제자들과 별도의 시간이 필요하셨기 때문이다.

【2】 11 무리가 알고 따라왔거늘 예수께서 **그들을 영접하사 하나님 나라의 일을 이야기하시며** 병 고칠 자들은 고치시더라

그런데 가려는 지역에 도착해 보니 가버나움에 있던 사람들이 먼저 도착해있었다. 어떻게 이런 일이 가능했을까?

갈릴리 호수는 북쪽으로 약 30km에 있는 헬몬산(2814m)의 만년설이 녹아 흘러내리는 요단강을 수원지로 형성된 민물 호수인데, 가로가 20여km, 세로가 10여km의 타원형이다. 예수님께서 제자들과 배를 타고 가시자 그 방향을 바라보며 많은 사람들이 육로로 걸어서 쫓아왔는데, 남자 장정만 5천여 명이나 되었다. 이를 미루어 추정하면 가버나움에는 최소한 몇만 명의 사람들이 모여있었다고 생각할 수 있다.

지금 예수님께서는 무슨 일을 하고 계신 것일까? 계약공동체의 모형을 만들어 제자들을 교육시키는 중이시다. 가버나움에 모여있는 몇만 명의 사람들 중에서 예수님의 말씀을 듣고 계약공동체에 참여 할 사람들을 골라 뽑으셨는데, 그 방법이 제자들과 배를 타고 멀리 떠나시는 방법이었다. 예수님께서 떠나신 후 예수님의 말씀에 정말로 공감하는 사람들은 배가 가는 방향을 따라 육로를 달려 먼저와 있었다. 마태나 마가에는 이를 보고 예수님께서 불쌍히 여기셨다고 기록되어 있는데 누가는 "그들을 영접하사 하나님 나라의 일을 이야기하시며"라고 다시 해석했다. '영접하사'(ἀποδέχομαι)는 누

가 · 행전에만 쓰이는 단어로서 크게 환영하며 기쁘게 영접한다는 뜻이다. 사사 기드온의 이야기에 의하면 하나님께서는 모여온 삼만 이천 명 중에서 300명을 골라내셨다.(삿7장) 하나님께서는 늘 이런 사람들을 통해서 일하신다.

【3】 12 날이 저물어 가매 열두 사도가 나아와 여짜오되 무리를 보내어 두루 마을과 촌으로 가서 유하며 먹을 것을 얻게 하소서 우리가 있는 여기는 빈 들이니이다 13 예수께서 이르시되 **너희가 먹을 것을 주라** 하시니 여짜오되 **우리에게 떡 다섯 개와 물고기 두 마리밖에 없으니** 이 모든 사람을 위하여 먹을 것을 사지 아니하고서는 할 수 없사옵나이다 하니

가버나움에서 빈 들까지 따라온 사람들은 가버나움 주민들이 아니라 멀리서 가버나움까지 걸어와 여러 날을 있었던 사람들이다. 그런 사람들이 이제 또 빈 들까지 따라왔다. 그들 중에는 몸이 불편한 병자들도 있었다.

제자들이 먼저 예수님에게 말했다. 날은 저물어가고 이 사람들은 굶주려 있고 또 돌아갈 길은 먼데, 또 이곳은 광야인데, 주변 마을로 보내서 뭘 좀 사 먹게 해야 한다고 걱정하는 제자들에게 "너희가 먹을 것을 주어라"라고 말씀하시며, 먹을 것이 얼마나 있는지 알아보라고 하셨다. 이에 떡 다섯 개와 물고기 두 마리가 전부라고 했다.

【4】 16 예수께서 떡 다섯 개와 물고기 두 마리를 가지사 하늘을 우러러 축사하시고 떼어 **제자들에게 주어 무리에게 나누어 주게 하시니** 17 먹고 다 배불렀더라 그 남은 조각을 열두 바구니에 거두니라

예수님께서는 그것을 가져오게 하신 후 축사하시고 제자들로 하여금 나누어 주게 하였다. 그러자 모두가 먹고 열두 바구니에 남았다. 예수님께서는 무슨 일을 하신 것일까?

❶ 먹는 문제 해결

예수님께서는 제자들에게 계약공동체에서 제자들이 해야 할 가장

중요한 일은 먹는 문제의 해결이라는 점을 가르치셨다. 구약의 대제사장은 하나님께 매주 진설병 열두 덩어리를 새로 만들어 드리고 묵은 진설병을 먹어야 했다. 무슨 뜻일까? 대제사장은 계약공동체 내에서는 굶는 사람이 없다는 것을 하나님께 보고해야 하며 그것이 제사장의 책임이라는 뜻이다. 이런 이유로 누가는 예수님께서 오신 목적이 희년의 실현이라고 말하고 있다.

❷ 갈릴리 교육의 결론

누가복음에 의하면 오병이어 사건은 갈릴리 사역의 마지막 이야기이다. 즉 제자들에게 남겨주신 가장 중요한 교육이라는 뜻이다. 오늘 우리 교회가, 목회자들이 해야 할 가장 크고 중대한 사역은 먹는 문제 해결, 즉 경제정의의 실현이다. 복음서, 특히 누가복음에 의하면 이는 명확하다. 뒤에서 좀 더 세밀하게 살펴보겠지만 누가복음에서는 경제정의를 실현하는 일이 곧 구원 사역이다. 경제정의 실현은 경제학의 과제이자 인류 역사의 염원이지만 그 실현은 아직 요원하다. 그런데 교회의 목회자가 이를 어떻게 실현할 수 있단 말인가?

❸ 네가 가진 것이 무엇이냐?

이를 해결하는 하나님의 방식은 지극히 단순하다. 네가 할 수 있는 것, 가지고 있는 것은 무엇이냐고 물으신다. 제자들에게는 보리떡 다섯 개와 물고기 두 마리였고, 모세에게는 양을 치던 막대기가 가지고 있는 것의 전부였다.(출4:2) 우리의 현실을 너무 잘 아시는 하나님께서는 다른 무엇을 요구하지 않으시고 할 수 있는 것, 현재 가지고 있는 것, 그것을 요구하신다.

❹ 내게로 가져와라

그리고 그것을 기쁘게 받으시고 그것에 축복하신 후 "이제 네가 나누어 주라!"고 말씀하신다. 이런 방식으로 하나님께서는 계약공동체 사람들을 통해서 일하신다. 그리고 모두가 배불리 먹고 열두 바구니에 남게 하신다.

본문의 이야기 속에는 계약공동체를 통하여 이 땅에 하나님 나라를 실현하시는 하나님의 방법에 대한 중요한 통찰이 들어있다. 누가복음에서는 이 이야기와 더불어 갈릴리 사역이 마무리되고 그 다음 단계로 넘어 간다.

물음 41 경고하사, 무슨 뜻일까?

본문 : 〈 9:18~27 〉

18 예수께서 따로 기도하실 때에 제자들이 주와 함께 있더니 물어 이르시되 무리가 나를 누구라고 하느냐

19 대답하여 이르되 세례 요한이라 하고 더러는 엘리야라, 더러는 옛 선지자 중의 한 사람이 살아났다 하나이다

20 예수께서 이르시되 너희는 나를 누구라 하느냐 베드로가 대답하여 이르되 하나님의 그리스도시니이다 하니

21 경고하사 이 말을 아무에게도 이르지 말라 명하시고

22 이르시되 인자가 많은 고난을 받고 장로들과 대제사장들과 서기관들에게 버린 바 되어 죽임을 당하고 제삼일에 살아나야 하리라 하시고

23 또 무리에게 이르시되 아무든지 나를 따라오려거든 자기를 부인하고 날마다 제 십자가를 지고 나를 따를 것이니라

24 누구든지 제 목숨을 구원하고자 하면 잃을 것이요 누구든지 나를 위하여 제 목숨을 잃으면 구원하리라

25 사람이 만일 온 천하를 얻고도 자기를 잃든지 빼앗기든지 하면 무엇이 유익하리요

26 누구든지 나와 내 말을 부끄러워하면 인자도 자기와 아버지와 거룩한 천사들의 영광으로 올 때에 그 사람을 부끄러워하리라

27 내가 참으로 너희에게 이르노니 여기 서 있는 사람 중에 죽기 전에 하나님의 나라를 볼 자들도 있느니라

마태와 마가에 의하면 갈릴리 사역을 마치신 예수님께서는 제자들을 데리고 이방 나라 두로와 시돈 지역으로 가셔서 수개월 계시면서 제자 교육에만 집중하셨다. 그 후 두로와 시돈 지역에서 오른쪽 이방인 지역과 데가볼리를 거쳐 갈릴리 호수 오른편에 도착하신다. 이는 이방인 선교에 해당된다. 이방인 선교의 마무리도 역시 몇 개의 떡과 물고기로 4천여 명을 먹이시는 사역으로 마치신다. 이는 제자들에게 먹는 문제 해결이 그들이 해야 할 가장 중차대한 일이라는 것을 재차 확인시키시는 교육이었다.

그런데 누가는 이런 이방인 지역 선교 이야기는 생략하고 있다. 학자들은 이를 '대 생략'이라고 한다. 대신 변화산을 거쳐 갈릴리에서 예루살렘으로 올라가는 과정의 이야기를 길게(9:51~16장) 다루고 있다. 본문은 이제 갈릴리 사역을 마치면서 가이샤랴 빌립보에 이르러 예수님께서 제자들과 함께 그간의 사역을 총정리하시는 이야기이다.

무슨 이야기를 나누셨을까?

【1】 18 예수께서 따로 기도하실 때에 제자들이 주와 함께 있더니 물어 이르시되 **무리가 나를 누구라고 하느냐**

누가복음에서는 예수님께서 기도하셨다고 기록하고 있다. 무슨 기도를 하셨을까? 그걸 어떻게 아는가?

누누이 말하지만 성경은 거의 대부분의 경우 직접 설명하지 않고 은폐, 함축, 암시의 방법으로 말한다. 기도하시고 나서 제자들과 나

누신 대화 속에 함축되어있다. 기도하시면서 갈릴리 사역을 회상하시며 정리하시던 예수님께서는 제자들에게 다른 사람들이 예수님을 어떻게 이해하고 있는지에 대하여 물으셨다. 이에 대한 대답은 세례 요한, 엘리야, 선지자 중의 하나라고 했다. 예수님께서는 다시 제자들의 생각을 물으셨다.

【2】 20 예수께서 이르시되 너희는 나를 누구라 하느냐 베드로가 대답하여 이르되 **하나님의 그리스도시니이다** 하니

예수님의 질문에 베드로가 "하나님의 그리스도시니이다."라고 대답했다. 같은 내용을 다루는 병행본문에 의하면 마태에서는 "주는 그리스도시요 살아 계신 하나님의 아들이시니이다."(마16:16)이고 마가에서는 "주는 그리스도시니이다."(막8:29)라고 했다. 마태의 대답에 대해서는 예수님께서 베드로를 칭찬하셨지만, 마가와 누가의 대답에 대해서는 달리 말씀하셨다. 뭐라고 하셨을까?

【3】 21 **경고하사** 이 말을 아무에게도 이르지 말라 명하시고

마가와 누가에서는 베드로의 대답에 대하여 '경고'하셨는데, 경고하셨다는 단어 에피티마오(ἐπιτιμάω)는 귀신을 꾸짖어 쫓아내거나 풍랑이는 바다를 책망하실 때 쓰신 단어와 동일하다. 즉 예수님께서는 베드로의 대답에 대하여 마귀를 쫓아내실 때 꾸짖듯이 책망하시면서 아무에게도 그런 말 하지 말라고 입단속을 하셨다. 왜 그러셨을까?

베드로의 대답이 예수님에 대해 유대인들이 기다리던 메시아와 다를 바 없는 고백이었기 때문이다. 누가복음에 의하면 마귀의 지속적인 공격은 예수님으로 하여금 유대인들이 기다리던 정치적인 메시아, 즉 제국의 황제가 되라는 유혹이었다. 그런데 베드로를 비롯한 제자들은 아직 예수님에 대한 이해가 일반 유대인들의 메시아와 별반 다르지 않았다.

예수님께서 갈릴리 사역을 마치면서 돌이켜 보실 때 이제 남은 가장 큰 과제는 제자교육이었다. 마태와 마가에서는 이를 위해 예수

님께서 제자들을 데리고 이방인 지역인 두로와 시돈으로 가셔서 반년 정도의 집중교육 시간을 가지셨다고 기록해 놓앗다. 누가복음에서는 예수님께서 예루살렘으로 올라가시는 과정을 예수님을 따르는 제자들에게 교육시키시는 이야기로 채워놓았다. 제자들의 깨달음은 아직 멀었고 예수님께서는 이를 위해 많은 기도를 하셨다.

우리는 지금 예수님을 어떤 메시아로 고백하고 있는가? 안타깝게도 오늘 우리 교회에서 믿는 예수님은 그 당시 유대인들이 기대하던 메시아와 별반 다르지 않다. 유대인들은 메시아가 오면 자신들이 기대하는 것들을 다 이뤄준다고 생각했다. 그런데 오늘 우리도 예수님께서 재림하시면 모든 것이 다 이뤄진다고 믿고 있다. 회심할 때 영혼이 구원받고 죽은 다음에 하늘나라에 간다거나 예수님께서 다시 오시면 세상을 심판하고 우리는 구원을 얻는다고 믿는 믿음이야말로 복음서와는 상관이 없을 뿐만 아니라 땅이 하늘에서 먼 것만큼 성경과는 멀리 떨어져 있다.

이 노릇을 어찌해야 하나? 어쩌다 이 모양이 되었을까? 귀 있는 자는 들을지어다!

【4】 22 이르시되 인자가 많은 고난을 받고 장로들과 대제사장들과 서기관들에게 **버린 바 되어 죽임을 당하고** 제삼일에 살아나야 하리라 하시고 23 또 무리에게 이르시되 **아무든지 나를 따라오려거든 자기를 부인하고 날마다 제 십자가를 지고 나를 따를 것이니라** 24 **누구든지 제 목숨을 구원하고자 하면 잃을 것이요 누구든지 나를 위하여 제 목숨을 잃으면 구원하리라** 25 사람이 만일 온 천하를 얻고도 자기를 잃든지 빼앗기든지 하면 무엇이 유익하리요

무슨 말씀일까? 유대교 메시아 신앙에 대한 전면적인 수정이다. 구원받기 위하여 예수님을 믿는 자는 구원을 받지 못하고, 십자가에 매달려 죽기 위하여 예수님을 믿는 자가 구원을 받는다는 말씀이다. 다시 말하면 스스로 구원받았다고 생각하는 사람들은 구원받을 수 없다는 뜻이다. 유대인들은 스스로 의롭다고 생각했는데, 예수님께

서는 그런 자들을 향하여 다음과 같이 무섭게 책망하셨다.

> 화 있을진저 외식하는 서기관들과 바리새인들이여 너희는 **천국 문을 사람들 앞에서 닫고** 너희도 들어가지 않고 들어가려 하는 자도 들어가지 못하게 하는도다(마23:13) … **뱀들아 독사의 새끼들아** 너희가 어떻게 지옥의 판결을 피하겠느냐(마23:33)

왜 스스로 의롭다거나 구원받았다고 생각하면 지옥의 심판을 면할 길이 없을까? 이유는 단순하다. 여호와를 하나님으로, 예수님을 그리스도로 믿는 사람들은 하나님과 계약을 맺은 사람들이며, 세상의 구원을 책임진 하나님의 자녀들이다. 이는 마치 여객선을 몰고 가는 선장과 같은데, 선장의 역할은 배와 승객을 목적지까지 안전하게 도착하게 하는 것이다. 만일의 경우 배가 좌초되었다면 마지막 한 사람까지라도 최선을 다하여 구출해야 하며, 자신은 배를 좌초시키고 승객들을 위험에 빠뜨리거나 죽게 했으므로 배와 함께 침몰하려고 해야 한다. 배를 자기 목숨처럼 여기지 않는다면 선장으로서의 기본적인 자세가 결여된 것이다.

예수님께서 십자가에 죽으심으로 구원받았다고 믿는다면, 내가 살던 동시대인 가운데 단 한 사람이라도 구원에 이르지 못하고 지옥에 간다는 것은 내 책임이며 나는 결코 구원받을 수 없다고 생각해야 이치에 맞는다. 하나님의 자녀라는 게 무슨 뜻일까? 하나님을 대신하여 이 세상을 책임진다는 뜻이다. 그런데 이 세상에 대하여 아무런 책임 의식 없이 나는 예수님을 믿어 구원받아 천국에 가고, 세상은 예수님을 믿지 않아 멸망한다고 생각하면 이는 예수님의 십자가에 대한 모독이다. 내가 예수님의 대신 죽으심으로 구원받았다고 믿는다면 나는 구원받지 못한 사람을 위하여 대신 죽어 지옥에 가려고 해야 한다.

오늘 우리 기독교의 구속사 구원론은 너무 유치하고 이치에 맞지 않으며, 유대교의 의인론과 너무 흡사하다. 참으로 안타까운 노릇이다. 오늘 교회가 세상에서 손가락질의 대상이 되어있는 이유는 우리의 신앙 그 자체가 잘못되었기 때문이다.

【5】 27 내가 참으로 너희에게 이르노니 **여기 서 있는 사람 중에 죽기 전에 하나님의 나라를 볼 자들도 있느니라**

이 구절은 많은 오해를 불러오는 구절 중의 하나다. 흔히 이 구절을 예수님의 재림으로 해석한다. 그러나 이 본문은 복음으로 말미암아 이 땅에서 실현될 하나님 나라를 말한다. 즉 지금 예수님의 말씀을 듣는 사람들 중에서 새로운 계약이 체결되고 그 계약공동체인 교회를 통해 하나님 나라가 실현되는 것을 볼 사람이 있다는 뜻이다. 이는 실제로 사도행전에서 실현되었다. 이 구절을 임박한 종말의 구절로 해석하는 것은 종말에 관한 치명적인 오류이다.

예수님께서 종말, 즉 재림을 언급하신 말씀은 다음 구절이다.

그 때에 사람들이 **인자가 구름을 타고** 능력과 큰 영광으로 오는 것을 보리라(21:27)

두 구절이 서로 비슷하지만 전혀 다른 것을 말하고 있다. 재림 때에는 모든 사람이 빽빽한 구름 가운데 오시는 예수님을 보게된다. 지금 우리의 성경 이해와 정통 신학 가운데에는 기본과 이치, 상식에 맞지 않는 것들이 너무나 많다. 소경이 소경을 인도하여 벼랑으로 떨어지는 비극과 무지의 극치를 달리고 있다.

물음 42 왜 팔 일 후 변화산으로 가셨을까?

본문 : 〈 9:28~36 〉

28 이 말씀을 하신 후 팔 일쯤 되어 예수께서 베드로와 요한과 야고보를 데리고 기도하시러 산에 올라가사

29 기도하실 때에 용모가 변화되고 그 옷이 희어져 광채가 나더라

30 문득 두 사람이 예수와 함께 말하니 이는 모세와 엘리야라

31 영광중에 나타나서 장차 예수께서 예루살렘에서 별세하실 것을 말할

새
32 베드로와 및 함께 있는 자들이 깊이 졸다가 온전히 깨어나 예수의 영
광과 및 함께 선 두 사람을 보더니
33 두 사람이 떠날 때에 베드로가 예수께 여짜오되 주여 우리가 여기 있
는 것이 좋사오니 우리가 초막 셋을 짓되 하나는 주를 위하여, 하나는
모세를 위하여, 하나는 엘리야를 위하여 하사이다 하되 자기가 하는 말
을 자기도 알지 못하더라
34 이 말 할 즈음에 구름이 와서 그들을 덮는지라 구름 속으로 들어갈
때에 그들이 무서워하더니
35 구름 속에서 소리가 나서 이르되 이는 나의 아들 곧 택함을 받은 자
니 너희는 그의 말을 들으라 하고
36 소리가 그치매 오직 예수만 보이더라 제자들이 잠잠하여 그 본 것을
무엇이든지 그 때에는 아무에게도 이르지 아니하니라

변화산의 이야기는 공관복음에서 모두 기록하고 있다. 이 이야기는 무엇을 말하고 있을까?

【1】 28 이 말씀을 하신 후 **팔 일쯤 되어** …

마태와 마가에서는 '엿새 후', 누가는 '팔 일쯤 되어'라고 말한다. 왜 이렇게 구체적으로 기간까지 기록해 놓았을까?

"하나님의 그리스도시니이다."(눅9:20), "주는 그리스도시니이다."(막8:29)라는 베드로의 고백에 예수님께서 마귀를 내쫓을 때 쓰시는 단어 에피티마오(ἐπιτιμάω)로 책망하신 후, 예루살렘에 올라가 죽임을 당하리라고 말씀하시자 제자들은 이에 너무나 큰 충격을 받았다. 자기들의 기대와는 너무 달랐기 때문이다. 마태와 마가에 의하면 베드로는 예수님을 붙들고 항변했는데, 이 '항변하매'로 번역된 단어도 예수님께서 귀신 쫓을 때 쓰신 에피티마오(ἐπιτιμάω)와 동일한 단어이다. 이에 예수님께서는 진노하셔서 심하게 책망하셨다.

사탄아 내 뒤로 물러 가라 너는 나를 넘어지게 하는 자로다 네가 하나님의 일을 생각하지 아니하고 도리어 사람의 일을 생각하는도다.(마

16:23, 막8:33)

이런 일로 말미암아 예수님과 제자들 사이에는 심한 갈등이 빚어졌다. 이때에는 열두 사도들 뿐만 아니라 다른 이들도 다수 따르고 있었는데, 예수님께서는 그들 모두를 모아놓고 진지하게 앞으로 일어날 일들을 설명하셨다.(막8:34)

이 일이 있었던 가이사랴 빌립보는 헬몬산에서 흘러내리는 물이 풍부한 휴양도시였다. 예수님께서는 이곳에서 쉬시면서 일 주일 정도 제자들을 재교육시키신 다음에 그들에게 말씀하신 것을 직접 경험할 기회를 주셨다. 무슨 경험이었을까?

【2】 28 … 예수께서 **베드로와 요한과 야고보**를 데리고 **기도하시러** 산에 올라가사 29 기도하실 때에 **용모가 변화되고 그 옷이 희어져 광채가 나더라** 30 문득 두 사람이 예수와 함께 말하니 이는 **모세와 엘리야라**

헬몬산으로 추정되는 산으로 기도하러 가셨는데, 예수님께서 신비한 모습으로 변형되셨고, 구약의 인물인 모세와 엘리야가 등장하여 예수님과 말씀을 나누셨다. 예수님께서는 제자들을 교육시키기 위하여 특별강사로 모세와 엘리야까지 불러오신 셈이다. 그런데 왜 이런 신비한 일을 베드로와 야고보와 요한에게만 경험시키셨을까? 대답이 쉽지 않은 것 같지만 의외로 단순하다.

이 경험은 예수님을 하나님으로 경험하는 것인데, 이런 독특한 신비체험은 그것을 경험할 만한 준비가 되어있지 않으면 불가능하다. 모세와 선지자 등은 하나님을 직접 경험하고 말씀을 일인칭 화법으로 전했는데, 그렇게 할 때 그들의 마음의 상태는 하나님과 일치되어 있었다. 하나님의 일을 하려면 마음의 일치에 이어 방법의 일치가 되어야 하며, 여기에 이르기 까지는 많은 시간이 걸린다.

베드로와 야고보와 요한은 아직 부족하지만 신비 체험을 할만한 준비가 되어있어서 예수님과 동행했다.

【3】 30 문득 두 사람이 예수와 함께 말하니 이는 모세와 엘리야라 31 영광중에 나타나서 장차 **예수께서 예루살렘에서 별세하실 것을 말할새**

제자들이 예수님의 말씀 중에서 제일 받아들이기 어려웠던 부분은 예루살렘에서 돌아가신다는 말씀이었다. 이에 예수님께서는 모세와 엘리야가 직접 등장하여 대화하는 것을 제자들에게 경험시키심으로써, 제자들로 하여금 수난을 예고하신 예수님의 말씀의 의미를 깨닫게 하셨다. 모세는 율법을, 엘리야는 선지자를 대표하는 사람이다.

【4】 34 이 말 할 즈음에 구름이 와서 그들을 덮는지라 구름 속으로 들어갈 때에 **그들이 무서워하더니** 35 구름 속에서 소리가 나서 이르되 **이는 나의 아들 곧 택함을 받은 자니 너희는 그의 말을 들으라** 하고

예수님께서는 모세와 엘리야에 이어 이번에는 하늘의 음성을 동원하셨다. 베드로와 야고보와 요한은 깊이 졸고 있다가 신비한 모습을 보고 놀라 자신들도 무슨 뜻인지 모르는 말을 늘어놓았다. 이어서 구름과 더불어 두려움이 엄습해 오면서 하늘에서 음성이 들렸다. 예수님의 말씀을 확인해주시는 말씀이었다. 하나님께서는 사람을 대하실 때 그 사람의 눈높이에 맞추어 주신다. 베드로와 야고보와 요한은 아직 자신들이 무엇을 경험하고 있는지를 몰랐다. 많은 시간이 흐른 다음에야 점차 깨달아 알게 되었다.

그러나 꿈, 환상, 음성 등으로 신앙 경험이 일어나는 사람은 그나마 신앙생활에 꽤 집중하기 때문에 그런 일이 일어난다. 이런 현상이 없는 사람은 그만한 집중이 없었기 때문이다. 꿈, 환상, 음성, 입신 등으로는 아직 진정한 신앙의 단계를 경험하는 게 아니다. 특히 이 단계에서는 결코 자만에 빠지지 말아야 한다. 직접 뵈옵는 단계로 나아가야(민12:6~8) 비로소 영적인 세계의 윤곽을 어림잡을 수 있다.

【5】 36 소리가 그치매 오직 예수만 보이더라 제자들이 잠잠하여 그 본 것을 무엇이든지 그 때에는 아무에게도 이르지 아니하니라

베드로와 야고보와 요한은 자기들이 무엇을 경험했는지 아직 전혀 이해하지 못했다. 아무에게도 말하지 말라는 예수님의 당부가 있기도 했지만(마17:8, 막9:9), 그들은 어떤 두려움 때문에, 또 도대체 무슨 뜻인지 알 수가 없어 아무에게도 말을 할 수 없었다. 제자들이 이 경험을 이해하는 데에는 적지 않은 시간이 걸렸을 것이다.

물음 43 겨자씨 한 알 믿음, 어떤 믿음인가?

본문 : 〈 9:37~43, 17:5~6 〉

37 이튿날 산에서 내려오시니 큰 무리가 맞을새

38 무리 중의 한 사람이 소리 질러 이르되 선생님 청컨대 내 아들을 돌보아 주옵소서 이는 내 외아들이니이다

39 귀신이 그를 잡아 갑자기 부르짖게 하고 경련을 일으켜 거품을 흘리게 하며 몹시 상하게 하고야 겨우 떠나 가나이다

40 당신의 제자들에게 내쫓아 주기를 구하였으나 그들이 능히 못하더이다

41 예수께서 대답하여 이르시되 믿음이 없고 패역한 세대여 내가 얼마나 너희와 함께 있으며 너희에게 참으리요 네 아들을 이리로 데리고 오라 하시니

42 올 때에 귀신이 그를 거꾸러뜨리고 심한 경련을 일으키게 하는지라 예수께서 더러운 귀신을 꾸짖으시고 아이를 낫게 하사 그 아버지에게 도로 주시니

43 사람들이 다 하나님의 위엄에 놀라니라

……………………………

17:5 사도들이 주께 여짜오되 우리에게 믿음을 더하소서 하니

17:6 주께서 이르시되 너희에게 겨자씨 한 알만한 믿음이 있었더라면 이 뽕나무더러 뿌리가 뽑혀 바다에 심기어라 하였을 것이요 그것이 너희에게 순종하였으리라

마태와 마가의 병행본문과 비교해보면 누가복음 17:5~6은 이 문맥에 적합하다고 생각하여 여기에서 다루고자 한다.[56] 이 이야기는 마태(17:14~21)와 마가(9:14~29)에서도 다루고 있어서 졸저 「마태복음」과 「마가복음」에서 상세히 설명했으므로 여기서는 간략히 요점만 살펴보고자 한다.

예수님께서 제자 세 명과 함께 변화산에 올라갔다가 오시니 큰 무리가 모여 있었는데, 어떤 사람이 귀신들린 아들을 데리고 왔으나 제자들이 고치지 못하고 서기관들과 헛된 논쟁만 벌이고 있었다.(막 9:14) 이에 예수님께서 탄식하시며 말씀하셨다.

【1】 41 예수께서 대답하여 이르시되 **믿음이 없고 패역한 세대여 내가 얼마나 너희와 함께 있으며 너희에게 참으리요** …

본문의 '믿음이 없고 패역한 세대'는 누구일까? 열두 제자들이다. 그런데 왜 그들을 향해서 이렇게 심한 말씀을 하셨을까? 너무나 답답하셨기 때문이다. 예수님께서는 제자들과 숙식을 같이 하시며 수 년 동안 산 교육을 시키셨고, 특히 최근 몇 개월 동안은 두로와 시돈 지역에서 제자들과만 따로 시간을 내셔서 마무리 교육을 하셨다. 그런데 아직 예수님이 누구이신지 바르게 깨닫지도 못하고 유대인의 메시아와 혼동을 빚고 있었다. 또 귀신을 쫓아내고 죽은 자를 살리는 특별한 능력을 주신 후 선교 훈련도 시키셨다. 베드로와 야고보와 요한은 예수님을 따라 변화산에 올라갔지만 기도할 때 깊이 졸

---

56) 이 때에 제자들이 조용히 예수께 나아와 이르되 우리는 어찌하여 쫓아내지 못하였나이까 이르시되 너희 믿음이 작은 까닭이니라 진실로 너희에게 이르노니 만일 너희에게 믿음이 겨자씨 한 알 만큼만 있어도 이 산을 명하여 여기서 저기로 옮겨지라 하면 옮겨질 것이요 또 너희가 못할 것이 없으리라(마17:19~20)
집에 들어가시매 제자들이 조용히 묻자오되 우리는 어찌하여 능히 그 귀신을 쫓아내지 못하였나이까 이르시되 기도 외에 다른 것으로는 이런 종류가 나갈 수 없느니라 하시니라(막9:28~29)

다가 무슨 잠꼬대 같은 소리를 늘어놓았고, 산 아래 남아있던 제자들은 귀신조차 쫓아내지 못하고 서기관들과 말씨름을 하고 있었다.

예수님께서는 이제 이 세상에 계실 날이 얼마 남지 않았고 제자들이 예수님을 대신해야 하는데 그들은 아직 이 모양 이 꼴이고…

오늘 우리를 향한 탄식이시다. 교회 역사가 이천 년이나 되었는데, 그런데 아직 성경 해석과 신학은 오류와 모순투성이일 뿐만 아니라 기본적인 이해도 없고, 세상에서 교회가 해야 할 역할에 대해서는 전혀 방향조차 잡지 못하고, 교회의 예배와 설교는 성경과는 전혀 동떨어져 있고…

도대체 이 노릇을 어찌해야 하나! 어찌해야 하나!

【2】 17:5 사도들이 주께 여짜오되 **우리에게 믿음을 더하소서** 하니
17:6 주께서 이르시되 너희에게 겨자씨 한 알만한 믿음이 있었더라면 이 뽕나무더러 뿌리가 뽑혀 바다에 심기어라 하였을 것이요 그것이 너희에게 순종하였으리라

예수님의 탄식과 책망에 충격을 받은 제자들이 조용히 예수님을 찾아와서 왜 자신들은 귀신을 쫓아내지 못했는지에 대하여 물었다. (마17:19, 막9:28) 누가에는 이 구절이 생략되어 있으며, 17장에 들어있다. 그 이유는 누가는 예수님께서 말씀하신 "믿음이 없고 패역한 세대여 내가 얼마나 너희와 함께 있으며 너희에게 참으리요"라는 책망의 대상이 제자들이 아니라 귀신들린 아들을 둔 사람과 서기관 등 일반인을 지칭하는 것으로 보면서 제자들을 옹호하려고 했던 것 같다. 마태와 마가의 본문에 의하면 누가17:5~6은 본래 여기가 맞다고 생각하여 이곳에서 다루었다.

누가복음에는 제자들이 예수님께 믿음을 더해달라고 요청했다. 이에 예수님께서는 이렇게 대답하셨다.

너희 믿음이 작은 까닭이니라 진실로 너희에게 이르노니 만일 **너희에게**

믿음이 겨자씨 한 알 만큼만 있어도 이 산을 명하여 여기서 저기로 옮겨지라 하면 옮겨 질 것이요 또 너희가 못할 것이 없으리라(마 17:20~21)

기도 외에 다른 것으로는 이런 종류가 나갈 수 없느니라(막9:29)

주께서 이르시되 너희에게 **겨자씨 한 알만한 믿음이 있었더라면** 이 뽕나무더러 뿌리가 뽑혀 바다에 심기어라 하였을 것이요 그것이 너희에게 순종하였으리라(눅17:6)

도대체 예수님께서 말씀하시는 겨자씨 한 알 만한 믿음이란 어떤 것일까? 하나님께서는 누구나 가질 수 있는, 누구나 할 수 있는 가장 작은 그것을 우리에게 요구하신다. 그런데 뭐가 문제인가? 마음이 실려야 한다. 간절한 마음, 안타까운 마음, 견딜 수 없는 마음, 포기되지 않는 마음, 그 마음이 문제이며, 그 마음을 찾으신다.

그 믿음이 없느냐 겨자씨 한 알 믿음
그렇게도 없느냐 가장 작고 작은 믿음
한 알 믿음 있다면 산을 들어 옮길텐데
작은 믿음 있다면 뽕나무를 옮길텐데

그 믿음이 없느냐 겨자씨 한 알 믿음
그렇게도 없느냐 가장 작고 작은 믿음
한 알 믿음 있다면 세상 역사 바꿀텐데
작은 믿음 있다면 이 세상을 바꿀텐데

그 믿음이 없느냐 겨자씨 한 알 믿음
그렇게도 없느냐 가장 작고 작은 믿음
한 알 믿음 있다면 생태 환경 살릴텐데
작은 믿음 있다면 모든 인류 살릴텐데[57)]

물음 44 갈릴리에서의 마지막 말씀, 무엇이었을까?

본문 : 〈 9:43~50 〉

43 … 그들이 다 그 행하시는 모든 일을 놀랍게 여길새 예수께서 제자들에게 이르시되

44 이 말을 너희 귀에 담아 두라 인자가 장차 사람들의 손에 넘겨지리라 하시되

45 그들이 이 말씀을 알지 못하니 이는 그들로 깨닫지 못하게 숨긴 바 되었음이라 또 그들은 이 말씀을 묻기도 두려워하더라

46 제자 중에서 누가 크냐 하는 변론이 일어나니

47 예수께서 그 마음에 변론하는 것을 아시고 어린 아이 하나를 데려다가 자기 곁에 세우시고

48 그들에게 이르시되 누구든지 내 이름으로 이런 어린 아이를 영접하면 곧 나를 영접함이요 또 누구든지 나를 영접하면 곧 나를 보내신 이를 영접함이라 너희 모든 사람 중에 가장 작은 그가 큰 자니라

49 요한이 여짜오되 주여 어떤 사람이 주의 이름으로 귀신을 내쫓는 것을 우리가 보고 우리와 함께 따르지 아니하므로 금하였나이다

50 예수께서 이르시되 금하지 말라 너희를 반대하지 않는 자는 너희를 위하는 자니라 하시니라

예수님께서는 갈릴리 사역을 마치시고 예루살렘으로 올라갈 준비를 하실 때부터 여러 차례 수난을 예고하셨다. 누가는 수난 예고에 대하여 더 중요하게 다루고 있다.[58]

【1】 44 **이 말을 너희 귀에 담아 두라** 인자가 장차 사람들의 손에 넘겨

57) 부록에 악보 수록.

58) 누가에는 수난 예고가 여섯 번 반복된다.(9:22, 44, 12:50, 13:32~33, 17:25, 18:32~33)

지리라 하시되 45 그들이 이 말씀을 알지 못하니 이는 **그들로 깨닫지 못하게 숨긴 바 되었음이라** 또 그들은 이 말씀을 묻기도 두려워하더라

누구든지 관심 있는 것이 보이고 마음에 있는 것이 들리게 마련이다. 예수님께서는 예루살렘을 향하여 가시면서 수난 예고를 중요하게 여기시고 수차례 말씀하셨지만 제자들에게는 그 말씀이 귀에 들어오지 않았다. 그들의 생각이 예수님의 말씀과 너무 달랐기 때문이다. 제자들은 예수님으로 말미암아 자신들이 기대하는 그런 나라가 곧 이 땅에 실현된다고 믿어 의심하지 않았다. 그런데 예수님께서는 느닷없이 예루살렘에 올라가서 수난을 당하고 돌아가신다고 말씀하셨다.

이 말씀을 들으면서도 제자들은 전혀 그럴 리 없다고 생각했다. 예수님을 따르는 일행 중 예수님의 수난을 귀담아 들은 사람은 하나도 없었던 것 같다. 그만큼 그들은 예수님께서 왕이 되신다고 확신했으며, 예수님의 수난 예고를 믿고 싶지도 않았고 또 자세하게 묻기도 두려워했다. 이를 누가는 깨닫지 못하게 숨긴 바 되었다고 말하고 있다. 누가는 사도들에 대하여 늘 높이 평가하고 있다. 그 이유는 이방인이면서 지성인이었던 누가에게는 교회에서 가르치고 있는 사도들의 영성과 가르침이 너무 강렬하고 크게 다가왔기 때문이다. 복음서에 기록된 사도들의 부끄러운 모습들은 사도들의 영성 즉 자기부정의 모습을 반영한다. 사도들은 자신들만 알고 있는 자신들의 부족한 부분들을 크게 부풀려서 말했다. 다음의 본문이 대표적인 예이다.

【2】 46 **제자 중에서 누가 크냐 하는 변론이 일어나니**

이런 이야기는 사도들 외에는 알 수 없는 자료였다. 그런데 그들은 이를 숨기지 않고, 또 부풀려서 기록해 놓았다. 이 이야기를 보면 제자들은 예수님께서 말씀하시는 하나님 나라가 곧 실현된다고 믿고 따랐음을 알 수 있다. 단지 그 나라가 어떻게 임하는지에 대해

서는 아직 이해가 덜 돼 있었을 뿐이다. 제자들은 예수님으로 말미암아 실현될 하나님 나라에서 자신들은 무엇을 맡아야 할지에 대하여 많은 관심을 가지고 있었다.

누가복음에 의하면 예수님 주변에는 수만여 명의 사람들이 몰려들고 있었다. 이들을 관리하고 질서를 유지시키는 것은 주로 제자들의 몫이었다. 이런 일을 하면서 제자들이 곧 임할 하나님 나라에서 자신들이 수많은 사람을 맡아 관리하리라고 믿은 것은 어쩌면 자연스러운 일이었을 것이다. 이런 제자들의 마음을 예수님은 잘 알고 계셨다. 그래서 어린아이를 안으시고 말씀하셨다.

【3】 47 예수께서 그 마음에 변론하는 것을 아시고 어린 아이 하나를 데려다가 자기 곁에 세우시고 48 그들에게 이르시되 누구든지 내 이름으로 이런 어린 아이를 영접하면 곧 나를 영접함이요 또 누구든지 나를 영접하면 곧 나를 보내신 이를 영접함이라 **너희 모든 사람 중에 가장 작은 그가 큰 자니라**

"사람들을 지배하고 다스리려 하지 말고 가장 작고 낮은 자리에서 섬기는 자가 되어라. 그 사람이 가장 큰 관리인이다." 예수님의 말씀은 무슨 윤리와 도덕 강령이 아니다. 예수님의 능력과 권세는 가장 낮은 자리와 섬김에서 나왔기 때문이다. 영적인 실제와 현실을 말씀하신 것이다.

사도들이야말로 예수님의 이 말씀을 잘 이해하고 따른 사람들이다. 왜냐하면 복음서에는 제자들의 치부에 해당되는 말씀들이 그대로 들어있기 때문이다. 사도들이 이런 영성을 가지고 있었기 때문에 예루살렘에서 교회를 시작하자 삼천 명, 오천 명의 사람들이 몰려들었고, 로마제국 전역으로 교회가 확산될 수 있었다.

【4】 49 요한이 여짜오되 주여 어떤 사람이 주의 이름으로 귀신을 내쫓는 것을 우리가 보고 **우리와 함께 따르지 아니하므로 금하였나이다** 50 예수께서 이르시되 **금하지 말라** 너희를 반대하지 않는 자는 너희를 위하는 자니라 하시니라

제자들은 가족과 재산과 생명을 버리고 예수님을 따라 나섰다.

그리고 지금 예수님을 따르는 사람들은 다 그런 사람들이었다. 그런데 그 정도까지는 실천하지 못하면서 예수님께서 하시는 일을 흉내내는 사람들이 있었다. 이에 제자들은 이들에 대하여 분개했다. 특히 요한이 그러했다. 그런데 예수님께서는 이를 만류하셨다. 그들 가운데서도 후일 하나님 나라 운동에 동참할 사람들이 있기 때문이다.

누가복음에 의하면 예수님의 갈릴리 사역은 여기에서 마치고 이제 예루살렘을 향하여 올라가신다.

제3부 : 예루살렘으로 가는 길

물음 45~77 (9:51~19:27)

물음 45

누가, 왜 예루살렘 여정을 중요하게 다룰까?

본문 : 〈 9:51~62 〉

51 예수께서 승천하실 기약이 차가매 예루살렘을 향하여 올라가기로 굳게 결심하시고

52 사자들을 앞서 보내시매 그들이 가서 예수를 위하여 준비하려고 사마리아인의 한 마을에 들어갔더니

53 예수께서 예루살렘을 향하여 가시기 때문에 그들이 받아들이지 아니하는지라

54 제자 야고보와 요한이 이를 보고 이르되 주여 우리가 불을 명하여 하늘로부터 내려 저들을 멸하라 하기를 원하시나이까

55 예수께서 돌아보시며 꾸짖으시고

56 함께 다른 마을로 가시니라

57 길 가실 때에 어떤 사람이 여짜오되 어디로 가시든지 나는 따르리이다

58 예수께서 이르시되 여우도 굴이 있고 공중의 새도 집이 있으되 인자는 머리 둘 곳이 없도다 하시고

59 또 다른 사람에게 나를 따르라 하시니 그가 이르되 나로 먼저 가서 내 아버지를 장사하게 허락하옵소서

60 이르시되 죽은 자들로 자기의 죽은 자들을 장사하게 하고 너는 가서 하나님의 나라를 전파하라 하시고

61 또 다른 사람이 이르되 주여 내가 주를 따르겠나이다마는 나로 먼저 내 가족을 작별하게 허락하소서

62 예수께서 이르시되 손에 쟁기를 잡고 뒤를 돌아보는 자는 하나님의 나라에 합당하지 아니하니라 하시니라

예수님의 사역에 대하여 마태와 마가는 갈릴리 사역을 중심으로 기록했고, 요한은 예루살렘 사역이 중심을 이룬다. 반면에 누가는

갈릴리 사역을 마치시고 예루살렘으로 올라가시는 과정의 사역을 중점으로 기록했는데, 그 특징은 다음과 같다.

❶ 분량이 가장 많다.

예루살렘으로 올라가시면서 행하신 사역은 요단강 유역의 유대와 베뢰아 인근에서 약 6개월 정도 걸렸는데, 이에 대하여 마태는 두 장(章), 마가는 단 한 장을 할애하고 있지만 누가는 무려 열 장을 할애하고 있으며, 이는 누가복음 전체의 1/3 이상의 분량이다. 분량으로 보더라도 누가는 이 부분을 가장 중요하게 다루고 있음을 알 수 있다.

❷ 사건보다 설교 중심이다.

예수님께서 행하시는 기적이 누가복음에는 20개가 들어있는데, 예루살렘으로 올라가시는 과정에는 단 4개만 들어있다. 이를 보더라도 이적 등의 사건보다는 설교 중심의 내용이 주를 이루고 있음을 알 수 있다.

❸ 비유와 교훈 중심이다.

누가복음에는 23개의 비유가 들어있는데, 예루살렘 여정에서 말씀하신 비유가 16개나 된다. 이 과정에서 예수님께서는 주로 비유와 교훈으로 말씀하셨다.

❹ 누가만의 자료들이다.

여기에 들어있는 비유와 교훈 등은 누가복음에만 들어있는 것들이 대부분이다. 누가가 서문에서 말한 바와 같이 그 자신도 이방인으로서 복음서를 써야 할 어떤 필요성을 느꼈는데, 누가만의 자료는 그가 복음서를 통해서 말하고자 하는 내용이라고 할 수 있다. 그런데 그 자료들이 주로 여기에 들어있다.

누가는 이처럼 예루살렘으로 올라가는 과정을 중요하게 다뤘기 때문에 마태와 마가에 들어있는 이방인 사역, 즉 두로와 시돈, 데가볼리 등을 순환하는 사역을 누락시켰다. 학자들은 이를 '큰 생략'(막 6:45~8:26)이라고 부른다. 누가는 왜 이방인 선교를 생략하면서 예루살렘으로 올라가는 길의 이야기를 중요하게 다뤘을까?

먼저 누가는 가장 중요하게 생각하는 제3부를 어떤 말씀으로 시작하고 있는지 살펴보고자 한다.

【1】 51 예수께서 **승천하실 기약이 차가매** 예루살렘을 향하여 올라가기로 굳게 결심하시고

예수님께서는 제자들과 별도의 시간을 가지시는 것으로 갈릴리 사역을 마무리하셨다. 제자교육이 그만큼 중요했기 때문이다. 예수님께서는 예루살렘에 올라가시는게 무엇을 뜻하는지 너무나 잘 알고 계셨다. 죽음이 기다리고 있을 뿐만 아니라, 부활과 승천이 있음도 아셨다. 그런데 예루살렘으로 올라가시기 전에 꼭 들러가셔야 할 곳이 있었다. 어디였을까?

【2】 52 **사자들을 앞서 보내시매** 그들이 가서 예수를 위하여 준비하려고 사마리아인의 한 마을에 들어갔더니 53 예수께서 예루살렘을 향하여 가시기 때문에 그들이 받아들이지 아니 하는지라

사마리아를 빼놓을 수가 없으셨다. 예수님께서는 갈릴리 사역을 마치시고 두로와 시돈, 데가볼리 등 이스라엘 북동쪽의 이방인 지역도 전도하셨다. 그런데 갈릴리와 지리적으로는 가장 가깝지만 관계에서는 가장 먼 사마리아 사람들과 만날 기회는 없으셨다. 공관복음에 의하면 예수님의 소문을 듣고 갈릴리 가버나움으로 찾아온 사람들이 예루살렘, 유대, 요단강 건너편의 유대인들을 비롯하여 두로와 시돈 등 이방인들도 많이 있었다. 그런데 그 어디에도 사마리아인들이 찾아왔다는 말은 없다. 유대인들과 사마리아인들의 적대감은 그만큼 컸다.

이런 사실을 잘 아시는 예수님께서는 갈릴리를 떠나 예루살렘으

로 올라가시는 여정을 사마리아에서 시작하시기 위하여 제자 둘을 보내 미리 사마리아 사람들에게 통지하시고 또 사역을 준비하게 했다. 그런데 사마리아인들이 이를 받아들이려 하지 않았다. 사마리아인들도 예수님의 소문을 들었을 텐데 왜 거절했을까?

【3】 54 제자 야고보와 요한이 이를 보고 이르되 **주여 우리가 불을 명하여 하늘로부터 내려 저들을 멸하라 하기를 원하시나이까** 55 예수께서 돌아보시며 **꾸짖으시고** 56 함께 다른 마을로 가시니라

보내심을 받은 야고보와 요한이 일을 그르치고 말았다. 본문에서는 야고보와 요한의 활동에 대하여 아무런 언급 없이 사마리아 사람들이 거부했다는 사실만 말하고 있다. 그런데 이들이 그르쳤다는 것을 어떻게 알 수 있을까? 예수님께서 그들을 꾸짖으셨기 때문에 알 수 있다. 예수님은 야고보와 요한을 왜 꾸짖으셨는가?

야고보와 요한은 사마리아 사람들이 거부한 것에 크게 분개하여 엘리야가 한 것 같이 사마리아를 다 불살라 버리자고 제안했다.[59] 이 말을 보면 야고보와 요한도 그 마음속에 사마리아인들에 대하여 극단적인 적개심을 가지고 있음을 알 수 있다. 이런 적개심이 가슴속에 있는 한 사마리아 사람들과 마음의 소통은 어렵다. 이 적개심 때문에 야고보와 요한은 사마리아인들의 마음을 얻지 못했다. 아니 어쩌면 사마리아 사람들의 마음을 얻고 싶지 않았을 가능성이 더 높다. 예수님께서는 마귀를 물리칠 때 쓰시는 용어인 에피티마오(ἐπιτιμάω)로 야고보와 요한을 심하게 책망하셨다. 이때 물거품으로 돌아간 사마리아 선교는 후일 디아스포라 유대인인 빌립에 의해 실현되었다.(행8:5~13)

【4】 7 길 가실 때에 어떤 사람이 여짜오되 **어디로 가시든지 나는 따르리이다** 58 예수께서 이르시되 여우도 굴이 있고 공중의 새도 집이 있으되 **인자는 머리 둘 곳이 없도다** 하시고

59) 어떤 고대 사본들에는 "엘리야가 한 것 같이 우리가'라는 구절이 들어있는데, 왕하 1:10~12절을 염두에 둔 것이다.

59 또 다른 사람에게 **나를 따르라** 하시니 그가 이르되 **나로 먼저 가서**
내 아버지를 장사하게 허락하옵소서 60 이르시되 **죽은 자들로 자기의**
죽은 자들을 장사하게 하고 너는 가서 하나님의 나라를 전파하라 하시
고
61 또 다른 사람이 이르되 주여 내가 주를 따르겠나이다마는 **나로 먼저**
내 가족을 작별하게 허락하소서 62 예수께서 이르시되 **손에 쟁기를 잡**
고 뒤를 돌아보는 자는 하나님의 나라에 합당하지 아니하니라 하시니
라

본문은 주님을 따르려는 세 사람의 이야기를 싣고 있다. 두 사람의 이야기는 마태에도 들어있는데 갈릴리 선교 중에 있었던 일이었다. 그런데 누가는 왜 한 사람을 더 추가하여 예루살렘으로 올라가는 이야기의 출발점에다 놓았을까? 그 이유는 누가가 예루살렘으로 올라가는 과정의 이야기를 가장 중요하게 다루고 있는 이유와 직접 관련이 있다.

누가복음에 의하면 예수님께서 갈릴리 사역을 마치고 예루살렘으로 올라가실 때 많은 사람들이 예수님을 따라나섰다. 이들은 열두 사도와 마찬가지로 가정과 재산 등 모든 것을 포기하고 복음 사역을 위하여 헌신하기로 결단한 사람들이다. 예수님과 동행하여 주님의 죽으심과 부활을 경험하고 사도들과 함께 예루살렘에 머물러 있다가 오순절 성령강림을 경험한 120여 명은 이런 사람들이었다. 다시 말하면 새로운 계약공동체의 주역들이다. 누가복음에서 이 여행의 이야기를 가장 길게, 또 가장 중요하게 다루는 이유는 여기에 있다. 예수님께서는 이들에게 거듭 수난을 예고하시고 십자가를 향하여 가시면서 가장 중요한 말씀을 하셨다. 그 내용은 다른 복음서에 없는 누가만의 자료로 주축을 이루는데, 대부분 희년의 실현, 즉 경제 문제와 관련이 있다.

이런 이유로 주님께서는 예루살렘으로 올라가시면서 아무나 데리고 가지 않으시고 새 계약에 합당한 사람들을 엄선하셨다. 본문은

새 계약공동체 구성원을 선택하시는 이야기여서 대단히 중요하므로 좀 더 자세히 살펴볼 필요가 있다.

❶ 따르지 마라!

첫 번째 유형은 "어디로 가시든지 나는 따르리이다."라고 자청한 사람이다. 그런데 이 사람은 거절하셨다. 그는 자신이 하려는 일이 무슨 일인지를 제대로 알지 못하고 있기 때문이다. 계약공동체의 구성원이 되려는 사람은 먼저 계약공동체가 무엇인지를 정확하게 알고 결단을 내려야 한다. 이들에게는 "여우도 굴이 있고 공중의 새도 집이 있으되 인자는 머리 둘 곳이 없도다."라는 말씀으로 거절하셨다.

❷ 망설이지 마라!

두 번째 유형은 반대로 망설이는 사람을 향하여 "나를 따르라!"라고 요청한 경우다. 그는 효자라 늙은 아버지의 노후가 걱정돼서 망설이고 있었다. 예수님께서는 그에게 부모의 노후도 중요하지만 가난하고 병든 사람들의 문제를 해결하는 것이 더 중요하다고 하셨다. "너는 가서 하나님 나라를 전파하라!"는 말씀은 이런 뜻이다. 이 사람의 마음속에는 하나님 나라를 실현하려는 갈급함이 있었기 때문에 이렇게 말씀하셨고, 그는 그 말씀에 순종했다.

❸ 뒤를 돌아보지 마라!

세 번째 유형은 가족을 사랑하는 사람이어서 그는 가족들에게 먼저 허락을 받고 싶었다. 그를 향하여 이 땅에 하나님 나라를 실현하는 것은 절대명령이어서 가족의 동의보다 우선하므로 "손에 쟁기를 잡고 뒤를 돌아보는 자는 하나님의 나라에 합당하지 아니하니라!"라고 말씀하셨다.

• 기준

예수님께서 제자, 즉 계약공동체 구성원을 선발하시는 기준은 무엇이었을까? 위의 사례에 비추어 보면 뜻밖에도'가족에 대한 책임감'이 있는 사람을 따르라고 허락하셨다. 왜 그러셨을까? 이유는 단순하다.

인간의 삶에서 가정보다 중요한 것은 없다. 가정에서 태어나고 교육받으며 성장하여 또 하나의 가정을 꾸리기 위하여 출가한다. 가정을 제외하고는 인간을 말할 수 없다. 이런 이유로 계약법의 중심인 안식일, 안식년, 희년은 가정을 지켜주기 위한 법이며, 간음으로 남의 가정을 파괴하는 자는 돌로 쳐 죽이라고 했다. 모세가 재해석한 신명기 십계명에서 가장 중요하게 여긴 계명은 안식일 법과 부모를 공경하는 법이었다. 이 땅에서 하나님 나라 실현은 모든 가정을 정신과 물질면에서 행복하게 하는 것이다.

내 부모, 내 가족을 등한시 하는 무책임한 사람이 남의 부모, 남의 가족을 행복하게 할 리가 없다. 남의 부모, 남의 가족을 내 부모, 내 가족처럼 사랑하는 사람이 하나님 나라에 합당한 사람이다. 예수님께서는 그 사람을 부르신다.

• 출발

새 계약공동체 구성원을 선발하신 예수님께서는 이들을 데리고 대장정의 첫발을 내디디셨다. 어떤 일로 그 중요한 일을 시작하셨을까?

물음 46 70 제자 파송, 무엇을 의미하는가?

본문 : 〈 10:1~16 〉

1 그 후에 주께서 따로 칠십 인을 세우사 친히 가시려는 각 동네와 각
지역으로 둘씩 앞서 보내시며

2 이르시되 추수할 것은 많되 일꾼이 적으니 그러므로 추수하는 주인에
게 청하여 추수할 일꾼들을 보내 주소서 하라

3 갈지어다 내가 너희를 보냄이 어린 양을 이리 가운데로 보냄과 같도다

4 전대나 배낭이나 신발을 가지지 말며 길에서 아무에게도 문안하지 말며

5 어느 집에 들어가든지 먼저 말하되 이 집이 평안할지어다 하라

6 만일 평안을 받을 사람이 거기 있으면 너희의 평안이 그에게 머물 것
이요 그렇지 않으면 너희에게로 돌아오리라

7 그 집에 유하며 주는 것을 먹고 마시라 일꾼이 그 삯을 받는 것이 마
땅하니라 이 집에서 저 집으로 옮기지 말라

8 어느 동네에 들어가든지 너희를 영접하거든 너희 앞에 차려놓는 것을
먹고

9 거기 있는 병자들을 고치고 또 말하기를 하나님의 나라가 너희에게 가
까이 왔다 하라

10 어느 동네에 들어가든지 너희를 영접하지 아니하거든 그 거리로 나와
서 말하되

11 너희 동네에서 우리 발에 묻은 먼지도 너희에게 떨어버리노라 그러나
하나님의 나라가 가까이 온 줄을 알라 하라

12 내가 너희에게 말하노니 그 날에 소돔이 그 동네보다 견디기 쉬우리
라

13 화 있을진저 고라신아, 화 있을진저 벳새다야, 너희에게 행한 모든 권
능을 두로와 시돈에서 행하였더라면 그들이 벌써 베옷을 입고 재에 앉
아 회개하였으리라

14 심판 때에 두로와 시돈이 너희보다 견디기 쉬우리라

15 가버나움아 네가 하늘에까지 높아지겠느냐 음부에까지 낮아지리라
16 너희 말을 듣는 자는 곧 내 말을 듣는 것이요 너희를 저버리는 자는 곧 나를 저버리는 것이요 나를 저버리는 자는 나 보내신 이를 저버리는 것이라 하시니라

누가복음에서 예루살렘 도상의 이야기 중에는 누가에만 나오는 이야기가 대부분이다. 본문 역시 누가복음에만 들어있는데, 무엇을 말하고 있을까?

【1】 1 그 후에 주께서 따로 **칠십 인을 세우사 친히 가시려는 각 동네와 각 지역으로 둘씩 앞서 보내시며** 2 이르시되 추수할 것은 많되 일꾼이 적으니 그러므로 추수하는 주인에게 청하여 **추수할 일꾼들을 보내 주소서** 하라

새 계약공동체 구성원을 선발하신 예수님께서는 그들을 둘씩 짝지어 보내시며 하나님 나라를 실현하는 훈련을 가장 먼저 시작하셨다. 왜냐하면 이 일이 전부라고 할 만큼 중요하기 때문이다. 둘씩 짝지어 보내신 이유는 일의 효율성 때문이기도 하겠지만 어떤 일의 증거 효력에는 최소한 두 사람이 필요하기 때문이다. 또 칠십 명을 보내신 이유는 당시 예수님을 따르는 사람들 가운데서 보낼 만한 사람들 전부였다고 생각된다. 왜냐하면 이들을 보내시면서 일꾼 즉, 계약공동체를 구성할 사람들이 부족하므로 일꾼을 위하여 기도하라고 하셨기 때문이다.

【2】 3 갈지어다 내가 너희를 보냄이 **어린 양을 이리 가운데로 보냄과 같도다**

마태에서는 열두명을 보내실 때 하신 말씀인데 "그러므로 너희는 뱀 같이 지혜롭고 비둘기 같이 순결하라."는 말씀이 추가되어 있다. 양이 이리를 이기는 것은 불가능하므로 지혜와 순결을 같이 갖추어야 한다. 그런데 뱀 같이 지혜로우라는 말씀은 무슨 뜻일까? 본문의 이리와 뱀은 마귀를 말한다. 그렇다고해서 마귀처럼 지혜로우라는

말씀은 맞지 않는다. 앞에서도 언급한 바와 같이 마귀의 가장 큰 무기는 속임수이므로 마귀의 속임수에 넘어가지 말라는 뜻이다. 그러면 마귀의 속임수를 어떻게 간파하는가? 비둘기와 같은 순결함이다.

영성의 단계는 곧 마귀와의 대결 구도로 진행되는데, 마귀의 속임수를 간파하는 것은 대단히 어렵다. 마음의 죄성을 씻어내는 정화의 과정을 통하여 내 마음에 어두움과 흐릿함이 제거될 때, 즉 순결해졌을 때에만 마귀의 속임수가 간파된다. 이는 맑은 강물에서는 바닥이 보이지만 흐린 물에서는 바닥이 보이지 않는 이치와 같다.

계약공동체가 이 땅에서 하늘나라를 실현하는 것은 곧 마귀의 왕국을 파괴하는 영적인 전쟁이므로, 마귀를 알지 못한다면 그와의 싸움에서 이길 수 없다. 마귀와 나 자신, 그리고 하나님에 대하여 올바른 이해가 있어야 싸움에서 이길 수 있다. 누가에서는 예수님의 가르침을 가장 우선시하고 있다. 그 이유는 이 글을 쓴 누가가 경험을 통하여 영성의 원리와 이치를 꿰뚫고 있기 때문이다.

누가복음은 복음서, 더 나아가 신약성경 중에서 탁월한 영성의 교본이자 안내서이다.

【3】 4 **전대나 배낭이나 신발을 가지지 말며** 길에서 아무에게도 문안하지 말며 … 9 **거기 있는 병자들을 고치고** 또 말하기를 **하나님의 나라가 너희에게 가까이 왔다 하라**

본문의 말씀은 〈물음39〉에서 열두 제자를 내보내실 때와 비슷하므로 설명을 생략한다.

귀신을 내쫓고 병자를 고치며 죽은 자를 살리는 영적인 능력을 먼저 주시고 보내신다. 이들의 이런 사역으로 많은 사람이 하나님 나라 운동에 동참하면 그들에게 경제를 공유하는 경제공동체를 만들게 하셨다. 전대, 배낭, 신발 등을 가지고 가지 말라는 말씀은 이런 뜻이다. 무슨 무전(無錢)여행 훈련으로 오해하지 말아야 한다.

하나님 나라를 만드는 방법에 대해서는 이미 앞에서 언급했고 또 졸저 「마태복음」과 「마가복음」의 병행본문에서 충분히 설명했으므로 생략하고자 한다.

【4】 10 어느 동네에 들어가든지 **너희를 영접하지 아니하거든** 그 거리로 나와서 말하되 11 너희 동네에서 우리 **발에 묻은 먼지도 너희에게 떨어버리노라** 그러나 **하나님의 나라가 가까이 온 줄을 알라 하라** 12 내가 너희에게 말하노니 **그 날에 소돔이 그 동네보다 견디기 쉬우리라**

하늘로부터의 표적, 즉 귀신을 쫓아내고 온갖 병자를 치유하고 죽은 자를 살리는 하늘의 증거를 보여주어도 하나님 나라 운동에 동참하기를 거부하는 사람들에게는 심판을 선언하라고 말씀하셨다. 왜 이들에게 심판을 선언하는가하면 이스라엘(유대인)은 하나님과 옛 계약을 맺은 사람들이기 때문이다. "하나님 나라가 가까이 온 줄을 알라!"라고 하신 말씀은 그들이 거부하면 그들과 맺었던 계약이 파기되고 곧 다른 사람들과 새로운 계약이 체결된다는 뜻이다. 제자들을 거부한 자들이 소돔과 고모라보다도 더 심한 심판을 받는 이유는 소돔과 고모라는 하나님과 계약을 맺지 않았기 때문이다. 성경에서 말하는 우선적인 심판은 계약의 대상이 계약을 지키지 않았을 때 주어지는 심판이다. 계약을 맺지 않은 대상은 심판이라기보다는 죄의 결과로 말미암는 자멸이다.

구약성경과 신약성경은 그 이름 자체가 계약의 책이다. 따라서 성경은 신구약을 막론하고 계약을 염두에 두면서 해석해야 오류를 범하지 않으며, 본래 성경이 말하려는 뜻을 파악하게 된다.

【5】 13 **화 있을진저 고라신아**, 화 있을진저 **벳새다야**, 너희에게 행한 모든 권능을 두로와 시돈에서 행하였더라면 그들이 벌써 베옷을 입고 재에 앉아 회개하였으리라 14 심판 때에 **두로와 시돈이 너희보다 견디기 쉬우리라** 15 **가버나움아** 네가 하늘에까지 높아지겠느냐 음부에까지 낮아지리라

고라신, 벳새다, 가버나움은 하나님과 계약을 맺었을 뿐만 아니라, 예수님께서 갈릴리에서 사역하신 중심지들이다. 그런데도 그들이 계약을 준수하지 않으므로 예수님께서는 갈릴리를 떠나시면서

그들을 향해 저주와 심판을 선언하셨다. 두로와 시돈은 소돔과 고모라와 마찬가지로 하나님과 계약을 맺지 않았으므로 심판의 대상이 아니다.

【6】 16 **너희 말을 듣는 자는** 곧 내 말을 듣는 것이요 **너희를 저버리는 자는** 곧 나를 저버리는 것이요 나를 저버리는 자는 나 보내신 이를 저버리는 것이라 하시니라

하나님께서는 계약공동체를 통해서 일하신다. 따라서 계약공동체를 어떻게 대하는가는 곧 하나님을 대하는 것과 동일하다. 하나님께서는 통해서 일하시므로 하나님의 말씀은 계약공동체를 통해서 들어야 하고, 계약공동체를 통해서 하나님을 경험하고 또 만나야 한다.

누가는 교회를 통해서 이런 경험들을 했기 때문에 이런 구절들을 특별히 강조하고 있다.

물음 47 가장 큰 기쁨, 무엇일까?

본문 : 〈 10:17~24 〉

17 칠십 인이 기뻐하며 돌아와 이르되 주여 주의 이름이면 귀신들도 우리에게 항복하더이다

18 예수께서 이르시되 사탄이 하늘로부터 번개 같이 떨어지는 것을 내가 보았노라

19 내가 너희에게 뱀과 전갈을 밟으며 원수의 모든 능력을 제어할 권능을 주었으니 너희를 해칠 자가 결코 없으리라

20 그러나 귀신들이 너희에게 항복하는 것으로 기뻐하지 말고 너희 이름이 하늘에 기록된 것으로 기뻐하라 하시니라

21 그 때에 예수께서 성령으로 기뻐하시며 이르시되 천지의 주재이신 아버지여 이것을 지혜롭고 슬기 있는 자들에게는 숨기시고 어린 아이들

에게는 나타내심을 감사하나이다 옳소이다 이렇게 된 것이 아버지의 뜻이니이다

22 내 아버지께서 모든 것을 내게 주셨으니 아버지 외에는 아들이 누구인지 아는 자가 없고 아들과 또 아들의 소원대로 계시를 받는 자 외에는 아버지가 누구인지 아는 자가 없나이다 하시고

23 제자들을 돌아 보시며 조용히 이르시되 너희가 보는 것을 보는 눈은 복이 있도다

24 내가 너희에게 말하노니 많은 선지자와 임금이 너희가 보는 바를 보고자 하였으되 보지 못하였으며 너희가 듣는 바를 듣고자 하였으되 듣지 못하였느니라

예수님께서는 복음 사역을 마치고 돌아온 열두 제자들에게서 구체적으로 보고를 받으시고 그들과 별도의 시간을 가지셨다.(9:10) 선교 훈련은 가장 중요하기 때문이다. 본문은 칠십 명의 제자가 선교를 마치고 돌아와 보고한 내용이다.

【1】 17 칠십 인이 기뻐하며 돌아와 이르되 **주여 주의 이름이면 귀신들도 우리에게 항복하더이다** … 20 그러나 귀신들이 너희에게 항복하는 것으로 기뻐하지 말고 **너희 이름이 하늘에 기록된 것으로 기뻐하라** 하시니라

제자들이 보고한 내용들이 무엇인지는 알려지지 않았다. 그런데 본문에 의하면 칠십 명의 제자들에게는 귀신을 내쫓은 일들이 가장 인상적이었던 것 같다. 이에 예수님께서는 사단의 권세가 물러가고 하나님 나라가 확장된 것을 기뻐하라고 말씀하셨다. “너희 이름이 하늘에 기록된 것으로 기뻐하라.”는 말씀은 이런 뜻이다. 하늘의 생명록에 기록된 이름은 곧 이 땅의 계약공동체에 기록된 이름이다. (마16:19, 18:18)

【2】 21 그 때에 예수께서 성령으로 기뻐하시며 이르시되 천지의 주재이신 아버지여 이것을 **지혜롭고 슬기 있는 자들에게는 숨기시고 어린 아이들에게는 나타내심을 감사하나이다** 옳소이다 이렇게 된 것이 아버지의 뜻이니이다

하늘의 비밀이 왜 스스로 지혜롭다는 사람들에게는 감추어지고

스스로 겸비한 사람에게는 드러날까? 왜 이것이 하나님의 뜻일까? 하나님의 뜻은 만물의 원리와 이치와 동일하다.

영성(신앙)의 세계와 물질의 세계는 같은 원리가 지배한다. 세상의 모든 만물은 중력의 지배를 받아 낮은 곳으로 내려간다. 그 원리는 가장 낮은 곳에 하나님께서 계시기 때문이다. 하나님께서는 가장 낮은 곳에, 가장 작은 모습으로 계시기 때문에 가장 높은 곳에, 가장 큰 모습으로 계시는 분이시다. 우주는 직선이 아니라 곡선으로 구성되기 때문에 가장 낮은 곳이 곧 가장 높은 곳이다. 처음이 나중이고, 시작이 끝이고, 낮음이 높음이고, 왼쪽이 오른쪽이며, 알파가 오메가이다. 세상에 직선이란 없고 곡선이 있을 뿐이다. 모든 만물이 구(球)의 형태인 이유가 이를 증명한다. 그러므로 우리의 사고 구조도 사물의 원리와 이치와 같아야 한다. 직선적인 사고는 이원론적인 사고이며 곡선적인 사고는 일원론적인 사고이다. 이원론은 사물의 이치에 맞지 않는다. 서양과 헬레니즘의 사고 구조는 이원론이고, 동양과 헤브라이즘(성경)의 사고 구조는 일원론이다. 우주관과 사고관은 같아야 한다.

기독교 신학에 많은 한계가 있는 이유는 이원론인 헬라 철학을 기반으로 하기 때문이며, 그 결과 세상 나라와 하나님 나라를 둘로 나누는 이원론적인 역사관과 구원론으로 치우치고 말았다. 사고 구조가 이원론인 서양에서는 기독교신학의 한계를 극복할 수 없다. 서양 2천 년 기독교는, 사고 구조가 일원론인 동양에서 헤브라이즘에 기반을 두는 신학으로 다시 해석되어야 한다. 바로 이것이 오늘 우리 한국교회가 해야 할 과제이다. 현대 이후의 시대는 우리에게 이것을 요청하고 있다.

【3】 22 내 아버지께서 모든 것을 내게 주셨으니 아버지 외에는 아들이 누구인지 아는 자가 없고 아들과 또 아들의 소원대로 **계시를 받는 자 외에는 아버지가 누구인지 아는 자가 없나이다** 하시고

계시가 무엇일까? 계시를 직접 경험하지 않으면 원어인 헬라어의 '계시'(ἀποκάλυψις)가 '덮개를 열다'는 뜻이므로 감추어진 비밀에 대한 신비한 지식이라고 오해하게 된다. 그러나 계시는 감추어진 어떤 비밀이 아니라 이미 기록되어진 성경과 우리가 살아가면서 이미 경험하는 세상의 원리와 이치에 대한 '깨달음'이다. 하나님의 비밀은 감추어진 비밀이 아니라 이미 공개된 비밀이다.[60] 그런데 하나님의 세계를 인간의 글로 기록한 성경의 깊은 의미를 인간의 이성으로는 이해하지 못하는 부분들이 많이 있다. 하지만 성령이 임하시면 하나님과 성경을 깨달아 알게 하신다. 다음의 말씀은 이를 말한다.

계시를 받는 자 외에는 아버지가 누구인지 아는 자가 없나이다

계시는 어떤 신비한 방법으로 전달되는 신비한 지식이 아니다. 이단들은 계시를 들먹이며 늘 미혹시키려 드는데, 계시를 받았다고 말하는 사이비의 마수에 넘어가지 말아야 한다.

【4】 24 내가 너희에게 말하노니 **많은 선지자와 임금이 너희가 보는 바를 보고자 하였으되 보지 못하였으며** 너희가 듣는 바를 **듣고자 하였으되 듣지 못하였느니라**

성경에서 말하는 선지자들, 의인들, 성군들은 이 땅에 하나님 나라가 이루어져 모든 사람이 행복해지기를 원하던 사람들이다. 그런데 지금 예수님과 그 제자들로 말미암아 그 일이 실현되고 있다. 이 일에 동참하는 사람만큼 더 복된 사람은 없다.

---

60) 일곱째 천사가 소리 내는 날 그의 나팔을 불려고 할 때에 **하나님이 그의 종 선지자들에게 전하신 복음과 같이 하나님의 그 비밀이 이루어지리라** 하더라(계10:7)

물음 48 왜 율법에 영생에 이르는 길이 있는가?

본문 : 〈 10:25~37 〉

25 어떤 율법교사가 일어나 예수를 시험하여 이르되 선생님 내가 무엇을
하여야 영생을 얻으리이까

26 예수께서 이르시되 율법에 무엇이라 기록되었으며 네가 어떻게 읽느냐

27 대답하여 이르되 네 마음을 다하며 목숨을 다하며 힘을 다하며 뜻을
다하여 주 너의 하나님을 사랑하고 또한 네 이웃을 네 자신 같이 사랑
하라 하였나이다

28 예수께서 이르시되 네 대답이 옳도다 이를 행하라 그러면 살리라 하
시니

29 그 사람이 자기를 옳게 보이려고 예수께 여짜오되 그러면 내 이웃이
누구니이까

30 예수께서 대답하여 이르시되 어떤 사람이 예루살렘에서 여리고로 내
려가다가 강도를 만나매 강도들이 그 옷을 벗기고 때려 거의 죽은 것
을 버리고 갔더라

31 마침 한 제사장이 그 길로 내려가다가 그를 보고 피하여 지나가고

32 또 이와 같이 한 레위인도 그 곳에 이르러 그를 보고 피하여 지나가되

33 어떤 사마리아 사람은 여행하는 중 거기 이르러 그를 보고 불쌍히 여
겨

34 가까이 가서 기름과 포도주를 그 상처에 붓고 싸매고 자기 짐승에 태
워 주막으로 데리고 가서 돌보아 주니라

35 그 이튿날 그가 주막 주인에게 데나리온 둘을 내어 주며 이르되 이
사람을 돌보아 주라 비용이 더 들면 내가 돌아올 때에 갚으리라 하였
으니

36 네 생각에는 이 세 사람 중에 누가 강도 만난 자의 이웃이 되겠느냐

37 이르되 자비를 베푼 자니이다 예수께서 이르시되 가서 너도 이와 같
이 하라 하시니라

흔히 본문의 주제를 '선한 사마리아인', 또는 '이웃사랑'이라고 생각한다. 그러나 전혀 그게 아니다. 영생에 이르는 방법이 주제여야 한다. 누가복음 특징 중의 하나가 구원에 이르는 방법에 대한 관심이며, 이와 관련된 이야기가 많이 있다. 그런데 복음서 특히 누가복음에서는 구속사 구원론에서 말하는 십자가의 대속과는 전혀 상관없는 구원을 말하고 있다. 본문은 그 대표적인 한 예이다. 여기서 말하는 구원의 방법은 어떤 것일까?

【1】 25 어떤 율법교사가 일어나 예수를 시험하여 이르되 선생님 **내가 무엇을 하여야 영생을 얻으리이까**

본문의 주제가 영생에 이르는 방법인 이유는 어떤 율법교사가 예수님께 "내가 무엇을 하여야 영생을 얻으리이까?"라고 질문했고, 예수님께서는 그에 대하여 대답하셨기 때문이다. 그는 예수님의 성경해석 능력을 시험하려고 물었는데 오히려 예수님께서 역질문하셨다.

【2】 26 예수께서 이르시되 **율법에 무엇이라 기록되었으며** 네가 어떻게 읽느냐

예수님께서는 '율법'에 영생에 이르는 길이 있다는 것을 전제하고 물으셨다. 누가복음 18장에서도 같은 질문과 같은 대답이 나오고 있는데, 예수님께서는 십계명을 지키는 것이 영생의 길이라고 하셨다.[61] 오늘 우리는 율법과 행위로는 구원받지 못하고 복음과 믿음으로 구원받는다고 생각한다. 그러나 예수님께서는 분명히 율법의 계명들을 지켜야 구원받는다고 하셨다. 오늘 우리가 알고 있는 것과는 너무 다르다. 이런 문제 의식을 갖고 이어지는 이야기들을 해석해 보고자 한다.

---

61) 어떤 관원이 물어 가로되 선한 선생님이여 내가 무엇을 하여야 영생을 얻으리이까 … 네가 계명을 아나니 간음하지 말라, 살인하지 말라, 도적질하지 말라, 거짓증거하지 말라, 네 부모를 공경하라 하였느니라(눅18:18, 20)

【3】 27 대답하여 이르되 **네 마음을 다하며 목숨을 다하며 힘을 다하며 뜻을 다하여 주 너의 하나님을 사랑하고 또한 네 이웃을 네 자신 같이 사랑하라** 하였나이다 28 예수께서 이르시되 **네 대답이 옳도다 이를 행하라 그러면 살리라** 하시니

예수님의 역질문에 대한 율법교사의 대답은 모든 계명을 압축한 것이며(막12:30~31), 이에 대하여 예수님께서는 그 계명을 지키는 것이 곧 구원의 길이라고 하셨다. 왜 예수님께서는 율법의 계명을 지키는 것이 곧 구원의 길이라고 하셨을까?

이유는 너무나 단순하다. 우리가 율법이라고 알고 있는 것은 하나님과 이스라엘이 맺은 계약법이기 때문이다. 율법, 즉 계약법을 지키는 것이 구원의 길이다. 성경은 두 계약의 책이기 때문에 '율법'이라 하지 말고 '계약법'이라고 해야 오해를 막을 수 있다. 그런데 왜 사도 바울은 갈라디아서와 로마서 도처에서 율법이나 그 행위로는 구원받을 수 없다고 했을까? 바울이 말한 율법은 하나님과 이스라엘이 맺은 계약법이 아니라 계약법을 조항으로 만들어 지키던 안식일 법, 정결례법 등과 같은 '유대교 율법'을 말한다. 당시 유대인들은 이런 유대교 율법을 지키면 의롭다하심, 즉 구원을 받는다고 생각했는데, 바울은 그런 율법 조항을 지키는 것으로는 구원받지 못한다고 했다.

예수님께서는 계약법 실천이 구원의 길이라고 하셨다. 이는 당연한 이치이다.

【4】 29 그 사람이 **자기를 옳게 보이려고** 예수께 여짜오되 그러면 **내 이웃이 누구니이까**

예수님으로부터 옳은 대답을 했다는 말을 들은 율법교사는 자기 지식을 과시하려고 "내 이웃이 누구입니까?"라고 또 질문했다. 이에 예수님께서는 사마리아인의 비유를 말씀하셨다. 그런데 왜 예수님은 이런 비유를 하셨을까?

【5】 36 네 생각에는 이 세 사람 중에 **누가 강도 만난 자의 이웃이 되겠느냐**

예수님의 비유에 의하면, 제사장과 레위인은 길을 가다가, 강도를 만나 피를 흘리며 죽어가는 사람을 보고도 그냥 지나쳐갔다. 성직자인 그들은 왜 그냥 지나갔을까? 사랑이 없어서일까? 전혀 아니다. 그들의 잘못된 인과응보 교리신앙 때문이다. 그 교리에 의하면 지금 피 흘리며 죽어가는 사람은 하나님께 죄를 지어 징계를 받는 중이므로 그를 돌봐주면 하나님의 업무를 방해하는 죄가 된다. 그런데 잘못된 신앙을 가졌다는 이유로 유대인들이 가장 천시하던 사마리아 사람은 강도 만난 사람을 보살펴주고 치료비까지 부담했다.

예수님께서는 이 비유를 통하여 유대교 랍비인 서기관들에게 그들의 신앙이 얼마나 잘못되었는지 스스로 인정하지 않을 수 없게 하셨다. 그러면서도 유대인들은 스스로 의롭다고, 즉 구원받았다고 확신하고 있었다. 예수님은 유대교의 잘못된 신앙, 특히 구원론을 지적하셨다. 왜냐하면 율법교사의 질문이 "내가 무엇을 하여야 영생을 얻으리이까?"이고, 대답이 "네 이웃을 네 자신 같이 사랑하라!"이기 때문이다. 이 비유의 주제가 이웃사랑을 말한다고 해석한다면 이는 완전 동문서답이 되고 만다.

【6】 37 이르되 자비를 베푼 자니이다 예수께서 이르시되 **가서 너도 이와 같이 하라** 하시니라

예수님께서는 왜 질문한 율법교사에게 "가서 너도 이와 같이 하라!"고 하셨을까? 그는 유대교의 신앙을 가르치는 교사(랍비)로서 잘못된 인과응보 교리를 옳다고 가르치면서 스스로 의로우며, 또 성경에 대하여 해박하다고 과신하고 있었기 때문이다.

즉문즉답(卽問卽答)을 하시면서 순간적으로 이런 사람에게 이런 비유를 드시고 또 이렇게 정곡을 찌르는 결론을 내시는 것을 보면 탄복을 금하지 않을 수 없다. 아무리 뛰어나도 사람에게서는 이런

지혜가 나올 수 없다. 하나님에게만 가능한 일이다.

영어로 '이해한다'는 단어가 understand인데, 아래에(under) 선다(stand)는 뜻을 가지고 있다. 바르게 이해하려면 그동안 내가 안다고 생각하던 것, 당연하다고 생각하는 것 등 모든 것을 다 버리고 빈 마음으로 가장 낮은 자리에서 올려다 보아야 한다. 뭘 좀 안다고 생각하며 내려다보는 자는 결코 하나님과 성경에 대하여 아무것도 알지 못할 뿐만 아니라 알 수도 없다. 스스로 안다고 생각하는 착각이 있을 뿐이다. 정신 나간 착각의 잠에서 깨어나야 한다. 어떻게 하면 정신이 나가지 않을 수 있을까? 성령과 정신은 물의 원리와 같다. 물은 낮은 곳에서는 모여 있지만 높은 곳에서는 이리저리 흔적도 없이 흩어지고 만다. 여기저기서 대충 주워들은 것들을 머리에 대충 담아놓고 마치 제 것인 양 착각하며 기고만장해 있으니 그 정신에 성령이 깃들 자리가 없다.

신앙의인(信仰義人), 이중예정(二重豫定) 등 구원론을 말하려면, 하나님을 말하려면, 성경을 말하려면, 가장 낮은 자리로 내려가야 한다. 거기서 많은 기도와 생각과 묵상을 통하여 육화시켜 내 것으로 만들어야 한다. 그리고 그것을 말해야 한다.

물음 49 가장 귀한 일, 무엇일까?

본문 : 〈 10:38~42 〉

38 그들이 길 갈 때에 예수께서 한 마을에 들어가시매 마르다라 이름하는 한 여자가 자기 집으로 영접하더라

39 그에게 마리아라 하는 동생이 있어 주의 발치에 앉아 그의 말씀을 듣더니

40 마르다는 준비하는 일이 많아 마음이 분주한지라 예수께 나아가 이르되 주여 내 동생이 나 혼자 일하게 두는 것을 생각하지 아니하시나이까 그를 명하사 나를 도와 주라 하소서
41 주께서 대답하여 이르시되 마르다야 마르다야 네가 많은 일로 염려하고 근심하나
42 몇 가지만 하든지 혹은 한 가지만이라도 족하니라 마리아는 이 좋은 편을 택하였으니 빼앗기지 아니하리라 하시니라

누가는 예수님께서 예루살렘으로 올라가시는 과정의 이야기를 쓰면서 지리적인 순서에 따라 쓰지는 않았다. 본문은 예루살렘에 인접한 베다니를 배경으로 하고 있기 때문이다. 누가는 지리적인 순서보다는 주제에 따라 사건들을 배열해 놓았다고 생각된다.

【1】 38 그들이 길 갈 때에 예수께서 한 마을에 들어가시매 마르다라 이름하는 **한 여자가 자기 집으로 영접하더라**

누가는 왜 이런 이야기를 쓰고 있을까? 오늘 우리에게는 아무렇지 않을지 모르지만 그 당시에는 너무나 파격적인 장면이기 때문이다. 당시에 여자가 남자들을 집으로 초대하고 또 거기에 응한다는 것은 상상도 할 수 없는 일이다. 여자의 말은 증거 능력이 없었으며, 여자에게는 영혼이 없다고 했으며, 귀환 이후의 유월절 행사에 여자들의 참석을 금하다가 후기에 가서야 허락했다.

【2】 39 그에게 마리아라 하는 동생이 있어 **주의 발치에 앉아 그의 말씀을 듣더니**

유대인들은 여인들에게 율법을 가르치지 않았다. 그런데 마리아는 남자들과 똑같이 앉아서 말씀을 배웠다. 예수님께서는 남녀를 전혀 차별하지 않으셨기 때문에 가능한 일이었다. 누가는 이런 이야기들을 중요하게 여기고 기록으로 남겨놓았다. 당시에 이런 모습은 세상 그 어디에서도 찾아볼 수 없었다.

예수님 일행을 초청한 마르다는 음식 준비에 분주했다. 그런데

동생 마리아는 예수님 발치에 앉아 말씀을 듣는 데에 정신이 팔려있었다. 참다 못한 마르다가 예수님에게 불평을 늘어놓았다. 상황을 뻔히 아시면서 동생에게 말씀을 가르치고 계셨기 때문이다. 이런 난처한 상황에서 예수님은 뭐라고 하셨을까?

【3】 41 주께서 대답하여 이르시되 마르다야 마르다야 네가 많은 일로 염려하고 근심하나 42 몇 가지만 하든지 혹은 한 가지만이라도 족하니라 **마리아는 이 좋은 편을 택하였으니 빼앗기지 아니하리라** 하시니라

진수성찬을 만들어 대접하고 또 대접받는 것보다, 말씀을 똑바로 가르치고 또 똑바로 배우는 것이 훨씬 더 중요하다고 예수님께서 말씀하셨다. 그리고 이는 누가가 발견한 예수님의 진정성이다. 누가는 예수님께서 이 세상에서 하신 일이 남녀노소를 가리지 않고 계약법의 말씀을 가르치시고, 또 귀담아 듣는 사람들을 부르셔서 계약공동체를 만드는 일이라고 소개하고 있다. 누가의 통찰력이 참으로 놀랍다.

물음 50 누가의 주기도문, 어떤 뜻일까?

본문 : 〈 11:1~4 〉

1 예수께서 한 곳에서 기도하시고 마치시매 제자 중 하나가 여짜오되 주여 요한이 자기 제자들에게 기도를 가르친 것과 같이 우리에게도 가르쳐 주옵소서

2 예수께서 이르시되 너희는 기도할 때에 이렇게 하라 아버지여 이름이 거룩히 여김을 받으시오며 나라가 임하시오며

3 우리에게 날마다 일용할 양식을 주시옵고

4 우리가 우리에게 죄 지은 모든 사람을 용서하오니 우리 죄도 사하여 주시옵고 우리를 시험에 들게 하지 마시옵소서 하라

우리에게 익숙해 있는 주기도문은 마태복음의 기도문이며(마 6:9~13), 본문과는 많은 차이가 있다. 누가의 기도문은 훨씬 간결한데, 간략히 다루고자 한다.[62]

【1】 1 예수께서 한 곳에서 기도하시고 마치시매 제자 중 하나가 여짜오되 주여 요한이 자기 제자들에게 기도를 가르친 것과 같이 **우리에게도 가르쳐 주옵소서**

누가복음에서는 예수님의 기도하시는 모습을 많이 다루고 있는데, 본문은 예수님께서 기도하실 때 어떤 제자가 기도를 가르쳐 달라고 요청한 것에 대한 답변으로 주신 것이다.

【2】 아버지여 이름이 거룩히 여김을 받으시오며

하나님의 이름이 거룩히 여김을 받는다는 것은 무슨 뜻일까?

하나님의 거룩함을 직접 경험해보지 않으면, 하나님의 이름을 높혀 찬양하는 것이라고 생각하게 된다. 이스라엘 역사와 교회사에서 가장 큰 오류를 빚은 둘을 고르면 '거룩함'과 '고난'이다. 하나님의 입장에서 먼저 생각해 볼 필요가 있다. 참 하나님께서 하나님을 믿는 자들에게 원하시는 게 무엇일까? 유대인들처럼 여호와라는 칭호를 함부로 사용하지 않고 '아도나이'(나의 주님)라고 부르시기를 바랄까? 아니면 예배 시간에 입술의 찬양으로 그분의 이름을 높이며 영광을 돌리는 것일까? 하나님께서 원하시는 수준이 겨우 이 정도일까? 아니면 뭘까?

하나님을 직접 뵈오면서 경험하는 놀라운 신비체험은 가장 낮고 천한 곳에서 섬김으로 계시는 존재 양식이다. 그 하나님께서 원하시는 것은 하나님처럼 가장 낮은 자리에서 서로 높여주며 섬기는 삶이다. 낮음과 섬김, 신분 지위 빈부의 격차가 없는 동등함, 이런 것들이 하나님의 거룩하심이다. 하나님께서는 계약공동체가 이런 삶을

62) 졸저 「십계명 & 주기도문」에서 자세히 설명했다.

살아서 세상 사람들에게 모본이 되기를 원하신다. "이름이 거룩히 여김을 받으시오며"는 이런 뜻이며, 다음의 구절도 마찬가지 이다.

> 이같이 너희 빛이 사람 앞에 비치게 하여 그들로 너희 착한 행실을 보고 하늘에 계신 너희 아버지께 영광을 돌리게 하라(마5:16)

하나님께서는 입술의 찬양과 영광이 아닌 이런 찬양과 영광 받기를 원하신다.

【3】 나라가 임하시오며

하나님께서는 여호와를 하나님으로, 예수님을 그리스도로 믿는 사람들이 이 세상에서 하나님 나라의 삶을 사는 그런 공동체가 되기를 원하신다. 세상 나라와 하나님 나라가 서로 분리되어 있지 않다. 헬라의 이원론 문화에서는 영혼이 죽은 다음에 하늘나라에 간다고 말한다. 그러나 성경의 헤브라이즘에서는 하늘나라가 이 땅에 임하여 하나가 된다. 하나님께서는 계약공동체를 통하여 하늘나라가 이 땅에 임하게 하시기를 원하신다.

그 나라의 두드러진 특징은 무엇일까?

【4】 우리에게 날마다 **일용할 양식을 주시옵고**

오늘 같은 시대에 왜 일용할 양식이 이 땅에 세워질 하나님 나라에서 해결해야 할 가장 중요한 문제인가라고 생각할 수 있다. 그런데 2001년 세계은행의 통계에 따르면 세계 인구의 절반인 약 30억 명은 하루에 2달러 미만으로 살아가며, 21%(약 13억 명)의 소득은 하루에 1달러 미만이다.[63] 가난한 나라에서는 평생 동안 배부르다는 느낌을 한 번도 경험하지 못하고 죽어가는 사람들이 수두룩하다. 고대로 올라가면 갈수록 이 수치는 더 높아져서 거의 대부분이 절대 빈곤에 시달렸다.

일용할 양식은 매일의 양식을 말한다. 왜 일용할 양식이라고 했

63) 로버트 L. 하일브로너, 윌리엄 밀버그 저, 호기빈 역, 「자본주의」, 2113년, 미지북스, p.475.

을까? 누구든지 하루 치 이상의 양식을 쌓아두지 말고 먹지 못하는 사람과 나누어 먹으라는 뜻이다. 구하는 자에게 거절하지 말라는 말씀은 계약공동체 내에서 굶주리는 사람이 찾아와서 양식을 구할 때 가지고 있다면 거절하지 말라는 뜻이다.

육체를 가진 인간에게 매일의 먹거리는 절대가치이며 이보다 더 큰 가치는 없다. 성경에서 말하는 하나님 나라는 고상한 무엇을 추구하는 나라가 아니다. 당면한 문제를 지극히 현실적으로 해결하는 나라이다.

【5】 우리가 우리에게 죄 지은 모든 사람을 용서하오니 우리 죄도 사하여 주시옵고

우리는 예수님께 나아가 십자가에 흘리신 대속의 은총으로 죄 사함 받아야 한다고 생각한다. 그런데 복음서에 그런 이야기가 어디에 있을까? 네 복음서에 단 한 구절도 없다. 유대인들에게 성경에 없는 의인 교리가 있었듯이 기독교에는 복음서에도 없는 속죄 교리가 있을 뿐이다. 우리가 지은 죄들은 대부분 사람들에게 지은 것이므로 사람에게 먼저 용서를 받아야 한다. 이를 무시하고 하나님께 용서받으려고 한다면 이는 모순이다.

【6】 우리를 시험에 들게 하지 마시옵소서

'시험'(πειρασμός)은 '유혹'을 뜻하는데 무슨 유혹일까? 성경, 특히 복음서의 주제가 '하나님 나라'라는 것을 염두에 두면 그 의미가 명확해진다. 하나님 나라는 일용할 양식으로 살아야 한다. 그런데 누구나 쌓아놓고 살고싶은 마음이 있다. 남보다 더 높은 지위에서 지배하고 싶어 하며, 남보다 더 잘살고 싶어 하는 마음들이 그런 것들이다. 이런 마음은 계약공동체에서 가장 큰 적이다. 이런 유혹들을 자기 힘으로 이겨낸다는 것은 불가능할 만큼 어렵다. 하나님의 도우심이 필요하므로 늘 기도해야 할 제목이다.

그런데 예수님께서는 기도를 가르쳐 달라는 제자들에게 이런 기

도문만을 주신 게 아니라 그 기도문의 정신과 의미를 담은 예화를 같이 말씀하셨다. 무엇일까?

물음 51 기도, 무엇이며 어떻게 해야할까?

본문 : 〈 11:5~13 〉

5 또 이르시되 너희 중에 누가 벗이 있는데 밤중에 그에게 가서 말하기를 벗이여 떡 세 덩이를 내게 꾸어 달라

6 내 벗이 여행중에 내게 왔으나 내가 먹일 것이 없노라 하면

7 그가 안에서 대답하여 이르되 나를 괴롭게 하지 말라 문이 이미 닫혔고 아이들이 나와 함께 침실에 누웠으니 일어나 네게 줄 수가 없노라 하겠느냐

8 내가 너희에게 말하노니 비록 벗 됨으로 인하여서는 일어나서 주지 아니할지라도 그 간청함을 인하여 일어나 그 요구대로 주리라

9 내가 또 너희에게 이르노니 구하라 그러면 너희에게 주실 것이요 찾으라 그러면 찾아낼 것이요 문을 두드리라 그러면 너희에게 열릴 것이니

10 구하는 이마다 받을 것이요 찾는 이는 찾아낼 것이요 두드리는 이에게는 열릴 것이니라

11 너희 중에 아버지 된 자로서 누가 아들이 생선을 달라 하는데 생선 대신에 뱀을 주며

12 알을 달라 하는데 전갈을 주겠느냐

13 너희가 악할지라도 좋은 것을 자식에게 줄 줄 알거든 하물며 너희 하늘 아버지께서 구하는 자에게 성령을 주시지 않겠느냐 하시니라

누가복음은 기도의 복음이라고 할 만큼 기도의 이야기가 많다. 왜 그럴까? 이유는 단순하다. 누가는 그만큼 기도에 관심이 많았고 또 기도에 깊은 이해가 있었던 영성가였기 때문이다. 누가에만 있는 비유 자료들의 대부분은 단순한 예화가 아니라 영적인 실재를 반영

한다. 본문에서는 두 비유로 기도를 이렇게 말하고 있다.

【1】 5 또 이르시되 너희 중에 누가 벗이 있는데 **밤중에** 그에게 가서 말하기를 벗이여 **떡 세 덩이를 내게 꾸어 달라** 6 내 벗이 여행중에 내게 왔으나 **내가 먹일 것이 없노라** 하면

늦은 밤에 어떤 벗이 찾아왔는데, 그 벗은 먼 길을 걸어오느라 지쳐있었을 뿐만 아니라, 하루종일 먹지 못하고 굶주려 있었다. 무언가 먹을 것을 주고 싶었지만 줄 수 있는 게 없었다. 고민하던 그는 밤중이었지만 먹을 것이 있을만한 이웃집을 찾아가 대문을 두드리며 한 사람의 한 끼 양식인 떡 세 덩어리만 꾸어달라고 했다.

【2】 7 그가 안에서 대답하여 이르되 **나를 괴롭게 하지 말라** 문이 이미 닫혔고 아이들이 나와 함께 침실에 누웠으니 일어나 네게 **줄 수가 없노라** 하겠느냐

한밤중에 자다 말고 일어난 이웃집 주인은 내막을 듣고 어이가 없었다. 문을 두드린 사람은 자기 집에 찾아온 배고픈 벗에게 먹을 것을 주겠다며 이웃집 식구들이 다 잠들어 있는 밤중에 떡을 꾸어달라고 대문을 두드려 잠을 깨웠기 때문이다. 화가 난 이웃집 주인은 줄 수 없다며 그냥 들어가 버리고 말았다.

【3】 8 내가 너희에게 말하노니 비록 벗 됨으로 인하여서는 일어나서 주지 아니할지라도 **그 간청함을 인하여 일어나 그 요구대로 주리라**

이웃집 주인으로부터 멸시와 무안을 당했지만 그는 포기하지 않고 계속 대문을 두드리며 떡을 빌려달라고 간청했다. 주인은 더 화가 났지만, 떡 빌리러 온 자가 떡을 빌려줄 때까지 대문을 계속 두드리며 소리를 지르고 있으니 견디다 못해 빌려주지 않을 수 없었다.

예수님께서는 왜 기도를 이런 비유로 설명하셨을까? 이 비유는 어떤 의미를 지닐까?

밤중에 굶주린 자가 찾아왔는데 뭘 주고 싶지만 줄 것이 없었다는 말씀은 세상의 가난 문제란 사람의 힘만으로는 해결할 수 없다는

뜻이다. 이웃집에 양식을 꾸러 간다는 것은 하나님께 기도하는 것을 말한다. 그러면 하나님께서는 즉시 응답해 주실까? 전혀 아니다. 아무리 두드려도, 아무리 안타깝게 부르짖어도 응답이 없다. 어찌해야 하나? 계속 두드리며, 계속 간청해야 한다. 언제까지? 될 때까지. 도무지 될 것 같지 않은데 어떻게 그럴 수가 있는가?

안타까운 마음, 견딜 수 없는 마음, 여기서 더 나아가 포기되지 않는 마음이 있을 때 가능하다. 어린 자식이 못 고칠 병에 걸려 온갖 고통을 겪으며 죽어가고 있다고 생각해 보자. 남은 좀 불쌍히 여기다가 포기하겠지만 그 부모는 끝까지 포기되지 않는다. 안될 줄 알면서도, 있지도 않은 지푸라기라도 잡아보겠다고 끝까지 발버둥을 치게 되어있다. 부모의 포기되지 않는 마음, 끝까지 포기하지 못하는 발버둥, 밤낮 울부짖음과 통곡, 이것이 기도다. 기도는 이런 심정으로 해야 한다.

하나님께서는 왜 즉시 응답하지 않으시는가? 달이 차야 기울 듯이 만물에는 물극필반(物極必反)이라는 원리가 들어있다. 모든 일은 한계와 극에 달해야 반전이 일어난다. 기도도 마찬가지이다.

세상의 가난을 해결하는 것이, 이 땅에 하나님 나라를 실현하는 것이 쉽게 이루어질까? 쉽게 이뤄지기는커녕 전혀 불가능하며, 정신 나간 자나 꿈꿀 수 있는 일이며, 온갖 수모와 비웃음만 돌아온다. 이는 명확한 사실이며 현실이다. 그러면 어찌해야 하나? 당연히 포기해야 한다. 더 이상 미련을 가질 일이 아니다. 한 세상 살면서 되지도 않을 일을 붙들고 허비할 수는 없다. 그보다 더 어리석은 일은 없다. 그런데, 그런데, 그런데, 뭐가 문제인가?

스스로 생각해 보아도 어리석고 한심해서, 포기했다가도, 더 이상 생각조차 하지 않으려 해도, 어느 날 어느 순간 다시 되살아난다. 자기도 모르게 또 붙들고, 또 씨름한다. 왜 그럴까? 포기되지 않기 때문이다. 왜 그런가? 굶주림 해결은, 공의 실현은, 이상 실현은 포기해서는 안 되는 절대당위, 절대명령, 절대명제이기 때문이다. 양심을 지닌 인간의 존재 이유이기 때문이다. 이는 더 나아가 하나님의 존재 이유이기 때문이다.

구약성경에 등장하는 노아, 아브라함, 이삭, 야곱, 요셉, 모세, 여호수아, 갈렙, 사사들, 사무엘, 엘리야, 엘리사, 아모스, 호세아, 미가, 예레미야 등은 이런 사람들이었고, 그들의 평생은 눈물이었고, 그 눈물은 하나님의 피눈물을 대신 쏟음이었다.

성경은, 계약법은 이런 한숨과 눈물과 통곡과 절규로 얼룩져 있다. 성경을 읽으면서 무엇을 만나야 하는가? 그 한숨과 그 눈물과 그 통곡과 그 절규를 만나야 한다. 이것이 곧 하나님을 만나는 것이다. 성경의 하나님은 무슨 초월적 신비로 다가오지 않는다.

내게 이 피눈물이 있었는가? 단 한 방울이라도. 내게 이 통곡이 있었는가? 단 한 번이라도. 내게 이 절규가 있었는가? 단 한 번이라도. 내게 이 포기되지 않음이 있었는가? 단 한 순간이라도.

그동안 신앙생활을 하면서 기도했는가? 무슨 기도를 어떻게 했는가? 기도가 무엇인가? 어떻게 해야 하는가? 알량한 기도에 응답이 없다고 투덜거리지는 않았는가?

> 【4】 9 내가 또 너희에게 이르노니 **구하라** 그러면 너희에게 주실 것이요 **찾으라** 그러면 찾아낼 것이요 **문을 두드리라** 그러면 너희에게 열릴 것이니 10 구하는 이마다 받을 것이요 찾는 이는 찾아낼 것이요 두드리는 이에게는 열릴 것이니라

"내가 또 너희에게 이르노니", 기도에 대하여 두 번째 비유이다.

뭘 구하고, 뭘 찾고, 무슨 문을 두드려야 하는가? 한밤중에 굶주린 채 찾아온 나그네를 그냥 재울 수 없어서 이웃집에 양식 빌리러 가서 온갖 수모와 수치를 당하면서 줄 때까지 문을 두드리며 울부짖는 그 마음을 구해야 한다. 그 마음을 두드려야 한다. 그 마음을 찾

아야 한다. 그러면 그 마음을 주신다. 틀림없이 주신다.

뭘 회개해야 하는가? 기도가 뭔지도 모르고 구하던 이기심을 회개해야 한다. 그 마음이 없었음을 회개해야 한다. 그 통곡이, 그 절규가, 그 피눈물이 없었음을 회개해야 한다. 성경이 뭘 말하는지도 모르고, 성경의 하나님이 어떤 분이신지도 모르고, 교회를 다닌다는 게 뭔지도 모르고, 구원이 뭔지도 모르고, 도대체 제대로 아는 게 없었음을 탄식하며 통곡해야 한다.

【5】 11 너희 중에 **아버지 된 자로서** 누가 아들이 생선을 달라 하는데 생선 대신에 뱀을 주며 12 알을 달라 하는데 전갈을 주겠느냐

하나님의 마음이 무엇인가? 어렵게 말할 필요 없다. 부모의 마음이다. 안타까운 마음, 견딜 수 없는 마음, 포기되지 않는 마음이다.

【6】 13 너희가 악할지라도 좋은 것을 자식에게 줄 줄 알거든 하물며 너희 하늘 아버지께서 구하는 자에게 **성령을 주시지 않겠느냐** 하시니라

부모는 자식에게 가장 좋은 것을 주고 싶어 한다. 그것을 줄 수만 있다면 자신의 생명까지도 아끼지 않는다. 하나님께서도 마찬가지이시다. 그분은 우리에게 성령, 즉 하나님 자신까지도 주기를 원하신다. 그런데 문제는 줄 사람, 줄 만한 사람, 그 사람이 없다는 데에 하나님의 고민이 있다. 그분은 내 안에 오시기를 원하신다. 나를 성전 삼으시기를 원하신다. 내 안에 오셔서, 내 안에 머무르시면서, 나를 통해 그분께서, 내가 할 수 없는 그 일을 하기 원하신다.

하나님 나라가 이 땅에 임하는 것은, 현실과 이상의 조화는 인간의 힘만으로는 되지 않는다. 하나님의 도우심이 있어야만 가능하며, 하나님께서는 계약공동체의 기도에 응답하시는 방법으로 도우신다

물음 52
정통 교리, 무엇이 문제인가?(1)

본문 : 〈 11:14~26 〉

14 예수께서 한 말 못하게 하는 귀신을 쫓아내시니 귀신이 나가매 말 못
하는 사람이 말하는지라 무리들이 놀랍게 여겼으나
15 그 중에 더러는 말하기를 그가 귀신의 왕 바알세불을 힘입어 귀신을
쫓아낸다 하고
16 또 더러는 예수를 시험하여 하늘로부터 오는 표적을 구하니
17 예수께서 그들의 생각을 아시고 이르시되 스스로 분쟁하는 나라마다
황폐하여지며 스스로 분쟁하는 집은 무너지느니라
18 너희 말이 내가 바알세불을 힘입어 귀신을 쫓아낸다 하니 만일 사탄
이 스스로 분쟁하면 그의 나라가 어떻게 서겠느냐
19 내가 바알세불을 힘입어 귀신을 쫓아내면 너희 아들들은 누구를 힘입
어 쫓아내느냐 그러므로 그들이 너희 재판관이 되리라
20 그러나 내가 만일 하나님의 손을 힘입어 귀신을 쫓아낸다면 하나님의
나라가 이미 너희에게 임하였느니라
21 강한 자가 무장을 하고 자기 집을 지킬 때에는 그 소유가 안전하되
22 더 강한 자가 와서 그를 굴복시킬 때에는 그가 믿던 무장을 빼앗고
그의 재물을 나누느니라
23 나와 함께 하지 아니하는 자는 나를 반대하는 자요 나와 함께 모으지
아니하는 자는 헤치는 자니라
24 더러운 귀신이 사람에게서 나갔을 때에 물 없는 곳으로 다니며 쉬기
를 구하되 얻지 못하고 이에 이르되 내가 나온 내 집으로 돌아가리라
하고
25 가서 보니 그 집이 청소되고 수리되었거늘
26 이에 가서 저보다 더 악한 귀신 일곱을 데리고 들어가서 거하니 그
사람의 나중 형편이 전보다 더 심하게 되느니라

스스로 의롭다는 생각으로 병든 자들을 정죄하며 도무지 불쌍히 여기는 마음이 전혀 없는 사람들, 그러면서 완고한 인과응보 교리에 사로잡힌 바리새인과 서기관들의 눈에는 예수님께서 하시는 일들이 어떻게 보였을까?

【1】 15 그 중에 더러는 말하기를 그가 **귀신의 왕 바알세불을 힘입어 귀신을 쫓아낸다** 하고

자신들의 교리에 맞는가 아닌가, 그것만이 전부로 보였다. 그들에게는 온갖 고통을 당하는 환자에 대하여 불쌍히여기는 마음이 설 자리가 없다. 인과응보 교리에 의하면 죄 때문에 형벌을 받고 있는 죄인에 불과했다. 그런데 그런 죄인을 고친다면 이는 하나님의 업무를 방해하는 사단의 역사로 볼 수밖에 없었다. 이런 이유로 그들은 예수님께서 하시는 일이 귀신의 왕 바알세불이 들려 하는 일이라고 했다.

이에 대하여 예수님께서는 귀신이 귀신을 쫓아낸다는 것은 그 자체가 모순이라고 말씀하셨다.

【2】 16 또 더러는 **예수를 시험하여 하늘로부터 오는 표적**을 구하니

유대인들은 또 예수님에게 자신들이 기다리던 메시아의 표적을 요구했다. 이 표적을 요구한 이유는 예수님께서 여러 기적을 행하고 있지만 자신들이 기대하는 기적, 메시아 교리와는 맞지 않았기 때문이다. 신앙에 있어서 가장 큰 적은 '정통 교리 신앙'이다. 마귀는 늘 정통 교리를 통하여 신앙이 잘못된 방향으로 가도록 유도한다. 어떤 특수한 상황에서 만들어지는 교리는 한시적이며 새로운 상황에서는 다시 해석되어야 한다. 이를 거부하면 마귀에게 이용당한다.

【3】 20 그러나 내가 만일 하나님의 손을 힘입어 귀신을 쫓아낸다면 **하나님의 나라가 이미 너희에게 임하였느니라**

오랫동안 메시아를 기다리던 유대인들은 메시아로 말미암아 세워질 메시아 왕국을 기대했다. 그러나 예수님께서는 황제가 되어 전

세계를 식민지배하는 그런 메시아 왕국을 거부하셨다. 대신 계약공동체를 통하여 세워질 '하나님 나라'를 말씀하셨다. 그 나라의 특징은 정치 권력과 돈의 권세로 지배하는 마귀 세력을 축출하는 것이었다. 예수님께서는 하나님의 이름으로 귀신들이 쫓겨나가는 것은 이미 하나님 나라가 임하고 있는 증거라고 하셨다.

예수님께서 행하시는 다양한 이적들은 이 땅에 임하고 있는 하나님 나라의 표적들이었다. 그러나 정통 교리에 매여있는 유대인들에게 예수님은 자신들의 교리를 거부하는 이단자에 불과했다. 예수님께서는 정통 교리가 얼마나 위험한 것인지를 지적하시기 위하여 다음의 비유를 말씀하셨다.

【4】 24 **더러운 귀신**이 사람에게서 나갔을 때에 물 없는 곳으로 다니며 쉬기를 구하되 얻지 못하고 이에 이르되 내가 나온 내 집으로 돌아가리라 하고 25 가서 보니 그 집이 청소되고 수리되었거늘 26 이에 가서 저보다 **더 악한 귀신 일곱**을 데리고 들어가서 거하니 그 사람의 나중 형편이 전보다 더 심하게 되느니라

도대체 이 비유는 무슨 뜻일까? 이런 비유를 해석하기는 쉽지 않다. 유대인들의 정통 교리 변천사로 보아야 해석이 가능해진다.

❶ 성전신앙, 제사신앙 교리

이스라엘인들에게는 본래 교리가 없었다. 시내산에서 하나님과 맺은 계약신앙이 있었을 뿐이며, 가나안에 입주하여 계약법대로 살아갔다. 그런데 그들에게 교리가 등장하기 시작한 것은 다윗이 성전 건축을 시도한 이후다. 다윗은 자신의 왕권을 강화하기 위하여 군사를 동원하여 예루살렘을 점령하여 자신의 사유지로 삼고, 성전 건축을 시도했다. 그러나 계약신앙 전통의 반발에 부딪혀 실행하지 못하다가 그 아들 솔로몬 때 가서야 겨우 성전을 지었다. 성전을 지은 후에는 성전은 하나님의 집이며, 하나님께서는 성전에서 드리는 동물제사를 기쁘게 받으신다는 '성전신앙', '제사신앙' 교리를 만들어

유포시켰다. 이 교리는 계약신앙을 무력화시키기 위함이었다. 왜냐하면 계약신앙에서는 이방 나라의 왕과 같은 왕권을 용납하지 않을 뿐만 아니라, 귀족과 부자의 등장도 허락하지 않기 때문이다. 성전신앙, 제사신앙은 절대왕권, 귀족과 부유층들에게 주어지는 면죄부였다.

이런 교리신앙은 많은 갈등을 불러일으켜 솔로몬 사후, 이스라엘은 남북으로 국가가 분열되었으며, 선지자들이 등장하여 성전신앙과 제사신앙은 계약 위반이라고 고발하면서, 계약신앙으로 돌아가지 않으면 하나님께서 강포한 이민족을 동원하여 성전을 헐어버리고 이스라엘은 다시 노예로 끌려가리라고 경고했다. 그러나 이스라엘은 이 경고를 받아들이지 않다가 결국 나라가 멸망당하고 앗수르와 바벨론에 전쟁 노예로 끌려가고 말았다.

마귀가 지배하던 이스라엘의 정통 교리였던 성전신앙, 제사신앙 교리는 성전이 파괴되고 나라가 망하고나서야 쫓겨나가고 말았다. 이를 예수님께서는 다음과 같이 말씀하셨다.

더러운 귀신이 사람에게서 나갔을 때에

성전이 파괴되고 나라가 멸망하여 성전에서 제사 드릴 수 없게 되고 나서야 비로소 이스라엘은 성전신앙, 제사신앙이라는 정통교리 신앙에서 벗어날 수 있었다.

❷ 인과응보 교리

전쟁포로로 끌려가서 노예로 전락한 이스라엘 사람들은 신명기 예언자들의 도움을 받아 다시 계약신앙으로 돌아왔다. 나라가 멸망하고 성전이 파괴된 것은 계약 위반에 대한 징계였음을 깨닫고 철저히 회개하며 회당에 모여 계약법을 다시 공부하기 시작했다. 이스라엘 사람들이 회당에서 계약법을 공부하고, 가정에서 자녀들에게 열심히 가르친 결과 자녀들이 성인식을 할 나이가 되면 계약법(율법서)를 외울 정도가 되었다. 이런 신앙이 정착되자 하나님께서는 바벨론을 멸망시키시고 유대인들을 다시 귀환하게 하셨다.

이런 역사적인 기적을 경험한 유대인들은 귀환하여 계약법 신앙으로 살아가는 나라를 재건했다. 예수님께서는 이런 시대를 이렇게 말씀하셨다.

> 물 없는 곳으로 다니며 쉬기를 구하되 얻지 못하고 이에 이르되 내가 나온 내 집으로 돌아가리라 하고 가서 보니 **그 집이 청소되고 수리되었거늘**

바벨론 포로 생활과 귀환을 경험한 유대인들에게는 이제 '인과응보 교리'가 새로운 정통 교리로 정착했다. 인과응보 교리는 죽었던 이스라엘을 다시 살려낸 교리이며, 그 중요성은 아무리 강조해도 지나치지 않다.

❸ 의인 교리

귀환 이후 유대인들은 알렉산더의 헬라 제국이 등장하면서 큰 위기를 맞았다. 주말 스포츠 문화를 앞세운 헬라화 정책에 근동의 문화들은 속수무책으로 헬라 문화에 흡수되고 말았는데, 유대인들은 안식일, 할례, 정결례, 유월절 등의 율법 조항을 만들어 헬라화 정책에 적극 대처하여 유일하게 살아남았다. 이 시기에 유대인들이 헬레니즘을 극복하고 헤브라이즘을 등장시킨 것은 세계사의 기적에 해당된다.

이 시기에 인과응보 교리와 유대교 율법 조항이 결합된 의인 교리가 등장했다. 안식일 법을 위주로 하는 여러 율법 조항들을 잘 지키면 하나님께서 의롭게 여기신다는 교리인데, 역으로 적용하면 가난하고 병들고 재앙이 오면 이는 하나님께 죄를 지은 결과가 되고 만다. 의인 교리는 곧 죄인 교리인 셈이다. 이 시기에 유대인들은 유월절 행사를 성전에서 행하는 제사 중심으로 변형시켜 놓았다. 그 결과 본래의 계약법 신앙은 흔적도 없이 자취를 감추고 말았다.

예수님 당시에는 성전 · 제사, 인과응보, 의인, 안식일, 정결례, 메시아 사상 등의 유대교 정통 교리들이 굳건하게 뿌리를 내리고 있었다. 이를 예수님께서는 이렇게 지적하셨다.

> 이에 가서 저보다 **더 악한 귀신 일곱**을 데리고 들어가서 거하니 **그 사람의 나중 형편이 전보다 더 심하게 되느니라**

예수님의 이 비유는 정통 교리가 마귀에게 어떻게 이용당하였는가를 이스라엘 역사를 통하여 설명하시는 말씀이다.

앞에서도 언급한 바와 같이 예수님의 비유는 단지 알아듣기 쉽게 사용된 예화가 아니라 계약법 정신이나 이스라엘 역사와 영성 세계의 실재들을 반영하고 있다.

오늘 우리 기독교도 예수님 당시 유대교가 당면했던 상황과 너무 빼닮았다. 계약법 신앙과 정신은 다 사라지고 헬라철학에 기초한 교리신앙만 남아있다.

물음 53 정통 교리, 무엇이 문제인가?(2)

본문 : 〈 11:27~36 〉

27 이 말씀을 하실 때에 무리 중에서 한 여자가 음성을 높여 이르되 당신을 밴 태와 당신을 먹인 젖이 복이 있나이다 하니

28 예수께서 이르시되 오히려 하나님의 말씀을 듣고 지키는 자가 복이 있느니라 하시니라

29 무리가 모였을 때에 예수께서 말씀하시되 이 세대는 악한 세대라 표적을 구하되 요나의 표적 밖에는 보일 표적이 없나니

30 요나가 니느웨 사람들에게 표적이 됨과 같이 인자도 이 세대에 그러하리라

31 심판 때에 남방 여왕이 일어나 이 세대 사람을 정죄하리니 이는 그가 솔로몬의 지혜로운 말을 들으려고 땅 끝에서 왔음이거니와 솔로몬보다 더 큰 이가 여기 있으며

32 심판 때에 니느웨 사람들이 일어나 이 세대 사람을 정죄하리니 이는 그들이 요나의 전도를 듣고 회개하였음이거니와 요나보다 더 큰 이가 여기 있느니라

33 누구든지 등불을 켜서 움 속에나 말 아래에 두지 아니하고 등경 위에 두나니 이는 들어가는 자로 그 빛을 보게 하려 함이라

34 네 몸의 등불은 눈이라 네 눈이 성하면 온 몸이 밝을 것이요 만일 나쁘면 네 몸도 어두우리라

35 그러므로 네 속에 있는 빛이 어둡지 아니한가 보라

36 네 온 몸이 밝아 조금도 어두운 데가 없으면 등불의 빛이 너를 비출 때와 같이 온전히 밝으리라 하시니라

예수님의 설교를 듣고 있던 한 여자가 감탄하여 "당신같은 아들을 둔 여자는 참 복이 많다!"라고 소리질렀다. 누가는 왜 이런 이야기를 써 놓았을까?

【1】 28 예수께서 이르시되 오히려 **하나님의 말씀을 듣고 지키는 자가 복이 있느니라** 하시니라

하나님의 말씀을 듣고 지키는 게 구체적으로 무엇을 어떻게 하는 것일까? 이 말씀을 삶에 적용하려고 하면 쉬운 것 같지만 도무지 감이 잡히지 않는다. 그 이유는 성경의 말씀들은 계약법을 전제로 하고 있다는 것을 모르기 때문이다. '하나님의 말씀을 듣고'는 '계약법을 똑바로 깨달아 알고'라는 뜻이며, '지키는 자'는 계약법을 지키는 것을 말한다. 성경에서 말하는 '회개'의 기본적인 의미도 계약법을 지키지 않은 것을 염두에 두어야 한다. 일반적인 윤리와 도덕의 개념으로 회개를 말하면 성경의 의도와는 거리가 멀어진다.

누가는 계약법을 똑바로 깨닫고 또 지키는 것이 복이 있다는 것을 강조하기 위하여 본문을 기록해 놓았다.

【2】 29 무리가 모였을 때에 예수께서 말씀하시되 이 세대는 악한 세대라 표적을 구하되 **요나의 표적** 밖에는 보일 표적이 없나니 30 요나가 니느웨 사람들에게 표적이 됨과 같이 **인자도 이 세대에 그러하리라**

요나의 표적은 무엇을 말하는 것일까? 요나가 니느웨 사람들에게 표적이 된다는 것은 무슨 뜻일까? 요나서의 주제는 유대교의 선민사상에 대한 재해석이다. 유대인의 선민 교리에 의하면 이방인은 지옥의 땔감에 불과했다. 그런데 이스라엘을 멸망시킨 원수 앗수르의 수도 니느웨 사람들은 요나의 설교를 단 한번 듣고 왕으로부터 시작하여 짐승에 이르기까지 금식하고 회개하여 돌이켰다. 그런데 유대인들은 아무리 가르쳐도 돌이킬 생각을 하지 않았다. 왜 그럴까? 교리신앙 때문이다. 본문은 정통 교리에 대한 고발이다.

【3】 31 심판 때에 남방 여왕이 일어나 이 세대 사람을 정죄하리니 … **솔로몬보다 더 큰 이**가 여기 있으며 32 … **요나보다 더 큰 이**가 여기 있느니라

예수님께서 솔로몬보다, 요나보다 크시다는 말씀은 무슨 뜻일까? 솔로몬의 소문을 듣고 남방 여인은 먼 길을 마다하지 않고 찾아왔으며, 요나의 설교를 듣고 니느웨 사람들은 회개하고 돌이켰다. 그런데 유대인들은 예수님의 설교뿐만 아니라 온갖 이적을 보고도 이를 받아들이는 것은 고사하고 예수님을 이단이며, 바알세불이 들렸으며, 하나님을 모독한다고 생각하여 죽이려고 했다. 왜 그럴까? 정통 교리 신앙에 사로잡혀있었기 때문이다.

반면에 이방인들은 예수님에 대한 소문을 듣고 두로와 시돈에서도 몰려왔다. 또 예수님 사후 예루살렘에서 시작된 교회를 유대인들은 박해했다. 그러나 복음은 이방인 지역으로 급속하게 확산되어 나갔다. 예수님께서 솔로몬이나 요나보다 크시다는 것은 이런 뜻이다.

【4】 33 누구든지 등불을 켜서 **움 속에나 말 아래에 두지 아니하고** 등경 위에 두나니 … 36 **네 온 몸이 밝아 조금도 어두운 데가 없으면** 등불의 빛이 너를 비출 때와 같이 온전히 밝으리라 하시니라

이어서 등불의 비유가 나오고 있다. 본문의 빛과 어두움은 무엇을 말하고 있을까?

유대인의 정통 교리는, 잘못된 신앙이 가져오는 어두움을 몰아내는 빛이 되어야 하는데, 반대로 빛을 가려서 온 세상이 어두워지고 말았다. 이를 예수님께서는 등불을 움 속이나 말 아래에 둔 것과 같다고 비유하셨다.

누가의 본문을 마가나 마태의 병행본문과 비교해보면 이방인 누가는 유대교가 정통신앙의 한계에 갇혀 화석(化石)이 되고 말았으며, 동시에 계약신앙이 사라졌음을 강조하고 있다. 그런데 누가는 교회에서 계약신앙이 다시 회복되고 그 신앙을 통해서 실현된 하나님 나라를 발견한 사람이다.

누가에 의하면 유대교의 정통 교리 신앙은 계약신앙의 가장 큰 적일 뿐만 아니라 마귀의 도구였다. 오늘 기독교의 정통 교리들은 어떤 모습일까?

물음 54
영원한 경고, 무엇인가?

본문 : 〈 11:37~54 〉

37 예수께서 말씀하실 때에 한 바리새인이 자기와 함께 점심 잡수시기를 청하므로 들어가 앉으셨더니

38 잡수시기 전에 손 씻지 아니하심을 그 바리새인이 보고 이상히 여기는지라

39 주께서 이르시되 너희 바리새인은 지금 잔과 대접의 겉은 깨끗이 하나 너희 속에는 탐욕과 악독이 가득하도다

40 어리석은 자들아 겉을 만드신 이가 속도 만들지 아니하셨느냐

41 그러나 그 안에 있는 것으로 구제하라 그리하면 모든 것이 너희에게 깨끗하리라
42 화 있을진저 너희 바리새인이여 너희가 박하와 운향과 모든 채소의 십일조는 드리되 공의와 하나님께 대한 사랑은 버리는도다 그러나 이것도 행하고 저것도 버리지 말아야 할지니라
43 화 있을진저 너희 바리새인이여 너희가 회당의 높은 자리와 시장에서 문안 받는 것을 기뻐하는도다
44 화 있을진저 너희여 너희는 평토장한 무덤 같아서 그 위를 밟는 사람이 알지 못하느니라
45 한 율법교사가 예수께 대답하여 이르되 선생님 이렇게 말씀하시니 우리까지 모욕하심이니이다
46 이르시되 화 있을진저 또 너희 율법교사여 지기 어려운 짐을 사람에게 지우고 너희는 한 손가락도 이 짐에 대지 않는도다
47 화 있을진저 너희는 선지자들의 무덤을 만드는도다 그들을 죽인 자도 너희 조상들이로다
48 이와 같이 그들은 죽이고 너희는 무덤을 만드니 너희가 너희 조상의 행한 일에 증인이 되어 옳게 여기는도다
49 그러므로 하나님의 지혜가 일렀으되 내가 선지자와 사도들을 그들에게 보내리니 그 중에서 더러는 죽이며 또 박해하리라 하였느니라
50 창세 이후로 흘린 모든 선지자의 피를 이 세대가 담당하되
51 곧 아벨의 피로부터 제단과 성전 사이에서 죽임을 당한 사가랴의 피까지 하리라 내가 너희에게 이르노니 과연 이 세대가 담당하리라
52 화 있을진저 너희 율법교사여 너희가 지식의 열쇠를 가져가서 너희도 들어가지 않고 또 들어가고자 하는 자도 막았느니라 하시니라
53 거기서 나오실 때에 서기관과 바리새인들이 거세게 달려들어 여러 가지 일을 따져 묻고
54 그 입에서 나오는 말을 책잡고자 하여 노리고 있더라

여자인 마르다의 식사 초대 이야기에는 말씀을 귀담아듣고 있는 마리아의 이야기에 초점이 맞추어져 있었다.(10:38~42) 그런데 이번에는 예수님께서 남자 바리새인의 식사에 초대되신 이야기가 나오고 있다. 여기서는 무엇이 초점일까?

【1】 38 잡수시기 전에 **손 씻지 아니하심**을 그 바리새인이 보고 이상히 여기는지라

여기서 또 쟁점이 된 것은 유대교의 교리였다. 유대인들의 정결례에 의하면 식사를 할 때마다 손을 씻어야 했다. 위생의 개념이 아니라 종교적인 의식이었다. 바리새인들은 예수님께서 이런 교리를 무시하시자 대단히 불편해 했다. 45절의 '우리까지'라는 구절에 의하면, 이때 예수님을 초대하고 또 같이 모인 바리새인들은 예수님에 대하여 호의적인 사람들이었다고 추정이 된다. 그런데 예수님께서는 그들에게 뭐라고 하셨을까?

【2】 40 **어리석은 자**들아 … 42 **화 있을진저** 너희 바리새인이여 …

예수님께서는 언어로 표현할 수 있는 가장 심한 책망을 하시며, 저주를 선언하셨다. 이로써 화기애애해야 할 식사 분위기는 차가운 대립 분위기로 바뀌고 말았다. 호의적인 바리새인들이 초대한 식사 자리에서 단호하게 말씀하신 예수님의 모습은 교리신앙의 위험성을 얼마나 심각하게 여기셨는지를 잘 보여주신 예이다. 예수님의 심한 책망에 당황한 바리새인은 이렇게 말했다.

45 한 율법교사가 예수께 대답하여 이르되 선생님 이렇게 말씀하시니 **우리까지** 모욕하심이니이다

이에 대하여 예수님께서는 어떻게 말씀하셨을까?

【3】 47 **화 있을진저** … 52 화 있을진저 너희 율법교사여 너희가 **지식의 열쇠를 가져가서 너희도 들어가지 않고 또 들어가고자 하는 자도 막았느니라**

놀랍게도 더 심하게 책망하시며 더 심한 저주를 선언하셨다. 왜냐하면 서기관들은 율법을 가르치면서 저도 모르고 있고, 배우는 자들을 더 모르게 만들고 있기 때문이다. 이로 말미암아 어떤 결과가 빚어졌을까?

【4】 53 거기서 나오실 때에 서기관과 바리새인들이 **거세게 달려들어** 여러 가지 일을 따져 묻고 54 그 입에서 나오는 말을 **책잡고자 하여** 노리고 있더라

호의적이던 바리새인들까지 완전히 적이 되고 말았다. 누가는 왜 이런 이야기들을 중요하게 다루고 있을까?

❶ 신앙 오류의 심각성

성경에 의하면 가장 큰 심판을 받을 자는 하나님을 믿지 않거나 모르는 사람들이 아니라 잘못된 신앙을 가진 계약공동체이다. 왜냐하면 하나님께서는 계약공동체를 통하여, 하나님을 모르고 죄의 지배 가운데 있는 세상을 구원하시는데, 그 계약공동체가 잘못된 신앙을 가지고 있으면 세상 구원이 불가능해지기 때문이다. 가장 큰 비극은 계약공동체가 잘못된 방식으로 열심히 신앙생활을 하다가 심판당하는 것이다. 이스라엘인들이 바벨론과 로마제국에 멸망할 때에는 이런 공통점이 있었다.

❷ 가르치는 자의 책임

이런 비극의 원인과 책임은 전적으로 신앙을 가르치는 자에게 있다. 이런 이유로 예수님께서는 서기관과 바리새인들에게 저주를 선언하셨다. 성경을 가르치고 설교하는 자들이 빚어내는 해석의 오류는 그 어떤 변명도 용납되지 않는다. 그러므로 성경을 가르치려면 먼저 내가 생각하고 알고 있는 것이 맞는지 여부를 확인해야 한다. 설교자가 되는 일은 인간이 할 수 있는 가장 어려운 일이다.

❸ 도그마에 대한 영원한 경고

본문뿐만 아니라 복음서는 유대교의 도그마 신앙이 얼마나 위험한지 지적하면서 그에 대하여 경고하고 있다. 왜냐하면 옛 계약공동체는 교리 신앙 때문에 실패했기 때문이다. 이는 동시에 새 계약공동체에 대하여 교리 신앙에 빠지지 말라는 영원한 경고이다.

그런데 기독교의 역사는 놀랍게도 옛 계약공동체가 걸어온 그 길을 그대로 답습하고 말았다. 유대교와 기독교는 쌍둥이 형제가 되어 있다. 이 노릇을 어찌해야 하나! 누가는 이런 이야기를 다음 장에서 도 계속한다.

물음 55
예수님의 신신당부, 왜 저버렸나?

본문 : 〈 12:1~12 〉

1 그 동안에 무리 수만 명이 모여 서로 밟힐 만큼 되었더니 예수께서 먼저 제자들에게 말씀하여 이르시되 바리새인들의 누룩 곧 외식을 주의하라

2 감추인 것이 드러나지 않을 것이 없고 숨긴 것이 알려지지 않을 것이 없나니

3 이러므로 너희가 어두운 데서 말한 모든 것이 광명한 데서 들리고 너희가 골방에서 귀에 대고 말한 것이 지붕 위에서 전파되리라

4 내가 내 친구 너희에게 말하노니 몸을 죽이고 그 후에는 능히 더 못하는 자들을 두려워하지 말라

5 마땅히 두려워할 자를 내가 너희에게 보이리니 곧 죽인 후에 또한 지옥에 던져 넣는 권세 있는 그를 두려워하라 내가 참으로 너희에게 이르노니 그를 두려워하라

6 참새 다섯 마리가 두 앗사리온에 팔리는 것이 아니냐 그러나 하나님 앞에는 그 하나도 잊어버리시는 바 되지 아니하는도다

7 너희에게는 심지어 머리털까지도 다 세신 바 되었나니 두려워하지 말라 너희는 많은 참새보다 더 귀하니라

8 내가 또한 너희에게 말하노니 누구든지 사람 앞에서 나를 시인하면 인자도 하나님의 사자들 앞에서 그를 시인할 것이요

9 사람 앞에서 나를 부인하는 자는 하나님의 사자들 앞에서 부인을 당하리라

10 누구든지 말로 인자를 거역하면 사하심을 받으려니와 성령을 모독하는 자는 사하심을 받지 못하리라

11 사람이 너희를 회당이나 위정자나 권세 있는 자 앞에 끌고 가거든 어떻게 무엇으로 대답하며 무엇으로 말할까 염려하지 말라

12 마땅히 할 말을 성령이 곧 그 때에 너희에게 가르치시리라 하시니라

예수님 주변에는 얼마나 많은 사람이 모였을까? 정확히 알기는 어렵다. 오병이어의 이야기에 의하면 예수님께서 해변에 계시다가 광야로 피하여 갔을 때 쫓아온 사람들이 장정만 5천여 명이었다고 한다. 이를 기초로 추정하면 광야에 모인 사람이 1만여 명 정도였을 것이다. 그렇다면 바닷가에는 최소한 몇만 명의 사람들이 있었으리라고 추정된다.

그런데 누가는 본문 1절에서 예수님 주변에 수만 명의 사람이 모여 서로 밟힐 만큼 되었다고 기록해 놓았다. 지금은 갈릴리를 떠나 예루살렘으로 올라가시는 중이었는데도 사람들이 소문을 듣고 수만 여 명이 몰려들었다면, 갈릴리 바닷가에 상주하실 때에는 이보다 훨씬 많은 사람들이 모였을 것이다. "식사하실 겨를이 없었다.", "서로 밟힐 만큼 되었더니"라는 구절을 통하여 당시 상황이 어떠했는지를 짐작해 볼 수 있다.

이렇게 많은 사람들이 모였을 때에 예수님께서는 무슨 말씀을 하셨을까? 누가는 예수님께서 제자들에게 하신 말씀만 기록해 놓고 있다. 왜 그럴까?

【1】 1 그 동안에 무리 **수만 명이 모여 서로 밟힐 만큼 되었더니** 예수께서 **먼저 제자들에게 말씀하여 이르시되 바리새인들의 누룩 곧 외식을 주의하라**

가르치는 자의 중요성은 아무리 강조해도 지나치지 않기 때문이다. 당시 최고의 지성인이었던 누가는 사도들에게서 진정한 스승의 모습을 발견했고 그 근원을 역추적한 결과 예수님을 참 스승으로 만났다. 예수님께서는 제자들에게 너희는 서기관과 같은 선생이 되지 말라고 하셨다. "바리새인의 누룩, 곧 외식을 주의하라!"는 말씀은 이런 뜻이었다. 이를 좀더 자세히 살펴보고자 한다.

❶ 누룩과 위선

마태의 병행 본문(16:6, 12)에 의하면 바리새인들의 누룩은 그들의 '교훈'을 말한다. 그런데 본문에서는 누룩을 '외식'(ὑπόκρισις)이라고 했는데, 연기, 가장, 위선, 숨김 등의 뜻이다. 왜 누가복음에서는 누룩을 외식과 동일하게 여길까? 이를 이해하기 위해서는 먼저 바리새인들이 어떤 사람들인지 알아야 한다.

복음서에 기록된 서기관과 바리새인들에 관한 기록을 보면 자칫 그들이 외식하는 자로서 부도덕한 이중인격자처럼 보이지만 실제로 그들은 당시에 가장 존경받는 사람들이었다. 당시 바리새인들은 약 6천여 명이었는데, 이들이 존경받는 이유는 다음과 같다.

첫째, 유대교를 지켜냈다.

앞에서도 잠깐 언급한 바와 같이 예수님이 오셨던 그 당시 알렉산더의 헬라화 정책에 무너지지 않은 문화가 없었다. 유구한 메소포타미아 문명과 이집트 문명도 한순간에 사라지고 말았다. 그런데 유일하게 유대교는 살아남았는데, 서기관과 바리새인들이 대처한 방법은 다음과 같다. 먼저 율법서 규정들을 조항으로 만들어 지키도록 했으며, 묵시문학을 개발하여 신앙적인 확신을 주었고, 또 이스라엘 역사를 유대교 시각으로 다시 해석하여 가르침으로써 헬라문화를 이겨내는 위업을 달성했다. 역대기가 그 역사서이다.

이뿐만이 아니다. 유대인들이 AD 70년 로마제국에 멸망당하고 전 세계에 흩어져 2천여 년을 살면서도 문화와 종교, 언어를 지켜냈는데 이 또한 이들 때문에 가능했다. 서기관과 바리새인들은 인류 종교사에서 가장 위대한 일을 해낸 사람들이라고 해도 과언이 아닐 것이다. 이들의 대처방법은 오늘 우리가 참고할만한 가치가 충분히 있다.

둘째, 헤브라이즘을 가능하게 했다.

서기관들의 가장 큰 공헌은 율법 교육을 통해서 헬레니즘으로부터 유대교를 지켜냈을 뿐만 아니라 헤브라이즘을 탄생시켰다는 점이다. 이에 대해서는 아무리 높이 평가해도 지나치지 않다. 헤브라이즘은 구약의 율법서를 경전으로 하는 종교문화를 말하는데, 고대 그리스 철학을 기반으로 하는 헬레니즘과 대비되며, 서양문화의 양대 축이다. 기독교는 서기관들이 만들어 놓은 헤브라이즘이라는 토대 위에서 출발했다. 이들이 아니었다면 기독교는 불가능했다.

셋째, 무보수로 봉사했다.

서기관과 바리새인들은 교사이자 설교자들인데 그 당시에는 무보수로 일했다. 그 이유는 모든 사람들에게 교육의 기회를 주기 위함이었다. 사도행전에 보면 사도 바울은 선교 여행을 다니면서 선교비를 후원받지 않고 부두에서 노동을 하거나 천막을 짜면서 자력 선교를 했다. 본래 바리새인이었던 바울은 그들이 하던 방식을 그대로 했을 뿐이다. 바리새인들은 국내에서 뿐만 아니라 해외에 흩어져있는 유대인들에게도 교육의 기회를 주기 위하여 찾아다녔는데, 비용은 자부담이었다. 인류 종교사에서 이들보다 더 열심있고 또 헌신적인 성직자들은 없었다.

넷째, 실력자들이었다.

서기관이 되기 위해서는 어린 나이에 랍비(스승)의 집에서 숙식을 같이하며 공부했다. 랍비들은 자신의 삶으로 먼저 인성 교육을 시켰으며, 또 진정한 실력자들이었다. 랍비들에게서 교육받은 학생들의 실력은 국제적으로 인정받아 많은 젊은이들이 예루살렘으로 유학을 왔기 때문에 예루살렘은 그리스 · 로마 시대에 가장 유명한 교육 도시 중의 하나가 되었다.

이런 바리새인들을 향하여 예수님께서 저주를 퍼부으셨고, 또 제자들에게 그들의 교훈을 조심하라고 당부하셨다. 특히 그들의 외식을 주의하라고 하셨는데 그 이유가 무엇일까? 그들의 한계는 무엇이었을까?

❷ 전통 답습

물려받은 신앙 유산과 전통을 너무 소중히 한 나머지 그대로 답습하고 말았다. 이를 위해 전통을 정통 교리로 만들어 놓았는데, 그 결과 주객이 전도되고 말았다. 정통 교리가 성경의 말씀보다 더 중요하게 된 것이다. 교리는 성경의 말씀을 가리키는 손가락이어야 하는데, 교리가 곧 성경 말씀이 되는 모순에 빠지게 되었다. 랍비들이 교리의 한계를 모를 만큼 무지한 사람들은 물론 아니다. 그런데 인과응보 교리, 안식일 법 등은 포로기와 헬레니즘의 위기를 극복한 교리들이었고, 또 그들이 당면했던 독특한 위기 상황이 그 교리들을 필요로 했기 때문에 교리에 대한 재해석보다는 준수에 치우치고 말았다.

❸ 의인신앙

바리새인은 구별된 자라는 뜻인데, 본래는 세속으로부터 구별된 유대교의 수도사였다. 당시 유대인 사회는 인과응보 교리로 말미암아 의인(義人)과 죄인(罪人)으로 양분되었다. 가난한 사람, 병든 사람, 불구자, 재앙을 만난 사람들은 지은 죄 때문에 하나님으로부터 징계를 받은 죄인들이었다. 율법 조항을 지키지 않거나 목자처럼 지킬 수 없는 사람들도 죄인인 것은 물론이다. 이에 반해 의인들은 율법 조항을 잘 지켜서 하나님으로부터 건강, 부유함, 지위 등의 복을 받은 사람들이다. 이와 같은 의인(義人) 신앙은 인과응보(因果應報) 교리의 파생물이다.

의인신앙의 표본인 바리새인들은 모든 면에서 모범을 보어야 했다. 이들은 거룩한 부담을 진 사람들이었기에 옷도 구별된 옷을 입고, 하루에 세 번 길게 기도했으며, 일주일에 이틀 금식을 하는 등 의인(義人)의 삶을 실천하려던 사람들이었다. 그런데 왜 이들이 외식하는 자로 평가받았을까?

❹ 의인(義人)과 의인(義認)

그들의 의인(義人) 신앙 때문이었다. 헬라 문화에 대처할 당시 주말마다 열리는 스포츠 행사에 참여하지 못하도록 안식일 준수 조항을 만들어 놓고 이것을 지키면 율법의 모든 것을 지키는 것이라고 했다. 안식일에 무노동과 이동 제한의 규정을 두고 이방인과 접촉을 하지 못하게 한 것 등은 헬라 문화에 대처하기 위함이었고 성공을 거두었다. 그 결과 인과응보 교리와 합세하여 유대교의 율법 조항들을 지키면 하나님께서 의인(義人)으로 인정하신다고 생각했다.

바리새인이었던 바울은 유대교의 의인(義人) 교리를 너무나 잘 알고 있기에 이를 다시 해석하여 안식일, 정결례, 할례 등 유대교의 율법 조항들을 지킴으로써는 의인(義人)이 될 수 없다고 했다. 또 인간이 어떤 행위를 통하여 하나님께 의인(義人)이 된다는 것은 불가능하며, 오직 용서하시는 은혜로 의롭다고 인정받은 의인(義認)이 되는데, 그 용서의 은총은 예수님께서 대신 죽으신 십자가를 통해서 온다고 했다. 바울이 율법이나 그 행위로는 구원받을 수 없다고 말한 것은 이런 뜻이다. 바울이 말하는 율법은 시내산 계약법이 아니라 유대교의 조항 율법이다. 시내산 율법과 유대교 율법을 구분하면서 갈라디아서와 로마서를 읽어야 한다. 이를 구분하지 않으면 큰 오류에 빠진다.

마태복음에 의하면 예수님께서 이들을 향해 일곱 번 저주를 선언하시는데 여섯 번은 “화 있을진저 외식하는 서기관들과 바리새인들이여!”라고 하셨고, 한 번은 “화 있을진저 소경된 인도자여!”라고 하신 후 마지막으로 "뱀들아 독사의 새끼들아 너희가 어떻게 지옥의 판결을 피하겠느냐!"라고 하셨다(마23:13~33). 예수님께서 이들에게 육두문자까지 서슴지 않으신 이유는 무엇일까?

❺ 계약신앙 실종

이들로 말미암아 성경의 핵심인 '계약신앙'이 실종되었기 때문이다. 성경은 두 계약의 책이다. 구약은 하나님께서 하비루였던 이스라엘과 맺으신 옛 계약의 책이며, 신약은 예수님께서 죄인들과 맺으신 새 계약의 책이다. 하나님께서는 계약공동체를 통하여 역사를 주관하시고 또 세상을 구원하신다. 구약성경의 포로기와 AD 70년의 이스라엘의 멸망은 계약을 지키지 않은 옛 계약공동체인 이스라엘에 대한 하나님의 심판이었다. 이로써 옛 계약은 파기되고 새 계약공동체인 교회가 등장했다. 교회는 계약법을 실천하는 새 계약공동체이다. 그런데 지금 교회는 어떻게 되어있는가?

❻ 계약법과 교리

계약법과 그 실천을 통해 이 땅에서 하나님 나라를 실현하려는 신앙은 사라지고, 그 자리를 십자가 대속의 구원론에 기초한 영혼구원, 내세천국을 전파하는 것이 지상과제라는 구속사 교리들이 차지했다. 예수님께서는 유대교의 전철을 답습하지 말라고 제자들에게 그렇게도 엄하게 경고하셨고, 복음서에는 이런 기록들이 그렇게도 많은데, 교회는 어찌하여 예수님의 당부와 가르치심과 정반대의 길을 갔을까? 마귀에게 점령당하고 농락당했다고 밖에는 설명이 되지 않는다. 교리신앙이라는 함정에 빠지면 자신들이 믿는 바가 틀림없이 옳다고 확신하며, 그 교리와 조금이라도 다르면 다 이단이라고 생각하게 된다. 행위는 필요없고 십자가 대속으로 구원받는다는 구속신앙은 유대교의 의인(義人) 신앙과 너무나 빼닮았고, 예수님께서 재림하시면 세상 모든 문제가 다 해결된다고 믿고 재림을 기다리는 신앙은 유대교인들이 지금도 메시아가 와서 다 해결해 주리라고 믿는 메시아 기다림 신앙 그대로이다. 기독교인들은 자신들의 이런 구원신앙은 틀림없으며, 자신들은 구원받았다는 확신에 차 있다. 유대교의 구원 확신 신앙과 너무나도 흡사하다. 그러면서 자신들이 뭐가 어떻게 잘못되어 있는지를 모르는 착각에서는 더 닮았다. 도대체 닮지 않은 구석을 찾아보기 어렵다.

【2】 10 누구든지 말로 인자를 거역하면 사하심을 받으려니와 **성령을 모독하는 자는 사하심을 받지 못하리라**

성령 모독죄는 그 어떤 경우에도 용서받지 못한다고 공관복음서는 말하고 있다. 마태와 마가는 이에 대하여 좀 더 심각하게 경고하고 있다.

그러므로 내가 너희에게 이르노니 사람에 대한 모든 죄와 모독은 사하심을 얻되 성령을 모독하는 것은 사하심을 얻지 못하겠고 또 누구든지 말로 인자를 거역하면 사하심을 얻되 누구든지 말로 성령을 거역하면 **이 세상과 오는 세상에서도 사하심을 얻지 못하리라**(마12:31~32)

내가 진실로 너희에게 이르노니 사람의 모든 죄와 모든 모독하는 일은 사하심을 얻되 누구든지 성령을 모독하는 자는 영원히 사하심을 얻지 못하고 영원한 죄가 되느니라 하시니 **이는 그들이 말하기를 더러운 귀신이 들렸다 함이러라**(막3:28~30)

마가는 성령 모독죄가 무엇이며 왜 용서받지 못하는지 그 이유를 설명하는데, 서기관과 바리새인들이 예수님께서 하시는 일들을 보고 귀신의 왕 바알세불이 들렸다고 했기 때문이다. 이렇게 유대인들이 예수님을 오해한 이유는 그들의 교리신앙 때문이다. 유대교의 교리를 우선시하면 예수님은 귀신들린 결과가 되고 만다.

그런데 누가는 성령 모독죄의 자리를 바리새인들의 누룩을 삼가라는 본문에 옮겨 놓고 또 이 말씀을 바리새인들이 아닌 제자들에게 하시는 말씀으로 바꾸어 놓았다. 또 성령 모독죄를 11장 후반부의 바리새인들에 대한 저주의 말씀과 연결시켜 놓았다. 왜 그랬을까? 용서받을 수 없는 성령 모독죄는 예수님에게 귀신들렸다고 말하는 것뿐만 아니라 성경과 신앙을 잘못 가르친 모든 죄가 다 해당되기 때문이다.

누가에 의하면 예수님께서는 수만여 명이 모인 군중들 앞에서 먼저 제자들에게 바리새인처럼 되어서는 안 된다고 당부에 당부를 거듭하셨다. 그런데 기독교는 이 신신당부를 헌신짝만도 못하게 여기며 내동댕이쳐버리고 말았다.

【3】 11 사람이 **너희를 회당이나 위정자나 권세 있는 자 앞에 끌고 가거든** 어떻게 무엇으로 대답하며 무엇으로 말할까 염려하지 말라

교리신앙에 빠진 사람들의 두드러진 특징은 교리와 어긋나는 사람들은 이단이라 생각하며 주저하지 않고 박해하고 죽이려는 것이다. 왜냐하면 그것이 곧 하나님의 뜻이라고 철두철미 믿기 때문이다. 유대인들은 기독교인들을 그렇게 했다. 그리고 중세기에 가톨릭교회는 종교개혁 선구자들을 마귀라고 죽여버렸다. 그런데 종교개혁기의 개신교회는 재세례파를 마귀라고 생각하여 더 악랄하게, 더 많이 죽였다. 이 시기에 개신교가 이단으로 몰아 죽인 사람들이 초대교회 때 로마제국의 박해로 죽은 기독교인 숫자보다 훨씬 더 많다. 선진화된 기독교 국가에서는 아메리카의 원주민을 죽이거나 땅을 빼앗으면서, 전 세계를 식민통치하면서 하나님의 축복이라 생각했고, 아프리카의 흑인들을 붙들어다가 노예로 팔아먹으면서 또 그 흑인들을 짐승처럼 부려먹으면서 아무런 양심의 가책을 받지 않았다. 어느 한 면에서는 기독교 역사는 하나님의 이름으로 범죄한 죄악의 역사이다. 사실이 그럼에도 불구하고 서양의 기독교 국가에서, 그 많은 신학자들 가운데서 자신들의 조상들이 저지른 신앙적인 죄악사에 대하여 철저하게 회개하는 모습을 찾아보기 어렵다. 오히려 전 세계에서 약탈해온 물건들을 대형박물관에다 자랑스럽게 진열해 놓고 선진국이라는 자부심과 착각을 과시하고 있다.

기독교 국가에서 양심이 마비되고 몰염치가 극을 달리고 있다.

왜 이렇게 되었는가? 성경 해석이, 설교가, 신학이 잘못되었기 때문이다. 무지가 극치에 이르러 있으면서도 전혀 알지 못하기 때문이다. 모순 그 자체가 되어있으면서도 잘하고 있는 줄로 착각하기 때문이다. 정신이 나간 지 오래인데도 아직 정신이 멀쩡한 줄로 알기 때문이다. 마귀의 영에 붙들려서 그의 말단 하수인 역할을 충실히 하면서도 성령에 충만하여 하나님의 사자 노릇하는 줄로 알기 때문이다. 이 착각의 한밤중에서 언제나 깨어날까? 지옥 불 못에 던져지고 나서야 깨닫게 될 고치지 못할 고질병에 걸리고도 천국에서 만수무강할 줄로 알고 있으니 이 멍텅구리들을 어찌하나? 저절로 나오는 탄식을, 터져 나오는 통곡을 금할 길이 없다.

구약은 옛 계약 하비루와 맺은 계약
세상에 거룩한 나라 이스라엘 해야 할 일
성전신앙 제사신앙 계약무시 계약위반
인과응보 의인신앙 자기모순 자멸의 길

신약은 새 계약 죄인들과 맺은 계약
이 땅에 하나님 나라 교회가 해야 할 일
영혼구원 내세천국 계약무시 계약위반
신앙의인 행위무관 자기모순 자멸의 길

예수님의 십자가 새로운 계약 체결
이 세상에 천국실현 예수님의 가르치심
이 세상에 하늘나라 너와 나의 존재이유
계약준수 계약실천 영생에 이르는 길

왜 그리도 무지했나 그렇게도 몰랐었나
이천 년을 잘못 갔네 이제 와서 어찌하나
생태위기 멸종위기 우리 모두 자초한 일
이제라도 계약실천 전화위복 유일한 길[64)]

물음 56
돈 문제, 어떻게 해결해야 하는가?(1)

본문 : 〈 12:13~21〉

13 무리 중에 한 사람이 이르되 선생님 내 형을 명하여 유산을 나와 나누게 하소서 하니

14 이르시되 이 사람아 누가 나를 너희의 재판장이나 물건 나누는 자로 세웠느냐 하시고

15 그들에게 이르시되 삼가 모든 탐심을 물리치라 사람의 생명이 그 소유의 넉넉한 데 있지 아니하니라 하시고

16 또 비유로 그들에게 말하여 이르시되 한 부자가 그 밭에 소출이 풍성하매

17 심중에 생각하여 이르되 **내가** 곡식 쌓아 둘 곳이 없으니 어찌할까 하고

18 또 이르되 **내가** 이렇게 하리라 **내** 곳간을 헐고 더 크게 짓고 **내** 모든 곡식과 물건을 거기 쌓아 두리라

19 또 **내가 내** 영혼에게 이르되 영혼아 여러 해 쓸 물건을 많이 쌓아 두었으니 평안히 쉬고 먹고 마시고 즐거워하자 하리라 하되

20 하나님은 이르시되 어리석은 자여 오늘 밤에 네 영혼을 도로 찾으리니 그러면 네 준비한 것이 누구의 것이 되겠느냐 하셨으니

21 자기를 위하여 재물을 쌓아 두고 하나님께 대하여 부요하지 못한 자

64) 부록에 악보 수록.

가 이와 같으니라

인간의 삶에 가장 큰 영향을 끼치는 게 뭘까? 무슨 고상한 어떤 것이 아니라 돈이다. 육체를 가진 인간은 아무리 고상한 세계를 추구하더라도 먹지 않으면 뭘 어찌해 볼 재간이 없다. 이것이 인간이 당면한 기본적인 현실이다. 그런데 돈 문제를, 가난의 문제를, 숙명적인 빈곤의 문제를 해결하는 것은 가장 어려운 과제다. 기독교 신앙에서는 돈 문제를 어떻게 해결해야 한다고 말하고 있는가? 당대 최고의 지성인 중의 한 사람이었던 이방인 누가, 그는 교회를 통하여 이 문제를 해결할 수 있는 실마리를 보았다. 그리고 복음서와 사도행전을 쓰면서 돈 문제를 가장 중요한 주제로 삼았다. 특히 예수님께서는 예루살렘으로 마지막 길을 가시면서 주로 돈 문제와 관련된 이야기들을 많이 하신 것으로 기록해 놓았다.

【1】 13 무리 중에 한 사람이 이르되 **선생님 내 형을 명하여 유산을 나와 나누게 하소서** 하니

돈이 차지하는 비중이 워낙 크고 또 돈을 버는 게 쉽지 않다 보니 돈 때문에 온갖 다툼이 일어난다. 절도, 강도, 약탈, 전쟁 등은 다 돈과 관련이 있다. 부모와 자식, 형제간에도 돈 때문에 원수가 되는 일이 허다하다. 유산을 물려받은 어떤 사람이 찾아와 형이 유산을 다 가로챘다며 자신의 억울함을 호소했다. 이에 대하여 예수님께서는 뭐라고 하셨을까?

【2】 14 이르시되 이 사람아 **누가 나를 너희의 재판장이나 물건 나누는 자로 세웠느냐** 하시고 15 그들에게 이르시되 **삼가 모든 탐심을 물리치라** 사람의 생명이 그 소유의 넉넉한 데 있지 아니하니라 하시고

예수님께서 무슨 말씀을 하신 것일까?

재산 다툼

돈 문제는 욕심이나 다툼으로서는 해결되지 않는다는 말씀이다. 돈과 권력은 뗄 수 없는 밀접한 관계이다. 따라서 인류 역사는 돈과

관련된 다툼의 역사라고 해도 전혀 과언이 아니다. 그런데 그 다툼으로 해결이 되었는가? 아니다. 돈에 대한 욕심과 다툼은 끊임없는 악순환을 반복할 뿐이며, 영원히 해결되지 않는다. 예수님께서는 돈에 대한 다툼에서 적절한 중재자나 판결자가 되기를 단호하게 거부하셨다. 그리고 재산 다툼에 이어서 다음과 같은 말씀을 하셨다.

【3】 20 하나님은 이르시되 **어리석은 자여 오늘 밤에 네 영혼을 도로 찾으리니** 그러면 네 준비한 것이 누구의 것이 되겠느냐 하셨으니

재산 다툼은 해결책이 아니라고 말씀하신 예수님께서는 한 부자의 비유를 말씀하셨다.

재산 축적

그 부자는 재산 다툼을 한 사람이 아니라 열심히 일해서 많은 소출을 거두어 부자가 된 사람이다. 그런데 그는 그렇게 축적한 재산을 오직 자신을 위해서 쓰는 사람이다. 짧은 비유 속에는 '내가' 혹은 '내'라는 단어가 다섯 번이나 연이어 나오고 있다. 그는 자신이 열심히 번 돈을 축적해 놓고 대대손손 이어가며 "평안히 쉬고 먹고 마시고 즐거워하자!"라고 생각하며 흡족해했다. 그런데 그런 부자의 마음을 보시는 하나님께서는 뭐라고 말씀하시는가?

어리석은 자여 오늘 밤에 네 영혼을 도로 찾으리니

무슨 뜻인가? 그런 부자는 단 하루도 더 이상 살려둘 가치가 없으며, 그가 모아놓은 재산도 쓸 자격이 없다는 말씀이다. 왜 그럴까? 돈은 자신만이 아니라 모든 사람을 위하여 쓰여야 하기 때문이다. 재산 다툼과 재산 축적을 위해 세상 모든 사람들이 다 혈안이 되어있다. 돈 문제를 어떻게 해결해야 하는가?

세상의 모든 돈의 주인이신 하나님께서는 세상 모든 사람을 위해 돈을 쓸 사람을 찾고 계신다. 그런 사람이 되려면 무엇을 어떻게 해야 하는가?

물음 57 돈 문제, 어떻게 해결해야 하는가?(2)

본문 : 〈 12:22~34 〉

22 또 제자들에게 이르시되 그러므로 내가 너희에게 이르노니 너희 목숨
을 위하여 무엇을 먹을까 몸을 위하여 무엇을 입을까 염려하지 말라
23 목숨이 음식보다 중하고 몸이 의복보다 중하니라
24 까마귀를 생각하라 심지도 아니하고 거두지도 아니하며 골방도 없고
창고도 없으되 하나님이 기르시나니 너희는 새보다 얼마나 더 귀하냐
25 또 너희 중에 누가 염려함으로 그 키를 한 자라도 더할 수 있느냐
26 그런즉 가장 작은 일도 하지 못하면서 어찌 다른 일들을 염려하느냐
27 백합화를 생각하여 보라 실도 만들지 않고 짜지도 아니하느니라 그러
나 내가 너희에게 말하노니 솔로몬의 모든 영광으로도 입은 것이 이
꽃 하나만큼 훌륭하지 못하였느니라
28 오늘 있다가 내일 아궁이에 던져지는 들풀도 하나님이 이렇게 입히시
거든 하물며 너희일까보냐 믿음이 작은 자들아
29 너희는 무엇을 먹을까 무엇을 마실까 하여 구하지 말며 근심하지도
말라
30 이 모든 것은 세상 백성들이 구하는 것이라 너희 아버지께서는 이런
것이 너희에게 있어야 할 것을 아시느니라
31 다만 너희는 그의 나라를 구하라 그리하면 이런 것들을 너희에게 더
하시리라
32 적은 무리여 무서워 말라 너희 아버지께서 그 나라를 너희에게 주시
기를 기뻐하시느니라
33 너희 소유를 팔아 구제하여 낡아지지 아니하는 배낭을 만들라 곧 하늘
에 둔 바 다함이 없는 보물이니 거기는 도둑도 가까이 하는 일이 없고 좀
도 먹는 일이 없느니라
34 너희 보물 있는 곳에는 너희 마음도 있으리라

예수님께는 재산 다툼, 재산 축적에 이어 계속 말씀하셨다.

【1】 29 **너희는** 무엇을 먹을까 무엇을 마실까 하여 구하지 말며 근심하지도 말라

여호와를 하나님으로 믿는 계약공동체인 너희는 이렇게 하라고 말씀하셨다.

염려와 근심

세상 사람들처럼 먹고 마시는 문제로 고민과 염려와 근심하지 말라고 하셨다. 염려와 근심만으로는 키가 작은 사람을 크게 할 수 없기 때문이다. 그러면 어떻게 해야 하는가? 염려와 걱정을 포기하고 무사안일하게, 무방비 상태로 있기만 하면 되는가?

【2】 24 **까마귀를 생각하라** 심지도 아니하고 거두지도 아니하며 골방도 없고 창고도 없으되 하나님이 기르시나니 너희는 새보다 얼마나 더 귀하냐 … 27 **백합화를 생각하여 보라** 실도 만들지 않고 짜지도 아니하느니라 그러나 내가 너희에게 말하노니 솔로몬의 모든 영광으로도 입은 것이 이 꽃 하나만큼 훌륭하지 못하였느니라 28 오늘 있다가 내일 아궁이에 던져지는 **들풀도 하나님이 이렇게 입히시거든** 하물며 너희일까보냐 믿음이 작은 자들아

하나님께서 공중에 날아다니는 까마귀를 기르시고 들에 자라는 백합화를 입히신다는 말씀은 무슨 뜻일까? 아무 걱정하지 않고 가만히 있으면 하나님께서 알아서 먹고 마실 것을 공급하신다는 뜻일까? 그러면 까마귀와 백합화는 아무 일도 하지 않고 가만히 있기만 하는가? 전혀 그렇지 않다. 일찍 일어나는 새가 벌레를 잡으며, 모든 씨앗은 싹을 틔울 조건을 기다리고 있다가 각기 자기 때가 오면 싹을 틔우고 살아남기 위하여 혼신의 힘을 다한다. 그러면 무엇을 어떻게 하라는 말씀인가?

존재 양식

하나님께서 만드신 세상 만물의 원리와 이치를 터득하라는 말씀

이다. 하나님께서는 모든 만물에 제각기 살아가는 방식과 존재하는 양식을 주셨다. 태양은 태양의 자리를, 달은 달의 자리에, 바다는 바다의 자리를 정해 주셨다. 까마귀에게는 까마귀가 살아가는 방식을 주셨고, 백합화에게는 백합화가 살아가는 방식을 주셨다. 그리고 사람에게는 사람이 살아가는 방식을 주셨다. 그것이 무엇일까?

【3】 31 **다만 너희는 그의 나라를 구하라** 그리하면 이런 것들을 너희에게 더하시리라

식물이나 짐승과는 달리 사람에게는 돈이 있어야 살아간다. 그렇다면 사람이 돈의 문제를 해결하는 방식은 무엇인가?

존재 이유

왜 살아야 하는지, 무엇을 위해 살아야 하는지, 무엇을 위해 내가 이 세상에 있는 것인지를 먼저 깨달으라는 말씀이다. 내가 이 세상에 이런 모습으로 있는 것은 내가 선택한 것이 아니다. 주어진 것이다. 내게 있는 것 가운데 주어지지 않은 것은 하나도 없다. 태어난 시대, 국적, 성별, 부모, 형제 등 모든 것은 내 의지나 선택과 상관없이 그냥 주어져 있는 것이다. 내가 이렇게 주어져 있는 이유, 즉 존재 이유는 무엇일까? 누가복음은 이렇게 말하고 있다.

다만 너희는 그의 나라를 구하라

내가 살아가는 터전인 이 세상을 좀 더 좋은 세상, 이상이 실현된 세상, 보기 흉한 것들이 사라진 아름다운 세상으로 만들어 다음 세대에 넘겨주라는 말씀이다. 적어도 이성과 양심을 가진 사람이라면, 본능으로 살아가는 짐승과는 달라야 한다는 말씀이다. 사람은 이리, 늑대와는 달리 좀 사람답게 살려고 해야 한다는 뜻이다. 그런데, 그런데, 내 식구 먹여 살리기도 벅찬데, 그런 세상을 어떻게 만든단 말인가? 이상을 어떻게 현실에서 실현한단 말인가? 그게 될 법이나 한 말인가?

까마귀는 까마귀의 살아가는 방법이 있듯이, 백합화에게는 백합화가 살아가는 방법이 있듯이, 사람에게는 사람이 갈 길과 그 길을 갈 수 있는 방법이 같이 주어져 있다. 그 길과 방법을 깨달아 아는 것이 우리가 해야 할 일이며, 교회가 가르쳐야 할 과제다. 하나님께서 만드신 모든 만물에는 천적(天敵)이 있다. 천국과 이상이라는 개념이 있으므로 그 개념을 실현할 방법도 있게 마련이다. 방법이 없는게 아니라 바른 방법에 이르는 바른 지식이 없어서 아직 찾지 못했을 뿐이다.

【4】 32 적은 무리여 무서워 말라 **너희 아버지께서 그 나라를 너희에게 주시기를 기뻐하시느니라**

하나님께서는 누군가 이 큰 일을 하려고만 하면, 그 사람을 통해서 기꺼이 그 일을 하시기를 원하실 뿐만 아니라 그런 사람을 찾고 계신다는 뜻이다. 그런데 마음만 있다고 다 되는 것은 아니다. 바른 이해와 바른 방법이 있어야 한다. 성경은 그 지식과 방법을 말하고 있다. 우리는 성경에서 이것을 얻어내야 한다.

【5】 33 **너희 소유를 팔아 구제하여** 낡아지지 아니하는 배낭을 만들라 곧 하늘에 둔 바 다함이 없는 보물이니 거기는 도둑도 가까이 하는 일이 없고 좀도 먹는 일이 없느니라 34 **너희 보물 있는 곳에는 너희 마음도 있으리라**

소유를 팔아 가난한 자들을 구제하며, 보물을 하늘에 쌓아두라는 말씀은 무슨 뜻일까? 재산을 처분하여 가난한 자들에게 분배하고 나도 가난하게 살아가라는 말씀일까? 중세 수도사들은 이렇게 받아들여 실천으로 옮기면서 가난을 미덕으로 여겼다. 성경에서, 하나님께서 요구하시는 게 이런 것일까? 성경에서 말하는 것은 가난을 실천하라는 게 아니라 가난을 청산하는 것이다. 가난 실천을 요구한다면 그 자체가 비현실적이며 모순이다.

성경에서는 가난 청산을 요구할 뿐만 아니라 가난을 청산할 수 있는 원리와 이치도 제시하고 있다. 이것을 터득해야 한다.

물음 58 지혜로운 청지기, 누구인가?

본문 : 〈 12:35~48 〉

35 허리에 띠를 띠고 등불을 켜고 서 있으라
36 너희는 마치 그 주인이 혼인 집에서 돌아와 문을 두드리면 곧 열어
주려고 기다리는 사람과 같이 되라
37 주인이 와서 깨어 있는 것을 보면 그 종들은 복이 있으리로다 내가
진실로 너희에게 이르노니 주인이 띠를 띠고 그 종들을 자리에 앉히고
나아와 수종들리라
38 주인이 혹 이경에나 혹 삼경에 이르러서도 종들이 그같이 하고 있는
것을 보면 그 종들은 복이 있으리로다
39 너희도 아는 바니 집 주인이 만일 도둑이 어느 때에 이를 줄 알았더
라면 그 집을 뚫지 못하게 하였으리라
40 그러므로 너희도 준비하고 있으라 생각하지 않은 때에 인자가 오리라
하시니라
41 베드로가 여짜오되 주께서 이 비유를 우리에게 하심이니이까 모든 사
람에게 하심이니이까
42 주께서 이르시되 지혜 있고 진실한 청지기가 되어 주인에게 그 집 종
들을 맡아 때를 따라 양식을 나누어 줄 자가 누구냐
43 주인이 이를 때에 그 종이 그렇게 하는 것을 보면 그 종은 복이 있으
리로다
44 내가 참으로 너희에게 이르노니 주인이 그 모든 소유를 그에게 맡기
리라
45 만일 그 종이 마음에 생각하기를 주인이 더디 오리라 하여 남녀 종들
을 때리며 먹고 마시고 취하게 되면
46 생각하지 않은 날 알지 못하는 시각에 그 종의 주인이 이르러 엄히
때리고 신실하지 아니한 자의 받는 벌에 처하리니
47 주인의 뜻을 알고도 준비하지 아니하고 그 뜻대로 행하지 아니한 종
은 많이 맞을 것이요

48 알지 못하고 맞을 일을 행한 종은 적게 맞으리라 무릇 많이 받은 자에게는 많이 요구할 것이요 많이 맡은 자에게는 많이 달라 할 것이니라

흔히 이 본문을 종말과 재림과 관련지어 해석한다. 그러나 성경에서 말하는 하나님 나라는 종말에 가서 시작되는게 아니라 지금 여기서 계약공동체를 통하여 시작되고 종말에 가서 완성된다. 따라서 본문은 12:13절로부터 연결된 것으로 지금 여기서 계약공동체가 어떻게 하나님 나라를 실현해야 하는가 하는 방법을 말하는 것으로 해석해야 한다.

【1】 35 **허리에 띠를 띠고 등불을 켜고 서 있으라** 36 너희는 마치 그 주인이 혼인 집에서 돌아와 문을 두드리면 곧 열어 주려고 기다리는 사람과 같이 되라

"늘 깨어 있으라!"는 말들을 많이 한다. 무엇을 어떻게 하고 있으라는 말인가? 막연하게 신앙 생활을 열심히 하라는 말씀인가? 아니면 주님의 재림이 가까웠으니 잠을 자지 말고 휴거 할 준비를 하라는 뜻일까? 땅끝까지 이르러 영혼을 구원하는 일에 최선을 다하라는 걸까? 원론만 말하고 각론은 빠져있어 해석은 제각각이다. 그런데 계약의 관점에서 보면 각론이 명확해진다.

위임

【2】 42 주께서 이르시되 **지혜 있고 진실한 청지기가 되어 주인에게 그 집 종들을 맡아 때를 따라 양식을 나누어 줄 자가 누구냐**

이 말씀을 어떤 영적인 양식으로 해석할 일이 아니다. 성경 말씀은 영적인 양식보다는 현실에서의 육체적인 양식해결을 염두에 두고 있다. 계약법의 안식일, 안식년, 희년, 진설병 등은 매일의 양식 공급을 최우선 과제로 여기고 있다. 누가는 예수님께서 오신 목적이 희년의 실현이라고 이미 선언한 바 있다(4:17~19). 그런데 이제

갈릴리 사역을 마치고 예루살렘으로 올라가는 길에서, 예수님께서는 모든 것을 버리고 따르는 자들에게 그들이 할 일을 구체적으로 말씀하셨다.

"너희가 할 일은 하나님으로부터 계약공동체를 위임받아 먹는 문제를 해결해 주는 것이다."

성경에 의하면 경제 문제는 경제학에서 경제학자들에게 맡겨져야 할 일이 아니라, 신학에서 신학자들이 다뤄야 할 문제이며, 경제는 신론과 기독론, 구원론 못지않게 신학의 가장 중요한 주제여야 한다. 그런데 기독교 왕국 시대에, 기독교 국가에서 이를 등한시 한 결과 르네상스 이후 세속의 학문으로 넘어가고 말았다.

【3】 37 주인이 와서 **깨어 있는 것을 보면** 그 종들은 복이 있으리로다 …

무엇이 깨어 있는 것인가? 바로 먹는 문제 해결을 위하여 고군분투하는 모습이다. 공중 나는 새들이 하루 종일 먹이를 찾아 헤매고 돌아다니듯이, 잡초가 밟히고 또 짓밟혀도 끝까지 포기하지 않고 또 일어서듯이, 그렇게 하라는 말씀이다. 세상의 경제학자들도 절대빈곤을 해결하여 좋은 세상을 만드는 것이 경제학의 사명이자 존재 이유라고 생각한다. 굶주림에 시달리다가 주린 배를 움켜쥐고 흙을 퍼먹으며 죽어가는 고통을 아는가? 사람으로 태어나서 사람에게 짓밟히며 짐승보다 못하게 사는 쓰라림을 아는가? 이런 참담함의 끝이 보이지 않고 대를 이어 지속될 수 밖에 없을 때의 절망감을 아는가?

설교자, 성경해석자, 스스로 사명자라고 자처하는 사람들에게 묻고 싶다. 이런 현실을 덮어둔다면, 무엇을 위한 설교, 무엇을 위한 신학, 무엇을 위한 사명인가? 과연 성경이 무엇을 말하는가? 성경의 하나님께서는 지금 우리에게 과연 무엇을 원하실까? 내가 살아가는 세상 인구의 절반 이상이 절대 빈곤에 시달리며, 인권이 유린당하는데, 설교와 성경 해석과 신학의 주제에서 무엇이 최우선이어야 하는가? 지금 내 처자식이, 내 늙은 부모가, 나 자신이 굶주림과 억압에 시달리고 있다면 무엇이 중요하다고 생각하겠는가? 그런 나라에 태어나지 않은 것이, 그런 고통에 시달리지 않는 것이 천만다행이며, 하나님의 축복이라고 안도의 숨을 쉬며 감사한 마음을 머금는 것으로 만족해야 하는가? 하늘의 하나님께서는 그런 자에게 무어라고 하실까?

> 어리석은 자야, 너는 더 이상 이 세상에 있을 가치가 없다. 오늘 밤 내가 네 영혼을 취하여 불못에 던지리라. 네가 있어야 할 곳은 바로 그곳이다. 불못은 바로 너같은 자를 위한 곳이다.

빈곤, 질병, 인권유린, 억압에 고통당하는 자들을 향한 안타까운 마음, 견딜 수 없는 마음, 포기되지 않는 마음이 내 안에 얼마나 있는가?

섬김의 도(道)

> 【4】 37 … 내가 진실로 너희에게 이르노니 **주인이 띠를 띠고 그 종들을 자리에 앉히고 나아와 수종들리라**

성경에, 예수님의 말씀 중에 이런 구절이 있다는 게 놀랍다. 무슨 뜻인가? 굶주림의 문제를 해결하기 위하여 노심초사(勞心焦思)하는 사람들을 주인의 자리에 앉히시고, 하나님께서 친히 종의 옷으로 갈아입으시고 그들을 상전처럼 섬기시리라는 뜻이다. 생각할수록 너무 놀랍다.

친히 종이 되셔서 인간을 상전으로 섬기시는 하나님

이런 하나님을 어찌 상상이나 할 수 있을까? 예수님께서도 “나는 섬김을 받으러 온 것이 아니라 섬기러 왔노라!”라고 누차 말씀하셨지만 전혀 믿기지도, 실감 나지도 않는다. 그런데 계약법으로 돌아가면 충분히 이해가 된다. 하나님께서는 계약공동체를 통하여 일하시며 계약공동체의 기도에 응답을 통해서 일하시기 때문이다. 하나님의 일방적인 명령에 계약공동체가 순종하여 따르는 게 아니라 하나님께서 공동체의 요청대로 따르신다. 다음의 구절 이외에도 이와 관련된 성경의 구절들은 얼마든지 있다.

여호와께서 가라사대 내가 **네 말대로** 사하노라(민14:20)

너희가 내 이름으로 무엇을 구하든지 내가 시행하리니 이는 아버지로 하여금 아들을 인하여 영광을 얻으시게 하려 함이라 내 이름으로 무엇이든지 **내게 구하면 내가 시행하리라**(요14:13~14)

성경에 의하면 하나님께서는 본래 가장 낮고 천한 곳에서 섬김으로 계시는 분이다.

【5】 43 주인이 이를 때에 **그 종이 그렇게 하는 것을 보면** 그 종은 복이 있으리로다 44 내가 참으로 너희에게 이르노니 **주인이 그 모든 소유를 그에게 맡기리라**

신실한 청지기를 찾으시는 하나님께서는 그에게 모든 소유를 맡기기를 원하신다. 복음서에서 "가난한 자는 복이 있나니"라고 할 때 '복이 있는 자'란 하나님께서 세상의 모든 재물을 그에게 맡기시겠다는 뜻이다. 단순하게 무슨 영적인 축복만을 말하지 않는다. 창세기의 마지막은 요셉의 이야기인데, 하나님께서 요셉에게 애굽의 모든 재물을 맡기시는 이야기이며, 성경 전체의 주제에 해당된다.[65] 하나님께서 이 땅에 실현하시려는 하나님 나라에서 가장 큰 비중을 차지하는 것은 경제 문제인데, 누가는 이에 대하여 누가복음과 사도행전에서 상세히 다루고 있다.

【6】 47 **주인의 뜻을 알고도 준비하지 아니하고 그 뜻대로 행하지 아니한 종은** 많이 맞을 것이요 48 **알지 못하고 맞을 일을 행한 종**은 적게 맞으리라 무릇 많이 받은 자에게는 많이 요구할 것이요 많이 맡은 자에게는 많이 달라 할 것이니라

누가복음에서 말하는 심판은 무슨 윤리·도덕의 차원이 아니라 경제 운영의 문제다. 누가는 지금 우리에게 주어진 경제 환경은 하

65) 하나님께서 요셉에게 전권을 맡기시는 과정에 대해서는 졸저 「창세기」에서 자세히 설명했다.

나님께서 맡기신 것인데, 잘 관리하는 자에게는 더 주어지고 그렇지 않으면 있는 것조차 빼앗긴다고 말한다.

> 너희가 만일 남의 것에 충성하지 아니하면 **누가 너희의 것을 너희에게 주겠느냐**(16:12)
>
> 주인이 이르되 내가 너희에게 말하노니 **무릇 있는 자는 받겠고 없는 자는 그 있는 것도 빼앗기리라**(19:26)

세상에서는 재산에 대한 욕심에서 비롯된 다툼과 축적으로 혈안이 되어있다. 그런데 누가는 재물과 관련된 문제들에 대한 원리와 이치를 올바르게 터득하고, 하나님으로부터 위임을 받아야 한다고 말한다. 예수님께서는 제자들에게 하늘의 재물을 위임받을 수 있는 자가 되도록 교육과 훈련을 시키셨다.

청지기의 비유에서 "허리에 띠를 띠고 등불을 켜고 서 있으라!"는 말씀, 즉 "늘 깨어 있으라!"는 말씀은 계약법에 충실한 경제활동을 통하여 절대 빈곤을 해결하라는 말씀이다. 막연한 깨어 있음이 아니다.

물음 59 예수님께서는 왜 분쟁의 불을 던지시는가?

본문 : 〈 12:49~59 〉

49 내가 불을 땅에 던지러 왔노니 이 불이 이미 붙었으면 내가 무엇을 원하리요

50 나는 받을 침례가 있으니 그것이 이루어지기까지 나의 답답함이 어떠하겠느냐

51 내가 세상에 화평을 주려고 온 줄로 아느냐 내가 너희에게 이르노니 아니라 도리어 분쟁하게 하려 함이로라

52 이 후부터 한 집에 다섯 사람이 있어 분쟁하되 셋이 둘과, 둘이 셋과

하리니

53 아버지가 아들과, 아들이 아버지와, 어머니가 딸과, 딸이 어머니와, 시어머니가 며느리와, 며느리가 시어머니와 분쟁하리라 하시니라

54 또 무리에게 이르시되 너희가 구름이 서쪽에서 이는 것을 보면 곧 말하기를 소나기가 오리라 하나니 과연 그러하고

55 남풍이 부는 것을 보면 말하기를 심히 더우리라 하나니 과연 그러하니라

56 외식하는 자여 너희가 천지의 기상은 분간할 줄 알면서 어찌 이 시대는 분간하지 못하느냐

57 또 어찌하여 옳은 것을 스스로 판단하지 아니하느냐

58 네가 너를 고발하는 자와 함께 법관에게 갈 때에 길에서 화해하기를 힘쓰라 그가 너를 재판장에게 끌어 가고 재판장이 너를 옥졸에게 넘겨주어 옥졸이 옥에 가둘까 염려하라

59 네게 이르노니 한 푼이라도 남김이 없이 갚지 아니하고서는 결코 거기서 나오지 못하리라 하시니라

예수님께서 화평이 아니라 분쟁을 주려고, 가족 간에 분쟁을 일으키려고 오셨다는 이런 말씀들은 무슨 뜻이며 도대체 어떻게 해석해야 할까?

【1】 49 내가 불을 땅에 던지러 왔노니 **이 불이 이미 붙었으면 내가 무엇을 원하리요** … 51 내가 세상에 화평을 주려고 온 줄로 아느냐 내가 너희에게 이르노니 아니라 **도리어 분쟁하게 하려 함이로라**

예수님께서 던지러 오신 불은 무엇일까? 구속사로 보면 세상 심판의 불로 보일 수도 있겠지만 계약사로 보면 지금 계약을 가로막고 있는 세력을 제거하는 불을 말한다. 그 세력은 신앙을 그릇된 길로 가게 한 유대교의 율법 조항을 절대시하는 정통 교리 신앙이다. 이를 도그마(Dogma)라고 하는데, 신앙이 도그마로 굳어지면 악마의 도구로 전락한다.

또 예수님께서 기대하시는 분쟁은 무엇일까? 유대교 내부에서 그들의 정통신앙의 진위(眞僞)에 대한 공방전이 열띠게 일어나서 바로

잡히기를 기대하신다는 말씀이다. 그런데 이런 분쟁의 불이 전혀 붙지 않고 있었다. 그 이유는 유대교 정통주의가 너무나 확고부동하여 다른 주장이 먹혀들어 갈 틈이 전혀 없기 때문이다. 이는 이스라엘의 계약이 파기될 때 나타난 말기적 증세였다.

【2】 50 나는 **받을 세례가 있으니** 그것이 이루어지기까지 **나의 답답함이 어떠하겠느냐**

마가의 병행본문(막10:38)에 의하면 본문의 세례는 십자가에서 죽으심을 말한다. 그러나 누가복음에 의하면 예수님께서는 돌아가시기 전에 공방전이 활발하게 일어나서 유대교의 오류가 바로잡혀지기를 기대하시는데 아직 그런 불이 붙지 않아 안타깝다는 말씀이다. 답답함(συνέχομαι)을 예수님께서 당하실 십자가의 고통으로 해석하면 앞뒤의 문맥과 어울리지 않는다.

【3】 56 외식하는 자여 너희가 천지의 기상은 분간할 줄 알면서 **어찌 이 시대는 분간하지 못하느냐** 57 또 어찌하여 **옳은 것을 스스로 판단하지 아니하느냐**

본문에서 말하는 시대의 징조는 계약이 파기되어 임할 재앙의 징조를 말한다. 성경을 가르치고 설교하는 자는 시대의 흐름과 요청에 민감해야 한다. 성경과 역사는 뗄 수 없는 관계이며, 설교는 곧 역사의 해석이어야 한다. 왜냐하면 하나님께서는 계약공동체를 통하여 세상 역사를 이끌어 가시기 때문이다. 그런데 설교자가 역사에 둔감하면 이는 곧 직무유기이며 심판을 면치 못한다. 서기관과 바리새인들은 유대교의 도그마에 함몰되어 분별력을 잃어버리고 말았다. 도그마에서 빠져나와 일반 상식과 통념으로 생각해 보면 그들의 정통신앙이 얼마나 허구인지, 뭐가 옳고 그른지를 바로 보게 되리라는 말씀이다.

【4】 58 네가 너를 고발하는 자와 함께 법관에게 갈 때에 **길에서 화해하기를 힘쓰라** 그가 너를 재판장에게 끌어 가고 재판장이 너를 옥졸에게 넘겨 주어 옥졸이 옥에 가둘까 염려하라

심판자이신 하나님 앞에 서기 전에, 계약이 파기되기 전에 심판 받지 않도록 하루빨리 돌이키라는 경고의 말씀이다. 같은 구절이지만 마태복음과는 앞뒤 문맥의 의미가 많이 다르다. 복음서에는 병행 구절이 많이 있다. 따라서 같은 구절이지만 각각의 복음서에 따라 내용이 전혀 달라질 수 있다는 점을 반드시 염두에 두어야 한다.

물음 60 인과응보 교리, 무엇이 문제인가?

본문 : 〈 13:1~9 〉

1 그 때 마침 두어 사람이 와서 빌라도가 어떤 갈릴리 사람들의 피를 그들의 제물에 섞은 일로 예수께 아뢰니

2 대답하여 이르시되 너희는 이 갈릴리 사람들이 이같이 해 받으므로 다른 모든 갈릴리 사람보다 죄가 더 있는 줄 아느냐

3 너희에게 이르노니 아니라 너희도 만일 회개하지 아니하면 다 이와 같이 망하리라

4 또 실로암에서 망대가 무너져 치어 죽은 열여덟 사람이 예루살렘에 거한 다른 모든 사람보다 죄가 더 있는 줄 아느냐

5 너희에게 이르노니 아니라 너희도 만일 회개하지 아니하면 다 이와 같이 망하리라

6 이에 비유로 말씀하시되 한 사람이 포도원에 무화과나무를 심은 것이 있더니 와서 그 열매를 구하였으나 얻지 못한지라

7 포도원지기에게 이르되 내가 삼 년을 와서 이 무화과나무에서 열매를 구하되 얻지 못하니 찍어버리라 어찌 땅만 버리게 하겠느냐

8 대답하여 이르되 주인이여 금년에도 그대로 두소서 내가 두루 파고 거름을 주리니

9 이 후에 만일 열매가 열면 좋거니와 그렇지 않으면 찍어버리소서 하였다 하시니라

바리새인들은 누군가가 어떤 재앙을 당하면 그것은 우연한 사건이 아니라 지은 죄에 대한 하나님의 심판이라고 가르쳤다. 이를 인과응보 교리라고 하는데, 당시 유대인들에게 큰 논란의 대상이 된 두 사건이 있었다.

【1】 1 그 때 마침 두어 사람이 와서 **빌라도가 어떤 갈릴리 사람들의 피를 그들의 제물에 섞은 일**로 예수께 아뢰니 … 4 또 **실로암에서 망대가 무너져 치어 죽은 열여덟 사람**이 예루살렘에 거한 다른 모든 사람보다 죄가 더 있는 줄 아느냐 5 너희에게 이르노니 아니라 너희도 만일 회개하지 아니하면 다 이와 같이 망하리라

빌라도가 갈릴리 사람들을 성전에서 살육하여 그 피가 제단까지 튀었는데, 이게 구체적으로 어떤 사건인지는 확인하기 어렵지만 그런 사건이 있었던 것만은 틀림없어 보인다. 중요한 것은 하나님을 섬기는 성전에서 살육당해 그 피가 거룩한 제단을 오염시켰다면 이는 하나님께 특별히 저주받을 만한 큰 죄를 지었기 때문이라고 바리새인들은 해석했다. 또 실로암 망대가 무너지면서 깔려 죽은 18명의 사람에 대해서도 그렇게 해석했다. 이렇게 결과를 가지고 인과응보로 해석하는 것에 대하여 예수님께서는 명확하게 거부하시면서, 다음의 비유를 말씀하셨다.

【2】 6 이에 비유로 말씀하시되 한 사람이 포도원에 무화과나무를 심은 것이 있더니 와서 그 열매를 구하였으나 얻지 못한지라 7 포도원지기에게 이르되 내가 삼 년을 와서 이 무화과나무에서 열매를 구하되 얻지 못하니 찍어버리라 어찌 땅만 버리게 하겠느냐 8 대답하여 이르되 **주인이여 금년에도 그대로 두소서 내가 두루 파고 거름을 주리니 9 이후에 만일 열매가 열면 좋거니와 그렇지 않으면 찍어버리소서** 하였다 하시니라

성경해석자는 어떤 자세를 가져야 하는가? 모세의 예를 들어보고자 한다.

모세가 이스라엘 사람들을 데리고 시내산에 이르렀을 때 그는 계약법을 받아오기 위하여 산에 올라가 40 주야를 금식해야 했다. 그

런데 그 시간을 못 참은 백성들은 송아지 신상을 만들어 섬기며 하나님을 배반했다. 이에 하나님은 진노하여 그들을 다 죽여 없애고 모세의 후손으로 다시 시작하겠다고 하시자 모세는 이렇게 탄원했다.

> 그러나 이제 그들의 죄를 사하시옵소서 그렇지 아니하시오면 원하건대 **주께서 기록하신 책에서 내 이름을 지워 버려 주옵소서**(출32:32)

모세의 이런 간곡한 탄원에 하나님께서는 뜻을 돌이키셨다. 40년 광야 생활 중에 이와 비슷한 이야기가 여러 번 나오고 있다. 모세는 가나안에 들어가기를 거부하고 광야로 돌아가 무덤조차 남기지 않았다. 애굽에서 데리고 나온 사람들이 가나안에 들어가지 못하고 광야에 묻혀있는 것은 지도자인 자신의 책임이라고 받아들였기 때문이다.

예수님의 비유는 신앙의 지도자가 가져야 할 자세에 관한 말씀이다. 교인들의 잘못에 대하여 이유 여하를 막론하고 설교자는 자신의 책임으로 받아들여야 한다. 그런데 바리새인들은 다 교인들의 탓으로 떠넘겼다. 인과응보라는 정통 교리 때문이다. 이방인이었던 누가의 눈에는 유대교의 지도자들과 인과응보 교리는 무책임하기 짝이 없어 보였으며, 교회는 이런 모순에 빠지지 않기를 바라는 마음 때문에 이런 기록을 남겨놓았다.

그런데 밀란칙령(AD 313년) 이후의 교회는 이런 기대와는 정반대로 치닫고 말았다.

물음 61
안식일 교리, 무엇이 문제인가?

본문 : 〈 13:10~21 〉

10 예수께서 안식일에 한 회당에서 가르치실 때에

11 열여덟 해 동안이나 귀신 들려 앓으며 꼬부라져 조금도 펴지 못하는 한 여자가 있더라

12 예수께서 보시고 불러 이르시되 여자여 네가 네 병에서 놓였다 하시고

13 안수하시니 여자가 곧 펴고 하나님께 영광을 돌리는지라

14 회당장이 예수께서 안식일에 병 고치시는 것을 분 내어 무리에게 이르되 일할 날이 엿새가 있으니 그 동안에 와서 고침을 받을 것이요 안식일에는 하지 말 것이니라 하거늘

15 주께서 대답하여 이르시되 외식하는 자들아 너희가 각각 안식일에 자기의 소나 나귀를 외양간에서 풀어내어 이끌고 가서 물을 먹이지 아니하느냐

16 그러면 열여덟 해 동안 사탄에게 매인 바 된 이 아브라함의 딸을 안식일에 이 매임에서 푸는 것이 합당하지 아니하냐

17 예수께서 이 말씀을 하시매 모든 반대하는 자들은 부끄러워하고 온 무리는 그가 하시는 모든 영광스러운 일을 기뻐하니라

18 그러므로 예수께서 이르시되 하나님의 나라가 무엇과 같을까 내가 무엇으로 비교할까

19 마치 사람이 자기 채소밭에 갖다 심은 겨자씨 한 알 같으니 자라 나무가 되어 공중의 새들이 그 가지에 깃들였느니라

20 또 이르시되 내가 하나님의 나라를 무엇으로 비교할까

21 마치 여자가 가루 서 말 속에 갖다 넣어 전부 부풀게 한 누룩과 같으니라 하셨더라

누가는 앞에서 인과응보 교리의 허구를 지적한 다음에 이를 다시 고발하고 있다.

【1】 14 회당장이 **예수께서 안식일에 병 고치시는 것을 분 내어 무리에게 이르되** 일할 날이 엿새가 있으니 그 동안에 와서 고침을 받을 것이요 안식일에는 하지 말 것이니라 하거늘

예수님께서 안식일에 회당을 찾아가셨다. 그곳에는 18년 동안 중병에 시달리며 허리조차 펴지 못하는 여인이 있었다. 이에 예수님께서는 이 여인을 불러내어 손으로 어루만져 고쳐주셨다. 여인이 치유를 요청하지 않고 예수님께서 먼저 불러내 치료해 주신 것을 보면, 이 치유로 말미암아 어떤 일이 벌어지리라는 것을 미리 내다보셨음을 암시해주고 있다.

예상대로 회당장은, 예수님께서 안식일에 여인의 병을 고친 일에 대하여 크게 분노하며 무리들에게 안식일에는 병을 고치면 안 된다고 펄쩍 뛰었다. 이에 다음과 같이 말씀하셨다.

【2】 15 주께서 대답하여 이르시되 **외식하는 자들아** … 16 그러면 **열여덟 해 동안 사탄에게 매인 바 된 이 아브라함의 딸을** 안식일에 이 매임에서 푸는 것이 합당하지 아니하냐

인과응보 교리에 기초하여 병든 사람을 정죄하고 자신은 건강하므로 의롭다고 생각하는 사람을 예수님께서는 외식하는 자들이라고 하셨다. 이어서 누가는 '아브라함의 딸'이라는 용어를 쓰고 있는데, 이 용어는 성경에서 여기에서만 쓰이고 있다. 인과응보 교리에 젖은 유대인들은 이런 사람들에 대하여 도무지 불쌍히 여길 줄 모를 뿐만 아니라 오히려 죄인으로 정죄했다. 누가는 누구도 쓰지 않는 '아브라함의 딸'이라는 표현을 통해 유대교의 이런 잘못된 신앙을 고발하고 있다.

【3】 17 예수께서 이 말씀을 하시매 모든 **반대하는 자들은 부끄러워하고 온 무리는 그가 하시는 모든 영광스러운 일을 기뻐하니라**

앞에서 바리새인들을 향하여 "또 어찌하여 옳은 것을 스스로 판단하지 아니하느냐?"(12:57)라고 했던 누가는 이 본문을 통하여 무엇이 옳고 그른지를 보고 들은 사람들이 다 알게 되었다고 말한다.

정통주의자 유대인은 부끄러워했고, 일반 무리는 기뻐하며 환호했다. 진리의 '당위성'과 '자명성'에 기초해서 누구나 옳고 그름을 판단할 수 있어야 한다.

【4】 18 그러므로 예수께서 이르시되 하나님의 나라가 무엇과 같을까 내가 무엇으로 비교할까 19 마치 사람이 자기 채소밭에 갖다 심은 겨자씨 한 알 같으니 … 20 또 이르시되 내가 하나님의 나라를 무엇으로 비교할까 21 마치 여자가 가루 서 말 속에 갖다 넣어 전부 부풀게 한 누룩과 같으니라 하셨더라

유대인 사회에서 하나님 나라 복음 확산에 가장 큰 적은 정통신앙이라는 이름으로 견고하게 뿌리내린 도그마였다. 예수님께서 아무리 가르쳐도 정통주의자들에게는 먹혀들어 갈 틈이 없었다. 이에 예수님께서는 두 비유로 말씀하셨다. 하나는 겨자씨 한 알의 비유다. 씨 중에서 가장 작은 겨자씨 두 알도 아니고 한 알이다. 다른 하나는 누룩의 비유다. 지금 시작된 하나님 나라는 겨자씨 한 알과 누룩 몇 알갱이처럼 가장 작고 보잘 것 없어 보이지만 곧 크게 자라나리라는 말씀이다.

이런 방식은 하나님의 존재 양식과 일치한다. 하나님께서는 가장 낮은 곳에 가장 작고 가장 초라한 모습으로 계신다. 가장 작은 것이 곧 가장 큰 것이기 때문이라는 반대의 일치는 하나님의 창조 원리이다. 겨자씨 한 알과 누룩의 비유로 말씀하신 하나님 나라는 어떻게 들어갈 수 있을까?

다음의 본문은 이 문제를 다루는데, 하나님의 존재 원리와 창조의 원리는 구원의 원리와 일치한다.

물음 62 구원의 문, 왜 좁은 문인가?

본문 : 〈 13:22~30 〉

22 예수께서 각 성 각 마을로 다니사 가르치시며 예루살렘으로 여행하시더니

23 어떤 사람이 여짜오되 주여 구원을 받는 자가 적으니이까 그들에게 이르시되

24 좁은 문으로 들어가기를 힘쓰라 내가 너희에게 이르노니 들어가기를 구하여도 못하는 자가 많으리라

25 집 주인이 일어나 문을 한 번 닫은 후에 너희가 밖에 서서 문을 두드리며 주여 열어 주소서 하면 그가 대답하여 이르되 나는 너희가 어디에서 온 자인지 알지 못하노라 하리니

26 그 때에 너희가 말하되 우리는 주 앞에서 먹고 마셨으며 주는 또한 우리를 길거리에서 가르치셨나이다 하나

27 그가 너희에게 말하여 이르되 나는 너희가 어디에서 왔는지 알지 못하노라 행악하는 모든 자들아 나를 떠나 가라 하리라

28 너희가 아브라함과 이삭과 야곱과 모든 선지자는 하나님 나라에 있고 오직 너희는 밖에 쫓겨난 것을 볼 때에 거기서 슬피 울며 이를 갈리라

29 사람들이 동서남북으로부터 와서 하나님의 나라 잔치에 참여하리니

30 보라 나중 된 자로서 먼저 될 자도 있고 먼저 된 자로서 나중 될 자도 있느니라 하시더라

누가복음에는 구원에 이르는 방법 또는 구원과 관련된 이야기가 거듭 나오고 있다.[66] 본문도 누가에만 나오는 이야기이다.

---

66) 누가복음에서 구원과 직접 관련된 구절은 다음과 같다.
예수께서 들으시고 그를 놀랍게 여겨 돌이키사 따르는 무리에게 이르시되 내가 너희에게 이르노니 이스라엘 중에서도 이만한 믿음은 만나보지 못하였노라 하시더라(눅7:9) 또 너희에게 이르노니 동 서로부터 많은 사람이 이르러 아브라함과 이삭과 야곱과 함께 천국

【1】 23 어떤 사람이 여짜오되 **주여 구원을 받는 자가 적으니이까** 그들에게 이르시되 24 **좁은 문으로 들어가기를 힘쓰라** 내가 너희에게 이르노니 들어가기를 구하여도 못하는 자가 많으리라 25 집 주인이 일어나 **문을 한 번 닫은 후에** 너희가 밖에 서서 문을 두드리며 주여 열어 주소서 하면 그가 대답하여 이르되 나는 너희가 어디에서 온 자인지 알지 못하노라 하리니

당시 유대인들은 구원받는 사람의 숫자에 대하여 논란이 많았다. 이방인은 지옥의 땔감이므로 구원의 대상에서 제외되었고, 유대인 중에서도 소수만 구원을 받는다는 의견과 극악한 사람을 제외하고는 대부분 구원받는다는 의견이 엇갈렸다. 이에 어떤 사람이 예수님에게 구원받을 사람의 숫자에 대하여 여쭈었다.

그런데 예수님께서는 구원의 길은 좁은 길이며, 구원받으려고 애쓰는 자 중에서도 구원받는 자는 적다고 말씀하셨다. 또 구원의 문이 닫힌 후에는 들어올 수도 없다고 하셨는데, 구원의 문이 닫힌다는 것은 무슨 뜻일까? 종말 이후를 말하는 것일까? 아니면 죽은 다음을 말하는 것일까?

세상의 모든 일에는 그 일을 위한 방법이 있게 마련이다. 구원 문제에서도 마찬가지이다. 앞의 〈물음01〉에서 본 바와 같이 하나님과 피조물은 계약 관계이므로 구원에 이르는 길은 계약을 지키는 데에 있다. 많은 사람들이 선하게 살면 구원받는다고 막연하게 생각한다.

에 앉으려니와 그 나라의 본 자손들은 바깥 어두운 데 쫓겨나 거기서 울며 이를 갈게 되리라(마 8:11~12 참조)

예수께서 여자에게 이르시되 네 믿음이 너를 구원하였으니 평안히 가라 하시니라(눅7:50)

어떤 율법교사가 일어나 예수를 시험하여 이르되 선생님 내가 무엇을 하여야 영생을 얻으리이까(눅10:25)

어떤 사람이 여짜오되 주여 구원을 받는 자가 적으니이까(눅13:23)

아브라함이 이르되 그들에게 모세와 선지자들이 있으니 그들에게 들을지니라(눅16:29)

어떤 관리가 물어 이르되 선한 선생님이여 내가 무엇을 하여야 영생을 얻으리이까(눅18:18)

예수께서 이르시되 오늘 구원이 이 집에 이르렀으니 이 사람도 아브라함의 자손임이로다(눅19:9)

또 유대인들은 유대교의 율법 조항을 지키면 구원받는다고 생각했다. 또 그동안 기독교에서는 예수님의 대속의 죽으심을 통하여 구원받는다고 믿어왔다. 그런데 앞에서 열거한 누가복음에서 말하는 구원의 이야기들과 복음서에서는 예수님의 십자가 사건 이전에, 십자가와 상관없이 구원을 선언하고 있다. 기존의 십자가 구속사 구원론에 익숙한 기독교인들에게는 대단히 큰 충격일 수 있다. 〈물음01〉에서도 말한 바와 같이 예수님의 죽으심은 새로운 계약 체결을 위한 대속의 사건이었다. 복음서에서 예수님의 십자가 사건 이전에, 구원을 선언하는 이유는 여기에 있다.

구원의 문이 닫힌다는 것은 계약이 파기된 이후를 뜻한다. 예수님께서는 이스라엘과 맺은 옛 계약이 파기되기 직전에 이르렀으므로 이런 말씀을 하셨다.

> 【2】 26 그 때에 너희가 말하되 **우리는 주 앞에서 먹고 마셨으며 주는 또한 우리를 길거리에서 가르치셨나이다** 하나 27 그가 너희에게 말하여 이르되 **나는 너희가 어디에서 왔는지 알지 못하노라 행악하는 모든 자들아 나를 떠나 가라** 하리라

유대인들은 스스로 하나님을 잘 섬기고 있기 때문에 하나님께서 자신들과 함께 하신다고 확신했으며, 조금도 의심하지 않았다. 그러나 예수님께서는 그들의 확신은 착각일뿐만 아니라 악을 행하는 자(ἀδικίας)와 같다고 하셨다. 내가 하나님을 믿고 구원받았다고 생각하는 게 중요한 것이 아니라 내가 하나님께 아신 바 되는 것이 중요하다.

> 【3】 28 너희가 **아브라함과 이삭과 야곱과 모든 선지자는 하나님 나라에 있고** 오직 너희는 밖에 쫓겨난 것을 볼 때에 **거기서 슬피 울며 이를 갈리라** 29 사람들이 **동서남북으로부터 와서** 하나님의 나라 잔치에 참여하리니

복음서에서는 구원을 언급할 때 아브라함과 이삭과 야곱과 또 선지자들과 관련지어 말한다.[67] 왜 그럴까? 아브라함과 이삭과 야곱

은 계약신앙의 조상들이며, 이런 이유로 구약에서는 하나님을 아브라함의 하나님, 이삭의 하나님, 야곱의 하나님이라고 부른다. 또 선지자들은 계약법을 지켜야 한다고 주장한 사람들이다. 성경에서는 계약과 구원을 직결시켜 말하므로 계약에 대한 이해없이는 구원을 이해하지 못한다.

계약법의 취지에 동감하는 이방인들이 동서로부터 몰려와서 하나님과 새로운 계약을 맺고 계약공동체를 통해 하나님 나라를 실현한다. 반면 계약이 파기되어 지옥 불에 던져진 이스라엘은 그제서야 자신들이 신앙생활을 잘못했음을 깨닫고 슬피 울며 이를 갈게 되리라는 무서운 말씀이다. 도그마에 빠진 신앙은 죽기 전에는 고치기 어려운 고질병이다. 구약 왕정기의 제사 · 성전 신앙은 나라가 멸망하여 성전이 파괴되고 전쟁포로로 끌려가고 나서야 사라졌다. 예수님 당시의 의인신앙 역시 로마제국에 멸망당하는 비극을 초래하고 말았다. 그들의 의인신앙에 의하면 재앙이 온 것은 지은 죄에 대한 징계인데, 나라가 멸망당하고 성전이 파괴되며 수많은 사람이 죽고 전쟁포로로 끌려가 노예로 전락하고 나머지는 전 세계에 나그네가 된 참화는 그들의 의인신앙이 거짓이었다는 증거인 셈이다.

---

67) 속으로 아브라함이 우리 조상이라고 생각하지 말라 내가 너희에게 이르노니 하나님이 능히 이 돌들로도 아브라함의 자손이 되게 하시리라(마3:9)
또 너희에게 이르노니 동 서로부터 많은 사람이 이르러 아브라함과 이삭과 야곱과 함께 천국에 앉으려니와(마8:11)
그러므로 회개에 합당한 열매를 맺고 속으로 아브라함이 우리 조상이라 말하지 말라 내가 너희에게 이르노니 하나님이 능히 이 돌들로도 아브라함의 자손이 되게 하시리라(눅3:8)
그러면 열여덟 해 동안 사탄에게 매인 바 된 이 아브라함의 딸을 안식일에 이 매임에서 푸는 것이 합당하지 아니하냐(눅13:16)
너희가 아브라함과 이삭과 야곱과 모든 선지자는 하나님 나라에 있고 오직 너희는 밖에 쫓겨난 것을 볼 때에 거기서 슬피 울며 이를 갈리라(눅13:28)
이에 그 거지가 죽어 천사들에게 받들려 아브라함의 품에 들어가고 부자도 죽어 장사되매(눅16:22)
예수께서 이르시되 오늘 구원이 이 집에 이르렀으니 이 사람도 아브라함의 자손임이로다(눅19:9)

좁은 문으로 들어가기를 힘쓰라는 말씀은 지금 여기에서 하나님 나라를 실현하기 위하여 애쓰고 힘쓰라는 말씀이다. 하나님 나라는 죽은 다음이 아니라 지금 여기서 시작된다. 단지 그 완성이 주님의 재림 때에 실현된다. 구원받는 사람이 적은 이유는 지금 여기서 하나님 나라 실현을 위하여 사는 사람이 적기 때문이며, 또 다른 이유는 하나님 나라와 그 나라에 들어가는 방법을 모르거나 오해하는 사람들이 많기 때문이다. 계약과 무관한 세상 사람들은 그 길을 몰랐고, 계약을 맺은 유대교와 기독교인들은 그 길을 오해했다. 오해한 이유는 그들의 구원 신학이 잘못되어 있었기 때문이다.

물음 63 선지자, 왜 예루살렘에서 죽어야 할까?

본문 : 〈 13:31~35 〉

31 곧 그 때에 어떤 바리새인들이 나아와서 이르되 나가서 여기를 떠나소서 헤롯이 당신을 죽이고자 하나이다

32 이르시되 너희는 가서 저 여우에게 이르되 오늘과 내일은 내가 귀신을 쫓아내며 병을 고치다가 제삼일에는 완전하여지리라 하라

33 그러나 오늘과 내일과 모레는 내가 갈 길을 가야 하리니 선지자가 예루살렘 밖에서는 죽는 법이 없느니라

34 예루살렘아 예루살렘아 선지자들을 죽이고 네게 파송된 자들을 돌로 치는 자여 암탉이 제 새끼를 날개 아래에 모음 같이 내가 너희의 자녀를 모으려 한 일이 몇 번이냐 그러나 너희가 원하지 아니하였도다

35 보라 너희 집이 황폐하여 버린 바 되리라 내가 너희에게 이르노니 너희가 주의 이름으로 오시는 이를 찬송하리로다 할 때까지는 나를 보지 못하리라 하시니라

이 본문 역시 누가복음에만 나오고 있다. 누가는 예수님과 헤롯의 관계에 대하여 여러 번 언급하고 있다. 헤롯은 예수님의 소문을 듣고 세례 요한이 다시 살아났다고 했다.(9:7~9), 그리고 본문에서는 헤롯이 예수님을 죽이려고 했으며, 또 예수님의 재판에 관여했고(23:6~12), 빌라도와 합세하여 예수님을 죽였다.(행4:27) 누가는 왜 이런 이야기를 중요하게 다루고 있을까?

【1】 31 곧 그 때에 어떤 바리새인들이 나아와서 이르되 나가서 여기를 떠나소서 **헤롯이 당신을 죽이고자 하나이다**

예수님은 정치에 관여하지 않으셨기에 헤롯에 대하여 직접 거론하지 않으셨다. 그런데 헤롯은 왜 예수님을 죽이려고 했을까? 헤롯이 세례 요한을 죽인 이유와 비슷하다. 〈물음12〉에서 본 바와 같이 요한은 그의 설교에서 경제정의 실현을 강력하게 요구했고 수많은 사람이 그 설교에 열광했다. 요한으로 말미암아 시민혁명이 일어날 가능성이 있었기 때문에 헤롯은 요한을 죽였다. 그런데 요한이 죽고 난 다음에 예수님에 의해 더 강력한 희년 운동이 전개되었고 더 많은 사람들이 모여들었다. 이 소식을 들은 헤롯은 당황했고 또 예수님을 죽이려고 했다.

누가가 전해주는 이런 사실들은 예수님의 활동이 어떠한 성격을 띠었는지를 잘 설명해준다. 예수님의 복음 선교는 단순히 병자들이나 치료하고 영적인 욕구나 채워주는 것이 아니라 가난하고 굶주린 사람들의 문제를 적극적으로 해결하는 희년 운동, 즉 하나님 나라 운동이었다.

누가가 영생의 문제에 이어 이 이야기를 다루는 이유는 이런 하나님 나라 운동에 참여하는 것이 곧 구원의 길이기 때문이다.

【2】 33 그러나 오늘과 내일과 모레는 내가 갈 길을 가야 하리니 **선지자가 예루살렘 밖에서는 죽는 법이 없느니라**

선지자는 왜 예루살렘에서 죽어야 하는가? 이때의 예루살렘은 어떤 특정한 장소를 말하는 게 아니다. 예루살렘은 신앙의 역사에서 교리신앙, 정통신앙, 도그마신앙의 중심지였다. 선지자가 예루살렘 밖에서는 죽는 법이 없다는 말씀은 예수님도 선지자들처럼 유대교의 정통신앙에 의해 죽임을 당하신다는 말씀이다. 참 신앙, 즉 계약신앙의 가장 큰 적수는 멀리 있지 않고 가장 가까이에 정통신앙이라는 이름으로 존재했다. 이스라엘 역사에서 뿐만 아니라 교회사에서도 그랬고, 또 지금도 그러하다. 정통신앙, 도그마에 젖은 사람들은 자신들의 신앙이 잘못되었다는 생각을 전혀 하지 못하면서 마귀의 충실한 종의 역할을 해낸다. 그들은 불못에 던져지고 나서야 자신들이 무슨 일을 했는지 깨닫게 된다. 이보다 더 안타까운 비극은 없다.

【3】 34 **예루살렘아 예루살렘아 선지자들을 죽이고 네게 파송된 자들을 돌로 치는 자여** 암탉이 제 새끼를 날개 아래에 모음 같이 내가 너희의 자녀를 모으려 한 일이 몇 번이냐 그러나 너희가 원하지 아니하였도다

누가는 예루살렘을 향한 예수님의 탄식을 여기에 실어 놓았다. 그 이유는 유대교 정통신앙의 위험성과 비극을 지적하기 위함이다. 누가가 유대교 정통신앙의 한계를 특별히 중요하게 다루는 이유는 새 계약공동체는 유대교의 전철(前轍)을 피해가기를 간절히 바라는 마음 때문이었을 것이다. 그런데 교회는 누가의 기대를 헌신짝처럼 저버리고 더 악한 길을 걷고 말았으며, 지금도 전혀 헤어나오지 못할 뿐만 아니라 무엇이 어디에서 어떻게 잘못되었는지조차 모르고 있다. 그 다음 수순은 무엇일까?

【4】 35 **보라 너희 집이 황폐하여 버린 바 되리라** 내가 너희에게 이르노니 너희가 주의 이름으로 오시는 이를 찬송하리로다 할 때까지는 **나를 보지 못하리라** 하시니라

그 다음은 계약 파기로 말미암은 처참한 비극이다. 예루살렘이 로마제국에 멸망할 때에는 인류 전쟁사에서 가장 참혹한 참극이 빚어졌다. 이는 결코 우연이 아니다. 계약공동체가 계약을 저버리면

죽은 다음은 말할 것도 없고 이 땅에서 이런 무서운 심판을 받는다. 그 이유는 계약공동체에 세상 구원의 책임이 있기 때문이다.

정통신앙, 도그마 신앙에 빠진 사람들은 자신들은 구원받았으며 하나님께서 함께 하신다는 거짓 확신에 빠지고 만다. 하나님께서는 벌써 그들을 떠나셔서 뵈올 길이 없다가 마지막 날에 주님을 구세주로서가 아니라 심판주로 만나게 된다. 비극도 이보다 더한 비극은 없다.

이천 년 전 유대인들에게 주어진 이 말씀은 오늘 우리에게 주어지는 무서운 말씀이다. 그런데 아직도 우리는 하나님께서 함께 하시는, 구원받은 자로만 알고 있다. 이 노릇을 어찌해야 하나!

물음 64
왜 바리새인의 초대에 응하셨을까?

본문 : 〈 14:1~24 〉

1 안식일에 예수께서 한 바리새인 지도자의 집에 떡 잡수시러 들어가시니 그들이 엿보고 있더라

2 주의 앞에 수종병 든 한 사람이 있는지라

3 예수께서 대답하여 율법교사들과 바리새인들에게 이르시되 안식일에 병 고쳐 주는 것이 합당하냐 아니하냐

4 그들이 잠잠하거늘 예수께서 그 사람을 데려다가 고쳐 보내시고

5 또 그들에게 이르시되 너희 중에 누가 그 아들이나 소가 우물에 빠졌으면 안식일에라도 곧 끌어내지 않겠느냐 하시니

6 그들이 이에 대하여 대답하지 못하니라

7 청함을 받은 사람들이 높은 자리 택함을 보시고 그들에게 비유로 말씀하여 이르시되

8 네가 누구에게나 혼인 잔치에 청함을 받았을 때에 높은 자리에 앉지

말라 그렇지 않으면 너보다 더 높은 사람이 청함을 받은 경우에
9 너와 그를 청한 자가 와서 너더러 이 사람에게 자리를 내주라 하리니
그 때에 네가 부끄러워 끝자리로 가게 되리라
10 청함을 받았을 때에 차라리 가서 끝자리에 앉으라 그러면 너를 청한
자가 와서 너더러 벗이여 올라 앉으라 하리니 그 때에야 함께 앉은 모
든 사람 앞에서 영광이 있으리라
11 무릇 자기를 높이는 자는 낮아지고 자기를 낮추는 자는 높아지리라
12 또 자기를 청한 자에게 이르시되 네가 점심이나 저녁이나 베풀거든
벗이나 형제나 친척이나 부한 이웃을 청하지 말라 두렵건대 그 사람들
이 너를 도로 청하여 네게 갚음이 될까 하노라
13 잔치를 베풀거든 차라리 가난한 자들과 몸 불편한 자들과 저는 자들
과 맹인들을 청하라
14 그리하면 그들이 갚을 것이 없으므로 네게 복이 되리니 이는 의인들
의 부활시에 네가 갚음을 받겠음이라 하시더라
15 함께 먹는 사람 중의 하나가 이 말을 듣고 이르되 무릇 하나님의 나
라에서 떡을 먹는 자는 복되도다 하니
16 이르시되 어떤 사람이 큰 잔치를 베풀고 많은 사람을 청하였더니
17 잔치할 시각에 그 청하였던 자들에게 종을 보내어 이르되 오소서 모
든 것이 준비되었나이다 하매
18 다 일치하게 사양하여 한 사람은 이르되 나는 밭을 샀으매 아무래도
나가 보아야 하겠으니 청컨대 나를 양해하도록 하라 하고
19 또 한 사람은 이르되 나는 소 다섯 겨리를 샀으매 시험하러 가니 청
컨대 나를 양해하도록 하라 하고
20 또 한 사람은 이르되 나는 장가 들었으니 그러므로 가지 못하겠노라
하는지라
21 종이 돌아와 주인에게 그대로 고하니 이에 집 주인이 노하여 그 종에
게 이르되 빨리 시내의 거리와 골목으로 나가서 가난한 자들과 몸 불
편한 자들과 맹인들과 저는 자들을 데려오라 하니라
22 종이 이르되 주인이여 명하신 대로 하였으되 아직도 자리가 있나이다
23 주인이 종에게 이르되 길과 산울타리 가로 나가서 사람을 강권하여
데려다가 내 집을 채우라
24 내가 너희에게 말하노니 전에 청하였던 그 사람들은 하나도 내 잔치
를 맛보지 못하리라 하였다 하시니라

누가복음에는 예수님께서 식사 초대받아 바리새인의 집에 가시는 이야기가 몇 번 나오고 있다.[68] 본문의 바리새인은 왜 예수님을 초대했으며, 무슨 일이 벌어졌을까?

【1】 1 **안식일에 예수께서 한 바리새인 지도자의** 집에 떡 잡수시러 들어가시니 **그들이 엿보고 있더라** 2 **주의 앞에 수종병 든 한 사람이 있는지라**

이번에 예수님을 초청한 사람은 바리새인 중에서도 지도자였다. 또 그 자리에는 수종병(고창병)이라는 중병에 걸린 사람이 있었고, 또 바리새인들은 예수님께서 안식일에 병자를 치료하는지를 엿보고 있었다. 이로 미루어 보건대 바리새인이 예수님을 식사에 초대한 이유는 호의에서가 아니라 악의에서라고 보여진다. 이런 불편한 초대에 응하신 예수님께서는 무슨 일을 어떻게 하셨을까?

【2】 3 예수께서 대답하여 **율법교사들과 바리새인들에게 이르시되** 안식일에 병 고쳐 주는 것이 합당하냐 아니하냐 … 5 누가 너희 중에 누가 그 아들이나 소가 우물에 빠졌으면 안식일에라도 곧 끌어내지 않겠느냐 하시니

그들의 속셈을 잘 아시는 예수님께서는 연거푸 질문하셨으나 그들은 전혀 대답하지 못했다. 일반 상식과 그들의 안식일 규정에 근거하여 질문하셨기 때문이다. 안식일 법에는 가축이 구덩이에 빠진 경우 안식일에도 건져낼 수 있었는데, 가축과는 비교될 수 없는 사람의 고통을 해결하는 게 옳은가 그른가라는 질문에 할 말이 없었던 것이다. 예수님은 당위성과 자명성에 근거하여 스스로 알게 하시고 또 트집잡는 자들에게 할 말이 없게 하셨다.

할 말에 없게 만드시는 방식은 이어서 계속 된다.

【3】 7 청함을 받은 사람들이 **높은 자리 택함을 보시고** 그들에게 비유로 말씀하여 이르시되

식사에는 많은 사람이 초대되었는데, 마침 그들은 서로 높은 자

68) 7:36, 11:37, 14:1

리를 차지하려고 신경전을 벌이고 있었다. 이에 예수님께서는 만일 누군가가 잔치에 초대받고 가장 낮은 자리에 앉아있으면 다른 사람들이 보고 높은 자리에 가서 앉으라고 권하지만, 높은 자리에 자리를 잡고 있으면 더 높은 사람을 위하여 자리를 내어주어야 한다고 비유로 말씀하셨다.

서로 높은 자리에 앉으려던 사람들이 예수님의 이 말씀을 듣고 어떤 분위기가 되었을지는 능히 짐작할 만하다. 예수님께서는 결코 상대방에게 듣기 좋은 소리만 하지 않으셨다. 예수님의 할 말 없게 만들기, 무안(無顔) 주기는 여기서 끝나지 않고 더 심한 말씀으로 이어진다.

【4】 13 잔치를 베풀거든 차라리 **가난한 자들과 몸 불편한 자들과 저는 자들과 맹인들을 청하라** 14 그리하면 그들이 갚을 것이 없으므로 네게 복이 되리니 이는 의인들의 부활시에 네가 갚음을 받겠음이라 하시더라

바리새인 두령의 식사 자리에 초대받은 사람들은 하나같이 비슷한 수준의 사람들이었다. 이에 예수님께서는 듣기 거북한 쓴소리를 하셨다. 잔치에 사람들을 초대할 때는 가장 가난하고 불쌍한 사람들, 병자들과 불구자들을 초대하라고 하셨다. 왜 이런 말씀을 하셨을까? 계약을 지키라고 하신 것이다. 계약법에 의하면 잔치를 벌일 때에는 가장 가난한 자들을 주빈으로 모셔다가 대접하라고 했다.[69]

그런데 지금 율법을 가르치는 바리새인 지도자들이 모여서 잔치를 벌이는데, 가난한 자, 병자, 불구자는 한 사람도 없었다. 유대교 율법에 의하면 그들은 죄인에 불과하며 그들을 돌보면 하나님을 거역한다고 믿고 있기 때문이다. 계약법을 가르치는 자들이 계약법을 반대로 가르치고 있고 또 지키지도 않고 있었다. 이런 자리를 예수님께서 그냥 묵과하실 리가 없었다. 종교지도자가 사람들의 비위를

69) 신명기 14:22~29, 16:1~17, 26:1~19.

상하지 않게 하려고 그릇된 것을 보고도 침묵한다면 이는 용서받을 수 없는 범죄에 속한다.

예수님께서는 바리새인 두령이 식사에 초대하는 의도를 처음부터 아시고 가셨다. 그리고 잔치를 벌이고 있는 자리에서 밥맛이 달아날 뿐만 아니라 소름끼치는 면박을 주셨다. 누가는 예수님의 이런 행동들을 낱낱이 기록해 놓음으로써 후일 교회 지도자들에게 지침을 주고 있다.

【5】 15 함께 먹는 사람 중의 하나가 이 말을 듣고 이르되 **무릇 하나님의 나라에서 떡을 먹는 자는 복되도다** 하니

예수님께서 밥맛 떨어지게 하시는 말씀을 듣고 있던 사람 중 하나가 무슨 생각에서인지 "천국 잔치에 초대받는 사람은 복되다."라고 했다. 이에 예수님께서는 비유를 통하여 그들의 정곡을 찌르는 말씀을 하셨다. 예수님께서는 즉문즉답의 상황에서 어떻게 이런 비유를 말씀하셨는지 참으로 놀랄 뿐이다. 하나님의 지혜일 뿐만 아니라 예수님께서 하나님이셨음을 인정하지 않을 수 없는 말씀을 하셨다. 어떤 말씀일까?

【6】 16 이르시되 어떤 사람이 **큰 잔치를 베풀고 많은 사람을 청하였더니** 18 **다 일치하게 사양하여** 한 사람은 이르되 … 19 또 한 사람은 이르되 … 20 또 한 사람은 이르되 … … … … 21 종이 돌아와 주인에게 그대로 고하니 이에 집 주인이 노하여 그 종에게 이르되 빨리 시내의 거리와 골목으로 나가서 **가난한 자들과 몸 불편한 자들과 맹인들과 저는 자들을 데려오라** 하니라

이 비유는 이스라엘의 계약 위반 역사를 빗댄 말씀이다. 하나님께서는 이스라엘과 계약을 맺으시고 가나안에 들여보내시고 계약법대로 살아서 현실 속에 이상이 실현될 수 있게 하셨다. 그러나 이스라엘은 늘 본문에서 언급한 바와 같이 여러 핑계를 늘어놓으면서 거부했다. 이에 하나님께서는 예언자들을 보내서 거듭 계약 실천을 요구했으나 들을 생각조차 하지 않았다. 이로써 계약은 파기되고 말았

다. 마태의 병행본문(마22:1~14)에는 군대를 보내 진멸하는 이야기가 나오는데 이는 계약 파기의 결과를 말한다. 이에 하나님께서는 유대인들이 죄인으로 낙인찍은 사람들을 불러다 다시 계약을 체결하셨다.

예수님의 비유는 단순한 예화가 아니다. 이스라엘 역사와 계약의 핵심과 영성의 실재를 엮어서 상황에 적절하게 말씀하셨다.

【7】 24 내가 너희에게 말하노니 **전에 청하였던 그 사람들은 하나도 내 잔치를 맛보지 못하리라** 하였다 하시니라

예수님은 마지막으로 무서운 선언을 하고 계신다. 전에 청하였던 사람들, 즉 유대교 율법 조항에 기초한 정통신앙과 도그마에 빠진 자들 중에는 구원받을 자가 하나도 없다는 경고였다. 이는 이천 년 전의 유대인에게만이 아니라 오늘 우리에게 주어지는 심판의 말씀이다. 구원받았다고 확신하는 자들 가운데에는 구원받을 자가 하나도 없으리라!

전에 청하였던 그 사람들은 하나도 내 잔치를 맛보지 못하리라.

청함을 받은 자는 많되 택함을 입은 자는 적으니라(마22:14)

물음 65 주님을 따르는 길, 어떤 길인가?

본문 : 〈 14:25~35 〉

25 수많은 무리가 함께 갈새 예수께서 돌이키사 이르시되

26 무릇 내게 오는 자가 자기 부모와 처자와 형제와 자매와 더욱이 자기 목숨까지 미워하지 아니하면 능히 내 제자가 되지 못하고

27 누구든지 자기 십자가를 지고 나를 따르지 않는 자도 능히 내 제자가

되지 못하리라
28 너희 중의 누가 망대를 세우고자 할진대 자기의 가진 것이 준공하기까지에 족할는지 먼저 앉아 그 비용을 계산하지 아니하겠느냐
29 그렇게 아니하여 그 기초만 쌓고 능히 이루지 못하면 보는 자가 다 비웃어
30 이르되 이 사람이 공사를 시작하고 능히 이루지 못하였다 하리라
31 또 어떤 임금이 다른 임금과 싸우러 갈 때에 먼저 앉아 일만 명으로써 저 이만 명을 거느리고 오는 자를 대적할 수 있을까 헤아리지 아니하겠느냐
32 만일 못할 터이면 그가 아직 멀리 있을 때에 사신을 보내어 화친을 청할지니라
33 이와 같이 너희 중의 누구든지 자기의 모든 소유를 버리지 아니하면 능히 내 제자가 되지 못하리라
34 소금이 좋은 것이나 소금도 만일 그 맛을 잃으면 무엇으로 짜게 하리요
35 땅에도, 거름에도 쓸 데 없어 내버리느니라 들을 귀가 있는 자는 들을지어다 하시니라

본문도 누가에만 나오는 이야기이다. 누가는 여기서 무엇을 말하고 있을까?

【1】 25 **수많은 무리가 함께 갈새** 예수께서 돌이키사 이르시되

12:1에 의하면 수만 명의 사람이 몰려들어 밟힐 지경이 되었다고 했는데, 본문에도 다시 수많은 무리가 모여들어 예수님께서 예루살렘으로 가시는 길을 따라나섰다. 이들을 향해서 예수님께서는 무슨 말씀을 하셨을까?

【2】 28 너희 중의 누가 망대를 세우고자 할진대 자기의 가진 것이 준공하기까지에 족할는지 **먼저 앉아 그 비용을 계산하지 아니하겠느냐**

이 비유는 수많은 무리들에게 하신 말씀이다. 무슨 뜻일까? 지금 많은 사람들이 주님을 따라 예루살렘을 향하여 가는데 이 길은 아무나 따라올 수 있는 길이 아니니, 잘 생각해 보고 따라오라는 말씀이

다. 집을 지으려는 사람이 집을 짓기 전에 먼저 돈이 얼마나 들지 생각해 보지 않으면, 돈을 다 날리고 빈털터리가 되거나 빚더미에 올라앉듯이 주님을 따르려면 무엇을 해야 하는지를 생각해 보라고 말씀하셨다. 이것으로는 부족하다고 생각하신 주님은 다시 한번 더 강조하여 말씀하셨다.

【3】 31 또 어떤 임금이 다른 임금과 **싸우러 갈 때에 먼저 앉아** 일만 명으로써 저 이만 명을 거느리고 오는 자를 대적할 수 있을까 **헤아리지 아니하겠느냐** 32 만일 못할 터이면 그가 아직 멀리 있을 때에 사신을 보내어 화친을 청할지니라

이번에는 전쟁을 비유로 말씀하셨다. 전쟁에서 지게 된다면 죽거나 모든 것을 약탈당하거나 아니면 전쟁포로가 될 판인데 아무렇게나 할 수는 없다. 미리 따져보고 전쟁을 하거나 화친 또는 주변국의 도움 요청 등을 결정해야 한다.

예수님께서는 건축과 전쟁의 비유를 통해서 사안의 심각함을 알리신 후 주님을 따르는 일에 대하여 신중하게 결정하도록 주님을 따르는 길이 어떤 것인지를 구체적으로 말씀하셨다.

【4】 26 무릇 내게 오는 자가 **자기 부모와 처자와 형제와 자매와 더욱이 자기 목숨까지 미워하지 아니하면** 능히 내 제자가 되지 못하고 27 **누구든지 자기 십자가를 지고 나를 따르지 않는 자도** 능히 내 제자가 되지 못하리라 … 33 이와 같이 너희 중의 **누구든지 자기의 모든 소유를 버리지 아니하면** 능히 내 제자가 되지 못하리라

본문에서는 예수님을 따르려면 세 가지를 포기해야 함을 명확히 하고 있다. 첫째, 가족을 포기해야 한다. 둘째, 자기 목숨을 버릴 각오를 해야 한다. 셋째, 자신의 모든 소유를 버려야 한다. 왜 가족과 목숨과 재산을 포기해야 하는가? 이 땅에 하나님 나라를 실현하는 것은 모든 가정, 모든 사람들을 다 행복하게 하는 길이므로, 이보다 더 중요하고 귀중한 일은 없기 때문이다. 또 하나님 나라 실현은 쉽게 이뤄지지 않으며 혼신의 힘을 다할 때만 가능하기 때문이다.

예수님께서는 갈릴리에서 예루살렘으로 올라가시면서 여러 차례

반복해서 수난당할 것을 예고하셨다. 그 이유는 이 길은 십자가의 길이므로 따를 각오가 된 사람만 따르라는 말씀이다. 그러면 이 어려운 길을 누가 가겠다고 따라나서겠는가? 예수님의 열두 제자들은 이런 결단을 내린 사람들이다, 또 70명의 제자들도 그런 사람들이었다. 그 외에도 여러 명의 여인들이 있었으며, 최종적으로 120여 명의 사람들이 남았다. 사도행전의 새 계약공동체는 이렇게 구성되었다. 예수님께서는 주변에 모여든 수많은 사람들 가운데서 가리고 가려서 계약공동체 구성원이 되게 하셨고 또 그들을 특별히 가르치고 훈련시키셨다. 예수님 사후 교회가 예루살렘에서 시작되어 복음이 전 세계로 확산된 배경에는 예수님의 이런 특별한 훈련이 있었다. 누가는 이것을 추적하여 기록해 놓고 있다.

예수님의 가르침에 따라 교회가 세워진 후 교회에 나가려면 먼저 목숨과 재산을 포기하지 않으면 나갈 수 없었다. 이는 교인들에게 요구되는 기본적인 기준이었고 당연하게 받아들여져서 별로 기록에 남아있지도 않다. 기록이 많지 않은 이유는 당연지사였기 때문이다. 박해시대에는 목숨과 재산을 포기해야 하는데 누가 교회를 나가겠는가? 그런 상황에서 교회에 나갈 사람이 있었을까? 그런데 놀랍게도 교인들의 숫자가 급증했다. 믿기지 않겠지만 사실이다. 후일 기독교가 로마제국의 국교가 된 이유는 이런 살아있는 신앙 때문이었다.

【5】 34 소금이 좋은 것이나 **소금도 만일 그 맛을 잃으면 무엇으로 짜게 하리요** 35 땅에도, 거름에도 쓸 데 없어 내버리느니라 **들을 귀가 있는 자는 들을지어다** 하시니라

누가복음에서 말하는 소금이 되라는 말씀은 주님을 따르기 위하여 가족, 목숨, 재산을 포기하는 결단을 말한다. 무슨 짠 맛, 무슨 방부제 역할이 아니다. 마태복음의 병행본문이 주는 의미와는 많은 차이가 있다.

물음 66 길 잃은 양의 비유, 무엇을 말하는가?

본문 : 〈 15:1~10 〉

1 모든 세리와 죄인들이 말씀을 들으러 가까이 나아오니
2 바리새인과 서기관들이 수군거려 이르되 이 사람이 죄인을 영접하고 음식을 같이 먹는다 하더라
3 예수께서 그들에게 이 비유로 이르시되
4 너희 중에 어떤 사람이 양 백 마리가 있는데 그 중의 하나를 잃으면 아흔아홉 마리를 들에 두고 그 잃은 것을 찾아내기까지 찾아다니지 아니하겠느냐
5 또 찾아낸즉 즐거워 어깨에 메고
6 집에 와서 그 벗과 이웃을 불러 모으고 말하되 나와 함께 즐기자 나의 잃은 양을 찾아내었노라 하리라
7 내가 너희에게 이르노니 이와 같이 죄인 한 사람이 회개하면 하늘에서는 회개할 것 없는 의인 아흔아홉으로 말미암아 기뻐하는 것보다 더하리라
8 어떤 여자가 열 드라크마가 있는데 하나를 잃으면 등불을 켜고 집을 쓸며 찾아내기까지 부지런히 찾지 아니하겠느냐
9 또 찾아낸즉 벗과 이웃을 불러 모으고 말하되 나와 함께 즐기자 잃은 드라크마를 찾아내었노라 하리라
10 내가 너희에게 이르노니 이와 같이 죄인 한 사람이 회개하면 하나님의 사자들 앞에 기쁨이 되느니라

'모든'(πάντες)이라는 단어는 누가가 특별히 강조할 때 쓰는 과장법이다.[70] 예수님 주변에 모여든 사람들 가운데에는 세리와 죄인들이 대단히 많이 있었다는 뜻이다. 그런데 예수님께서는 그들을 반

70) 3:16, 4:15, 9:1 등.

갑게 맞아주셨을 뿐만 아니라 같이 식사를 하셨다. 유대교 정결례법에 익숙해 있는 바리새인과 서기관이 볼 때 이는 용납할 수 없는 심각한 문제였다. 정통신앙의 도그마에 사로잡힌 사람들을 어찌해야 하나? 이에 누가는 15장에서 이들을 향한 특별한 예화 셋을 싣고 있다. 길 잃은 양, 잃어버린 드라크마, 두 아들의 비유가 그것이다. 길 잃은 양의 비유는 마태(18:10~14)에도 들어있지만 강조점에서 많은 차이가 있다.

누가복음에만 들어있는 예화는 영적인 실재를 반영하는 경우가 많이 있는데, 15장의 예화가 특히 그렇다. 이 예화들을 보면 기록자 누가의 영성이 어느 정도였는지 가늠해 볼 수 있는데, 그는 대단히 탁월한 영성가였다.

【1】 4 너희 중에 어떤 사람이 **양 백 마리가 있는데** 그 중의 하나를 잃으면 **아흔아홉 마리를 들에 두고** 그 잃은 것을 찾아내기까지 찾아다니지 아니하겠느냐

유목민들은 양을 데리고 풀을 찾아 멀리 돌아다니다가 저녁이 되면 적절한 장소에서 야영하며 양을 돌봤다. 저녁때 양의 숫자를 세어보니 한 마리가 보이지 않았다. 어찌해야 하나? 한 마리를 찾아가자니 남아있는 양들의 안전이 걱정이고, 한 마리를 포기할 수도 없고, 아흔아홉 마리와 한 마리 중 무엇을 선택해야 할까? 한 마리도 귀하지만 아흔아홉 마리를 포기할 수는 없다. 그런데 예수님의 비유에 의하면 아흔아홉을 포기하고 한 마리를 찾아 나서야 한다는 말씀이다. 이는 실제로 있을 수 없는 일이다. 어두워질 무렵에 아흔아홉 마리를 들판에 그냥 놔두면 틀림없이 주변의 늑대나 이리 떼에 공격을 당하기 때문이다. 그런데 왜 한 마리를 찾아 나서야 하는가?

이 비유에서 아흔아홉은 바리새인과 서기관들을 말하고 한 마리는 세리와 죄인들이다. 서기관과 바리새인들은 스스로 의롭다고 생각하는 자들이다. 그러나 이는 그들의 생각일 뿐 하나님 보시기에는

의인이란 없다. 즉 스스로 의롭다고 생각하는 의인이 있을 뿐 모두가 다 죄인이다. 그러면 어떤 생각을 가져야 하는가? 스스로 의롭다고 즉 구원받았다고 생각해야 하는가, 아니면 구원받을 수 없는 죄인이라고 생각해야 하는가? 전에는 길 잃은 죄인이었는데, 유대교 조항 율법을 지킴으로 말미암아, 또는 예수님으로 말미암아 이제는 의로워졌다(구원받았다)고 생각해야 할까? 스스로 어떤 자기의식을 가져야 하는가? 자기긍정인가? 자기부정인가?

자기부정이어야 한다. 영원한 죄인의식에 젖어있어야 한다. 그러면 하나님의 긍정이 내게 은총으로 임한다. 그런데 내가 스스로 긍정하고 있으면 하나님으로부터 부정된다. 긍정은 부정에 이르고 부정은 긍정에 이른다. 하나님께로 가는 길은 자기부정의 길이다. 나는 영원한 죄인일 뿐이다. "전에는 죄인이었는데, 이제는 아니다."라는 생각을 버려야 한다. 나는 한없이, 영원히 죄인일 수밖에 없다는 생각, 여기까지여야 한다. 결코 한 호리라도 더 나아가서는 안 된다. 용서하시는 은혜, 받아주시는 은혜는 그때 다가오며 떠나지 않고 머무른다. 그런데 전에는 죄인이었는데 이제는 아니다라고 생각하는 순간 하나님의 은혜는 떠나버리고 만다. 내 마음의 자기의식은 항상 가장 낮은 자리에 있어야 한다. 이는 물의 원리와 같다. 낮은 곳에는 물이 고여있지만 높아지는 순간 물은 다른 곳으로 흘러간다.

【2】 5 또 찾아낸즉 즐거워 어깨에 메고 6 집에 와서 그 벗과 이웃을 불러 모으고 말하되 **나와 함께 즐기자 나의 잃은 양을 찾아내었노라** 하리라

잃은 양을 찾은 목자는 너무 기뻐서 양을 어깨에 메고 와 벗들을 불러 잔치를 벌이며 양 값보다 훨씬 더 많은 돈을 쓰고 말았다. 도대체 무슨 뜻일까? 스스로 가장 낮은 마음을 늘 유지하고 있는 사람, 그런 영성의 소유자가 극히 드물어서 그를 찾으면 동네 사람들

을 불러다가 잔치를 벌여야 할 만큼 기쁜 일이라는 의미이다. 그런데 이 일은 여기서 끝나지 않는다.

> 【3】 7 내가 너희에게 이르노니 이와 같이 죄인 한 사람이 회개하면 **하늘에서는** 회개할 것 없는 의인 아흔아홉으로 말미암아 기뻐하는 것보다 **더하리라**

이 본문은 마태의 병행본문의 문맥과는 많이 다르다.[71] 마태의 '잃다'(πλανάω)는 윤리와 도덕으로 길을 잃었다는 뜻이고, 누가의 '잃다'(ἀπόλλυμι)는 '없어진', '사라진'이다. 즉 지금까지 없었던 양이 이제 새롭게 등장했다는 의미이다. 누가는 이렇게 길을 잃었던 양, 즉 아직 없던 양의 등장은 땅에서보다 하늘에서는 더 기뻐할 일이라고 말하고 있다. 왜 길 잃은 양을 다시 찾은 것이 하늘에서 잔치를 벌여야 할 만큼 더 기쁜 일일까? 이 사람이 어떤 사람인지에 대해서는 이야기가 다음으로 이어진다.

> 【4】 8 어떤 여자가 열 드라크마가 있는데 **하나를 잃으면** 등불을 켜고 집을 쓸며 찾아내기까지 부지런히 찾지 아니하겠느냐 9 또 찾아낸즉 벗과 이웃을 불러 모으고 말하되 **나와 함께 즐기자 잃은 드라크마를 찾아내었노라** 하리라 10 내가 너희에게 이르노니 이와 같이 죄인 한 사람이 회개하면 **하나님의 사자들 앞에 기쁨이 되느니라**

드라크마는 알렉산더 시대부터 쓰인 은전으로 환산이 쉽지 않은데, 예수님 당시에는 하루 품삯인 데나리온과 비슷한 가치를 지녔다. 드라크마의 비유도 길 잃은 양과 비슷하게 전개된다. 잃었던 은전 한 잎을 찾으면 너무 기뻐서 친구들과 잔치를 벌이는데, 여기에 들어가는 비용이 더 많이 든다. 또 하늘에서도 잔치를 벌이는데, 이번에는 하나님의 사자들 앞에서 기쁨이 된다. 왜 하늘의 천사들이 기뻐할까?

'사자'(ἄγγελος)는 하늘의 천사들인데, 땅에서 하나님의 일을 하

---

71) 진실로 너희에게 이르노니 만일 찾으면 길을 잃지 아니한 아흔아홉 마리보다 이것을 더 기뻐하리라 이와 같이 이 작은 자 중의 하나라도 잃는 것은 하늘에 계신 너희 아버지의 뜻이 아니니라(마18:13~14)

는 사람이나 마귀의 일을 하는 사람들에게도 동일한 용어를 사용한다. 그런데 누가는 잃었던 양을 찾고 잃었던 드라크마를 찾으면 하늘의 천사들이 기뻐한다고 했다. 그 이유는 이제 하나님의 일을 할 사람이 드디어 나타났기 때문이다.

누가복음에서는 이 비유가 유대교의 지도자인 서기관과 바리새인들에게 주어진 말씀이다. 왜 이런 비유를 그들에게 주셨을까? 스스로 의롭다라고, 구원받았다라고 긍정하는 자는 신앙의 지도자가 될 수 없다는 말씀이다. 자기부정을 하는 사람이어야 하며, 이런 지도자는 하늘에서 하늘의 천사들도 기뻐할 사람이라는 뜻인데, 그런 지도자를 찾아보기가 어렵다는 뜻이다.

누가의 비유는 아직 끝나지 않았다. 세 번째 비유가 남아있는데, 이 비유에서는 신앙의 지도자가 어떤 사람이어야 하며, 그에게는 어떤 일이 주어지는지를 다루고 있다.

물음 67 탕자와 요셉, 어떤 관련이 있을까?

본문 : 〈 15:11~32 〉

11 또 이르시되 어떤 사람에게 두 아들이 있는데

12 그 둘째가 아버지에게 말하되 아버지여 재산 중에서 내게 돌아올 분깃을 내게 주소서 하는지라 아버지가 그 살림을 각각 나눠 주었더니

13 그 후 며칠이 안 되어 둘째 아들이 재물을 다 모아 가지고 먼 나라에 가 거기서 허랑방탕하여 그 재산을 낭비하더니

14 다 없앤 후 그 나라에 크게 흉년이 들어 그가 비로소 궁핍한지라

15 가서 그 나라 백성 중 한 사람에게 붙여 사니 그가 그를 들로 보내어

돼지를 치게 하였는데
16 그가 돼지 먹는 쥐엄 열매로 배를 채우고자 하되 주는 자가 없는지라
17 이에 스스로 돌이켜 이르되 내 아버지에게는 양식이 풍족한 품꾼이
얼마나 많은가 나는 여기서 주려 죽는구나
18 내가 일어나 아버지께 가서 이르기를 아버지 내가 하늘과 아버지께
죄를 지었사오니
19 지금부터는 아버지의 아들이라 일컬음을 감당하지 못하겠나이다 나를
품꾼의 하나로 보소서 하리라 하고
20 이에 일어나서 아버지께로 돌아가니라 아직도 거리가 먼데 아버지가
그를 보고 측은히 여겨 달려가 목을 안고 입을 맞추니
21 아들이 이르되 아버지 내가 하늘과 아버지께 죄를 지었사오니 지금부
터는 아버지의 아들이라 일컬음을 감당하지 못하겠나이다 하나
22 아버지는 종들에게 이르되 제일 좋은 옷을 내어다가 입히고 손에 가
락지를 끼우고 발에 신을 신기라
23 그리고 살진 송아지를 끌어다가 잡으라 우리가 먹고 즐기자
24 이 내 아들은 죽었다가 다시 살아났으며 내가 잃었다가 다시 얻었노
라 하니 그들이 즐거워하더라
25 맏아들은 밭에 있다가 돌아와 집에 가까이 왔을 때에 풍악과 춤추는
소리를 듣고
26 한 종을 불러 이 무슨 일인가 물은대
27 대답하되 당신의 동생이 돌아왔으매 당신의 아버지가 건강한 그를 다
시 맞아들이게 됨으로 인하여 살진 송아지를 잡았나이다 하니
28 그가 노하여 들어가고자 하지 아니하거늘 아버지가 나와서 권한대
29 아버지께 대답하여 이르되 내가 여러 해 아버지를 섬겨 명을 어김이
없거늘 내게는 염소 새끼라도 주어 나와 내 벗으로 즐기게 하신 일이
없더니
30 아버지의 살림을 창녀들과 함께 삼켜 버린 이 아들이 돌아오매 이를
위하여 살진 송아지를 잡으셨나이다
31 아버지가 이르되 얘 너는 항상 나와 함께 있으니 내 것이 다 네 것이
로되
32 이 네 동생은 죽었다가 살아났으며 내가 잃었다가 얻었기로 우리가
즐거워하고 기뻐하는 것이 마땅하다 하니라

집을 나갔다가 돌아온 탕자의 비유, 많이 알려져 있고 또 잘 아는 이야기이다. 그런데 이 비유는 도대체 무엇을 말하고 있을까? 이 비유는 영성의 현실을 반영하며 대단히 중요한 의미를 지니고 있다. 이제 그 비유의 겉이 아닌 속으로 들어가 보고자 한다.

【1】 11 **또 이르시되** 어떤 사람에게 두 아들이 있는데

바리새인과 서기관들을 향하여 앞의 두 비유를 말씀하셨지만 그것 가지고는 안 되겠기에 예수님께서는 다시 또 비유를 말씀하셨는데, 이 비유는 대단히 중요하다. 이 비유는 기록자 누가의 영성의 깊이를 그대로 반영하고 있다. 누가는 이 비유를 통하여 무엇을 말하려고 했을까?

【2】 18 내가 일어나 아버지께 가서 이르기를 아버지 **내가 하늘과 아버지께 죄를 지었사오니** 19 **지금부터는 아버지의 아들이라 일컬음을 감당하지 못하겠나이다** 나를 품꾼의 하나로 보소서 하리라 하고

비유는 둘째 아들이 아직 살아 있는 아버지에게 자기 몫의 유산을 물려달라는 이야기로 시작하고 있다. 당시 유대인 사회에서 아버지가 아직 살아 있는데, 그것도 둘째 아들이 이런 일을 했다는 것은 상상조차 할 수 없을 만큼 패륜에 속한다. 이 탕자는 아들은 고사하고 도무지 사람 축에 낄 수 없는 자이다. 그런데 그 다음 이야기가 더 가관이다. 그는 아버지의 유산을 강탈하다시피 빼앗아 가지고 먼 나라로 가서 주색잡기로 다 날려버렸다. 이야기는 이처럼 극단으로 치닫는다.

빈털터리가 된 탕자는 할 수 있는 게 아무것도 없어 돼지 먹는 쥐엄 열매를 먹고 돼지우리에서 자면서 돼지를 돌보는 신세가 되었다. 그런데 큰 흉년이 들어 돼지 열매가 떨어지자 그 일자리마저 잃고 말았다. 이제는 굶어 죽을 지경에 이르렀는데, 굶어 죽지 않으려면 아버지 집으로 돌아가야 하는데 자신이 한 일을 돌이켜보면 아버지 집에 돌아갈 수가 없었다. 고민하던 탕자는 아버지 집에 아들로 돌

아가는 게 아니라 품꾼으로 돌아가기로 했다. 아버지는 오갈 데 없는 사람들을 거절하지 않고 일을 시키며 숙식을 해결해 주었기 때문이다. 탕자는 용기를 내어 집으로 출발했다.

【3】 20 이에 일어나서 아버지께로 돌아가니라 **아직도 거리가 먼데** 아버지가 그를 보고 **측은히 여겨 달려가** 목을 안고 입을 맞추니 21 아들이 이르되 **아버지 내가 하늘과 아버지께 죄를 지었사오니 지금부터는 아버지의 아들이라 일컬음을 감당하지 못하겠나이다** 하나

마을 입구까지 왔으나 도무지 면목이 없어 들어가지 못하고 머뭇거리고 있었다. 돼지 수준의 어떤 거지가 성문에서 서성거린다는 소문을 들은 아버지는 자신의 둘째 아들이라는 것을 알고 한걸음에 달려와 반겨 맞이하였다. 그러나 탕자는 아버지를 쳐다보지도 못하고 엎드려 아들이 아니라 품꾼의 하나로나 받아달라고 흐느꼈다.

【4】 22 아버지는 종들에게 이르되 **제일 좋은 옷**을 내어다가 입히고 **손에 가락지**를 끼우고 **발에 신을 신기라** 23 그리고 **살진 송아지를 끌어다가 잡으라** 우리가 먹고 즐기자 24 **이 내 아들은 죽었다가 다시 살아났으며 내가 잃었다가 다시 얻었노라** 하니 그들이 즐거워하더라

그런데 아버지의 행동이 좀 이해가 안 된다. 집 나갔다가 돌아온 탕자를 단순히 아들로 반겨 맞이하는 정도가 아니라 가장 좋은 옷을 입히고, 손에 가락지를 끼우고, 신을 신기고, 살진 소를 잡아 동네 잔치를 했다. 도대체 무엇을 말하는 것일까? 이 부분이 이 비유의 핵심인데, 이는 잠시 뒤에 다루고 그 다음 이야기를 먼저 다루고자 한다.

【5】 29 아버지께 대답하여 이르되 **내가 여러 해 아버지를 섬겨 명을 어김이 없거늘** 내게는 염소 새끼라도 주어 나와 내 벗으로 즐기게 하신 일이 없더니 30 **아버지의 살림을 창녀들과 함께 삼켜 버린 이 아들이 돌아오매** 이를 위하여 살진 송아지를 잡으셨나이다

스스로 모범생이며 아버지의 명을 어긴 적이 결코 없었다고 생각하는 큰아들은 돌아온 탕자 동생을 위하여 아버지가 살진 송아지를 잡아 큰 잔치를 벌이는 것을 보고서는 화가 치밀었다. 그는 잔치가

벌어진 집에 들어가지 않고 밖에서 겉돌았다. 이제 아버지에게는 큰 아들이 더 문제였다.

【6】 31 아버지가 이르되 얘 너는 항상 나와 함께 있으니 **내 것이 다 네 것이로되** 32 이 네 동생은 **죽었다가 살아났으며 내가 잃었다가 얻었기로** 우리가 즐거워하고 기뻐하는 것이 마땅하다 하니라

아버지가 기대하는 큰아들, 모범생 아들은 어떤 모습일까? 첫째, 아버지의 것을 다 내 것이라고 생각해야 한다. 그런데 그는 그렇지 않았다. 아버지는 자기를 위하여 염소 새끼도 준 적이 없다고 투덜거렸다. 둘째, 동생의 귀환을 기뻐했어야 했다. 그러나 그는 동생의 귀환을 기뻐하며 잔치를 벌이는 아버지를 이해할 수 없었고 도리어 화가 났다. 셋째, 자기에게 주어진 것들을 과분하게 여기며 자기를 비우는 겸손이었다. 그런데 그는 자기는 모든 것을 요구할 자격이 있다고 생각하며 자기 자신을 긍정하고 있었다.

비유에서 말하는 자기를 긍정하는 큰아들은 스스로 의롭다고 여기는 서기관과 바리새인이며, 자기를 부정하는 둘째 아들은 스스로 죄인이라고 생각하는 세리와 죄인들이다. 이 비유는 '탕자의 비유'라기 보다는 '두 아들의 비유'가 더 적절할 수 있다. 그런데 이 비유는 단순한 예화가 아니라 영성의 실재를 반영하고 있기 때문에 영성으로 해석해야 한다. 실제로 영성의 과정에서 이 이야기는 대단히 중요한 역할을 한다.[72] 이를 간략히 살피면 다음과 같다.

❶ 자기부정

영성의 길에서 가장 중요한 것은 자기발견이다. 하나님께로 가까이 갈수록 하나님의 거룩한 빛에 자신이 드러나면서 자기 자신 속에서 가장 큰 악, 곧 악마적인 속성을 발견하게 된다. 무슨 윤리나 도덕 차원에서가 아니라 자기 존재 내면에서 가장 큰 죄를 발견하면 비로소 그는 자기 자신을 부정하게 되며 '무자격자 의식'에 도달한

72) 이에 대해서는 졸저 「비움의 길」에서 '탕자의 기도'라는 주제로 자세히 설명했다.

다.

여기에 도달하는 일련의 영성훈련은 지금 하나님께서 당신의 사역자를 훈련시키는 과정이다. 하나님의 일을 하려면 반드시 무자격자 의식에 도달하여 자기를 부정하고 하나님만 긍정해야 한다. 마귀는 이것을 방해하기 위하여 온갖 공격과 회유를 한다. 자기부정과 무자격자 의식이 생각으로는 쉽지만 의식으로 자리잡기 위해서는 혹독한 내면의 훈련 과정을 거쳐야 한다. 아래의 본문은 이를 말한다.

> 18 내가 일어나 아버지께 가서 이르기를 아버지 내가 하늘과 아버지께
> 죄를 지었사오니 19 **지금부터는 아버지의 아들이라 일컬음을 감당하지**
> **못하겠나이다** 나를 품꾼의 하나로 보소서 하리라 하고 … 21 아들이
> 이르되 **아버지 내가 하늘과 아버지께 죄를 지었사오니 지금부터는 아**
> **버지의 아들이라 일컬음을 감당하지 못하겠나이다** 하나

탕자는 굴곡있는 삶을 통하여 비로소 여기에 도달해 있었다.

❷ 하나님의 긍정

> 20 이에 일어나서 아버지께로 돌아가니라 **아직도 거리가 먼데** 아버지가
> 그를 보고 측은히 여겨 달려가 목을 안고 입을 맞추니 …

아버지는 집 나간 아들이 어떤 모습이 되어 돌아오기를 기다렸을까? 의기양양하게 금의환향하는 모습일까? 아니다. 거지 중에서도 상거지, 사람이라기보다는 돼지와 같은 거지가 되어 오기를 기다렸다. 세상의 아버지는 금의환향을 기대하지만 하늘의 아버지는 이와는 정반대이다.

하나님께는 세상의 모든 사람들이 집 나간 탕자와 같다. 하나님께서는 혹시나 하고 밤에도 대문을 열어놓고, 밤새도록 문간에서 서성이시면서 집 나간 탕자가 자기부정과 무자격자 의식에 도달하여 돌아오기를 손꼽아 기다리신다.

❸ 상속자

집 나간 자식을 기다리는 아버지는 자식이 돌아오면 그를 상속자로 삼을 준비를 해놓고 있었다. 그런데 마침내 그런 아들이 돌아오자 그에게 자기 자신을 대신할 관복(가장 좋은 옷)과 인감도장(가락지)과 결재권(신발)을 주었다. 살진 소를 잡고 많은 사람을 초대하여 후계자 임명식을 거행했다. 그리고 "이제야 내가 후계자를 얻었다."라고 흡족해했다. 아래의 본문은 이를 말한다.

> 22 아버지는 종들에게 이르되 **제일 좋은 옷**을 내어다가 입히고 **손에 가락지**를 끼우고 **발에 신을 신기라** 23 그리고 **살진 송아지를 끌어다가 잡으라** 우리가 먹고 즐기자 24 **이 내 아들은 죽었다가 다시 살아났으며 내가 잃었다가 다시 얻었노라** 하니 그들이 즐거워하더라

이는 단순히 비유가 아니다. 영성의 훈련 과정에서 자기부정에 도달하면 직접 하나님을 뵈옵고 사명을 부여받는 경험이 일어난다. 모세의 떨기나무 불꽃 이야기는 이를 말한다.(출3~4장)

❹ 탕자와 요셉

탕자의 이야기를 영성훈련으로 직접 경험하고 나면 비로소 이해되는 구약성경의 인물이 있다. 창세기의 요셉이다. 창세기는 마지막 부분(37~50장)에서 요셉의 이야기로 대미를 장식한다. 요셉의 이야기를 왜 그토록 길게, 또 중요하게 다룰까?

> **너는 내 집을 다스리라** 내 백성이 다 네 명령에 복종하리니 내가 너보다 높은 것은 내 왕좌뿐이니라 바로가 또 요셉에게 이르되 **내가 너를 애굽 온 땅의 총리가 되게 하노라** 하고 **자기의 인장 반지를 빼어 요셉의 손에 끼우고** 그에게 **세마포 옷을 입히고** 금 사슬을 목에 걸고 **자기에게 있는 버금 수레에 그를 태우매** 무리가 그의 앞에서 소리 지르기를 엎드리라 하더라 바로가 그에게 애굽 전국을 총리로 다스리게 하였더라 (창41:40~43)

아버지가 탕자에게 주는 것과 너무나 닮았다. 가장 좋은 옷(세마포 옷), 가락지(인장 반지), 신을 신기고(버금 수레에 그를 태우고) 등이 그렇다. 살진 소를 잡아 벌이는 잔치는 바로가 모든 대신들을

모아놓고 요셉에게 왕권을 위임하는 행사와 같다.

두 이야기는 서로 밀접한 관계가 있다. 그런데 영성의 경험이 아니고서는 두 이야기의 관계를 발견하기가 어렵다. 왜 영성의 경험이 두 이야기를 다시 해석하고 그 관계를 발견하게 할까? 이를 위해서는 영성 경험을 먼저 이해할 필요가 있다.

영성 경험

영성 경험에서 절정은 하나님의 면전 즉 하나님을 직접 뵈옵는 경험인데, 이 경험을 위해서는 하나님과의 마음의 일치와 방법의 일치가 선행되어야 한다. 하나님을 직접 뵈옵겠다는 어떤 간절한 마음만으로는 전혀 불가능하다. 하나님을 뵈옵는 경험과 사명을 부여받는 경험은 동일하다. 그 과정을 간략히 살펴보면 다음과 같다.

❶ 마음의 일치

하나님과 마음이 일치한다는 것이 어렵게 느껴질 수 있지만 전혀 그렇지 않다. 인간을 향한 하나님의 마음은 모든 사람이 다 사람답게, 행복하게 살기를 바라시는 마음이다. 그 마음에서 먼저 하나님과 일치가 되어야 한다. 사람에게는 누구나 이런 마음이 있다. 그런데 안타까운 마음, 견딜 수 없는 마음, 포기되지 않는 마음이 그에게 있어서 가장 중요한 관심사가 되고 또 계속 이어져야 하는데, 대부분 여기서 실패한다. 그러나 아브라함, 이삭, 야곱, 요셉, 모세, 선지자, 사도들은 이런 마음이 그들의 존재 이유가 된 사람들이었다.

❷ 방법의 일치

이런 마음으로 끊임없이 해결 방법을 찾아야 한다. 이상을 현실에 실현하는 것은 불가능하다는 생각 때문에, 자신이 당면한 이런 저런 일들 때문에 대부분은 여기서 포기한다. 불가능한 줄 알지만 포기할 수 없어서 또 생각하고 또 고민하고 또 씨름해야 한다. 이는 마치 불치병에 걸린 하나밖에 없는 자식을 둔 부모의 심정과 같다. 그는 자식을 못 고친다는 것을 알지만 포기가 되지 않아 온갖 방법을 다 찾아 헤매게 마련이다. 이런 씨름이 한계 상황에 이르면 다음 단계가 진행된다.

❸ 영성수련

하나님께서는 마음의 일치와 방법의 일치가 일어난 사람을 부르셔서 영성훈련을 시키신다. 그 과정은 자기부정에 이르는 길이다. 자기 내면 속에서 가장 큰 죄인의 모습을 발견하게 하시고 무자격자 의식에 도달하게 하신다. 하나님의 존재양식이 가장 낮음, 가장 작음, 가장 초라함, 섬김 등인데 영성수련은 곧 그 마음이 하나님처럼 되어지는 훈련이다.

❹ 깨달음

영성훈련의 과정에서 성령의 도우심으로 두 깨달음을 주신다.

첫째, 계약법에 대한 깨달음이다. 계약법을 원리로 이해하게 되며, 세상 만물의 원리, 역사의 원리와 일맥상통함을 알게 하신다.

둘째, 이상을 현실에 실현할 구체적인 방법을 깨달아 알게 하신다.

이런 깨달음은 그 마음이 가장 낮고 천한 곳에 이르러 섬김의 자세가 되어있어야 가능해진다. 이제 그는 하나님의 일을 할 사람, 하나님의 일을 대행할 사람이 된다.

이런 영성의 관점에서 요셉과 탕자를 간략하게 해석해 보면 다음과 같다.

요셉

요셉은 17세에 낯선 나라 애굽에 노예로 팔려갔다. 마침 그가 팔려간 곳은 애굽의 경호실장 보디발의 집이었다. 보디발은 그의 집에 정치범을 가두는 감옥이 있을 만큼 권세를 누리는 사람이었는데, 요셉은 보디발의 절대 신임을 받아 20대 중반에 보디발의 집을 총괄하는 총무 역할을 맡았다. 이어서 30세에 애굽의 왕권을 대행하는 총리가 되었다. 무슨 소설이라면 몰라도 현실에서 어떻게 이런 일이 가능했을까? 이를 다 설명하자면 많은 지면이 필요하므로 여기서는 단지 영성수련의 과정과 총리가 된 후에 한 일 등을 간략히 설명하고자 한다.[73)]

❶ 안타까운 마음

어린 나이에 종으로 팔려온 애굽에는 노예를 비롯하여 가난하고 불쌍한 자들이 대부분이었다. 아버지 야곱으로부터 계약신앙을 물려받은 요셉은 이를 해결할 방법을 모색하기 시작했다. 노예로 팔려온 주제에 큰 나라 애굽의 불쌍한 자들의 문제를 붙들고 씨름한다는 게 말이 안 되지만 요셉은 포기되지 않는 어떤 마음에 이끌려 많이 생각하고 또 고민했다. 그리고 그 방법을 찾아냈다. 그 방법은 의외로 단순했다.

애굽에는 비가 내리지 않지만 아프리카 대륙의 우기에 맞추어 나일강은 매년 한 번씩 범람했다. 이를 지켜보던 요셉은 큰 저수지를 만들어서 범람할 때 물을 채워 놓았다가 농사철에 사용하면 된다고 생각했다. 그러나 이를 위해서는 국가 차원의 큰 공사가 추진되어야 했다.

---

73) 이에 대한 자세한 설명은 졸저 「창세기」에 들어있다.

❷ 꿈 해석 – 기회

하나님과 마음과 방법에서 일치가 되면 그 다음은 하나님께서 그 일이 되도록 인도하신다. 술 관원과 떡 관원이 꾼 꿈 해석에 이어 왕 바로의 꿈을 해석하는 일련의 이야기들은 하나님께서 요셉에게 길을 열어주시는 방법이었다. 특히 바로가 꾼 꿈인 칠 년 풍년과 칠 년 흉년 해석은 평소 요셉이 구상한 청사진을 바로에게 제시하는 기회였다. 요셉은 단순히 꿈을 해몽하는 해석자가 아니라 바로에게 그 꿈을 꾸게 하는 원인자였다. 바로의 꿈을 국정 운영의 방안으로 해석함으로써 요셉은 왕권을 대행하는 총리에 오르게 되었다. 그래서 바로는 요셉에게 가장 좋은 세마포 옷과, 인장 반지, 왕이 타는 버금 수레를 내주었다.

❸ 만년 대비

7년 풍년에 양식을 비축한 요셉은 7년 흉년에는 전국의 모든 돈과 땅과 물자, 인력을 확보한 후 대규모 토목공사를 진행하여 7년 가뭄도 이겨낼 수리시설을 갖추고 농수로, 주택 등을 건설하고 백성들을 이주시켰다. 또 국가 제도를 개선하여 토지 공유제와 20% 세금 제도를 정착시켰다.

❹ 계약법의 모형

요셉의 이야기에는 성경에서 말하려는 주제가 들어있다. 계약법은 이 땅에 하나님 나라의 모형을 만드는 것인데 그 구체적인 방법과 청사진이 요셉의 이야기에 담겨있다. 단지 서술적인 설명 방식이 아니라 은폐, 함축, 암시의 방식으로 기록되어 있어서 읽어내기가 쉽지 않다. 요셉의 이야기는 영성수련의 이야기로 해석해야 그 핵심이 보이는데 아직 숨겨져 있다. 따라서 영성의 눈으로 이것을 읽고 현실화시키는 게 우리의 과제다.

탕자

예수님께서 말씀하신 탕자의 비유는 당시 이스라엘 신앙의 지도자였던 서기관과 바리새인에게 주어진 말씀이기 때문에 그 이야기 속에는 성경이 요구하는 지도자상과 성경의 핵심이 압축되어 있다. 이 이야기 역시 요셉의 이야기와 마찬가지로 영성의 시각으로 읽어야 핵심이 보인다.

❶ 자기발견

탕자가 보여주는 상속 요구, 탕진 등의 극악한 모습과 돼지치기로 전락하는 무능함 등은 누구에게나 들어있는 타락한 죄성의 한 단면인데, 평소에는 가려져 있다가 하나님의 거룩한 조명에 의해서 드러날 뿐이다. 영성수련의 과정은 곧 자기발견의 과정인데, 그 절정은 가장 큰 죄인의식과 무자격자 의식이다. 그런데 탕자는 굴곡 있는 삶을 통하여 여기에 도달했다.

❷ 아버지의 기대

집 나간 탕자를 기다리는 아버지는 자식에게 무엇을 기대했을까? 세 가지로 설명하면 다음과 같다.

첫째, 자기부정이었다. 그런데 탕자는 무능함의 극치를 경험하면서 결국 자기부정에 도달했다. 하나님의 일을 하려면 가장 큰 죄인의식, 무자격자 의식이 자기인식의 바탕이어야 한다.

둘째, 가난한 자들에 대한 연민이다. 이 연민은 이를 직접 경험하지 않으면 그들의 애환이 내 애환이 되기가 쉽지 않다. 탕자는 밑바닥 생활의 경험을 통하여 그들의 아픔이 어떠한지를 체득했다.

셋째, 가난과 기근을 해결할 방책이다. 그는 가장 낮고 천한 삶의 경험을 통하여 비로소 아버지의 방법을 이해할 수가 있었다. 다음의 구절이 이를 반영한다.

> 내 아버지에게는 양식이 풍족한 품꾼이 얼마나 많은가(15:17)

탕자의 아버지는 마태복음(20:1~16)에 등장하는 포도원 주인이다. 그 주인은 한 데나리온을 줄 만한 품꾼을 늦은 저녁 시간까지 찾아다녔다. 포도원 주인은 한 가족의 하루 생활비인 한 데나리온을 가난한 자들에게 그냥 나누어 주지 않았다. 간절하게 일자리를 찾는 사람에게 일할 기회를 주었다. 탕자는 돼지처럼 취업 열매로 살면서 아버지의 방식을 비로소 이해할 수 있었다.

❸ 아버지의 기쁨

아버지가 맏아들이 아닌 돌아온 탕자를 후계자로 삼았다는 이야기는 그가 후계를 이어갈 만한 자질을 갖추어서 돌아왔다는 뜻인데, 그 자질은 자기부정, 마음의 일치, 방법의 일치이다. 모든 부모에게는 자신보다 훨씬 뛰어난 후계자를 두는 것보다 더 큰 기쁨은 없다.

하늘의 아버지에게도 마찬가지이다. 누가의 다음 구절은 이를 말한다.

> 주인이 와서 깨어 있는 것을 보면 그 종들은 복이 있으리로다 내가 진실로 너희에게 이르노니 주인이 띠를 띠고 그 종들을 자리에 앉히고 나아와 수종들리라(12:37)

> 주께서 이르시되 지혜 있고 진실한 청지기가 되어 주인에게 그 집 종들을 맡아 때를 따라 양식을 나누어 줄 자가 누구냐 내가 참으로 너희에게 이르노니 주인이 그 모든 소유를 그에게 맡기리라(12:42, 44)

영성과 계약의 관점에서 보면 창세기의 요셉 이야기와 누가복음의 탕자 이야기는 같은 주제를 말하고 있다.

하늘의 하나님께서는 오늘의 요셉, 오늘의 탕자를 기다리고 계신다.

물음 68

불의한 청지기 비유, 무엇을 말할까?

본문 : 〈 16:1~13 〉

1 또한 제자들에게 이르시되 어떤 부자에게 청지기가 있는데 그가 주인
의 소유를 낭비한다는 말이 그 주인에게 들린지라
2 주인이 그를 불러 이르되 내가 네게 대하여 들은 이 말이 어찌 됨이냐
네가 보던 일을 셈하라 청지기 직무를 계속하지 못하리라 하니
3 청지기가 속으로 이르되 주인이 내 직분을 빼앗으니 내가 무엇을 할까
땅을 파자니 힘이 없고 빌어 먹자니 부끄럽구나
4 내가 할 일을 알았도다 이렇게 하면 직분을 빼앗긴 후에 사람들이 나
를 자기 집으로 영접하리라 하고
5 주인에게 빚진 자를 일일이 불러다가 먼저 온 자에게 이르되 네가 내
주인에게 얼마나 빚졌느냐
6 말하되 기름 백 말이니이다 이르되 여기 네 증서를 가지고 빨리 앉아
오십이라 쓰라 하고
7 또 다른 이에게 이르되 너는 얼마나 빚졌느냐 이르되 밀 백 석이니이
다 이르되 여기 네 증서를 가지고 팔십이라 쓰라 하였는지라
8 주인이 이 옳지 않은 청지기가 일을 지혜 있게 하였으므로 칭찬하였으
니 이 세대의 아들들이 자기 시대에 있어서는 빛의 아들들보다 더 지
혜로움이니라
9 내가 너희에게 말하노니 불의의 재물로 친구를 사귀라 그리하면 그 재
물이 없어질 때에 그들이 너희를 영주할 처소로 영접하리라
10 지극히 작은 것에 충성된 자는 큰 것에도 충성되고 지극히 작은 것에
불의한 자는 큰 것에도 불의하니라
11 너희가 만일 불의한 재물에도 충성하지 아니하면 누가 참된 것으로
너희에게 맡기겠느냐
12 너희가 만일 남의 것에 충성하지 아니하면 누가 너희의 것을 너희에
게 주겠느냐
13 집 하인이 두 주인을 섬길 수 없나니 혹 이를 미워하고 저를 사랑하

거나 혹 이를 중히 여기고 저를 경히 여길 것임이니라 너희는 하나님과 재물을 겸하여 섬길 수 없느니라

15장의 길 잃은 양, 잃어버린 드라크마, 탕자의 비유는 유대교 지도자인 서기관과 바리새인들에게 지도자가 갖추어야 할 기본적인 자격 조건에 관한 말씀이다. 반면 16장의 불의한 청지기와 나사로의 비유는 교회 지도자가 갖추어야 할 자격 조건에 해당된다. 어떤 조건일까?

이 비유는 12장의 어리석은 부자(13~21), 까마귀와 백합화(22~34), 충실한 청지기(35~48)의 비유와 그 내용에서 많은 연관이 있는데, 재물 운영에 관한 이야기이다. 즉 교회의 지도자가 가장 크게 관심을 가져야 할 분야는 경제인데, 이는 예수님께서 오신 목적이 희년의 실현이기 때문이다.

【1】 1 또한 제자들에게 이르시되 어떤 부자에게 청지기가 있는데 그가 **주인의 소유를 낭비한다는 말이 그 주인에게 들린지라** 2 주인이 그를 불러 이르되 내가 네게 대하여 들은 이 말이 어찌 됨이냐 **네가 보던 일을 셈하라 청지기 직무를 계속하지 못하리라** 하니

남의 재산 관리를 맡은 청지기가 부정하게 돈을 빼돌리다가 발각되어 해고되는 이야기로 비유는 시작된다. 해고되기 직전에 그는 채무자들에게 빚을 줄여주는 방식으로 해고 이후를 대비하는 더 큰 부정을 저지른다. 이를 알게 된 주인은 어떤 반응을 보였을까?

【2】 8 주인이 이 옳지 않은 청지기가 일을 지혜 있게 하였으므로 칭찬하였으니 **이 세대의 아들들이 자기 시대에 있어서는 빛의 아들들보다 더 지혜로움이니라**

주인은 불의한 청지기가 재산을 빼돌리는 약삭빠른 방식에 혀를 내둘렀다. 그러면서 동시에 재물의 문제에서 빛의 아들들이 어둠의 아들들보다 관심과 운영 능력에서 뒤떨어짐을 탄식했다. 빛의 아들들은 물론 교인들을 말한다. 교인들은 왜 세상 사람들보다 재물 관

리에서 뒤떨어질까?

세속인들은 재물이 곧 하나님이어서 돈을 벌기 위해서는 무슨 짓이든 다 하며 지옥의 위험도 기꺼이 감수한다. 고대 비단길은 다 돈을 벌기 위한 모험으로 생겨난 길이었다. 그런데 교인들은 돈 문제에 있어서 세속인들을 따라갈 수가 없다. 그 이유는 무엇일까?

첫째, 돈에 대한 관심이 다르기 때문이다.

세속인들은 돈을 하나님처럼 섬기지만 교인들은 하나님을 섬기는 신앙에 우선적인 관심을 두며, 돈에 대한 집착을 죄로 여긴다. 돈에 대하여 필요 때문에 관심을 갖지만 하나님의 축복으로 해결하려고 한다.

둘째, 돈에 대한 잘못된 신앙 때문이다.

중세 수도원의 영향 등으로 기독교인들은 청빈의 실천이나 무소유가 미덕이라는 인식을 가지고 있다. 특히 구속사 신앙은 이 세상과 하나님 나라를 구분해 놓고, 이 세상은 심판과 멸망의 대상이라고 말한다. 그 결과 신앙은 정신적이고 영적인 분야로 치우치고 말았다. 구속신앙에서는 구원의 대상은 영혼이며, 천국은 죽은 다음에 가며 이 세상과는 다른 어디에 있다고 믿는다.

그런데 계약신앙에 의하면 하나님 나라는 지금 여기서 계약공동체를 통하여 이루어지며 종말에 하나님의 초자연적인 개입으로 완성된다. 또 이 땅에 실현될 하나님 나라에서 가장 중요한 비중을 차지하는 것은 안식일, 안식년, 희년의 실천이다. 이는 전적으로 경제, 즉 돈과 관련이 있다. 다시 바꾸어 말하면 세상의 돈들을 똑바로 쓰는 것이 가장 중요한 실천 항목이다. 이런 관계로 누가복음에서는 돈을 똑바로 쓰는 것과 구원의 문제가 직결되어 있다. 누가복음의 구원론은 '경제 구원론'이라고 해도 과언이 아니다.

이런 이유로 누가복음에는 경제와 관련된 내용이 많이 들어있다.

【3】 11 너희가 만일 **불의한 재물에도 충성하지 아니하면** 누가 참된 것으로 너희에게 맡기겠느냐 12 너희가 만일 남의 것에 충성하지 아니하면 **누가 너희의 것을 너희에게 주겠느냐**

누가에 의하면 재물은 이 땅에 하나님 나라를 이루기 위하여 하나님께서 맡겨주신 사명이며, 각자에게 맡겨진 몫이 있다. 마태의 달란트 비유(25:14~30)나 누가의 므나 비유(19:11~27)는 이를 말한다. 재물을 잘 관리하면 더 많이 주어지고 제대로 관리하지 못하면 있는 것도 빼앗기고 만다. 교인들에게 재물은 축복의 대상이 아니라 사명의 대상이다. 현재 지금 내게 주어진 경제 환경은 하나님께서 맡겨주신 사명이며, 이를 어떻게 운영하느냐는 구원 문제와 관련이 있을 만큼 중요하다. 따라서 하늘나라의 청지기는 재물 운영에서 하나님께 인정을 받아야 한다.

첫 번째는 신용으로 인정받아야 한다. 비유에 등장하는 불의한 청지기처럼 남의 재물을 부정한 방식으로 착복한다면 그런 자에게 재물을 맡길 사람은 아무도 없다. 맡기는 것은 고사하고 그동안 착복한 것을 변상하고 형사 처벌받아야 한다. 이처럼 세속적인 돈에 충실하지 못한 사람에게 하늘의 돈이 맡겨질 리가 없다.

두 번째는 능력으로 인정받아야 한다. 다섯 달란트 받은 자는 다섯 달란트를, 두 달란트를 받은 자는 두 달란트를 남겨야 한다. 돈 관리는 착하고 신용만 있다고 해서 맡겨지는 게 아니다. 돈을 관리하고 운영할 능력이 있어야 한다. 타고난 능력이 저마다 다른 것은 어찌해야 하는가?

교회에서, 가정에서 어릴 때부터 돈을 어떻게 관리해야 하는지 끊임없이 가르쳐야 한다. 유대인들은 성년식(12세)을 할 때 가족과 친지들이 성년이 되는 자녀에게 최소 수천 만 원 이상의 큰 돈을 마련해 주고 스스로 관리하게 한다. 유대인들이 전 세계의 경제권을 쥐고 있는 이유는 선천적인 능력 때문이 아니라 후천적인 교육 때문이다. 교육은 제2의 천성이다.

【4】 13 집 하인이 두 주인을 섬길 수 없나니 혹 이를 미워하고 저를 사랑하거나 혹 이를 중히 여기고 저를 경히 여길 것임이니라 **너희는 하나님과 재물을 겸하여 섬길 수 없느니라**

현실 세계에 살면서 돈의 지배에서 자유로워지는 것은 생각보다 어렵다. 가난한 사람들은 돈을 모으려고 하지만 마음대로 안 되어 돈의 노예로 살아가고, 돈을 모은 사람은 돈으로 지배력을 행사하기 때문에 돈의 노예가 된다. 돈의 지배를 받지 않으려면 돈을 지배하며 똑바로 쓸 수 있는 신앙의 가치관과 이상과 철학이 정립되어 있어야 한다. 현재 내 형편과 상관없이 돈의 지배를 받지 않을 수 있는 정신력과 신앙이 없으면 결코 돈의 마수에서 벗어나지 못한다.

이 말씀은 예수님께서 당신을 따르는 제자들에게 주신 당부의 말씀이다. 누가복음에 의하면 예수님의 가르침과 교훈은 인간 현실의 삶과 결코 멀리 떨어져 있지 않다. 특히 돈과 관련된 말씀들이 많이 있다. 신앙의 지도자가 되려면 돈의 지배로부터 벗어나서 돈을 똑바로 쓸 수 있는 자가 되어야 한다. 목회 현장이나, 교단 활동 등에서 돈과 관련된 불미스러운 문제들이 허다하다. 왜 그럴까? 돈과 하나님을 겸하여 섬기고 있기 때문이다. 아니다. 겉으로는 여호와를 하나님으로 섬기고 있지만 속으로는 돈을 하나님으로 섬기기 때문이다. 하나님을 섬기며 돈을 지배할 수 있어야 하는데, 결코 쉬운 문제가 아니다. 예수님의 제자가 되려면 돈 문제부터 극복하고 따라야 한다. 예수님께서 모든 것을 버리고 나를 따르라고 하신 말씀은 이 문제가 그만큼 중요하기 때문이었다.

물음 69 부자와 나사로의 비유, 무엇을 말하는가?

본문 : 〈 16:14~31 〉

14 바리새인들은 돈을 좋아하는 자들이라 이 모든 것을 듣고 비웃거늘
15 예수께서 이르시되 너희는 사람 앞에서 스스로 옳다 하는 자들이나
너희 마음을 하나님께서 아시나니 사람 중에 높임을 받는 그것은 하나
님 앞에 미움을 받는 것이니라
16 율법과 선지자는 요한의 때까지요 그 후부터는 하나님 나라의 복음이
전파되어 사람마다 그리로 침입하느니라
17 그러나 율법의 한 획이 떨어짐보다 천지가 없어짐이 쉬우리라
18 무릇 자기 아내를 버리고 다른 데 장가 드는 자도 간음함이요 무릇
버림당한 여자에게 장가드는 자도 간음함이니라
19 한 부자가 있어 자색 옷과 고운 베옷을 입고 날마다 호화롭게 즐기더
라
20 그런데 나사로라 이름하는 한 거지가 헌데 투성이로 그의 대문 앞에
버려진 채
21 그 부자의 상에서 떨어지는 것으로 배불리려 하매 심지어 개들이 와
서 그 헌데를 핥더라
22 이에 그 거지가 죽어 천사들에게 받들려 아브라함의 품에 들어가고
부자도 죽어 장사되매
23 그가 음부에서 고통중에 눈을 들어 멀리 아브라함과 그의 품에 있는
나사로를 보고
24 불러 이르되 아버지 아브라함이여 나를 긍휼히 여기사 나사로를 보내
어 그 손가락 끝에 물을 찍어 내 혀를 서늘하게 하소서 내가 이 불꽃
가운데서 괴로워하나이다
25 아브라함이 이르되 얘 너는 살았을 때에 좋은 것을 받았고 나사로는
고난을 받았으니 이것을 기억하라 이제 그는 여기서 위로를 받고 너는
괴로움을 받느니라
26 그뿐 아니라 너희와 우리 사이에 큰 구렁텅이가 놓여 있어 여기서 너

희에게 건너가고자 하되 갈 수 없고 거기서 우리에게 건너올 수도 없게 하였느니라
27 이르되 그러면 아버지여 구하노니 나사로를 내 아버지의 집에 보내소서
28 내 형제 다섯이 있으니 그들에게 증언하게 하여 그들로 이 고통 받는 곳에 오지 않게 하소서
29 아브라함이 이르되 그들에게 모세와 선지자들이 있으니 그들에게 들을지니라
30 이르되 그렇지 아니하니이다 아버지 아브라함이여 만일 죽은 자에게서 그들에게 가는 자가 있으면 회개하리이다
31 이르되 모세와 선지자들에게 듣지 아니하면 비록 죽은 자 가운데서 살아나는 자가 있을지라도 권함을 받지 아니하리라 하였다 하시니라

예수님께서 제자들에게 돈과 관련되어 말씀하신 교훈은 많은 사람들이 같이 들을 수 있었던 것 같다. 이를 들은 바리새인들이 비웃었기 때문이다. 그들은 왜 예수님의 교훈을 비웃었을까?

【1】 14 **바리새인들은 돈을 좋아하는 자들이라** 이 모든 것을 듣고 **비웃거늘** 15 예수께서 이르시되 너희는 사람 앞에서 스스로 옳다 하는 자들이나 너희 마음을 하나님께서 아시나니 사람 중에 높임을 받는 그것은 하나님 앞에 미움을 받는 것이니라

바리새인들이 돈을 좋아한다는 말은 도대체 무슨 뜻일까? 그들의 의인신앙 때문이다. 의인신앙에 의하면 건강하고 물질적으로 풍요로운 것은 하나님께서 의롭다고 인정해주신 증거물이었다. 그런데 돈과 하나님을 겸하여 섬길 수 없다는 말씀은 그들의 의인신앙과 정면으로 충돌이 일어났다. 유대교의 의인신앙은 부자들의 사치 행각에 대한 일종의 면죄부 역할을 했는데, 이들에 대한 경고의 말씀이 뒤에 나오는 부자와 거지 나사로의 비유이다.

【2】 16 **율법과 선지자는 요한의 때까지**요 그 후부터는 하나님 나라의 복음이 전파되어 **사람마다 그리로 침입하느니라** 17 그러나 **율법의 한 획이 떨어짐보다 천지가 없어짐이 쉬우리라** 18 **무릇 자기 아내를 버리고 다른 데 장가 드는 자도 간음함이요** 무릇 버림당한 여자에게 장가 드는 자도 간음함이니라

율법과 선지자, 즉 옛 계약은 요한까지이고 그 후부터는 새 계약으로 말미암은 하나님 나라의 복음이 전파되고 있다. 이제는 하나님 나라 운동에 공격적으로 동참하는 사람들이 그 나라에 들어간다. 그러나 옛 계약법인 율법과 선지자의 말씀이 폐지된 것이 아니라 일점 일획도 어김없이 다 완성되는 것이다. 당시의 유대교 율법 조항들은 본래의 율법, 즉 계약법의 정신에서 너무나 벗어나 있었기 때문에 하신 말씀이다.

이어서 이혼의 문제를 말씀하셨다. 이혼 문제는 이 문맥과 무슨 관련이 있을까? 의인신앙에 젖은 유대인들은 결혼한 아내가 맘에 들지 않으면 이혼 증서를 써주어 친정으로 돌려보내는 일들이 다반사였다. 유대인들은 겉으로는 거룩한 의인 행세를 했지만 속으로는 부자들의 부귀영화와 이혼 등에 대하여 정당성을 부여해주고 있었기 때문에 이들을 향해 예수님께서는 '외식하는 자들'이라고 몰아붙이셨다.

유대교 정통 교리에 사로잡혀 스스로 구원받았다고 생각하는 자들에게 다음의 비유를 말씀하셨다.

【3】 19 **한 부자가 있어 자색 옷과 고운 베옷을 입고 날마다 호화롭게 즐기더라** 20 그런데 나사로라 이름하는 **한 거지가 헌데 투성이로 그의 대문 앞에 버려진 채** 21 그 부자의 상에서 떨어지는 것으로 배불리려 하매 심지어 개들이 와서 그 헌데를 핥더라

이 비유에서는 유대교 의인 교리에 의하면 의로운 증거를 지닌 한 부자와 죄인인 증거를 지닌 한 거지를 대비시키고 있다. 자색 옷과 고운 베옷을 입고 날마다 호화롭게 잔치를 벌이며 지내는 사람은 유대교 의인 교리에 의하면 하나님으로부터 의롭다는 인정과 물질적인 축복을 받은 사람이기에 그 복을 누릴 자격이 있는 사람이었다.

반면에 가난하고 병들어 온몸에 부스럼이 난 거지는 부잣집 문간에서 버려지는 음식으로 연명해야 했다. 유대교 교리에 의하면 그는 죄 때문에 하나님으로부터 징계받아 버림받은 사람이기에 불쌍히

여길 가치도 없었으며, 누구 하나 그의 종기를 보살피는 사람이 없어 개들이 친구가 되어 핥아주었다.

그런데 이들의 결국은 어떻게 되었을까?

【4】 22 이에 **그 거지가 죽어 천사들에게 받들려 아브라함의 품에 들어가고** 부자도 죽어 장사되매 23 그가 음부에서 고통중에 눈을 들어 멀리 아브라함과 그의 품에 있는 나사로를 보고 24 불러 이르되 **아버지 아브라함이여 나를 긍휼히 여기사 나사로를 보내어 그 손가락 끝에 물을 찍어 내 혀를 서늘하게 하소서 내가 이 불꽃 가운데서 괴로워하나이다**

거지 나사로가 먼저 죽었는데, 구원을 받아 그는 아브라함의 품에 들어갔다. 거지는 왜, 어떻게 구원받았을까? 십자가 구속사로는 설명이 어렵다. 예수님의 십자가 죽으심과는 아무런 상관이 없기 때문이다. 그러나 계약사로는 설명이 가능하다. '아브라함의 품'이 그 대답이다. 예수님께서는 구원받은 사람을 늘 아브라함과 연관지으셨다. 왜 그럴까? 아브라함은 계약신앙의 원조이기 때문이며, 예수님께서는 계약법 준수가 구원의 방법이라고 하셨다. 나사로는 비록 병든 거지여서 할 수 있는 일이 제한되어 있었지만 그 마음으로는 하나님 나라가 이 땅에 임하기를 소원하며 지냈다. 아브라함의 품은 이런 행간의 의미를 지니고 있다.

반면에 부자는 죽어 음부에 갔으며 큰 고통을 겪어야 했다. 나사로의 손끝에서 떨어지는 물 한 방울을 애타게 구했지만 일거에 거절당하고 말았다. 부자는 왜 지옥에 갔을까? 유대교 의인신앙 때문이다. 그는 자신의 부귀영화가 의인의 징표 즉 구원받은 증거라고 생각하며 하나님께 감사하는 마음으로 마음껏 하나님의 축복을 누렸다. 그런데 지옥에 가서야 자신의 신앙이 거짓이었음을 알게 되었지만 이미 돌이킬 수 없었다. 세상에서 부귀영화를 누렸으니 이제 지옥의 고통을 받아 마땅하다는 준엄한 말씀에 변명의 여지가 없었다.

부자는 아브라함에게 마지막 부탁을 했다.

【5】 27 이르되 그러면 아버지여 구하노니 나사로를 내 아버지의 집에 보내소서 28 내 형제 다섯이 있으니 그들에게 증언하게 하여 그들로 이 고통 받는 곳에 오지 않게 하소서 29 아브라함이 이르되 **그들에게 모세와 선지자들이 있으니 그들에게 들을지니라**

부자는 죽은 나사로를 잠시 살려 자기 집으로 가서 가족과 친지들에게 의인신앙이 잘못되었음을 알려주게 해달라고 요청했으나 이 또한 거부당하고 말았다. 세상에는 모세와 선지자들, 즉 계약신앙을 지닌 사람들이 의인신앙이 잘못되었다는 것과 구원에 이르는 올바른 길을 알려주고 있기 때문이다. 그러나 이 말에 부자는 할 말이 있었다. 무엇일까?

【6】 30 이르되 **그렇지 아니하니이다** 아버지 아브라함이여 **만일 죽은 자에게서 그들에게 가는 자가 있으면 회개하리이다** 31 이르되 **모세와 선지자들에게 듣지 아니하면 비록 죽은 자 가운데서 살아나는 자가 있을지라도 권함을 받지 아니하리라** 하였다 하시니라

부자는 말했다. "그런 건 소용이 없습니다. 나도 모세와 선지자들의 말을 늘 들었지만 소용이 없었습니다. 죽은 나사로가 살아나서 돌아가 말을 해주면 들을 것입니다." 이에 아브라함이 말했다. "모세와 선지자의 말을 듣지 않는다면 죽은 자가 살아나서 말을 해도 듣지 않을 것이다." 부자는 왜 모세와 선지자의 말, 즉 계약법 신앙을 듣지 않았을까? 계약법 신앙을 받아들이면 부자이기를 포기하고, 부귀와 영화를 버려야 하지만, 의인신앙을 가지면 현재의 부귀영화를 하나님의 축복이라고 인정해주기 때문이다.

이 비유에서 예수님께서는 모세와 선지자의 글에 구원의 방법이 들어있다고 말씀하셨다. 모세의 율법은 계약법이며, 선지자들은 그 계약법을 지켜야 한다고 주장한 사람들이다. 이와같이 구원의 길과 방법은 계약법을 지키는 것이다. 행위는 소용이 없고 믿음만 가지면 구원받는다고 말하는 것은 역사에서 희대의 종교 사기극이었다. 포로기 이전에는 성전 · 제사를 말하는 정통신앙이 부자와 권력자들에

게 면죄부를 주었고, 포로기 이후에는 의인신앙이 같은 역할을 했다. 그런데 교회로 넘어와서는 특히 종교개혁에 기초한 개신교에서는 행위는 필요없고 오직 믿음, 오직 은총으로만 구원을 받는다고 강조했다. 그 결과 기독교가 지배하던 중세기는 도탄에 빠지고 말았으며, 근대에는 개신교 국가에서 제국주의가 번성하다가 두 차례의 세계대전으로 종말을 고하고 말았다. 서양의 기독교 국가에서 시작된 물질문명의 풍조로 말미암아 우리는 지금 대멸종, 인류 멸종의 위기에 놓여 있다. 이 모든 책임의 원인은 어디에 있을까?

기독교의 의인(義人) 신앙에 그 일차적인 책임이 있다. 이를 설교한 자들은 천국 문을 가로막고 저도 못 가고 남도 못 가게 했으니 지옥의 땔감이 되어 마땅하다. 그 어떤 변명도 용납되지 않는다.

물음 70 공동체 지침, 어떤 것들일까?

본문 : 〈 17:1~10 〉

1 예수께서 제자들에게 이르시되 실족하게 하는 것이 없을 수는 없으나 그렇게 하게 하는 자에게는 화로다

2 그가 이 작은 자 중의 하나를 실족하게 할진대 차라리 연자맷돌이 그 목에 매여 바다에 던져지는 것이 나으리라

3 너희는 스스로 조심하라 만일 네 형제가 죄를 범하거든 경고하고 회개하거든 용서하라

4 만일 하루에 일곱 번이라도 네게 죄를 짓고 일곱 번 네게 돌아와 내가 회개하노라 하거든 너는 용서하라 하시더라

5 사도들이 주께 여짜오되 우리에게 믿음을 더하소서 하니

6 주께서 이르시되 너희에게 겨자씨 한 알만한 믿음이 있었더라면 이 뽕나무더러 뿌리가 뽑혀 바다에 심기어라 하였을 것이요 그것이 너희에게 순종하였으리라

7 너희 중 누구에게 밭을 갈거나 양을 치거나 하는 종이 있어 밭에서 돌아오면 그더러 곧 와 앉아서 먹으라 말할 자가 있느냐
8 도리어 그더러 내 먹을 것을 준비하고 띠를 띠고 내가 먹고 마시는 동안에 수종들고 너는 그 후에 먹고 마시라 하지 않겠느냐
9 명한 대로 하였다고 종에게 감사하겠느냐
10 이와 같이 너희도 명령 받은 것을 다 행한 후에 이르기를 우리는 무익한 종이라 우리가 하여야 할 일을 한 것뿐이라 할지니라

16장 후반부에서 서기관과 바리새인을 향하여 말씀하신 주님께서 다시 제자들에게 하신 말씀이 이어진다. 누가복음에는 제자들에게 하신 말씀이 자주 등장한다.[74] 본문은 제자들이 공동체 내에서 어떻게 행동해야 하는지를 주요 내용으로 다루고 있다.

【1】 1 예수께서 제자들에게 이르시되 실족하게 하는 것이 없을 수는 없으나 그렇게 하게 하는 자에게는 화로다 2 **그가 이 작은 자 중의 하나를 실족하게 할진대 차라리 연자맷돌이 그 목에 매여 바다에 던져지는 것이 나으리라**

소자를 실족(σκάνδαλον)시키는 일에 대한 경고는 마태(18:6~9)와 마가(9:42~50)에서도 손과 발을 자르거나 빼어버리라는 표현을 쓸 만큼 강한 표현을 쓰고 있다. 이 문제를 이토록 심각하게 다루는 이유는 계약공동체가 그만큼 중요하기 때문이다. 공동체 내에서는 보잘 것 없어 보이는 사람들을 결코 무시하거나 소홀히 대하지 말아야 한다. 그들이 곧 하나님 나라의 대상이며 주인공이기 때문이다.

교회는 이 땅에 세워진 하나님 나라의 모형이다. 그런데 그 구성원들간에 화합이 깨어진다면 이는 용납될 수 없다. 이런 관계로 이에 대하여 가장 엄격한 표현을 동원하여 경고하고 있다.

【2】 3 너희는 스스로 조심하라 만일 **네 형제가 죄를 범하거든 경고하고 회개하거든 용서하라** 4 **만일 하루에 일곱 번이라도** 네게 죄를 짓고 일곱 번 네게 돌아와 내가 회개하노라 하거든 너는 용서하라 하시더라

74) 9:14, 12:22, 16:1, 17:1, 22 등

다양한 사람들이 모인 교회에서 서로 화합을 유지한다는 것은 생각보다 쉽지 않다. 어떻게 해야 하는가? 서로 용서해주고 용서받으면 된다. 용서받을 일이 없으면 좋겠지만 사람으로서는 불가능하다. 항상 잘못을 인정하고 끊임없이 돌이키는 것만이 화합의 첩경이다. 하루에 일곱 번 잘못하고 일곱 번 용서를 구해도 용서해야 하는 이유는 내 안에 들어있는 죄성은 악마의 속성과 동일하며, 하나님께 나는 무한죄인이기 때문이다. 그렇다고 잘못한 것을 그냥 덮어주는 것도 옳지 않다. 명확히 경고하고 다시 반복하지 않게 해야 한다.

【3】 5 사도들이 주께 여짜오되 **우리에게 믿음을 더하소서** 하니 6 주께서 이르시되 **너희에게 겨자씨 한 알만한 믿음이 있었더라면** 이 뽕나무더러 뿌리가 뽑혀 바다에 심기어라 하였을 것이요 그것이 너희에게 순종하였으리라

마태의 병행 본문(마17:19~20)에 의하면 뽕나무 대신 산을 옮기는 것으로 나와 있다. 도대체 이런 말씀을[75] 어떻게 해석해야 할까? 인간이 인간의 힘만으로 이 땅에 이상을 실현하는 것은 불가능하다. 그게 가능했다면 벌써 실현되었을 것이다. 인류 역사에는 이런 꿈을 꾸며 나름대로 실현해보려는 사람들이 얼마든지 있었기 때문이다. 왜 그런데 아직 요원한 과제로 남아있을까? 방법이 맞지 않았기 때문이다. 성경에서는 이에 대하여 다음과 같은 방법을 제시하고 있다.

첫째, 하나님의 도우심이 아니면 불가능하다. 현대 이성주의 시대는 하나님을 배제하고 인간이 교육과 도덕의 힘으로 이 세상에 천국을 시도했던 시대였다. 그 결과 과학기술이 등장하고 많은 부분 해결되는 것 같았지만 대량살상무기와 환경 오염으로 말미암아 인류가 멸종의 위기에 처하고 말았다. 성경에서는 오직 하나님을 믿는 신앙의 차원에서만 이상이 현실 속에 실현될 수 있다고 말한다.

---

75) 예수께서 대답하여 이르시되 내가 진실로 너희에게 이르노니 만일 너희가 믿음이 있고 의심하지 아니하면 이 무화과나무에게 된 이런 일만 할 뿐 아니라 이 산더러 들려 바다에 던져지라 하여도 될 것이요 너희가 기도할 때에 무엇이든지 믿고 구하는 것은 다 받으리라 하시니라 (마21:21~22) (막11:22~24 참조)

둘째, 계약공동체를 통하여 실현된다. 성경의 이름이 두 계약을 뜻하는 이유는 하나님께서 인간과 함께하시는 방법이 계약이기 때문이다. 하나님을 열심히 진실하게 믿는다고 전부가 아니다. 올바른 방법으로 믿어야 한다. 중세 기독교가 유럽 대륙을 천여 년간 지배했으면서도 봉건주의로 치달은 것은 하나님을 믿는 방법과 신학이 잘못되었기 때문이며, 종교개혁 이후 개신교 국가 역시 잘못된 방향으로 간 이유도 신학이 옳지 않았기 때문이다.

셋째, 계약공동체 기도의 응답을 통해 세상 역사를 주관하신다. 하나님께서는 일방적으로, 또는 섭리로 세상을 이끄시는 게 아니라 계약공동체의 기도 응답을 통해 당신의 뜻을 실현시키신다. 계약공동체는 그만큼 중요하다. 성경의 곳곳에 기도에 응답하시는 이야기들이 있다. 그러나 아무런 기도나 응답하신다는 게 아니다. 기도에도 방법이 있다. 무작정 구한다고 능사가 아니다.

넷째, 가장 작은 것이 가장 큰 것이다. 인간이 아무리 기도하며 최선을 다한다고 해도 결국 겨자씨 한 알 정도에 불과하다. 그런데 하나님께서는 가장 작은 실천을 가장 크게 보신다. 본래 하나님의 존재 양식 자체가 가장 작고 낮고 초라함이다. 인간이 할 수 있는 한계는 보리떡 다섯 개 물고기 두 마리였지만 예수님께서는 이를 통하여 5천여 명이 먹고도 열두 바구니에 남게 하셨다. 겨자씨 한 알 믿음은 하나님께서 일하시는 방법이자 원리이다.

예수님께서는 이런 이유로 제자들에게 겨자씨 한 알 믿음을 가지라고 말씀하셨다.

【4】 7 너희 중 누구에게 밭을 갈거나 양을 치거나 하는 종이 있어 밭
에서 돌아오면 그더러 곧 와 앉아서 먹으라 말할 자가 있느냐 8 도리
어 그더러 내 먹을 것을 준비하고 띠를 띠고 내가 먹고 마시는 동안에
수종들고 너는 그 후에 먹고 마시라 하지 않겠느냐 9 명한 대로 하였
다고 종에게 감사하겠느냐 10 이와 같이 너희도 명령 받은 것을 다 행
한 후에 이르기를 **우리는 무익한 종이라 우리가 하여야 할 일을 한 것
뿐이라** 할지니라

이 내용은 앞의 탕자의 비유에서 말한 내용과 비슷하다. 하나님의 일을 하려는 자는 '무자격자'의 자세를 가져야 한다. 이 의식은 하나님의 거룩한 빛에 드러난 내 모습이다. 전부이자 무한하신 하나님께 견주어 보면 나는 무자격자일 뿐만 아니라 아무 것도 아님에 불과하다. 이런 부정의 의식이 하나님의 종이 가져야 할 기본적인 자세이다.

물음 71 아홉 나병 환자, 왜 감사하지 않았을까?

본문 : 〈 17: 11~19〉

11 예수께서 예루살렘으로 가실 때에 사마리아와 갈릴리 사이로 지나가시다가

12 한 마을에 들어가시니 나병 환자 열 명이 예수를 만나 멀리 서서

13 소리를 높여 이르되 예수 선생님이여 우리를 불쌍히 여기소서 하거늘

14 보시고 이르시되 가서 제사장들에게 너희 몸을 보이라 하셨더니 그들이 가다가 깨끗함을 받은지라

15 그 중의 한 사람이 자기가 나은 것을 보고 큰 소리로 하나님께 영광을 돌리며 돌아와

16 예수의 발 아래에 엎드리어 감사하니 그는 사마리아 사람이라

17 예수께서 대답하여 이르시되 열 사람이 다 깨끗함을 받지 아니하였느냐 그 아홉은 어디 있느냐

18 이 이방인 외에는 하나님께 영광을 돌리러 돌아온 자가 없느냐 하시고

19 그에게 이르시되 일어나 가라 네 믿음이 너를 구원하였느니라 하시더라

【1】 12 한 마을에 들어가시니 나병 환자 열 명이 예수를 만나 멀리 서
서 13 소리를 높여 이르되 **예수 선생님이여** 우리를 불쌍히 여기소서
하거늘 14 보시고 이르시되 **가서 제사장들에게 너희 몸을 보이라** 하셨

더니 그들이 가다가 깨끗함을 받은지라

본문 역시 누가에만 나오는 이야기이다. 예수님께서 병자를 치료하시는 방법은 다양하다. 본문에서는 나병 환자 열 명에게 제사장에게 가서 몸을 보이라고 하셨다. 나병에서 나으면 제사장에게 확인을 받아야 가족에게로 돌아갈 수가 있었기 때문이다. 예수님께서는 나병 환자를 치료하신 후가 아니라 치료 전에 믿음으로 가라고 말씀하셨다. 어떻게 나병 환자들에게 그런 믿음이 있었을까? 그들은 예수님을 '선생님'(ἐπιστάτης)이라고 불렀는데, 누가에서 이 용어는 제자들이 예수님을 부를 때에만 사용되고 있다. 즉 나병 환자들은 예수님을 믿는 제자들이었다는 뜻이다. 열 명의 나병 환자들은 예수님의 말씀에 따라 제사장을 찾아가다가 도중에서 치료를 받았다. 그런데 그 다음이 문제였다.

【2】 17 예수께서 대답하여 이르시되 열 사람이 다 깨끗함을 받지 아니하였느냐 그 아홉은 어디 있느냐 18 **이 이방인 외에는 하나님께 영광을 돌리러 돌아온 자가 없느냐** 하시고 19 그에게 이르시되 일어나 가라 네 믿음이 너를 구원하였느니라 하시더라

열 명 중 아홉 명은 유대인이고 한 명이 사마리아인이었는데 사마리아인만 예수님께 돌아와 감사드렸다. 아홉 명은 왜 감사하러 오지 않고 사마리아인 한 명만 감사드리러 왔을까? 본문의 쟁점은 여기에 있다.

유대교의 인과응보, 의인신앙 등은 교리이면서 유대인들의 문화였다. 그런데 유대교는 하나님만 중요시하고 사람은 등한시했다. 고르반 신앙이 이를 잘 보여준다. 하나님께 의무를 다하면 부모를 섬기는 것은 등한시해도 된다고 했다. 나병이 나은 유대인들은 제사장에게 확인을 받고 하나님께 제물을 드리면 할 바를 다했다고 생각하고 예수님을 찾을 생각을 하지 않았다. 하나님께서 치료해주셨다고 믿었기 때문이다. 그러나 그런 신앙이 없는 사마리아인은 하나님 이전에 자신의 질병을 고쳐 준 예수님에게 먼저 감사를 드려야 된다고 생각해서 예수님을 찾아왔다.

어느 것이 옳으며 상식에 맞는가? 사람이 죄를 지으면 사람에게 먼저 용서를 받아야 하는가, 아니면 하나님께만 용서받으면 되는가? 물을 필요도 없다. "우리가 우리에게 죄지은 자를 사하여 준 것 같이 우리의 죄를 사하여 주옵시고"라고 말씀하셨기 때문이다. 유대교 교리에 의하면 병들고 가난한 사람들에 대하여 불쌍한 마음을 가질 필요가 없었다. 그들은 하나님께 죄를 지은 죄인이기 때문에 오히려 냉대하는 게 하나님의 뜻에 부합한다고 생각했다. 이처럼 신앙이 잘못되면 비인간적이고 몰상식하고 도무지 은혜를 모르며 말이 통하지 않는 사람을 만들어 놓고 만다.

이는 옛날 유대인들만이 아니라 오늘 기독교인들의 모습이기도 하다. 행위와 상관없이 무슨 믿음으로 죄 사함과 구원을 받는다는 말을 잘 음미해 보라. 얼마나 모순투성이이며 정신 나간 헛소리에 불과한지 알게 될 것이다. 그래도 아직 의구심에서 벗어나지 못한다면 하늘 나는 새들에게 물어보라. 발에 밟히는 잡초에게 물어보라. 그들이 가르쳐 주리라.

물음 72 하나님 나라 임재와 인자의 날, 어떻게 다른가?

본문 : 〈 18:20~37 〉

20 바리새인들이 하나님의 나라가 어느 때에 임하나이까 묻거늘 예수께서 대답하여 이르시되 하나님의 나라는 볼 수 있게 임하는 것이 아니요

21 또 여기 있다 저기 있다고도 못하리니 하나님의 나라는 너희 안에 있느니라

22 또 제자들에게 이르시되 때가 이르리니 너희가 인자의 날 하루를 보

고자 하되 보지 못하리라
23 사람이 너희에게 말하되 보라 저기 있다 보라 여기 있다 하리라 그러
나 너희는 가지도 말고 따르지도 말라
24 번개가 하늘 아래 이쪽에서 번쩍이어 하늘 아래 저쪽까지 비침같이
인자도 자기 날에 그러하리라
25 그러나 그가 먼저 많은 고난을 받으며 이 세대에게 버린 바 되어야
할지니라
26 노아의 때에 된 것과 같이 인자의 때에도 그러하리라
27 노아가 방주에 들어가던 날까지 사람들이 먹고 마시고 장가 들고 시
집 가더니 홍수가 나서 그들을 다 멸망시켰으며
28 또 롯의 때와 같으리니 사람들이 먹고 마시고 사고 팔고 심고 집을
짓더니
29 롯이 소돔에서 나가던 날에 하늘로부터 불과 유황이 비오듯 하여 그
들을 멸망시켰느니라
30 인자가 나타나는 날에도 이러하리라
31 그 날에 만일 사람이 지붕 위에 있고 그의 세간이 그 집 안에 있으면
그것을 가지러 내려가지 말 것이요 밭에 있는 자도 그와 같이 뒤로 돌
이키지 말 것이니라
32 롯의 처를 기억하라
33 무릇 자기 목숨을 보전하고자 하는 자는 잃을 것이요 잃는 자는 살리
리라
34 내가 너희에게 이르노니 그 밤에 둘이 한 자리에 누워 있으매 하나는
데려감을 얻고 하나는 버려둠을 당할 것이요
35 두 여자가 함께 맷돌을 갈고 있으매 하나는 데려감을 얻고 하나는 버
려둠을 당할 것이니라
36 (없음)
37 그들이 대답하여 이르되 주여 어디오니이까 이르시되 주검 있는 곳에
는 독수리가 모이느니라 하시니라

본문은 누가복음의 종말론이다. 인류 역사에서 종말론은 기독교인들뿐만 아니라 일반인에게도 큰 관심사였다. 누가는 어떤 종말론을 말하고 있을까?

【1】 20 바리새인들이 **하나님의 나라가 어느 때에 임하나이까** 묻거늘 예수께서 대답하여 이르시되 하나님의 나라는 볼 수 있게 임하는 것이 아니요 21 또 여기 있다 저기 있다고도 못하리니 **하나님의 나라는 너희 안에 있느니라**

대부분의 종교와 문화에서는 영혼불멸을 믿으며, 사람이 죽으면 그 영혼이 이 세상과 다른 어떤 세상에 간다고 생각했다. 그리고 언젠가는 천지개벽이 일어나 이 세상은 멸망하고 새로운 세상이 된다고 생각했다. 그리고 "그 시기가 언제일까?"라고 궁금해한다. 그런데 성경은 영혼불멸이 아니라 육체의 부활을 말한다. 내세에 대해서도 전혀 다르게 말하고 있다.

본문은 바리새인들이 "하나님의 나라가 언제 임하나이까?"라고 묻는 질문으로 시작된다. 이에 대해 예수님께서는 하나님 나라는 다른 어떤 공간에 있는 게 아니라 이 세상 속에 이미 임재해 있다고 하셨다. 성경에 의하면 하나님 나라는 이미 이 세상 속에서 시작되었다. 구약에서는 이스라엘 공동체를 통하여 거룩한 나라로 임하였으며, 신약에서는 교회를 통해 하나님 나라로 시작되었다. 교회는 하나님 나라를 세상에 보여주어야 할 하나님의 직속 기관이다. 이를 성경에서는 계약공동체라고 한다.

죽은 다음에 영혼이 하나님 나라에 간다고 믿는 구원은 성경과는 아무런 상관이 없다. 단지 서양 기독교에 그런 구원론 교리가 있을 뿐이다. 서양 기독교에서는 세상 나라와 하늘나라를 분리해 놓았다. 이는 성경과는 거리가 멀다. 하나님 나라는 이 세상에서 밭에 심긴 겨자씨 한 알처럼, 떡 반죽 속에 들어간 누룩처럼 이미 시작되어 있다.

하나님 나라는 이미 지금 여기에서 시작되어 있다. 그러나 그 완성은 미래의 일이다. 누가는 이에 대하여 어떻게 말하고 있는가?

【2】 22 또 **제자들에게 이르시되** 때가 이르리니 **너희가 인자의 날 하루를 보고자 하되 보지 못하리라** 23 사람이 너희에게 말하되 보라 **저기 있다 보라 여기 있다 하리라 그러나 너희는 가지도 말고 따르지도 말**

라 24 번개가 하늘 아래 이쪽에서 번쩍이어 하늘 아래 저쪽까지 비침 같이 인자도 자기 날에 그러하리라

계약공동체가 세상에서 시작한 하나님 나라가 예수님의 재림으로 완성되는 그 날을 누가복음에서는 '인자의 날'이라고 말한다. 인류 역사 이래로 이 종말의 시기에 대하여 많은 혼란을 야기했다. 많은 사이비 이단들이 무슨 계시 운운하며 종말의 임박성을 거론했으나 다 허사였다.

종말의 시기에 대한 계시에 현혹되지 말라는 경고는 제자들에게 주어진 말씀이다. 계약의 시각에서 보면 계약공동체를 통해 하나님 나라가 완성을 향해 가기 때문에 종말의 시기는 미리 정해질 수가 없다. 따라서 미리 정해져 있는 게 아니므로 누구도 알 수 없다. 그러므로 그날을 미리 알았다고 말하면 그 자체가 이미 모순이다.

하나님의 나라가 임하는 것과 재림을 말하는 인자의 날은 구분되어야 한다. 이단들은 이를 구분하지 않음으로 혼란에 빠져있다.

【3】 26 **노아의 때**에 된 것과 같이 **인자의 때에도 그러하리라** 28 또 **롯의 때**와 같으리니 사람들이 먹고 마시고 사고 팔고 심고 집을 짓더니 … 30 **인자가 나타나는 날에도 이러하리라** … 32 **롯의 처**를 기억하라

노아의 때, 롯의 때, 롯의 처 등은 무엇을 말하는가? 욕심의 지배를 받는 세상의 사람들은 자기 일에 급급하여 이상이나 하나님 나라의 실현은 관심 밖의 일이다. 인자의 날이 가까이 와도, 이들은 현실의 문제에만 집착할 뿐이다. 과거 노아와 롯의 때에도 그랬듯이 미래에도 똑같이 그러리라는 말씀이다.

【4】 34 내가 너희에게 이르노니 그 밤에 둘이 한 자리에 누워 있으매 **하나는 데려감을 얻고 하나는 버려둠을 당할 것이요**

35 두 여자가 함께 맷돌을 갈고 있으매 **하나는 데려감을 얻고 하나는 버려둠을 당할 것이니라**

극명한 반대를 보이는 두 사람은 무엇을 뜻할까? 겉으로 보기에

는 같은 세상에서 똑같은 일을 해도 그 마음속에 무엇을 생각하며, 또 무엇을 위하여 일하느냐는 서로 다를 수 있고 또 다른 결과를 가져온다. 종말의 시기에 대한 관심이 아니라 계약공동체를 통하여 하나님 나라를 실현시키는 일이 관심사여야 한다.

【5】 37 그들이 대답하여 이르되 **주여 어디오니이까** 이르시되 **주검 있는 곳에는 독수리가 모이느니라** 하시니라

독수리가 모여드는 곳에 시체가 있는 것을 아는 것처럼, 종말의 징조는 무슨 계시를 받은 사람만이 아니라 모든 사람이 다 알 수 있도록 그렇게 드러난다는 말씀이다.

누가는 마태나 마가에 비하여 간결하게 하나님 나라 임재와 인자의 날을 구분하면서, 미래 종말보다 현재에 초점을 맞추어 명확하게 설명하고 있다.

물음 73
기도, 무엇이며 어떻게 해야하나?

본문 : 〈 18:1~14 〉

1 예수께서 그들에게 항상 기도하고 낙심하지 말아야 할 것을 비유로 말씀하여
2 이르시되 어떤 도시에 하나님을 두려워하지 않고 사람을 무시하는 한 재판장이 있는데
3 그 도시에 한 과부가 있어 자주 그에게 가서 내 원수에 대한 나의 원한을 풀어 주소서 하되
4 그가 얼마 동안 듣지 아니하다가 후에 속으로 생각하되 내가 하나님을 두려워하지 않고 사람을 무시하나

5 이 과부가 나를 번거롭게 하니 내가 그 원한을 풀어 주리라 그렇지 않으면 늘 와서 나를 괴롭게 하리라 하였느니라

6 주께서 또 이르시되 불의한 재판장이 말한 것을 들으라

7 하물며 하나님께서 그 밤낮 부르짖는 택하신 자들의 원한을 풀어 주지 아니하시겠느냐 그들에게 오래 참으시겠느냐

8 내가 너희에게 이르노니 속히 그 원한을 풀어 주시리라 그러나 인자가 올 때에 세상에서 믿음을 보겠느냐 하시니라

9 또 자기를 의롭다고 믿고 다른 사람을 멸시하는 자들에게 이 비유로 말씀하시되

10 두 사람이 기도하러 성전에 올라가니 하나는 바리새인이요 하나는 세리라

11 바리새인은 서서 따로 기도하여 이르되 하나님이여 나는 다른 사람들 곧 토색, 불의, 간음을 하는 자들과 같지 아니하고 이 세리와도 같지 아니함을 감사하나이다

12 나는 이레에 두 번씩 금식하고 또 소득의 십일조를 드리나이다 하고

13 세리는 멀리 서서 감히 눈을 들어 하늘을 쳐다보지도 못하고 다만 가슴을 치며 이르되 하나님이여 불쌍히 여기소서 나는 죄인이로소이다 하였느니라

14 내가 너희에게 이르노니 이에 저 바리새인이 아니고 이 사람이 의롭다 하심을 받고 그의 집으로 내려갔느니라 무릇 자기를 높이는 자는 낮아지고 자기를 낮추는 자는 높아지리라 하시니라

누가는 기도에 대하여 특별히 관심이 많은데, 예수님께서는 예루살렘으로 올라가시는 과정의 초기(11:1~13)와 말기(18:1~14)에 기도에 대하여 두 차례에 걸쳐 말씀하셨다. 누가가 가장 관심을 가지고 말하고 있는 예루살렘으로 가시는 길은 기도로 시작하여 기도로 마친 셈이다. 누가가 이렇게 기도에 대하여 강조하는 이유는 앞의 〈물음70〉에서도 본 바와 같이 하나님께서는 공동체의 기도에 응답하시는 방식으로 일하시기 때문이다.

【1】 1 예수께서 **그들에게 항상 기도하고 낙심하지 말아야 할 것을** 비유로 말씀하여 2 이르시되 어떤 도시에 하나님을 두려워하지 않고 사람을 무시하는 한 재판장이 있는데 3 그 도시에 한 과부가 있어 자주

그에게 가서 내 원수에 대한 나의 원한을 풀어 주소서 하되

이 교훈은 제자들에게 주신 것인데, 한밤중에 벗을 위하여 떡을 빌리러 가는 첫 번째의 교훈과 비슷하다. 끝까지, 될 때까지 기도해야 한다. 어떻게 그렇게 할 수 있는가? 포기되지 않기 때문이다. 또한 이 땅에 하나님 나라가 임하여 모든 사람이 행복하게 살아가는 세상이 되기를 바라는 마음이 존재 이유여야 한다. 힘없는 과부가 불의한 재판관을 찾아가되 죽기를 각오하고 가서, 매달리되 끝까지 물고 늘어지자 사람을 무시하는 재판관이지만 들어주지 않을 수 없었다.

기도의 핵심은 올바른 기도를 올바른 방식으로 끝까지 할 수 있느냐 없느냐의 문제이다. 단 무엇을 위하여 기도하느냐가 중요한데, 하나님 나라가 이 땅에 임하기를 바라는 기도여야 한다. 이는 될 수 있느냐 아니냐의 문제가 아니라 당연히 되어야 하는 절대당위의 문제이다. 절대당위는 반드시 실현되어야 한다. 하나님이 선하시다면 그분의 다른 이름은 절대당위이다.

【2】 7 하물며 **하나님께서 그 밤낮 부르짖는 택하신 자들의 원한을 풀어 주지 아니하시겠느냐** 그들에게 오래 참으시겠느냐 8 내가 너희에게 이르노니 속히 그 원한을 풀어 주시리라

하나님께서 부르짖는 자들의 '원한'(ἐκδίκησις)을 갚아주신다는 것은 무슨 뜻일까? 하나님은 무슨 원수를 대신 갚아주실까? 하나님 나라 실현이 존재 이유이자 전부여서 그 실현에 한이 맺혀야 한다는 말씀이다. 일념(一念)의 기도, 죽어도 눈을 감지 못할 한(恨) 맺힌 기도여야 한다.

【3】 8 … **그러나 인자가 올 때에 세상에서 믿음을 보겠느냐** 하시니라

이 말씀은 또 무슨 뜻일까? 기도는 하나님 나라와 그 의를 위한 기도여야 한다. 그런데 이런 기도에 한이 맺힌 사람, 하나님 나라 실현이 존재 이유인 사람, 한밤중에 찾아온 길손에게 밥을 먹여 재우기 위하여 그 밤에 떡을 꾸러 가서 줄 때까지 문을 두드리는 사

람, 불의한 재판관을 찾아가 억울함을 풀어줄 때까지 간청할 사람, 그런 사람이 과연 있겠는가?

그 사람이 있어야 할 텐데, 그런 기도가 있어야 하나님 나라가 실현될 텐데, 그런데 그런 사람이, 그런 기도가 없다. 이 땅에 아직 하나님 나라가 임하지 않은 이유는, 이 세상이 이 모양 이 꼴이 되어있는 이유는, 교회가 세상에서 지탄의 대상이 되어있는 이유는, 똑바로 된 기도를 이런 심정으로 할 사람이 없어서, 이런 기도가 없어서다.

【4】 9 또 **자기를 의롭다고 믿고 다른 사람을 멸시하는 자들에게** 이 비유로 말씀하시되 10 **두 사람이 기도하러 성전에 올라가니 하나는 바리새인이요 하나는 세리라**

이번에는 유대교 정통주의자들에게 말씀하셨다. 그들의 특징은 스스로 구원받았다고 생각하며 다른 사람은 구원받지 못했다고 무시하는 데 있었다. 양극단에 서 있는 바리새인과 세리의 기도는 어떤 모습일까?

【5】 11 바리새인은 **서서 따로 기도하여** 이르되 하나님이여 **나는 다른 사람들 곧 토색, 불의, 간음을 하는 자들과 같지 아니하고 이 세리와도 같지 아니함을 감사하나이다** 12 나는 **이레에 두 번씩 금식하고 또 소득의 십일조를 드리나이다** 하고

바리새인은 스스로 의롭다고 여기며 다른 사람과 다르다고 생각했다. 그는 서서 '따로'(πρὸς ἑαυτὸν) 기도했다. 이 '따로'는 '홀로'의 뜻도 있지만, '자기 자신을 향하여'라고도 할 수 있다. 그는 기도 시간에 다른 사람과 구별되게 서서 하나님보다는 자기 자신을 향하여 독백하듯이 기도했는데, 스스로 의롭다고 생각하는 자기 자랑거리를 늘어놓았다.

【6】 13 세리는 **멀리 서서 감히 눈을 들어 하늘을 쳐다보지도 못하고** 다만 가슴을 치며 이르되 **하나님이여 불쌍히 여기소서 나는 죄인이로소이다** 하였느니라

반면 세리는 감히 하나님께서 계시는 성전은 물론이고 사람들에

게도 가까이 갈 자격이 없다고 생각하여 멀리 서서 가슴을 치며 "하나님이여, 나를 불쌍히 여기소서! 나는 죄인입니다!"라고 통곡했다. 세리의 평소 생각과 의식은 스스로 죄인에 불과하다는 생각이 있었기 때문이다. 세리가 이런 의식을 가진 이유는 당시 유대인 사회에서 세리는 가장 악한 죄인의 대명사였기 때문이다. 로마제국을 대신해서 세금을 거두어들였기 때문에 매국노였고, 더 많은 세금을 거두어 개인적으로 착복했기 때문에 날강도로 취급받았다.

> 14 내가 너희에게 이르노니 이에 **저 바리새인이 아니고 이 사람이 의롭다 하심을 받고 그의 집으로 내려갔느니라** 무릇 **자기를 높이는 자는 낮아지고 자기를 낮추는 자는 높아지리라** 하시니라

스스로 의롭다고 생각하는 바리새인과 스스로 죄인이라고 생각하는 세리, 그런데 예수님께서는 의인을 거부하시고 죄인을 받아주셨다. 왜 그럴까? 영적인 사실에 맞지 않기 때문이다. 영성의 경험에서 하나님께로 가까이 나아가는 과정은 자신의 내면이 하나님의 거룩하신 빛 가운데 있는 그대로 드러나는 과정인데, 처음에는 행위의 죄들이 드러나고 이어서 마음속으로 생각하는 죄들이 드러난다. 여기서 좀 더 가까이 밝은 빛 가운데로 나가면 내 의식 속에 잠재되어 있는 죄들이 드러난다. 행동과 마음의 죄들은 평소에 스스로 알아차리지만 잠재되어있는 죄들은 평소에 스스로도 전혀 알지 못한다. 이런 잠재된 죄의 군상들이 쏟아져 나오면 크게 놀라게 된다. 자기 안에 이런 무서운 죄악들이 잠재되어있다는 것이 너무 충격이기 때문이다. 내 안에 들어있는 죄성들은 곧 마귀의 속성과 동일함을 보게 되면서 비로소 자기 자신이 가장 큰 죄인이라는 것을 인정하게 된다. 이후 자기에 대한 일체의 긍정을 거부하고 부정을 받아들이게 된다.

가장 큰 죄인 의식은 이런 과정을 통해서 체득되며 그 다음은 무자격자 의식으로 이어진다.

이런 영성의 과정을 겪고 나면 예수님의 이런 비유들이 단순한

예화가 아니라 영적인 실재인 것을 알고 크게 놀란다. 성경은 하나님을 경험한 만큼 보이게 되어있다. 하나님으로부터 가장 멀리 있는 사람은 스스로 의로우며 구원받았다고 생각하는 사람이고 가장 가까이 있는 사람은 스스로 구원받을 수 없는 가장 큰 죄인이라고 생각하는 사람이다.

물음 74 영생에 이르는 길, 무엇인가?

본문 : 〈 18:15~30 〉

15 사람들이 예수께서 만져 주심을 바라고 자기 어린 아기를 데리고 오매 제자들이 보고 꾸짖거늘

16 예수께서 그 어린 아이들을 불러 가까이 하시고 이르시되 어린 아이들이 내게 오는 것을 용납하고 금하지 말라 하나님의 나라가 이런 자의 것이니라

17 내가 진실로 너희에게 이르노니 누구든지 하나님의 나라를 어린 아이와 같이 받아들이지 않는 자는 결단코 거기 들어가지 못하리라 하시니라

18 어떤 관리가 물어 이르되 선한 선생님이여 내가 무엇을 하여야 영생을 얻으리이까

19 예수께서 이르시되 네가 어찌하여 나를 선하다 일컫느냐 하나님 한 분 외에는 선한 이가 없느니라

20 네가 계명을 아나니 간음하지 말라, 살인하지 말라, 도둑질하지 말라, 거짓 증언 하지 말라, 네 부모를 공경하라 하였느니라

21 여짜오되 이것은 내가 어려서부터 다 지키었나이다

22 예수께서 이 말을 들으시고 이르시되 네게 아직도 한 가지 부족한 것이 있으니 네게 있는 것을 다 팔아 가난한 자들에게 나눠 주라 그리하면 하늘에서 네게 보화가 있으리라 그리고 와서 나를 따르라 하시니

23 그 사람이 큰 부자이므로 이 말씀을 듣고 심히 근심하더라

24 예수께서 그를 보시고 이르시되 재물이 있는 자는 하나님의 나라에 들어가기가 얼마나 어려운지

25 낙타가 바늘귀로 들어가는 것이 부자가 하나님의 나라에 들어가는 것보다 쉬우니라 하시니
26 듣는 자들이 이르되 그런즉 누가 구원을 얻을 수 있나이까
27 이르시되 무릇 사람이 할 수 없는 것을 하나님은 하실 수 있느니라
28 베드로가 여짜오되 보옵소서 우리가 우리의 것을 다 버리고 주를 따랐나이다
29 이르시되 내가 진실로 너희에게 이르노니 하나님의 나라를 위하여 집이나 아내나 형제나 부모나 자녀를 버린 자는
30 현세에 여러 배를 받고 내세에 영생을 받지 못할 자가 없느니라 하시니라

누가복음에는 영생에 이르는 방법에 대한 질문과 이야기들이 많이 들어있다. 본문은 마태(19:16~30)와 마가(10:17~31)에도 들어있다. 공관복음에서는 예수님께서 말씀하신 영생에 이르는 길을 중요하게 다루고 있다. 그런데 놀랍게도 오늘 기독교의 구원론에는 이 본문이 전혀 반영되지 않고 있다. 예수님께서 말씀하신 영생에 이르는 방법은 무엇일까?

【1】 18 **어떤 관리가** 물어 이르되 선한 선생님이여 **내가 무엇을 하여야 영생을 얻으리이까** … 20 네가 계명을 아나니 **간음하지 말라, 살인하지 말라, 도둑질하지 말라, 거짓 증언 하지 말라, 네 부모를 공경하라 하였느니라**

영생에 관한 질문을 하고, 또 십계명은 어릴 때부터 다 지키고 있다고 말하는 것을 보면, 예수님을 찾아온 어떤 관리는 종교적인 지도자라고 생각된다. 영생에 이르는 방법에 대하여 예수님께서는 의외로 십계명을 지키라고 하셨다. 예수님께서는 분명히 십계명을 지키는 것이 영생의 길이라고 말씀하셨는데, 우리 기독교인들은 십계명을 지키는 게 구원의 길이라고 생각하고 있을까? 공관복음에서 말하는 이런 구원의 길이 오늘날에는 왜 무시되고 있을까?

【2】 21 여짜오되 **이것은 내가 어려서부터 다 지키었나이다** 22 예수께서 이 말을 들으시고 이르시되 네게 아직도 한 가지 부족한 것이 있으

니 **네게 있는 것을 다 팔아 가난한 자들에게 나눠 주라 그리하면 하늘에서 네게 보화가 있으리라 그리고 와서 나를 따르라** 하시니

그런 계명은 어릴 때부터 다 지켰다고 말하는 관원에게 예수님께서는 이렇게 말씀하셨다.

네게 있는 것을 다 팔아 가난한 자들에게 나눠 주라 그리하면 하늘에서 네게 보화가 있으리라 그리고 와서 나를 따르라

왜 이렇게 말씀하셨을까? 십계명은 계약법의 압축인데, 그 십계명이 요구하는 정신과 행간의 의미는 가난한 자들의 문제를 해결하는 것이기 때문이다. 십계명에 대한 유대교 지도자인 관원의 이해와 예수님의 해석에는 큰 차이가 있었다. 유대인들은 문자적인 조항으로 지켰고, 예수님께서는 그 조항 속에 들어있는 정신을 말씀하셨다.

【3】 23 그 사람이 **큰 부자이므로 이 말씀을 듣고 심히 근심하더라** 24 예수께서 **그를 보시고 이르시되** 재물이 있는 자는 하나님의 나라에 들어가기가 얼마나 어려운지 25 **낙타가 바늘귀로 들어가는 것이 부자가 하나님의 나라에 들어가는 것보다 쉬우니라** 하시니

마태나 마가에 의하면 관원이 근심하며 돌아간 뒤에 제자들에게 말씀하셨지만 누가에서는 크게 근심하고 있는 관원에게 직접 말씀하셨다. 부자는 구원받을 길이 없다고 공관복음은 선언하고 있다. 구원받으려면 모든 소유를 포기하고 예수님을 따라야만 한다. 다른 방법은 없다. 이 말씀을 듣고 있던 제자들이 놀라서 물었다.

【4】 26 듣는 자들이 이르되 **그런즉 누가 구원을 얻을 수 있나이까** 27 이르시되 **무릇 사람이 할 수 없는 것을 하나님은 하실 수 있느니라**

낙타가 바늘귀로 들어가는 것이 부자가 하나님의 나라에 들어가는 것보다 쉽다면 "구원받을 자가 과연 있을까?"라는 질문에 이렇게 대답하셨다.

무릇 사람이 할 수 없는 것을 하나님은 하실 수 있느니라

사람에게 불가능한 것이 하나님께는 가능하다는 이 말씀은 도대

체 무슨 뜻일까? 해석이 쉽지 않다. 이 문제는 다음의 구절을 다루고 다시 생각해 보고자 한다.

> 【5】 28 베드로가 여짜오되 보옵소서 **우리가 우리의 것을 다 버리고 주를 따랐나이다** 29 이르시되 내가 진실로 너희에게 이르노니 하나님의 나라를 위하여 집이나 아내나 형제나 부모나 자녀를 버린 자는 30 **현세에 여러 배를 받고 내세에 영생을 받지 못할 자가 없느니라** 하시니라

지금 여기서 하나님 나라를 실현하기 위하여 집이나 아내나 형제나 부모나 자녀를 버린 자는 지금 여기 이 세상에서 살아 있는 동안 여러 배를 받고 내세에 영생을 받지 못할 자가 없다고 예수님께서는 분명하게 말씀하셨다. 마가에서는 '백 배'라고 더 명확하게 강조하고 있다.

이 비유의 핵심은 재물을 포기한 자들이 내세가 아닌 현세에서 여러 배, 아니 백 배를 받는다는 말씀에 있다. 현세에서 더 받는다는 게 무슨 뜻일까? 하나님께서 베푸시는 보상의 축복이란 뜻일까?

예수님의 성경 해석 방법은 그 문자가 아닌 정신과 의도에 초점이 맞추어져 있었다. 그렇다면 다음의 구절도 문자가 아닌 정신과 의도로 해석해야 한다.

> 네게 있는 것을 다 팔아 가난한 자들에게 나눠 주라 그리하면 하늘에서 네게 보화가 있으리라 그리고 와서 나를 따르라

문자대로 재산을 다 팔아 가난한 자들에게 나눠주고 빈털터리 상태로 예수님을 따르라는 말씀이 아니라 네가 가지고 있는 재물을 잘 활용하여 가난한 자들이 없는 세상을 만들어라. 그것이 계약법의 정신이며 예수님을 따르는 것이라는 말씀이다. 하나님께서 원하시는 것이 무엇일까? 부자들이 재산을 처분하여 가난한 자들에게 다 나눠주고 똑같이 가난하게 살기를 바라실까? 이는 상식에 어긋난다. 성경이 요구하는 바는 가난의 실천이 아니라 가난의 청산이다.

그러면 부자들이 가난한 자들의 문제를 해결할 수 있을까? 부자

의 재물을 빼앗아 가난한 자들에게 똑같이 분배해주면 가난이 해결될까? 공산주의에서 경험했듯이 똑같이 가난해질 뿐이다. 하나님께서 원하시는 것은 하향 평준화가 아니라 상향 평준화다. 아니면 부자들이 더 많은 돈을 벌어 가난한 자들을 먹여 살려야 할까? 그런데 그런 일이 과연 가능할까? 자기 직원들을 먹여 살린다면 몰라도 가난한 자 모두의 문제를 해결한다는 것은 정부도 불가능하다. 그러면 어떻게 해야 하는가? 다음 구절에 답이 있다.

무릇 사람이 할 수 없는 것을 하나님은 하실 수 있느니라

사람으로서는 불가능하지만 하려고만 한다면, 할 수 있는데 까지 실천하고 있으면 그 나머지는 하나님께서 하신다. 다음의 구절의 '그리하면'이 이를 말한다.

그리하면 하늘에서 네게 보화가 있으리라

인간을 잘 아시는 하나님께서는 우리에게 할 수 없는 것을 요구하지 않으신다. 계약법은 인간이 할 수 있는 것을 전제로 한다. 진정으로 마음에서 원하고 또 현실에서 할 수 있는 것을 실천하면 된다. 단지 바른 방향, 바른 방법이어야 한다.

교회사의 비극은 수도사들이 이 말씀을 문자 그대로 해석하여 실천에 옮겼다는 데에 있다. 수도사들은 가난 청산 운동이 아닌 가난 실천 운동을 펼치며 가난을, 청빈을 칭송하고 말았다. 교회가 로마제국의 국교가 되는 사건은 하나님께서 로마제국을 교회에 계약실천의 장으로 주시는 기회였는데, 이에 대하여 아무런 이해가 없다 보니 엉뚱한 방향으로 가고 말았다.

성경을 해석하고 설교하려면 역사의 흐름과 방향을 먼저 바로 잡아야 한다. 예수님께서 서기관, 바리새인들에게 시대의 징조를 보지 못한다고 누누이 책망하시며 소경된 인도자라고 부르신 이유는 여기에 있다.

물음 75
무엇이 예수님의 발걸음을 멈추게 했는가?

본문 : 〈 18:31~43 〉

31 예수께서 열두 제자를 데리시고 이르시되 보라 우리가 예루살렘으로 올라가노니 선지자들을 통하여 기록된 모든 것이 인자에게 응하리라

32 인자가 이방인들에게 넘겨져 희롱을 당하고 능욕을 당하고 침 뱉음을 당하겠으며

33 그들은 채찍질하고 그를 죽일 것이나 그는 삼 일 만에 살아나리라 하시되

34 제자들이 이것을 하나도 깨닫지 못하였으니 그 말씀이 감취었으므로 그들이 그 이르신 바를 알지 못하였더라

35 여리고에 가까이 가셨을 때에 한 맹인이 길 가에 앉아 구걸하다가

36 무리가 지나감을 듣고 이 무슨 일이냐고 물은대

37 그들이 나사렛 예수께서 지나가신다 하니

38 맹인이 외쳐 이르되 다윗의 자손 예수여 나를 불쌍히 여기소서 하거늘

39 앞서 가는 자들이 그를 꾸짖어 잠잠하라 하되 그가 더욱 크게 소리 질러 다윗의 자손이여 나를 불쌍히 여기소서 하는지라

40 예수께서 머물러 서서 명하여 데려오라 하셨더니 그가 가까이 오매 물어 이르시되

41 네게 무엇을 하여 주기를 원하느냐 이르되 주여 보기를 원하나이다

42 예수께서 그에게 이르시되 보라 네 믿음이 너를 구원하였느니라 하시매

43 곧 보게 되어 하나님께 영광을 돌리며 예수를 따르니 백성이 다 이를 보고 하나님을 찬양하니라

예수님께서는 예루살렘으로 올라가시면서 여러 차례 수난을 예고

하셨다. 마가에는 세 번(8:31, 9:31, 10:32~34) 예고하셨고, 누가에는 무려 여섯 번이나 된다.(9:22, 44, 12:50, 13:32~33, 17:25, 18:32~33) 본문은 마지막 수난 예고이다.

> 【1】 31 **예수께서 열두 제자를 데리시고 이르시되** 보라 우리가 예루살렘으로 올라가노니 선지자들을 통하여 기록된 모든 것이 인자에게 응하리라 … 34 제자들이 이것을 하나도 깨닫지 못하였으니 **그 말씀이 감취었으므로** 그들이 그 이르신 바를 알지 못하였더라

누가복음에 유독 수난 예고가 더 강조되어있는 이유는 갈릴리로부터 예수님을 따르는 사람들에게 주님을 따르는 그 길을 오해하지 말고, 똑바로 알고 따르도록 이야기하려는 데에 있다. 그런데 제자들은 전혀 그 의미를 알지 못했을 뿐만 아니라 예수님께서 예루살렘에서 왕이 되실거라고 생각했다. 이를 누가는 '그 말씀이 감취었으므로'라고 해석했다. 제자들은 예수님의 부활을 경험하고 나서야 비로소 수난 예고를 이해할 수 있었다.

> 【2】 35 **여리고에 가까이** 가셨을 때에 **한 맹인이** 길 가에 앉아 구걸하다가

이제 예수님께서 예루살렘에 가까이 오셨고 여리고는 마지막으로 들리신 지역이다. 그런데 왜 여리고를 거쳐 가셨을까? 물론 이에 대하여 아무런 언급이 없다. 그런데 한 소경이 고침 받는 이야기는 공관복음 모두에서 중요하게 다루고 있으며, 마가에서는 '바디매오'라는 이름의 풀이까지 하고 있다. 이로 미루어 보면 예수님께서는 소경 바디매오와 19장에 나오는 삭개오를 만나기 위하여 가셨다는 추정이 가능해진다.

예수님께서는 왜 바디매오를 만나러 가셨을까?

> 【3】 40 예수께서 머물러 서서 명하여 **데려오라 하셨더니** 그가 가까이 오매 물어 이르시되

바디매오는 이름이 아니라 '디매오의 아들'이라는 뜻이다. 그는 태어날 때부터 천덕꾸러기여서 이름조차 없었다. 디매오의 아들이

라는 말 속에는 아버지 디매오가 죄를 지어서, 또는 바디매오 자신의 죄 때문에 소경으로 태어난 사람이라는 의미가 들어있다. 바디매오는 태어날 때부터 유대교 정통신앙에 의해 죄인으로 낙인찍힌 채 거리에서 구걸하며 살아갔고, 인과응보 교리의 화신이었다.

그는 자신과 같은 소경도 고친다는 예수님에 관한 소문을 듣고 예수님을 찾아가고 싶었지만, 또 그분을 따르고 싶었지만 그를 데려다 줄 사람이 없었다. 이럴 때 그의 심정은 어떠했을까? 그의 이런 간절한 마음은 예수님에게 그대로 전달되었다. 바다 건너편 거라사인의 땅에 버림받은 군대 귀신 들린 사람을 찾아가셨던 예수님께서는 예루살렘에 올라가시는 길에 바디매오를 지나치실 수가 없어 여리고로 가셨다. 본문의 '여리고에 가까이 가셨을 때에'는 이를 말한다.

길에서 구걸하던 바디매오는 갑자기 많은 사람들이 몰려들자 사람들에게 무슨 일이냐고 물었고 예수님께서 오셨다는 말을 들었다. 그 말을 들은 바디매오는 어떤 반응을 보였을까? 예수님께서 계시다고 생각되는 방향을 향하여 무작정 소리 소리 질러댔다. 그 소리에 사람들이 시끄럽다고 야단쳤으나 그는 더 크게 소리 질렀다.

바디매오의 이 소리는 예수님의 발걸음을 멈추게 했고 그는 예수님께로 불려갔다.

【4】 43 곧 보게 되어 **하나님께 영광을 돌리며 예수를 따르니 백성이 다 이를 보고 하나님을 찬양하니라**

바디매오는 보게 되자 즉시 하나님을 찬양하며 예수님을 따라나섰다. 여기서 따라나섰다는 말은 제자로 따랐다는 뜻이다. 어떻게 바디매오가 예수님의 제자가 될 수 있었을까? 바디매오는 예수님에 관한 소문을 들으면서 날 때부터 낙인찍힌 '죄인'이라는 굴레를 벗어버리고 싶었다. 또 예수님께서 하시는 하나님 나라 운동에 동참하고 싶었다. 그 일을 위해서라면 남은 목숨 기꺼이 바칠 수 있었다. 바디매오가 이런 결단을 내리며 새 사람이 되는 것을 보고 사람들이 놀랐다. "백성이 다 이를 보고 하나님을 찬양하니라."라는 구절은 누가에만 있다. 누가에서 바디매오 사건은 마지막 이적이며, 그를 제자의 한 표본으로 제시하고 있다.

복음서에서 치료받은 병자의 이름이 남아있는 경우는 거의 없다. 그런데 마가에 그의 이름이 기록되었다는 사실은 그가 초대교회에서 중요한 역할을 했음을 암시하고 있다.

물음 76 누가복음의 구원 모형, 누구인가?

본문 : 〈 19:1~10 〉

1 예수께서 여리고로 들어가 지나가시더라
2 삭개오라 이름하는 자가 있으니 세리장이요 또한 부자라
3 그가 예수께서 어떠한 사람인가 하여 보고자 하되 키가 작고 사람이 많아 할 수 없어
4 앞으로 달려가서 보기 위하여 돌무화과나무에 올라가니 이는 예수께서 그리로 지나가시게 됨이러라
5 예수께서 그 곳에 이르사 쳐다 보시고 이르시되 삭개오야 속히 내려오라 내가 오늘 네 집에 유하여야 하겠다 하시니
6 급히 내려와 즐거워하며 영접하거늘
7 뭇 사람이 보고 수군거려 이르되 저가 죄인의 집에 유하러 들어갔도다 하더라
8 삭개오가 서서 주께 여짜오되 주여 보시옵소서 내 소유의 절반을 가난한 자들에게 주겠사오며 만일 누구의 것을 속여 빼앗은 일이 있으면 네 갑절이나 갚겠나이다
9 예수께서 이르시되 오늘 구원이 이 집에 이르렀으니 이 사람도 아브라함의 자손임이로다
10 인자가 온 것은 잃어버린 자를 찾아 구원하려 함이니라

누가에만 나오는 세리장 삭개오의 이야기는 널리 알려져 있다. 누가는 이 이야기를 통해서 무엇을 말하고 있을까?

【1】 1 예수께서 여리고로 들어가 **지나가시더라**

예수님께서는 여리고에 도착하셔서 거리를 지나가고 계셨다고 누가는 기록하고 있다. 예수님께서는 왜 여리고를 지나가고 계셨을까?

【2】 2 삭개오라 이름하는 자가 있으니 세리장이요 또한 부자라 3 그가 **예수께서 어떠한 사람인가 하여 보고자 하되** 키가 작고 사람이 많아 할 수 없어 4 앞으로 달려가서 보기 위하여 돌무화과나무에 올라가니 **이는 예수께서 그리로 지나가시게 됨이러라**

한 사람에게 기회를 주시기 위함이었다. 삭개오는 소문으로만 듣던 예수님께서 자신이 사는 동네를 지나가고 계시므로 그분을 뵙기 위해 갔으나 사람이 너무 많아 가까이 갈 수 없었다. 그는 예수님께서 지나가실 길목에 있는 큰 나무에 올라가 지나가시는 예수님의 모습을 지켜보기로 했다.

【3】 5 예수께서 그 곳에 이르사 쳐다 보시고 이르시되 **삭개오야 속히 내려오라 내가 오늘 네 집에 유하여야 하겠다** 하시니 6 급히 내려와 **즐거워하며 영접하거늘** 7 뭇 사람이 보고 수군거려 이르되 저가 죄인의 집에 유하러 들어갔도다 하더라

삭개오는 왜 나무 위로 올라갔을까? 키가 작아서였을까? 아니다. 무자격자 의식 때문이었다. 그는 예수님의 소문을 들으면서 찾아가 뵈옵고 싶고, 그분의 제자가 되고 싶었다. 그러나 자신은 세리 중에서도 우두머리인 죄인이어서 자격이 없어 포기해야 했다. 그런데 예수님께서 자기 동네를 지나가시므로 뵈려고 갔으나 뵐 면목이 없어서, 나무 위에 올라가 몸을 숨기고 단지 지나가시는 모습을 뵈려고 했다.

그런 삭개오의 마음을 예수님은 너무 잘 아셨기에 그를 만나러 오셨다. 그리고 그의 이름을 부르시고 그의 집으로 가서 하루를 묵

어가셨다.

【4】 8 삭개오가 서서 주께 여짜오되 주여 보시옵소서 **내 소유의 절반을 가난한 자들에게 주겠사오며** 만일 누구의 것을 속여 빼앗은 일이 있으면 **네 갑절이나 갚겠나이다**

삭개오는 예수님을 따른다는 것이 무엇인지 소문으로 들어 익히 알고 있었다. 예수님을 따르려면 모든 재산을 하나님 나라 운동에 써야 했다. 그러나 세리장인 자신은 예수님을 따를 자격이 없었고 세리로 모은 재산을 그런 거룩한 일에 쓸 수 없다고 생각했다. 그런데 예수님께서 자신을 받아주시는 것에 감격하여 그는 모든 재산을 바치고 예수님을 따르기로 작정하고 위의 본문처럼 말했다.

【5】 9 예수께서 이르시되 **오늘 구원이 이 집에 이르렀으니 이 사람도 아브라함의 자손임이로다** 10 **인자가 온 것은 잃어버린 자를 찾아 구원하려 함이니라**

그러자 예수님께서는 삭개오의 결단에 이렇게 말씀하셨다.

오늘 구원이 이 집에 이르렀으니 이 사람도 아브라함의 자손임이로다

누가는 예수님께서 갈릴리에서 예루살렘으로 올라가시는 과정을 가장 중요하게 다루는데 그 마지막 행보는 여리고 삭개오의 집이었다. 예수님께서 말씀하시는 '잃어버린 자'는 삭개오와 같은 사람이다. 누가복음에서는 삭개오를 구원의 모형으로 제시하고 있다.

전승에 의하면 베드로는 삭개오를 가이사랴의 주교로 임명했다고 하며, 알렉산드리아의 클레멘트에 의하면 삭개오를 맛디아와 동일한 인물이라고 했다.[76] 이런 전승을 확인할 길은 없지만 삭개오가 예수님을 따르는 충실한 제자가 되었던 것만은 확실하다고 보인다.

76) 조셉 A. 피츠마이어 저, 우성훈 역, 「앵커바이블 누가복음 II」, CLC, 2015, p. 2034.

물음 77
마지막 교훈, 무엇이었을까?

본문 : 〈 19:11~27 〉

11 그들이 이 말씀을 듣고 있을 때에 비유를 더하여 말씀하시니 이는 자기가 예루살렘에 가까이 오셨고 그들은 하나님의 나라가 당장에 나타날 줄로 생각함이더라

12 이르시되 어떤 귀인이 왕위를 받아가지고 오려고 먼 나라로 갈 때에

13 그 종 열을 불러 은화 열 므나를 주며 이르되 내가 돌아올 때까지 장사하라 하니라

14 그런데 그 백성이 그를 미워하여 사자를 뒤로 보내어 이르되 우리는 이 사람이 우리의 왕 됨을 원하지 아니하나이다 하였더라

15 귀인이 왕위를 받아가지고 돌아와서 은화를 준 종들이 각각 어떻게 장사하였는지를 알고자 하여 그들을 부르니

16 그 첫째가 나아와 이르되 주인이여 당신의 한 므나로 열 므나를 남겼나이다

17 주인이 이르되 잘하였다 착한 종이여 네가 지극히 작은 것에 충성하였으니 열 고을 권세를 차지하라 하고

18 그 둘째가 와서 이르되 주인이여 당신의 한 므나로 다섯 므나를 만들었나이다

19 주인이 그에게도 이르되 너도 다섯 고을을 차지하라 하고

20 또 한 사람이 와서 이르되 주인이여 보소서 당신의 한 므나가 여기 있나이다 내가 수건으로 싸 두었었나이다

21 이는 당신이 엄한 사람인 것을 내가 무서워함이라 당신은 두지 않은 것을 취하고 심지 않은 것을 거두나이다

22 주인이 이르되 악한 종아 내가 네 말로 너를 심판하노니 너는 내가 두지 않은 것을 취하고 심지 않은 것을 거두는 엄한 사람인 줄로 알았느냐

23 그러면 어찌하여 내 돈을 은행에 맡기지 아니하였느냐 그리하였으면 내가 와서 그 이자와 함께 그 돈을 찾았으리라 하고

24 곁에 섰는 자들에게 이르되 그 한 므나를 빼앗아 열 므나 있는 자에게 주라 하니
25 그들이 이르되 주여 그에게 이미 열 므나가 있나이다
26 주인이 이르되 내가 너희에게 말하노니 무릇 있는 자는 받겠고 없는 자는 그 있는 것도 빼앗기리라
27 그리고 내가 왕 됨을 원하지 아니하던 저 원수들을 이리로 끌어다가 내 앞에서 죽이라 하였느니라

누가복음에 의하면 예수님께서 예루살렘으로 올라가시면서 많은 말씀을 하셨고 또 여러 번 수난 예고를 하셨지만 예수님의 말씀을 제대로 이해하는 사람은 거의 없었던 것 같다.

【1】 11 그들이 이 말씀을 듣고 있을 때에 비유를 더하여 말씀하시니 이는 자기가 예루살렘에 가까이 오셨고 그들은 **하나님의 나라가 당장에 나타날 줄로 생각함이더라**

제자들은 예수님께서 예루살렘에 올라가시면 하나님 나라가 즉시 특별한 방법으로 임하리라고 생각했다. 이에 예수님께서는 다음의 비유를 말씀하셨다.

【2】 12 이르시되 **어떤 귀인이 왕위를 받아가지고 오려고 먼 나라로 갈 때**에 13 그 종 열을 불러 은화 열 므나를 주며 이르되 **내가 돌아올 때까지 장사하라** 하니라

하나님 나라가 당장 나타난다고 생각하는 제자들에게 왜 이런 비유를 하셨을까? 이 비유는 어떤 예화라기보다는 계약법 실천의 실제라고 할 수 있다. 청지기 비유(12:44~46)에서 경제 관리를 잘한 종에게 주인이 재산을 맡기는 말씀을 하셨는데, 므나의 비유는 이와 맥을 같이한다. 귀인이 먼 나라로 왕위를 받으러 가신 기간은 예수님께서 부활 승천하신 후부터 재림까지의 기간인데, 이 기간에 성도들이 해야 할 일은 경제 문제 해결을 통한 하나님 나라 확장이다. "내가 돌아올 때까지 장사하라."는 말씀은 사실 그대로의 표현이다. 왜 하필 장사일까? 경제 문제가 인간의 삶에서 가장 중요한 비중을

차지하고 또 빈곤 해결과 빈부 양극화의 문제 해결이 가장 어렵기 때문이다. 이 문제들은 정치, 경제의 차원이 아닌 신앙의 차원, 즉 신앙적인 사명감을 가질 때에만 해결이 가능하다고 누가복음은 말하고 있다.

【3】 15 귀인이 왕위를 받아가지고 돌아와서 은화를 준 종들이 **각각 어떻게 장사하였는지를 알고자 하여** 그들을 부르니
16 그 첫째가 나아와 이르되 주인이여 당신의 **한 므나로 열 므나를 남겼나이다** 17 주인이 이르되 잘하였다 착한 종이여 **네가 지극히 작은 것에 충성하였으니 열 고을 권세를 차지하라** 하고

이 말씀은 재림 후 심판을 예고하는데, 누가에 의하면 심판의 기준이 경제 운영이다. 한 므나로 열 므나를 남긴 종에게는 열 고을 권세를 주신다는 말씀은 경제 운영을 잘해서 하나님 나라를 확장한 사람에게는 더 많은 것을 맡기신다는 뜻이다. 교인들에게 주어진 물질은 누리라고 주신 축복이 아니라 맡겨진 사명이다.

【4】 26 주인이 이르되 내가 너희에게 말하노니 **무릇 있는 자는 받겠고 없는 자는 그 있는 것도 빼앗기리라**

한 므나로 다섯 므나를 남긴 종에게는 다섯 고을 권세를 주었다. 그런데 맡았던 한 므나를 잘 간직했다가 그대로 들고 온 종에게 주인은 진노하여 그를 심판하고 한 므나를 빼앗아 열 므나를 남긴 자에게 주었다. 무엇을 말하는가?

교인들에게 경제 생활은 가장 중요한 사명이다. 최선을 다하여 자기 문제를 해결하려고 애써도 자기 힘으로 살아갈 수 없는 사람을 도우려고 해야 한다. 열 므나, 다섯 므나를 남겼다는 것은 남의 문제를 해결해 주었다는 뜻이다. 자기 문제만 겨우 해결하고 있으면 재앙 등 불가항력으로 어려움을 당한 사람들은 살아갈 길이 없다. 최선의 노력을 다해서 정당한 방법으로 돈을 많이 벌어서 바르게 써야 한다. 또한 세금을 똑바로 내야 한다. 세금을 내지 않으면 나라가 운영될 방법이 없다. 남의 문제를 내 문제로 여기고 서로 도와야

한다. 이렇게 남을 돕는 것은 결국 자기 자신을 돕는 것이다. 누구를 위한 일방적인 희생이 결코 아니다.

> 【5】 14 그런데 그 백성이 그를 미워하여 사자를 뒤로 보내어 이르되 우리는 이 사람이 우리의 왕 됨을 원하지 아니하나이다 하였더라 … 27 그리고 **내가 왕 됨을 원하지 아니하던 저 원수들을 이리로 끌어다가 내 앞에서 죽이라** 하였느니라

예수님께서 의의 왕이 되시는 것을 거부하던 사람들은 서기관과 바리새인, 제사장, 장로 등 정통신앙에 젖은 유대인인데, 이들이 첫 번째 순위의 심판 대상이다. 이들은 계약의 대상이었으면서 계약을 거부한 사람들이기 때문이다. 계약이 파기되어 나라가 멸망하자 저항하던 사람들은 죽거나 전쟁 포로로 끌려가고 나머지 사람들은 전 세계로 흩어져 형극의 삶을 살아야 했다. 이들은 역사에서 이미 심판받았고 또 종말에는 영원한 심판을 피할 길이 없다.

므나 비유의 말씀은 예수님께서 당신을 따르는 사람들에게 주신 마지막 교훈이다. 다시 말하면 누가복음에서 말하는 가장 중요한 말씀이라는 뜻이다. 이 말씀과 더불어 갈릴리로부터 예루살렘으로 올라가시는 대장정은 막을 내리고, 이제 예루살렘의 사역이 시작된다.

제4부 : 예루살렘 사역

물음 78~91 (19:28~24:56)

물음 78
예수님, 어떤 모습으로 입성하셨는가?

본문 : 〈 19:28~40 〉

28 예수께서 이 말씀을 하시고 예루살렘을 향하여 앞서서 가시더라
29 감람원이라 불리는 산쪽에 있는 벳바게와 베다니에 가까이 가셨을 때
에 제자 중 둘을 보내시며
30 이르시되 너희는 맞은편 마을로 가라 그리로 들어가면 아직 아무도
타 보지 않은 나귀 새끼가 매여 있는 것을 보리니 풀어 끌고 오라
31 만일 누가 너희에게 어찌하여 푸느냐 묻거든 말하기를 주가 쓰시겠다
하라 하시매
32 보내심을 받은 자들이 가서 그 말씀하신 대로 만난지라
33 나귀 새끼를 풀 때에 그 임자들이 이르되 어찌하여 나귀 새끼를 푸느냐
34 대답하되 주께서 쓰시겠다 하고
35 그것을 예수께로 끌고 와서 자기들의 겉옷을 나귀 새끼 위에 걸쳐 놓
고 예수를 태우니
36 가실 때에 그들이 자기의 겉옷을 길에 펴더라
37 이미 감람 산 내리막길에 가까이 오시매 제자의 온 무리가 자기들이
본 바 모든 능한 일로 인하여 기뻐하며 큰 소리로 하나님을 찬양하여
38 이르되 찬송하리로다 주의 이름으로 오시는 왕이여 하늘에는 평화요
가장 높은 곳에는 영광이로다 하니
39 무리 중 어떤 바리새인들이 말하되 선생이여 당신의 제자들을 책망하
소서 하거늘
40 대답하여 이르시되 내가 너희에게 말하노니 만일 이 사람들이 침묵하
면 돌들이 소리 지르리라 하시니라

공관복음에 의하면 예수님께서는 갈릴리에서 주로 사역하셨고, 유월절 절기에 맞추어 마지막으로 예루살렘에 올라가 사역하시다가

돌아가셨다. 이제 예수님의 예루살렘 사역이 시작되었다. 누가는 이 사역을 어떻게 말하고 있을까?

【1】 28 예수께서 **이 말씀을 하시고** 예루살렘을 향하여 앞서서 가시더라

예수님께서 예루살렘에 가시면 왕이 되시거나 하나님 나라가 특별히 임하리라고 생각하던 제자들은 므나 비유의 말씀을 듣고 당황했다. 도대체 무슨 뜻인지 종잡을 수 없었기 때문이다. 제자들이 망설이자 예수님께서는 앞장서서 예루살렘을 향하여 가셨다.

【2】 35 **그것을 예수께로 끌고 와서** 자기들의 겉옷을 나귀 새끼 위에 걸쳐 놓고 예수를 태우니 36 가실 때에 그들이 **자기의 겉옷을 길에 펴더라**

예수님께서는 예루살렘 입성 등과 관련하여 제자들과 아무런 사전 논의가 없으셨으며, 모든 것이 자연스럽게 즉흥적으로 이루어진 것으로 보인다. 타고 가실 나귀도 미리 준비되어 있지 않았지만,그래도 예수님의 지시대로 어떤 나귀를 끌고 왔으나 안장이 없었다. 그러자 누군가가 겉옷을 벗어 임시 안장을 만들었고 이를 지켜보던 다른 사람들은 겉옷을 벗어 길에 펴서 양탄자를 대신했다. 예수님께서 나귀를 타고 가시자 주변에 군중들이 모여들어 환호했다.

이 장면은 하나님께서 일하시는 방법의 한 단면을 보여준다. 자원하는 사람들을 통하여 자연스럽게 일이 되도록 인도하신다.

【3】 38 이르되 찬송하리로다 **주의 이름으로 오시는 왕이여** 하늘에는 평화요 가장 높은 곳에는 영광이로다 하니

마태, 마가와 달리 누가에서는 나귀를 타고 가시는 예수님을 왕으로 표현했는데, 전쟁의 왕이 아닌 평화의 왕이었다. 마태나 마가와 달리 군중들이 민족주의의 왕을 맞을 때 사용하는(마카비2서 10:7) 종려나무 가지를 사용했다는 기록이 누가에는 없다. 누가에 의하면 유대인들이 빌라도에게 예수님을 고발한 죄목도 왕이었으며 (23:2), 이에 따라 빌라도는 예수님께서 왕이신지를 확인했고

(23:3), 로마 군인들은 예수님을 유대인의 왕이라고 조롱했고 십자가에는 유대인의 왕이라는 팻말이 붙어 있었다.(23:37~38)

누가에 의하면 예수님은 예루살렘에 계시는 동안 왕으로 묘사되어 있다.

【4】 39 무리 중 어떤 바리새인들이 말하되 선생이여 당신의 제자들을 책망하소서 하거늘 40 대답하여 이르시되 내가 너희에게 말하노니 **만일 이 사람들이 침묵하면 돌들이 소리 지르리라** 하시니라

수많은 제자들이 환호성을 지르며 예수님을 에워싸고 성으로 들어오자 유월절 행사를 진행하던 바리새인들은 차질이 생겨서 짜증을 냈다. 이에 말씀하셨다. "이 사람들이 침묵하면 돌들이 소리 지르리라!"는 말씀은 계약 파기와 심판을 의미하는데(합2:11), 지금 이 환호성을 듣고 예수님을 평화의 왕으로 영접하지 않으면 곧 전쟁의 왕을 맞이하리라는 경고였다.

누가에 의하면 예수님께서는 평화의 왕으로 예루살렘에 입성하셨는데, 그 다음 사역은 무엇이었을까?

물음 79 예수님의 대성통곡, 무엇 때문이었는가?

본문 : 〈 19:41~48 〉

41 가까이 오사 성을 보시고 우시며

42 이르시되 너도 오늘 평화에 관한 일을 알았더라면 좋을 뻔하였거니와 지금 네 눈에 숨겨졌도다

43 날이 이를지라 네 원수들이 토둔을 쌓고 너를 둘러 사면으로 가두고

44 또 너와 및 그 가운데 있는 네 자식들을 땅에 메어치며 돌 하나도 돌

위에 남기지 아니하리니 이는 네가 보살핌 받는 날을 알지 못함을 인함이니라 하시니라

45 성전에 들어가사 장사하는 자들을 내쫓으시며

46 그들에게 이르시되 기록된 바 내 집은 기도하는 집이 되리라 하였거늘 너희는 강도의 소굴을 만들었도다 하시니라

47 예수께서 날마다 성전에서 가르치시니 대제사장들과 서기관들과 백성의 지도자들이 그를 죽이려고 꾀하되

48 백성이 다 그에게 귀를 기울여 들으므로 어찌할 방도를 찾지 못하였더라

누가복음에서는 예수님께서 입성하자마자 다음의 일들을 시작하신 것으로 기록되어 있다.

【1】 41 가까이 오사 성을 보시고 **우시며** 42 이르시되 너도 **오늘 평화에 관한 일을 알았더라면 좋을 뻔하였거니와** 지금 네 눈에 숨겨졌도다

제일 먼저 성을 바라보시고 대성통곡하셨다(ἔκλαυσεν). 평화의 말씀을 받아들이지 않음을 안타깝게 여기시면서 이제 남은 수순은 이민족의 침략으로 비극적인 종말을 맞이하고 성전이 파괴되리라고 예고하셨다.

【2】 45 성전에 들어가사 **장사하는 자들을 내쫓으시며** 46 그들에게 이르시되 기록된 바 내 집은 기도하는 집이 되리라 하였거늘 **너희는 강도의 소굴을 만들었도다** 하시니라

이어서 제사 중심으로 진행되는 유월절 행사를 중단시키셨다. 마태와 마가, 요한에 의하면 채찍을 만들어 제사용 짐승들을 내쫓으셨다. 유월절을 맞아 250여만 명의 사람들이 모였는데, 유대교 당국자들은 이를 위해 일 년 내내 치밀하게 행사를 준비해 놓았다. 그리고 예루살렘으로 모여온 사람들은 대부분 해외 교포(디아스포라)였는데, 요한복음에 의하면(12:9~11) 마침 죽은 나사로를 다시 살리시는 사건을 통해 예수님을 열광적으로 따르고 있어서 예수님께서는 그들의 절대적인 환호속에 유월절 행사를 중단시킬 수 있었다. 유월절 행사를 중단시키시고 무엇을 하셨을까?

【3】 47 예수께서 **날마다 성전에서 가르치시니** 대제사장들과 서기관들과 백성의 지도자들이 그를 죽이려고 꾀하되 48 **백성이 다 그에게 귀를 기울여 들으므로 어찌할 방도를 찾지 못하였더라**

매일 성전에서 하루 종일 성경을 가르치셨고 백성들은 아침 해 뜰 때부터 해 질 때까지 모두 모여 예수님의 말씀을 경청했다. 유월절 행사가 파행으로 중지되자 대제사장, 장로, 서기관 등이 예수님을 죽이려고 했으나 행사에 참여한 사람들이 예수님의 가르치심에 절대 집중하며 감동받고 있어서 어찌해 볼 방법이 없었다. 문자 그대로 속수무책이었다. 예수님의 예루살렘 사역은 매일 성전에서 가르치시는 것으로 시작하여 가르치시는 것으로 끝이 났다 (21:37~38).

그러나 대제사장, 서기관들은 그대로 포기하지 않고 나름대로 대응 방식을 찾아내려고 안간힘을 썼다. 이제 예수님과 유대교 당국자들 간에 정면 충돌과 힘겨루기가 시작되었다. 어떤 일들이 기다리고 있을까?

물음 80 유대교 당국자들의 자충수, 어떤 것일까?

본문 : 〈 20:1~19 〉

1 하루는 예수께서 성전에서 백성을 가르치시며 복음을 전하실새 대제사장들과 서기관들이 장로들과 함께 가까이 와서

2 말하여 이르되 당신이 무슨 권위로 이런 일을 하는지 이 권위를 준 이가 누구인지 우리에게 말하라

3 대답하여 이르시되 나도 한 말을 너희에게 물으리니 내게 말하라

4 요한의 침례가 하늘로부터냐 사람으로부터냐

5 그들이 서로 의논하여 이르되 만일 하늘로부터라 하면 어찌하여 그를

믿지 아니하였느냐 할 것이요
6 만일 사람으로부터라 하면 백성이 요한을 선지자로 인정하니 그들이
다 우리를 돌로 칠 것이라 하고
7 대답하되 어디로부터인지 알지 못하노라 하니
8 예수께서 이르시되 나도 무슨 권위로 이런 일을 하는지 너희에게 이르
지 아니하리라 하시니라
9 그가 또 이 비유로 백성에게 말씀하시기 시작하시니라 한 사람이 포도
원을 만들어 농부들에게 세로 주고 타국에 가서 오래 있다가
10 때가 이르매 포도원 소출 얼마를 바치게 하려고 한 종을 농부들에게
보내니 농부들이 종을 몹시 때리고 거저 보내었거늘
11 다시 다른 종을 보내니 그도 몹시 때리고 능욕하고 거저 보내었거늘
12 다시 세 번째 종을 보내니 이 종도 상하게 하고 내쫓은지라
13 포도원 주인이 이르되 어찌할까 내 사랑하는 아들을 보내리니 그들이
혹 그는 존대하리라 하였더니
14 농부들이 그를 보고 서로 의논하여 이르되 이는 상속자니 죽이고 그
유산을 우리의 것으로 만들자 하고
15 포도원 밖에 내쫓아 죽였느니라 그런즉 포도원 주인이 이 사람들을
어떻게 하겠느냐
16 와서 그 농부들을 진멸하고 포도원을 다른 사람들에게 주리라 하시니
사람들이 듣고 이르되 그렇게 되지 말아지이다 하거늘
17 그들을 보시며 이르시되 그러면 기록된 바 건축자들의 버린 돌이 모
퉁이의 머릿돌이 되었느니라 함이 어찜이냐
18 무릇 이 돌 위에 떨어지는 자는 깨어지겠고 이 돌이 사람 위에 떨어
지면 그를 가루로 만들어 흩으리라 하시니라
19 서기관들과 대제사장들이 예수의 이 비유는 자기들을 가리켜 말씀하
심인 줄 알고 즉시 잡고자 하되 백성을 두려워하더라

예수님께서 유월절 제사 행사를 중지시키고 성전에서 매일 가르치시자 예수님을 제거하기 위한 유대교 당국자들의 첫 번째 공격이 시작되었다.

【1】 2 말하여 이르되 **당신이 무슨 권위로 이런 일을 하는지 이 권위를 준 이가 누구인지 우리에게 말하라**

당국자들은 유월절 행사를 중지시킨 권위, 즉 하나님으로부터 주어진 표적을 보이라고 요구했는데, 그 이유는 다음과 같다.

첫째, 구약의 예언자들은 어떤 독특한 일을 할 때 자신들이 하나님으로부터 보내심을 받았다는 증거를 제시했다. 모세, 사무엘, 엘리야, 엘리사 등이 대표적인 예이며, 문서 예언자들은 "여호와께서 가라사대"(כּה אָמַר יהוה;코흐 아마르 야웨)라는 일인칭 화법을 사용했다. 이를 근거로 예수님에게 유월절 행사를 중지시킨 하늘의 권위를 요구했다.

둘째, 유대교의 랍비들은 율법을 가르치기 위하여 어릴 때부터 교육을 받았으며, 가르칠 때에는 늘 유명한 랍비의 가르침에 근거했다. 그런데 아무런 랍비 수업을 받지 않은 예수님께서는 이런 모든 전통의 권위를 무시하고 "나는 너희에게 이르노니"라는 식으로 독자적으로 가르쳤다. 그러자 당국자들은 가르침의 권위를 문제 삼았다.

당국자들은 모든 군중이 지켜보는 가운데서 이런 요구를 통해 예수님에게 망신을 주어 군중들을 해산시킬 심산이었다. 이에 대하여 예수님께서는 어떻게 대처하셨을까?

【2】 3 대답하여 이르시되 **나도 한 말을 너희에게 물으리니** 내게 말하라 4 **요한의 세례가 하늘로부터냐 사람으로부터냐** 5 그들이 서로 의논하여 이르되 만일 하늘로부터라 하면 어찌하여 그를 믿지 아니하였느냐 할 것이요 6 만일 사람으로부터라 하면 백성이 요한을 선지자로 인정하니 그들이 다 우리를 돌로 칠 것이라 하고 7 대답하되 어디로부터인지 **알지 못하노라** 하니

당국자들은 예수님께서 하실 답변에 반박하기 위하여 미리 치밀한 준비를 해 놓았다. 그런데 예수님께서 전혀 의외로 요한의 세례에 대한 권위를 역질문하시자 당황하여 즉시 답변하지 못하고 정회를 요청한 후 서로 논의하는 시간을 가졌다. 아무런 랍비 수업을 받지 않은 요한은 구약의 죄 사함의 제사들을 회개의 세례로 대체했는

데, 많은 사람들이 요한의 새로운 속죄제도를 하나님께서 허락하신 것으로 인정하고 세례를 받았다. 당국자들은 요한의 세례를 인정할 수도 부인할 수도 없는 궁지에 몰렸으나, 또 자신들이 벌여 놓았으니 대답하지 않을 수 없어서 "알지 못하노라."라고 했다.

만인이 보는 앞에서 예수님을 궁지에 몰아넣으려던 당국자들은 반대로 자신들이 개망신을 당하고 말았다.

【3】 9 그가 또 **이 비유로 백성에게 말씀하시기 시작하시니라** 한 사람이 포도원을 만들어 농부들에게 세로 주고 타국에 가서 오래 있다가 … 16 와서 그 농부들을 진멸하고 포도원을 다른 사람들에게 주리라 하시니 **사람들이 듣고 이르되 그렇게 되지 말아지이다** 하거늘

예수님께서는 스스로 판 구덩이에 빠져 망연자실(茫然自失)해 있는 당국자들을 세워놓고 군중들을 향하여 한 비유를 말씀하셨다. 예수님의 비유는 이스라엘 역사를 압축한 것인데, 듣다 보면 누구나 알 수 있는 자명성에 기초하여 이제는 계약이 파기되고 멸망 당할 수밖에 없다는 결론에 도달했다. 군중들은 합창했다. "계약이 파기되어 파멸에 이르면 안 됩니다." 예수님께서는 군중들의 합창을 통해 정통 도그마의 노예가 된 유대교에 대한 사망을 선고하셨다.

그리고 한 말씀 덧붙이셨다.

【4】 17 그들을 보시며 이르시되 그러면 기록된 바 **건축자들의 버린 돌이 모퉁이의 머릿돌이 되었느니라** 함이 어찜이냐 18 무릇 **이 돌 위에 떨어지는 자는 깨어지겠고 이 돌이 사람 위에 떨어지면 그를 가루로 만들어 흩으리라** 하시니라

시편 118:22의 말씀을 기가 막히게 인용하셨다. 성경 전문가들인 서기관들에게 이단으로 몰려 돌아가신 예수님께서 새로운 계약의 출발이시며, 예수님의 가르치심을 거부하는 자들은 다 멸망 받으리라는 말씀이다.

【5】 19 서기관들과 대제사장들이 예수의 이 비유는 **자기들을 가리켜 말씀하심인 줄 알고 즉시 잡고자 하되 백성을 두려워하더라**

서기관의 우두머리들과 대제사장 등 유대교 최고 권위자들은 예수님의 비유가 자신들을 향한 것임을 잘 알았다. 그러나 그들은 돌이켜 회개하기보다는 도리어 예수님을 죽이려고 했지만 군중들이 무서워 어찌할 방법이 없었다. 예수님의 첫 공격에서 완패한 당국자들은 또 무슨 일을 꾸몄을까?

물음 81 하늘의 지혜, 무엇으로 당해낼까?

본문 : 〈 20:20~44 〉

20 이에 그들이 엿보다가 예수를 총독의 다스림과 권세 아래에 넘기려 하여 정탐들을 보내어 그들로 스스로 의인인 체하며 예수의 말을 책잡게 하니

21 그들이 물어 이르되 선생님이여 우리가 아노니 당신은 바로 말씀하시고 가르치시며 사람을 외모로 취하지 아니하시고 오직 진리로써 하나님의 도를 가르치시나이다

22 우리가 가이사에게 세를 바치는 것이 옳으니이까 옳지 않으니이까 하니

23 예수께서 그 간계를 아시고 이르시되

24 데나리온 하나를 내게 보이라 누구의 형상과 글이 여기 있느냐 대답하되 가이사의 것이니이다

25 이르시되 그런즉 가이사의 것은 가이사에게, 하나님의 것은 하나님께 바치라 하시니

26 그들이 백성 앞에서 그의 말을 능히 책잡지 못하고 그의 대답을 놀랍게 여겨 침묵하니라

27 부활이 없다고 주장하는 사두개인 중 어떤 이들이 와서

28 물어 이르되 선생님이여 모세가 우리에게 써 주기를 만일 어떤 사람의 형이 아내를 두고 자식이 없이 죽으면 그 동생이 그 아내를 취하여 형을 위하여 상속자를 세울지니라 하였나이다

29 그런데 칠 형제가 있었는데 맏이가 아내를 취하였다가 자식이 없이 죽고

30 그 둘째와 셋째가 그를 취하고

31 일곱이 다 그와 같이 자식이 없이 죽고

32 그 후에 여자도 죽었나이다

33 일곱이 다 그를 아내로 취하였으니 부활 때에 그 중에 누구의 아내가 되리이까

34 예수께서 이르시되 이 세상의 자녀들은 장가도 가고 시집도 가되

35 저 세상과 및 죽은 자 가운데서 부활함을 얻기에 합당히 여김을 받은 자들은 장가 가고 시집 가는 일이 없으며

36 그들은 다시 죽을 수도 없나니 이는 천사와 동등이요 부활의 자녀로서 하나님의 자녀임이라

37 죽은 자가 살아난다는 것은 모세도 가시나무 떨기에 관한 글에서 주를 아브라함의 하나님이요 이삭의 하나님이요 야곱의 하나님이시라 칭하였나니

38 하나님은 죽은 자의 하나님이 아니요 살아 있는 자의 하나님이시라 하나님에게는 모든 사람이 살았느니라 하시니

39 서기관 중 어떤 이들이 말하되 선생님 잘 말씀하셨나이다 하니

40 그들은 아무 것도 감히 더 물을 수 없음이더라

41 예수께서 그들에게 이르시되 사람들이 어찌하여 그리스도를 다윗의 자손이라 하느냐

42 시편에 다윗이 친히 말하였으되 주께서 내 주께 이르시되

43 내가 네 원수를 네 발등상으로 삼을 때까지 내 우편에 앉았으라 하셨도다 하였느니라

44 그런즉 다윗이 그리스도를 주라 칭하였으니 어찌 그의 자손이 되겠느냐 하시니라

예수님에게 공개적으로 개망신을 당한 유대교 당국자들은 밤을 새워 머리를 맞대고 묘책을 강구했다. 찾아낸 방법은 예수님을 직접 체포할 수 없으므로, 로마 총독의 권세를 이용하여 체포하게 할 명분을 얻기로 하고 논쟁에 일가견이 있는 적임자를 가르침의 현장으로 보내 예수님을 궁지로 몰아넣게 했다.

【1】 22 우리가 **가이사에게 세를 바치는 것이 옳으니이까 옳지 않으니이까** 하니

이 물음은 유대교 내에서 오랫동안 논의를 거듭했으나 답을 찾을 수 없었던 물음이다. 로마제국에 세금을 내라고 하면 매국노가 되고, 내지 말라고 하면 로마제국에 반역자가 되기 때문이다. 유대인들은 어느 누구도 빠져나갈 길이 없는 묘책이라 생각하고 자신만만했다. 그런데 예수님은 인간의 지혜가 하나님의 지혜 앞에서 얼마나 무력한지를 보여주셨다.

【2】 25 이르시되 그런즉 **가이사의 것은 가이사에게, 하나님의 것은 하나님께** 바치라 하시니 26 그들이 백성 앞에서 그의 말을 능히 책잡지 못하고 **그의 대답을 놀랍게 여겨 침묵하니라**

예수님께서는자신만만한 질문자에게 일상에서 흔히 통용되는 화폐 데나리온을 꺼내게 하신 후 동전에 새겨진 화상이 누구냐로 반문하셨다. 가이사라고 대답하자 "가이사의 것은 가이사에게, 하나님의 것은 하나님께"라고 간단하게 대답하셨다. 유대인들은 뭐라고 반박할 수도 무슨 말을 더 할 수도 없어서, 또 공개적으로 개망신을 당하고 말았다.

【3】 27 **부활이 없다고 주장하는 사두개인 중 어떤 이들이 와서** … 33 일곱이 다 그를 아내로 취하였으니 **부활 때에 그 중에 누구의 아내가 되리이까**

바리새인과 헤롯당의 공모가 개망신으로 끝나자 이번에는 사두개인들이 문제를 제기했다.

성문 율법만 인정하는 사두개인들은 부활을 인정하지 않았다. 그래서 부활 문제를 두고 바리새인과 늘 논쟁을 거듭했다. 이스라엘의 형사취수 제도에 의해 여러 형제들을 남편으로 둔 여인은 부활 후에 누구의 아내인가?라는 문제는 부활이 없다고 주장하는 사두개인들이 부활을 인정하는 바리새인들을 반박할 때 애용한 질문이었고 바리새인들은 이에 대하여 대답할 수 없었다. 사두개인들은 이 질문을 예수님께 했다. 예수님께서는 뭐라고 하셨을까?

【4】 37 죽은 자가 살아난다는 것은 모세도 가시나무 떨기에 관한 글에서 **주를 아브라함의 하나님이요 이삭의 하나님이요 야곱의 하나님이시라** 칭하였나니 38 **하나님은 죽은 자의 하나님이 아니요 살아 있는 자의 하나님이시라** 하나님에게는 모든 사람이 살았느니라 하시니

부활의 상태는 세상에서처럼 결혼하는 관계가 아니라는 말씀과 더불어, 아브라함의 하나님, 이삭의 하나님, 야곱의 하나님이라는 구약의 하나님의 명칭을 산 자의 하나님으로 해석하셨고, 하나님께는 죽은 자가 없다고 대답하셨다. 예수님의 성경 해석 방법은 놀라움 그 자체이다.

【5】 39 서기관 중 어떤 이들이 말하되 **선생님 잘 말씀하셨나이다** 하니 40 그들은 **아무 것도 감히 더 물을 수 없음이더라**

사두개인들과의 부활 논쟁에서 대답할 수가 없었던 문제를 예수님께서 너무 간단하게 대답하시자, 그 말씀을 듣고 있던 바리새인은 감탄하여 예수님의 말씀이 맞다고 공개적으로 인정하여 사두개인과 바리새인의 공모에 금이 가고 말았다.

【6】 41 예수께서 그들에게 이르시되 **사람들이 어찌하여 그리스도를 다윗의 자손이라 하느냐**

유구무언(有口無言)인 당국자들을 향하여 예수님께서 포문을 여셨다. 유대인들의 정통 교리 중 하나는 메시아 사상이었는데, 메시아가 오면 다윗처럼 온 세상을 다스리는 황제가 된다고 생각하여 그를 '다윗의 자손'이라고 불렀다. 이는 지나친 민족주의적인 해석이므로 예수님께서는 이를 직접 겨냥하여 메시아가 어떻게 다윗의 자손일 수 있는가라고 반문하셨다.

당국자들은 이제 더 대답할 수도 물을 수도 없었다. 뭐라고 입을 열면 열수록 자신들의 무지와 모순이 드러나서 공개적인 망신을 피할 길이 없었기 때문이다. 절기가 끝나고 군중들이 흩어지면 그때 기회를 봐서 예수님을 제거하기로 하고, 이제는 속수무책으로 절기 내내 예수님의 가르치심을 지켜볼 수밖에 없었다.

유대교 당국자들과 예수님의 공개적인 대결은 예수님의 일방적인 승리로 끝나고 말았다. 예수님의 이런 즉문즉답을 보면 이는 사람의 지혜가 아니라 하늘의 지혜라고 밖에는 설명이 되지 않는다.

물음 82 과부의 가산을 삼킨 자, 무슨 뜻일까?

본문 : 〈 20:45~47, 21:1~4 〉

45 모든 백성이 들을 때에 예수께서 그 제자들에게 이르시되

46 긴 옷을 입고 다니는 것을 원하며 시장에서 문안 받는 것과 회당의 높은 자리와 잔치의 윗자리를 좋아하는 서기관들을 삼가라

47 그들은 과부의 가산을 삼키며 외식으로 길게 기도하니 그들이 더 엄중한 심판을 받으리라 하시니라

1 예수께서 눈을 들어 부자들이 헌금함에 헌금 넣는 것을 보시고

2 또 어떤 가난한 과부가 두 렙돈 넣는 것을 보시고

3 이르시되 내가 참으로 너희에게 말하노니 이 가난한 과부가 다른 모든 사람보다 많이 넣었도다

4 저들은 그 풍족한 중에서 헌금을 넣었거니와 이 과부는 그 가난한 중에서 자기가 가지고 있는 생활비 전부를 넣었느니라 하시니라

누가복음의 특징 중 하나는 중요한 문제에 대한 반복이다. 수난, 기도, 서기관, 종말 등이 그러하다.[77] 본문은 제자들에게 결코 서기관처럼 되지 말라고 경고하신 내용이다. 무슨 말씀을 하셨을까?

【1】 47 그들은 **과부의 가산을 삼키며 외식으로** 길게 기도하니 그들이 더 엄중한 심판을 받으리라 하시니라

77) 수난에 대한 여섯 번의 예고와 기도에 대한 반복(11:1~13, 18:1~14), 서기관을 본받지 말라는 경고(12:1~12, 20:45~21:4), 종말(12:35~37, 21:5~36)

서기관들이 과부의 가산을 삼킨다는 것은 무슨 뜻일까? 과부의 가산은 집안 중 가까운 이들이 돌보게 되어있으나 특별히 남편의 유언이나 연고가 없을 때에는 서기관들이 대신 관리하는 경우가 간혹 있었다. 서기관들이 과부들이 위탁한 재산을 삼켰다는 뜻일까? 하지만 〈물음55〉에서 본 바와 같이 서기관들은 그런 파렴치한 사람들이 아니다. 그들은 유대 사회에서 가장 존경받는 사람들이었다. 예수님은 서기관들의 '외식'을 늘 문제 삼으셨다. 유대인들의 인과응보와 의인 교리에 의하면 과부들은 죄인이어서 남편이 죽고 비참해졌으므로 이들은 단지 구제의 대상일 뿐이다.

그 결과 고아와 과부들의 문제를 근본적으로 해결하는 계약법 정신은 사라지고 말았다. 서기관들은 성경을 가르치는 자들인데 이들은 인과응보, 의인 교리나 늘어놓고 있어서 과부들에 대한 근본 대책은 묻히고 말았다. 이를 가리켜 예수님께서는 '과부의 가산을 삼키는 자'라고 하셨다.

설교자들에게는 그 시대의 문제에 대한 책임이 있다. 오늘 온 세상이 코로나19로 말미암아 두려움에 떨고, 온 세상이 쓰레기로 뒤덮여 있으며, 대멸종, 인류 멸종이 눈앞에 다가온 책임은 설교자들에게 있다. 설교가 잘못되면 세상이 멸망하고, 세상이 멸망하면 그 책임은 설교자에게 있다.

누가는 교회의 설교자들은 유대교 설교자인 서기관과 바리새인처럼 되지 않기를 간절히 바라는 마음으로 이런 이야기를 반복해서 기록해 놓고 있다.

【2】 2 또 어떤 가난한 과부가 **두 렙돈 넣는 것을 보시고** 3 이르시되 내가 참으로 너희에게 말하노니 이 가난한 과부가 다른 모든 사람보다 많이 넣었도다 4 저들은 그 풍족한 중에서 헌금을 넣었거니와 이 과부는 그 가난한 중에서 자기가 가지고 있는 **생활비 전부를 넣었느니라** 하시니라

마가의 병행 본문에서는 '가난한'이라는 단어로 일반적인 가난을 뜻하는 프토코스(πτωχός)를 쓰고 있으나, 누가에서는 대단히 궁핍한 뜻의 페니크로스(πενιχρός)를 쓰고 있다. 렙돈은 가장 작은 화폐 단위로 하루 품삯인 데나리온의 1/100이다. 한 과부가 헌금한 두 렙돈은 그의 생활비 전부였다고 기록하고 있는데, 현재 우리 돈으로 환산하면 대략 1천 원짜리 두 장 정도에 해당된다.

가난하면서도 생활비 전부를 헌금한 이야기를 마가복음과 누가복음에는 왜 기록되었을까? 이들처럼 생활비 전부를 헌금하라는 뜻일까? 아니면 생활비 전부를 헌금한 과부의 믿음을 본받으라는 것일까? 아니면 과부처럼 믿음으로 헌금하면 하나님께서 책임지시고 복을 내려주신다는 뜻일까?

이 이야기가 서기관을 본받지 말라는 경고와 그들은 과부의 가산을 삼키며 외식하는 자들이라는 책망과 연결되어있음을 주목하면 저절로 답이 나온다. 이 과부처럼 살아가는 사람이 없게 하라는 뜻이며, 과부를 비롯한 가난한 자들이 이렇게 살아갈 수밖에 없는 세상에 대한 책임은 설교자에게 있음을 명심하라는 말씀이다.

누가복음에서는 서기관을 본받지 말라는 예수님의 거듭된 말씀을 통하여 오늘 우리에게도 설교자의 책임을 강조하고 있다.

물음 83 종말론, 무엇이 문제인가?

본문 : 〈 21:5~38 〉

〈 계약 파기 경고 〉

5 어떤 사람들이 성전을 가리켜 그 아름다운 돌과 헌물로 꾸민 것을 말
하매 예수께서 이르시되

6 너희 보는 이것들이 날이 이르면 돌 하나도 돌 위에 남지 않고 다 무너뜨려지리라

7 그들이 물어 이르되 선생님이여 그러면 어느 때에 이런 일이 있겠사오며 이런 일이 일어나려 할 때에 무슨 징조가 있사오리이까

8 이르시되 미혹을 받지 않도록 주의하라 많은 사람이 내 이름으로 와서 이르되 내가 그라 하며 때가 가까이 왔다 하겠으나 그들을 따르지 말라

9 난리와 소요의 소문을 들을 때에 두려워하지 말라 이 일이 먼저 있어야 하되 끝은 곧 되지 아니하리라

12 이 모든 일 전에 내 이름으로 말미암아 너희에게 손을 대어 박해하며 회당과 옥에 넘겨 주며 임금들과 집권자들 앞에 끌어 가려니와

13 이 일이 도리어 너희에게 증거가 되리라

14 그러므로 너희는 변명할 것을 미리 궁리하지 않도록 명심하라

15 내가 너희의 모든 대적이 능히 대항하거나 변박할 수 없는 구변과 지혜를 너희에게 주리라

16 심지어 부모와 형제와 친척과 벗이 너희를 넘겨 주어 너희 중의 몇을 죽이게 하겠고

17 또 너희가 내 이름으로 말미암아 모든 사람에게 미움을 받을 것이나

18 너희 머리털 하나도 상하지 아니하리라

19 너희의 인내로 너희 영혼을 얻으리라

20 너희가 예루살렘이 군대들에게 에워싸이는 것을 보거든 그 멸망이 가까운 줄을 알라

21 그 때에 유대에 있는 자들은 산으로 도망갈 것이며 성내에 있는 자들은 나갈 것이며 촌에 있는 자들은 그리로 들어가지 말지어다

22 이 날들은 기록된 모든 것을 이루는 징벌의 날이니라

23 그 날에는 아이 밴 자들과 젖먹이는 자들에게 화가 있으리니 이는 땅에 큰 환난과 이 백성에게 진노가 있겠음이로다

24 그들이 칼날에 죽임을 당하며 모든 이방에 사로잡혀 가겠고 예루살렘은 이방인의 때가 차기까지 이방인들에게 밟히리라

〈 하나님 나라 임재 〉

29 이에 비유로 이르시되 무화과나무와 모든 나무를 보라

30 싹이 나면 너희가 보고 여름이 가까운 줄을 자연히 아나니

31 이와 같이 너희가 이런 일이 일어나는 것을 보거든 하나님의 나라가 가까이 온 줄을 알라

32 내가 진실로 너희에게 말하노니 이 세대가 지나가기 전에 모든 일이 다 이루어지리라
33 천지는 없어지겠으나 내 말은 없어지지 아니하리라

〈 주님의 재림 〉

10 또 이르시되 민족이 민족을, 나라가 나라를 대적하여 일어나겠고
11 곳곳에 큰 지진과 기근과 전염병이 있겠고 또 무서운 일과 하늘로부터 큰 징조들이 있으리라
25 일월 성신에는 징조가 있겠고 땅에서는 민족들이 바다와 파도의 성난 소리로 인하여 혼란한 중에 곤고하리라
26 사람들이 세상에 임할 일을 생각하고 무서워하므로 기절하리니 이는 하늘의 권능들이 흔들리겠음이라
27 그 때에 사람들이 인자가 구름을 타고 능력과 큰 영광으로 오는 것을 보리라
28 이런 일이 되기를 시작하거든 일어나 머리를 들라 너희 속량이 가까웠느니라 하시더라
34 너희는 스스로 조심하라 그렇지 않으면 방탕함과 술취함과 생활의 염려로 마음이 둔하여지고 뜻밖에 그 날이 덫과 같이 너희에게 임하리라
35 이 날은 온 지구상에 거하는 모든 사람에게 임하리라
36 이러므로 너희는 장차 올 이 모든 일을 능히 피하고 인자 앞에 서도록 항상 기도하며 깨어 있으라 하시니라
37 예수께서 낮에는 성전에서 가르치시고 밤에는 나가 감람원이라 하는 산에서 쉬시니
38 모든 백성이 그 말씀을 들으려고 이른 아침에 성전에 나아가더라

교회 역사에서 종말론 만큼 혼란을 준 문제는 없는 것 같다. 오늘날에도 종말론은 많은 문제를 일으키고 있는데, 그 이유는 종말에 대한 기본적인 이해가 결여되어 있기 때문이다. 종말에 대한 오해를 줄이려면 다음의 주제들을 먼저 명확하게 이해해야 한다.

❶ 계약 파기 종말

구약의 이스라엘은 하나님과 계약을 맺은 계약공동체이다. 그런데 왕정기 이후 이스라엘이 계약을 위반하자 선지자들이 등장하여

계약의 파기를 예고하면서 종말을 선언했다. 이때의 종말은 계약 파기로 인한 이스라엘의 멸망을 말한다. 포로기 이전의 선지자들은 이런 종말을 선언했다. 포로기에 신명기 선지자들의 활동으로 계약이 회복되어 귀환한 이스라엘은 후기에 이르러 또 계약을 저버리고 말았다. 이에 세례 요한과 예수님은 경고와 더불어 다시 계약 파기를 선언했다. 성경의 많은 부분에서는 계약 파기 종말에 대하여 말하고 있다. 이를 잘 구분해야 한다.

❷ 박해 세력 종말

계약공동체는 많은 박해를 받은 역사를 가지고 있다. 구약의 유대인들은 귀환 이후 헬라문화와 충돌하면서 심한 박해를 받았다. 유대인들은 이런 박해와 맞서 싸우면서 '묵시문학'이라는 독특한 표현양식을 개발했다. 묵시문학은 일종의 비밀 언어를 사용하는데, 박해세력을 마귀, 짐승, 음녀, 바벨론 등으로 지칭하면서 그런 악한 세력은 반드시 심판을 받으리라고 종말을 선언했다.

교회사에서도 초기 교회는 로마제국으로부터 극심한 박해를 받았는데, 사도 요한은 계시록에서 교회를 박해하는 로마제국은 반드시 심판을 받아 종말을 맞는다고 선언했다. 요한계시록은 묵시문학인데, 계시록에서 말하는 심판과 종말의 대상은 세상이 아니라 교회를 박해하는 세력을 말한다. 십사만 사천 명은 박해받아 순교한 사람들을 의미하고, 아마겟돈 전쟁은 세상 종말의 전쟁이 아니라 박해 세력이 종말을 맞는 전쟁이다. 요한계시록을 해석하면서 세상 종말의 시간을 읽어내려는 시도는 그 기본적인 이해 자체가 잘못되어 있다. 신천지를 비롯한 이단들은 계시록을 곡해하고 왜곡시켜 많은 혼란을 가중시키고 있다.

❸ 하나님 나라 임재

복음서의 주제는 '하나님 나라'이므로 이에 대한 언급이 많다. 복음서에서 말하는 하나님 나라는 죽은 다음에 가는 나라가 아니라 지금 여기 이 세상에 임하는 하나님 나라이다. 이런 이유로 하나님 나라가 언제 임하느냐고 묻는 바리새인들에게 예수님께서는 이렇게 대답하셨다.

> 예수께서 대답하여 이르시되 하나님의 나라는 볼 수 있게 임하는 것이 아니요 또 여기 있다 저기 있다고도 못하리니 하나님의 나라는 너희 안에 있느니라(17:20)

이와 관련된 구절들은 얼마든지 있는데, 주기도문에도 있다.

> 나라가 임하시오며 뜻이 하늘에서 이루어진 것 같이 땅에서도 이루어지이다(마6:10)

예수님께서는 죄인들과 새로운 계약을 맺으러 오셨으며, 곧 새 계약공동체에 하나님 나라가 임하리라는 말씀을 많이 하셨다. 그 대표적인 구절은 다음과 같다.

> 또 그들에게 이르시되 내가 진실로 너희에게 이르노니 여기 서 있는 사람 중에는 죽기 전에 **하나님의 나라가 권능으로 임하는 것을** 볼 자들도 있느니라 하시니라(막9:1)

이 구절을 자칫 예수님의 재림으로 오해하는 경우가 많이 있다. 요한복음에 의하면 성령의 강림을 하나님 나라 임재와 동일시하는데, 사도행전의 오순절 사건이 이에 해당된다. 그러므로 하나님 나라의 임재를 예수님의 재림과 혼동하지 말아야 한다. 재림을 말하는 구절은 다음과 같은데, 위의 구절과 비슷해 보이지만 전혀 다르다.

> 그 때에 **인자가 구름을 타고 큰 권능과 영광으로 오는 것을** 사람들이 보리라(막13:26)

지금 여기 이 세상 속에 임한 하나님 나라는 계약공동체를 통하여 확산되며 완성을 향하여 성장한다. 그러나 그 완성은 사람의 힘으로는 되지 않는다. 마지막 때 하나님의 초자연적인 개입으로 완성되어진다.

❹ 예수님의 재림, 하나님 나라의 완성

성경에서 말하는 종말론은 세속의 영혼불멸설에서 말하는 종말론과 전혀 다르다. 영혼불멸설에서는 인간이 죽으면 육체는 소멸되고 영혼이 내세로 간다고 말한다. 또 이들은 육체와 영혼을 분리하듯이 이 세상과 내세를 분리하여 이 세상은 종말에 심판받아 소멸되고 내세에서 영혼이 영생한다고 생각한다. 이와 같이 육체와 영혼을 분리하는 것을 영육이원론이라고 한다.

그러나 성경에서는 인간의 육체가 소멸되는 게 아니라 영혼과 더불어 그리스도 안에 잠들어 있다가 부활한다고 말한다. 성경에서 말하는 구원은 영혼만의 구원이 아니라 육체와 영혼의 부활이다. 이는 영육일원론이다. 영과 육을 하나로 보듯이 성경에서는 이 세상과 하나님 나라를 분리하지 않고 하나님 나라를 이 세상에 임재하여 완성되어 가다가 종말에 즉 그리스도의 재림 때에 완성되어 진다고 말한다. 이에 대해서는 요한계시록 20~21장에서 명확하게 설명하고 있다.

성경에서 말하는 종말은 이 세상 자체의 종말이 아니라 이 세상을 지배하는 죄악의 세력인 마귀와 그 추종자들에 대한 종말이다. 마귀는 계약공동체를 통하여 실현되어가는 하나님 나라를 온갖 수단과 방법을 다하여 방해한다. 이에 하나님께서는 종말에 마귀와 죄악의 세력을 멸망시키고 하나님 나라를 완성시키신다. 이 세상은 하나님께서 창조하신 피조물인데, 이 세상이 죄의 지배를 받는다는 이유로 불로 심판하여 태워버린다면 이는 하나님의 창조의 실패이자 모순이다. 하나님께서는 종말에 역사와 창조를 완성하신다.

사람이 죽으면 영혼이 곧바로 천국에 간다는 말과 종말에 이 세상은 심판을 받아 없어지고 천국에서 영원히 산다는 말들은 영육이원론에서 말하는 구원과 종말이다. 이는 성경에서 말하는 것과 전혀 다르다. 이를 혼동하거나 오해하지 말아야 한다.

이런 기본적인 이해를 가지고 이제 누가복음의 본문으로 돌아가고자 한다.

누가는 예수님의 성전 가르침을 종말론으로 마무리 짓고 있다. 그 이유는 계약공동체에게는 계약 파기보다 더 중요한 사건이 없기 때문이다. 그런데 본문에는 계약 파기 경고와 더불어 하나님 나라의 임재, 인자의 재림 등이 혼재되어있어서 해석이 쉽지 않다. 세 사건이 혼재된 이유는 본래 예수님께서 여러 차례 나누어 말씀하셨는데 후일 이를 모아놓았으며, 또 편집 과정에서 대칭 구조로 기록했기 때문일 것이다.[78)]

편의상 본문을 계약 파기 경고, 하나님 나라 임재, 재림 등의 순서로 재배열했다. 이를 간략히 해석하면 다음과 같다.

> 【1】 5 어떤 사람들이 성전을 가리켜 **그 아름다운 돌과 헌물로 꾸민 것을 말하매** 예수께서 이르시되 6 너희 보는 이것들이 날이 이르면 **돌 하나도 돌 위에 남지 않고 다 무너뜨려지리라**

"돌 하나도 돌 위에 남지 않고 다 무너뜨려지리라."는 말씀은 계약 파기에 대한 대표적인 구절이다.[79)] 본문은 계약 파기에 대한 경고로 시작하고 있다.

> 【2】 17 또 너희가 내 이름으로 말미암아 **모든 사람에게 미움을 받을 것이나** … 20 너희가 **예루살렘이 군대들에게 에워싸이는 것을 보거든** 그 멸망이 가까운 줄을 알라 … 24 그들이 **칼날에 죽임을 당하며 모든 이방에 사로잡혀 가겠고 예루살렘은 이방인의 때가 차기까지 이방인들에게 밟히리라**

---

78) 본문의 8~36절은 교차 대칭 구조를 이루고 있다. 김득중, 「누가복음 Ⅱ」, 대한기독교서회, 1993. p. 194.

79) 이러므로 너희로 말미암아 시온은 갈아엎은 밭이 되고 예루살렘은 무더기가 되고 성전의 산은 수풀의 높은 곳이 되리라(미3:12)

그러나 너희가 이 말을 듣지 아니하면 내가 나를 두고 맹세하노니 이 집이 황폐하리라 여호와의 말씀이니라(렘22:5)

이런 구절들은 계약이 파기되어 이스라엘이 비참하게 멸망하여 죽임을 당하거나 포로로 잡혀가리라는 경고의 말씀이다. 예수님의 가르침과 책망, 경고는 이런 비극을 막고자 함이었으나 교리신앙에 사로잡힌 유대인들은 끝까지 돌이키지 않았다.

【3】 31 이와 같이 너희가 이런 일이 일어나는 것을 보거든 **하나님의 나라가 가까이 온 줄을 알라** 32 내가 진실로 너희에게 말하노니 **이 세대가 지나가기 전에 모든 일이 다 이루어지리라** 33 천지는 없어지겠으나 내 말은 없어지지 아니하리라

이 말씀은 새 계약공동체를 통하여 임하게 될 하나님 나라에 대한 예고이다. 이를 재림을 말하는 다음의 구절과 혼동하지 말아야 한다.

【4】 26 사람들이 세상에 임할 일을 생각하고 무서워하므로 기절하리니 **이는 하늘의 권능들이 흔들리겠음이라** 27 그 때에 사람들이 **인자가 구름을 타고 능력과 큰 영광으로 오는 것을 보리라** … 36 이러므로 너희는 장차 올 이 모든 일을 능히 피하고 인자 앞에 서도록 **항상 기도하며 깨어 있으라** 하시니라

“사람들이 인자가 구름을 타고 능력과 큰 영광으로 오는 것을 보리라.”라는 말씀은 재림을 뜻한다. 재림때에는 인간의 육체가 부활하듯이 이 세상도 새 하늘과 새 땅으로 변화되는 사건들이 일어난다. 하나님께서 창조하신 이 세상은 심판과 소멸의 대상이 아니라 새로운 세상으로 변화될 대상이다. 항상 기도하며 깨어 있으라는 말씀은 이 땅에 하나님 나라를 실현하기 위하여 최선을 다하라는 말씀이다. 하나님께서는 계약공동체가 시작한 나라를 초자연적인 방법으로 완성하신다.

【5】 37 예수께서 **낮에는 성전에서 가르치시고** 밤에는 나가 감람원이라 하는 산에서 쉬시니 38 **모든 백성이 그 말씀을 들으려고 이른 아침에 성전에 나아가더라**

유월절 기간 내내 예수님께서는 아침 해 뜰 때부터 해 질 때까지 성전에서 가르치셨고, 백성들은 그 말씀을 듣기 위하여 새벽부터 몰려들었다. 예수님의 예루살렘 사역은 성전에서 가르치심으로 시작

하여 가르치심으로 끝이 났다.

어떤 사본들에는 이 말씀에 이어 요한복음의 간음하다 현장에서 붙들린 여인의 이야기(요7:53~8:11)가 기록되어 있다.

물음 84 성만찬, 도대체 무엇을 말하고 있을까?

본문 : 〈 22:7~20 〉

7 유월절 양을 잡을 무교절날이 이른지라

8 예수께서 베드로와 요한을 보내시며 이르시되 가서 우리를 위하여 유월절을 준비하여 우리로 먹게 하라

9 여짜오되 어디서 준비하기를 원하시나이까

10 이르시되 보라 너희가 성내로 들어가면 물 한 동이를 가지고 가는 사람을 만나리니 그가 들어가는 집으로 따라 들어가서

11 그 집 주인에게 이르되 선생님이 네게 하는 말씀이 내가 내 제자들과 함께 유월절을 먹을 객실이 어디 있느냐 하시더라 하라

12 그리하면 그가 자리를 마련한 큰 다락방을 보이리니 거기서 준비하라 하시니

13 그들이 나가 그 하신 말씀대로 만나 유월절을 준비하니라

14 때가 이르매 예수께서 사도들과 함께 앉으사

15 이르시되 내가 고난을 받기 전에 너희와 함께 이 유월절 먹기를 원하고 원하였노라

16 내가 너희에게 이르노니 이 유월절이 하나님의 나라에서 이루기까지 다시 먹지 아니하리라 하시고

17 이에 잔을 받으사 감사 기도 하시고 이르시되 이것을 갖다가 너희끼리 나누라

18 내가 너희에게 이르노니 내가 이제부터 하나님의 나라가 임할 때까지 포도나무에서 난 것을 다시 마시지 아니하리라 하시고

19 또 떡을 가져 감사 기도 하시고 떼어 그들에게 주시며 이르시되 이것

은 너희를 위하여 주는 내 몸이라 너희가 이를 행하여 나를 기념하라 하시고
20 저녁 먹은 후에 잔도 그와 같이 하여 이르시되 이 잔은 내 피로 세우는 새 언약이니 곧 너희를 위하여 붓는 것이라

기독교 신학의 구원론에 가장 큰 영향을 주는 이야기 중의 하나가 성만찬 예식사다. 떡과 포도주를 주시면서 예수님의 살과 피라고 말씀하셔서 성찬 예식이 생겨났으며, 구원과 관련이 있다고 생각한다. 그런데 예수님께서 말씀하신 것이 과연 그런 뜻일까? 네 복음서의 관련 구절을 비교하며 다시 해석해 보고자 한다.

【1】 8 예수께서 베드로와 요한을 보내시며 이르시되 **가서 우리를 위하여 유월절을 준비하여 우리로 먹게 하라**

마태, 마가와 달리 누가에서는 예수님께서 먼저 베드로와 요한을 보내 유월절 식사하실 장소를 특별한 방법으로 준비하게 하셨다. 제자들은 예수님께서 일러주신 대로 물동이를 가지고 가는 사람을 만나 식사 준비를 해 놓았다. 유대인들은 유월절 식사로 양을 잡아 구워서 무교병과 쓴 나물과 같이 먹었다. 유월절에 온 사람들이 양으로 제사드린 이유는 이 식사 때문이었다. 그런데 예수님은 양으로 제사 드리지도 않았으며, 평소의 식사대로 떡과 포도주를 가지고 유월절 식사를 하셨다. 만일 십자가의 대속을 염두에 두셨다면 떡 보다는 양고기가 훨씬 더 실감났을 것이다. 그런데 왜 주식인 빵과 포도주였을까?

【2】 14 때가 이르매 예수께서 사도들과 함께 앉으사 15 이르시되 내가 고난을 받기 전에 **너희와 함께 이 유월절 먹기를 원하고 원하였노라** 16 내가 너희에게 이르노니 **이 유월절이 하나님의 나라에서 이루기까지 다시 먹지 아니하리라** 하시고

이 본문은 누가복음에만 나온다. 예수님께서는 제자들과 유월절 식사하기를 특별히 원하고 원하셨다. 왜 그럴까? 이 유월절이, 즉 노예들이 애굽에서 해방된 것을 기념하는 정신이 구현된 하나님 나

라가 곧 이뤄지기를 바라셨기 때문이다. 또 유월절이 하나님 나라에서 실현되기 이전에는 단식하겠다고 선언하셨다. 이보다 더 비장한 말씀은 없다. 왜 제자들과 드시는 마지막 식사의 자리를 이토록 중요하게 말씀하실까?

【3】 19 또 떡을 가져 감사 기도 하시고 떼어 그들에게 주시며 이르시되 **이것은 너희를 위하여 주는 내 몸이라 너희가 이를 행하여 나를 기념하라** 하시고 20 저녁 먹은 후에 잔도 그와 같이하여 이르시되 **이 잔은 내 피로 세우는 새 언약이니 곧 너희를 위하여 붓는 것이라**

누가의 본문을 마태나 마가와 비교해 보면 누가는 '너희'를 강조하고 있다. 너희에게, 너희끼리, 너희를 위하여, 너희가 등이 반복해서 쓰이고 있다. 이는 열두 제자들은 개인 자격이 아니라 특별한 대표자로 앉아있다는 뜻이다. 떡을 주시면서 "너희가 이를 행하여 나를 기념하라!"(ἀνάμνησιν)고 하신 말씀은 결코 잊지 말라는 말씀이다. 포도주를 주시면서는 '새 언약'이라고 하셨다. 이를 정리해 보면 이 식사는 새 언약 체결의 사건이었다. 예수님께서는 유월절 식사를 하시면서 제자들과 새로운 계약을 맺으신 것이다. 첫 번째 계약을 맺을 때 양의 피를 뿌렸듯이 두 번째의 새 계약은 예수님의 대신 죽으심으로 체결되었다.

예수님께서 십자가에서 죽으심은 새 계약을 위한 죽으심이었다. 유대인들의 불순종으로 계약이 파기되어 이제는 구원받을 길이 사라지고 말았다. 옛 계약을 없던 일로 하거나 계약을 지키지 않은 책임을 묻지 않고 그냥 또 계약을 체결한다는 것은 법 정신과 이치에 맞지 않는다. 이에 하나님께서는 친히 인간이 되셔서 인간이 계약을 지키지 않은 책임을 대신 지고 죽으심으로 새로운 계약 체결의 길을 열어놓으셨다. 예수님의 이런 대속(代贖)은 새 계약을 위한 죽으심이다. 그러면 이제 어떻게 구원받을 수 있는가? 예수님으로 말미암아 다시 시작된 새 계약을 지킴으로 구원받는다.

이 새 계약을 지킴과 상관없이 예수님의 십자가로 지은 죄를 용서받고 그냥 구원받는다고 말하는 구속사 구원론은 모순이다. 구속사 구원론의 십자가 신학은 예수님의 죽으심을 바로 이해하지 못한 비극적인 결과이다.

왜 예수님께서는 유월절 식사 자리에서 새 계약을 체결하셨으며, 또 유월절이 하나님 나라에서 이뤄지기까지는 식사하지 않으시겠다고 단식 선언을 하셨을까? 그 이유는 계약법 정신의 핵심이 먹는 문제 해결이기 때문이다. 육체를 지닌 사람에게 있어서 먹는 문제는 기본이자 가장 중요하며, 지금도 세상에는 기아에 시달리는 사람이 태반이기 때문이며, 빈부격차 해결은 신앙의 차원이 아니고서는 불가능하기 때문이다. 예수님께서 잊지 말고 기억하라고 당부하신 말씀은 교회가 해야 할 가장 중요한 문제는 먹고 사는 문제의 해결이라는 것이다. 구속사 신앙에 익숙해 있는 사람들은 이 말씀을 받아들이기 쉽지 않을 수 있다. 다음의 사실이 이를 뒷받침한다.

❶ 공동식사

사도행전을 보면 최초의 교회에서는 예배와 더불어 공동으로 식사했으며, 이 공동식사는 예배와 동일시되었다. 15장의 교회 대표자 회의는 유대인과 이방인이 공동식사를 하는 데 걸림돌이 되는 우상의 제물, 피 등의 문제를 해결하기 위한 회의였다. 점심 끼니를 거르는 사람들이 수두룩하던 때에 여유가 있는 사람들이 식사를 준비해 와서 같이 나누어 먹었다. 이는 교인들이 교회의 일차 과제가 먹는 문제 해결이라고 생각했음을 보여주는 명확한 증거이다.

❷ 요한복음의 성만찬

요한복음에는 마지막 식사가 예수님께서 제자들의 발을 씻기시는 사건으로 대신하며(요13:1~10), 성만찬 예식사는 6장의 오병이어 사건 다음에 이어진다. 요한은 왜 이렇게 편집해 놓았을까?

첫째, 성만찬은 사도들에게 먹는 문제 해결을 당부하신 사건임을 강조하기 위함이다. 이를 위해서 요한은 오병이어 사건과 성만찬 예식사를 연결시켜 놓았다.

둘째, 공동식사가 성찬 예식으로 변질되는 것을 경고하기 위함이다. 요한복음은 100년경 쓰였는데, 이즈음에는 교회의 공동식사 정신이 사라지고 성찬 예식으로 대체하려는 움직임이 일부에서 있었다. 따라서 요한은 복음서를 쓰면서 이런 문제들에 제동을 걸기 위하여 오병이어와 성만찬 예식사를 연결지어 놓았다.

그런데 왜 요한의 경고를 무시하고 성찬 예식이 등장했을까?

❸ 가톨릭 미사

후일 교회가 로마제국의 국교가 된 이후 교회 지도자들은 정치 지도자들과 권력 다툼을 하게 되었다. 이 과정에서 교회 지도자들은 교권을 강화할 필요성이 생겼고 그 일환으로 고해성사와 성만찬 예식을 제정했다. 성찬 예식에서 사제가 떡과 포도주를 위해 기도하면 예수님의 살과 피로 변화된다고 했는데, 이를 화체설(化體說)이라고 한다. 또 구원을 받으려면 성찬 예식에서 사제(司祭)에게 직접 예수님의 살인 떡과 피인 포도주를 받아 마셔야 한다고 하면서, 예배를 성찬식 위주로 바꾸어 놓았다. 지금도 가톨릭 교회에서는 이 화체설을 기초한 미사로 예배를 대신하고 있다.

교회사에서 가장 큰 오해와 비극을 불러온 신학 중의 하나가 성례전 신학이다. 이 신학은 계약법 정신을 송두리째 뽑아 버리고 말았다. 내 살과 내 피를 먹고 마시면 살리라는 말씀은 식탁의 정신이다. 식탁에 차려진 음식들은 모두가 식물과 동물의 살이고 피이다. 식물과 동물들은 나의 하루 생명을 연장시키기 위하여 자신들의 살과 피를 기꺼이 희생하고 있다. 이를 먹은 사람은 그 희생에 부응하는 생명 값을 해야 한다. 그것이 곧 세상에서 먹지 못하는 사람들의 문제를 해결해 주는 것이다. 계약법 정신은 멀리, 고상한 어떤 것에 있는 것이 아니라 매일 먹는 밥상에, 밥그릇에 들어있다. 계약법 정신이 사라진, 정신 나간 미사와 그를 뒷받침하는 화체설, 공재설, 임재설, 상징설 등의 신학들은 하루속히 청산되어야 한다. 이런 정신 나간 신학들은 그 외에도 수두룩 하다. 이들은 기독교의 수치 그 자체이며, 그런 정신 나간 신학이 먼저 청산되지 않는 한 기독교의 미래는 있을 수 없다.

물음 85 마지막 당부, 무엇이었을까?

본문 : 〈 22:24~38 〉

24 또 그들 사이에 그 중 누가 크냐 하는 다툼이 난지라

25 예수께서 이르시되 이방인의 임금들은 그들을 주관하며 그 집권자들은 은인이라 칭함을 받으나

26 너희는 그렇지 않을지니 너희 중에 큰 자는 젊은 자와 같고 다스리는 자는 섬기는 자와 같을지니라

27 앉아서 먹는 자가 크냐 섬기는 자가 크냐 앉아서 먹는 자가 아니냐 그러나 나는 섬기는 자로 너희 중에 있노라

28 너희는 나의 모든 시험 중에 항상 나와 함께 한 자들인즉

29 내 아버지께서 나라를 내게 맡기신 것 같이 나도 너희에게 맡겨

30 너희로 내 나라에 있어 내 상에서 먹고 마시며 또는 보좌에 앉아 이스라엘 열두 지파를 다스리게 하려 하노라

35 그들에게 이르시되 내가 너희를 전대와 배낭과 신발도 없이 보내었을 때에 부족한 것이 있더냐 이르되 없었나이다

36 이르시되 이제는 전대 있는 자는 가질 것이요 배낭도 그리하고 검 없는 자는 겉옷을 팔아 살지어다

37 내가 너희에게 말하노니 기록된 바 그는 불법자의 동류로 여김을 받았다 한 말이 내게 이루어져야 하리니 내게 관한 일이 이루어져 감이니라

38 그들이 여짜오되 주여 보소서 여기 검 둘이 있나이다 대답하시되 족하다 하시니라

제자들이 서로 높아지려고 다투는 이야기는 수차례 나오고 있다. 그런데 누가는 그 이야기를 성만찬 직후에 배치해 놓았다. 그 이유가 무엇일까?

【1】 25 예수께서 이르시되 **이방인의 임금들은** 그들을 주관하며 그 집권자들은 은인이라 칭함을 받으나 26 너희는 그렇지 않을지니 너희 중에 큰 자는 젊은 자와 같고 다스리는 자는 섬기는 자와 같을지니라 27 … 그러나 **나는 섬기는 자로 너희 중에 있노라**

누가에서 그려진 입성하시는 예수님의 모습은 왕이었다. 군중들은 나귀를 타고 오시는 예수님을 평화의 왕으로 환호하며 맞이하였고, 유월절 기간 내내 질서정연하게 예수님의 말씀을 왕의 명령처럼 귀담아들었다. 예수님의 이런 왕권은 섬김에서 나왔다. 예수님은 섬김의 왕, 섬기시는 왕이셨다. 따라서 제자들에게 마지막으로 서로 높아지려고 다투지 말고 낮아져서 섬기려는 섬김의 왕이 되라고 당부하셨다. 왜 섬기는 왕이 되어야 하는가?

【2】 28 너희는 **나의 모든 시험 중에 항상 나와 함께 한 자들인즉** 29 내 아버지께서 나라를 내게 맡기신 것 같이 **나도 너희에게 맡겨** 30 너희로 내 나라에 있어 내 상에서 먹고 마시며 또는 보좌에 앉아 이스라엘 열두 지파를 다스리게 하려 하노라

현실적인 이유가 있었다. 하나님께서는 이 세상을 맡길 사람을 찾으시는데, 하나님으로부터 세상을 맡을 자가 되려면 낮아져서 섬기는 자가 아니면 안 되기 때문이다. 이 세상 모든 만물에는 구(球)의 원리가 들어있어서 가장 낮음이 곧 가장 높음이며, 섬김이 곧 다스림이다. 낮아짐과 섬김은 누구를 위해서가 아니라 나를 위해서다.

이어서 또 무슨 말씀을 하셨을까?

【3】 35 그들에게 이르시되 **내가 너희를 전대와 배낭과 신발도 없이 보내었을 때에 부족한 것이 있더냐** 이르되 없었나이다 36 이르시되 이제

는 **전대 있는 자는 가질 것이요 배낭도 그리하고 검 없는 자는 겉옷을**
팔아 살지어다 37 내가 너희에게 말하노니 기록된 바 그는 불법자의
동류로 여김을 받았다 한 말이 내게 이루어져야 하리니 **내게 관한 일**
이 이루어져 감이니라 38 그들이 여짜오되 주여 보소서 여기 검 둘이
있나이다 대답하시되 **족하다** 하시니라

검이 없는 자는 겉옷을 팔아 검을 사라는 말씀은 무슨 뜻일까? 왜 마지막 당부에 이런 말씀이 들어있을까?

예수님께서 사도들을 둘씩 짝지어 선교 훈련 시키실 때에는 전대, 배낭, 신발 등 아무 것도 가지고 가지 말라고 하셨다. 그런데 이제는 왜 전대와 배낭은 물론 검을 준비하라고 하실까? 지금까지는 예수님께서 함께하셨기 때문에 초자연적인 방식으로 많은 일들이 해결되었다. 그러나 늘 그런 것이 아니다. 특히 앞으로는 예수님께서 같이 계시지 않으므로 이제부터는 현실적인 문제들을 현실적으로 해결하기 위하여 전대와 배낭이 필요하다. 또 검도 필요하다. 당시는 치안이 취약해서 한적한 곳에는 도둑과 강도들이 들끓었다. 먼 길을 오가려면 자체방어를 해야만 했다.

누가는 이런 현실적인 문제들을 중요하게 여기고 기록으로 남겨 놓았다.

물음 86 마지막 기도, 어떻게 하셨을까?

본문 : 〈 22:39~46 〉

39 예수께서 나가사 습관을 따라 감람 산에 가시매 제자들도 따라갔더니
40 그 곳에 이르러 그들에게 이르시되 유혹에 빠지지 않게 기도하라 하시고
41 그들을 떠나 돌 던질 만큼 가서 무릎을 꿇고 기도하여

42 이르시되 아버지여 만일 아버지의 뜻이거든 이 잔을 내게서 옮기시옵소서 그러나 내 원대로 마시옵고 아버지의 원대로 되기를 원하나이다 하시니

43 천사가 하늘로부터 예수께 나타나 힘을 더하더라

44 예수께서 힘쓰고 애써 더욱 간절히 기도하시니 땀이 땅에 떨어지는 핏방울 같이 되더라

45 기도 후에 일어나 제자들에게 가서 슬픔으로 인하여 잠든 것을 보시고

46 이르시되 어찌하여 자느냐 시험에 들지 않게 일어나 기도하라 하시니라

이제 제자들과의 마지막 밤, 마지막 시간이 다가왔다. 무엇을 하셨을까?

【1】 39 예수께서 나가사 **습관을 따라** 감람 산에 가시매 제자들도 따라 갔더니 40 그 곳에 이르러 그들에게 이르시되 **유혹에 빠지지 않게 기도하라** 하시고

마지막 시간에 예수님께서는 평소대로 하셨다. 마태나 마가에는 "내가 저기 가서 기도할 동안 너희는 여기 앉아 있으라."라고 말씀하셨지만, 누가에는 "유혹에 빠지지 않게 기도하라."고 하셨다. 누가는 기도를 대단히 중요하게 여겨서 이런 자료들을 많이 수집해 남겨놓았다. 예수님께서 기도하시는 모습도 생생하게 기록했다.

【2】 41 그들을 떠나 **돌 던질 만큼 가서 무릎을 꿇고** 기도하여 42 이르시되 **아버지여 만일 아버지의 뜻이거든 이 잔을 내게서 옮기시옵소서 그러나 내 원대로 마시옵고 아버지의 원대로 되기를 원하나이다** 하시니 43 천사가 하늘로부터 예수께 나타나 힘을 더하더라 44 예수께서 힘쓰고 애써 더욱 간절히 기도하시니 **땀이 땅에 떨어지는 핏방울 같이 되더라**

누가는 예수님께서 기도하실 때의 자세와 기도 내용, 천사의 도움 등과 더불어 땀이 땅에 떨어지는 핏방울처럼 되었다고 소개하고 있다. 다른 복음서에서는 다루지 않는 내용들을 이렇게 자세하게 기록한 이유는 성도들이 기도할 때 어떻게 해야 하는지에 대해 지침을

주기 위함으로 보인다.

【3】 45 기도 후에 일어나 제자들에게 가서 **슬픔으로 인하여 잠든 것을 보시고** 46 이르시되 어찌하여 자느냐 **시험에 들지 않게 일어나 기도하라** 하시니라

누가는 제자들이 슬픔 때문에 잠에 들었다고 말하고 있다. 마태와 마가에 기록된 제자들의 약한 모습은 전혀 찾아 볼 수 없는데, 그 이유는 앞에서 말한 바와 같이 사도들은 자신들이 형편없는 자들에 불과했다고 낮추어 말했지만, 누가는 이방인의 입장에서 제자들의 모습을 있는 그대로 그려놓았기 때문이라고 볼 수 있다.

또 예수님께서 기도를 시작할 때와 마칠 때 동일하게 시험에 들지 않게 기도하라고 당부했다는 내용이 있는데, 이는 신앙생활에 있어 기도가 그만큼 중요함을 강조하기 위함이다.

예수님께서 제자들과 보내신 마지막 밤은 이렇게 지나가고 있었다. 이제는 유다에게 배반당하시는 이야기로 이어진다.

물음 87 가룟 유다, 무슨 배반을 어떻게 한 것일까?

본문 : 〈 22:1~6, 21~23, 31~34, 47~62 〉

1 유월절이라 하는 무교절이 다가오매

2 대제사장들과 서기관들이 예수를 무슨 방도로 죽일까 궁리하니 이는 그들이 백성을 두려워함이더라

3 열둘 중의 하나인 가룟인이라 부르는 유다에게 사탄이 들어가니

4 이에 유다가 대제사장들과 성전 경비대장들에게 가서 예수를 넘겨 줄 방도를 의논하매

5 그들이 기뻐하여 돈을 주기로 언약하는지라

6 유다가 허락하고 예수를 무리가 없을 때에 넘겨 줄 기회를 찾더라

21 그러나 보라 나를 파는 자의 손이 나와 함께 상 위에 있도다
22 인자는 이미 작정된 대로 가거니와 그를 파는 그 사람에게는 화가 있
으리로다 하시니
23 그들이 서로 묻되 우리 중에서 이 일을 행할 자가 누구일까 하더라
31 시몬아, 시몬아, 보라 사탄이 너희를 밀 까부르듯 하려고 요구하였으나
32 그러나 내가 너를 위하여 네 믿음이 떨어지지 않기를 기도하였노니
너는 돌이킨 후에 네 형제를 굳게 하라
33 그가 말하되 주여 내가 주와 함께 옥에도, 죽는 데에도 가기를 각오
하였나이다
34 이르시되 베드로야 내가 네게 말하노니 오늘 닭 울기 전에 네가 세
번 나를 모른다고 부인하리라 하시니라
47 말씀하실 때에 한 무리가 오는데 열둘 중의 하나인 유다라 하는 자가
그들을 앞장서 와서
48 예수께 입을 맞추려고 가까이 하는지라 예수께서 이르시되 유다야 네
가 입맞춤으로 인자를 파느냐 하시니
49 그의 주위 사람들이 그 된 일을 보고 여짜오되 주여 우리가 칼로 치
리이까 하고
50 그 중의 한 사람이 대제사장의 종을 쳐 그 오른쪽 귀를 떨어뜨린지라
51 예수께서 일러 이르시되 이것까지 참으라 하시고 그 귀를 만져 낫게
하시더라
52 예수께서 그 잡으러 온 대제사장들과 성전의 경비대장들과 장로들에게
이르시되 너희가 강도를 잡는 것 같이 검과 몽치를 가지고 나왔느냐
53 내가 날마다 너희와 함께 성전에 있을 때에 내게 손을 대지 아니하였
도다 그러나 이제는 너희 때요 어둠의 권세로다 하시더라
54 예수를 잡아 끌고 대제사장의 집으로 들어갈새 베드로가 멀찍이 따라
가니라
55 사람들이 뜰 가운데 불을 피우고 함께 앉았는지라 베드로도 그 가운
데 앉았더니
56 한 여종이 베드로의 불빛을 향하여 앉은 것을 보고 주목하여 이르되
이 사람도 그와 함께 있었느니라 하니
57 베드로가 부인하여 이르되 이 여자여 내가 그를 알지 못하노라 하더라
58 조금 후에 다른 사람이 보고 이르되 너도 그 도당이라 하거늘 베드로
가 이르되 이 사람아 나는 아니로라 하더라
59 한 시간쯤 있다가 또 한 사람이 장담하여 이르되 이는 갈릴리 사람이

니 참으로 그와 함께 있었느니라
60 베드로가 이르되 이 사람아 나는 네가 하는 말을 알지 못하노라고 아
직 말하고 있을 때에 닭이 곧 울더라
61 주께서 돌이켜 베드로를 보시니 베드로가 주의 말씀 곧 오늘 닭 울기
전에 네가 세 번 나를 부인하리라 하심이 생각나서
62 밖에 나가서 심히 통곡하니라

예수님의 열두 제자 중 하나인 가룟 유다가 예수님을 배반하고 팔았다는 것은 다 아는 사실이다. 그런데 그가 무슨 배반을 어떻게 한 것인지에 대해서는 거의 설명이 없다. 유대교 당국자들은 성전 경비병들을 동원하여 예수님을 당장 체포 또는 암살 등의 방법을 사용할 수 있었으나 유월절에 모여든 250여만 명의 군중들이 예수님을 절대 지지하고 있어서 어찌해볼 방법이 없어 전전긍긍하고 있었다. 예수님께 해를 가하면 폭동이 일어날 기세였기 때문에, 유월절이 끝나고 군중들이 흩어지면 기회를 봐서 예수님을 제거할 계획을 세우고 있었다.

【1】 3 열둘 중의 하나인 가룟인이라 부르는 **유다에게 사탄이 들어가니**
4 이에 유다가 대제사장들과 성전 경비대장들에게 가서 예수를 넘겨
줄 방도를 의논하매 5 **그들이 기뻐하여 돈을 주기로 언약하는지라**

그런데 유다가 대제사장을 찾아가 예수님을 넘겨줄 어떤 방안을 제시하자 그들은 대단히 기뻐하며 돈을 주기로 했다. 유다가 무슨 말을 했기에 속수무책이던 당국자들이 기뻐했을까?

유다는 군중들의 폭동을 잠재우며 유월절 중에 예수님을 제거할 방도를 제시했기 때문에 당국자들이 기뻐했다. 예수님께서 체포되어 재판받으시는 과정을 보면 유다가 제시한 방도를 알 수 있는데 다음과 같다.

- 열두 제자들이 예수님을 체포하여 이단으로 넘겨주면 군중들이 반발할 이유가 사라진다. 그러나 제자들이 그렇게 할 리가 없다. 그러면

어떻게 해야 하는가?

- 군중들이 보지 않는 한밤중에 군병들이 몰려가서 위협하면 겁에 질린 제자들은 틀림없이 도망갈 것이다. 그러면 내가 예수님을 체포하여 넘겨주겠다. 그러면 제자들이 예수님을 넘겨준 것이 되고 아침에 군중들에게 그렇게 소문을 내라.
- 내가 예수님을 배반하는 이유는 내가 기대하던 메시아와 너무 다르기 때문이다. 거액을 주면 예수님을 체포하여 넘겨주겠다.

이런 제안을 들은 당국자들은 마다할 이유가 없었다. 유다가 말한 대로 되면 더 좋고 실패해도 예수님과 제자 사이에 충돌이 일어나서 예수님의 명예에 치명적인 손상이 가기 때문이다. 기꺼이 거액을 주기로 약속했다.

그러면 유다는 왜 이런 일을 꾸몄을까?

갈릴리 출신이 아닌 유다가 예수님을 따른 이유는 유대인의 독립 때문이었다. 유다는 예수님을 따르면서 예수님은 충분히 유대를 독립시킬 만한 모든 것을 다 갖추고 있음을 알 수 있었다. 특히 유월절을 맞아 예루살렘에 오셔서 250여만 명을 절대 지지자로 만들고 유대교 당국자들을 궁지로 몰아넣는 모습을 보면서 유다는 놀랐다. 그런데 문제는 예수님께서 왕이 되어 로마를 대적할 생각이 없으시다는 데에 있었다. 예수님께서 왕이 되신다면 지금 모여있는 장정 250여만 명은 예수님을 기꺼이 따라나설 것이고, 신앙으로 무장되어 있으므로 천하무적이 될 수 있다고 유다는 판단했다.

그러면 왕이 될 생각이 없으신 예수님을 어떻게 왕으로 추대할까? 죽음의 극단으로 몰고 가면 가능하다고 본 유다는 유대교 당국자들을 이용하여 예수님을 죽음으로 몰고 가기로 했다. 유다의 이런 기막힌 지략을 누가는 유다에게 사단이 들어갔기 때문이라고 표현하고 있다.

예수님의 선교 활동은 경제정의 실현이었기에 많은 재산들을 재분배해야 했고 이 일에는 신용과 능력이 요구되었다. 그런데 유다가 이 일을 맡았다는 것은 그가 대단히 명석하고 뛰어났으며, 신용이 있었다는 뜻이다. 다른 제자들은 예수님께서 예루살렘에서 왕이 되시리라고 기대했지만 유다는 예수님의 의중을 정확히 읽고 있었다. 열두 제자 중 머리회전이 가장 빠른 제자는 유다였다. 문제는 자기 생각이 너무 앞섰다는 데에 있다. 유다의 계획을 잘 알고 계시는 예수님은 그에게 누차 돌이킬 기회를 주셨으나 그는 받아들이지 않았다. 예수님께서는 "인자는 자기에게 대하여 기록된 대로 가거니와 인자를 파는 그 사람에게는 화가 있으리로다. 그 사람은 차라리 태어나지 아니하였더라면 제게 좋을 뻔하였느니라."(마26:24)라고 탄식하셨다. 무슨 뜻일까? "이렇게 끝나기에는 너무 아까운 사람이다."

유다는 자기가 예수님께서 가시는 십자가의 길에 악역을 맡는다는 생각은 미처 하지 못했다. 뒤늦게 자신의 과오를 깨달은 그는 돌이키기에는 너무 과오가 크다고 생각했다. 그는 당국자들에게서 받았던 돈을 돌려주고 죽음으로 예수님을 따라갔다.

【2】 54 예수를 잡아 끌고 대제사장의 집으로 들어갈새 **베드로가 멀찍이 따라가니라**

유다의 지략대로 한밤중에 성전 경비병을 몰고 와 위협하자 졸고 있던 제자들은 놀라고 무서워 다 도망가버리고 말았다. 이들은 예수님을 배반했다는 자책감 때문에, 또는 두려워서 숨어 나타나지도 않았다. 그런데 문제는 베드로였다. 그는 혼자 칼을 들고 끝까지 맞서다가 예수님의 만류로 물러났으나 예수님을 따라 재판정까지 들어왔다. 수제자이 베드로가 끝까지 예수님 곁에 남아있으면 낭패였다. 어찌하든지 날이 새기 전에 그를 위협하여 예수님 곁을 떠나게 해야 했다. 군병들이 예수님만 체포하고 제자들을 도망가게 했으며, 베드로를 체포하지 않고 끝까지 위협한 이유는 유다의 전략이었다. 베드로가 예수님의 제자가 아니라고 부인한 이유는 예수님 옆에 남아 있기 위한 방법이었다. 당국자들은 베드로를 체포할 수도 쫓아낼 수도 없었다. 스스로 포기하고 돌아가게 해야 했다.

【3】 61 **주께서 돌이켜 베드로를 보시니** 베드로가 주의 말씀 곧 오늘 닭 울기 전에 네가 세 번 나를 부인하리라 하심이 생각나서 62 밖에 나가서 심히 통곡하니라

어느덧 새벽이 오고 닭이 울었다. 그러자 예수님은 재판정 안에 있는 베드로를 바라보셨고, 베드로는 예수님과 눈빛이 마주쳤다. 그 순간 베드로는 닭이 울기 전에 세 번 부인하리라던 예수님의 말씀이 생각났다. 이 구절은 무엇을 말하는가?

【4】 31 시몬아, 시몬아, 보라 사탄이 너희를 밀 까부르듯 하려고 요구하였으나 32 그러나 내가 너를 위하여 네 믿음이 떨어지지 않기를 기도하였노니 **너는 돌이킨 후에 네 형제를 굳게 하라**

예수님께서는 눈빛으로 베드로에게 말씀하셨다.

베드로야, 이제 그만 돌아가라. 네가 여기 계속 남아있으면 내가 가야 할 그 길을 갈 수가 없다. 네가 나를 따르는 것은 여기까지이다. 너는 돌아가서 자책과 두려움에 떨고 있을 형제들을 돌보거라. 너에게는 지금 나와 함께 죽음의 길을 가는 것 보다 더 크고 중요한 일이 남아있다. 너는 죽기까지 나를 따른 나의 수제자였다.

후일 베드로는 이 일을 돌이켜 보면서 무어라고 말을 했을까? 나는 죽기까지 예수님을 따라갔다고 했을까? 아니다. 자신은 감히 예수님을 따를 자가 못되며 닭이 울기 전에 두려워서 세 번이나, 그것도 예수님을 저주하며 모른다고 했다고 고백했다. 예수님의 사도들이 쓴 마태복음, 마가복음, 요한복음에서는 사도들이 자신들은 다 예수님을 배반했다고 말하고 있다. 그런데 예수님의 사도가 아니었을 뿐만 아니라 이방인인 누가는 복음서를 쓰면서 사도들의 실상을 사실대로 적고 있다. 누가복음에서는 예수님께서 체포되실 때 제자들이 다 같이 대항했다고 기록했으며, 베드로의 이야기를 예수님의

심문 이전에 기록해 놓고 있다.

예수님께서 부활 승천하신 후 예루살렘에서 교회를 시작하여 수천여 명이 모여들게 하고 땅끝까지 복음이 전파되는 데에는 사도들의 역할이 지대했으며, 하나같이 순교의 길을 갔다. 그들은 결코 비겁하지도, 용렬하지도 않은 그 시대의 영웅들이었다. 누가는 교회에서 사도들을 위대한 스승이자 지도자로 만났다. 그리고 사도들의 실상을 사실대로 기록해 놓고 있다.

성경은 운문처럼 은폐, 함축, 암시의 기법으로 기록되어 있어서 문자대로만 해석하면 본래의 의미와 전혀 다르게 해석될 수 있다. 그 당시의 상황과 전체의 의미, 사건과 문맥의 흐름, 행간의 의미 등을 종합하여 해석해야 한다.

물음 88 불법 재판, 어떻게 진행되었나?

본문 : 〈 23:54, 63~71 〉

54 예수를 잡아 끌고 대제사장의 집으로 들어갈새 베드로가 멀찍이 따라 가니라

63 지키는 사람들이 예수를 희롱하고 때리며

64 그의 눈을 가리고 물어 이르되 선지자 노릇 하라 너를 친 자가 누구냐 하고

65 이 외에도 많은 말로 욕하더라

66 날이 새매 백성의 장로들 곧 대제사장들과 서기관들이 모여서 예수를 그 공회로 끌어들여

67 이르되 네가 그리스도이거든 우리에게 말하라 대답하시되 내가 말할지라도 너희가 믿지 아니할 것이요

68 내가 물어도 너희가 대답하지 아니할 것이니라

69 그러나 이제부터는 인자가 하나님의 권능의 우편에 앉아 있으리라 하시니
70 다 이르되 그러면 네가 하나님의 아들이냐 대답하시되 너희들이 내가 그라고 말하고 있느니라
71 그들이 이르되 어찌 더 증거를 요구하리요 우리가 친히 그 입에서 들었노라 하더라

당시 유대인들은 로마제국의 식민통치를 받고 있었는데, 로마제국은 각 나라의 문화와 종교 문제에는 간섭하지 않고 자치권을 주었다. 그러나 사형을 집행할 때에는 로마제국의 허락을 받아야 했다. 당시 이스라엘의 최고 정치기구는 산헤드린 공회였는데, 모세가 임명한 70인의 장로회(민11:16)에 기원을 두며, 바리새인, 사두개인, 장로 등으로 구성되고, 회원은 의장인 대제사장 포함 71명이었다.

예수님을 체포한 유대교 당국자들은 예수님을 대제사장 가야바의 집으로 끌고 갔다. 누가에 의하면 예수님을 체포하는 현장에 대제사장들과 성전의 경비대장들과 장로들이 직접 출동했으며(52절), 예수님의 재판에 앞서 베드로의 이야기를 먼저 다루고 있다. 교회에서 사도들을 통해 신앙생활을 하게 된 누가에게는 사도들의 존재가 대단히 중요하게 보였기 때문으로 보인다. 또 가야바 법정에서의 심문을 간략하게 기록하고 있다.

【1】 63 **지키는 사람들이 예수를 희롱하고 때리며** 64 그의 눈을 가리고 물어 이르되 선지자 노릇 하라 너를 친 자가 누구냐 하고 65 이 외에도 많은 말로 욕하더라

체포되신 예수님께서 당하시는 수난은 조롱과 모욕의 연속이었다. 법정을 지키는 자들에게, 헤롯과 그의 부하들에게(23:11), 십자가에서 지도자들과 로마 군인들에게(23:35~37), 마지막으로 십자가에 매달린 강도에게(23:39) 조롱을 당하셨다. 그런데 이들은 자신들이 무슨 일을 하는지를 몰랐다. "네가 만일 그리스도라면."이라

는 말은 광야에서 마귀가 예수님을 시험했던 말인데, 이들은 마귀의 앞잡이가 되어 예수님에게 십자가에서 내려와서 자신을 구원하라고 유혹했다.

【2】 66 **날이 새매 백성의 장로들 곧 대제사장들과 서기관들이 모여서** 예수를 그 공회로 끌어들여

예수님에 대한 유대교 당국자들의 재판은 불법 그 자체였다. 미쉬나(Mishnah)의 재판 규정에 의하면 밤에는 재판할 수 없었으며, 사형인 경우는 하룻밤을 경과해야 했고, 산헤드린 법정 건물 이외에서 한 재판은 무효였다. 그러나 유대교 당국자들은 이런 것들을 다 무시하고 예수님을 체포한 후 즉시 재판을 시작했다. 그 이유는 새벽에 로마 총독으로부터 사형 허가를 받아야 했기 때문이다.

【3】 67 이르되 **네가 그리스도이거든 우리에게 말하라** 대답하시되 내가 말할지라도 너희가 믿지 아니할 것이요 68 내가 물어도 너희가 대답하지 아니할 것이니라 69 **그러나 이제부터는 인자가 하나님의 권능의 우편에 앉아 있으리라** 하시니

마태와 마가에 의하면 유대인들은 예수님에게 사형을 언도하기 위하여 거짓 증인들을 동원했다. 그러나 급히 날조한 결과 서로 증언이 엇갈리자 직접 유도 심문을 했다. 누가에는 이런 이야기들이 생략되어 있다. 그리스도인지 여부에 대한 대제사장의 질문에 예수님께서는 이렇게 대답하셨다.

그러나 이제부터는 인자가 하나님의 권능의 우편에 앉아 있으리라

마태와 마가에는 "인자가 권능의 우편에 앉아있는 것과 하늘 구름을 타고 오는 것을 너희가 보리라"(마26:64, 막14:62)라고 재림을 말씀하셨다. 그런데 누가에는 재림이 빠져있고, 예수님께서 지금부터 하나님 우편에 앉아 계신다는 것을 강조하고 있다. 지금 유대인들이 예수님을 재판하고 있지만 사실은 그들이 예수님에게 재판을 받고 있다. 온갖 불법을 동원하여 사형을 언도 할 빌미를 찾고 있는 그 자체가 스스로 재판받는 결과를 초래하기 때문이다.

【4】 70 다 이르되 그러면 **네가 하나님의 아들이냐** 대답하시되 너희들
이 내가 그라고 말하고 있느니라 71 그들이 이르되 **어찌 더 증거를 요
구하리요** 우리가 친히 그 입에서 들었노라 하더라

예수님께서 하나님 보좌 우편에 앉아 계시리라는 말을 들은 공회원들은 예수님에게 하나님의 아들이냐고 물었고, 예수님께서는 "너희가 말한 대로다"라고 대답하셨다. 그러자 그들은 이는 신성모독이므로 사형에 해당되며 더 이상의 증거가 필요없다고 했다.

이로써 유대교 당국자들이 그토록 애태우던 예수님 체포와 사형이 언도되었다. 그러나 아직은 끝이 아니었다. 사형을 집행하기 위해서는 로마 총독의 허락이 있어야 했다. 이들은 이것을 일사천리로 처리하기 위하여 비상수단을 동원했다.

물음 89 빌라도 법정, 어떻게 진행되었나?

본문 : 〈 23:1~21 〉

1 무리가 다 일어나 예수를 빌라도에게 끌고 가서
2 고발하여 이르되 우리가 이 사람을 보매 우리 백성을 미혹하고 가이사
에게 세금 바치는 것을 금하며 자칭 왕 그리스도라 하더이다 하니
3 빌라도가 예수께 물어 이르되 네가 유대인의 왕이냐 대답하여 이르시
되 네 말이 옳도다
4 빌라도가 대제사장들과 무리에게 이르되 내가 보니 이 사람에게 죄가
없도다 하니
5 무리가 더욱 강하게 말하되 그가 온 유대에서 가르치고 갈릴리에서부
터 시작하여 여기까지 와서 백성을 소동하게 하나이다
6 빌라도가 듣고 그가 갈릴리 사람이냐 물어
7 헤롯의 관할에 속한 줄을 알고 헤롯에게 보내니 그 때에 헤롯이 예루
살렘에 있더라

8 헤롯이 예수를 보고 매우 기뻐하니 이는 그의 소문을 들었으므로 보고자 한 지 오래였고 또한 무엇이나 이적 행하심을 볼까 바랐던 연고러라

9 여러 말로 물으나 아무 말도 대답하지 아니하시니

10 대제사장들과 서기관들이 서서 힘써 고발하더라

11 헤롯이 그 군인들과 함께 예수를 업신여기며 희롱하고 빛난 옷을 입혀 빌라도에게 도로 보내니

12 헤롯과 빌라도가 전에는 원수였으나 당일에 서로 친구가 되니라

13 빌라도가 대제사장들과 관리들과 백성을 불러 모으고

14 이르되 너희가 이 사람이 백성을 미혹하는 자라 하여 내게 끌고 왔도다 보라 내가 너희 앞에서 심문하였으되 너희가 고발하는 일에 대하여 이 사람에게서 죄를 찾지 못하였고

15 헤롯이 또한 그렇게 하여 그를 우리에게 도로 보내었도다 보라 그가 행한 일에는 죽일 일이 없느니라

16 그러므로 때려서 놓겠노라

17 (없음)

18 무리가 일제히 소리 질러 이르되 이 사람을 없이하고 바라바를 우리에게 놓아 주소서 하니

19 이 바라바는 성중에서 일어난 민란과 살인으로 말미암아 옥에 갇힌 자러라

20 빌라도는 예수를 놓고자 하여 다시 그들에게 말하되

21 그들은 소리 질러 이르되 그를 십자가에 못 박게 하소서 십자가에 못 박게 하소서 하는지라

예수님을 제거하기 위하여 혈안이 된 유대인들은 수단과 방법을 가리지 않았다. 유대교의 규정을 어겨가며 불법 재판을 한 그들은 예수님을 이끌고 새벽에 총독에게 재판을 요청했다.(요18:28) 총독은 평소에는 가이사랴에 머물렀으나 수백만 명이 모이는 유월절에는 예루살렘에 와서 만일의 사태에 대비하여 비상대기하고 있었다. 근무 시간은 해 뜰 때부터 해 질 때까지였으나 비상근무중이고 유대교 최고 당국자들의 부탁 때문에 새벽에 법정을 열어야 했다. 총독

은 빌라도였다. 그는 어떤 재판을 했을까?

【1】 1 **무리가 다 일어나** 예수를 빌라도에게 끌고 가서 2 고발하여 이르되 **우리가 이 사람을 보매 우리 백성을 미혹하고 가이사에게 세금 바치는 것을 금하며 자칭 왕 그리스도라 하더이다** 하니

유대인들은 예수님을 거짓으로 빌라도에게 고발했으며, 가야바 법정에서는 신성모독으로 예수님에게 사형을 언도했다. 그러나 로마인들은 종교 문제에는 관여하지 않았으므로 정치적인 문제로 조작하여 고발했다. 백성을 미혹하고 로마제국에 세금을 바치지 말라고 했으며, 스스로 왕 그리스도로 행세했다고 고발했다. 그들이 생각한 그리스도는 온 세상을 지배하는 왕이었기 때문에 예수님을 왕인 그리스도라고 했다.

빌라도는 이를 어떻게 받아들였을까?

【2】 3 빌라도가 예수께 물어 이르되 **네가 유대인의 왕이냐** 대답하여 이르시되 **네 말이 옳도다** 4 빌라도가 대제사장들과 무리에게 이르되 **내가 보니 이 사람에게 죄가 없도다** 하니 5 **무리가 더욱 강하게 말하되** 그가 온 유대에서 가르치고 갈릴리에서부터 시작하여 여기까지 와서 백성을 소동하게 하나이다

유대인들은 로마제국에 늘 반기를 들었기 때문에 로마제국은 유능한 사람을 유대의 총독으로 임명했다. 빌라도는 유월절 내내 행사를 지켜보고 있었기 때문에 유대인들이 시기심으로 예수님을 고발한다는 것을 잘 알고 있었다.(마27:18, 막15:10) 또 마태에 의하면 빌라도의 아내가 사람을 보내 꿈 이야기를 하면서 무죄한 사람의 재판에 관여하지 말라고 부탁했다.

빌라도는 불의한 재판을 하고 싶지 않아서 대제사장들과 대표자들을 불러 사형을 허락할 수 없다고 했다. 유대교 당국자들도 총독이 쉽게 허락하지 않으리라는 것을 이미 예상하고 이에 대비하고 있었다. 그 방법은 군중몰이였다. 그들은 미리 군중들을 새벽에 열린 빌라도 법정 주변에 모이게 하여 빌라도를 압박하게 했다.

【3】 6 **빌라도가 듣고** 그가 갈릴리 사람이냐 물어 7 **헤롯의 관할에 속한 줄을 알고 헤롯에게 보내니** 그 때에 헤롯이 예루살렘에 있더라 8 **헤롯이 예수를 보고 매우 기뻐하니** … 9 여러 말로 물으나 **아무 말도 대답하지 아니하시니** 10 **대제사장들과 서기관들이 서서 힘써 고발하더라** 11 헤롯이 그 군인들과 함께 예수를 업신여기며 희롱하고 빛난 옷을 입혀 빌라도에게 도로 보내니

빌라도는 예수님의 재판에 관여하고 싶지 않던 중에 예수님께서 갈릴리 출신이라는 말을 듣고 그를 갈릴리를 관할하던 헤롯왕에게 보냈다. 헤롯은 소문으로만 듣던 예수님을 만나 이적을 기대하며 많은 말을 했으나 예수님은 침묵으로 일관하셨다. 이에 약이 오른 헤롯은 예수님을 희롱한 후 다시 빌라도에게 보냈다.

대제사장들과 서기관들은 빌라도가 예수님을 헤롯에게 보내자 헤롯에게 몰려가 온갖 말들을 늘어놓으며 아우성을 쳤다.

【4】 13 빌라도가 **대제사장들과 관리들과 백성을 불러 모으고** 14 이르되 너희가 이 사람이 백성을 미혹하는 자라 하여 내게 끌고 왔도다 보라 내가 너희 앞에서 심문하였으되 **너희가 고발하는 일에 대하여 이 사람에게서 죄를 찾지 못하였고** 15 헤롯이 또한 그렇게 하여 그를 우리에게 도로 보내었도다 **보라 그가 행한 일에는 죽일 일이 없느니라**
16 그러므로 때려서 놓겠노라

헤롯에게서 다시 예수님을 돌려받은 빌라도는 대제사장들과 관리들과 모여있는 백성들을 불렀다. 빌라도는 당국자들이 고발하는 반란죄의 근거를 찾을 수 없고, 헤롯도 같은 의견이므로 사형은 불가능하고 단지 체벌을 가한 후 석방하겠다고 설명했다. 이에 대해 유대인들은 어떻게 했을까?

【5】 18 **무리가 일제히 소리 질러 이르되** 이 사람을 없이하고 바라바를 우리에게 놓아 주소서 하니 … 20 빌라도는 예수를 놓고자 하여 다시 그들에게 말하되 21 **그들은 소리 질러 이르되** 그를 십자가에 못 박게 하소서 십자가에 못 박게 하소서 하는지라

유대인들은 빌라도를 압박할 구체적인 방법들을 다 세워두고 있었다. 빌라도가 예수님의 무죄를 다시 말하자 동원된 군중들로 하여

금 바라바를 석방하고 예수님은 십자가에 못박으라고 소리지르게 했다.

【6】 22 빌라도가 **세 번째 말하되** 이 사람이 무슨 악한 일을 하였느냐 **나는 그에게서 죽일 죄를 찾지 못하였나니** 때려서 놓으리라 하니 23 **그들이 큰 소리로 재촉하여** 십자가에 못 박기를 구하니 **그들의 소리가 이긴지라**

빌라도는 세 번째 다시 예수님의 무죄를 강조하며 석방하려고 했으나 유대인들은 더욱 거세게 항의했다. 요한복음과 마태복음에는 이 때의 상황을 좀 더 자세하게 전해주고 있다. 요한복음에는 이렇게 기록되어 있다.

이러하므로 빌라도가 예수를 놓으려고 힘썼으나 유대인들이 소리 질러 이르되 **이 사람을 놓으면 가이사의 충신이 아니니이다** 무릇 자기를 왕이라 하는 자는 가이사를 반역하는 것이니이다(요19:12)

이 말은 빌라도가 예수님을 석방하면 빌라도를 가이사에게 고발하겠다는 뜻이다. 실제로 과거에도 유다에 총독으로 왔던 자 중에 유대인들이 가이사에게 고발하여 처벌받은 적이 있었다. 또 마태복음은 이렇게 말하고 있다.

빌라도가 **아무 성과도 없이 도리어 민란이 나려는 것을 보고** 물을 가져다가 무리 앞에서 손을 씻으며 이르되 이 사람의 피에 대하여 나는 무죄하니 너희가 당하라(마27:24)

실제로 유대인들은 빌라도가 예수님을 석방하면 민란이라도 일으킬 태세였다. 유대 당국자들은 유월절 내내 가르친 예수님의 말씀으로 말미암아 백성들에게 따돌림을 당해 더 이상 물러설 자리가 없었다. 그들은 온갖 수단과 방법을 다 동원했다.

유대인들은 빌라도의 가장 아픈 곳을 찌르며 압박했다. 빌라도는 민란이 나려는 것을 보고 달리 방법이 없다고 생각했다.

【7】 24 이에 빌라도가 그들이 **구하는 대로 하기를 언도하고** 25 그들이 요구하는 자 곧 민란과 살인으로 말미암아 옥에 갇힌 자를 놓아주고 **예수는 넘겨 주어 그들의 뜻대로 하게 하니라**

빌라도는 할 수 없이 유대인의 요청대로 사형을 언도하고 말았다. 이로써 예수님에 대한 재판은 끝이 나고 집행으로 이어졌다.

물음 90 예수님의 십자가, 무엇을 말하는가?

본문 : 〈 23:26~49 〉

26 그들이 예수를 끌고 갈 때에 시몬이라는 구레네 사람이 시골에서 오는 것을 붙들어 그에게 십자가를 지워 예수를 따르게 하더라

27 또 백성과 및 그를 위하여 가슴을 치며 슬피 우는 여자의 큰 무리가 따라오는지라

28 예수께서 돌이켜 그들을 향하여 이르시되 예루살렘의 딸들아 나를 위하여 울지 말고 너희와 너희 자녀를 위하여 울라

29 보라 날이 이르면 사람이 말하기를 잉태하지 못하는 이와 해산하지 못한 배와 먹이지 못한 젖이 복이 있다 하리라

30 그 때에 사람이 산들을 대하여 우리 위에 무너지라 하며 작은 산들을 대하여 우리를 덮으라 하리라

31 푸른 나무에도 이같이 하거든 마른 나무에는 어떻게 되리요 하시니라

32 또 다른 두 행악자도 사형을 받게 되어 예수와 함께 끌려 가니라

33 해골이라 하는 곳에 이르러 거기서 예수를 십자가에 못 박고 두 행악자도 그렇게 하니 하나는 우편에, 하나는 좌편에 있더라

34 이에 예수께서 이르시되 아버지 저들을 사하여 주옵소서 자기들이 하는 것을 알지 못함이니이다 하시더라 그들이 그의 옷을 나눠 제비 뽑을새

35 백성은 서서 구경하는데 관리들은 비웃어 이르되 저가 남을 구원하였으니 만일 하나님이 택하신 자 그리스도이면 자신도 구원할지어다 하고

36 군인들도 희롱하면서 나아와 신 포도주를 주며

37 이르되 네가 만일 유대인의 왕이면 네가 너를 구원하라 하더라

38 그의 위에 이는 유대인의 왕이라 쓴 패가 있더라

39 달린 행악자 중 하나는 비방하여 이르되 네가 그리스도가 아니냐 너와 우리를 구원하라 하되
40 하나는 그 사람을 꾸짖어 이르되 네가 동일한 정죄를 받고서도 하나님을 두려워하지 아니하느냐
41 우리는 우리가 행한 일에 상당한 보응을 받는 것이니 이에 당연하거니와 이 사람이 행한 것은 옳지 않은 것이 없느니라 하고
42 이르되 예수여 당신의 나라에 임하실 때에 나를 기억하소서 하니
43 예수께서 이르시되 내가 진실로 네게 이르노니 오늘 네가 나와 함께 낙원에 있으리라 하시니라
44 때가 제육시쯤 되어 해가 빛을 잃고 온 땅에 어둠이 임하여 제구시까지 계속하며
45 성소의 휘장이 한가운데가 찢어지더라
46 예수께서 큰 소리로 불러 이르시되 아버지 내 영혼을 아버지 손에 부탁하나이다 하고 이 말씀을 하신 후 숨지시니라
47 백부장이 그 된 일을 보고 하나님께 영광을 돌려 이르되 이 사람은 정녕 의인이었도다 하고
48 이를 구경하러 모인 무리도 그 된 일을 보고 다 가슴을 치며 돌아가고
49 예수를 아는 자들과 갈릴리로부터 따라온 여자들도 다 멀리 서서 이 일을 보니라

예수님께서 십자가를 지고 사형장까지 가셔서 돌아가시는 장면에 대하여 누가는 독특하게 기록했는데, 그 특징을 중심으로 엮어보고자 한다.

【1】 26 그들이 예수를 끌고 갈 때에 시몬이라는 구레네 사람이 시골에서 오는 것을 붙들어 그에게 십자가를 지워 **예수를 따르게 하더라**

구레네 시몬의 이야기는 마태와 마가에도 나온다. 그런데 누가는 그가 십자가를 지고 "예수님을 따라갔다"(φέρειν ὄπισθεν τοῦ Ἰησοῦ)라고 기록하고 있다. 이는 누가에서 예수님을 따르려면 소유를 버리고, 목숨을 포기하고, 십자가를 지고 따라야 한다고 강조한 사실과 맥을 같이한다.

【2】 27 또 백성과 및 그를 위하여 가슴을 치며 슬피 우는 여자의 큰

무리가 따라오는지라 28 예수께서 돌이켜 그들을 향하여 이르시되 예
루살렘의 딸들아 나를 위하여 울지 말고 너희와 너희 자녀를 위하여
울라

많은 군중들이 예수님께서 십자가를 지고 가실 때 같이 갔는데, 그 중에는 가슴을 치며 슬피 우는 여인들이 있었다. 예수님께서는 그들을 보시면서 "예루살렘의 딸들아, 나를 위하여 울지 말고 너희와 너희 자녀를 위하여 울라!"라고 하셨다. 이는 계약 파기로 말미암아 곧 예루살렘에 닥칠 재앙을 염두에 두시면서 하신 말씀인데 이렇게 덧붙이셨다.

29 보라 날이 이르면 사람이 말하기를 잉태하지 못하는 이와 해산하지
못한 배와 먹이지 못한 젖이 복이 있다 하리라 30 그 때에 사람이 산
들을 대하여 우리 위에 무너지라 하며 작은 산들을 대하여 우리를 덮으
라 하리라 31 푸른 나무에도 이같이 하거든 마른 나무에는 어떻게 되
리요 하시니라

AD 70년 예루살렘이 멸망할 당시 이 말씀은 그대로 이루어졌으며, 인류 전쟁사에서 가장 끔찍한 재앙을 당했다. 하나님의 가장 무서운 심판의 대상은 세상이 아니라 계약을 지키지 않는 공동체이다.

【3】 38 그의 위에 **이는 유대인의 왕이라** 쓴 패가 있더라

예수님께서 매달리신 십자가에는 "이는 유대인의 왕이라"라고 쓴 패가 걸려있었다. 이 패는 빌라도가 자신으로 하여금 무죄한 예수님에게 사형 선고를 하도록 압박한 유대인들을 조롱하기 위하여 쓴 것인데,[80] 빌라도는 예수님을 재판하면서 예수님이야말로 진리의 왕, 진정한 왕이라고 생각하여 이런 패를 붙인 것 같다.

누가에 의하면 예수님께서는 예루살렘에 입성하실 때부터 사실상 왕이셨다. 백성들이 왕으로 맞이했고, 질서정연하게 예수님의 말씀을 듣고 또 따랐으며, 예수님을 죽이려는 유대교 당국자들도 속수무책으로 예수님의 말씀에 한마디 대꾸도 못하고 숨을 죽여야 했다.

80) 빌라도가 패를 써서 십자가 위에 붙이니 나사렛 예수 유대인의 왕이라 기록되었더라 (요19:19)

당국자들은 총독의 허락을 받기 위하여 예수님을 왕으로 고발했고, 또 십자가에는 왕이라는 패가 걸려있었다. 이외에도 왕권을 행사하는 비유가 다수 있다.

> 【4】 35 백성은 서서 구경하는데 **관리들은** 비웃어 이르되 저가 남을 구원하였으니 **만일 하나님이 택하신 자 그리스도이면 자신도 구원할지어다** 하고 … 39 달린 **행악자 중 하나**는 비방하여 이르되 **네가 그리스도가 아니냐 너와 우리를 구원하라** 하되

대제사장들과 서기관, 장로 등은 예수님의 체포 과정에서부터 사형 집행에 이르기까지 직접 개입하여 진두지휘하며 예수님을 제거하기 위하여 온갖 수단과 방법을 다 동원하였다. 그들은 예수님께서 사형당하시는 현장까지 지켜보면서 비로소 안도의 숨을 쉬었다. 그들은 십자가에 매달려 계시는 예수님을 향하여 "네가 그리스도라면 십자가에서 내려오는 기적을 일으켜라, 그러면 우리가 믿겠다."(마27:42, 막15:32)라며 조롱과 모욕을 늘어놓았다. 행악자 중의 하나도 "네가 그리스도가 아니냐 너와 우리를 구원하라." 는 말로 예수님을 모욕했다

복음서는 이런 이야기들을 왜 중요하게 기록해 놓았을까? 교회의 지도자들에게 영원한 경고를 주기 위함이다. 그 당시 유대인들은 자신들이 하는 말이 무엇인지를 전혀 모르고 별 생각없이 떠들어댔다. 그런데 그들은 사탄의 유혹을 대신 말하고 있었다. 마귀는 예수님께서 공생애를 시작하시던 초기 광야의 40일 기도 때부터 끊임없이 예수님에게 유대인들이 기대하는 정치적인 왕 메시아가 되라고 유혹하였다. 이는 오늘 우리 교회의 설교자들에게도 큰 경종이 된다. 자칫 우리 자신도 모르는 사이에 정통신앙이라는 이름으로 마귀의 충실한 대변인 역할을 할 수도 있기 때문이다.

> 【5】 34 이에 예수께서 이르시되 **아버지 저들을 사하여 주옵소서 자기들이 하는 것을 알지 못함이니이다** 하시더라 … 43 예수께서 이르시되 내가 진실로 네게 이르노니 **오늘 네가 나와 함께 낙원에 있으리라** 하시니라 … 46 예수께서 큰 소리로 불러 이르시되 **아버지 내 영혼을 아**

버지 손에 부탁하나이다 하고 이 말씀을 하신 후 숨지시니라

예수님께서 십자가에서 마지막으로 하신 말씀을 가상칠언(架上七言)이라 하는데, 그중 셋이 이 본문에 들어있다.

❶ 아버지 저들을 사하여 주옵소서 자기들이 하는 것을 알지 못함이니이다

누가에 의하면 예수님께서는 십자가에서 기도로 시작하시고 기도로 마치셨다. 당신을 십자가에 못 박는 사람들을 향하여 자신들이 무슨 일을 하는지를 모르고 있으니 용서해 달라는 기도인데, 이 기도는 후일 기독교 역사에 지대한 영향을 끼쳤다. 최초의 순교자 스데반도 이 기도를 하면서 죽어 갔다.(행7:60) 그 이후 박해시대를 맞아 원형극장에서 화형을 당하거나 굶주린 사자의 밥이 되거나 팔다리가 잘려나가는 순교자들이 많았는데, 이들은 하나같이 죽음을 두려워하지 않았고 자신들을 죽이는 자들을 불쌍히 여기며 그들의 용서를 비는 기도를 하면서 죽었다. 이를 지켜보는 군중들은 큰 충격을 받았고 이 기도는 박해시대에 기독교를 홍보하고 선교하는 일등공신이었다.

❷ 네가 나와 함께 낙원에 있으리라

예수님의 십자가 좌우에는 두 행악자(κακοῦργος)가 같이 십자가에 매달려 있었다.[81] 행악자 중 한 명은 예수님을 조롱하면서 십자가에서 내려와 우리를 구원하라고 했다. 그러나 다른 한 행악자는 그를 꾸짖으며 자신의 과오를 뉘우치면서 "예수여, 당신의 나라에 임하실 때에 나를 기억하소서!"라고 했다. "네가 나와 함께 낙원에 있으리라" 이 말씀은 그 행악자에게 하신 말씀이다.

81) 마태와 마가에는 강도(λῃστής)라고 했는데, 이 단어는 열심당원, 즉 독립운동가들을 지칭하기도 했기 때문에 누가는 행악자라는 단어를 썼다. 예수님이 자칫 열심당원으로 보일 수 있기 때문이다.

❸ 아버지 내 영혼을 아버지 손에 부탁하나이다

예수님께서 십자가에 매달려계시는 동안 12시부터 3시까지 태양이 빛을 잃어 어두움이 임했고, 성전의 휘장이 찢어졌다. 그 후 예수님께서는 이 기도를 하시고 돌아가셨다. 예수님의 공생애는 기도의 생애였다. 세례받으시고 기도하실 때 하늘이 열리고 음성이 들려왔으며, 이어서 성령에 이끌려 광야에서 40일을 금식하시며 기도하시고, 사역 내내 기도로 사셨으며, 기도하다가 체포되셨고, 십자가에서도 기도로 시작하시고 기도하시면서 돌아가셨다. 제자들에게 남겨주신 마지막 말씀도 거듭 기도의 당부였다.

> 그 곳에 이르러 그들에게 이르시되 **유혹에 빠지지 않게 기도하라** 하시고(22:40)

> 이르시되 어찌하여 자느냐 **시험에 들지 않게 일어나 기도하라** 하시니라(22:46)

이방인 누가, 그는 교회를 통해서 진정한 기도와 기도의 능력을 보았기에 복음서와 사도행전을 기도로 엮어 나갔다. 주님을 따르려면, 유혹에 빠지지 않으려면, 시험에 들지 않으려면 기도가 있어야 한다.

> 【6】 47 **백부장이 그 된 일을 보고** 하나님께 영광을 돌려 이르되 **이 사람은 정녕 의인이었도다** 하고

예수님께서 가시는 십자가의 길을 처음부터 끝까지 지켜본 사람이 있었다. 로마인 백부장, 그는 예수님께서 빌라도에게 재판받으시는 모습부터 십자가에서 마지막으로 돌아가시는 모습을 가장 가까이에서 모두 지켜보았다. 마지막으로 예수님께서 숨을 거두시자 이방인 백부장은 이스라엘의 하나님께 영광을 돌리며 이렇게 고백했다.

이 사람은 정녕 의인이었도다!

마태나 마가에서는 백부장이 "하나님의 아들이었도다!"라고 했는데, 누가는 "이 사람은 정녕 의인이었도다!"라고 기록해 놓았다. 누가복음은 예수님의 수난, 예수님의 십자가, 예수님의 죽으심을 무엇이라고 말하고 있는가? 예수님께서는 이 땅에 하나님 나라를 실현하기 위하여 기꺼이 목숨을 바치셨으며, 십자가를 어떻게 지고 가야 하는지 모범을 보이셨으며, 죽음을 어떻게 받아들여야 하는지를 직접 보여주셨으며, 십자가에서 대신 죽으심으로 새로운 계약의 길을 열어 놓으셨다라고 말한다. 이로 인해 그 후 새로운 계약공동체가 생겨났고 계약 실천을 통해 구원에 이르게 되었다.

예수님의 십자가를 어떻게 받아들여야 하는가? 우리 모두의 죄를 대신 짊어지셔서 그 앞에 나가 죄를 고백하면 다 용서해주시며, 이 용서로 말미암아 행위와 상관없이 영혼이 구원받고 죽은 후 천국에 간다고 생각해야 하는가? 복음서 어디에서, 신약성경 어디에서, 구약성경 어디에서 그렇게 말하는가? 이를 뒷받침하는 말씀은 성경에 단 한 구절도 없다. 단지 그렇게 말하는 구원 교리가 있을 뿐이다.

유대인들이 성경과 상관없이 의인(義人) 구원론 교리로 치우쳤듯이, 기독교도 성경과 전혀 상관없이 의인(義認) 구원론 교리로 치우치고 말았다. 예수님께서는 이런 구원 교리를 나불거리는 자들을 향해 이렇게 말씀하셨다.

뱀들아, 독사의 새끼들아,

너희가 어떻게 지옥의 판결을 피하겠느냐!

물음 91 준비된 장례 위원, 누구였는가?

본문 : 〈 24:50~56 〉

50 공회 의원으로 선하고 의로운 요셉이라 하는 사람이 있으니
51 (그들의 결의와 행사에 찬성하지 아니한 자라) 그는 유대인의 동네 아리마대 사람이요 하나님의 나라를 기다리는 자라
52 그가 빌라도에게 가서 예수의 시체를 달라 하여
53 이를 내려 세마포로 싸고 아직 사람을 장사한 일이 없는 바위에 판 무덤에 넣어 두니
54 이 날은 준비일이요 안식일이 거의 되었더라
55 갈릴리에서 예수와 함께 온 여자들이 뒤를 따라 그 무덤과 그의 시체를 어떻게 두었는지를 보고
56 돌아가 향품과 향유를 준비하더라 계명을 따라 안식일에 쉬더라

여우도 굴이 있고 공중 나는 새도 둥지가 있지만 머리 둘 곳도 없으셨던 주님께서 무덤을 미리 준비해 놓으셨을 리가 없었다. 그리고 돌아가시기 전날까지만 해도 예수님의 죽으심을 알아챈 사람은 아무도 없었다. 이처럼 예수님께서는 아무런 준비없이 갑자기 돌아가셨다. 마땅히 예수님의 제자들이 장례를 치러야 했지만 그들은 자괴감에 빠져 나타나지도 않았다.

그런데 예수님의 장례를 걱정하는 사람이 있었다. 누구였을까?

【1】 50 공회 의원으로 **선하고 의로운 요셉이라 하는 사람**이 있으니
51 (그들의 결의와 행사에 찬성하지 아니한 자라) 그는 유대인의 동네 아리마대 사람이요 **하나님의 나라를 기다리는 자라**

요한복음(19:38)에 의하면 아리마대 요셉은 예수님의 제자였으

나 이를 숨기고 있었다. 공회원이었던 그는 산헤드린에서 예수님에게 사형선고를 할 때 반대표를 던졌다. 예수님께서 돌아가신 날은 금요일인데 유대인들의 안식일은 금요일 저녁 해질 때부터 시작되는데, 예수님께서는 오후 3시경 돌아가셨다. 자칫 예수님의 시신이 십자가에 방치될 위기에 처하자, 이를 지켜보던 요셉은 바삐 움직이기 시작했다.

【2】 52 그가 빌라도에게 가서 **예수의 시체를 달라 하여**

예수님의 장례를 치르려면 사형 선고를 내린 빌라도의 허락이 있어야 했다. 그는 빌라도를 찾아가서 예수님의 장례식을 치를 수 있도록 요청했다. 빌라도는 예수님에게 무죄를 선고하려고 했었기 때문에 마다할 이유가 없었다. 단지 백부장을 불러 사망을 확인한 후 예수님의 시체를 내어주었다.

【3】 53 이를 내려 세마포로 싸고 **아직 사람을 장사한 일이 없는 바위에 판 무덤에 넣어 두니** 54 이 날은 준비일이요 안식일이 거의 되었더라

빌라도에게서 예수님의 시신을 넘겨받은 요셉은 장례를 서둘렀다. 요한복음에 의하면 같은 공회원 니고데모가 몰약과 침향을 백 리트라(약 34kg) 쯤 가지고 왔는데 이는 왕족의 장례에 쓸 정도의 양이었다. 요셉과 니고데모는 유대교의 예법대로 예수님의 시신을 향품과 함께 세마포로 싼 후 요셉이 준비해 두었던 새 바위굴 무덤에 예수님을 모셨다. 이로써 안식일이 시작되기 직전에 예수님의 장례식을 마칠 수 있었다.

공회 의원이면서 예수님의 제자였던 아리마대 요셉, 그리고 한밤중에 예수님을 찾아와 밤을 지새우며 말씀을 나누던 니고데모, 이들은 예수님의 장례를 위하여 준비된 사람들이었다.

【4】 55 **갈릴리에서 예수와 함께 온 여자들이** 뒤를 따라 그 무덤과 그의 시체를 어떻게 두었는지를 보고 56 **돌아가 향품과 향유를 준비하더라** 계명을 따라 안식일에 쉬더라

예수님의 장례식을 안타깝게 지켜보며 눈물을 흘려주는 이들이 있었다. 갈릴리로부터 예수님을 따르던 여인들이었다. 그들은 예수님의 장례식을 지켜보다가 자신들은 예수님의 마지막을 위하여 아무것도 한 일이 없다고 생각하고 예수님의 시신에 넣어드릴 향품과 향유를 준비했다.

이로써 예수님의 지상 생애는 막을 내렸다.
그러나 아직 끝이 아니었다.
새로운 시작이 기다리고 있었다.
누구도 예상치 못한 시작이.

제5부 : 부활, 승천, 교회

물음 92~107 (24:1~행4:37)

물음 92 빈 무덤, 무엇을 말하고 있는가?

본문 : 〈 24:1~12 〉

1 안식 후 첫날 새벽에 이 여자들이 그 준비한 향품을 가지고 무덤에 가서
2 돌이 무덤에서 굴려 옮겨진 것을 보고
3 들어가니 주 예수의 시체가 보이지 아니하더라
4 이로 인하여 근심할 때에 문득 찬란한 옷을 입은 두 사람이 곁에 섰는지라
5 여자들이 두려워 얼굴을 땅에 대니 두 사람이 이르되 어찌하여 살아 있는 자를 죽은 자 가운데서 찾느냐
6 여기 계시지 않고 살아나셨느니라 갈릴리에 계실 때에 너희에게 어떻게 말씀하셨는지를 기억하라
7 이르시기를 인자가 죄인의 손에 넘겨져 십자가에 못 박히고 제 삼일에 다시 살아나야 하리라 하셨느니라 한대
8 그들이 예수의 말씀을 기억하고
9 무덤에서 돌아가 이 모든 것을 열한 사도와 다른 모든 이에게 알리니
10 (이 여자들은 막달라 마리아와 요안나와 야고보의 모친 마리아라 또 그들과 함께 한 다른 여자들도 이것을 사도들에게 알리니라)
11 사도들은 그들의 말이 허탄한 듯이 들려 믿지 아니하나
12 베드로는 일어나 무덤에 달려가서 구부려 들여다 보니 세마포만 보이는지라 그 된 일을 놀랍게 여기며 집으로 돌아가니라

네 복음서는 모두 예수님의 부활을 기록하고 있는데, 그 초점이 조금씩 다르다.

【1】 1 안식 후 첫날 새벽에 **이 여자들이 그 준비한 향품을 가지고 무덤에 가서** 2 돌이 무덤에서 굴려 옮겨진 것을 보고 3 들어가니 **주 예수의 시체가 보이지 아니하더라**

예수님의 부활을 처음으로 목격한 사람들은 안식일이 지난 다음 날 새벽 무덤가를 찾은 몇 명의 여인들이었다. 그들은 예수님 일행을 따라다니며 자기들의 비용으로 섬겼는데, 예수님께서 갑자기 돌아가시자 예수님의 시신에 향품을 마지막으로 넣어드리기 위하여 새벽에 무덤을 찾아가면서 무덤을 막은 큰 돌을 어떻게 열어야 할지 걱정했다. 그런데 무덤에 도착해보니 무덤 문이 이미 열려있어 들어가보니 예수님의 시신이 보이지 않았다. 어떻게 된 영문인지를 몰라 걱정하는데 천사 둘이 나타나 예수님께서 미리 말씀하신 대로 부활하셨음을 알려주었다.

복음서에 의하면 예수님을 따르던 사람들 중에서 예수님 생전에는 예수님께서 돌아가신다고 생각한 사람이 아무도 없었고, 또 돌아가신 다음에도 예수님의 부활을 예상한 사람은 아무도 없었다. 그들은 예수님께서 갑자기 돌아가시자 모든 것이 다 끝났다고 생각했다. 그런데 빈 무덤은 무엇을 말하고 있는가?

아직 끝나지 않았다.

성경은 하나님께서 일하시는 방법에 대하여 말해준다. 그런데 그 특징 중의 하나는 '전혀 뜻밖'이다. 하나님의 지혜는 누구도 가늠할 수 없다. 단지 신뢰의 대상일 뿐이다. 그 이유는 사람의 기준과 판단으로는 모든 가능성이 다 사라졌다고 생각할 그즈음에 전혀 뜻밖의 방법으로 시작되는 경우가 대부분이기 때문이다. '그리 아니 하실지라도'라는 신뢰가 늘 필요하다.

【2】 8 그들이 **예수의 말씀을 기억하고** 9 무덤에서 돌아가 이 모든 것을 **열한 사도와 다른 모든 이에게 알리니** … 11 사도들은 **그들의 말이 허탄한 듯이 들려 믿지 아니하나** 12 베드로는 일어나 무덤에 달려가서 구부려 들여다 보니 세마포만 보이는지라 **그 된 일을 놀랍게 여기며 집으로 돌아가니라**

빈 무덤을 확인하고 천사들의 설명을 듣고 나서야 여인들은 예수님께서 돌아가셨다가 사흘 만에 살아나시리라고 예고하셨던 말씀이 기억났다. 여인들은 이 놀라운 사실을 사도들과 다른 사람들에게 알렸다. 그러나 누구도 이를 믿는 사람이 없었고, 오히려 새벽에 무덤을 찾아갔던 여인들을 이상하게 여겼다. 그리고 베드로가 그 말을 듣고 무덤에 달려갔으나 여인들의 말대로 빈 무덤만 확인했을 뿐이었다.

빈 무덤

오늘 우리에게 빈 무덤은 무엇일까? 이 글을 쓰는 지금 전 세계가 코로나19의 공포에 떨고 있으며, 날로 그 심각성을 더해가고 있다. 가축들에게 떼죽음을 몰고 온 구제역, 조류 독감, 돼지 열병에 이어 이제는 사람에게로 바이러스가 옮겨왔다. 이는 현대 물질문명의 여파로 생태계가 붕괴된 결과이며 벌써부터 예상되던 일이었다. 코로나19는 대멸종, 인류 멸종의 전조 징조에 불과하다고 생각된다. 전 세계 의료 전문가들이 치료제와 백신 개발에 사활을 걸고 있지만 전망은 비관적이다. 달리 방법이 없으니 방역 등에 안간힘을 다해볼 뿐이다. 속수무책, 파국, 절망, 멸종 등 극단적인 용어들이 머릿속을 스쳐 가고, 죽음의 그림자가 피부로 느껴지고 있다. 무엇을 어찌해야 하나?

빈 무덤

빈 부덤이 기다리고 있다. 빈 무덤을 찾는 사람이 있어야 한다. 빈 무덤을 발견한 사람이 있어야 한다. 비로소 다시 깨우치는 사람이 있어야 한다. 그리고 전하는 사람이 있어야 한다. 전해지는 그 소식을 듣고 그동안 우리가 읽고, 듣고, 알았던 것들을 다시 생각하고, 확실하다고 믿었던 것들의 진위를 다시 돌이켜 보아야 한다. 그리고 다시 시작해야 한다.

빈 무덤에서

물음 93 부활, 제자들에게 무엇으로 경험되었는가?

본문 : 〈 24:13~35 〉

13 그 날에 그들 중 둘이 예루살렘에서 이십오 리 되는 엠마오라 하는 마을로 가면서

14 이 모든 된 일을 서로 이야기하더라

15 그들이 서로 이야기하며 문의할 때에 예수께서 가까이 이르러 그들과 동행하시나

16 그들의 눈이 가리어져서 그인 줄 알아보지 못하거늘

17 예수께서 이르시되 너희가 길 가면서 서로 주고받고 하는 이야기가 무엇이냐 하시니 두 사람이 슬픈 빛을 띠고 머물러 서더라

18 그 한 사람인 글로바라 하는 자가 대답하여 이르되 당신이 예루살렘에 체류하면서도 요즘 거기서 된 일을 혼자만 알지 못하느냐

19 이르시되 무슨 일이냐 이르되 나사렛 예수의 일이니 그는 하나님과 모든 백성 앞에서 말과 일에 능하신 선지자이거늘

20 우리 대제사장들과 관리들이 사형 판결에 넘겨 주어 십자가에 못 박았느니라

21 우리는 이 사람이 이스라엘을 속량할 자라고 바랐노라 이뿐 아니라 이 일이 일어난 지가 사흘째요

22 또한 우리 중에 어떤 여자들이 우리로 놀라게 하였으니 이는 그들이 새벽에 무덤에 갔다가

23 그의 시체는 보지 못하고 와서 그가 살아나셨다 하는 천사들의 나타남을 보았다 함이라

24 또 우리와 함께 한 자 중에 두어 사람이 무덤에 가 과연 여자들이 말한 바와 같음을 보았으나 예수는 보지 못하였느니라 하거늘

25 이르시되 미련하고 선지자들이 말한 모든 것을 마음에 더디 믿는 자들이여

26 그리스도가 이런 고난을 받고 자기의 영광에 들어가야 할 것이 아니냐 하시고

27 이에 모세와 모든 선지자의 글로 시작하여 모든 성경에 쓴 바 자기에 관한 것을 자세히 설명하시니라

28 그들이 가는 마을에 가까이 가매 예수는 더 가려 하는 것 같이 하시니

29 그들이 강권하여 이르되 우리와 함께 유하사이다 때가 저물어가고 날이 이미 기울었나이다 하니 이에 그들과 함께 유하러 들어가시니라

30 그들과 함께 음식 잡수실 때에 떡을 가지사 축사하시고 떼어 그들에게 주시니

31 그들의 눈이 밝아져 그인 줄 알아 보더니 예수는 그들에게 보이지 아니하시는지라

32 그들이 서로 말하되 길에서 우리에게 말씀하시고 우리에게 성경을 풀어 주실 때에 우리 속에서 마음이 뜨겁지 아니하더냐 하고

33 곧 그 때로 일어나 예루살렘에 돌아가 보니 열한 제자 및 그들과 함께 한 자들이 모여 있어

34 말하기를 주께서 과연 살아나시고 시몬에게 보이셨다 하는지라

35 두 사람도 길에서 된 일과 예수께서 떡을 떼심으로 자기들에게 알려지신 것을 말하더라

부활하신 예수님께서 나타나신 이야기 가운데서 가장 긴 본문은 누가에만 나오고 있다. 누가는 많은 이야기들 중에서 왜 이 이야기를 가장 길고 자세하게 써 놓았을까? 아마도 예수님께서 돌아가신 이후 예수님을 따르던 사람들이 어떤 반응을 보이고 있었는지를 자세히 알려주기 위함으로 보인다.

【1】 13 **그 날에 그들 중 둘이** 예루살렘에서 이십오 리 되는 엠마오라 하는 마을로 가면서 14 이 모든 된 일을 서로 이야기하더라 … 21 **우리는 이 사람이 이스라엘을 속량할 자라고 바랐노라** … 17 … **두 사람이 슬픈 빛을 띠고 머물러 서더라**

'그 날'은 여인들이 빈 무덤의 소식을 알려준 날이며, '두 사람'은 예수님을 따르던 무리들 중에 있던 사람들이다. 이들이 엠마오를 향해 가면서 나누는 이야기를 보면 이들이 예수님을 따른 이유는 예수님께서 이스라엘을 해방시키실 분이라고 생각했기 때문이었다. 이

들은 예수님께서 돌아가시자 이제는 모든 것이 다 끝났다고 생각하고 흩어지는 사람들 가운데 첫 번째 무리였던 것 같다. 사도들을 비롯한 무리들은 여인들이 전해주는 빈 무덤의 소식을 듣고도 예수님의 부활을 믿지 못하고 흩어지고 있었다.

【2】 15 그들이 서로 이야기하며 문의할 때에 **예수께서 가까이 이르러 그들과 동행하시나** 16 그들의 눈이 가리어져서 그인 줄 알아보지 못하거늘 … 27 이에 모세와 모든 선지자의 글로 시작하여 모든 성경에 쓴 바 자기에 관한 것을 **자세히 설명하시니라**

사람의 수준과 형편을 잘 아시는 주님께서는 그들에게 눈높이를 맞추어 주신다. 친히 찾아오셔서 길을 걸으시며, 대화를 나누시면서 계약법과 선지자들의 글들을 인용하시며 자세하게 설명해주셨다. 같이 식사 자리에 앉으셔서 축복기도를 하시고 떡을 떼어 주셨다. 그리고 그들의 눈이 밝아져 예수님을 알아보게 하셨다.

무엇을 말하고 있는가? 인간이 하나님의 말씀인 성경과 또 그와 관련된 일을 알아보는 것은 불가능하며, 오직 눈을 열어주실 때만 가능하다. 하나님 앞에 서려면, 하나님의 일을 하려면 스스로 무지로 돌아가야 한다. 그리고 항상 빈 머리와 빈 마음을 유지하고 있어야 한다.

친히 찾아오셔서 알려주시는 분, 단지 그분이 찾아오실 수 있는 자리를 만드는 게 우리가 할 일이다.

【3】 33 곧 **그 때로 일어나 예루살렘에 돌아가 보니** 열한 제자 및 그들과 함께 한 자들이 모여 있어 34 말하기를 **주께서 과연 살아나시고 시몬에게 보이셨다** 하는지라 35 **두 사람도 길에서 된 일과 예수께서 떡을 떼심으로 자기들에게 알려지신 것을 말하더라**

모든 것이 끝났다고 생각했던 엠마오 길손들은 끝이 아니라 이제 시작이라는 것을 발견하고 숙박하려던 자리에서 일어나 다시는 오고 싶지 않았던 예루살렘으로 다시 돌아갔다. 그곳에는 하직 인사를 하고 떠났던 열한 사도와 여러 사람들이 모여서 예수님께서 살아나셨다고 여인들이 전한 말이 사실이며, 베드로에게도 나타나셨다는 말들을 주고 받고 있었다. 이에 두 제자들도 자신들이 길에서 경험한 이야기를 전해주었다.

모든 것이 끝났다고 생각하고 흩어지던 제자들은 제각기 예수님의 부활을 직접 경험하면서 다시 모였다. 예수님에게는 알파와 오메가, 처음과 나중, 시작과 끝은 둘이 아니라 하나이다. 그리고 그분을 따르던 제자들에게 끝은 곧 시작으로 경험되었다. 무엇이 그것을 가능하게 했는가?

예수님의 부활

물음 94
실패, 어떤 큰 역할을 했는가?

본문 : 〈 24:36~53 〉

36 이 말을 할 때에 예수께서 친히 그들 가운데 서서 이르시되 너희에게 평강이 있을지어다 하시니
37 그들이 놀라고 무서워하여 그 보는 것을 영으로 생각하는지라
38 예수께서 이르시되 어찌하여 두려워하며 어찌하여 마음에 의심이 일어나느냐
39 내 손과 발을 보고 나인 줄 알라 또 나를 만져 보라 영은 살과 뼈가 없으되 너희 보는 바와 같이 나는 있느니라
40 이 말씀을 하시고 손과 발을 보이시나
41 그들이 너무 기쁘므로 아직도 믿지 못하고 놀랍게 여길 때에 이르시되 여기 무슨 먹을 것이 있느냐 하시니
42 이에 구운 생선 한 토막을 드리니
43 받으사 그 앞에서 잡수시더라
44 또 이르시되 내가 너희와 함께 있을 때에 너희에게 말한 바 곧 모세

의 율법과 선지자의 글과 시편에 나를 가리켜 기록된 모든 것이 이루
어져야 하리라 한 말이 이것이라 하시고
45 이에 그들의 마음을 열어 성경을 깨닫게 하시고
46 또 이르시되 이같이 그리스도가 고난을 받고 제삼일에 죽은 자 가운
데서 살아날 것과
47 또 그의 이름으로 죄 사함을 받게 하는 회개가 예루살렘에서 시작하
여 모든 족속에게 전파될 것이 기록되었으니
48 너희는 이 모든 일의 증인이라
49 볼지어다 내가 내 아버지께서 약속하신 것을 너희에게 보내리니 너희
는 위로부터 능력으로 입혀질 때까지 이 성에 머물라 하시니라
50 예수께서 그들을 데리고 베다니 앞까지 나가사 손을 들어 그들에게
축복하시더니
51 축복하실 때에 그들을 떠나 [하늘로 올려지시니]
52 그들이 [그에게 경배하고] 큰 기쁨으로 예루살렘에 돌아가
53 늘 성전에서 하나님을 찬송하니라

인간을 구원하기 위하여 하나님이시기를 포기하고 인간으로 오신 예수님, 그 구원 사역에서 거둔 가장 큰 결실은 무엇이었는가? 가정과 가족을 놔두고, 가진 모든 소유물을 버리고, 목숨을 내놓고 갈릴리에서부터 예루살렘에 이르기까지 수년 동안 예수님을 따른 이들이었다. 이들보다 더 귀하고 값진 사람들은 있을 수 없었다. 이들이 예수님께서 하시던 일을 이어받을 사람들이었기 때문이다. 예수님께서는 이들을 교육시키는 일에 가장 큰 역점을 두셨다. 그런데 이런 제자 교육을 마무리 짓는 마지막 마침표는 무엇이었을까?

실패

하나님 외에 감히 누가 이런 교육 방법을 생각해낼 수 있을까? 이들은 예수님께서 수없이 말씀하셨음에도 불구하고 돌아가시기 전에는 물론 부활을 확인하고 승천하실 때까지도 예수님은 이스라엘을 로마의 압제로부터 해방시키실 분이라고 생각했다(행1:6). 예수

님께서 십자가에서 돌아가시리라는 말씀을 무려 여섯 번이나 반복하셨어도 이를 이해한 사람들은 아무도 없었다. 마지막 밤에는 시험에 들지 않도록 기도하라는 마지막 당부를 듣고도 졸음을 참지 못했다. 졸다가 깨어나서는 몰려든 군병들에게 겁을 먹고 도망가기에 급급했으며, 예수님의 장례식에는 나타나지도 않았다. 예수님의 부활에 대한 소식을 전해 듣고는 그 말을 하는 여인들의 정신을 의심했다. 뭘하나 제대로 하는 게 없었다. 실패도 완전한 실패였다.

그런데 예수님께서는 이 실패를 어떻게 받아들이셨는가? 실망인가? 책망인가? 포기인가? 아니다. 그러면 무엇인가?

기회

하나님의 지혜는 실패를, 위기를 기회로 엮어내신다. 제자들의 실패를 무슨 기회로 활용하셨는가? 하나님의 일을 하는 데에 가장 중요한, 없어서는 안 될 교육의 기회로 활용하셨다. 이 기회를 통해서 무엇을 가르치셨는가?

무자격자 의식

요한복음을 보면 베드로가 "나는 물고기 잡으러 가노라!"(요 21:3)라고 말하자 다른 일곱 명의 제자가 같이 따라가는 이야기가 나오고 있다. 서로 높은 자리를 차지하겠다고 다투던 제자들은 예수님의 부활을 경험하면서 비로소 제정신이 들었다. 자신들은 예수님의 제자가 될 자격이 전혀 없었음을 깨닫고 다시 어부로 돌아갔다. 그런데 밤새도록 고기를 한 마리도 잡지 못하고 말았다. 무엇을 말하는가? 그래도 어부만큼은 자신있다고 생각했다. 그러나 이제는 어부도 자신이 없는 자들이 되었다. 누가 외의 다른 복음서에서는 제자들이 부활하신 예수님을 갈릴리에서 만나고 있다. 왜 갈릴리일까? 자기긍정을 포기한 자기부정의 자리이기 때문이다. 제자들은 완전 무자격자 의식에서 다시 시작해야 했다.

누가는 예수님의 부활과 만남, 승천의 장소를 예루살렘으로 그리고 있다. 그러나 제자들을 완전 무자격자로 그려놓기는 마찬가지이다.

【1】 36 이 말을 할 때에 예수께서 **친히 그들 가운데 서서 이르시되 너희에게 평강이 있을지어다** 하시니 37 그들이 놀라고 무서워하여 그 보는 것을 **영으로 생각하는지라** … 39 … 또 **나를 만져 보라** … 41 그들이 너무 기쁘므로 **아직도 믿지 못하고 놀랍게 여길 때에** … 43 받으사 **그 앞에서 잡수시더라**

흩어지던 제자들은 예수님의 부활을 확인하고 다시 모여있었다. 그때 예수님께서 그들 가운데 나타나셨지만 그래도 믿지 못하고 예수님의 영(靈)을 보고 있다고 생각했다. 이에 예수님께서는 손발을 보여주시고, 구운 생선을 직접 드시며 육체가 부활했음을 확인시키셔야 했다.

【2】 44 **또 이르시되** 내가 너희와 함께 있을 때에 너희에게 말한 바 곧 모세의 율법과 선지자의 글과… 45 이에 그들의 마음을 열어 **성경을 깨닫게 하시고**

부활을 확인시키신 예수님께서는 제자들을 한 자리에 모으시고 그간의 교육을 다시 요약해서 말씀하시고 그들이 마음 문을 열고 성경을 깨닫도록 도와주셨다.

【3】 48 **너희는 이 모든 일의 증인이라** 49 볼지어다 **내가 내 아버지께서 약속하신 것을 너희에게 보내리니** 너희는 위로부터 **능력으로 입혀질 때까지 이 성에 머물라 하시니라**

예수님께서는 제자들을 증인으로 세우셨다. 무슨 증인인가? 들었어도 듣지 못했고, 보았어도 보지 못했고, 경험했어도 알지 못했던 증인들이었다. 그들은 온 세상에 나가서 무자격자였음을 증거했다. 복음서에 기록된 제자들의 무능력한 모습들은 이런 영성의 경험에서 비롯되었다. 그런데 놀라운 일이 일어났다. 그들은 무자격자였다고 고백하는데, 그 현장에는 성령이 임했다. 성령의 능력은 무엇을 말하는가? 제자들을 인정하시고 받아주시는 사건이며, 자기부정으로 하나님의 긍정에 이를 때 나타나는 능력이다.

자기부정에 젖어있는 제자들에게 주어진 당부는, 하나님께서 보내실 능력이 임할 때까지 예루살렘을 떠나지 말고 기다리라는 약속이자 당부였다. 다른 어떤 무엇을 하라는 말씀이 아니라 '기다림'이었다. '나아감'이 먼저가 아니라 '기다림'이 먼저였다.

【4】 50 예수께서 그들을 데리고 베다니 앞까지 나가사 **손을 들어 그들에게 축복하시더니** 51 축복하실 때에 그들을 떠나 [**하늘로 올려지시니**] 52 그들이 [그에게 경배하고] 큰 기쁨으로 **예루살렘에 돌아가** 53 늘 **성전에서 하나님을 찬송하니라**

부활과 예수님의 마지막 당부로 끝나는 다른 복음서와 달리, 누가는 예수님의 부활에 대하여 복음서 마지막과 사도행전의 서두에서 다루고 있다. 누가가 승천을 강조하는 이유는 예수님은 본래 하늘에서 오신 하나님이시며, 이제 다시 하나님으로 돌아가셨다는 것을 말하기 위함이다. 예수님의 승천을 경험한 제자들은 예루살렘에 머물러 하나님께 기도하면서 때를 기다렸다. 또 누가는 예수님의 승천을 통하여 누가복음과 사도행전을 이어주고 있다.

교회를 통하여 하나님 나라의 실상을 경험하고 복음의 근원을 추적한 누가는 복음서를 예수님의 승천으로 끝내지 않고 이어서 사도들의 행적과 교회의 이야기를 써 내려갔다. 본서에서는 누가복음의 핵심인 희년을 실현하는 하나님 나라가 사도들에 의해서 어떻게 실현되기 시작했는지를 사도행전 앞부분에서 살펴보고자 한다.

물음 95 새 계약공동체, 어떻게 출범했는가?

본문 : 〈 사도행전 1:1~9, 12~15 〉

1 데오빌로여 내가 먼저 쓴 글에는 무릇 예수께서 행하시며 가르치시기를 시작하심부터

2 그가 택하신 사도들에게 성령으로 명하시고 승천하신 날까지의 일을 기록하였노라

3 그가 고난 받으신 후에 또한 그들에게 확실한 많은 증거로 친히 살아 계심을 나타내사 사십 일 동안 그들에게 보이시며 하나님 나라의 일을 말씀하시니라

4 사도와 함께 모이사 그들에게 분부하여 이르시되 예루살렘을 떠나지 말고 내게서 들은 바 아버지께서 약속하신 것을 기다리라

5 요한은 물로 세례를 베풀었으나 너희는 몇 날이 못되어 성령으로 세례를 받으리라 하셨느니라

6 그들이 모였을 때에 예수께 여쭈어 이르되 주께서 이스라엘 나라를 회복하심이 이 때니이까 하니

7 이르시되 때와 시기는 아버지께서 자기의 권한에 두셨으니 너희가 알 바 아니요

8 오직 성령이 너희에게 임하시면 너희가 권능을 받고 예루살렘과 온 유대와 사마리아와 땅 끝까지 이르러 내 증인이 되리라 하시니라

9 이 말씀을 마치시고 그들이 보는데 올려져 가시니 구름이 그를 가리어 보이지 않게 하더라

12 제자들이 감람원이라 하는 산으로부터 예루살렘에 돌아오니 이 산은 예루살렘에서 가까워 안식일에 가기 알맞은 길이라

13 들어가 그들이 유하는 다락방으로 올라가니 베드로, 요한, 야고보, 안드레와 빌립, 도마와 바돌로매, 마태와 및 알패오의 아들 야고보, 셀롯인 시몬, 야고보의 아들 유다가 다 거기 있어

14 여자들과 예수의 어머니 마리아와 예수의 아우들과 더불어 마음을 같이하여 오로지 기도에 힘쓰더라

15 모인 무리의 수가 약 백이십 명이나 되더라…

누가는 복음서와 사도행전을 다음과 같이 이어가고 있다.

【1】 3 그가 고난 받으신 후에 또한 **그들에게** 확실한 많은 증거로 친히 살아 계심을 나타내사 **사십 일 동안** 그들에게 보이시며 **하나님 나라의 일을 말씀하시니라** 4 사도와 함께 모이사 그들에게 분부하여 이르시되 **예루살렘을 떠나지 말고 내게서 들은 바 아버지께서 약속하신 것을 기다리라** 5 요한은 물로 세례를 베풀었으나 너희는 **몇 날이 못되어** 성령으로 세례를 받으리라 하셨느니라

예수님께서는 부활하신 이후 사도들과 제자들에게 부활을 직접 확인시켜 주시고 다시 모이게 하셨다. 그들은 약 3년의 사역 동안 모든 것을 포기하고 갈릴리에서 예루살렘까지 따라온 사람들이었다. 예수님께서는 그들에게 이 땅에서 하나님 나라를 어떻게 실현해 나가야 되는지 가르치셨다. 그리고 예루살렘을 떠나지 말고 예수님께서 보내실 성령의 임재를 기다리라고 당부하셨다. 부활하신 이후 제자들을 다시 모아 이와 같이 가르치신 기간이 40일이었다.

【2】 6 그들이 모였을 때에 예수께 여쭈어 이르되 **주께서 이스라엘 나라를 회복하심이 이 때니이까** 하니 7 이르시되 때와 시기는 아버지께서 자기의 권한에 두셨으니 **너희가 알 바 아니요** 8 **오직 성령이 너희에게 임하시면 너희가 권능을 받고 예루살렘과 온 유대와 사마리아와 땅 끝까지 이르러 내 증인이 되리라** 하시니라

수백 년 동안 여러 제국의 식민지배를 받아온 유대인이었던 제자들의 가장 큰 관심은 독립이었다. 이들이 예수님을 따르게 된 가장 큰 동기는 이것이었으며, 예수님의 죽으심과 부활을 경험했으면서도 아직도 부활하신 주님께서 이스라엘을 독립시킬 것을 기대하고 있었다. 사도들이 성만찬 이후에 예수님을 위하여 목숨을 내놓겠다고 다짐한 것은 예수님과 함께 나라를 되찾는 일이라면 생명을 바칠 수 있다는 뜻이었다. 오늘 우리에게는 제자들의 이런 생각이 이상할지 모르지만 당시 그들의 독특한 입장으로 돌아가서 그들을 이해해

야 한다.

이에 예수님께서는 이스라엘의 회복은 그들이 관여할 일이 아니라고 분명하게 선을 그으셨다. 그리고 말씀하셨다. "성령의 임재와 권능이 너희에게 임하면 예루살렘에서 시작하여 온 세상에 나가서 그동안 나를 따라다니며 듣고 경험한 것들을 전하는 증인이 될 것이다." 마지막으로 이 말씀을 하신 후 예수님께서는 구름에 휩싸인 채 승천하셨다. 사도들은 예수님의 부활과 승천을 경험한 후 성령이 임하고 나서야 비로소 민족독립의 꿈을 버리고 복음에 관심을 집중하게 되었다.

감람산에서 예수님의 당부와 승천을 경험한 제자들은 머물고 있던 예루살렘의 다락방으로 돌아왔다.

> 【3】 13 들어가 그들이 유하는 다락방으로 올라가니 베드로, 요한, 야고보, 안드레와 빌립, 도마와 바돌로매, 마태와 및 알패오의 아들 야고보, 셀롯인 시몬, 야고보의 아들 유다가 다 거기 있어 14 **여자들과 예수의 어머니 마리아와 예수의 아우들과** … 15 **모인 무리의 수가 약 백이십 명이나 되더라**…

이 본문은 복음과 교회를 이해하는 데에 있어서 대단히 중요한 의미를 가진다.

❶ 새 계약공동체 탄생

유대인들이 예수님을 죽임으로 말미암아 그들과 하나님 사이에 맺었던 옛 계약은 파국으로 치닫고 말았다. 이에 예수님께서는 체포되시기 전날 유월절 식사 시간에 사도들과 새로운 계약을 체결하셨다. 성만찬 예식사는 성례전을 위한 예식사가 아니라 새로운 계약 체결 선언문이었다. 옛 계약이 양의 피로 체결되었듯이 새 계약은 예수님께서 십자가에서 흘리신 피로 체결되었다. 그리고 이제 여기에 이르러 계약공동체가 구체적으로 결성되었다. 새 계약공동체를 '교회'라고 한다.

❷ 증인들

부활하신 예수님께서는 40일 동안, 흩어져 있는 제자들을 일일이 찾아다니며 부활을 확인시키시고 예루살렘으로 돌아가 다시 모이게 하셨다. 열한 명 사도를 중심으로 예수님의 사역 초기부터 예수님을 따른 사람들이 그 대상이었다. 그중에는 여인들도 들어있었고 이색적인 특징은 예수님의 어머니 마리아와 아우들 등 가족도 들어있었다. 이들은 예수님의 부활을 경험하고 비로소 예수님을 구세주로 믿고 따르게 되었다.

이를 종합하면 새 계약공동체인 교회의 첫 구성원들의 자격 조건은 다음과 같았다. 첫째, 예수님의 사역 초기부터 복음을 위하여 가족, 생명, 재산을 포기하고 따른 사람들이었다. 둘째, 예수님의 가르침을 초기부터 충실히 듣고 동의한 사람들이다. 아직 예수님의 말씀을 온전히 다 이해하지는 못했지만 적어도 그 취지 등에는 전적으로 동의한 사람들이었다. 셋째, 예수님의 부활을 직접 경험한 사람들이었다.

예수님께서는 새 계약공동체의 첫 구성원을 증인들로 구성하셨다. 증인은 처음부터 끝까지 직접 보고 듣고 경험한 사람이어야 한다.

❸ 120여 명

새로운 계약공동체에 마지막까지 증인으로 남은 사람들은 120여 명이었다. 이들은 도대체 어떤 사람들이었을까?

•부르심(calling)

예수님께서 갈릴리에서 사역하시는 동안에는 늘 많은 사람이 몰려들었다. 예수님께서 가버나움에 거처를 정하신 이유는 몰려드는 수만여 명 사람들이 동시에 예수님의 음성을 들을 수 있는 지형적인 조건이 인근 바닷가에 갖추어져 있었기 때문이다. 예수님의 부르심은 몰려든 모든 사람에게 가르치심으로 동일하게 주어졌다. 이 가르치심을 들으면서 잘 이해하고 하나님 나라 운동에 기꺼이 자원한 사람들이 곧 부르심에 응답한 사람들이다.

•남기심(staying)

예수님께서 갈릴리를 떠나 예루살렘으로 올라가시자 제자들도 같이 따라갔다. 예수님께서는 이들을 향해 십자가의 수난을 여섯 차례나 예고하셨다. 수난 예고에도 불구하고 예수님을 따르는 사람들이 수만 명이나 되었다.(12:1) 이에 그들에게 예수님을 따른다는 것이 무엇인지 잘 알고 따르라고 특별한 예화를 말씀하시면서, 가족과 재산과 생명을 포기할 수 있는 사람만 따르라고 다시 강조하셨다.(14:25~35) 예수님께서는 하나님 나라 운동에 동참하는 게 무엇인지도 모르고 따르는 사람들을 만류하기에 급급하셨다. 예수님께서 예고하신 대로 예루살렘에서 돌아가시자 대부분의 사람들은 흩어지고 말았다. 자기들의 기대와는 너무 달랐기 때문이다.

그런데 끝까지 남아있는 사람들이 있었다. 이와같이 끝까지 남은 자들이 곧 하나님께서 남기신 자들이다.

•만드심(training)

예수님께서는 당신을 따르는 수많은 젊은이들을 면밀하게 지켜보시면서 열두 명을 사도로 세우셨고, 그 다음으로는 일흔 명을 또 제자로 세워 특별한 선교 훈련 즉 하나님 나라를 확장하는 훈련을 시키셨다. 이런 사도들과 제자들이 최초의 계약공동체의 주요 인물들이 되었다. 일흔 명을 두 명씩 짝지어 훈련시키시는 이야기가 누가복음에만 나오고 있는데, 이방인 누가는 남달리 120여 명이 어떤 사람들인지에 대하여 많은 관심을 가졌기 때문이다.

부르심에 응답하여 끝까지 남은 사람들을 특별한 교육과 훈련을 통하여 계약공동체의 120여 명으로 만드셨다.

•맡기심(entrusting)

예수님께서는 이들과 계약을 맺으시고 이들에게 예수님을 대행하는 일을 맡기셨다. 이들은 맡은 자로서 예수님을 대신하여 교회를 통해 하나님 나라 운동을 펼쳤다.

예수님 주변에 몰려들었던 사람들을 연인원으로 센다면 셀 수 없을 만큼 많았다. 그런데 본문에 남아있는 120여 명은 그중에서 선발된 특별한 사람들이었다. 이제 이들을 통해서 무슨 일이 어떻게 벌어질까?

【4】 14 … 더불어 마음을 같이하여 오로지 기도에 힘쓰더라

예수님의 부활과 승천을 경험한 120여 명은 더불어 마음을 같이하여 오로지 기도에 힘썼다. 계약공동체의 첫 번째 요건은 한마음과 한뜻이다. 여기에 이르기까지는 많은 잡음이 있었지만 이제는 비로소 마음과 뜻에서 하나가 되었다. 한마음 한뜻이 되어 무엇을 했을까? 오로지 기도에 힘썼다. 무엇을 위한 기도를 했을까?

❶ 성령과 권능 임재

부활하신 예수님을 경험한 교인들은 비로소 한 마음과 한 뜻이 되었다. 그리고 하루에 세 번 기도하던 유대인의 관습에 따라 성전으로 가서 부활하신 예수님께서 내내 가르치시고 약속하신 대로 성령의 임재와 권능을 위하여 기도에 온 힘을 기울였다.

❷ 하나님 나라 임재

복음서의 주제는 하나님 나라이다. 이는 예수님께서 늘 하나님 나라와 그 실현에 대하여 가르치셨기 때문이다. 계약공동체는 이 땅에서 하나님 나라를 보여주는 공동체이다. 최초의 공동체 구성원들은 자신들이 하나님 나라를 보여주는 공동체가 될 수 있도록 기도했다.

한마음과 한뜻이 되어 오로지 기도에 힘쓴 결과 어떤 일들이 일어났을까?

물음 96 공동체 기도, 어떻게 응답되었는가?

본문 : 〈 사도행전 2:1, 5~15 〉

1 오순절 날이 이미 이르매 그들이 다같이 한 곳에 모였더니

5 그 때에 경건한 유대인들이 천하 각국으로부터 와서 예루살렘에 머물러 있더니

6 이 소리가 나매 큰 무리가 모여 각각 자기의 방언으로 제자들이 말하는 것을 듣고 소동하여

7 다 놀라 신기하게 여겨 이르되 보라 이 말하는 사람들이 다 갈릴리 사람이 아니냐

8 우리가 우리 각 사람이 난 곳 방언으로 듣게 되는 것이 어찌 됨이냐

9 우리는 바대인과 메대인과 엘람인과 또 메소보다미아, 유대와 갑바도기아, 본도와 아시아,

10 브루기아와 밤빌리아, 애굽과 및 구레네에 가까운 리비야 여러 지방에 사는 사람들과 로마로부터 온 나그네 곧 유대인과 유대교에 들어온 사람들과

11 그레데인과 아라비아인들이라 우리가 다 우리의 각 언어로 하나님의 큰 일을 말함을 듣는도다 하고

12 다 놀라며 당황하여 서로 이르되 이 어찌 된 일이냐 하며

13 또 어떤 이들은 조롱하여 이르되 그들이 새 술에 취하였다 하더라

14 베드로가 열한 사도와 함께 서서 소리를 높여 이르되 유대인들과 예루살렘에 사는 모든 사람들아 이 일을 너희로 알게 할 것이니 내 말에 귀를 기울이라

15 때가 제 삼 시니 너희 생각과 같이 이 사람들이 취한 것이 아니라

세상 모든 종교에는 자신이 믿는 신에게 소원을 비는 기도가 있다. 기도하는 사람들은 하나같이 무엇을 기대할까?

기도 응답

기도 응답이 그것이다. 그런데 어떻게 하면 응답을 받을 수 있을까? 더 간절히, 더 많이, 더 큰 목소리로 구하면 될까? 아니면 철야, 금식, 금욕 등 무슨 특별한 고행을 동반하면 될까? 어떻게 하면 될까? 영원히 풀리지 않을 수수께끼인 것 같지만 원리와 이치로 이해하면 아주 단순하다. 무엇인가?

하나님의 원대로

기도를 들어주시는 분의 소원대로 구하면 된다. 너무 간단하다. 여기에서 벗어나면 제아무리 특별히 기도해도 아무 소용이 없다. 예수님께서 마지막으로 기도하실 때에 "내 원대로 마옵시고 아버지의 원대로 되기를 원하나이다"(22:42)라고 기도하신 이유는 여기에 있다. 그렇다면 하나님의 뜻을 어떻게 아는가? 계시를 받거나 무슨 특별한 비법이 있는가? 아니다. 하나님의 뜻은 이미 누구나 다 알고 있다. 진리의 조건은 보편성이다. 당위성과 자명성이 곧 하나님의 뜻이다. 하나님의 뜻은 누구나 다 동의하고 바라며, 누구나 다 그냥 알 수 있어야 한다. 그것이 무엇인가? 모든 사람들이 다 행복해지는 그런 세상을 만드는 것이다. 이에 대해서 동의하지 않을 사람이 있을까? 있다면 정상이 아니다. 이를 모를 사람이 있을까? 있다면 정상이 아니다. 정상인 사람이라면 동의하지 않을 수 없고 모를 리가 없다. 진리는 멀리, 특별한 데 있지 않다. 가장 가까이에 있고 누구나 알고 있다.

하나님께서는 모두가 행복해지는 세상을 만들기를 진정으로 원하는 사람, 그 일을 위해서라면 기꺼이 모든 것을 다 희생하려는 사람들을 부르시고 그들과 계약을 맺으신다. 그러나 이런 사람들은 생각보다 많지 않다. 예수님 주변에 몰려왔던 사람들 중 120여 명이 그런 사람들이었다. 계약법은 이런 사람을, 이런 세상을 만드는 법이다.

하나님께서는 계약공동체를 통하여, 그 공동체의 기도 응답을 통하여 일하신다. 따라서 기도는 응답되는 기도, 응답되지 않을 수 없는 기도여야 한다. 이제 이런 원리와 이치를 가지고 위의 본문들을 해석해 보고자 한다.

> 【1】 1 **오순절 날이 이미 이르매** 그들이 다같이 **한 곳에 모였더니** … 5 그 때에 경건한 유대인들이 **천하 각국으로부터 와서** 예루살렘에 머물러 있더니

'오순절'은 유월절로부터 50일째 되는 날인데,[82] 유월절에 모였던 해외 교포들은 대부분 오순절까지 예루살렘에 머물렀다. 그날 아침 120여 명의 교인들은 성전에 같이 모여서 기도에 전념하고 있었다. 오순절이었기 때문에 성전에는 방문객과 기도하러 온 사람들로 넘쳐나고 있었다. 그런데 무슨 일이 일어났다.

> 【2】 2 **홀연히 하늘로부터 급하고 강한 바람 같은 소리가 있어** 그들이 앉은 온 집에 가득하며 3 **마치 불의 혀처럼 갈라지는 것들이** 그들에게 보여 **각 사람 위에 하나씩 임하여 있더니** 4 그들이 다 성령의 충만함을 받고 성령이 말하게 하심을 따라 **다른 언어들로 말하기를 시작하니라**

갑자기 하늘로부터 큰 바람 같은 소리가 들리면서 사람들에게 성령이 불의 혀처럼 임했으며, 그 순간 합심하여 아람어로 기도하던 교인들의 언어가 갑자기 외국어로 바뀌었다. 이들 갈릴리 사람들은 당시 공용어인 헬라어에도 익숙하지 않았으며, 통용어인 아람어 이외의 외국어를 전혀 할 줄 모르는 사람들이었다. 그런데 불의 혀 모양으로 임한 성령께서 그들의 혀를 자유롭게 사용하셔서 그들이 말

82) 구약에서는 칠칠절(신16:10), 맥추절(출23:16, 레23:15, 21, 신16:9~12), 초실절(출34:22, 민28:26) 등으로 부르는데, 추수감사 절기이다.

하는 아람어를 다양한 외국어로 통역해 놓으셨다.

어떻게 이런 일이 일어났을까? 교인들이 열흘 동안 기도하고 있었기 때문이다. 그들은 '성령이 임하면 권능을 받고'라는 말씀을 믿고 한마음과 한뜻으로 기도했다. 계약법에 의하면 하나님께서는 계약공동체의 기도에 응답하시는 방법을 통하여 일하신다. 세상 모든 것에는 법과 질서와 조화가 있다. 기도에도 법이 있다. 무조건 믿고 빈다고 능사가 아니다. 법대로 해야 한다. 하나님은 맘대로 하시는 분이 아니라 법대로 하시는 분이시다.

> 【3】 7 **다 놀라 신기하게 여겨 이르되** 보라 이 말하는 사람들이 다 갈릴리 사람이 아니냐 8 우리가 우리 각 사람이 난 곳 방언으로 듣게 되는 것이 어찌 됨이냐 9 우리는 바대인과 메대인과 엘람인과 또 … 11 그레데인과 아라비아인들이라 **우리가 다 우리의 각 언어로 하나님의 큰 일을 말함을 듣는도**다 하고 12 다 놀라며 당황하여 서로 이르되 이 어찌 된 일이냐 하며

로마제국의 여러 지역에서 온 사람들은 외국어를 배우지 않은 교인들이 20여 나라의 말들을 원어민처럼 자유자재로 말하고 듣는 것을 보고 놀라지 않을 수 없었다. 이런 소문은 번져 나갔고 사람들이 이 신기한 현상을 보기 위하여 몰려들었다. 와서 보는 사람들마다 놀라며 당황했다. 어떤 사람들은 술에 취해서 나타나는 현상이라고 말하기도 했다.

> 【4】 14 **베드로가 열한 사도와 함께 서서 소리를 높여 이르되** 유대인들과 예루살렘에 사는 모든 사람들아 이 일을 너희로 알게 할 것이니 내 말에 귀를 기울이라 15 때가 제 삼 시니 너희 생각과 같이 이 사람들이 취한 것이 아니라

갑자기 온 예루살렘에 큰 소동이 일어나면서 사람들이 성전으로 몰려들자 사도들과 함께 베드로가 대표로 그들에게 설교해야 했다. 교회 역사 최초의 설교는 이렇게 시작되었다.

베드로는 큰 소리로 길게 설교했는데, 그 요지는 자신들이 방언을 말하게 된 과정에 대한 설명에 이어, 유대인들이 십자가에 못 박

아 죽인 예수님이 그리스도였으며, 지금 자신들이 말하고 있는 외국어는 예수님이 구세주라는 증거라고 선포했다.

그 결과 무슨 일이 일어났을까?

물음 97 이적, 무엇을 촉구했을까?

본문 : 〈 사도행전 2:37~47 〉

37 그들이 이 말을 듣고 마음에 찔려 베드로와 다른 사도들에게 물어 이르되 형제들아 우리가 어찌할꼬 하거늘

38 베드로가 이르되 너희가 회개하여 각각 예수 그리스도의 이름으로 세례를 받고 죄 사함을 받으라 그리하면 성령의 선물을 받으리니

39 이 약속은 너희와 너희 자녀와 모든 먼 데 사람 곧 주 우리 하나님이 얼마든지 부르시는 자들에게 하신 것이라 하고

40 또 여러 말로 확증하며 권하여 이르되 너희가 이 패역한 세대에서 구원을 받으라 하니

41 그 말을 받은 사람들은 세례를 받으매 이 날에 신도의 수가 삼천이나 더하더라

42 그들이 사도의 가르침을 받아 서로 교제하고 떡을 떼며 오로지 기도하기를 힘쓰니라

43 사람마다 두려워하는데 사도들로 말미암아 기사와 표적이 많이 나타나니

44 믿는 사람이 다 함께 있어 모든 물건을 서로 통용하고

45 또 재산과 소유를 팔아 각 사람의 필요를 따라 나눠 주며

46 날마다 마음을 같이하여 성전에 모이기를 힘쓰고 집에서 떡을 떼며 기쁨과 순전한 마음으로 음식을 먹고

47 하나님을 찬미하며 또 온 백성에게 칭송을 받으니 주께서 구원 받는 사람을 날마다 더하게 하시니라

베드로의 설교를 들은 사람들이 보인 반응은 다음과 같다.

【1】 37 그들이 이 말을 듣고 마음에 찔려 베드로와 다른 사도들에게
물어 이르되 **형제들아 우리가 어찌할꼬** 하거늘 38 베드로가 이르되 너
희가 **회개하여 각각 예수 그리스도의 이름으로 세례를 받고 죄 사함을
받으라 그리하면 성령의 선물을 받으리니** 39 이 약속은 너희와 너희
자녀와 모든 먼 데 사람 곧 주 우리 하나님이 얼마든지 부르시는 자들
에게 하신 것이라 하고 40 또 여러 말로 확증하며 권하여 이르되 너희
가 **이 패역한 세대에서 구원을 받으라** 하니

베드로의 설교를 들은 사람들은 큰 충격을 받고 어찌해야 할지 몰라 베드로에게 물었다. 이에 베드로가 그들에게 할 바를 알려주었다. 기록에 의하면 베드로는 즉흥 설교를 한 셈이다. 사람들이 몰려올 것을 알고 미리 설교를 준비했던 것 같지는 않다. 그런데 어떻게 수많은 사람들을 감동시켰을까? 아마도 성령의 충만함과 외국어를 말하는 방언의 기적이 큰 역할을 해서 베드로의 설교를 쉽게 받아들였을 수 있다.

그런데 설교 후에는 또 즉문즉답(卽問卽答)의 긴 시간이 있었다. 예루살렘에 모인 유대인들은 율법과 전통에 전문가라고 할 수가 있다. 그런데 어떻게 베드로가 그들과 즉문즉답을 할 수 있었을까? 물론 성령의 도우심이 있었다. 이와 같이 성령의 도우심은 들은 것을 생각나게 하시고, 성경과 신앙의 문제들을 깨닫게 하시는 역할이다. 즉답으로 회개와 세례, 죄 사함, 선물로 주시는 성령 등을 거침없이 설명하는 것을 보면 예수님께서 살아계실 당시 제자들에게 이에 대하여 충분히 설명하시고 또 이해시키셨다고 할 수 있다. 예수님과 수년 동안 숙식을 같이하면서 다양한 사람들을 가르치시는 현장에 직접 참여하고, 또 예수님과 나눈 많은 대화들은 사도들로 하여금 유대교의 어느 랍비 못지않은 수준의 지식을 쌓게 했다. 베드로의 거침없는 설교와 막힘없는 즉문즉답이 이를 말해주고 있다.

【2】 41 그 말을 받은 사람들은 세례를 받으매 이 날에 신도의 수가 삼천이나 더하더라

유대교 당국자들은 공식적으로 예수님을 이단으로 선언하고 죽였다. 그런데 예수님을 배척한 것을 회개하고, 그분을 구세주로 인정하고, 그의 이름으로 세례와 죄 사함을 받는다는 것은 유대교를 떠난다는 것과 같다. 그런데 어떻게 그날에 삼천여 명이 이런 결단을 내렸을까? 그 이유는 단순하다.

지금 여기 오순절에 와 있는 사람들은 50일 전 유월절 기간 동안에 예루살렘에 있었던 사람들이다. 그들은 유월절에 무슨 경험을 했었는가? 제사 중심의 유월절 행사를 중지시키고 매일 성전에서 성경을 가르치시는 예수님을 경험한 사람들이다. 그들은 예수님의 제자들이 예수님을 배척하고 떠난 줄 알았다. 그런데 지금 보니 유다를 제외한 다른 제자들이 다 건재할 뿐만 아니라, 성령의 충만함을 받아 각자 자기 지역의 토속 언어로 예수님은 부활하신 구세주라고 설교하고 있었다. 지금 그들이 성전에서 경험하고 있는 다국어 동시 통역 기적은 사도들의 증거가 거짓이 아니라 진실이라는 확실한 증거였다. 이들은 사도들의 설교를 통해서 예수님을 다시 만났으며, 사도들이 예수님의 대행자로 보였다.

하나님께서는 하나님의 방식으로 불가능을 가능하게 하신다. 뉘라서 감히 그 지혜를 측량하겠는가?

【3】 42 그들이 사도의 가르침을 받아 서로 교제하고 떡을 떼며 오로지 기도하기를 힘쓰니라

열두 사도를 중심으로 하는 120여 명은 갑자기 불어난 교인들로 인해 바쁘게 움직이며, 유대교로부터 개종한 삼천여 명을 가르쳐야 했다. 개종자들은 사도들의 가르침을 예수님의 가르침으로 받아들이며 시키는 대로 따랐다. 무엇을 했는가?

❶ 서로 교제하고

사도들이 가르친 첫 번째 지침은 너의 문제를 나의 문제로 여기라는 것이었다. "네 이웃을 네 몸과 같이 사랑하라!"는 말씀은 막연한 사랑이 아니라 계약공동체 내에서는 각자가 자기 문제는 최대한 자기가 해결하면서 개인이 해결할 수 없는 너의 문제를 서로 나의 문제로 받아들이는 것이다. 이를 사도신경에서는 '성도의 교제'(κοινωνία)라고 한다.

❷ 떡을 떼며

여기서 떡을 '떼며'(κλάσις)는 성찬식이 아니라 식사를 말한다. 초기교회에서는 예배와 더불어 식사를 같이했는데, 당시에는 끼니를 거르는 사람들이 많이 있었기 때문이다. 이 구절은 단지 공동식사만이 아니라 양식이 있는 사람들은 서로 나누어 먹었음을 말한다. 사도들이 이를 중요하게 여기고 실천한 이유는 예수님께서 이를 중요하게 여기고 가르치셨기 때문이다. 오병이어의 사건 등은 이런 가르침이었다.

❸ 오로지 기도하기를 힘쓰니라

사도들은 교인들에게 집중적으로 기도하게 했다. 누가복음의 주요 관심사 중의 하나는 기도였다. 예수님께서는 늘 기도에 힘쓰셨고 또 제자들에게 가르치셨다.

베드로의 설교와 사도들이 교인들을 가르친 것들을 보면 하나같이 예수님으로부터 배운 것들이었음을 발견하게 된다. 교회의 가르침을 중시한 누가는 그 가르침의 뿌리가 예수님에게 있다는 것을 밝혀주고 있다.

【4】 43 사람마다 두려워하는데 사도들로 말미암아 기사와 표적이 많이 나타나니

본문에서 말하는 '두려움'(φόβος)은 하나님의 임재 때문에 나타나는 현상이다. 사도들의 가르침을 받아 서로 교제하고 떡을 떼며 오로지 기도에 힘쓰자 그들 가운데 하나님께서 임재하셨다는 뜻이다. 하나님께서 함께하신 결과 무슨 일이 일어났을까? 사도들을 통해서 많은 기적이 일어났다. 다음 장에 나오는 성전 미문의 앉은뱅이가 걷는 사건은 이런 현상 중의 하나였다. 왜 이런 기적이 일어났을까?

인간의 현실을 잘 아시는 하나님께서는 가장 현실적인 방법으로 일하신다. 이는 앞에서 오순절에 모인 120명에게 성령이 임하면서 여러 외국어를 말하는 기적이 일어났고, 그 결과 삼천여 명이 회심했던 사건에서 잘 알 수 있다. 하나님께서는 기적이 필요한 경우에는 이를 허락하신다. 그런데 주목해야 할 부분은 교인들이 사도들의 가르침을 따르면서 기도에 전념할 때에 이런 기사와 표적이 일어났다는 점이다. 예수님께서 제자들을 둘씩 짝지어 보내실 때는 능력을 주셨었다. 그런데 이제는 교인들이 한마음과 한뜻으로 오로지 기도에 힘쓸 때에 사도들을 통해 이런 기사와 이적이 일어났다. 무엇을 말하는가? 하나님께서는 교회공동체의 기도에 응답하신다는 뜻이다.

하나님의 임재와 사도들을 통한 기적은 무슨 결과를 가져왔을까?

【5】 44 믿는 사람이 다 함께 있어 모든 물건을 서로 통용하고 45 또 재산과 소유를 팔아 각 사람의 필요를 따라 나눠 주며 46 날마다 마음을 같이하여 성전에 모이기를 힘쓰고 집에서 떡을 떼며 기쁨과 순전한 마음으로 음식을 먹고

교인들은 믿기지 않는 일들을 자발적으로 실행했다.

❶ 믿는 사람이 다 함께 있어 모든 물건을 서로 통용하고 …

교인들은 함께 지내면서 모든 소유물을 공동으로 소유하고 각자의 부동산 등 재산을 처분하여 필요한 사람들에게 나누어 주었다.

어떻게 이런 일이 가능했을까?

예수님께서 제자들에게 하나님 나라를 선포하는 훈련을 시키실 때에도 귀신을 내쫓고 온갖 병자를 고치는 능력을 주셨다. 이 능력은 무엇을 말하는가? 제자들이 선포하는 하나님 나라에 대한 설교는 하나님의 뜻이라는 확증이었다. 따라서 이런 기적을 직접 경험한 사람과 보는 사람들은 그 기적 속에 담긴 하나님의 뜻과 명령을 감지하고 순종했다. 이적과 하나님 나라 확장은 동일한 사건이었다. 그런데 이제 교회 현장에서 이런 일이 재현됨으로써 하나님 나라가 실현된 것이다.

❷ 날마다 마음을 같이하여 성전에 모이기를 힘쓰고

모두가 매일 세 번 성전 기도 시간에 참석하여 열심히 기도하며 신앙생활에 충실했다는 뜻이다.

❸ 집에서 떡을 떼며 기쁨과 순전한 마음으로 음식을 먹고

'순전한'(ἀφελότητι)은 여기에서만 쓰이는데, 단순하고 순박하다는 뜻이다. 교인들은 순수한 마음으로 서로 양식을 나누어주고 또 같이 어울려 식사하는 밥상공동체를 형성했다.

【6】 47 하나님을 찬미하며 또 온 백성에게 칭송을 받으니 주께서 구원 받는 사람을 날마다 더하게 하시니라

교인들이 이런 삶을 살아가자 이를 지켜본 사람들이 칭찬을 아끼지 않았다. 이를 마다할 사람이 있을 리 없다. 교인들의 이런 삶을 보고 감동을 받아 이에 동참하는 사람들이 크게 늘어났다. 계약법에서 말하는 선교는 이와 같이 삶을 보여주는 선교이다. 하나님 나라를 살아가는 삶을 보여주고 있기만 하면 결실은 저절로 맺혀진다. 박해의 시대에, 기독교인이라는 사실이 발견되면 잡혀가던 시기에 선교는 최고조에 달하여 로마제국인구의 10% 이상이 기독교인이 되었다. 무엇으로 어떻게 전도했는가? 말없이 보여주는 선교였다.

주님께서 함께하셨다.

오늘 우리 교회는 말은 많은데, 전도지는 차고 넘치는데, 교단은 많은데, 크고 작은 교회는 널려있는데, 그런데 보여주는 게 없다. 주님께서 떠나신 지 이미 오래다.

물음 98 준비된 사람, 누구였을까?

본문 : 〈 사도행전 3:1~10 〉

1 제 구 시 기도 시간에 베드로와 요한이 성전에 올라갈새
2 나면서 못 걷게 된 이를 사람들이 메고 오니 이는 성전에 들어가는 사람들에게 구걸하기 위하여 날마다 미문이라는 성전 문에 두는 자라
3 그가 베드로와 요한이 성전에 들어가려 함을 보고 구걸하거늘
4 베드로가 요한과 더불어 주목하여 이르되 우리를 보라 하니
5 그가 그들에게서 무엇을 얻을까 하여 바라보거늘
6 베드로가 이르되 은과 금은 내게 없거니와 내게 있는 이것을 네게 주노니 나사렛 예수 그리스도의 이름으로 일어나 걸으라 하고
7 오른손을 잡아 일으키니 발과 발목이 곧 힘을 얻고
8 뛰어 서서 걸으며 그들과 함께 성전으로 들어가면서 걷기도 하고 뛰기도 하며 하나님을 찬송하니
9 모든 백성이 그 걷는 것과 하나님을 찬송함을 보고
10 그가 본래 성전 미문에 앉아 구걸하던 사람인 줄 알고 그에게 일어난 일로 인하여 심히 놀랍게 여기며 놀라니라

교인들이 모여서 떡을 떼며 오로지 기도에 힘쓰자 하나님께서 함께하셨고 사도들을 통해서 많은 기적이 나타났다고 기록되었는데(2:42~43) 본문에는 그 사례가 기록되어 있다. 무슨 일이 일어나서 어떤 결과를 가져왔을까?

【1】 1 **제 구 시 기도 시간에** 베드로와 요한이 성전에 올라갈새 2 **나면서 못 걷게 된 이를** 사람들이 메고 오니 이는 성전에 들어가는 사람들에게 구걸하기 위하여 **날마다 미문이라는 성전 문에 두는 자라**

교인들은 매일 세 번 기도에 힘쓰고 있었다. 그런데 성전에 갈 때마다 만나는 사람이 있었다. 날 때부터 앉은뱅이로 태어나 걸어보지 못한 사람, 나이가 40이나 되었지만 자기 힘으로 살 수가 없어 성전 입구에서 매일 구걸해서 살아가던 사람, 매일 기도하러 드나드는 사람들에게는 이미 낯익은 얼굴이었다.

【2】 3 그가 베드로와 요한이 성전에 들어가려 함을 보고 **구걸하거늘** 4 베드로가 요한과 더불어 주목하여 이르되 **우리를 보라** 하니 5 그가 그들에게서 **무엇을 얻을까 하여 바라보거늘** 6 베드로가 이르되 은과 금은 내게 없거니와 내게 있는 이것을 네게 주노니 **나사렛 예수 그리스도의 이름으로 일어나 걸으라** 하고 7 오른손을 잡아 일으키니 **발과 발목이 곧 힘을 얻고** 8 **뛰어 서서 걸으며** 그들과 함께 성전으로 들어가면서 걷기도 하고 뛰기도 하며 하나님을 찬송하니

매일 보던 사람, 매일 듣던 소리, 그런데 이날은 달랐다. 베드로와 요한은 그와 눈이 마주치는 순간 예수님의 이름을 주어야겠다는 생각이 강하게 들어, 그의 손을 잡고 나사렛 예수 그리스도의 이름으로 일어나 걸으라고 말했다. 그 순간 그는 벌떡 일어났고, 펄쩍펄쩍 뛰면서, 하나님께 찬양하면서, 성전 이곳저곳을 헤집고 다녔다.

【3】 9 모든 백성이 그 걷는 것과 하나님을 찬송함을 보고 10 그가 본래 성전 미문에 앉아 구걸하던 사람인 줄 알고 **그에게 일어난 일로 인하여 심히 놀랍게 여기며 놀라니라**

예루살렘 주민은 이 사람을 모르는 이가 없었다. 날 때부터 40년 동안 걸어본 적이 없었던 사람이 한순간에 걷고 뛰어다니며 고함을 지르자 그를 보는 사람들마다 너무 신기하여 그 놀라운 광경을 보고자 성전으로 몰려들었다.

이 사람은 예루살렘의 유대교를 바꾸어 놓기 위해 특별히 40년 동안 준비된 사람이었다.

물음 99 하나님의 방식, 어떤 것일까?

본문 : 〈 사도행전 3:11~26, 4:4 〉

11 나은 사람이 베드로와 요한을 붙잡으니 모든 백성이 크게 놀라며 달려 나아가 솔로몬의 행각이라 불리우는 행각에 모이거늘

12 베드로가 이것을 보고 백성에게 말하되 이스라엘 사람들아 이 일을 왜 놀랍게 여기느냐 우리 개인의 권능과 경건으로 이 사람을 걷게 한 것처럼 왜 우리를 주목하느냐

13 아브라함과 이삭과 야곱의 하나님 곧 우리 조상의 하나님이 그의 종 예수를 영화롭게 하셨느니라 너희가 그를 넘겨 주고 빌라도가 놓아 주기로 결의한 것을 너희가 그 앞에서 거부하였으니

14 너희가 거룩하고 의로운 이를 거부하고 도리어 살인한 사람을 놓아 주기를 구하여

15 생명의 주를 죽였도다 그러나 하나님이 죽은 자 가운데서 그를 살리셨으니 우리가 이 일에 증인이라

16 그 이름을 믿으므로 그 이름이 너희가 보고 아는 이 사람을 성하게 하였나니 예수로 말미암아 난 믿음이 너희 모든 사람 앞에서 이같이 완전히 낫게 하였느니라

17 형제들아 너희가 알지 못하여서 그리하였으며 너희 관리들도 그리한 줄 아노라

18 그러나 하나님이 모든 선지자의 입을 통하여 자기의 그리스도께서 고난 받으실 일을 미리 알게 하신 것을 이와 같이 이루셨느니라

19 그러므로 너희가 회개하고 돌이켜 너희 죄 없이 함을 받으라 이같이 하면 새롭게 되는 날이 주 앞으로부터 이를 것이요

25 너희는 선지자들의 자손이요 또 하나님이 너희 조상과 더불어 세우신 언약의 자손이라 아브라함에게 이르시기를 땅 위의 모든 족속이 너의 씨로 말미암아 복을 받으리라 하셨으니

26 하나님이 그 종을 세워 복 주시려고 너희에게 먼저 보내사 너희로 하여금 돌이켜 각각 그 악함을 버리게 하셨느니라

4:4 말씀을 들은 사람 중에 믿는 자가 많으니 남자의 수가 약 오천이나 되었더라

이 준비된 사람으로 말미암아 온 예루살렘에는 소동이 일어나서 그날 오후에 유대교로부터 개종하는 사람이 남자만 오천여 명이나 되었다. 어떻게 이런 일이 가능했을까?

【1】 1 나은 사람이 베드로와 요한을 붙잡으니 **모든 백성이 크게 놀라며 달려 나아가** 솔로몬의 행각이라 불리우는 행각에 모이거늘

본문에 의하면 온 예루살렘 주민들이 크게 놀라 성전으로 몰려들었고, 이 소식을 들은 유대교 당국자들까지 출동하는 등 일대 혼란이 일어났다. 왜 그랬을까? 단순히 한 불구자가 치료되었다는 소식 때문일까? 무엇이 정통 유대교인 오천여 명을 개종하게 했을까? 치유 기적만으로는 설명이 되지 않는다. 무엇이 문제였을까?

인과응보 교리는 틀렸다.

오늘 우리에게는 불구자가 치료된 기적이 크게 보이지만 당시 예루살렘 주민들에게는 그 기적의 의미가 유대교의 근간을 뒤흔드는 충격이었다. 예루살렘 주민이라면 모르는 사람이 없는 이 불구자는 인과응보 교리의 살아 있는 교과서였다. 그런데 그 사람이 한순간에 멀쩡해져서 뛰어다니며 지르는 외침은 "인과응보 교리를 말하는 유대교는 가짜다!"라는 소리와 같았다. 인과응보 교리의 살아있는 교과서였던 그가 이제는 인과응보 교리의 허구를 들춰내는 산 증인이 되었다.

날 때부터 앉은뱅이
날 때부터 천덕꾸러기
날 때부터 죄인
날 때부터 손가락질 받던 자.
날 때부터 비렁뱅이

유대교가 그에게 찍어준 낙인(烙印)이었다. 이런 피맺힌 한을 평생 안고 살아가면서 그는 무슨 생각을 했을까? 내가 왜 날 때부터 하나님께 버림받은 죄인이어야 하는가? 왜? 내가 뭘 잘못해서? 누가 내게 말 좀 해줘! 이유는 알아야 할 거 아니야! 왜? 왜? 왜?

어디에서도 그의 이런 절규에 대답하는 소리는 없었다. 그런데 그의 이런 한 맺힌 절규는 하늘에 닿았고 어느 날 누군가가 그의 오른손을 잡아주었다. 동시에 어떤 힘이 전해지면서 마비된 다리에 힘이 생기며 일어나 즉시 걷고 뛸 수 있었다. 온 성전을, 온 예루살렘을 뛰어다니며 그는 자기에게 찍혔던 낙인을 가지고 대신 유대교의 정통 교리에 낙인을 찍었다.

유대교는 말짱 허구다!
더 이상 속지 마라!

이 사람으로 말미암아 유대교는 맥을 못 추고 허물어지고 말았다.

나와 상관없이 날 때부터 주어진 굴레
벗어날 길이 없는 숙명적인 여건
나는 왜? 왜 나는? 내가 뭘 어떻게? 어떻게 내가 뭘?

어디에서도 대답 없는, 누구도 대답할 수 없는, 물음만 있고 대답이 없는 영원한 물음.

그런데 성경은 이렇게 말하고 있다.

준비된 사람
세상을 바꿀 사람
없으면 안 될 꼭 필요한 사람
그 사람이 되어라

내가 그렇게 만들어 주리라
네가 원하기만 한다면
지금 여기에서

【2】 12 베드로가 이것을 보고 백성에게 말하되 **이스라엘 사람들아 이 일을 왜 놀랍게 여기느냐** 우리 개인의 권능과 경건으로 이 사람을 걷게 한 것처럼 왜 우리를 주목하느냐 … 14 **너희가** … 15 **생명의 주를 죽였도다** 그러나 하나님이 죽은 자 가운데서 그를 살리셨으니 **우리가 이 일에 증인이라** 16 그 이름을 믿으므로 **그 이름이 너희가 보고 아는 이 사람을 성하게 하였나니** 예수로 말미암아 난 믿음이 너희 모든 사람 앞에서 **이같이 완전히 낫게 하였느니라**

베드로의 설교는 지극히 단순했다. 이 기적은 우리가, 인간이 할 수 있는 게 아니다. 오직 하나님만 하실 수 있는 이런 일이 예수님의 이름으로 가능했다. 그분은 우리에게 오신 메시아였는데, 여러분들이 그를 못 알아보고 죽였다. 그러나 그분은 다시 살아나셨고 우리는 그 증인이며, 지금 이 사람에게 일어난 기적이 그 증거다.

베드로의 단순한 설교는 계속되었다.

【3】 17 형제들아 **너희가 알지 못하여서 그리하였으며 너희 관리들도 그리한 줄 아노라** … 19 **그러므로 너희가 회개하고 돌이켜 너희 죄 없이 함을 받으라** 이같이 하면 새롭게 되는 날이 주 앞으로부터 이를 것이요 25 **너희는 선지자들의 자손이요** 또 하나님이 너희 조상과 더불어 세우신 **언약의 자손이라** … 26 하나님이 그 종을 세워 복 주시려고 너희에게 먼저 보내사 **너희로 하여금 돌이켜 각각 그 악함을 버리게 하셨느니라** … 4 말씀을 들은 사람 중에 믿는 자가 많으니 **남자의 수가 약 오천이나 되었더라**

여러분들이 그분을 죽인 것은 몰라서 그랬으며, 그분은 율법과 선지자들이 예고한 대로 수난을 당하셨다. 여러분은 선지자의 후손이며 언약의 백성이다. 그러니 이제 잘못을 뉘우치고 예수님께로 돌아와 지은 죄를 용서받으라. 하나님께서 계약 백성으로 돌아올 기회를 주시고 있다. 이제 돌아오라.

베드로의 설교는 제사장들의 개입으로 중단되었다. 그러나 그날 개종하는 사람이 남자의 숫자로만 오천여 명이나 되었다. 오천여 명이라는 숫자는 무엇을 말하는 것일까?

❶ 예루살렘 정통 유대인

오순절에 개종한 삼천여 명은 주로 해외 교포들이었다. 그런데 이번에 개종한 사람들은 예루살렘 정통 유대교인이다. 정통 교리, 도그마에 갇힌 사람들이 그 울타리에서 벗어나기는 사실상 불가능할 만큼 어렵다. 그런데 오후 3시부터 몇 시간 동안에 오천여 명이 그 도그마에서 이단으로 여기는 기독교로 개종했다. 이는 대단히 큰 기적이었다.

❷ 흔들리는 유대교 터전

당시 예루살렘 인구가 얼마나 되었을까? 전문가들의 추산에 의하면 성 주변까지 포함하여 4만여 명 안팎이다. 그런데 그중에서 남자만 오천여 명이라면 전체 가구의 절반 이상에 해당된다. 그리고 이들은 주로 성내에 거주하는 정통 유대인들이었다. 이는 유대교의 근간이 흔들렸다는 뜻이다.

유대교 당국자들이 즉시 그날 저녁 베드로와 요한을 체포하고 그 이튿날 산헤드린 공회를 연 것은 이 사건이 유대교에 준 충격이 그만큼 컸기 때문이다.

하나님께서는 하나님의 방식으로 일하신다. 계약공동체를 통해서, 계약공동체의 기도를 통해서, 기도 응답을 통해서 일하신다. 모든 것을 다 아시는 하나님께서는 가장 좋은 방법으로 이끌어 가신다. 사람으로서는 어느 누가 이런 방법을 찾아내고 또 되게 하겠는가? 사람과 계약을 맺어주시고 사람을 통해서 일하시는 하나님을 믿고 신뢰하며 계약에 충실하려고 하면 그 나머지는 하나님께서 하나님의 방식으로 이끌어 주신다. 우리는 성경을 통해서 이것을 배워야 한다. 사도행전 서두에 등장하는 오순절과 성전 미문의 사건에는 계약공동체를 통해서 일하시는 하나님의 방식이 들어있다. 이것이 놓치지 말고 배워야 할 가장 중요한 과목이다.

물음 100 유대교 당국자들, 왜 할 말이 없었을까?

본문 : 〈 사도행전 4:1~14 〉

1 사도들이 백성에게 말할 때에 제사장들과 성전 맡은 자와 사두개인들이 이르러
2 예수 안에 죽은 자의 부활이 있다고 백성을 가르치고 전함을 싫어하여
3 그들을 잡으매 날이 이미 저물었으므로 이튿날까지 가두었으나
4 말씀을 들은 사람 중에 믿는 자가 많으니 남자의 수가 약 오천이나 되었더라
5 이튿날 관리들과 장로들과 서기관들이 예루살렘에 모였는데
6 대제사장 안나스와 가야바와 요한과 알렉산더와 및 대제사장의 문중이 다 참여하여
7 사도들을 가운데 세우고 묻되 너희가 무슨 권세와 누구의 이름으로 이 일을 행하였느냐
8 이에 베드로가 성령이 충만하여 이르되 백성의 관리들과 장로들아
9 만일 병자에게 행한 착한 일에 대하여 이 사람이 어떻게 구원을 받았느냐고 오늘 우리에게 질문한다면
10 너희와 모든 이스라엘 백성들은 알라 너희가 십자가에 못 박고 하나님이 죽은 자 가운데서 살리신 나사렛 예수 그리스도의 이름으로 이 사람이 건강하게 되어 너희 앞에 섰느니라
11 이 예수는 너희 건축자들의 버린 돌로서 집 모퉁이의 머릿돌이 되었느니라
12 다른 이로써는 구원을 받을 수 없나니 천하 사람 중에 구원을 받을

만한 다른 이름을 우리에게 주신 일이 없음이라 하였더라
13 그들이 베드로와 요한이 담대하게 말함을 보고 그들을 본래 학문 없
는 범인으로 알았다가 이상히 여기며 또 전에 예수와 함께 있던 줄도
알고
14 또 병 나은 사람이 그들과 함께 서 있는 것을 보고 비난할 말이 없는
지라

온 주민들이 성전으로 몰려들어 소동을 피우고 개종하는 일이 벌어지자 당황한 유대교 당국자들은 즉시 출동하여 베드로와 요한을 체포했으나 날이 저물어 감옥에 가두었다. 그리고 밤새 대책을 모색하고 그 다음 날 산헤드린 공회를 비상 소집했다.

【1】 5 이튿날 **관리들과 장로들과 서기관들이** 예루살렘에 모였는데 6
대제사장 안나스와 가야바와 요한과 알렉산더와 및 대제사장의 문중이
다 참여하여 7 사도들을 가운데 세우고 묻되 **너희가 무슨 권세와 누구**
의 이름으로 이 일을 행하였느냐

참석자 면면을 보면 그들이 이를 얼마나 심각하게 받아들였는지 알 수 있다. 관리들, 장로들, 서기관들을 비롯하여 대제사장 안나스는 물론 문중이 다 참석했다. 안나스는 AD 5~15년에 대제사장직에 있다가 로마의 강요로 물러났으나, 유대인들은 대제사장직을 종신제로 간주했기 때문에 그는 여전히 실세였다. 사위 가야바(AD 18~36)는 예수님 당시의 대제사장이었고, 요한은 AD 36년에 대제사장이 된 사람이다. 이들 대제사장들을 비롯하여 문중이 다 동원되었다.

이들은 공회를 열고 베드로와 요한을 불러 무슨 권세와 누구의 이름으로 그런 일을 행했는지 추궁했다.

【2】 10 … **너희가 십자가에 못 박고 하나님이 죽은 자 가운데서 살리신 나사렛 예수 그리스도의 이름으로** 이 사람이 건강하게 되어 너희 앞에 섰느니라 … 12 **다른 이로써는 구원을 받을 수 없나니** 천하 사람 중에 구원을 받을 만한 다른 이름을 우리에게 주신 일이 없음이라 하였더라

갑자기 공회에 불려가 심문을 받게 된 베드로는 성령이 충만하여 당국자들이 십자가에 못 박아 돌아가시게 했으나 하나님의 능력으로 다시 부활하신 예수 그리스도의 권세와, 예수 그리스도의 이름으로 날 때부터 앉은뱅이였던 사람이 일어나 걷게 되었으며, 그 기적은 예수님께서 부활하셨다는 증거라고 불을 뿜듯이 일장 설교를 했다. 산헤드린 공회는 사도들이 설교할 수 있도록 준비된 기회였다.

베드로와 요한의 설교를 들은 공회원들은 단순하고 명확한 논리에 뭐라 반박할 말을 찾지 못했다.

【3】 13 그들이 베드로와 요한이 담대하게 말함을 보고 **그들을 본래 학문 없는 범인으로 알았다가** 이상히 여기며 **또 전에 예수와 함께 있던 줄도 알고** 14 또 병 나은 사람이 그들과 함께 서 있는 것을 보고 **비난할 말이 없는지라**

사도들을 체포하여 처형하려고 했던 대제사장들과 장로, 서기관 등이 크게 당황한 이유는 다음과 같다.

❶ 그들을 본래 학문 없는 범인으로 알았다가

사두개인들과 서기관들은 지적인 자만감이 하늘을 찌르는 사람들이었다. 이들은 예수님도 배움이 없는 자라고 무시했었다(요7:15). 이들은 갈릴리 출신 사도들을 무식하다고 여기고 있다가 이들이 산헤드린 공회에서 거침없이 논리정연하게 하는 설교를 들으면서 혀를 내둘렀다.

사도들은 본래 어부 출신으로 학문을 익힐 기회가 없었지만 예수님을 따르는 수년 동안의 수업과, 예수님 주변에 몰려든 수많은 군중들을 상대한 경험들이 있었기 때문에 오순절과 솔로몬 행각에서 수천여 명을 대상으로 아무런 부담없이 설교할 수 있었다. 70여 명을 상대하는 산헤드린 공회에서도 마찬가지였다. 예수님께서는 이런 상황에 대처할 수 있는 산 교육과 훈련을 이미 시켜놓으셨다.

❷ 또 전에 예수와 함께 있던 줄도 알고

지금 모인 당국자들은 지난 유월절에 예수님을 재판하고 사형을 선고했던 자들이며, 사도들이 예수님의 제자라는 것을 잘 알고 있었다. 사도들로 말미암아 예수님께서 하시던 사역이 재현되어 예루살렘에 큰 소동이 일어나자 당국자들은 이것을 묵과할 수 없었다. 이들을 처형할 어떤 방도를 찾아내야 했으나 그럴 죄목과 명분이 쉽지 않았다.

❸ 또 병 나은 사람이 그들과 함께 서 있는 것을 보고 비난할 말이 없는지라

당국자들을 더 곤혹스럽게 한 것은 온 성을 소동시킨 주인공인 앉은뱅이였다가 온전해진 사람이 사도들과 같이 버티고 서 있는 모습이었다. 인과응보 교리의 교과서였던 사람이 멀쩡하게 서 있는 모습은 그들을 향하여 "너희의 교리와 신앙은 순 가짜야!"라고 무언의 말을 하고 있는 것으로 보였다. 그의 얼굴을 쳐다보는 순간 공회원들은 벙어리가 되고 말았다.

미련한 자로 지혜로운 자들을 부끄럽게 하시는 하나님은 이런 방법을 사용하신다. 온갖 조롱과 모욕, 불법이 동원된 산헤드린 공회의 재판에 침묵으로 일관하셨던 예수님께서는 얼마 후에 제자들을 통해서 그 공회원들을 할 말 없게 만들어 버리셨다.

당국자들은 사도들을 어떻게 처리했을까?

물음 101 유대교 당국자들, 왜 속수무책이었는가?

본문 : 〈 사도행전 4:15~22 〉

15 명하여 공회에서 나가라 하고 서로 의논하여 이르되

16 이 사람들을 어떻게 할까 그들로 말미암아 유명한 표적 나타난 것이 예루살렘에 사는 모든 사람에게 알려졌으니 우리도 부인할 수 없는지라

17 이것이 민간에 더 퍼지지 못하게 그들을 위협하여 이 후에는 이 이름으로 아무에게도 말하지 말게 하자 하고

18 그들을 불러 경고하여 도무지 예수의 이름으로 말하지도 말고 가르치지도 말라 하니

19 베드로와 요한이 대답하여 이르되 하나님 앞에서 너희의 말을 듣는 것이 하나님의 말씀을 듣는 것보다 옳은가 판단하라

20 우리는 보고 들은 것을 말하지 아니할 수 없다 하니

21 관리들이 백성들 때문에 그들을 어떻게 처벌할지 방법을 찾지 못하고 다시 위협하여 놓아 주었으니 이는 모든 사람이 그 된 일을 보고 하나님께 영광을 돌림이라

22 이 표적으로 병 나은 사람은 사십여 세나 되었더라

심각한 위기 때문에 공회를 급히 소집하고 사도들을 처형하려고 했으나 도무지 속수무책이었다. 할 말이 없어진 당국자들은 사도들과 치료된 자를 내보내고 별도로 회의를 했다.

【1】 16 **이 사람들을 어떻게 할까** 그들로 말미암아 **유명한 표적 나타난 것이 예루살렘에 사는 모든 사람에게 알려졌으니 우리도 부인할 수 없는지라** 17 이것이 민간에 더 퍼지지 못하게 **그들을 위협하여 이 후에는 이 이름으로 아무에게도 말하지 말게 하자** 하고

논의에 논의를 거듭했으나 뭘 어떻게 할 수 있는 게 도무지 없었

다. 날 때부터 앉은뱅이였던 자가 치료되는 기적과 그로 인해 인과응보 교리가 허구라는 사실이 이미 모든 사람에게 알려졌으니 뭐라 변명할 말이 없었다. 더 이상 예수 그리스도의 이름으로 아무 말도 하지 못하게 경고하는 것 외에는 달리 방법이 없었다.

【2】 18 그들을 불러 경고하여 **도무지 예수의 이름으로 말하지도 말고 가르치지도 말라** 하니 19 베드로와 요한이 대답하여 이르되 **하나님 앞에서 너희의 말을 듣는 것이 하나님의 말씀을 듣는 것보다 옳은가 판단하라** 20 우리는 보고 들은 것을 말하지 아니할 수 없다 하니

당국자들은 사도들을 불러 더 이상 선교하지 말라고 경고하고 석방하려 했으나 사도들은 "사람의 말을 듣는 것과 하나님 말씀에 순종하는 것 중 어느 것이 더 중요한가?"라고 반문하면서 일언지하(一言之下)에 거절하고 나왔다. 예상외로 오히려 사도들에게 일격을 당한 당국자들, 이들은 이런 모욕을 그냥 넘어갈 자들이 결코 아니다. 칼자루를 쥔 그들은 이를 어떻게 처리했을까?

【3】 21 **관리들이 백성들 때문에** 그들을 어떻게 처벌할지 방법을 찾지 못하고 다시 위협하여 놓아 주었으니 **이는 모든 사람이** 그 된 일을 보고 하나님께 영광을 돌림이라 22 이 표적으로 병 나은 사람은 사십여 세나 되었더라

당국자들은 사도들을 처벌하고 싶었다. 그런데 문제는 예루살렘 주민들의 반응이었다. 그들은 평소에 제사장들이 로마당국과 결탁하여 정권을 유지하면서 누리는 온갖 사치 행각과 만행에 분개하며 등을 돌리고 있었다. 그러던 차에 마가다락방에서 시작하고 있는 교회의 모습은 그들에게 신선한 충격이었다. 더군다나 날 때부터 앉은뱅이로 태어나 40년을 구걸로 살아오던 사람이 한순간에 벌떡 일어나서 걷고 뛰며 하나님을 찬양하는 외침은 하나님의 음성으로 들려서 오천여 명이 유대교에 등을 돌리고 말았다.

군중들은 불만이 가득한 채 지금 산헤드린을 주시하고 있었다. 이런 여론의 동향을 누구보다 잘 아는 당국자들은 뾰족한 수가 없어

사도들에게 단단히 주의를 준 후 풀어주고 말았다. 달리 어떤 방도가 없었기 때문이다.

풀려난 사도들의 이후 행보를 약술하면 다음과 같다.

사도들은 더 담대하게 전도했고 또 사도들을 통해서 많은 병자들이 치료되는 기적이 일어나서 주민들의 호응은 더 높아져 갔다. 이에 당국자들은 사도들 모두를 체포하여 옥에 가두었으나 밤에 천사들이 옥문을 열어주었다. 다시 사도들을 체포하여 처형하려고 했으나 주민들의 반발과 랍비 가말리엘의 만류로 또 풀어줄 수밖에 없었다. 스데반 순교 이후에는 교인들을 대대적으로 박해해서 교인들은 예루살렘 밖으로 피난을 가야 했다. 이 박해를 주도했던 사람이 바울이다. 이를 기점으로 복음은 이방인 세계로 퍼져나갔다.

물음 102
희년정신, 어떻게 실현되었을까?

본문 : 〈 사도행전 4:23~37 〉

23 사도들이 놓이매 그 동료에게 가서 제사장들과 장로들의 말을 다 알리니

24 그들이 듣고 한마음으로 하나님께 소리를 높여 이르되 대주재여 천지와 바다와 그 가운데 만물을 지은 이시요

25 또 주의 종 우리 조상 다윗의 입을 통하여 성령으로 말씀하시기를 어찌하여 열방이 분노하며 족속들이 허사를 경영하였는고

26 세상의 군왕들이 나서며 관리들이 함께 모여 주와 그의 그리스도를 대적하도다 하신 이로소이다

27 과연 헤롯과 본디오 빌라도는 이방인과 이스라엘 백성과 합세하여 하나님께서 기름 부으신 거룩한 종 예수를 거슬러

28 하나님의 권능과 뜻대로 이루려고 예정하신 그것을 행하려고 이 성에

모였나이다
29 주여 이제도 그들의 위협함을 굽어보시옵고 또 종들로 하여금 담대히 하나님의 말씀을 전하게 하여 주시오며
30 손을 내밀어 병을 낫게 하시옵고 표적과 기사가 거룩한 종 예수의 이름으로 이루어지게 하옵소서 하더라
31 빌기를 다하매 모인 곳이 진동하더니 무리가 다 성령이 충만하여 담대히 하나님의 말씀을 전하니라
32 믿는 무리가 한마음과 한 뜻이 되어 모든 물건을 서로 통용하고 자기 재물을 조금이라도 자기 것이라 하는 이가 하나도 없더라
33 사도들이 큰 권능으로 주 예수의 부활을 증언하니 무리가 큰 은혜를 받아
34 그 중에 가난한 사람이 없으니 이는 밭과 집 있는 자는 팔아 그 판 것의 값을 가져다가
35 사도들의 발 앞에 두매 그들이 각 사람의 필요를 따라 나누어 줌이라
36 구브로에서 난 레위족 사람이 있으니 이름은 요셉이라 사도들이 일컬어 바나바라(번역하면 위로의 아들이라) 하니
37 그가 밭이 있으매 팔아 그 값을 가지고 사도들의 발 앞에 두니라

공회원들에게 일장 설교를 하고 풀려난 사도들은 교회로 돌아와서 있었던 일들을 보고했다. 그러자 모여있던 교인들은 하나님의 인도하심에 감격하여 한마음으로 소리를 높여 기도했다.

【1】 24 그들이 듣고 **한마음으로 하나님께 소리를 높여 이르되** 대주재여 천지와 바다와 그 가운데 만물을 지은 이시오 … 29 주여 이제도 그들의 위협함을 굽어보시옵고 또 **종들로 하여금 담대히 하나님의 말씀을 전하게 하여 주시오며** 30 **손을 내밀어 병을 낫게 하시옵고 표적과 기사가 거룩한 종 예수의 이름으로 이루어지게 하옵소서** 하더라

계약신앙에 의하면 계약의 한 축인 하나님께서는 계약공동체의 기도를 통해서 일하신다. 계약공동체는 계약법을 똑바로 이해하고 응답될 만한 기도를 해야 한다. 이는 마치 어떤 부서에서 상부에 결재를 요청할 때 결재될 만한 기안을 올려야 하는 것과 마찬가지이다. 전혀 터무니없는 기안을 올린다면 결재는 고사하고 책망받기 십

상이다. 퇴짜를 맞고 나서는 결재해주지 않는다고 투덜거린다면 어떨까? 그냥 둘리가 없다. 당장 쫓겨난다. 기도도 마찬가지이다. 아무 생각없이 자기 좋을 대로 기도를 늘어놓으면 응답은 고사하고 하나님께서 등을 돌리고 만다. 말도 안되는 기도를 늘어놓고서 응답하시지 않는다고 투덜댄다면 이는 신성모독이다. 헛된 기도로 오래 참으시는 하나님의 인내력을 시험해보려고 하지 말아야 한다. 좀 더 심해지면 마귀가 개입해서 사이비나 이단의 길로 끌고 간다. 이단의 괴수들은 다 이런 자들이다. 기도를 하기 전에 무슨 기도를 어떻게 해야 하는지 똑바로 배우고 똑바로 기도해야 한다. 덮어놓고 많이 구한다고 능사가 아니다.

초대교회는 응답받을 기도를 했고 또 그들이 한 기도는 응답되었다. 기도를 중요하게 여기는 누가는 초대교회가 무슨 기도를 했고 또 어떻게 응답되었는지를 상세하게 알려주고 있다.

❶ 종들로 하여금 담대히 하나님의 말씀을 전하게 하여 주시오며

정통유대교인들이던 예루살렘 주민의 태반이 개종하자 비상이 걸린 유대교 당국자들은 사도들을 죽이려고 혈안이 되어 있었다. 이런 와중에 교인들은 이런 위협에 굴하지 않고 담대하게 복음을 전하게 해달라고 기도했다. 하늘의 하나님께서는 이 기도에 응답하셨다. 사도들은 기도하러 몰려드는 사람들에게 성전의 솔로몬 행각에서 매일 말씀을 가르쳤다. 이로 인해 감옥에 갇히게 되었는데, 천사의 도움으로 풀려나자 그 다음 날도 말씀을 가르치다가 또 붙잡혀 갔다. (행5:12~15)

❷ 손을 내밀어 병을 낫게 하시옵고 표적과 기사가 … 이루어지게 하옵소서

교인들은 사도들을 통해서 병자들이 치료되고 기사와 이적이 일어나게 해달라고 기도했다. 하나님께서는 이 기도에 즉시 응답하셔서 사도들을 통해서 온갖 병자들이 치료되었고, 베드로의 그림자만 스쳐도 병자가 낫고 귀신이 쫓겨나갔다. 사도들이 감옥에 갇혔을 때에 천사들을 통하여 감옥 문이 열린 것도 성도들이 기도 때문이었다.

교인들은 왜 사도들을 통해 온갖 병자들이 낫게 해달라고 기도했을까? 복음서에는 병자 치료 이야기가 많이 나오고 있다. 오늘 우리는 예수님 당시 병자 치료의 의미를 대부분 오해하고 단순하게 질병이 낫게 해달라고 기도하는데, 복음서와 사도행전에서의 병자 치료가 무엇인지 똑바로 이해해야 한다.

❶ 인과응보 교리 교정

유대교의 인과응보 교리에 의하면 병자는 모두가 죄지은 죄인들이었다. 예수님께서 병자들을 고치신 일차적인 목표는 유대교의 잘못된 인과응보 교리와 신앙을 바로잡기 위함이었다. 이를 명심해야 한다.

❷ 하나님 나라 운동 동참

예수님께서 열두 사도들과 칠십 제자들을 보내 하나님 나라를 선포하는 훈련을 시키실 때는 온갖 병자를 고치는 능력을 주어 보내셨다. 사도들을 통한 병자 치료는 하나님 나라 운동, 즉 서로 모든 재산을 공유하는 운동에 동참하라는 강력한 촉구였다. 병자 치료의 표적은 하나님의 명령으로 다가온 것이다. 다음의 구절을 보면 명확해진다.

> 사람마다 두려워하는데 **사도들로 말미암아 기사와 표적이 많이 나타나니** 믿는 사람이 다 함께 있어 모든 물건을 서로 통용하고 또 재산과 소유를 팔아 각 사람의 필요를 따라 나눠 주며(행2:43~45)

> **사도들이 큰 권능(δύναμις)[83]으로 주 예수의 부활을 증언하니** 무리가 큰 은혜를 받아 그 중에 가난한 사람이 없으니 이는 밭과 집 있는 자는

팔아 그 판 것의 값을 가져다가 사도들의 발 앞에 두매 그들이 각 사람의 필요를 따라 나누어 줌이라(행4:33~35)

위의 본문에 의하면 사도들을 통해서 일어나는 능력을 경험한 교인들은 재산 공유를 실천했다는 기록이 두 번이나 거듭 반복되고 있다. 또 본문에 사용된 시제는 '미완료 과거'이다. 이것은 재산을 공유하는 일이 한 번이 아니라 지속적으로 반복해서 실천했다는 뜻이다. 병자 치료의 사건은 그 당사자나 관련된 사람들, 이를 지켜보는 사람들에게 하나님 나라 운동에 동참하라는 강력한 촉구였다. 또 이 운동에 동참하려는 사람들에게 치료의 기적이 일어났다.

하나님의 초자연적인 개입은 그 개입이 일어날 수 있도록 필요 조건이 충족되어야 한다. 무턱대고 구하고 보챈다고 될 일이 아니다. 성경에서 무엇을 말하고 있는지를 먼저 똑바로 알아야 한다.

【2】 31 빌기를 다하매 **모인 곳이 진동하더니** 무리가 다 성령이 충만하여 담대히 하나님의 말씀을 전하니라 32 믿는 무리가 한마음과 한 뜻이 되어 **모든 물건을 서로 통용하고** 자기 재물을 조금이라도 자기 것이라 하는 이가 하나도 없더라 33 **사도들이 큰 권능으로 주 예수의 부활을 증언하니** 무리가 큰 은혜를 받아 34 그 중에 가난한 사람이 없으니 이는 밭과 집 있는 자는 팔아 그 판 것의 값을 가져다가 35 **사도들의 발 앞에 두매** 그들이 각 사람의 필요를 따라 나누어 줌이라

앞에서 말한 바와 같이 교인들이 모여서 한마음과 한뜻으로 기도하자마자 땅이 진동했고 무리들은 성령의 충만함을 받았다. 이어서 다음의 이야기로 이어진다.

❶ 모든 물건을 서로 통용하고

성령의 충만함을 받은 성도들에게 나타난 두드러진 특징은 서로 물건을 나누어 썼고 자기 소유의 재산들을 아끼지 않았다. 성령은 거룩한 영이다. 구약의 계약공동체를 '거룩한' 공동체라고 하는 이유는 신분, 지위, 빈부의 격차가 없었기 때문이다. 거룩함을 자칫

83) 권능(δύναμις)은 기사와 표적을 뜻한다.

헬라문화의 초월과 비슷하게 오해하는 경우가 많이 있다. 히브리문화에서의 거룩함은 골고루 똑같이를 말한다. 거룩한 성령이 임하자 성도들은 거룩한 삶을 실천으로 옮겼다.

❷ 사도들이 큰 권능으로 주 예수의 부활을 증언하니

큰 권능으로는 무엇을 말할까? 5장 12절에 의하면 "사도들의 손을 통하여 민간에 표적과 기사가 많이 일어나매"라고 기록하고 있다. 제자들을 훈련시키실 때에는 예수님께서 능력을 주어 내보내셨지만 이제는 교인들의 기도에 대한 응답으로 사도들에게 능력을 주셨다. 이런 이유로 교인들은 사도들에게 능력을 부여해 달라고 기도했고 또 하나님께서는 이 기도를 들으시고 응답하셨다.

❸ 사도들의 발 앞에 두매

사도들의 가르침을 받은 교인들은 성령의 충만함을 받은 후 자신들의 재산 문서들을 다 가지고 와서 사도들의 임의처분에 맡겼다. 사도들은 이를 골고루 분배하여 가난한 사람이 없게 했다. 앞에서 언급한 바와 같이 시제 미완료 과거는 이런 실천은 일 회에 그친 것이 아니라 계속되었다는 뜻이다. 교회가 이방인 지역으로 확산되면서도 사유재산의 포기는 기본이었다. 그 이후의 기록에 이런 이야기가 더 나오지 않는 이유는 너무 당연한 것이어서 기록을 하지 않았기 때문이다. 사도행전 이후의 교회 시대는 박해로 이어지는데, 이 시기에 교회에 다니려면 생명과 재산을 포기하지 않으면 등록할 수 없었다.

【3】 36 구브로에서 난 레위족 사람이 있으니 이름은 요셉이라 **사도들이 일컬어 바나바라(번역하면 위로의 아들이라) 하니** 37 그가 밭이 있으매 팔아 그 값을 가지고 사도들의 발 앞에 두니라

누가는 사유재산을 포기한 사람들 가운데 대표적인 인물로 바나바를 기록하고 있다. 우리는 바나바에 관한 이 짧은 구절을 통하여

당시 상황의 대략을 엿볼 수 있다. 바나바는 재산을 헌납했을 뿐만 아니라 안디옥으로 내려가서 이방인 지역에 첫 교회를 탄생시키는 중요한 역할을 했다. 또 회심한 이후 정착하지 못하고 있던 바울을 발탁하여 사도들에게 소개시키고 안디옥 교회에서 같이 사역하다가 이방인 선교에 앞장서게 했다. 바나바와 바울로 말미암아 교회는 이방인 지역으로 확산되는 발판을 마련하게 되었다.

물음 103 누가·행전에서 경제와 구원의 관계는?

본문 :

눅3:5 모든 골짜기가 메워지고 모든 산과 작은 산이 낮아지고 굽은 것이 곧아지고 험한 길이 평탄하여질 것이요 6 모든 육체가 하나님의 구원하심을 보리라 함과 같으니라 7 요한이 세례 받으러 나아오는 무리에게 이르되 독사의 자식들아 누가 너희에게 일러 장차 올 진노를 피하라 하더냐 9 이미 도끼가 나무 뿌리에 놓였으니 좋은 열매 맺지 아니하는 나무마다 찍혀 불에 던져지리라 10 무리가 물어 이르되 그러면 우리가 무엇을 하리이까 11 대답하여 이르되 옷 두 벌 있는 자는 옷 없는 자에게 나눠 줄 것이요 먹을 것이 있는 자도 그렇게 할 것이니라 하고

눅4:18 주의 성령이 내게 임하셨으니 이는 가난한 자에게 복음을 전하게 하시려고 내게 기름을 부으시고 나를 보내사 포로 된 자에게 자유를, 눈 먼 자에게 다시 보게 함을 전파하며 눌린 자를 자유롭게 하고 19 주의 은혜의 해를 전파하게 하려 하심이라 하였더라

눅10:25 어떤 율법교사가 일어나 예수를 시험하여 이르되 선생님 내가 무엇을 하여야 영생을 얻으리이까 26 예수께서 이르시되 율법에 무엇이라 기록되었으며 네가 어떻게 읽느냐 27 대답하여 이르되 네 마음을 다하며 목숨을 다하며 힘을 다하며 뜻을 다하여 주 너의 하나님을 사랑하고 또한 네 이웃을 네 자신 같이 사랑하라 하였나이다 28 예수께서 이르시되 네 대답이 옳도다 이를 행하라 그러면 살리라 하시니

눅18:18 어떤 관리가 물어 이르되 선한 선생님이여 내가 무엇을 하여야 영

생을 얻으리이까 … 20 네가 계명을 아나니 간음하지 말라, 살인하지 말라, 도둑질하지 말라, 거짓 증언 하지 말라, 네 부모를 공경하라 하였느니라 21 여짜오되 이것은 내가 어려서부터 다 지키었나이다 22 예수께서 이 말을 들으시고 이르시되 네게 아직도 한 가지 부족한 것이 있으니 네게 있는 것을 다 팔아 가난한 자들에게 나눠 주라 그리하면 하늘에서 네게 보화가 있으리라 그리고 와서 나를 따르라 하시니 …

눅18:29 이르시되 내가 진실로 너희에게 이르노니 하나님의 나라를 위하여 집이나 아내나 형제나 부모나 자녀를 버린 자는 30 현세에 여러 배를 받고 내세에 영생을 받지 못할 자가 없느니라 하시니라

눅19:8 삭개오가 서서 주께 여짜오되 주여 보시옵소서 내 소유의 절반을 가난한 자들에게 주겠사오며 만일 누구의 것을 속여 빼앗은 일이 있으면 네 갑절이나 갚겠나이다 9 예수께서 이르시되 오늘 구원이 이 집에 이르렀으니 이 사람도 아브라함의 자손임이로다 10 인자가 온 것은 잃어버린 자를 찾아 구원하려 함이니라

눅22:19 또 떡을 가져 감사 기도 하시고 떼어 그들에게 주시며 이르시되 이것은 너희를 위하여 주는 내 몸이라 너희가 이를 행하여 나를 기념하라 하시고 20 저녁 먹은 후에 잔도 그와 같이 하여 이르시되 이 잔은 내 피로 세우는 새 언약이니 곧 너희를 위하여 붓는 것이라

눅23:46 예수께서 큰 소리로 불러 이르시되 아버지 내 영혼을 아버지 손에 부탁하나이다 하고 이 말씀을 하신 후 숨지시니라 47 백부장이 그 된 일을 보고 하나님께 영광을 돌려 이르되 이 사람은 정녕 의인이었도다 하고

행2:44 믿는 사람이 다 함께 있어 모든 물건을 서로 통용하고 45 또 재산과 소유를 팔아 각 사람의 필요를 따라 나눠 주며 … 47 하나님을 찬미하며 또 온 백성에게 칭송을 받으니 주께서 구원받는 사람을 날마다 더하게 하시니라

이미 앞에서 살펴본 바와 같이 누가복음의 두드러진 특징 가운데 하나는 희년 정신 실천과 구원의 연관성이다. 이 부분이 오늘 우리에게는 가장 중요하므로 관련된 주요 본문을 중심으로 간략히 다루고자 한다.

【1】 3:7 요한이 세례 받으러 나아오는 무리에게 이르되 **독사의 자식들아** 누가 너희에게 일러 장차 올 진노를 피하라 하더냐

요단강에서 죄 사함을 받게하는 세례를 전파하던 요한은 몰려온

군중을 향하여 '독사의 자식들!'이라 부르며, 그들이 가지고 있었던 구원의 확신을 여지없이 짓밟아버리면서 구원은 고사하고 도끼가 이미 나무뿌리에 놓여 있다며 심판과 저주를 선언했다. 유대인들은 안식일, 정결례, 할례 등을 중심으로 하는 유대교 율법 조항들을 지키면 의롭다함 즉 구원을 얻는다고 생각했고, 가난하고 병든 사람, 재앙을 당한 사람 등은 의롭다함을 얻지 못한 죄인들이라고 했다. 유대교의 이런 인과응보, 의인론을 세례 요한은 정면으로 반박하며, 회개하고 회개에 합당한 열매를 맺어야 한다고 했다. 세례 요한이 요구한 회개의 열매는 옷 두 벌 있는 자, 먹을 것이 있는 자는 없는 자와 나누며, 관직을 이용한 강탈과 권력 남용 금지였다. 왜 이런 것들이 회개의 열매일까?

성경에는 죄와 회개에 대한 언급이 대단히 많은데 그 개념은 세속에서 말하는 개념과 많이 다르다. 구약의 이스라엘과 신약의 교회는 하나님과 계약을 맺은 공동체이다. 따라서 이들이 지은 죄는 계약법을 지키지 않은 죄이고, 회개는 계약법을 지키지 않은 죄를 돌이키는 것이다. 세상의 윤리와 도덕을 기준으로 하는 죄와 회개와는 이런 점에서 차이가 난다. 계약법에는 세상의 윤리와 도덕의 요청은 당연히 들어있으며, 인간이 실천할 수 있는 최상위의 법이다. 세례 요한이 옷과 양식을 나누며, 권력을 남용하지 말라는 것은 계약법의 기본을 지키라는 요청이었다.

하나님과 계약을 맺어놓고 이런 기본을 무시하면서 구원을 받는다고 가르치는 자는 독사(사탄)이며 구원받았다고 믿는 자는 독사(사탄)의 자식이라고 세례 요한은 질타했다. 세례 요한의 설교는 오늘 우리 기독교인들에게도 동일하게 적용된다. 계약법을 지키지 않는 것은 말할 필요도 없고 계약법이 무엇을 말하는지, 또 계약법이 있는지조차도 모르면서 무슨 믿음으로 구원받는다고 말하는 자는 사탄의 앞잡이이며, 그 말을 듣고 구원받았다고 믿는 자들은 모두가 지옥의 자식들이다. 십자가 구속사 구원론에 익숙해 있는 오늘의 기독교인들에게는 누가복음의 선언이 청천벽력일 수 있다.

누가는 세례 요한의 설교를 통해 이 말을 하고 싶어서 복음서를 기록했고 또 요한의 탄생 과정과 설교를 자세히 기록해 놓았다.

귀 있는 자들은 들을지어다!

【2】 4:18 주의 성령이 내게 임하셨으니 이는 가난한 자에게 복음을 전하게 하시려고 내게 기름을 부으시고 나를 보내사 포로 된 자에게 자유를, 눈 먼 자에게 다시 보게 함을 전파하며 눌린 자를 자유롭게 하고 19 **주의 은혜의 해를 전파하게 하려 하심이라** 하였더라

누가는 예수님의 공생애를 나사렛 회당에서의 메시아 취임사로 시작하고 있다. 마태나 마가에 의하면 예수님께서 고향 나사렛을 방문하신 시기는 사역 후반부인 갈릴리 사역을 마치실 때이다. 그런데 누가는 의도적으로 이 사건을 사역의 시작에 놓았을 뿐만 아니라 내용도 전혀 다르다. 예수님께서 오신 목적이 희년(주의 은혜의 해) 실현이며, 희년을 실천한 대표적인 사람으로 이방인 사렙다 과부와 나아만 장군을 소개하고 있다. 이보다 더한 파격이 있을 수 있을까? 누가에서 제시하는 구원의 기준은 희년 경제의 실천 여부이다.

따라서 누가복음에 그려진 예수님의 하나님 나라 운동은 희년을 실현하는 구원 사역이었으며, 예수님의 주요 행보는 제자들에게 이에 대한 가르침과 훈련이었다. 이를 위하여 엄격한 선발 과정을 거쳤으며, 마지막 남은 사람이 사도행전의 120명이었다. 예수님께서는 이들과 계약을 맺으시고 새로운 계약공동체를 출범시키셨다.

【3】 10:25 어떤 율법교사가 일어나 예수를 시험하여 이르되 선생님 **내가 무엇을 하여야 영생을 얻으리이까** …

18:18 어떤 관리가 물어 이르되 선한 선생님이여 **내가 무엇을 하여야 영생을 얻으리이까** … 18:20 네가 계명을 아나니 간음하지 말라, 살인하지 말라, 도둑질하지 말라, 거짓 증언 하지 말라, 네 부모를 공경하라

하였느니라

누가에는 영생에 대한 질문이 반복되고 있는데 예수님의 대답은 간음, 살인, 절도, 거짓 증언 등 십계명에 담긴 정신을 지키라고 말씀하셨다. 그 정신이 무엇일까? 가진 재산을 다 가난한 자들에게 나누어주고 예수님의 하나님 나라 운동에 동참하는 것이다. 바꿔말하면 계약공동체에서 희년을 실천하는 것이 곧 구원의 길이다. 이를 거부하고 천국에 들어간다는 것은 낙타가 바늘구멍으로 지나가는 것보다 더 어렵다. 다시 말하면 희년 경제를 실천하지 않고 구원받을 길은 없다.

【4】 18:29 이르시되 내가 진실로 너희에게 이르노니 하나님의 나라를 위하여 집이나 아내나 형제나 부모나 자녀를 버린 자는 30 **현세에 여러 배를 받고 내세에 영생을 받지 못할 자가 없느니라** 하시니라

복음서에 의하면 예수님을 따르는 기준과 영생을 얻는 조건의 첫 조항은 모든 소유의 포기였다. 왜 소유 포기이며, 또 무엇을 의미하는 것일까? '현세에 여러 배를 받고'에 답이 들어있다. 문자대로 모든 소유를 가난한 자들에게 나누어주고 빈털터리가 되라는 뜻이 아니라 가진 소유를 활용하여 가난한 자들의 문제를 해결해 주려고 해라. 그러면 하나님께서 더 많은 것을 맡기시리라는 뜻이다. 그렇게 한 사람치고 현세에서 여러 배를 더 받을 뿐만 아니라 영생에 이르지 못할 자가 없다고 하셨다.

【5】 19:9 예수께서 이르시되 **오늘 구원이 이 집에 이르렀으니 이 사람도 아브라함의 자손임이로다**

누가에서 제시하는 구원받은 자의 표본은 삭개오이다. 삭개오는 자기 재산의 절반을 가난한 자들을 위하여 쓰고 나머지 절반은 강탈한 재산을 네 배로 갚는 데 쓰겠다고 했을 때 예수님께서 "오늘 이 집에 구원이 이르렀다."라고 선언하셨다. 다른 말로 하면 삭개오처럼 하지 않으면 구원받을 수 없다는 뜻이다. 예수님께서는 이런 삭개오같은 사람을 찾아내어 구원공동체를 만들러 오셨다.

또 복음서에서는 구원받는 자를 가리켜 '아브라함의 후손'이라고 말한다. 아브라함은 계약신앙의 원조이므로, 이 역시 계약신앙이 아니고서는 구원받지 못한다는 뜻이다. 바울은 아브라함의 후손은 혈통이 아니라 아브라함이 가졌던 것과 같은 믿음을 가진 사람이라고 했다.(롬4장) 이로 미루어 보면 바울이 말하는 믿음은 아브라함과 같은 믿음이며, 아브라함과 같이 행하는 자가 구원을 받는다고 했다. 바울이 말한 율법은 계약법인 시내산 율법이 아니라 유대교 율법이며, 바울이 말하는 율법의 행위는 계약법 실천이 아니라 유대교의 율법 조항 실천이다.

【6】 22:20 저녁 먹은 후에 잔도 그와 같이 하여 이르시되 **이 잔은 내 피로 세우는 새 언약이니** 곧 **너희를** 위하여 붓는 것이라

누가에 의하면 예수님의 마지막 유월절 식사는 제자들과 새 계약을 체결하는 자리였다. 이런 이유로 마태나 마가의 '많은 사람'과 달리 '너희'가 강조되고 있다. 또 예수님의 수난과 십자가와 죽으심은 새로운 계약 체결을 위함이었다. 예수님께서 우리 모두의 죄를 위하여 십자가에서 죽으셨다는 말은 이스라엘이 계약을 지키지 않음으로 계약이 파기된 죄를 대신 짊어지고 죽으셔서 이제 우리로 하여금 새로운 계약에 참여할 수 있는 길이 열려졌다는 뜻이다. 계약실천과 상관없이 죄를 용서받고 구원에 이른다는 뜻이 전혀 아니다.

【7】 24:47 백부장이 그 된 일을 보고 하나님께 영광을 돌려 이르되 **이 사람은 정녕 의인이었도다** 하고

누가에 의하면 예수님의 수난과 죽으심을 처음부터 지켜본 백부장은 "이 사람은 정녕 의인이었도다!"라고 고백했다. 이는 마태나 마가의 "이 사람은 정녕 하나님의 아들이었도다!"라는 말과 차이가 난다. 예수님의 죽으심은 계약 체결을 통해 이 땅에 하나님 나라를 실현하기 위한 의인의 죽음이며 순교의 모범이었다. 이후 스데반을 비롯한 순교자는 예수님처럼 기도하며 죽어갔다.

【8】 행2:47 … 또 온 백성에게 칭송을 받으니 **주께서 구원받는 사람을 날마다 더하게 하시니라**

누가는 사도행전에서 초기의 교인들은 모두가 사유재산을 포기하고 서로 공유했으며, 그런 사람을 가리켜 구원받은 사람이라고 말하고 있다. 이를 보고 예루살렘 사람들이 칭찬했고, 또 교회에 동참하여 그런 삶을 사는 구원받은 사람들이 늘어났다.

누가복음과 사도행전에서 말하는 구원에 대하여 다시 정리하면 다음과 같다.

❶ 희년, 경제 구원론

앞에서 살펴본 바와 같이 누가에 의하면 예수님께서는 희년을 실현하러 오셨으며, 이 운동에 동참하는 사람에게 구원이 주어진다. 누가의 구원론은 희년 · 경제 구원론이며 이는 명확하다. 왜 희년의 경제를 실천해야 한다고 말하는가?

❷ 계약 구원론

계약의 핵심은 희년의 경제 실현이다. 이를 위하여 땅에 공개념을 적용하여 가정에 분배한 후 소유를 보장해 주었다. 또 안식일, 안식년, 희년은 이를 위한 후속 조치이다. 율법은 곧 계약법이며, 선지자들은 계약공동체인 이스라엘에게 계약을 지켜야 한다고 촉구하며 경고했다. 율법과 선지자란 이를 말하며, 예수님께서는 이를 완성하러 오셨다.

희년 · 경제 구원론은 결국 계약 구원론이다.

물음 104 누가복음 구원론의 역사적인 의미는?

경제 문제는 인간의 삶에서 가장 큰 비중을 차지한다. 고대로부터 인류는 숙명적인 빈곤에 시달렸으며, 기아 때문에 평균 연령이 20세 정도에 불과했다. 기아에 시달리다가 굶주려 죽는 것보다 더 큰 고통은 없다. 인류는 절대 궁핍과 기아에 시달리면서도 근본적인 해결 방법이 없었으나, 현대에 이르러 과학기술의 발전에 힘입어 기아와 전염병의 공포로부터 벗어날 수 있었다. 오늘날 선진화된 일부 국가에서는 과잉생산과 과잉소비의 부작용에 시달리고 있다. 과거에는 절대 빈곤에서 벗어날 방법이 없었으나 이제는 마음만 먹으면 기아의 문제를 해결할 수 있다. 그러나 시간이 지나갈수록 해결의 기대는 점점 희미해지고 있으며, 빈부의 격차는 오히려 더 심해지고 있다. 빈부 차이는 두 측면에서 발생한다.

첫째, 한 국가의 내부에서 국민 간에 발생하는 빈부의 격차다. 일부 선진국에서는 복지정책과 세금제도 등을 통해서 많은 성과를 보고 있지만 후진국일수록 빈부격차가 훨씬 더 심각하다. 둘째, 국제사회에서 국가 간의 빈부격차이다. 전 세계의 1/3은 아직도 절대 빈곤과 기아에 시달리고 있으나 벗어날 길이 없다.

현대에 이르러 민주화로 말미암아 인권과 남녀, 인종 차별 등에서 괄목할만한 발전을 이루었고, 또 과학 기술로 절대 빈곤을 극복할 수 있는 길이 열렸지만 유독 경제에서 빈부의 격차 문제는 해결되지 않고 있다. 이 문제는 경제분야에서는 물론이고 인류 역사에 남아있는 가장 시급하고 중요한 과제들 중 하나라고 할 수 있다. 과거에는 할 수 있는가 없는가의 문제였다면 이제는 할 마음이 있는가 없는가의 문제다. 과거에는 할 수 없어서 못했지만 이제는 할 수 있어도 못하고 있다. 이런 모순에 대한 근본적인 해결책은 보이지 않고 있으며, 앞으로도 어떤 대안이 모색될 가능성은 없어 보인다.

누가복음

그런데 누가복음은 앞에서 살펴본 바와 같이 바로 이 문제와 관련하여 중요한 통찰력과 해법을 제시하고 있다. 이를 다시 정리해보면 다음과 같다.

❶ 종교 · 신앙적인 접근

누가복음은 종교 · 신앙적인 접근만이 유일한 근본 대책이라고 말한다. 왜 그럴까? 인간의 정신문화에서 가장 큰 비중을 차지하는 것은 종교다. 현대에 이르러서는 종교가 개인의 선택 문제가 되었지만 과거 다신론 시대에는 종족과 국가가 종교를 결정했고 개인에게는 선택의 여지가 없었다. 지금도 비록 종교가 개인의 선택이지만 오랫동안 형성된 종교적인 문화에서는 자유롭지 못하다. 모든 문화의 저변에는 고유의 종교가 자리 잡고 있기 때문이다. 누가복음은 전적으로 계약법에 기초하여 신앙의 차원에서만 기아와 경제의 문제가 해결될 수 있다고 말한다. 누가복음이 제시하는 해법은 무엇일까?

❷ 경제적 구원론

한 종교의 교리 중에서 가장 비중이 큰 교리는 구원론이다. 그런데 누가복음에서는 어떤 영적이거나 정신적인 구원론이 아니라 '경제적인 구원론'을 전개하고 있다. 즉 구약의 계약법에 들어있는 경제법의 기초인 희년의 정신을 실천한 사람만이 구원을 받을 수 있다고 말한다. 왜 구원론을 이렇게 경제와 직접 연관지어야 하는가? 이치는 단순하다. 경제 문제가 인간의 삶에서 제일 큰 비중을 차지하기 때문이다. 지금도 지구상에서 가장 심각한 문제는 전 인구의 1/3이 기아에 허덕이다가 굶어 죽어가는 비극이다. 인간이 당면하는 고통 중에서 가장 큰 고통은 굶어 죽어가는 것이다. 이보다 더 비참하며, 이보다 더 시급하고 중대한 문제는 있을 수가 없으며, 가능하다면 반드시 해결해야만 한다. 그런데 누가 이 문제를 무엇보다 심각하게 받아들이고 해결책에 앞장 설 수 있을까?

종교여야 한다. 종교는 인간이 당면한 가장 심각한 문제에서 출발한다. 구원론이 종교에서 가장 큰 비중을 차지하는 이유는 인간에게 있어서 구원의 문제가 제일 중요하기 때문이며, 나름대로의 구원받는 방법인 구원론을 말하고 있다. 그러나 대부분의 종교에서는 어떤 초월적인 삶이나 정신적인 실천을 구원론으로 제시한다.

그런데 누가복음에서는 다른 어떤 것이 아니라 인간을 고통스럽게하는 기아, 즉 경제의 문제 해결이 곧 구원의 길이라고 말하고 있다. 인간이 당면한 반드시 해결되어야만 하는 문제, 그 문제 해결이 곧 구원의 방법이어야 이치에 맞다. 온 인류를 창조하신 창조주의 입장에서 생각해 보라. 이 세상 사람의 태반이 가난에 시달리며 굶어 죽어가는 것보다 더 시급하고 중요한 문제가 있을까? 열 명의 자녀를 둔 부모의 입장에서 다시 생각해 보라. 서너 자식은 굶어 죽어가고 있고, 서너 자식은 가난에 허덕이며 절망에 빠져있고, 두세 자식은 모든 게 넘쳐나고 먹다 남은 음식쓰레기가 산처럼 쌓여있고 너무 퍼먹어서 비만에 시달리며 고혈압, 당뇨, 고지혈 등에 시달리며 죽어가면서도, 가난에 허덕이며 굶어 죽어가는 형제들을 보고 저들이 못난 탓이라고 거들떠보지도 않는다면 어떨까? 이런 자식들을 둔 부모의 심정이 어떨까? 오늘 우리 시대가 딱 이 모습이다.

참 종교, 바른 신앙이라면 현실에서 당면하는 가장 심각한 문제를 해결하는 것이 곧 구원의 길이어야 한다. 교회사를 돌이켜보면 중세 기독교는 현실을 등지고 은둔, 고행, 금욕을 통해서 예수님을 따르며 구원에 이르려고 했다. 이는 성경과는 상관없는 방법이었고, 그 시대는 역사에서 암흑기로 평가를 받았다.

왜 종교와 신앙에서만 기아의 문제가 해결될 수 있을까? 다른 방법은 없을까?

❸ 윤리와 도덕의 한계

인류 역사에서 현대는 특별한 위치를 차지한다. 지난 근 · 현대 500여년 동안 인간의 삶과 관련된 모든 분야가 혁명적으로 발전했다. 교육의 혁명으로 지성인을 자처하는 고학력자가 넘쳐나고 있으며, 나름대로 양심과 인격을 갖추었다고 자부하는 교양인들이 수두룩 하며, 입만 열면 나라와 민족과 세계를 위하여 헌신하겠다는 정치인들은 떼거리를 이루는데, 왜 세상은 이 모양 이 꼴인가? 도무지 나아질 기미가 보이지 않고 오히려 나락으로 떨어지는 이유가 무엇일까?

도덕과 윤리로 포장한 지성, 양심, 인격은 다 거품이며 거짓이기 때문이다. 그 속을 들여다보면 온갖 욕심과 욕망으로 가득 차 있기 때문이다. 남이야 어떻게 되건 말건, 세상이야 망하건 말건 내 문제가 우선이며, 내 문제 해결하기도 벅차다는 생각 때문이다. 이런 현실을 어떻게 극복할 수 있을까?

윤리와 도덕 위에 종교가 있다. 종교에서 길을 찾아야 한다. 이런 이유에서 누가복음은 종교와 신앙의 접근 방법을 말하고 있다.

❹ 왜곡된 종교

인류 역사에 종교가 없었는가? 지금도 세상에는 종교가, 교회가 넘쳐나지 않는가? 도대체 종교가 인류 역사에서 무슨 역할을 했으며, 또 무엇을 할 수 있단 말인가? 그런데 종교에서 무슨 길을 찾는단 말인가? 근 · 현대는 종교에 대한 실망과 더불어 시작되었다. 그런데 종교에 무엇을 더 기대한단 말인가? 숱한 종교가 있으면서도 세상이, 현실이 바뀌지 않는 이유는 종교의 목표와 방향이 잘못 설정되어 있었기 때문이다. 종교의 목표와 방향은 어디에 맞추어져야 하는가?

종교의 목표와 방향은 하나님의 뜻에 맞추어져야 한다. 하나님의 뜻은 인류의 태반이 굶어 죽어가는 문제의 해결에 있다. 이는 더 물을 필요가 없는 자명한 이치이자 절대 당위이다. 이런 현실을 도외시하고, 무소유와 청빈을 예찬하며, 금욕과 고행을 통하여 영혼 구원과 내세를 지향한다면 이는 인류와 역사에 대한 배반이다. 한술 더 떠서 죄의 지배를 받는 세상은 곧 파멸의 대상이며, 종말이 가까이 왔다고 부추긴다면 이는 신앙의 대상인 하나님에 대한 반역이자 모독이다. 이런 종교들은 용서받을 수 없는 사이비 집단에 불과하다. 그런데 작금의 종교들은 사이비 수준에서 벗어나지를 못하고 있다.

존엄성을 지니고 태어난 인간이 굶주림을 면하고 기본적인 인권의 보호를 받아야 함은 더 물을 필요가 없다. 그런데 같은 시대를 살아가는 사람 중에 태반이 인권을 유린당하고 굶어 죽어가는 것을 모른 체한다면 이는 사람이라고 할 수가 없다. 더구나 종교마저 이런 현실을 외면한다면 과연 종교로서 존재해야 할 가치가 있을까? 그런데 종교는 과거에도 그랬고 지금도 전혀 다를 바 없다.

이제 새 술을 새 부대에 담아야 한다.

❺ 누가복음의 현대적 의미

그동안 기독교의 구원론은 현실의 문제 해결과는 상관없는 십자가 대속 구원론을 전개했다. 그런데 누가복음은 경제 문제 해결에 초점을 맞추고 있으며, 경제적인 구원론을 전개하고 있다. 이런 누가복음은 그동안 가려져 있었다. 이에 그 가림막을 걷어내고 세상 밖으로 나오게 해야 한다. 그리고 누가복음에서 제시하는 경제적 구원론으로 현대가 당면한 빈부의 격차와 기아의 문제를 해결하게 해야 한다. 이런 측면에서 누가복음은 현대 이후의 시대, 21세기를 위한 복음서일 수 있다. 우리가 당면한 경제 양극화의 문제, 누가복음에 길을 물어야 한다.

누가복음의 경제 구원론은 어떻게 해서 가능했을까? 그 뿌리는 무엇일까?

물음 105 거룩한 나라를 위한 체제와 제도, 어떤 것일까?

누가복음의 경제적인 구원론은 구약의 계약법(율법)에 뿌리를 두고 있다. 계약법은 출애굽한 이스라엘이 하나님과 맺은 계약에 기초하는데, 약속의 땅 가나안에 들어가서 신분, 지위, 빈부의 격차가 없는 거룩한 나라를 만들기 위한 법이다. 하나님의 특별한 은혜로 노예에서 해방된 이스라엘이 지켜야 할 계약 조건은 특별한 무엇이 아니라 모두가 공평하고 행복한 나라를 만드는 것이고, 하나님께서 하실 일은 이스라엘이 그렇게 하려고 하면 그런 나라가 되도록 도와주시는 역할이었다. 구약성경에 기록된 특별한 기적의 이야기들은 하나님께서 계약공동체를 도와주시는 하나님의 개입이자 방법이었다.

구약에서 말하는 '거룩한 나라'는 이런 나라를 말하며, 이런 이유로 그 나라가 세워질 가나안을 거룩한 땅이라고 했다. 신약의 복음서에서 말하는 '하나님 나라'는 거룩한 나라와 동일하다고 해도 무방하다. 복음서의 주제는 하나님 나라이며, 이에 대해서는 이론의 여지가 없다. 이 말은 복음서는 구약의 계약법을 기본으로 한다는 뜻이다. 이런 이유로 예수님께서는 율법과 선지자의 폐지가 아니라 완성하러 오셨다고 말씀하셨다. 그중에서 누가는 희년의 실현에 초점을 맞추고 있는데, 그 이유는 계약법의 핵심이 희년, 즉 경제 공의의 실현이기 때문이다. 여기서는 거룩한 나라를 만들기 위한 제도에 대하여 간략히 살피고자 한다.

1. 정치제도

계약법은 거룩한 나라를 만들기 위한 법인데 그 특징은 균형과 조화에 있다. 이는 마치 하나님께서 만드신 세상의 모든 만물이 서로 조화와 균형을 이루고 있는 이치와 같다. 인간 사회에 근간이 되는 제도는 정치와 경제제도이다. 계약법의 정치제도와 경제제도에 대하여 조화와 균형의 시각에서 살펴보면 다음과 같다.

❶ 지파 제도

거룩한 나라를 세우기 위한 제도는 '지파 제도'이다. 계약공동체인 이스라엘은 야곱의 아들들의 이름으로 열세 지파로 나누었다. 이는 다시 땅을 분배받지 않고 성직을 맡은 레위 지파와 땅을 기업으로 분배받은 열두 지파로 구분된다.

• 레위 지파

출애굽한 이스라엘은 조직을 만들 때 아론과 모세가 속하여 있던 레위 지파를 성직자로 구분해 놓았다. 레위 지파 중에서도 아론의 후손은 제사장직을, 나머지는 일반 성직을 맡게 했는데 이들을 레위인이라 한다. 레위인들의 숫자가 전체 인구의 1/13에 해당할 만큼 많은 이유는 이들은 성직과 더불어 교육과 사회사업을 담당했기 때문이다. 이들에게는 땅을 기업으로 분배하지 않았으며, 대제사장이 거주하는 중앙 성소와 전국의 48개 지방 성소에 흩어져서 거주했다. 지방 성소가 48개인 이유는 열두 지파의 각 지파당 네 지방에 성소를 두었기 때문이다. 레위인들은 대제사장을 중심으로 전국적인 조직망을 갖추고 중앙과 지방의 성소에서 성직과 더불어 율법을 가르치는 교육을 담당했다.

• 열두 지파

레위 지파를 제외한 나머지 백성들은 열두 지파로 나누었으며 장로들이 지파를 다스렸다. 각 지파는 가부장적인 장로를 중심으로 독립적인 생활을 했다. 다시 말하면 일종의 지방자치인 셈이다.

❷ 중앙집권과 지방분권의 조화

이스라엘 정치 조직의 특징은 중앙집권과 지방분권의 절묘한 조화인데, 신앙으로는 중앙집권이요 정치로는 지방분권이었다. 레위인들은 중앙집권 체제를 갖추었는데, 대제사장은 중앙 성소에서 전국 48지역(12지파×4)에 흩어져 있는 레위인들을 통솔했기 때문에 중앙집권 체제가 확립되었다. 정치제도로는 열두 지파가 독립되어 있었지만 대제사장은 신앙과 더불어 정치를 총괄하는 역할을 했다. 또 대제사장은 희년 선포를 비롯하여 경제적인 문제 역시 총괄했다.

이스라엘 체제의 특징은 종교와 정치를 이원화하여 열두 지파가 독립적인 위치에 있었으나 대제사장이 경제와 더불어 정치를 총괄하게 함으로써 중앙집권과 지방분권이 조화를 이루게 했다. 그러면 대제사장을 비롯한 성직자들을 누가 감시하며 통제를 하는가?

❸ 상호 견제 장치

제사장과 지파장, 백성들이 서로 견제하고 감시하는 장치를 두었다.

첫째, 지파 연합

열두 지파는 서로 정치적으로 독립되어 있으면서 동시에 연합체를 구성하여 주요 안건이 있을 때마다 지파장들이 모여 협의하여 결정했다. 따라서 이 지파 연합체는 가장 강력한 정치 기구였다.

둘째, 국민교육

- 지방 성소

지방 성소를 48개 지역으로 흩어놓은 이유는 각 지역에서 학교를 운영하라는 뜻이었다. 일주일에 하루 안식일에는 일을 쉬면서 모여 계약법을 읽고 토론하며 공부하게 했다. 당시 별도의 교육 기관이 없던 시대에 이는 평생 교육 제도였다. 문자를 읽고 쓰면 최고의 지성인이던 시대에 이스라엘은 어릴 때부터 저절로 문자를 익히게 되고 또 율법을 토론함으로써 학문 수련을 받은 셈이다. 신명기는 교육헌장이라고 할 만큼 교육을 강조하고 있다.(신6:4~9) 전국민들 대상으로하는 평생교육 제도는 제사장을 비롯한 지도자들에 대한 강력한 견제 장치였다.

- 레위기

또 다른 특징은 제사장 문서인 레위기를 공개했을 뿐만 아니라 어린아이때부터 가르쳤다. 고대에 제사장 문서는 일급 비밀 문서로 분류되었고, 제사장들과 신과의 관계는 신비로 채색되어 있어서 늘 계시를 운운했다. 다른 종교에서는 왕이 제사장을 겸했는데, 계시를 빌미로 전횡을 일삼는 경우가 허다했다. 제사장 문서에 대하여 일반인들은 접근조차 할 수 없었다. 그런데 이스라엘에서는 제사장들의 역할과 직무에 대하여 상세히 기록된 레위기를 공개하고, 성직자들은 어떤 계시에 의해서가 아니라 율법서와 레위기에 기록된 대로 행해야 했다. 아이들에게도 가르침으로써 백성들이 제사장들을 감시하게 했다. 백성들의 지식과 의식 수준을 극대화시켜 제사장을 비롯한 관리들이 허튼 수작을 못하게 했다. 이보다 더 안전한 장치는 있을 수 없다.

셋째, 헌금 제도

성직자인 레위 지파에게는 땅을 분배하지 않고 단지 거주지만 정해주었다. 그러면 이들은 무엇을 먹고 살아야 했나? 만물과 십일조 등 백성들의 헌금으로 살게 했다. 제사장과 레위인들의 월급을 백성들이 준 셈이다. 다시 말하면 백성들에게 칼자루가 있었다는 뜻이다.

BC 1500년경에 종교로는 중앙집권을, 정치로는 지방분권(지파제도)을 실시하여 중앙집권과 지방분권이 조화를 이루게 했으며, 동시에 분권 제도를 두어 제사장(레위지파), 지파 연합, 백성들 사이에 견제 장치가 있었다는 것이 놀라울 뿐이다.

❹ 국방 정책

이스라엘 정치제도의 가장 두드러진 특징은 왕과 상비군을 두지 않았다는 점이다. 제사장들은 왕이나 군대장관들이 아니다. 왜 왕과 상비군을 두지 않았을까?

첫째, 왕이 군사력을 바탕으로 절대왕권으로 치닫는 것을 차단하기 위함이다. 인류 역사의 대부분은 절대왕권이 지배하던 시대였고, 그 폐해가 얼마나 컸는지는 언급할 필요도 없다. 이스라엘에서는 이를 미연에 방지하기 위하여 왕과 군대장관, 상비군을 두지 않고 필요할 때 자원하는 병사들을 모집하여 수비 전쟁을 치루었다.

둘째, 국민들에게 세금과 병역의 부담을 덜어주기 위함이다. 계약법에 의하면 세금 제도는 없다. 왕과 군대가 없기 때문이다. 헌금

제도가 있었지만 이는 세금과는 성격이 전혀 다르다. 헌금에 대해서는 경제제도 부분에서 다루고자 한다.

왕과 상비군이 없어서 전란이 있을 때에는 자원하는 병사들을 데리고 전쟁을 치루었다. 당연히 왕과 정규군이 있는 주변 나라에 불리할 수 밖에 없었다. 그러나 그 불리한 상황은 하나님께서 전쟁에 개입하셔서 군사적인 방법보다는 신앙적인 방법으로 승리하도록 이끌어 주셨다. 성경에 등장하는 '거룩한 전쟁'은 이런 전쟁이었다. 거룩한 전쟁은 하나님께서 계약을 지키신다는 증거였으며, 동시에 살아계신 하나님을 이스라엘은 물론 주변 나라들에게도 알리는 기회였다.

절대왕권이 있는 나라에서는 세금이 최소 70% 이상이었다는 점을 감안한다면 이스라엘의 십일조와 맏물 등의 제도가 얼마나 백성들을 배려한 제도였는지를 알 수 있다.

2. 경제제도

계약법에서 말하는 경제제도를 알기 위해서는 먼저 경제와 관련된 성경의 개념을 먼저 이해할 필요가 있다.

【1】 경제 관련 개념들

❶ 만물의 근원자

성경에서는 하나님을 창조주이시며 만물의 근원이라고 한다. 특히 만물의 근원이라 함은 모든 만물이 존재하게 하는 힘의 원천이라는 뜻이다. 하나님께서는 우주 만물을 만드셨을 뿐만 아니라 지금도 그 만물이 질서에 따라 제자리를 지키며 조화를 이루게 하신다. 모든 만물에 중력이 들어있고, 그 중력에 따라 우주의 은하계와 행성들이 질서정연하게 움직이고, 또 지구 내의 만물이 존재하고 살아가는 모든 힘은 저절로 생기는 것이 아니라 하나님께로부터 나오는 힘 때문에 가능해진다. 우주 만물에 중력, 즉 자기 중심으로 향하는 힘이 있는 것은 하나님께서는 만물의 중심, 곧 가장 낮은 곳에 계시기 때문이다. 결국 모든 만물은 중력에 따라 하나님을 향하고 있다. 물질의 세계와 영의 세계는 결국 같은 원리에 지배를 받는데, 그 원리는 낮아짐이다.

❷ 창조와 안식

구약성경 창세기(1:1~2:3)를 보면 하나님께서 6일 동안 세상 만물을 만드시고 7일에 안식하셨다고 한다. 하나님께서 안식하셨다는 것은 무엇을 말할까? 그냥 하루를 일하지 않고 쉬셨다는 뜻일까? 하나님께서도 쉼이 필요할까? 의문이 꼬리를 문다. 그런데 앞에서 말한 만물의 근원이라는 측면에서 생각해보면 안식의 뜻이 명확해진다. 하나님께서는 세상 모든 만물을 순서대로 만들어 놓으시고 최종에는 그 만물들 모두가 질서와 조화를 이루며 존재하도록 계속 힘의 원천이 되어 주셨다는 뜻이 하나님의 안식이다. 세상 모든 만물은 어떤 힘의 지배를 받는데, 그 힘은 하나님으로부터 계속 공급된다. 따라서 하나님께서 안식하셨다는 말씀은 아무 일도 하지 않고 쉬셨다는 뜻이 아니라 세상 모든 만물이 제자리를 지키며 하나 하나가 가장 적절한 상태로 유지되도록 계속 힘을 공급해주신다는 뜻이다.

안식을 자칫 무노동의 개념으로 이해하기 쉽다. 그런데 성경의 안식은 병들고 고장난 곳을 바로잡아 정상화시키는 작업이다. 예수님께서 안식일마다 회당에서 가르치시고 온갖 병자들을 고치신 이유는 여기에 있다. 안식일을 무노동으로 지켜야한다는 유대인들을 향하여 "내 아버지께서 이제까지 일하시니 나도 일한다."(요 5:17)라고 하셨다. 안식일은 내가 쉬는 무노동의 날이 아니라 쉼,

즉 최적의 평안함을 남에게 주는 날이다.

이와같은 만물의 근원과 안식의 개념으로 계약법의 경제제도에 대하여 간략히 살펴보면 다음과 같다.

【2】 안식제도와 경제제도

안식은 만물에게 최적의 존재 상태를 유지시켜 주며, 유기체인 다양한 식물과 생물에게는 각기 독특한 환경을 유지시킨다. 특히 이성과 자유의지, 인격을 지닌 인간에게는 최적의 환경을 유지해주는 역할이 곧 경제제도이다. 성경에서 말하는 안식의 개념은 곧 세상의 학문에서 말하는 경제와 일치한다. 이런 이유로 계약법의 경제제도는 안식일, 안식년, 희년 등으로 구분되는 안식제도 속에 들어있다.

【3】 안식제도

계약법에는 안식일, 안식년, 희년 등 독특한 안식제도가 있었는데, 이는 모든 사람을 행복하게 하기 위한 경제 정책이었다. 이 중에서 희년을 먼저 다루고자 한다.

❶ 토지 분배와 토지 희년제

고대 농경사회에 있어서 각 가정이 유지되는 근간은 토지의 소유에 있었다. 이에 계약법은 각 가정을 대상으로 토지를 균등하게 분배했다. 계약법의 출발은 토지의 균등 분배였다. 이스라엘이 가나안에 들어간 후 시행한 가장 중요한 경제 정책은 제비를 뽑아 땅을 각 가정에 골고루 분배한 정책이다.

토지를 분배한 후 소유권 이동을 제한하여 영구성을 보장하는 안전 장치를 마련했다. 계약법에 의하면 대지주의 탄생, 즉 빈부의 큰 격차가 원천적으로 불가능했다. 각 가정에 분배된 토지와 주택은 원주인에게만 소유권이 주어졌다. 어떤 사유로 매매가 되어도 소유권

매매가 아니라 경작과 사용권의 매매였으며, 50년마다 찾아오는 희년에는 원주인에게 조건없이 돌려 주어야 했다.

❷ 안식일

일주일에 하루를 안식일로 정하여 일하지 않고 쉬게 했다. 그 목적은 몇 가지가 있었는데 우선 노동에 시달리는 사람들과 가축들에게 일주일에 하루는 중노동에서 쉬게 했다. 다음으로는 경제적인 문제로 흩어져 종으로 살아가는 가족들에게 일주일에 하루는 만나는 시간을 주기 위함이었다. 마지막으로는 하나님께 예배를 드리며 계약법을 공부하게 했다. 안식일은 쉼과 더불어 교육의 시간이었다. 안식일로 말미암아 이스라엘은 고대에 전국민 교육 체계를 갖출 수 있었다.

❸ 안식년

안식년은 칠 년마다 일 년을 쉬는 해이다. 먼저 토지를 보호하기 위하여 일 년을 휴경하게 했다. 계약법의 특징 중 하나는 환경과 생태계에 대한 관심이다. 생태계를 유지하고 토지의 황폐화를 막기 위한 정책도 안식년에 들어있다. 다음으로는 채무를 면제했으며, 이로 인해 안식년을 '면제년'이라고 했다. 이 채무는 대부분 양식을 빌려간 빚들이다. 그 다음으로는 종들을 방면했다. 고대에는 노예를 매매했는데 그 가격은 대략 소나 말 다섯 마리의 가격이었다. 고대에는 노예들이 신분제에 묶여서 한번 노예로 전락하면 대대손손 벗어날 길이 없었다. 그러나 계약법에서는 원천적으로 노예를 인정하지 않았다. 그러나 게으름과 무책임한 행동 등으로 재산을 날리고 노예가 되는 경우에는 한시적으로 허락했다. 이는 개인에게도 책임을 묻기 위함이다. 또 노예를 방면할 때에는 6년 치 품삯을 주게 했다. 빈손으로 방면하면 살아갈 길이 없어 다시 노예가 될 수밖에 없기 때문이다.

❹ 희년

이런저런 이유로 땅과 집을 잃고 종으로 전락했다가 안식년을 맞아 6년 치 품삯을 목돈으로 받아도 그는 다시 노예로 전락할 수밖에 없다. 땅과 집이 없는 한 가족들과 살아갈 방법이 없기 때문이다. 이를 근본적으로 해결하기 위하여 마련한 것이 안식년이 일곱 번째를 맞은 해에 종에게 6년 치 품삯을 주어 방면함과 동시에 집과 땅을 원주인에게 돌려주게 했다. 이를 희년(禧年)이라고 한다.

이와 같은 안식제도를 보면 현실과 이상을 조화시키기 위한 현실적인 방안임을 알 수 있다.

❺ 무한 자유와 무한 책임

얼핏보면 안식제도는 가난한 자들을 도와주는 사랑의 정책처럼 보인다. 그러나 그 내면을 보면 가난한 자에게 무한 책임을 묻는 제도다. 안식년에 채무를 면제해주고 종에게 6년 치 품삯을 주어 방면한다는게 실제로는 어떤 정책일까? 가난한 자를 그냥 돕는 사랑일까? 안식년에 채무를 면제해준다면 누가 돈을 빌려주려고 할까? 빌려주어도 받을 수 있다는 신용이 담보되지 않는다면 돈을 빌릴 수도 없고 빌려주지도 않는다. 이 말은 가능하면 돈을 빌리지 말고 또 신용의 보증수표가 되는 삶을 살라는 뜻이다. 노예를 소나 말 다섯 마리 가격으로 샀다가 안식년에 6년 치 품삯을 주어 방면한다면 누가 노예를 사겠는가? 또 샀다고 한다면 어느 정도의 일을 시키겠는가? 게으르고 나태하며 적당히 일하려는 사람은 파산을 했어도 노예로 팔려가지도 못한다. 노예로 팔려간 사람은 다른 사람의 두세 배 몫의 일을 해야 안식년에 품삭을 받아 방면될 수 있다.

이런 안식제도는 가난한 자들을 적당히 도와주는 정책이 아니라 가난한 자들이 생기지 않게 하는 정책이다. 노예생활을 하면서 다시는 노예가 되지 않을 수 있도록 정신을 개조시키는 정책이다. 무한 자유에는 무한 책임이 주어진다. 성경에서 말하는 사랑을 자칫 오해하지 말아야 한다. 철저한 책임을 묻는 것이 성경에서 말하는 사랑이다. 노숙자들에게 아무 조건없이 밥을 먹여주는 것은 성경의 사랑과는 상관이 없다. 최선의 노력을 다했지만 더 이상 달리 방법이 없을 때 다시 일어설 수 있도록 도와주는 것이 사랑이다.

【3】 지방 성소 제도

이스라엘 12지파는 지파당 4곳의 지방 성소를 중심으로 생활했는데, 이는 경제제도와 밀접한 관련이 있다.

❶ 헌금 제도

이스라엘의 경제제도에는 헌금 이외에 별도의 세금이 없었다. 이는 정치제도에 왕과 상비군이 없었기 때문에 이방 나라에서 부과되는 70% 이상의 세금이 없이도 나라의 운영이 가능했다. 정부의 역할은 제사장들과 장로들에게 분산되어 있었다. 세금과 병역이라는 무거운 짐을 지우지 않은 제도는 전적으로 백성을 위한 정책이었다.

헌금에는 맏물, 십일조, 3년 십일조, 절기 헌금 등이 있었다. 이 헌금의 용도는 중앙정부 운영비가 아니라, 지방 성소를 중심으로 과부와 고아, 나그네, 레위인들을 위한 생계비 지원이었다. 이와 같은 헌금 제도는 두 가지 특징을 갖는다. 첫 번째는 사회보장 제도였다. 질병과 재해 등으로 생계 대책을 잃은 과부와 고아 등을 돌보는 정책이었다. 그런데 이는 곧 자신을 위한 정책이다. 왜냐하면 그런 위기는 누구에게나 올 수 있기 때문이다. 두 번째는 교육비였다. 레위인들이 각 지역의 지방 성소에서 교육을 담당했기 때문이다. 고대에 자녀 교육은 큰 돈이 들었기 때문에 귀족이 아니면 엄두를 내지 못했다. 그런데 계약법에는 레위인과 헌금 제도를 통해서 전국민이 평생 동안 공부할 수 있는 기회를 주었다. 이는 전 국민 교육 정책의 일환이다.

❷ 절기 제도

모세는 신명기에서 출애굽기나 레위기의 제사 제도를 재해석하여 절기 제도로 정착시켰다. 하나님께 드리는 동물 제사 대신에 지방 성소를 중심으로 매년 유월절, 초막절, 칠칠절(추수절)을 지키게 했다. 절기제도는 자녀들을 위한 특별한 교육에 초점을 맞추었는데 유월절에는 가난한 사람들의 먹거리인 무교병과 쓴나물을 체험하게 하고, 초막절에는 집 밖에서 잠을 자면서 집 없는 사람들의 서러움을 일주일 동안 경험하게 했다. 마지막 날에는 특별한 음식을 만들어 가난한 사람들을 초대하여 대접하게 했다. 이는 자녀들에게, 가난한 사람들의 문제를 해결해야 하는 것이 그들의 할 일이라는 것을 직접 경험시키며 가르치기 위함이었다. BC 1500년경에 이런 제도가 만들어졌다는 게 놀라울 뿐이다.

❸ 도피성

레위인들은 지방 성소에서 도피성을 운영했다. 과실치사한 사람들을 피해자 가족들의 보복으로부터 지켜주기 위함이었지만 그들만이 아니라, 사회적으로 적응하지 못하는 사람들을 사회에 적응할 수 있도록 교육과 훈련을 시키며 돌봐주었다. 또 레위인들은 헌금으로 고아와 과부들을 돌보았다. 지방 성소는 일종의 사회사업 시설이었다.

❹ 레위인

이상에서 살펴본 바와 같이 레위 지파의 제사장들과 레위인들은 경제제도 운영과 직접 관련이 있다. 대제사장은 중앙 성소에서 경제를 총괄하면서 안식년과 희년을 선포했고, 제사장들과 레위인들은 각 지방 성소에서 사회보장 제도와 사회사업 시설을 운영했다. 계약법의 성직자들은 단순히 제사나 집전하는 사람들이 아니었다.

3. 거룩한 나라, 거룩하신 하나님

구약의 계약공동체인 이스라엘의 제도와 체제는 신분과 지위, 빈부의 격차가 없는 나라, 즉 백성들을 위한, 백성의 나라였다. 이를 거룩한 나라라고 했다. 하나님을 거룩하신 하나님이라고 하는데, 하나님께서는 이런 거룩한 나라를 원하시며, 이런 나라의 하나님이라는 뜻이다. 거룩함을 초월적인 어떤 것으로 오해하지 말아야 한다.

이스라엘의 정치와 경제제도는 전적으로 거룩한 나라를 만들기 위한 장치들인데, 종교와 교육이 중요한 역할을 한다.

❶ 종교의 역할

이스라엘 지파 중에서 레위인을 독립시켜 놓은 이유는 거룩한 나라에서 종교와 신앙의 역할이 그만큼 크기 때문이다. 성직자들은 단지 예배 의식이나 집전하는 사람들이 아니라 정치와 경제 전반을 총괄하고 또 사회사업 시설들을 운영해야 했다. 정치인들은 정권을 잡고 유지하는데 치중하고, 경제인들은 이윤을 추구하기 위하여 수단과 방법을 가리지 않는다. 이를 막기 위하여 성직자들은 헌신과 봉사, 섬김의 자세로 공평하게 정치나 경제를 총괄해야 했으며, 이는 종교적인 사명이었다.

❷ 교육의 역할

거룩한 나라 건설은 윤리와 도덕 수준에서는 불가능하다. 이는 이미 지난 역사, 특히 현대에서 경험한 바와 같다. 종교적인 차원에서 어릴 때부터 신앙 교육을 통해 전국민에게 종교적 사명감을 심어주고 특별한 훈련을 시킬 때만 가능하다. 매주 하루인 안식일과 매년 한 주씩 진행되는 유월절과 초막절은 이런 특별 교육이자 훈련 기간이었다.

계약법의 희년만 보면 얼핏 현실성이 결여된 이상적인 법으로 보일 수 있다. 그러나 앞에서 설명한 바와 같이 그 전체적인 윤곽을 보면 지극히 현실적인 방안이며, 이런 구체적인 제도가 인류 역사 여명기에 만들어졌다는 것이 놀라울 뿐이다. 더 놀라운 것은 이런 놀라운 법이 왜 그동안 가려져서 중세기와 같은 기독교 왕국 시대에 적용되지 못했는가 하는 점이다. 이보다 더 놀라운 점은 현대에 이르러 신학이 비약적으로 발전했음에도 불구하고, 기독교 국가에서 성경에서 계약법을 발견하여 정치와 경제에 반영하고자 하는 시도가 전무했다는 점이다. 많이 늦었지만 이제라도 계약법으로 돌아가서 우리가 당면한 문제 해결을 위한 실마리와 통찰력을 얻어내야 한다.

❸ 조화와 균형

계약법의 정치제도와 경제 체제의 가장 두드러진 특징은 여러 측면에서의 조화와 균형이라고 할 수 있다.

- 종교와 정치가 서로 조화와 균형을 이루고 있다. 정치가 독단과 파행으로 가지 않도록 종교가 정치를 통제하며 총괄하도록 했다.
- 중앙집권과 지방분권이 균형과 조화를 이루고 있다. 종교로는 중앙집권을, 정치로는 지방분권을 이루고 종교가 지방분권을 조율하여 통일성을 유지하게 했다.
- 자유와 책임이 조화를 이루고 있다. 분배된 땅과 집도 한시적으로 매매를 허락하고 노예 제도를 인정했다. 안식년의 채무 면제와 노예 방면도 개인의 자유에 대하여 엄격하게 책임을 묻는 제도였다. 느슨하게 가난한 자들을 돕는 정책이 결코 아니다.
- 신앙과 교육이 조화를 이루게 했다. 계약법 교육을 통해 예배가 성전과 제사 중심의 의식으로 전락하지 않게하고, 교육을 예배 차원으로 승화시켜서 계약법의 정신과 가치를 심어줌으로써 거룩한 나라 실현을 사명으로 받아들이게 했다.
- 이상과 현실을 조화시켰다. 이상의 실현은 계약공동체 내에서 종교적인 사명감으로 무장될 때만 가능하다. 제도와 법, 윤리와 도

덕, 양심과 이성으로서는 불가능하다는 것이 지난 역사에서 확인되었다.

- 경제에서 사유(私有)와 공유(共有)를 조화시켰다. 안식년과 희년의 제도는 사유와 공유, 개인의 책임과 제도적인 보장, 자유와 간섭 등을 절묘하게 조합해 놓았다.
- 그 외에도 이기심과 이타심, 자율과 타율 등을 조화시키고 있다.

❹ 복음서와 누가복음

계약법의 이런 제도들이 "복음서에서는 왜 언급되지 않았는가?" 라는 의문이 들 수 있다. 예수님 당시에는 율법서와 예언서가 주요 경전이어서 유대인들은 누구나 다 잘 알고 있었다. 이런 이유로 예수님께서는 율법과 선지자들을 완성시키러 오셨다고 했다. 또 예수님께서 선언하시는 하나님 나라는 계약법의 거룩한 나라의 연장 선상에 서 있었으며, 예수님의 행보는 그 나라를 실현하기 위한 행보였다. 다시 말하면 복음서와 신약성경에 계약법의 제도와 체제가 구체적으로 언급되지 않은 이유는 율법서와 선지자들을 바탕으로 깔고 있어서 언급할 필요가 없었기 때문이다.

누가는 이방인들에게 계약법을 좀 더 명확히 하기 위하여 예수님께서 오신 목적을 희년의 성취라고 선언했으며, 희년 · 경제 구원론을 전개했다. 복음서의 주제가 하나님 나라라는 것은 누구나 인정한다. 이는 복음서가 지향하는 바가 구약의 거룩한 나라를 완성시킨다는 것을 기본과 전제로 한다는 뜻이다. 성경을 읽고 해석할 때에는 문자적인 의미가 일차적으로 중요하다. 그러나 행간의 의미, 전체적인 의미, 배경의 의미, 역사적인 흐름의 의미, 은폐 · 함축 · 암시된 의미가 배제되면 성경에서 본래 말하려는 의도를 찾아낼 수 없다. 성경 전반에 대하여 거시적, 통합적, 통시적, 통섭적인 접근이 필요하며 당면한 과제이다.

4. 계약법 적용의 역사

계약법에 들어있는 정치와 경제제도들은 오늘날의 제도와 비교해도 손색없거나 더 나은 부분들도 있다. 그런데 왜 이런 제도들이 별로 알려져 있지 않으며, 어떤 적용의 역사를 가지고 있을까?

【1】 적용 사례

역사에서 계약법이 적용된 사례를 살펴보면 다음과 같다.

❶ 가나안 이스라엘 공동체

구약성경의 이스라엘은 애굽에서 탈출하여 시내산에서 하나님과 계약을 체결하고 광야에서 40년 동안 교육과 훈련을 받은 후 가나안에 들어가 계약법 국가를 세웠다. 이 시기의 기록은 여호수아서와 사사기에 기록되어 있는데, 기록 시점이 BC 500년 경의 포로기이고, 사관이 독특하여 그 제도와 체제를 읽어내기가 쉽지 않다. 그러나 약 400여년 동안 지속된 사사시대에는, 신앙의 지도자였던 레위인들과 사사들에 의해 주변 약탈 국가들의 틈바구니에서 성공적으로 계약법 체제를 이끌어왔다.

BC 1000년경 제사장이자 사사였던 사무엘은 이스라엘의 계약법 체제를 주변 국가들에게로 확대하려고 사울왕을 세웠으나 사울의 역량이 따르지 못했고, 이어서 등장한 다윗과 솔로몬은 계약법 체제를 포기하고 이방 나라의 왕정을 선택함으로써 계약법 체제는 유명무실해지고 말았다. 이에 선지자들이 등장하여 계약법 체제로 돌아가야 한다고 주장했으나 받아들여지지 않고 있다가 계약이 피기되고 이스라엘은 이방 나라에 멸망당하여 포로로 끌려갔다. 그러나 포로지에서 선지자들의 도움으로 계약법으로 돌아와서 계약이 연장되어 귀환할 수 있었다.

귀환 이후에 계약법 체제로 출발했으나 알렉산더의 헬라화 정책에 대응하는 과정에서 계약법 정신을 상실하고 독특한 유대교 율법 체제로 전락하고 말았다. 이에 대하여 예수님께서 계약 파기를 경고했으나 받아들여지지 않았고, 그결과 AD 70년에 계약이 파기되어 로마제국에 멸망당함으로써 옛 계약공동체는 사라지고 말았다.

❷ 교회공동체

교회는 옛 계약공동체를 대신하는 새 계약공동체이다. 앞에서 살펴본 바와 같이 예루살렘에 세워진 최초의 교회는 계약 정신을 충실하게 실천에 옮겼고, 박해 기간 내내 이어졌다. 로마제국 차원의 박해를 받으면서도 교회가 사라지지 않았고 오히려 크게 성장하다가 마침내 로마제국의 국교가 될 수 있었던 것은 전적으로 계약법 정신의 실천 때문이었다.

AD 313년 이후 교회는 계약법의 체제와 제도를 국가 차원에서 실시할 수 있는 기회를 맞이했으나 당시 교회 지도자들은 이에 대해 아무런 이해와 관심이 없었고, 구속사적인 해석과 교리논쟁 등에만 전념하다가 기회를 잃고 회교에게 계약의 땅을 내주었으며, 교회는 정교회와 가톨릭으로 분열되고 말았다. 중세기에 이르러 외형으로는 기독교 국가였으나 교회는 봉건제도 속에서 정치권력 다툼을 했으며, 계약법과 상관없이 흘러가 버리고 말았다.

르네상스 시대를 맞아 종교개혁이 일어났으나 교회는 가톨릭 내에서 또 신교와 구교로 분리되었으며, 30년간 종교전쟁까지 치루었다. 이후 기독교 왕국은 사라지고 민족국가 시대가 되었고, 정교분리가 정착되어 교회는 정치와 경제에는 아무런 역할을 하지 못하고 말았다.

【2】 계약법이 주목받지 못한 이유

이스라엘과 교회의 역사에서 계약법의 적용 사례가 별로 없고 또 주목받지 못한 이유는 무엇일까?

❶ 지도자들의 무지와 무관심

계약공동체가 국가를 경영하던 이스라엘 역사와 교회 역사에서 계약법이 적용되지 못한 가장 큰 이유는 신앙지도자들의 무지였다. 계약법에 대하여 신앙적인 접근과 해석만을 시도할 뿐 국가를 경영할 제도와 체제의 법으로 해석하지 못하고 말았다. 구약의 왕정기에는 제사장들이 왕권과 결탁하는 바람에 계약법 정신이 왜곡되었고, 포로기 이후에는 유대교 율법으로 치우쳐서 딴 길로 가고 말았다.

교회 시대에는 밀란칙령 이후 소중한 기회를 맞았으나 계약법에 대한 이해 부족 때문에 구속사적인 해석으로 치우치고 말았다. 그 이후 지금까지 정치와 경제에 적용할 계약법 해석과 신학은 등장하지 않고 있다. 근래에 이르러 정치해방 신학과 세속화 신학이 진보적인 측면에서 등장했으나 계약법에 대한 재발견이 아니라 사회운동적인 접근이었을 뿐이다. 교회 내에서 계약법이 발견되지 않은 결과 계약법은 죽은 법이 되고 말았다.

❷ 계약법이 세간의 주목을 받지 못한 이유

성경은 고문서이고 독특한 방법으로 기록되어서 해석이 쉽지 않다. 문자대로만 해석하면 본래 성경이 말하려는 것과는 상관없을 뿐만 아니라 반대로 해석되기 십상이다. 따라서 성경 해석은 전문 신학자들의 몫일 수 밖에 없다. 그런데 앞에서도 지적한 바와 같이 교회의 지도자들과 신학자들 조차도 성경 해석에서 치명적인 오류를 빚고 말았다.

교회 내에서 성경 해석을 제대로 하지 못했는데, 일반인들이 성경을 바로 이해할 리가 없다. 일반 전문가들은 성경의 계약공동체를 고대 족장시대의 가부장적인 공동체 정도로 이해하고, 세속의 정치와 경제에 적용할만한 가치가 없다고 판단했다. 이들에게 그 이상의 것을 기대하는 것은 무리다. 신학자들이 제 역할을 하지 못했기 때문이다.

❸ 왜곡된 헤브라이즘

헬레니즘과 더불어 헤브라이즘이 서구 문명의 양대산맥을 이루고 있다. 헬레니즘은 정치와 철학 문화이며, 근대에이르러 고대 그리스·로마의 문명이 재발견되어 서구의 현대 사상과 정치, 경제제도 등에 영향을 주었다. 그러나 헤브라이즘은 정치나 경제와는 상관없는 종교문화로 전락하고 말았다. 그 이유는 교회 내에서 성경을 구속사적인 시각에서 신앙적으로만 해석할 뿐 계약법에서 정치와 경제의 체제와 제도로는 해석하지 않았기 때문이다.

이는 누구를 탓할 일이 아니다. 교회 스스로가 판 무덤일 뿐이다.

【3】 교회에 주어진 과제

앞에서 언급한 내용들을 종합하면 교회의 역할이 무엇인지는 저절로 드러난다.

- 구속사 일변도의 해석에서 벗어나 계약사로 성경과 역사를 해석해야 한다.
- 계약법을 재발견하여 현실의 정치와 경제에 적용할 수 있는 해석을 해야 한다.
- 교회가 계약공동체로 거듭나서 정치와 경제의 한 모형을 만들어 보여주어야 한다.

물음 106 세속의 정치와 경제 정책, 어떤 과정을 거쳐왔나?

인간의 삶은 사회와 국가를 중심으로 영위되며, 국가가 유지되기 위해서는 정치제도를 필요로 한다. 인류의 역사에 등장한 주요 정치제도와 경제 정책을 간략하게 살펴본 후 성경의 제도들과 비교 분석해보고자 한다.

1. 근대 이전의 정치제도

❶ 군주정(君主政)

고대로부터 내려온 정치제도이며, 군주 즉 왕이 절대왕권으로 국가를 다스리고 왕권은 세습된다. 근대에는 왕권의 지나친 독단을 제한하기 위해 입헌군주정이 등장하기도 했다.

❷ 귀족정(貴族政)

소수의 귀족들이 다스리는 정치제도이며, 일인 통치인 왕정의 독단과 다수에 의한 통치인 민주주의의 약점을 막기위한 제도이다.

❸ 민주정(民主政)

고대 그리스의 도시국가(polis)에서 등장했고[84], 민주주의(Dem-ocracy)[85]라는 용어가 처음으로 사용되었다. 도시국가였던 아테네

84) 현재 사용되고 있는 정치(politics)라는 용어는 police 에서 유래했다.

85) 민주주의(Democracy)라는 용어는 Demos(다수, 시민) + Kratia(지배, 통치)에서 유래했다.

에서는 전체 인구의 10% 정도인 20세 이상의 자유 시민들이 광장 아고라에 모여 민회를 열고 정치와 재판에 직접 관여했고 관리들은 추첨으로 뽑았다. 또 자유인들은 전쟁에도 직접 참여했기 때문에 직업 군인은 없었다.

노예 계층이 경제 활동을 맡아주었기 때문에 자유시민들은 시간적 여유가 있어 대화를 나누면서 여러 정치제도들을 검토하고 또 실험으로 옮기면서 발전시켜 나갔다. 그러나 여자, 노예, 외국인 등은 참여하지 못했다.

❹ 공화정(共和政)

공화정은 고대 로마의 도시국가(civitas)에서 발전시킨 제도인데, 상반된 두 정치 기구로 귀족 중심의 원로원과 평민 중심의 민회를 두었고, 지배자인 집정관을 선거로 선출하여 왕의 역할을 하게 했다. 로마의 공화정(res publica)의 특징은 상반된 정치 세력들을 포용하는 혼합 정치제도이다.

폴리스의 자유 시민만을 대상으로 하는 아테네의 폐쇄적인 민주정은 폴리스가 멸망하자 사라지고 말았다. 그러나 로마의 공화정은 귀족과 평민 등 이해 관계가 상반된 세력들을 포용했고, 식민지 주민에게도 시민권을 주었기 때문에 로마가 대제국으로 발전할 수 있었다.

공화정을 발전시킨 로마는 이탈리아 반도를 통일한 후 카르타고와의 패권 다툼(포에니전쟁, BC 264~146)에서 승리하여 지중해를 중심으로 하는 대제국을 건설했다. 그러나 너무나 많은 나라들을 식민지로 둔 결과 각 속주를 배경으로 힘을 키운 세력들 간에 다툼이 일어났다. 카이사르(Julius Caesar, BC 100~44)에 이르러 집정관이 종신제가 되면서 공화정 체제가 사라지고 황제가 다스리는 제정(帝政)으로 전락하고 말았다. 그러나 공화정의 정신만은 사라지지 않아서 로마제국은 오래도록 로마의 평화를 구가할 수 있었다.

정치에 대한 이론화 작업은 그리스의 폴리스에서 성립되었지만, 정치를 구체적이고 실천적인 제도로 발전시킨 것은 로마였다. 아테네의 민주정과 로마의 공화정은 르네상스 시대에 재발견되어 서양 정치사에서 중요한 역할을 했다.

❺ 봉건주의(封建主義)

강력한 중앙집권 체제였던 고대 로마제국이 사라지고 가톨릭 교회 때문에 통일성을 유지하던 중세 유럽이 당면한 과제는 약탈과 전쟁에 대한 방어 문제였다. 중앙 정부에서는 그 넓은 지역을 다 방어할 수 없었기 때문에 각 지역을 영주에게 봉토로 나눠주고 주종 관계를 맺는 봉건제도가 등장했다. 생명과 재산을 보호받을 길이 없는 백성들은 영주에게 의탁하면서 농노로 전락하고 말았다.

15세기에 이르러 등장한 르네상스 운동은 중세 유럽의 봉건사회를 배경으로 하고 있다.

2. 현대 민주주의

15세기에 이르러 유럽에서 인문주의가 등장한 이후 정치제도에는 일대 지각 변동이 일어났다. 인문주의자들은 중세 교회와 신앙의 권위, 왕권, 계급과 신분 등을 거부했으며, 자연법 사상을 기반으로 인간의 존엄성을 중요하게 여기며 자유와 평등을 강조했다. '자유주의'라는 용어가 등장한 것은 19세기이지만, 15세기 인문주의와 더불어 등장한 인간의 존엄성과 자유, 평등의 정신은 그후 근대 사회의 구성원리가 되었으며, 자유주의 사상은 근대 정치제도와 경제 정책을 떠받치는 기본적인 개념이 되었다.

르네상스 이후 정치제도는 다음과 같은 발전 과정을 거쳤다.

❶ 민주주의

정치제도에 대한 급격한 변화는 신지식인 계층인 '시민'의 등장과 더불어 시작되었다. 십자군 전쟁의 결과 이탈리아의 피렌체, 베네치아 등의 상업 도시를 중심으로 중인 계층을 중심으로 신지식인들이 배출되기 시작하면서 시민의식이 성장했다. 이들은 중세의 왕정과 봉건제도에 반발하면서 인간의 존엄성에 기초한 자유 평등을 정치에 접목시켰으며, 고대 그리스 · 로마의 민주정과 공화정을 재발견했다. 이로 인해 시민들이 정치에 직접 참여하는 민주주의가 싹을 틔우게 되었다.

한편으로는 신흥 지식인들의 요구를 왕정 세력가들이 거부하면서 시민혁명이 일어났는데, 주요 혁명은 다음과 같다.

• 미국의 독립혁명

영국의 식민지였던 미합중국이 1776년에 선언한 독립선언문은 서양 정치사에서 일대 혁명이었다. 그 이유는 이주민으로 구성된 미국에는 왕족이나 귀족이 없어 자연스럽게 독립선언문의 내용 그대로 최초의 공화국이 설립되었기 때문이다. 미국의 정치제도는 로마의 공화정을 모델로 했다. 집정관에 해당되는 임기제 대통령과 원로원에 해당되는 상원, 민회에 해당되는 하원을 두었다.

• 프랑스 혁명

유럽 대륙에서 대표적인 왕정을 유지하던 프랑스에서는 세금 문제로 성직자, 귀족, 평민으로 구성된 3부 회의를 소집하면서 1789년 혁명의 길로 들어섰다. 프랑스 혁명에는 루소의 사회계약 사상이 지대한 역할을 했다. 프랑스에서 왕정을 타파하고 공화정이 실시되자 이 혁명은 유럽의 다른 나라에 지대한 영향을 주었다.

현재의 민주주의는 미국 독립전쟁과 프랑스 혁명이 기폭제가 되어 유럽에서 등장한 후 전 세계로 확산되면서 점차 발전되었다. 그 특징은 첫째, 전 국민이 직접 선거를 통해 대표자나 지도자를 선출하는 대의정치(代議政治)와, 둘째, 권력 집중을 막기 위하여 행정부, 사법부, 입법부를 분리하는 삼권분립(三權分立)과, 셋째, 정치인들이 특정한 계층이나 정파를 중심으로 정당을 구성하여 정책을 내어놓는 정당정치(政黨政治) 등이다.

❷ 자유주의 vs 사회주의

자유주의는 18세기 서유럽의 계몽주의와 산업혁명을 계기로 사회의 주도세력으로 부상한 신흥 자본가계급의 요구가 연이은 시민혁명을 거치면서 일관된 사상체계로 집약된 것이다. 이 사상의 핵심은 사상과 표현, 집회, 결사, 그리고 무엇보다 경제활동에 있어서 정부권력의 간섭을 받지 않을 개인의 자유이다. 이러한 자유주의 사상은 19세기 유럽 자본주의 열강의 경제적 번영을 뒷받침한 기본이념이 되었다.

한편 초기 자본주의 경제의 극심한 사회 경제적 부작용은 자유주의에 대한 급진적 대안으로서의 사회주의 사상을 불러일으켰다. 사회주의는 귀족과 평민, 자본가와 노동자 사이의 힘의 우열을 타파하고 사회적 경제적으로 평등한 사회를 이루고자 하는 이념이다. 사회주의가 제시한 사회적 평등의 구현방법은 필연적으로 개인의 자유를 심각하게 침해할 수밖에 없기 때문에 사회주의와 자유주의의 대립은 불가피하다. 사실상 19세기 초 두 사상의 대결이 시작된 이래 오늘에 이르기까지 현대 정치사는 한마디로 이 두 사상의 대결과 융화의 과정이라고 할 수 있다.

19세기 중엽 마르크스의 「공산당 선언」과 「자본론」 출간 이후 사회주의 운동은 자본가계급의 타파를 목적으로 하는 공산주의 운동이 주도하게 되었다. 그리고 1917년 레닌의 러시아 혁명과 소비에트연방의 출현으로 현대사는 바야흐로 자유주의와 공산주의의 사생결단의 대결 국면으로 접어들게 되었다.

❸ 자유 민주주의 vs 인민 민주주의

미국과 서유럽의 시민혁명 이후 발전해온 오늘의 민주주의 정치제도는 공화정과 민주정, 자유주의의 원리를 조화롭게 결합시킨 자유민주주의이다. 그런데 1917년 러시아혁명으로 탄생한 공산주의 체제를 인민민주주의라고 부르면서 용어의 혼선이 빚어졌다. 인민민주주의는 이론적으로 공산혁명 전략의 일환이지만 현실적으로는 공산주의 국가를 지칭한다.

민주진영과 공산진영으로 나누어졌던 냉전 체제가 중화인민공화국의 개혁개방과 1991년 소련의 붕괴로 공산진영이 몰락함으로 말미암아 민주진영의 자유민주주의만 남게 되었다. 따라서 오늘날 민주주의라고 하면 자유민주주의를 뜻한다. 오랜 경험과 발전 과정을 거쳐 현재 마지막으로 도달한 자유민주주의 체제의 특징은 다음과 같다.

- 법치주의 : 헌법을 기초로 여러 법을 만들어 국가 운영.
- 직접 선거와 대의(代議) 정치 : 다수의 의견을 선거를 통해 수렴.
- 삼권분립 : 권력을 입법부, 행정부, 사법부에 분산 분리하여 서로 견제

❹ 자유 민주주의 vs 사회 민주주의

러시아혁명 이래 오랫동안 서유럽의 사회민주주의자들(socialist democrats)의 목표는 자본주의 체제의 전복과 계급없는 사회주의 체제의 수립이었다. 그러나 1959년 독일의 사민당이 마르크스주의자들과 결별하고 계급혁명을 포기하면서 서구사회 사회주의 운동의 주류는 자유민주주의 체제 안에서 사회적 경제적 평등의 이상을 실

현하려는 사회민주주의, 줄여서 '사민주의'(social democracy)로 넘어가게 되었다.

사회민주주의는 마르크스주의를 이론적 배경으로 하되, 폭력에 의한 혁명 및 프롤레타리아 독재를 거부하고, 정치적으로는 의회주의, 경제적으로는 노동조합을 통하여 민주주의적인 방식으로 자본주의 사회를 개선하여 계급 해방과 경제 평등을 실현하려는 정치제도이다. 정치적으로 사민주의는 정부의 더 많은 개입과 간섭을 선호한다.

사민주의의 이상과 전략은 고전적 사회주의와 많은 차이가 있다. 오늘의 사민주의는 사회적 연대와 공동체주의를 강조하고 대자본, 특히 금융자본에 대한 사회적 통제를 주장한다. 또한 보편적 복지, 노동민주주의, 언론과 문화를 통한 사회교육 등의 전략을 활용하며, 다른 한편으로 환경문제, 인종문제, 여성문제, 성차별문제 등 모든 사회적 이슈를 선점하며 '68혁명' 이후 포스트모던 탈권위주의 세력과 전략적 제휴를 한다.

3. 경제제도

의식주(衣食住)의 해결은 육체를 지닌 인간의 삶에서 기본이 되기 때문에 사회적으로 경제문제의 비중은 무엇보다 크고 중요하다. 또 정치와 경제는 상호 긴밀한 영향을 주고받는 뗄 수 없는 관계이지만, 분석의 편의를 위해 여기서는 현대의 경제 제도와 그 특징을 별도로 간략히 살피고자 한다.

❶ 경제학의 등장

고대로부터 현자들이 경제에 대하여 많은 관심을 기울였지만 경제학이 하나의 독립된 학문체계로 확립된 것은 스코틀랜드의 철학자 애덤 스미스가 「국부론」을 펴낸 1779년부터라고 할 수 있다. 스미스는 경제학을 정치와 종교의 지배에서 독립시켜 하나의 독자적 학문체계로 확립했다. 그 이전에는 경제학이 윤리학이나 정치학의 그늘에 있어야 했다.

근대경제학의 등장은 시대적인 변화와 관계가 있다. 역사가 시작된 이래 오랫동안 물자의 공급이 수요를 충족시키지 못했다. 따라서 일반 민중의 빈곤과 결핍은 자연스런 일상사였다. 그러나 유럽에서 산업혁명이 일어나면서 노동생산성이 급격히 향상되면서 사회의 평균적인 부와 소득이 증가하기 시작하였다. 그 뒤 19세기에 들어서서 전기, 철도 등 제2차 산업혁명이 일어나고, 대규모 자본이 투입된 공장에서 기계화와 분업을 통하여 대량생산이 가능해지면서 대량 소비시대가 도래하였다. 시장의 범위가 국민국가로부터 세계시장으로 확대되며 산업과 통상이 비약적으로 발전하기 시작했다. 이를 배경으로 부와 소득의 생산과 분배의 원리를 규명하려는 근대 경제학이 출현하고 발전한 것이다.

경제학의 목적은 인간의 숙명적인 빈곤과 기근을 극복하여 모든 사람이 경제적으로 잘살게 하는 데에 있다. 이는 이상을 현실에서 실현하려는 정치학의 목적과 깊은 연관이 있을 뿐만 아니라 정치학의 목적을 이루는 방법이라고 할 수 있다. 여기서는 아담 스미스 이후의 경제학의 흐름을 이미 잘 알려진 개념인 자본주의와 사회 · 공산주의 두 흐름으로 간략히 살펴 보고자 한다..

❷ 자본주의

자본주의는 르네상스 이후에 등장한 자유주의와 깊은 관련이 있다. 예전에는 경제가 국가와 정치에 예속되어있었다. 그러나 개인의 자유를 중요하게 여기면서 자유 사상이 경제 활동에도 접목되기 시작했다. 산업혁명과 시민혁명의 결과 선진문명국의 경제체제로 자리잡은 자본주의는 결국 자유주의 경제라고 할 수 있다. 자본주의 체제의 특징을 요약 정리해 보면 다음과 같다.

• 시장경제

자본주의는 자유로운 시장 활동이 경제 성장의 가장 효과적인 수단이라고 생각하여 시장을 중요하게 여긴다. 자유시장, 자유무역, 자유경쟁, 이윤추구, 규제완화 등 시장에서의 자유로운 경제 활동이 자본주의의 두드러진 특징이다. 국가와 법은 자유로운 경제 활동과 사유재산을 지켜주는 역할을 위해서 필요할 뿐이다.

• 사유재산

사유재산 제도는 개인의 노동 생산물에 대한 자연법적 권리로서 자유주의 이념의 기본요소이다. 자본주의는 사유재산권을 인정하며, 정당한 경제 활동을 통한 이윤추구를 보장한다. 자유로운 경쟁과 이윤추구는 경제 활동을 자극하는 중요한 활력소가 된다.

• 자본

자급자족 시대와 달리 신기술과 분업을 통하여 상품을 대량으로 생산하기 위해서는 대규모의 자본이 투입되어야 한다. 자본을 투자하면 생산 공장이 돌아가고 많은 노동자를 고용할 수 있다. 따라서 자본주의는 사유재산을 투자하는 자본가는 노동자를 착취하는 적이 아니라 일자리와 소득을 제공해주는 친구라고 본다. 또한 자본주의에서는 자본을 만들기 위한 절약과 저축, 근면과 성실은 물론이고 자기책임과 독립심이 중요한 윤리적 가치가 된다.

• 기업가

자본주의 산업 활동에서는 자본을 투한했다고 저절로 이윤이 얻어지지 않는다. 무한경쟁을 이겨내고 수시로 변화하는 상황에 적절하게 대처해야 한다. 따라서 자본주의에서는 기업의 사활이 최고 경영자의 판단과 경영 능력에 달려 있으므로 유능한 기업가의 비중이 대단히 클 수밖에 없다. 또한 새로운 기술 분야에 위험을 감수하고 투자하는 기업가 정신은 새로운 부가가치를 창출해냄으로서 자본주의 경제의 지속적 성장을 가능케 하기 때문에 매우 중요시된다.

- 자생적 질서

경제 활동에 자유가 보장되면 시장에서 수요와 공급, 가격 등이 자동으로 조절된다고 본다, 스미스는 이를 '보이지 않는 손' 의 작용으로 설명하고, 하이에크 같은 자유주의 경제학자는 시장의 이런 기능을 '자생적인 질서' 라고 부른다. 자본주의는 이러한 자생적 질서에 기초하고 있기 때문에 매우 효율적이며 지속가능한 경제 제도일 수 있다.

- 작은 정부

자본주의는 자유로운 경제 활동을 기본으로 하므로 정부의 규제와 간섭을 가능한 한 배제한다. 그러나 산업혁명 이후 자본주의의 주기적인 경제위기와 고질적인 노사갈등으로 정부의 개입이 점점 늘어나서 세계대공황 이후 수정자본주의라는 이름이 붙여질 정도로 정부의 규제와 정책적 개입이 일반화되었다. 이러한 '큰 정부' 경향은 1970년대 큰 에너지 위기를 겪으며 정부의 경제간섭을 최소화하는 '작은 정부' 로 선회하였으나 복지와 군비 등의 소요 때문에 정부예산의 규모는 계속 증가하되 다만 친기업, 친자본, 친시장적 자유주의 정책이 선진자본주의 국가의 주류를 이루고 있다.

- 성장 지향

자본주의 체제가 유지되기 위해서는 지속적인 경제 성장이 필수 조건이다. 신기술과 자본을 투입하여 끊임없이 새로운 상품을 만들어내고 또 경쟁력을 유지해야만 한다. 경제 성장을 위해서는 대량생산과 대량소비가 가장 중요한 관건이다. 어떤 요인으로 성장이 지체되거나 멈춰서 심각한 불황이 오면 해결이 쉽지 않아 파국을 피하기 어렵다. 특히 현대의 경제는 국제 무역과 분업에 대한 의존성이 크기 때문에 해결이 더 어렵다.

이상으로 자본주의 경제의 주요 특징을 간략하게 정리해보았다. 그러면 이러한 자본주의가 실제 역사 속에서 얼마나 잘 살아남았는지 검토해 보고자 한다.

• 자본주의의 역사적 검증

르네상스와 산업혁명 이후 경제 활동이 급격히 늘어나자 자연 발생적으로 자본주의가 등장하여 산업과 경제를 이끌었다. 18세기 계몽주의자들의 자연법 사상과 19세기 독일 철학자들은 자유주의 경제학에도 많은 영향을 끼쳤다. 이 당시의 계몽주의자들과 경제학자들은 이성과 양심, 교육, 과학기술 등으로 숙명적인 빈곤을 해결하고 인간이 지상에 천국을 실현할 수 있다는 장밋빛 환상을 가졌었다.

그러나 자본주의는 초기 단계에서 많은 부작용을 낳았는데, 도시 노동자들은 극빈과 열악한 주거환경에 놓여있었고, 10세 미만의 아동들도 노동 현장에 동원되었으며, 빈부격차와 사회 양극화가 심화되었다. 자본가들은 노동자들의 비참한 현실을 외면하고 새로운 투자기회를 찾아 끊임없이 이윤을 추구했다. 당시 기독교는 서구 자본주의 사회에서의 영향력에도 불구하고 사회개혁에는 소극적이었고, 세속적인 사회주의 세력에게 진보 운동의 주도권을 내주었다.

자본주의 체제는 1929년 발발한 세계대공황을 계기로 사회주의적 요소를 적극 수용하며 생존을 위한 자체 변혁을 시도한다. 장기간 지속된 대량실업과 경제침체를 극복하기 위한 극약처방으로 미국 사회는 정부의 강력한 경제 개입을 허용하게 된 것이다. 이를 뒷받침한 것이 케인즈의 총수요관리 거시경제학이다. 케인즈 경제학은 자본주의 시장경제의 치명적 결함을 인정하고 정부의 적극적인 경제 개입을 통해 이를 보완해나가야 한다고 보는 사상이다.

이후 제2차 세계대전 종전과 더불어 자본주의는 정부의 총수요관리정책으로 경제안정화에 성공하며 장기 호황을 누리게 된다. 그러다가 1970년대의 두 차례 큰 석유파동으로 경제위기를 겪으며 케인즈 경제학의 한계가 드러나고, 서유럽의 오래된 강성노조의 폐해가 극심하게 되자, 마침내 1980년대 초반 미국과 영국을 중심으로 자유주의적 대개혁이 시작된다. '신자유주의'라 불리는 친기업 친시장적 경제정책으로 자본주의 경제가 기사회생함과 동시에 사회·공산주의 국가는 오히려 경제 비효율성이 한계치에 다다라 결국 1989년 동서독 통일에 곧이어 공산주의 종주국 소련이 붕괴된다. 이로써 정치적으로는 자유민주주의 체제가, 경제적으로는 친기업 친시장적 자유 자본주의 경제체제가 역사의 검증을 거친 유일한 경제체제로 남게 된다.

이후 자본주의는 무역자유화와 금융세계화를 발판으로 성장과 발전을 거듭하지만, 거의 10년을 주기로 큰 경제위기를 겪는 취약점도 드러내고 있다.

❸ 사회·공산주의

산업혁명 초기 단계에서는 공장 지대로 이주한 노동자들의 환경이 상상을 초월할 만큼 열악했다. 자본주의의 이런 어두운 부분을 직시하고 그 한계를 지적하며 다른 시각으로 접근한 사람들이 있었다. 대표적인 사람이 계급투쟁을 통한 자본주의의 종말을 선언한 칼 마르크스(1818~1883)이다. 공산주의 이론의 창시자인 마르크스와 1917년 러시아 공산혁명에 성공한 레닌의 이름을 딴 마르크스 · 레닌주의는 이후 70년간 전 세계 사회주의자들의 교조가 되어 전성기에는 세계의 절반을 차지하는 위용을 보이기도 하였다. 오늘날 사회민주주의자들도 폭력혁명과 프롤레타리아 독재라는 방법론 이외에는 평등사회에 대한 이상과 자본에 대한 사회통제 등의 전략은 혁명적 사회주의와 공유한다. 이러한 광의의 사회주의 경제체제의 특징을 앞에서 열거한 자본주의의 특징을 염두에 두면서 열거해보고자 한다.

- **계획경제**

사회 · 공산주의에서는 자유시장 경제를 불신한다. 그 첫째 이유는 자본가와 노동자 사이의 관계가 불평등하기 때문이다. 생산수단을 쥔 자본가가 노동자를 지배하며 착취하는 구조적인 불평등을 지적한다. 이런 의견은 마르크스가 「공산당 선언」(1848)과 「자본론」(1867)을 쓸 당시의 사회적 환경을 반영하고 있다. 둘째로 자유시장 경제의 무정부성이 주기적인 경제 공황을 가져온다고 비판한다. 이를 해결하는 방안으로 오늘의 사회민주주의자들은 공산주의적 계획경제를 따르지는 않지만, 시장의 자율에만 의존하기 보다는 국가가 통제하고 명령하는 계획경제를 실행해야 한다고 주장한다.

- **공유재산**

마르크스 · 레닌주의자들과 같은 혁명적 사회주의자들은 사유재산제도가 공산주의의 이상을 위해 제일 먼저 폐지되어야 할 자본주의적 사회악의 근원이라는 신념을 가지고 있다. 그러나 오늘의 비혁명적 사회민주주의자들도 주요 부동산을 비롯한 생산시설의 국유화를 지지하며, 무상 교육과 무상치료, 무료급식 등의 정책을 선호한다. 따라서 자유경쟁, 이윤추구 등 기업의 자유로운 활동의 가치보다 공공이익, 재분배 등 공유와 공익원리가 더욱 중요하게 적용된다.

- 노동

마르크스의 노동가치설에 따르면 인간의 노동만이 가치를 생산하며 유일한 이윤의 원천이기 때문에 그 이윤을 자본가가 가져가는 것을 착취로 단정한다. 자본가계급은 지주계급과 마찬가지로 노동의 생산물을 부당하게 빼어가는 존재인 것이다. 오늘날의 사회민주주의자들도 기본적으로 생산 활동에서 노동의 기여를 가장 크게 본다. 따라서 기업이윤에 대해서도 전적인 자본의 소유권을 인정하지 않고, 자본과 노동 사이에 적정히 분배되어야 할 몫으로 간주하는 경향이 있다.

- 노동자

자유경쟁을 통하여 이윤을 추구하는 시장경제에서는 자본을 투자하는 자본가와 기업을 운영하는 기업가가 큰 비중을 차지한다. 그러나 사유재산이 인정되지 않고 경쟁이 원천적으로 봉쇄된 계획 · 명령경제 체제에서는 기업가는 설 자리가 없고 노동자가 가장 큰 비중을 차지할 뿐이다. 오늘의 사회민주주의도 많은 경우 산별노조 등을 통한 노동자의 자본가계급 통제를 주요 정책강령으로 채택하고 있다.

- 인위적 질서

자유로운 경제활동을 기초로 하는 시장경제에서는 자율적인 기능에 의하여 수요와 공급, 가격 등이 결정된다. 그러나 자유경쟁이 차단된 체제에서는 자율기능 또한 제거되고 인위적인 질서가 요구된다. 공산주의는 혁명을 통해 자본가계급을 숙청하고 노동자 중심의 새로운 계획경제 질서를 인위적으로 구축하려 한다. 오늘날의 사회민주주의도 자유시장의 자생적 질서를 불신하고 정부의 규제와 간섭에 의한 인위적 질서를 선호한다.

• 큰 정부

사회 · 공산주의 체제에서는 시장의 자율 기능을 정부가 대신해야 하므로 당연히 큰 정부가 필요해진다. 정부가 생산과 수요, 가격 등 경제활동 전반에 대하여 예상하고 결정하고 추진해야 한다. 그 결과 이를 운영하는 정부와 당은 절대권력을 가진 독재로 치달으며, 노동자 천국을 지향한 공산주의 치하에서 인민들은 당과 체제를 위한 소모품이 되는 모순에 빠지게 된다. 그러나 오늘의 비혁명적 사회주의도 국유화, 공기업, 정부의 규제와 간섭을 선호하기 때문에 큰 정부를 지향하는 경향이 있다.

• 분배 지향

자본주의에서는 기업이 큰 자본을 투입하여 이윤을 남기고 지속적인 성장을 통하여 근로자들에게 소득이 돌아가게 한다. 그러나 사회 · 공산주의에서는 이런 기업활동을 착취 행위로 보기 때문에, 생산시설을 국유화하고 분배를 통하여 불평등을 해소하고 공평한 사회를 만들려고 한다. 오늘의 사회민주주의는 시장경제를 적극 활용하며 성장과 분배의 선순환을 지향한다고 하지만, 결국 보편적 복지와 친 노동조합 정책 등 분배 중심의 경제정책으로 기울어진다.

이상으로 자본주의를 염두에 두면서 사회 · 공산주의의 특징을 간략히 살펴보았다. 그러면 이러한 사회 · 공산주의가 역사적 시험대를 얼마나 잘 통과하였는지 검토해 보고자 한다.

• 사회 · 공산주의의 역사적 검증

계몽주의와 자유주의 경제학의 장밋빛 환상의 그늘에서 자유 시장의 무한경쟁과 이윤추구는 빈부의 격차를 심화시켜 계급 간의 갈등과 대립을 불러일으키며, 자본주의는 결국 혁명으로 말미암아 종말을 고할 수밖에 없다는 사회 · 공산주의 사상이 등장했다. 잘못된 분배가 빈곤의 원인이라는 주장과 빈부의 격차를 해결하기 위하여 토지와 기간산업을 공유화하여 재분배를 실시하고, 공평한 사회를 만들자는 이들의 정책은 절대다수를 차지하던 가난한 사람들과 뜻있는 지성인들을 매료시키기에 충분했다. 제정 러시아에서 볼셰비키 혁명이 성공하자 그 여파는 파죽지세로 동유럽과 아시아 등으로 퍼져나갔다.

1929년의 대공황 이후에는 케인즈의 영향으로 간섭주의(inter-ventionism) 경제학자들의 주장이 전세계를 휩쓸었다. 이들은 경제를 시장의 자율에 맡길 것이 아니라 반독점법, 공정거래법 등 각종 법률을 만들어 정부가 시장에 적극 개입하고 정부의 지출을 늘려 복지와 사회사업을 확대해야 한다고 주장했다. 이들의 간섭주의 경제학은 1970년대 심각한 에너지 경제위기를 맞아 효과적인 해결책을 제시하지 못하고 결국 자유주의 경제학에게 경제정책의 주도권을 내준다.

한편 공산주의 종주국 소련은 경제의 비효율성을 극복하지 못하고 마침내 1991년 소비에트 연방을 해체한 후 공산주의를 버리고 자본주의로 전격적인 체제전환을 시도한다. 이후 10년의 혼란과 조정의 시기를 거쳐 자본주의 러시아로 거듭나 지금에 이르고 있다. 또한 중화인민공화국은 일찌감치 등소평의 혜안으로 모택동주의를 청산하고 공산당 일당독재와 자본주의 시장경제 시스템을 혼합한 중국식 사회주의를 제창하며 자본주의의 길로 들어선다. 이후 세계무역기구에 가입하며 미국을 비롯한 세계시장과 통상을 확대한다. 그리고 대한민국의 뒤를 이어 수출주도형 경제발전 전략으로 30여년의 지속적 고도성장을 통해 미국에 이어 GDP 순위 세계 2위의 경제강국이 되었다. 지금은 미국과 세계경제의 패권을 다투며 고군분투하는 중이다.

이와 같이 공산주의 체제는 역사의 뒤안길로 사라졌지만, 사회주의적 이상을 실현하려는 사회민주주의자들은 세계 여러 개발도상국가는 물론 선진 자본주의 국가에서도 여전히 큰 세력으로 활약하고 있다.

❹ 두 체제의 장단점

산업혁명과 시민혁명 이후 근대사회의 정치와 경제 분야에서 지속적으로 대립했던 자유주의와 사회주의의 경쟁은 이제 자유주의의 승리로 막을 내렸다. 특히 지난 1917년 러시아 혁명 이후 1991년 소련 붕괴까지 70여 년간은 전세계 절반의 국가를 포섭할 정도로 성공적인 작동을 보여주었던 공산주의 정치경제 시스템과 자유 자본주의 시스템의 본격적인 체제실험의 무대였다. 이제 역사를 뒤로 반추하며 자본주의와 사회주의 두 경제체제의 장단점을 지적해보고자 한다.

• 자본주의 경제체제

이 체제의 가장 큰 장점은 현실을 직시하고 인간의 이기심과 개인의 자유를 존중하고 격려하는 데에 있다. 사유재산을 인정하고 자유경쟁을 통한 이윤을 추구하기 때문에 생산성의 극대화가 가능해진다. 경제에서 자본주의가 공산주의를 이겨낸 힘의 원동력은 여기에 있다. 개인의 재산과 자본을 축적하기 위해서는 근검 절약하며, 정직하고 성실하지 않으면 안된다. 이와 같은 개인윤리를 자발적으로 훈련하게 만드는 시장의 자율기능이 자유 자본주의의 효율성을 담보하는 핵심적 요소다.

반면에 무한경쟁에서 도태되는 사람들과 빈부의 격차, 물질 우선주의 풍조, 이로 말미암은 인간성의 상실 등은 자본주의의 대표적인 문제점들이다. 또한 끊임없는 대량생산과 대량소비로 성장 경제를 지향하기 때문에 자연환경과 생태계가 파괴되어 오늘날은 지구촌 생명체의 대멸종 위기에 봉착해 있다. 이러한 단점은 자본주의 체제의 역사발전과정을 통해 지속적으로 개선 보완되어 왔지만, 여전히 인간의 탐욕적 본성을 제어할 효과적인 수단을 자체적으로 확보하지 못하고 있다.

• 사회주의 경제체제

극단적인 혁명을 통해서라도 계급과 인권, 빈곤의 문제를 해결하려는 공산주의의 가장 큰 매력은 경제의 분배와 공평에 있다. 이런 매력 때문에 단시간에 공산주의 세력이 크게 확산될 수 있었다.

그러나 공산주의는 결국 몰락하고 말았다. 그 이유는 계획경제의 태생적 한계 때문이다. 아무리 유능한 사람이 정책을 세우고 추진한다고 해도 정부가 모든 문제를 미리 예상하고 계획을 세운다는 것은 불가능하다. 또한 사유재산과 자유경쟁을 배제하는 것은 인간의 본성과 맞지 않아 경쟁력과 생산성을 확보할 방법이 없다. 역사의 경험을 통해서 계획경제는 인간의 현실과 맞지 않음이 확인되었다.

사회민주주의는 민주주의적 방법으로 권력을 장악한 뒤 국민의 지지를 통해 보편적 복지, 사회적 연대, 자본에 대한 사회적 통제 등 사회주의 이상을 실현하려고 한다. 그러나 이러한 목적을 조속히 이루기 위한 정부의 시장개입과 간섭은 불가피하게 개인의 자유를 침해하고 억압하여 개인의 창의성와 모험적 기업가 정신을 위축시킬 수밖에 없는 단점이 있다.

❺ 대안 모색

대안 모색의 첫 작업은 역사적인 경험을 염두에 두고, 거시적인 안목으로 큰 그림을 그려야 방향설정에서 오류를 피할 수 있다. 지난 현대 500년은 자유주의와 사회주의의, 그리고 그 마지막 100년간은 민주주의와 공산주의의 각축장이자 실험 무대였다. 그 결과 사회·공산주의는 현실성이 결여되어 탈락하고 말았다. 그러나 민주주의 자체 내에도 많은 변화가 일어나서 오늘날의 자유민주주의라는 혼합 정체(政體)가 마지막 승자가 되었다.

경제 분야에서도 마찬가지이다. 정부의 개입과 간섭을 앞세운 사회·공산주의 경제체제는 자유시장을 앞세운 자본주의에 무릎을 꿇었다. 그러나 그 과정에서 자본주의 내에도 많은 변화가 일어났다. 간섭주의의 장점으로 자유 자본주의의 약점을 보완하는 혼합경제가 큰 방향이며, 이미 경제정책에 많이 반영되고 있다.

그런데 이런 대안은 두 체제의 틀 속에서 찾아낸 것이다. 하지만 두 체제의 장점만 모은다고 해서 현대 이후를 이끌어갈 어떤 대안이 모색되기는 어렵다. 좀 더 넓은 눈으로, 그리고 전혀 새로운 측면에서 볼 필요가 있다. 무엇이 그것을 가능하게 할까? 앞에서 다룬 성경에서 제시하는 정치제도와 경제체제를 통해 조명해 본다면 많은 통찰력을 얻을 수 있다. 다음 물음에서는 간략하게 이를 시도해 보고자 한다.

물음 107 당면한 위기, 어떻게 해결해야 하나?

이 글을 쓰는 지금 코로나19로 말미암아 온 세계가 마비된 채 공포에 떨고 있다. 코로나 사태는 치료제나 백신 등으로 곧 해결될 문제라기보다는, 더 심각한 대멸종의 서곡에 불과하다는 생각 때문에 두려움을 떨쳐 버릴 수가 없다. 또 코로나 사태는 경제 전반을 마비시키고 있기 때문에 경제에도 심각한 악영향을 주고 있다. 코로나와 경제문제 이외에도 현재 우리가 당면한 심각한 문제들이 많이 있다.

이를 어떻게 헤쳐나가야 할까?

앞의 〈물음105〉와 〈물음106〉에서 다룬 것을 도표로 만들어 그 전체 윤곽을 더듬으면서 우리가 당면한 문제에 대한 대안을 모색해 보고자 한다. 먼저 계약법과 근현대의 정치제도를 비교해보면 다음과 같다.

계약법과 근 · 현대 정치제도 비교

계 약 법	주제	세 속 정 치
〈계약의 역사〉 **옛계약** •출애굽 : 옛계약 체결(BC1500) •가나안/사사기(BC1500~1000) •계약위반:왕정/분열/멸망/포로기 (BC1000~586) •계약연장 : 귀환 이후 (BC586~AD70) •계약파기(AD70년) **새계약** •예수님/사도 · 새계약체결(AD30) •훈련/준비:박해시대(AD60~313) •계약의 땅 입주 : 밀란칙령(AD313년) •계약위반 : 중세기(AD313~1517) •현대 기독교(AD1517~)	**배경** **역사**	**〈전쟁, 혁명의 역사〉** **고대** •그리스 민주정 (BC5세기) •로마 공화정치(BC509~27) •중세왕정/봉건기(AD5세기~16세기) **근현대** •문예부흥/시민혁명(AD15세기~) 종교개혁(1517) •민주/자본주의 미국독립선언(1776) 프랑스혁명(1789) •사회 · 공산주의 공산당선언(1848) 레닌혁명(1917) · 소비에트공화국 공산주의 해체(1991) •자유민주주의
옛 계약 : BC 1500년경 새 계약 : AD 30년	**등장 시기**	고대정치 : ~ BC 500년경 근현대 : AD 15세기 이후

종교 총괄/정치 자치	**종교 정치**	종교와 정치 분리
거룩한 나라/ 하나님 나라 실현	**목표**	이상사회 실현
하나님과 인간의 계약/신앙교육/훈련	**방법**	인간/이성/양심/도덕/교육/과학기술
신앙체제 : 계약공동체	**체제**	정치체제 : 국가조직
성경 : 계약법/교리	**법**	헌법 : 기타 각종 법
권력분산 : 제사장/지파장/국민 국민교육 : 계약법/가치관 교육	**견제 장치**	삼권분립 : 입법부, 행정부, 사법부 언론 : 출판, 집회, 언론의 자유
헌금	**재정**	세금
한시적인 지원병 제도	**안보**	직업군인, 정규군, 방어시설, 무기
신앙심, 사명감	**기타**	애국심, 시민의식
국민 우선 조화/균형 : 종교/정치, 국가/세계 통제/감시 : 종교/교육의 역할 평생 교육 : 인재양성 매주 예배/교육, 사명감 고취, 가치관 정립 국가유지비, 세금 최소	**장점**	국익우선 직접정치 : 선거권, 피선거권 다수결을 통한 의견수렴
성직과 정치의 결탁, 경쟁 교육중심의 성직 수행 : 계약법의 이해와 실천 안보와 국방 취약	**단점**	종교역할 부재 정치통제기능 상실 다수결의 이익집단화 언론 통제, 조작 모범적인 정치지도자 등장 시민의식 확보 : 도덕과 양심에 의존 민족주의, 국수주의 국가 유지비, 세금 과다

〈 표2 계약법과 근 · 현대 정치제도 비교 〉

다음으로 계약법과 근·현대의 경제제도를 도표로 비교해보면 다음과 같다.

계약법과 현대 경제제도 비교

구분 / 주제	계 약 법	세 속	
		자본주의	공산주의
토 지	농지 분배/사유재산	사유	국가소유
재산권	이윤추구/사유재산	이윤추구/사유재산	공익추구/공유재산
경제운영	시장경제	시장경제/자율	간섭경제/타율
운영주체	성직자, 국민	자본가, 기업가	국가, 노동자
종교역할	성직자의 역할 중요	무관	무관
정부역할	장로/계약법 경제	작은정부/자율경제	큰 정부/계획경제
경제목적	거룩한(하나님) 나라	이윤추구/사유재산	공익추구/재분배
교 육	신앙교육	일반교육	이념교육
적용결과	초기 이스라엘/사장	생존 : 독주	실패/소멸
장 점	조화와 균형 종교/정치, 사유/공유 자유/간섭, 자율/타율 이기심과 이타심 종교교육의 역할 이상적 경제인 배출 이상적 국민 양성	이기심 인정 : 이윤추구, 사유인정 자율성 강조 : 자유시장, 자유경쟁 기업가 중시 생산성 극대화 변화 대응능력	분배추구, 공익우선 소득균등, 노동자중시
단 점	이상적인 종교지도자 배출 이상적인 교육 실천	종교역할 부재 소득/빈부격차 성장 지향 소비 조장 환경 파괴 주기적 불황, 실업	종교역할 부재 인간의 이기심 간과 큰정부, 권력비대 시장 간섭, 생산성 저하, 자율성 상실, 대응력 약화

〈 표3 계약법과 현대 경제제도 비교 〉

인권 보장과 식량 확보의 문제는 인류 역사에서 영원한 과제이자 숙명적인 난제였다. 그런데 현대에 이르러 수백 년이라는 비교적 짧은 시간 내에 해결의 실마리를 찾아냈고 또 많은 부분에서 해결해 놓았다. 현대의 정치와 경제 분야에서 이룬 이런 업적은 아무리 높이 평가해도 지나치지 않을 것이다. 그러나 산이 높으면 골이 깊듯이 현대 문명이 이룬 업적이 큰 만큼 그 부작용도 커서 오늘 우리는 인류 역사 이래로 최대의 위기를 맞고 있지만 뚜렷한 대책이 없다.

1. 당면 과제

먼저 우리가 당면한 심각한 문제들을 열거한 후 그 해결책을 제시하고자 한다.

❶ 기아와 빈부 격차

현재 지구인구의 1/3은 기아선상에 놓여있고 1/3은 가난에 시달리고 있으며, 선진국 내에서도 빈부격차의 문제는 해결하기 어려운 난제가 되어있다. 그럼에도 불구하고 뚜렷한 해결책을 찾지 못하고 있다.

❷ 생태계 파괴

코로나19의 문제는 단순히 한 바이러스의 문제가 아니라 생태계가 파괴된 결과이며, 이러한 사태가 예고된 지 이미 오래다. 생태계 파괴의 근본 원인은 대량생산, 대량소비에 있다. 그 결과 지구의 대기는 온난화되었고 육지와 바다, 공기는 쓰레기와 오염물질로 뒤덮히고 말았다. 지구 온난화로 극지방의 빙하들이 급속히 사라지고 있다. 대멸종, 더 나아가 인류의 멸종을 전문가들은 이미 오래전부터 예고했었다. 그런데 이제 코로나19로 말미암아 그것을 피부로 느끼고 있다. 치료제와 백신에 매달리고 있지만 이는 근본적인 해결책이 아니고, 환경오염을 막을 근본 대책이 시급하지만 해결책은 요원하다. 이를 어찌해야 하나?

❸ 과학 기술 남용과 오용

과학기술의 남용의 첫 번째 예는 내구성 짧은 신제품의 지속적 생산과 플라스틱 등 재활용이 어려운 소재의 지속적 사용 등이 현대 자본주의 체제의 동기유발과 맞물려 환경오염과 생태계 파괴를 초래하고 있다는 것이다. 두 번째는 첨단 과학기술을 대량살상 무기에 적용한 무한군비 경쟁이다. 이에는 천문학적인 비용이 들어갈 뿐만 아니라 온 인류를 살상하고도 남을 온갖 무기들을 이미 산적해 놓았지만 신무기 개발경쟁은 아직 끝을 모르고 있다. 세 번째는 생명과학 분야에서 유전자 조작과 인조인간의 등장이다. 현대 과학은 넘지 말아야 할 선을 이미 넘고 있다.

누구나 다 알고 있을 뿐만 아니라 피부로 느끼는 이런 문제들, 어떻게 해결해야 하나? 유엔이라는 국제기구가 있지만 세계 여러나라의 첨예한 이해관계가 걸린 이런 문제에는 사실상 속수무책인 것 같다. 이런 문제의 해결은 정치인들과 경제인들과 과학자들의 손에 달려있다. 그런데 이를 해결할 의지와 능력을 겸비한 지도자들과 또한 이들을 지지하며 도와줄 의식 있는 시민들을 어디에서 누가 키워낼 수 있을까? 정치권일까? 기업인들일까? 아니면 학교 교육일까? 시민단체일까?

2. 종교의 역할

종교 이외에는 답이 없다. 종교가 그 역할을 해야 한다. 그런데 우리 주변에 온갖 종교가 널려있었지만 이런 문제에 대하여 아무런 역할도 못하고 말았다. 이런 일들을 해결할만한 종교가 없었다. 현실의 문제와는 상관없는 죽은 종교들만 있었다. 현대의 인문주의는 중세 기독교에 대한 반발과 더불어 시작되었다. 중세 기독교가 현실과는 반대의 길을 갔기 때문이다. 그 여파로 현대에 이르러 정치와 종교는 완전히 분리되고 말았다. 하나님을 배제한 인간이, 이성과 양심과 교육과 과학의 힘으로 지상천국을 시도했지만 결국은 대멸종에 이르기 직전에 와 있다. 인간과 하나님이, 정치와 종교가, 경제와 신앙이 이제 다시 만나야 한다. 그런데 어떻게 해야 만날 수 있을까?

❶ 종교가 먼저 거듭나야 한다.

기존의 종교 그대로는 만날 수가 없다. 종교는 진작에 짠맛을 잃은 소금이 되어 아무짝에도 쓸모가 없어졌기 때문이다. 코로나19로 말미암아 전세계에서 모든 종교의 예배가 중단되는 초유의 사태가 일어났다. 이는 결코 우연이 아니다. 종교의 현주소를 말해주고 있다. 기존의 종교들은 존재할 가치가 없다는 뜻이다. 종교는 사회의 마지막 보루이다. 종교가 제 역할을 못하면 그 사회는 끝장이 나게 되어있다. 오늘 우리가 이를 직접 경험하고 있다.

기존의 종교가 이런 문제에 아무런 역할을 하지 못하는 이유는 무엇일까?

첫째, 구속사 신앙 때문이다. 기독교의 구속사 구원론에서는 영혼구원이 지상명령(至上命令)이었고, 천국은 죽은 다음에 영혼이 가는 세상이라고 가르쳤다.

둘째, 타계적인 신앙 때문이다. 이 세상을 종국에 파멸될 대상으로 보고 이 세상에 대한 관심과 애착을 버리고 내세의 천국에 치중하게 했다. 그 결과 뜻이 하늘에서 이루어진 것처럼 땅에서도 임하게 하는 신앙은 설 자리가 없었다. 세상을 등지거나 초월하려고 했다.

셋째, 예배와 의식(儀式)에 치우쳤기 때문이다. 교회가 해야 할 가장 중요한 일은 영혼을 구원하는 선교였으며, 예배의식과 찬양으로 하나님께 영광을 돌리게 했다. 그 결과 교회 생활 이외에는 일반

인과 별로 차이나지 않는 삶을 살았다.

이제 우리는 이런 왜곡된 신앙에서 벗어나 바른 신앙으로 거듭나야 한다.

❷ 종교가 제 역할을 해야 한다.

종교가 거듭나서 무엇을 해야 하는가? 종교가 해야 할 역할이 무엇이며, 무엇이어야 하는가?

첫째, 총괄자, 견인자자 역할을 해야 한다.

정치를, 경제를, 과학 기술을, 국제 질서를 무엇이 마지막으로 총괄하고 견인해야 하는가? 종교가 해야 한다. '종교'(宗敎)는 글자 그대로 가장 큰 가르침이기 때문이다. 종교는 그 어떤 이해관계에서도 벗어날 수 있기 때문이다. 종교에는 현세는 물론 내세까지 즉 인간의 삶 전반이 다 포함되어 있기 때문이다. 종교가 그 역할을 해야 한다. 종교 이외에는 이런 일을 할 수 있는 기관은 없다.

과학의 남용과 오용을 무엇이 막을 수 있는가? 유전자 조작과 무한 군비 경쟁을 무엇이 통제할 수 있는가? 인류의 태반이 굶주리는 문제를 어떻게 해결할 수 있는가? 세상의 어떤 기관이 정치인을, 경제인을, 과학자들을, 시민들을 경고하고 책망하며 타이를 수 있겠는가? 종교 이외에는, 설교 이외에는 없다. 종교가 이 역할을 해야 한다.

둘째, 방향과 대안을 제시해야 한다.

생태계 파괴의 주범인 대량생산과 대량소비를 막아야 한다. 이제는 적정한 생산, 적정한 소비여야 하며, 재활용이어야 한다. 이렇게 전환하지 않으면 대멸종을 막을 길이 없다. 그런데 현대 자본주의 경제는 대량생산, 대량소비, 환경파괴를 바탕으로 하고 있다. 코로나19는 기존의 경제체제를 마비시키고 있다. 이 역시 우연이 아니다. 코로나 19는 우리에게 경제 운영과 삶의 방식에서 근본적인 변화를 요구하고 있다. 파국을 맞지 않으려면 이런 요구에 능동적으로 대처해야 한다. 그런데 이런 방향 제시를 누가 해야 할까? 이 역시 종교 이외에는 없다.

그렇다면 종교가 방향을 제시한다는 것은 무엇인가? 그것은 체제 대안을 제시해야 한다는 것을 뜻한다. 인간이 자연과 더불어 살아갈 수 있는, 다시 말해서 천연물을 알뜰하게 사용하고 보호하도록 하는 체제 대안, 난개발과 막개발과 같은 환경파괴가 불필요한 체제, 토지가 돈벌이 수단이 아니라 사용의 대상이 되도록 하는 대안, 누구나 자신이 가진 재능을 계발하고 발휘할 수 있는 사회, 금융이 사람과 경제에 생기와 활력을 불어넣도록 하는 대안을 제시해야 한다. 물론 체제 대안을 구성하는 논리와 언어는 비종교인들도 충분히 이해할 수 있는 것이라야 한다.

셋째, 실천 운동을 전개해야 한다.

종교가 해야 할 일은 경고와 책망, 방향 제시와 더불어 먼저 앞장서서 실천 운동을 벌여야 한다. 백 마디 말 보다 보여주는 작은 실천이 더 큰 역할을 한다. 특히 굶주림의 문제, 생태계 회복의 문제에 대해서는 종교가 실천 운동에 앞장서야 한다. 물론 이러한 실천 운동은 제시한 대안이 충분히 실현 가능하다는 것을 보여주는 것이라야 한다.

❸ 인재양성

이 모든 일들은 누가하는가? 사람이 한다. 어떤 사람을 어떻게 키워내는가가 중요하다. 무지는 죄악, 교육은 제2의 천성, 인사가 만사(人事萬事) 등의 말들은 다 이와 관련된다. 현대에는 국민교육으로 말미암아 대부분이 고학력자이다. 그러나 학교교육과 윤리 · 도덕교육이 인간교육, 인격교육으로 이어지기는 쉽지 않다. 이런 교육의 한계를 종교가 보완해야 한다.

종교가 본연의 역할을 다하기 위해서는 무엇보다도 훌륭한 종교지도자를 배출해야 한다. 앞에서 열거한 종교의 기능은 결국 종교지도자의 역할이다. 훌륭한 종교지도자가 훌륭한 교인들을 길러내어 사회 각 분야에서 제 역할을 하게 해야 한다.

정치의 목적은 이상을 현실에서 실현하는 것이다. 그러나 현대 정당정치는 권력 집착으로 흐르기 쉽다. 정치인으로 하여금 정치 본연의 길을 가게 하는 역할은 종교가 해야 한다. 그런 인재 양성은 종교가 할 수 밖에 없다.

경제학의 목적은 세상 모든 사람들을 경제적으로 잘 살게 하는 것이다. 그러나 기업과 기업가들은 이윤 추구에 머물기 쉽다. 무엇이 이들로 하여금 본연의 자세로 돌아가게 할 수 있을까? 종교 이외에는 있을 수 없다. 종교가 그런 기업인을 키워내야 한다.

이기심은 인간의 본성이기 때문에 인간은 누구나 이기심의 노예가 되기 쉽다. 무엇이 이런 이기심을 극복하고 모두가 행복해지는 세상을 꿈구게 하며, 그런 세상 만드는 것을 사명감으로 무장시킬 수 있겠는가? 종교가 그 역할을 해야 한다.

이런 이유로 인간 사회에서 종교 역할의 중요성은 아무리 강조해도 지나치지 않다. 그런데 어느 종교가 어떻게 거듭나서 이런 역할을 해낼 수 있을까?

3. 누가복음

앞에서 살펴본 바와 같이 성경의 계약법이 현대적인 요청에 부합한다. 구약과 신약성경은 두 계약법이었지만 그 계약법은 계약공동체였던 유대교와 기독교에서 외면당하는 모순이 빚어지고 말았다.

유대교는 의인(義人) 신앙에 기울어졌기 때문이었다. 복음서에는 다시 발견한 옛계약법과 새로 체결한 계약법이 들어있다. 그러나 교회는 구속사에 치우친 나머지 계약법과 계약사에 대해서는 전혀 관심이 없었다. 이제 우리의 과제는 이 계약법을 재발견하여 기독교는 계약법 신앙으로 거듭나야 한다.

복음서는 각기 독특한 시각으로 구약의 계약법을 다시 해석하고 있는데, 누가복음은 경제에 초점을 맞추어 놓았다. 누가복음에 의하면 계약법의 희년 경제는 기독교인이 실천해야 할 어떤 항목 중의 하나가 아니다. 계약법은 복음의 핵심이며, 계약법 실천이 곧 구원의 길이다. 누가복음의 이런 희년 · 경제 구원론은 오늘 우리가 당면한 경제적인 양극화와 대량생산 · 대량소비 경제 정책으로 말미암은 생태계 파괴 등에 대하여 새로운 관점을 제공해 준다. 그 관점에서 얻은 통찰력은 오늘 우리의 위기를 기회로 만들어갈 대안을 줄 수 있다고 생각 된다.

누가복음,
오늘 우리가 다시 만나야 한다.
오늘 우리가 여기에서 갈 길을 찾아야 한다.

〈 부 록 - 악보 〉

주님의 성령이 내게 임했네

보통빠르기로

길동무 작사
김준수 작곡

광야에서

민요풍으로 ♩. = 60

김동수 작사
김준수 작곡

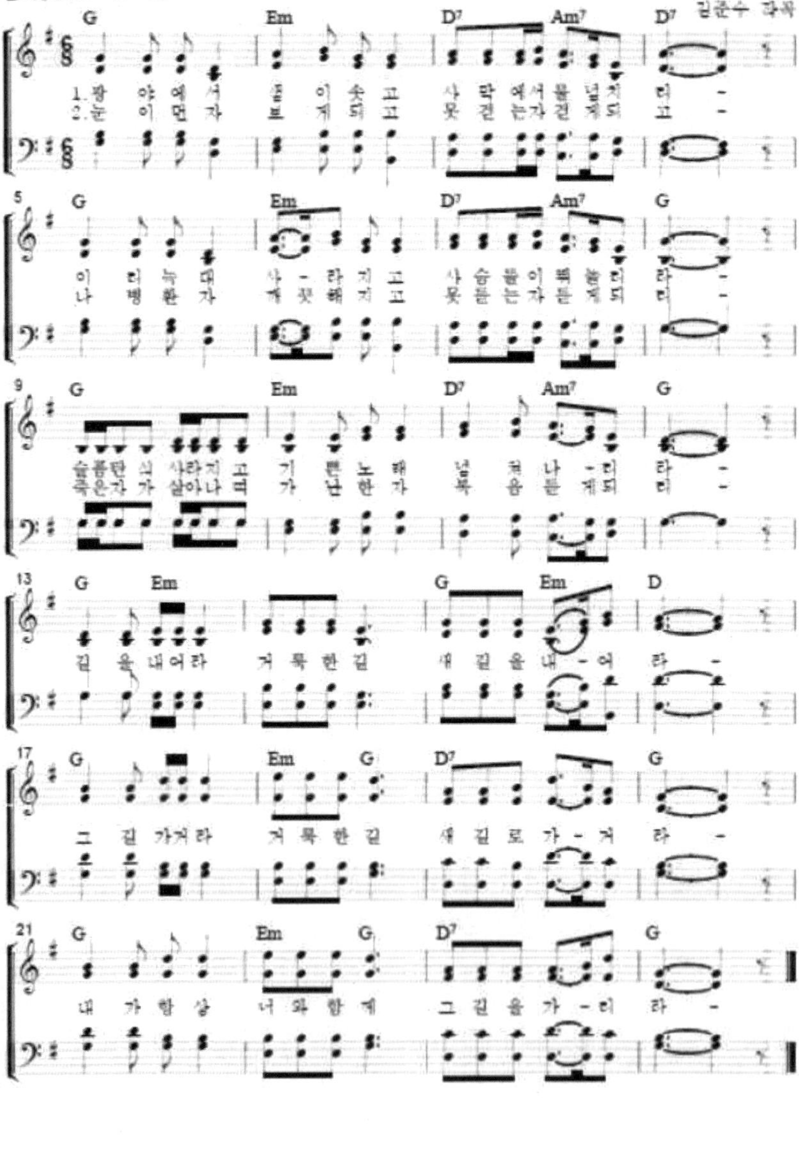

바다야 잔잔하라

민요풍으로

길동부 작사
김준수 작곡

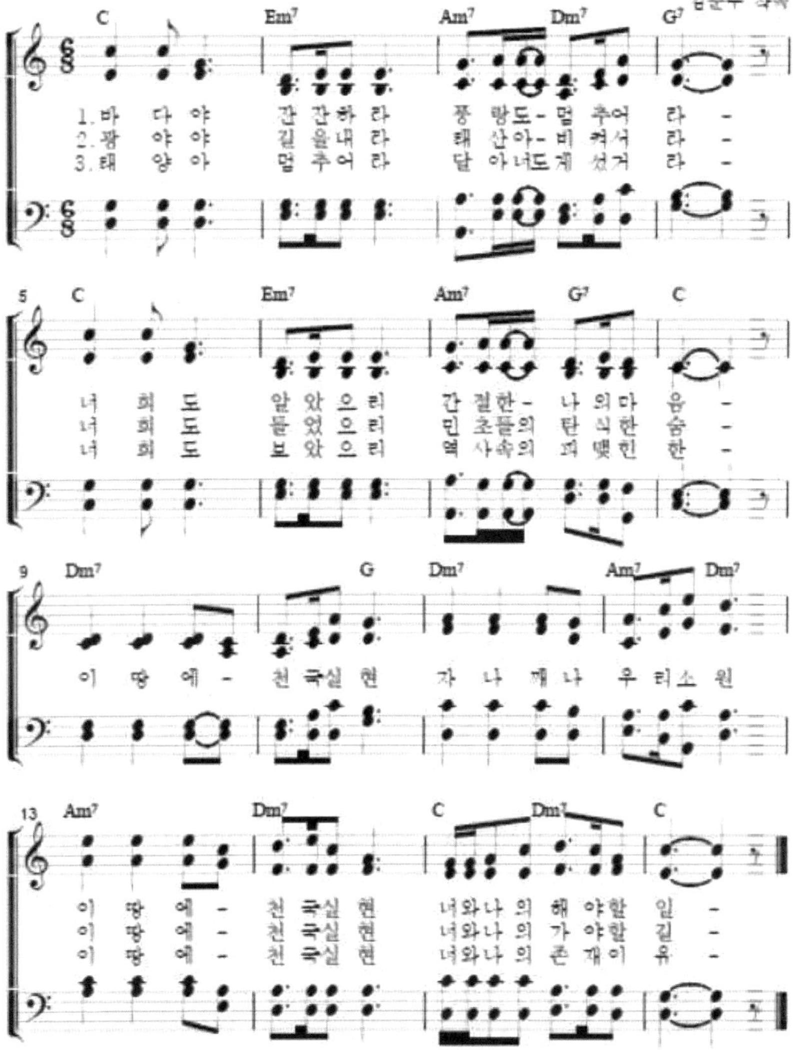

구약은 옛 계약

♩. = 56

김동무 작사
김준수 작곡

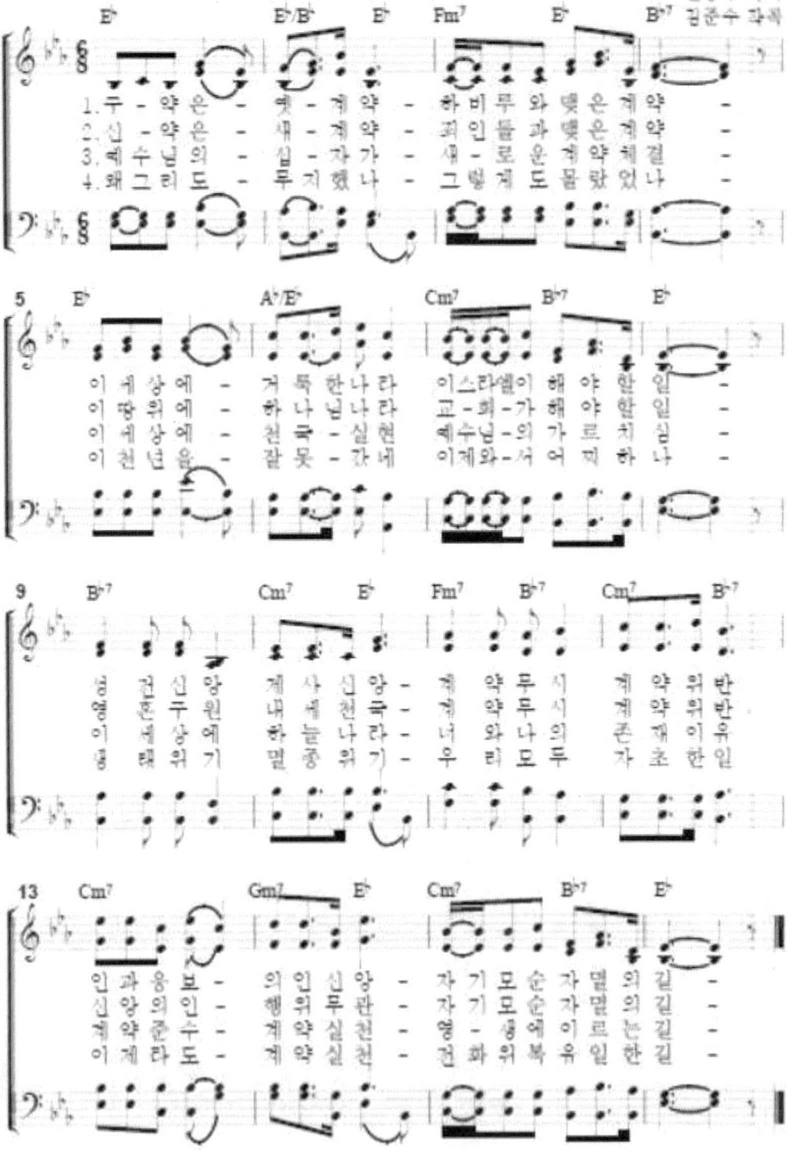

그 믿음이 없느냐

민요풍으로 ♩. = 54

김동부 작사
김준수 작곡

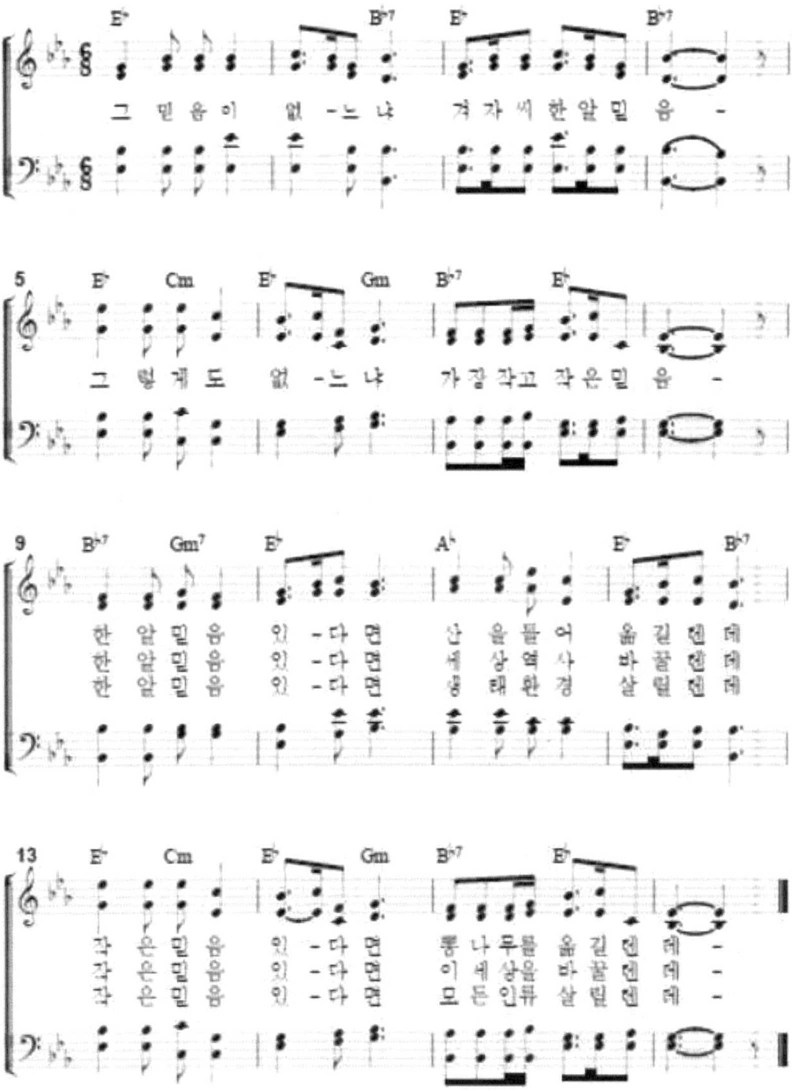

네가 나를 믿느냐

민요풍으로 ♩. = 56

김동두 작사
김준수 작곡

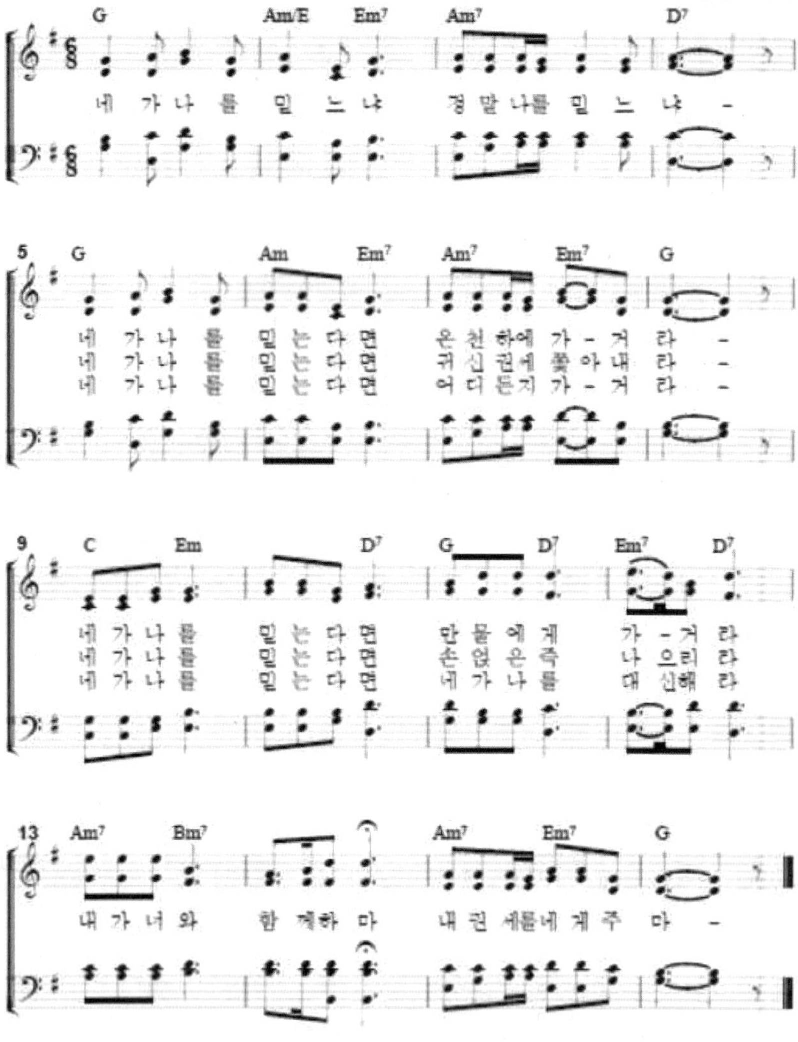

케노시스영성원 안내

새로운 패러다임을 요구하는 2천 년대의 시대적 요청을 직시하면서

케노시스 영성원은 다음과 같은 목표를 추구합니다.

1. 영성의 경험과 이론의 겸비
2. 성경과 역사에 대한 재해석
3. 고대영성에 대한 재해석
4. 실천가능한 수련 및 적용

소재지 : 경기도 군포시 둔대로 11번길 16(둔대동 433~2)

Homepage www.kenosis.or.kr, www.kenosis.kr

Email kenosis@hanmail.net

세미나 안내

15주 세미나(년 2회) : 매주 수요일 오전 10시 ~ 오후 4시

2박3일 세미나(년 2회) : 동계(1월), 하계(8월)

도서/DVD안내

도서 : 영성의 시각으로 본 성경, 역사, 교리, 신학

하비루의 길(구약/이스라엘 역사) 죄인의 길(신약/교회사)
비움의 길(수도원영성 재해석) 창세기(영성으로 해석)
마태복음, 마가복음, 요한계시록, 복음서신학 用 대조서
십계명 & 주기도문(영성으로 해석) 사도신경 다시 고백하기
성서로 본 우리 역사 3.1운동과 한국사 재조명

DVD : **녹화/녹음**

자기비움의 길(1,2.3부), 창세기, 율법서, 사무엘상하(다윗재해석)
열왕기상하(솔로몬~엘리사), 역대기, 역사서&예언서, 소예언서,
지혜서(욥기 잠언 전도서), 시편, 복음서, 사도행전&바울서신,
요한복음, 요한계시록, 역사/헤브라이즘에 길을 묻다

구입방법

홈페이지 구입안내 : www.kenosis.or.kr

전화 : 0502-111-1937/ 010-3311-1937

계좌 : **농협 211044-51-040266 케노시스영성원**